新闻与传播学译丛·国外经典教材系列

娱乐产业经济学

（第8版 最新版）

财务分析指南

Entertainment Industry Economics (Updated 8e)

A Guide for Financial Analysis

[美] 哈罗德·L·沃格尔 (Harold L. Vogel) 著

支庭荣 陈致中 译

中国人民大学出版社

·北京·

作者简介

哈罗德·L·沃格尔

美国资深娱乐产业分析师，曾在美林公司任职17年，《机构投资者》杂志（*Institutional Investor*）有10年将他评为顶级娱乐产业分析师。曾获伦敦大学金融经济学博士学位，在哥伦比亚大学、卡斯商学院和南加州大学任教。著有《金融市场的泡沫和危机》（*Financial Market Bubbles and Crashes*）（剑桥大学出版社，2010年），以及本书的姊妹篇《旅游产业经济学：财务分析指南》（*Travel Industry Economics: A Guide for Financial Analysis*）（剑桥大学出版社，2001年）。目前是纽约市一家独立的投资和咨询公司的负责人。

译者简介

支庭荣

中国人民大学传播学博士，暨南大学新闻与传播学院教授、舆情与社会管理研究中心研究员。2010年入选教育部马克思主义理论研究和建设工程"西方传播学理论评析"项目专家，2011年入选教育部"新世纪优秀人才支持计划"（NCET-11-0858）。著有《媒介管理》、《大众传播生态学》、《西方媒介产业化历史研究》、《电视与新媒体品牌经营》，译有《媒介经济学》、《传播与认知科学：媒介心理生理学测量的理论与方法》等书。

陈致中

清华大学管理学博士，美国夏威夷大学亚太工商管理硕士，暨南大学新闻与传播学院副教授、硕士生导师，研究方向为传媒经营管理、组织行为、组织文化、人力资源管理等。曾任台湾《远见》杂志记者，台湾《Career就业情报》杂志、《哈佛商业评论》繁体中文版、南京《培训》杂志的特约撰述、编译等。参与翻译《ASTD培训经理指南》（江苏人民出版社）、《有效的继任规划与管理》（江苏人民出版社）、《中国帝王图》（日文版，台湾风云时代出版社）等书。

“新闻与传播学译丛·国外经典教材系列”
出版说明

“新闻与传播学译丛·国外经典教材系列”丛书，精选了欧美著名的新闻传播学院长期使用的经典教材，其中大部分教材都经过多次修订、再版，不断更新，滋养了几代学人，影响极大。因此，本套丛书在最大程度上体现了现代新闻与传播学教育的权威性、全面性、时代性以及前沿性。

在我们生活于其中的这个“地球村”，信息传播技术飞速发展，日新月异，传媒在人们的社会生活中已经并将继续占据极其重要的地位。中国新闻与传播业在技术层面上用极短的时间走完了西方几近成熟的新闻传播界上百年走过的路程。然而，中国的新闻与传播学教育和研究仍然存在诸多盲点。要建立世界一流的大学，不仅在硬件上与国际接轨，而且在软件、教育上与国际接轨，已成为我们迫切的时代任务。

有鉴于此，本套丛书书目与我国新闻传播学专业所开设的必修课、选修课相配套，特别适合新闻与传播学专业教学使用。如传播学引进了《大众传播效果研究的里程碑》，新闻采访学引进了《创造性的采访》、《全能记者必备》，编辑学引进了《编辑的艺术》等等。

本套丛书最大的特点就是具有极大的可操作性。不仅具备逻辑严密、深入浅出的理论表述、论证，还列举了大量案例、图片、图表，对理论的学习和实践的指导非常详尽、具体、可行。其中多数教材还在章后附有关键词、思考题、练习题、相关参考资料等，便于读者的巩固和提高。因此，本丛书也适用于对新闻从业人员的培训和进修。

需要说明的是，丛书在翻译的过程中提及的原版图书中的教学光盘、教学网站等辅助资料由于版权等原因，在翻译版中无法向读者提供，敬请读者谅解。

为了满足广大新闻与传播学师生阅读原汁原味的国外经典教材的迫切愿望，中国人民大学出版社还选取了丛书中最重要和最常用的几种进行原文影印，收入“新闻传播学英文原版教材系列”中，读者可以相互对照阅读，相信收获会更多。

中国人民大学出版社

“新闻与传播学译丛·国外经典教材系列”

出版说明

中国人民大学出版社

献给我一向引以为傲的父亲

推荐序

娱乐产业经济学

在当代中国，随着改革开放的不断扩大和深化，传媒产业和文化产业的概念，都早已突破藩篱，渐次落地生根，成为人文社科领域的关键词、高频词，成为公众和政策设计者们关注和热议的对象。我相信，娱乐产业这个概念，也将加入进来，进而影响到新闻学、传播学、传媒经济学，以及工商管理和公共管理等学科习用已久的语汇、语法、修辞和逻辑。

“娱乐”一词，在中国的大多数50后和60后看来，也许远远不如“综艺”两个字来得妥帖，来得四平八稳，就像舞龙舞狮和锣鼓钟磬一样，配得上庙堂盛典、映衬着山河入画。但是，从私人领域的角度看，人类还是免不了许多并非阳春白雪的热情和志趣，就像古往今来各种吆五喝六的天桥把式和江湖勾当，一样赢得围观和喝彩。俗世的欢乐往往联结着极具感性的审美境界和极具人性的生活体验。长期以来，学术界羞于承认这一点，视之为“地下经济”。但是，毋庸置疑的是，娱乐无处不在，正如电视娱乐已反映并改变着中国人的精神生活一样，正如80后和90后不得不用颠覆性的新媒体手法来解构传统和经典一样，娱乐代表着大众化时代的本真。

新闻，尽管以真实为生命，却是从诞生这一天起，就与娱乐结下了不解之缘。新闻的娱乐性，渊远而流长。在古代，走街串巷的艺人往往承担信使的角色，传递他乡的消息。在现代，一方面，平面媒体对故事性、戏剧性的追逐，电子媒体对声画品质的要求，都达到了极高的水准。新闻的过度娱乐化，甚至引发了公众的厌倦和批评。另一方面，娱乐也须臾离不开媒体，有时娱乐本身就是媒体。来自娱乐圈的内幕新闻往往是媒体百战百胜的法宝之一。

因此，传媒产业和娱乐产业，在很大程度上是重合的。跨国传媒集团往往也是跨国娱乐集团。在某种意义上，文化产业是娱乐产业在严肃语境下的对应物。虽然娱乐需要规范，但是娱乐不等于低俗，娱乐产业可以是投射文化软实力的重要载体，好莱坞就为人们提供了一个活色生香的范本。

《娱乐产业经济学》一书，从1986年初版问世起，不断修订，长销不衰，是一部与时俱进的优秀著作，它见证了美国和世界各国娱乐产业及其社会、技术背景的变迁。该书曾在国内影印出版，此次正式翻译出版，是对中国传媒、文化娱乐领域进入全面繁荣发展时期的一个佐证。

是为序。

中国人民大学新闻学院副院长、教授、博士生导师　喻国明

于北京

2013年2月

中文版序

30 年，相对于人类的历史和在地球上存在的生命而言，宛如眨眼一瞬间。但是就关于娱乐和媒体产业的本书第一版在美国的问世而言，已过去了一段很长的时间。对于作者而言，30 年的岁月，意味着额头新添了数条皱纹，鬓角也微生霜雪了。

这期间，发生了太多太多的变革。当年，手机主要用于通话；电视节目和电影无法携带，要想观看，必须得有一个阔大的屏幕才行；没有 DVD，没有 iPad，也没有 iPod 播放器；互联网还处于起步阶段，而社交网站、博客、搜索引擎和应用程序，还属于遥遥无期的未来之物。娱乐和媒体业务，包括电影、音乐、书籍、报纸以及广播等一切领域，尚未被新兴技术强力地侵扰。亚洲的大多数赌博活动，还处于阴影之中，与今天合法化企业的数十亿美元规模相比，几乎微不足道。传统公司在分销、融资和商业模式运作方面，还有着强大的寡头垄断控制力，并且在很长一段时间内运营得非常好。也几乎没有综括性的理论，能够与所有媒体和娱乐领域常见的特性联系起来。长尾营销概念以及厚尾（fat tails）和分形的数学概念，尚未得到应用。

在此期间，总体而言，亚洲，特别是中国发生了翻天覆地的变化。中国已经发展出了一个强有力的、日益城市化的中产阶级。中国更加开放地融入了世界经济。在一个国家发展形成一个迅猛增长的中产阶级的时候，情况一直都是这样，人们的兴趣会转向娱乐和媒体服务。看来，中国对于迅速采用新技术的渴望，中国人民对于娱乐和媒体服务消费的热情，将持续不断地加速，因此，这就为中国设立了一个舞台，当与媒体相关的所有产品类型日益齐备时，中国也就进入了国际的前沿。

正是在这种精神的鼓舞之下，我欢迎中国读者有机会阅读这一刚刚更新了的版本。本书由中国暨南大学新闻与传播学院支庭荣教授及其同事专业翻译。与先前的版本相比，新版本做了大量的改进和更新，我希望它能激励并有助于对一个国家非常重要的媒体和娱乐业务的增长、了解和参与。

我相信，整个世界将从中受益。

哈罗德·L·沃格尔

于纽约市

2013 年 2 月

前言

娱乐——令人欢娱、发笑、快乐或者惬意地占据了观众的时间或注意力的活动。

产业——工艺、艺术、商业或贸易的一个部分，或劳动的一个分支。从事生产活动的企业或组织要使用大量的人员和资本，有着类似的技术和组织结构，生产或者供应的产品和服务是可替换的。

经济学（economics）——一门社会科学，研究一个国家的财富的创造、分配、使用和消费的机制，并考虑成本和回报问题。

美国人每年累计至少花费 1 400 亿小时、远远超过 2 800 亿美元用于合法的娱乐。在全球范围内，每年娱乐总支出接近 1 万亿美元。因此，我们可能首先会问的问题是：什么是娱乐？为什么它能吸引那么广泛的兴趣？在其纷繁复杂的形式中存在什么样的共同之处？

在最基本的层面上，任何刺激、鼓励，或者能够产生令人愉快的消遣的情况，都可以称为娱乐。法语单词 divertissement（娱乐），也许是对娱乐精华的最佳把握了。

不过，娱乐比消遣要丰富多了。人们普遍认为，娱乐是一些有趣的、吸引人的活动，因为当他有意识地这么做的时候，娱乐能让人们移情。恰如这个单词的拉丁词根 tenare（抓取）所表明的，它能抓住你；它会触动你的灵魂。

生活中充满了职责、约束和纪律以及一大堆令人不悦的事情，相比之下，娱乐包含了人们乐于并盼望着去做、去听或去看的活动，这是娱乐产品和服务的需求或消费的基础。在本书随后的章节中会讨论娱乐的诸多不同的主题——从电影到体育，从主题公园到剧场——共享的基本属性。

娱乐——的理由——是由其可观察的效果来定义的：一种产生愉悦和满足体验的活动。当然，无论是通过主动或被动的方式实现，娱乐都有意义。弹钢琴也可以像玩立体声音乐一样令人心情愉悦。

对于很多人来说，娱乐实际上意味着无数不同的东西，因此一项可控制的分析，要求给出更清晰的边界。确立这种边界的方法是把娱乐活动进行分类，即把有着相似的生产技术结构的，有一定规模的，生产或供给（Supply）可替换的商品、服务或者收入来源的企业或组织归入同一部门。

沿着这些边界的分类，有利于连续地讨论娱乐的软件和硬件。娱乐软件我们一般更多地称做电影、音乐唱片和视频游戏；娱乐硬件就是实体性的附属物和设备。依托于硬件，软件的指令集得以执行。这样的分类也可以让我们更容易地跟踪技术的发展在这一领域产生的影响。

现在的我们是如此习惯于持续地改进娱乐的硬件和软件的性能，以至于我们都不太记得，在20世纪初，电影和录音唱片还是新奇之物，无线电广播被认为是一个现代的奇迹，而电视只是实验室中的一种好奇心，简单的晶体管和激光尚未被发明，而电子计算机和地球轨道通信卫星仍属于科幻小说的范畴。

这些技术成果的应用催生了新的艺术形式和人类表达的远景，开关轻轻地一按，超乎想象的、形式多样且品质更高的各种娱乐的混合体便可能呈现在世界各地的千百万人面前。

然而，上述情形很少或者几乎没有出现过，从发展的逻辑来看，为艺术而艺术是崇高的，但是对于技术的发展而言却是无效的刺激。相反，正是始终处于幕后的经济力量——如果你愿意的话，是利润动机——在调节实际的流量和速率。这些都是形塑相互竞争和相互依存的娱乐活动和产品的受欢迎程度以及增长模式的力量。也正是这些力量，让原本只有上层社会负担得起的娱乐活动，最终让普罗大众能够享用。

人们不难发现，对于娱乐经济学的最严肃的考察断断续续地分散在不同的小册子、通俗出版物和期刊以及股票经纪人的报告之中，或者附带地出现在有关其他主题的著作的章节之内。大量的流行杂志和报纸、传记、历史以及技术性手册，通常对这个主题没有做过深入的探讨。

因此，本书是我的专门的综合性的研究的一个直接成果。它力图以普通读者能够接近的以及有趣的方式呈现信息。同样地，本书将证明，对于企业高管、金融分析师和投资者、代理和法律顾问、会计师、经济学家和新闻记者，这是一册很方便的参考用书。为此，本书附录C中提供了一些补充性的数据。

当然，关于电影、音乐、通信、出版、体育、表演艺术以及酒店赌场业务等方面的内容，《娱乐产业经济学》最有可能被研究生或高年级本科生用做修读应用媒介经济学和管理/行政课程的读本。教师应该很容易地发现，集中在一两个领域，也可以设计一个学期的课程，最低限度要掌握什么是娱乐和传媒经济学。大多数学生至少要阅读第1章和第2章的第一部分，在课程结束后，要阅读第15章的第一部分。当然，对于许多不同的模块，可以很容易地进行组装和调整。其中，最受欢迎的内容集中在电影、电视和音乐（第3至第8章），博彩和体育（第11和第12章），艺术和流行文化（第6、第7、第9、第10和第13章），或娱乐推广和市场营销（第2、第7、第9、第10和第14章）中。

本书涵盖的主题，是基于消费支出和就业考量的产业规模、作为一个独特的子集存在的时间长度，以及可靠数据的可获得性进行挑选的。然而，在更大的意义上可以说，选中这些主题的目的在于，对一位“有造诣的”娱乐和媒体行业的投资者而言，提供的内容恰如其分，因此，本书不可避免地是采用投资分析师、投资组合经理和经济学者所用的视角。这种决策取向的背景自然地导向更注重操作性，更偏实务而不是理论，它还假设读者熟悉经济学和金融的语言。本书附加了术语表，以提供支持。

第8版对相关内容做了进一步的修订和扩充，与先前的版本不同之处还有，对“体验性”产业共有的法律问题、限制以及长尾效应方面的全新部分，提到了“娱乐心理学”这个新领域，部分地方重新做了结构安排，并对“音乐产业”一章增添了附加资料，对“广告”部分进行了优化，还拓展和丰富了“博彩”一章的内容。

我要特别感谢剑桥大学出版社前任编辑伊莉莎白·马魁尔（Elizabeth Maguire），因为她很早就对这个项目感兴趣，并且满怀信心。我也要感谢剑桥大学出版社的罗娜·约翰逊和制作编辑迈克尔·纳特，他们曾为第1版效力过；感谢马修·N·亨德里克斯，他协助了第2版的出版工作；感谢斯科特·帕里斯，他从第3版服务到第8版。

我更要感谢在统计领域披荆斩棘的前辈们，要不是他们的努力，呈现的工作不会那么容易。特别值得提到的著作包括：约翰·欧文论休闲需求；保罗·鲍姆加登和唐纳德·法柏论电影制作合同（初版；第2版与马克·弗莱谢尔合著）；大卫·李迪论电影产业会计；大卫·巴斯克维尔，锡德尼·谢梅尔/M·威廉·克拉斯洛夫斯基，以及唐纳德·帕斯曼论音乐业务；约翰·斯卡耐 和比尔·弗里德曼论博彩；吉拉德·W·斯卡利和安德鲁·津巴利斯特论体育；以及威廉·鲍姆和威廉·波文论表演艺术等等。《综艺》（*Variety*）的 A.D. 墨菲［后来供职于《好莱坞报道》（*The Hollywood Reporter*）和南加州大学］收集的大量电影产业评论和数据也是重要的数据来源。

我还要把感谢送给下面各位现任或前任资深的行业高管们，他们慷慨地从百忙中挤出时间，审读本书第1版的初稿并给出了建议。他们及当时所属的公司是：迈克尔·L·巴格纳尔（沃尔特·迪士尼公司），杰弗里·巴巴库（美林），J·加勒特·博莱瑞斯（CBS），艾罗尔·M·库克（阿瑟·杨会计公司），迈克尔·E·贾斯汀（猎户座影业公司），肯尼斯·F·高尔曼（维亚康姆），哈罗德·M·哈斯（MCA公司），霍华德·J·克莱因（新泽西凯撒娱乐），唐纳德·B·诺曼斯（巴利制造公司），詹姆斯·R·沃尔福德（沃尔特·迪士尼公司）。我的妹妹歌莉娅给予本书全面的评判，让我不胜感激。本书第2版的数据还得鸣谢阿诺德·W·梅塞（哥伦比亚电影公司）和安吉拉·B·基尔肯（维亚康姆）。

虽然对每一个可能的错误已经采取了预防措施，但是对于任何无意中可能出现的错误，责任由我个人承担。

我对于先前各版本的成功非常满意；一如既往，我希望并期待着这一版能够提供有价值的洞察，同时也是非常有意思的历险。

现在——精彩继续。

哈罗德·L·沃格尔
于纽约市

目 录

第一部分 导 论

第二部分 媒体娱乐产业

第三部分 现场娱乐产业

第四部分 综 述

第一部分 导论

第1章 经济学的观点

万物皆有定期，凡事都有定时。

——《圣经·传道书》

把《圣经》里这段著名的话延伸一下，我们也可以说，人们既需要时间工作，也需要时间玩乐。休闲也是会花费时间的。 3

不过很重要的一点是，我们需要把具体的“花时间去休闲”和语义较为模糊的“闲暇时间”这一概念区分开来，这也是本书的第一个焦点。在探索这一主题的过程中，我们将会揭示各种经济力量是如何影响人们的娱乐支出的，以及娱乐产品和服务的消费增长受到哪些因素的驱动。此外，通过经济学的分析视角，我们还能够更确切地定义娱乐，并了解娱乐是如何与更广泛的经济行为产生关联的。

1.1 时间的概念

闲暇与工作

关于如何定义“闲暇”的问题，多年来始终困扰着哲学家和社会学家们——闲暇（leisure）这个英文单词源自拉丁文的licere，代表“被允许”或“自由的”。事实上，克劳斯（Kraus，1979，p. 38）和纽林格（Neulinger，1981，pp. 17-33）指出，闲暇通常被描述为一种社会学的和心理学的（心理状态）特质。[1]与之相近的是，近年来有人认为“玩乐”（play）是生活的一项基本要素。[2]

4 关于闲暇的古典思想可以追溯到亚里士多德（Aristotle），他认为闲暇代表着“可支配的时间”以及“不受拘束”（De Grazia，1962，p.19）。根据亚里士多德的说法，不受拘束使人们有时间沉思，从而带来真正的快乐——然而仅有少数精英分子能够享受这种快乐，因为他们不需要为生计操劳。凡勃伦（Veblen，1899）同样也把闲暇视为社会阶级的象征；不过对他而言，闲暇与沉思无关，而是与“悠闲的富裕”有关，拥有充分的时间和支配时间的自由是凸显身份地位的一项标志。

近年来，闲暇的概念通常被定义为人们在空闲时间所从事的活动，或者代表着不受任何义务或强迫限制、完全属于自己的时间。[3]而因为工作代表着有某种义务要完成，因此在目前，“闲暇”这一词往往也被广泛地用来代表“不必工作的时间”。然而，用“非闲暇时间”（即工作时间）反过来定义闲暇，这种形而上学的定义依然会留下诸多未解的问题。例如，该如何确切定义“工作时间”呢？那些为了准备工作所花费的时间，以及往返于工作地点的通勤时间该如何归类？有时候，某些人眼中的休闲或许在其他人眼中并不轻松：当人们专心致志于自己爱好的活动时，那种状态与一般所谓的“不受拘束的时间”也许相距甚远。

尽管关于闲暇的确切定义依然有不少问题，但好在这并不影响我们往后对相关议题和结构的分析。

消遣和娱乐

与亚里士多德或凡勃伦的时代截然不同，如今我们已经很少把闲暇与“沉思”或“特权享受”联系起来。相反地，我们更强调的是在“空闲时间”所从事的活动、所去的地方。换句话说，我们对“闲暇”的看法愈来愈趋近于“消遣”（recreation）——在辛劳过后让自己身心舒解——而不再拘泥于古典学者的观点。

当然，“可支配的时间”是消遣活动的先决条件。如果照字面意义拆解，消遣（recreation）可以意味着身体和心灵的“再创造”（re-creation）。这种再创造可以通过许多形式来实现——例如打网球或钓鱼——而这类活动都涉及身、心两方面的满足。因此，消遣有时候包含了“娱乐”的元素，有时候则不然。例如，业余马拉松对某些人而言或许是一种消遣，但你恐怕很难说它是一种娱乐。

正如我们在“前言”中所说的，“娱乐”（entertainment）被定义为一种产生愉悦和满足体验的活动。因此，我们可以把娱乐视为从属于“消遣”的一个子概念：它是一种更加直接的、主要来自心理和情绪上的愉悦体验。

5

时间

大多数人都拥有一些多余的时间——所谓的“空闲时间”。在扣除维持生命所需的活动（主要是吃饭和睡觉）、工作，以及与工作有关的其他活动后，剩下的时间就是我们从事消遣活动的基础。然而，由于空闲时间意味着放弃从事其他工作的机会，因此是有成本的。

因为不管生产产品和服务，或是消费、使用它们，都是需要消耗时间的，因此经济学者试图发展把时间当做商品的理论，探讨时间的各种定性和定量成本特质。然而，夏普（Sharp，1981）在关于此议题的详尽论述中提到，经济学者们把时间“商品化”的努力至今只取得了一小部分成果：

> 尽管在经济学文献中，时间普遍被描述为一种稀缺的资源，但我们处理时间的方式仍然和处理其他投入（如劳动力和原料）以及产出（产品和服务）的方式存在极大不同。对于时间的分配问题，至今尚未被完全整合到经济学分析体系当中。（p.210）

虽然如此，但目前关于时间经济学的研究，例如贝克（Becker，1965）和迪瑟帕（DeSerpa，1971）指出，对闲暇的需求（Demand）受到相当复杂的机制影响，必须同时考量“生产”和“消费”行为的时间成本。譬如，贝克（另见 Ghez & Becker，1975）提出：

> 有两个主要因素决定了人们是否愿意放弃赚钱机会而从事休闲：每一美元商品的使用时间，以及单位时间的成本。例如，在从事看书、剪头发、通勤等活动时，为了“每一美元商品（或服务）”所需耗费的时间，是要多于吃晚餐、流连于夜店、送孩子去夏令营等活动的。因此在其他条件不变的前提下，相较于后者，为了前者所放弃赚钱的机会成本更大。
>
> 若是单位时间的成本相同，那么时间强度（time intensity）就是决定人们是否愿意放弃赚钱机会的唯一要素。然而事实上，不同商品、不同时段的时间成本都是不同的。例如，周末和傍晚时段的时间成本往往较低。（Becker，1965，p. 503）

据此，我们可以推论，当人们在不同的娱乐项目间进行选择时，“时间的成本”和“消费商品或服务的时间强度”（例如，阅读一本书的时间强度，或时间承诺，通常高于阅读一份报纸①）是两个重要的考虑因素。

闲暇时间增加

我们当中大多数人并不会经常经历到闲暇时间长短的剧烈变化（除非是在退休或失业之后）。尽管如此，一个普遍的认知是，自一个多世纪以前的工业革命以来，人们的平均闲暇时间总体而言是在缓慢、稳定地增加的；不过，对于此种观点的论据并不充分。图1—1显示出，在美国农业人口和非农人口闲暇时间的最大幅度增长——表现为工作周（workweek）工时的下降——发生在1940年之前。而且早在1920年代初，即已表现出了对娱乐的日益增加的兴趣。[4]而在最近半个多世纪以来，在根据法定节日和假期数量调整后，美国制造业的平均每周工时几乎保持不变，而服务业的每周工时也已不再持续下降（见表1—1和图1—2）。相反地，图1—3则显示，其他主要国家的平均工时则是自1970年以后有了较大幅度的下降。

表1—1 每周工时的平均数和中位数，1948—2008年[a] 6

每周工时平均数			每周工时中位数	
年份	未调整	已调整[b]	年份	时数
1948	42.7	41.6	1975	43.1
1956	43.0	41.8	1980	46.9
1962	43.1	41.7	1987	46.8
1969	43.5	42.0	1995	50.6
1975	42.2	40.9	2004	50.0
1986	42.8		2008	46.0

[a] 统计对象为非学生、非农业人口的男性。

资料来源：Owen（1976，1988）.

[b]针对节日和假期的增加进行调整。

资料来源：Harris（1995），www. Harrisinteractive. com.

① 简单说，假设一本书的价格是一份报纸的十倍，但阅读完一本书所需耗费的时间可能是看一份报纸的几十倍甚至上百倍。——译者注

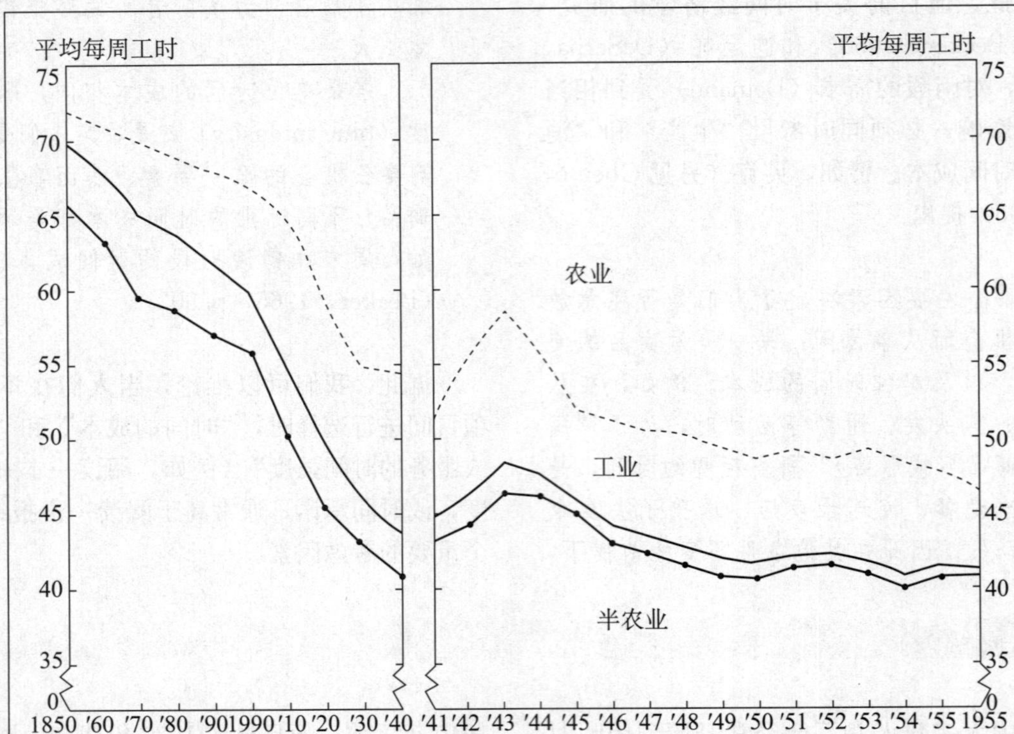

图 1—1　农业和非农业受雇人口平均每周工时，1850—1940 年（10 年间距）和 1941—1956 年（所有受雇人口，包含自由业和无薪家庭工作者）。

资料来源：Zeisel (1958).

7

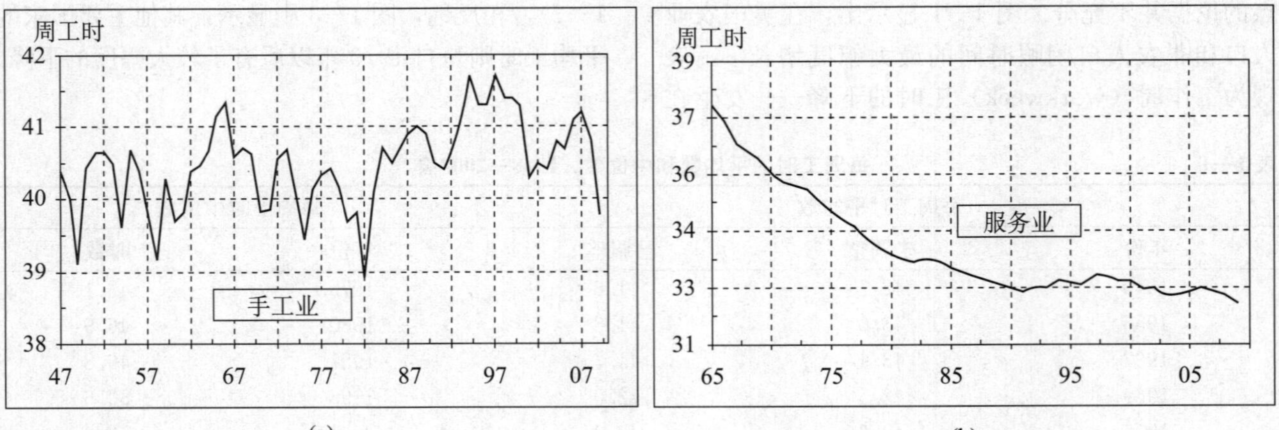

(a)　(b)

图 1—2　(a) 制造业员工平均 (average) 每周工时，1947—2009 年。
(b) 服务业员工平均每周工时，1964—2009 年。

资料来源：美国商务部。

尽管数据表明，美国人近年来实际闲暇时间的增长相当有限，但另一个明显的趋势在于，工作的方式变得越来越多样化了。正如史密斯 (Smith, 1986) 指出的："在 1985 年，每周工作不到 35 小时的人和每周工作超过 49 小时的人，占全部劳动人口的比例都要高于 1973 年。但整体工时的平均值和中位数（在 1985 年分别是 38.4 小时和 40.4 小时）却几乎保持不变。"[5]

如果哈里斯民意调查公司 (Louis Harris and Associates) 的调查结果可信，那么美国人实际的闲暇时间近年来其实是逐渐减少的。[6]另外，修尔(Schor，1991，p.29)也指出，从1969年到1987年，“每位劳工平均每年多工作163小时，几乎等于每年多工作一个月……而且各个行业、各种收入水平的美国人都出现了同样的情况”[7]。 8

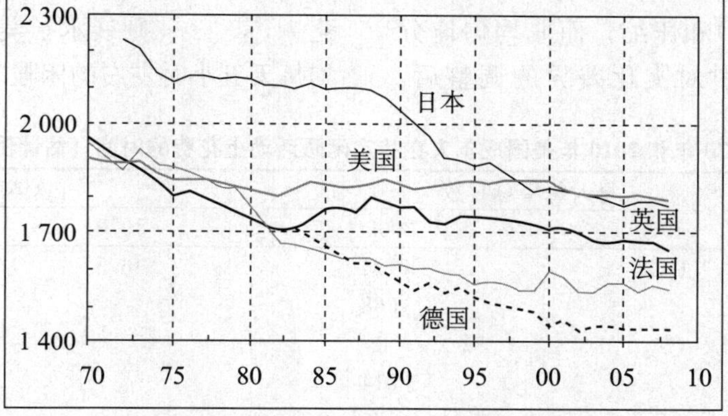

图1—3 美国与其他国家的平均每年工时比较，1979—2009年。

资料来源：《OECD就业展望报告》(*OECD Employment Outlook*)。

但阿吉亚尔与赫斯特(Aguiar & Hurst，2006)持相反的意见。另外正如表1—2所示，麦克格拉登与罗杰森(McGrattan & Rogerson，2004)发现，在第二次世界大战之后，尽管许多行业都出现了天翻地覆的变化，但美国整个市场的每周平均工时大体依然保持不变。此外，罗宾森(Robinson，1984，p.34)在衡量过不同年龄层人口的空闲时间后发现，“空闲时间的大幅提高基本发生在1965—1975年之间，而在那之后，人们所拥有的空闲时间大致保持稳定”。在对不同年龄层进行调整后，“人们整体闲暇时间增加”[8]这一说法变得较为可信了。

表1—2 总体每人(15岁以上)每周平均工时，1950—2000年

年份	平均每周工时		劳动人口占总人口比例
	每人	每位劳工	
1950	22.34	42.40	52.69
1960	21.55	40.24	53.55
1970	21.15	38.83	54.47
1980	22.07	39.01	56.59
1990	23.86	39.74	60.04
2000	23.94	40.46	59.17
变化百分比，1950—2000	7.18	−4.56	12.30

资料来源：McGrattan & Rogerson (2004)、美国商务部、美国人口普查局。

9 此外，罗伯特和鲁珀特(Roberts & Rupert，1995)发现，美国人整体的年平均工时并没有太大变化，但劳动人口的组成却发生了剧变，许多人从家庭工作转向了市场工作，这主要归因于女性总体工时的变化。劳恩斯、伊尔格和加德纳(Rones，Ilg and Gardner，1997)在年平均工时的研究上也得到了相似的结论。[9]然而，雅各布斯和吉尔森(Jacobs & Gerson，1998，p.457)则提出：“尽管过去数十年间美国人的周平均工时并没有太大变化，但愈来愈多的美国人都明显感受到时间严重受到挤压。”

总体而言，我们可以大致肯定，多数中年、中等收入的美国人——以及最近的欧洲人——所享受的闲暇时间并没有显著增加。[10]然而，无论闲暇时间的总量是在增加还是减少，一个更重要的趋势是对时间的重新分配，使得人们拥有更多的长周末和额外假期，而非在每周、每天的工作时数上斤斤计较。[11]

这个现象在高所得人群中尤其明显——也就是凡勃伦所说的炫耀性消费者（conspicuous consumers）——这意味着用于闲暇活动的个人消费支出（personal-consumption expenditures，PCEs）可能变得更加紧凑、集中和压缩，而非均匀地分布于一整年。另外，经过对文化差异的调整后，同样的模式很可能发生于所有存在众多新兴中产阶级人口的国家。

表 1—3 列举了人们对不同闲暇活动的时间分配，以及分配方式在 1970 年和 2010 年之间的变化。[12]表 1—4 则展示了美国人是如何分配自己平均每天五小时左右的闲暇时间的。

10 **表 1—3　1970 年和 2010 年美国成年人在特定闲暇活动上花费的时间（估计值）**

闲暇活动	每人每年总时数[a]		占总体闲暇时间比重	
	1970	2009	1970	2009
电视	1 226	1 774	46.5	42.1
电视网		668		15.8
独立电视台		17		0.4
基本型有线节目		1 014		24.1
付费型有线节目		75		1.8
收音机	872	1 038	33.1	24.6
在家		363		8.6
在外		675		16.0
互联网		755		17.9
报纸[b]	218	108	8.3	2.6
听录制好的音乐[c]	68	153	2.6	3.6
杂志	170	72	6.5	1.7
看闲书	65	84	2.5	2.0
看电影：在电影院	10	11	0.4	0.3
在家		44		1.0
看体育赛事	3	19	0.1	0.5
玩游戏机		151		3.6
文化活动	3	6	0.1	0.1
总体	2 635	4 215	100.0	100.0[d]
每人每周平均时数	50.7	81.1		
每人每天平均时数	7.2	11.5		

[a] 参与者和未参与者的平均数。
[b] 包含免费日报。
[c] 包含经授权的数字音乐。
[d] 为了求整，加总结果并不精确。
资料来源：CBS Office of Economic Analysis and Wilkofsky Gruen Associates，Inc.

表 1—4　2008 年美国人每日平均闲暇时间[a]

	分钟数	比重
看电视	168	56.2
社交和沟通	38	12.7
电脑游戏	20	6.7
阅读	20	6.7
其他活动	20	6.7
运动、锻炼、消遣	17	5.7
放松和思考	16	5.4
总体	299	100.0

[a] 对象为 15 岁以上所有人口，周期包含一整周。
资料来源：美国劳工统计局，www.bls.gov/tvs/charts/leisure.html。

1.2　供给和需求因素

生产力

总体而言，人们拥有越来越多的闲暇时间，并不是政府法令、工会活动或者雇主大发善心的结果，而是由于人均每小时产出的增加——简单说就是经济生产力的提升——所导致的。科技进步催生了新的资本设备，训练出更熟练的工人，并促成了更多的规模经济，这些变化使得我们可以用更少的时间和人力，生产出更多的产品和服务。因此，与闲暇时间相关产业的长期发展，实质上仰赖于整个经济体系的科技创新能力。

与生产力和其他经济活动相关的信息，可以参见美国商务部公布的国民收入（national income）和生产账户（national income and product accounting，NIPA）。根据此项统计，在 1973—1990 年间，美国的生产力年增率是 1.2%，而 1960—1973 年间则是 2.8%（见图 1—4）。但到了 20 世纪 90 年代，生产力又回复到年均 2.0%的增长幅度。这意味着在 20 世纪的最后 30 年间，闲暇时间的潜在增长速度是相对稳定的。在 21 世纪的前 10 年，生产力的增长依然保持稳定，非农部门的生产力年增幅约为 2.5%。同时，直到 1995 年，欧洲和美国劳动生产力之间的差异也缩小了。[13]

11

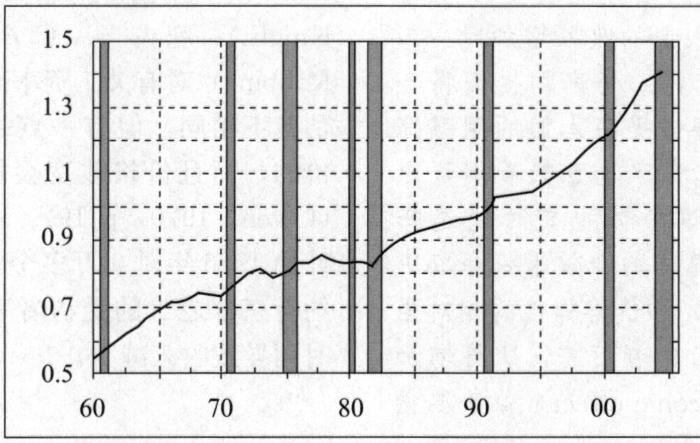

图 1—4　1960—2009 年间的美国非农部门生产力，用每小时产出表示。基期 1992 年=100，竖条阴影代表经济衰退期。

资料来源：美国劳工部。

闲暇需求

我们每一个人都可以选择是要把所有空闲时间用于消遣活动（见本书的定义，或者根据 NIPA 数据所归类的娱乐活动），还是用其中一部分时间来赚取额外收入。因此，我们该如何在“享受更多闲暇”和“获得额外收入”这两项欲望间进行分配取舍，就成为经济学者分析的主题了。实际上在经济学者眼中，对闲暇的需求和对黄金、小麦、住房的需求并无不同；他们通常用像图 1—5 那样的供给和需求曲线来进行分析。简而言之，我们可以从图中发现，当单位商品价格上升时，对该商品的供给一般会增加，而需求一般会减少，因此长期之下，在一个开放、竞争且具备完全信息的市场上，价格和数量将会稳定在两条曲线的交会点，达到均衡（equilibrium）。[14]

12

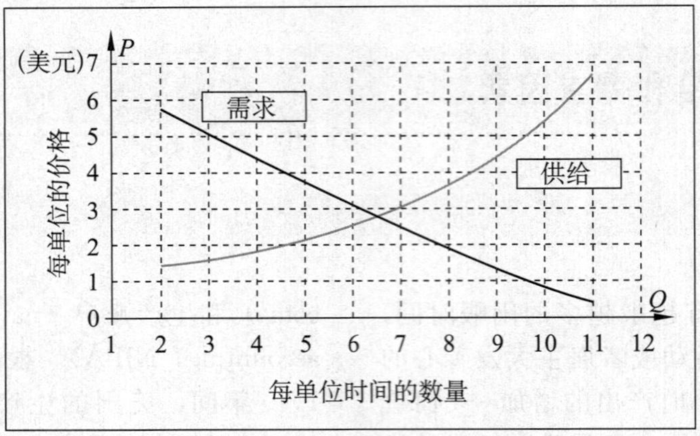

图 1—5　供给和需求分析。

同样值得注意的是，相较于便宜货，消费者一般而言更青睐那些价格较昂贵的产品和服务，同时他们所能花的钱——也就是预算——受限于他们的所得。欧文（Owen，1970）广泛研究过替代效果和收入变化对闲暇需求的影响，他说：

> 倘若我们假定闲暇活动是优质商品（superior good），那么当人们的收入增加时，工作时数将会减少。此外，工资率的提高将会增加收入，因此也同样会提高人们的闲暇需求。但与此同时，高工资率也意味着闲暇时间变得更加昂贵，所以个体也有可能选择"购买"更少的闲暇。总体的净效果将会取决于收入弹性（elasticity）和价格弹性的相对强度……不过对于一般工作者而言，所得增加所带来的收入效应（income effect）似乎要强于替代效应。(p. 18)

换句话说，当工资率不断提高时，在图 1—6 的 *A* 点以下，人们会选择工作更长时间以增加收入（收入效应），但他们最终会开始青睐更多的闲暇而非更高的收入（替代效应，图 1—6 的 *A* 点到 *B* 点之间），结果造成劳动供给曲线向后弯折。[15] 尽管众多著名经济学家如亚当·斯密（Adam Smith）、马歇尔（Alfred Marshall）、奈特（Frank Knight）、庇古（A. C. Pigou）和罗宾斯（Lionel Robbins）对有关工资率改变对闲暇需求影响的评估各不相同，但有一点是肯定的，即"闲暇是有价的，而且价格改变会影响人们对闲暇的需求"（Owen，1970，p. 19）。事实上，根据美国劳工统计局 1986 年对 6 万多个家庭进行调查的结果，大约有三分之二的受访者表示，不愿意为了降低工时而导致收入减少。[16]

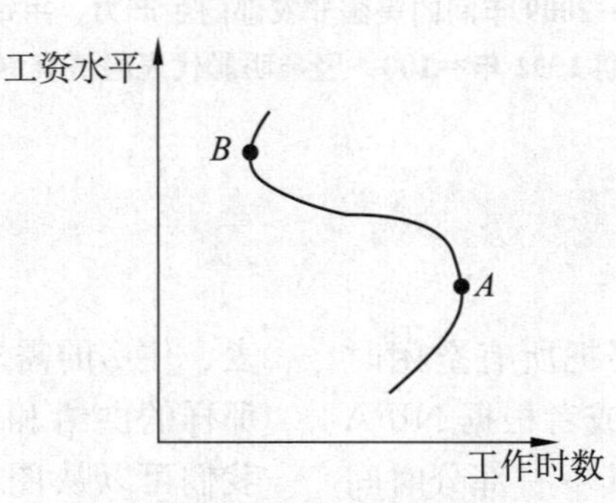

图 1—6　向后弯折的劳动供给曲线。

13 正如欧文（Owen，1970）所指出的，评估闲暇需求时需要综合考量许多复杂的议题，包含"工作状态"的本质、工时延长对员工疲劳以及生产力的影响、更多的教育机会对人们择业偏好的影响、政府税收和支出政策，以及失业率（unemployment rate）等。[17]

期望效用比较

人们在消费不同商品和服务时，心理上得到的体验和满足感也大不相同。因此，我们很难确切衡量和比较不同活动——例如吃晚餐或购买新车——所带来的满足程度。为了更好地进行比较，经济学者们采用了一种十分古老的哲学概念——效用（utility），其本意是“愉悦感”。[18]巴雷特（Barrett，1974，p.79）指出，效用“并不是衡量有用性或需要的单位，而是从心理学角度衡量消费者对某种商品的渴求程度”[19]。正是与商品相联系的消费特性与品质而不是拥有商品本身最有意义。[20]

当然，理性的个人会试图使效用最大化，换句话说就是做出使自己获得最大满足程度的决策。但他们的愿望并不容易实现，因为决策通常都是在充满不确定性、信息不完全的情况下做出的，因此总会面临着结果不尽如人意的风险（risk）。所以，人们往往倾向在决策过程中把概率因素考虑进去——最终，人们试图最大化的是期望效用（expected utility）而非效用本身。

期望效用这一概念特别适合应用在娱乐产品和服务上。例如，人们为什么容易被赌博吸引？有时又为什么会付出高价购买黄牛票？在我们分析不同娱乐活动是如何竞争消费者有限的时间和资金时，期望效用的概念是十分有帮助的。

为了帮助理解，我们先假设某项活动的单位时间成本可以代表它的期望效用。例如观赏一场2小时的电影票价是12美元，购买一部25美元的电玩软件可以为你提供6小时的娱乐，那么我们可以说，观赏电影的成本是每分钟10美分，玩电玩则是6.9美分。不过很显然，没有人会真的计算每分钟的成本来决定是看电影还是买电玩软件。事实上对个人而言，有许多定性的（非货币性的）因素——特别是时尚和潮流——会影响他对商品或服务期望效用的认知。然而从长远的、整体的（aggregate）角度来看，这种隐性的效用比较，确实会潜移默化地影响人们对各类娱乐产品、服务的相对需求。

人口因素和债务

长期来看，对闲暇产品和服务的需求也会受到不同年龄世代人口变迁的显著影响。例如，青少年是录制音乐（包含CD与合法在线下载）的重要消费族群；30岁以下的人最热衷于看电影。因此，第二次世界大战后出生的婴儿潮世代，在20世纪60和70年代为电影和音乐产品创造了庞大的商机。随着这批战后出生的族群逐渐成熟，度过成家阶段，达到事业高峰，最后进入退休年龄，他们的娱乐支出被预期将会集体转向赌场、文化活动、观光旅游等领域，他们此时的闲暇活动兴趣将会与十几岁、二十几岁的年轻人大不相同。

对美国娱乐产业前景最为重要的几个人口变化趋势包括：（1）2010—2020年，5～17岁这一年龄段的人口预计会增加470万人，在2020—2030年还会增加480万；（2）65岁以上的人口显著增加（见表1—5）。到2030年，65岁以上的族群将占到全美国人口的19.3%，而2000年时仅占12.4%。

表1—5　美国不同年龄层的人口统计、阶段变化与趋势，1970—2030年 14

人口变化预测							
年龄	百分比				变化（百万人）		
	2000	2010	2020	2030	2000—2010	2010—2020	2020—2030
5岁以下	6.8	6.8	6.7	6.5	1.9	1.7	1.3
5～17岁	18.8	17.4	17.2	17.0	1.0	4.7	4.8
18～34岁	23.8	23.4	22.5	21.7	5.4	4.3	4.2
35～65岁	38.1	39.4	37.5	35.5	14.7	5.8	4.5

续前表

年龄	百分比				变化（百万人）		
	2000	2010	2020	2030	2000—2010	2010—2020	2020—2030
65 岁以上	12.4	13.0	16.1	19.3	5.1	14.6	17.3
总计	100.0	100.0	100.0	100.0	28.1	31.2	32.1

不同年龄段的人口趋势（百万人）

年龄段	2000	2010	2020	2030
0～13 岁	56.2	58.2	63.6	68.0
14～24 岁	43.4	47.7	48.9	53.9
25～34 岁	39.8	41.8	46.1	47.0
35～44 岁	45.1	41.3	43.7	48.2
45～54 岁	38.0	44.7	41.4	44.0
55～64 岁	24.4	36.3	43.0	40.3
65 岁以上	35.1	40.2	54.8	72.1
总计	282.2	310.2	341.4	373.5

资料来源：www.census.gov/population/www/projections/downloadablefiles.html.

15 事实上，相较于 2000—2010 年的人口状况，未来几十年的一个显著特点是，45～65 岁人口与 25～44 岁人口的比例（45～65 岁/25～44 岁的比值）将不会继续提高。这个趋势的重要性在于，年轻人在刚刚成为劳动大军（labor force）和成家立业时，往往会选择花掉大部分的收入；相反，那些年纪较大的人拥有一定的基础，往往会转向“存钱模式”，把钱省下来供孩子上大学，或者为退休后的生活做准备。因此，年轻族群与年长族群的人口比例可以被看做花钱人口/储蓄人口的比例，这显然对娱乐产业的前景有很大影响。这一比例可参考图 1—7（a）。

尽管各个产业的特性大不相同，但在分析人口结构的长期变化趋势时，还必须考虑到几个额外因素，包含抚养比（dependency ratio）、出生率、双薪家庭数量以及妇女的劳动参与率［见图 1—7（b）］。[21] 2010 年，美国妇女约占到了总体劳动人口的 47%，高于 1975 年的 40%。

事实上，随着愈来愈多的美国人在成家阶段就背负上较高（相对于收入）的分期付款和抵押贷款负担，夫妻都工作对许多家庭而言已经是无法避免的现象了。因此，消费者的贷款占收入比重［见图 1—7（c）］也许解释了前述哈里斯民意调查公司的统计数据中，自 20 世纪 70 年代初以来美国人周均闲暇时间逐年减少的现象。

不过，随着中年人口的增长，同样的因素也许会导致截然相反的趋势。如图 1—8 所示，总体娱乐支出的高峰出现在中年阶段，这个年龄层的人尽管空闲时间较少，但他们的收入达到人生的顶峰。

进入障碍

娱乐产品和服务的供给也取决于新进入者能否克服各种障碍，进入市场与现有厂商展开竞争。进入障碍对供给构成了限制，大体而言，一个产业的进入障碍根据重要性排序包含以下几类：

资本
专业知识
法规[22]
价格竞争（competition）

为了有效竞争，大型企业必须投入可观的时间和资本，以获取所需的技术知识和经验，而艺术工作者也试图利用自己的专门知识和技术，通过戏剧、书籍、电影、歌曲等方式获取可观的商业收入。政府的法规，例如对广播、有线电视和博彩业的相关规定，也等于设立了额外的障碍，使得潜在进入者难以加入竞争。此外在多数产业，现有的厂商通常也有能力通过价格竞争来保障自己的市场地位。

16

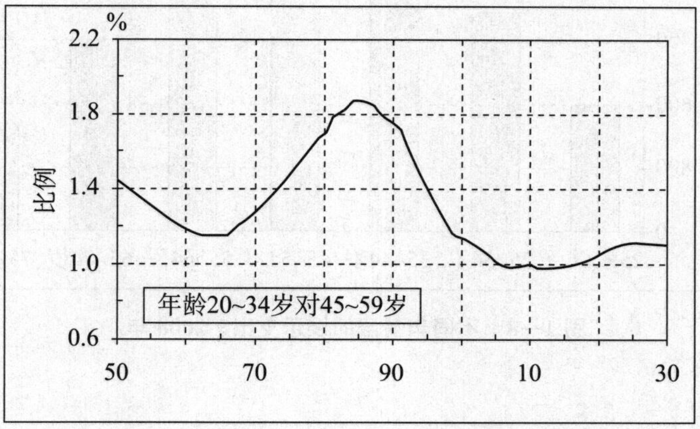

(a)

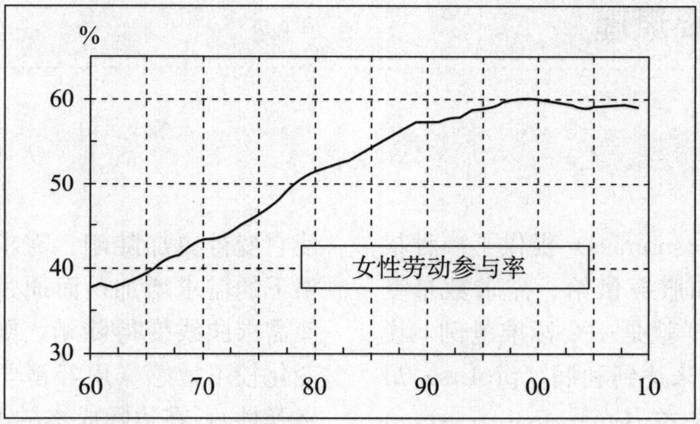

(b)

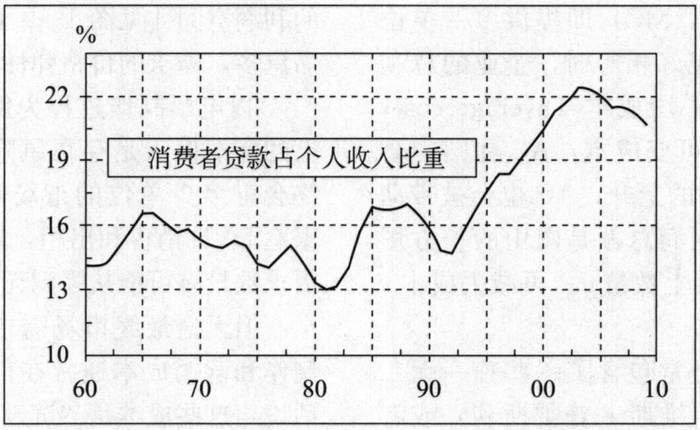

(c)

图 1—7　(a) 花钱人口/储蓄人口比例。(b) 女性劳动参与率，1960—2009 年。(c) 消费者贷款占个人收入比重，1960—2009 年。

17

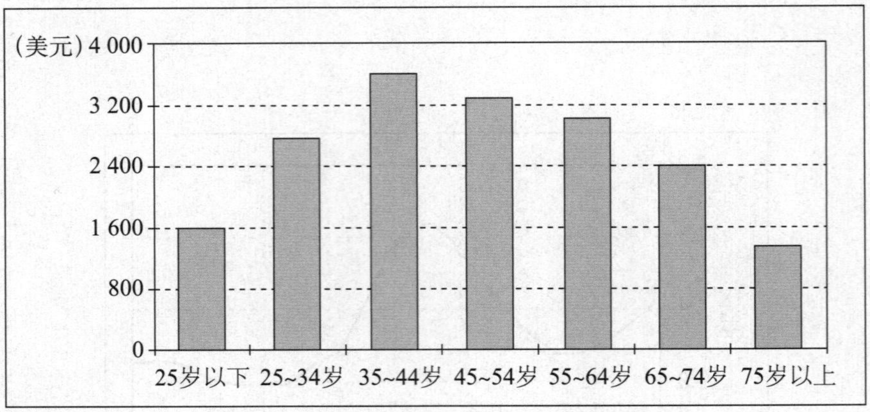

图 1—8 不同年龄层的娱乐支出，2008 年。

资料来源：美国商务部调查。

1.3 主要原理

边际问题

微观经济学（microeconomics）提供了一种描述性的框架，分析产品和服务供给、需求数量变化所带来的影响。图 1—9 就是一个标准范例，说明一家企业如何通过定价来达到利润（profits）最大化的目标：当边际收益（marginal revenue，MR）即销售多一单位商品所带来的额外收益，与边际成本（marginal cost，MC）即提供多一单位商品所增加的额外成本正好相等时，企业的总利润达到最大。在图中，平均成本（average cost，AC）包含了固定成本和可变成本，AC 在图中会先呈现下降，但随着 MC 的上升，AC 也会被带动而开始上升。该企业的利润总额是图中的长方形阴影部分（代表价格 p 乘上数量 q，再减去成本 c 和数量 q 的乘积）。

由于流行娱乐产品经常包含了一些独一无二的人物（例如，猫王埃尔维斯·普雷斯利）或者知名品牌（例如，MTV 音乐台或是迪士尼主题乐园），因此用竞争性的垄断模式（competitive-monopolistic model）——图 1—9（a）所示，许多企业生产略有不同但差异不大的产品——来形容或许较为合适。这类企业想追求利润最大化，就必须尽力使需求曲线（图中的 D 线）向右移动，并使它变得更加陡峭。需求曲线右移代表在既定价格下的需求增加；而通过促销和广告投入等方式使需求曲线变得陡峭，则意味着需求量对价格的变化较不敏感（用经济学术语来说，变得缺乏价格弹性），在边际成本的变动幅度相对平缓的情况下，陡峭的需求曲线意味着企业有机会获得更大的利润空间［见图 1—9（b）］。总体而言，替代产品愈多，需求的价格弹性就愈大。

以电影制作过程为例，一开始在制作和营销上的资本投入是存在风险的，因为没有人知道最 18
终会有多少单位的市场需求（包括电影院门票、家庭 DVD 销售和出租，以及电视转播）。理论上，需求数量有可能从零到无穷大。

但无论最终市场需求有多大，电影的大部分制作和营销成本通常在前期就已经支付了。换句话说，这些成本是“沉没成本”（sunk cost，也就是说这些钱已经被花掉，且几乎不可能回收），相对而言，电影制作后期的成本则微不足道。相反地，在其他很多制造业当中，随着产出提高而增加的单位原材料和人工（可以用边际成本来表示）占到总成本的比例较高，且持续较长的时间。

19

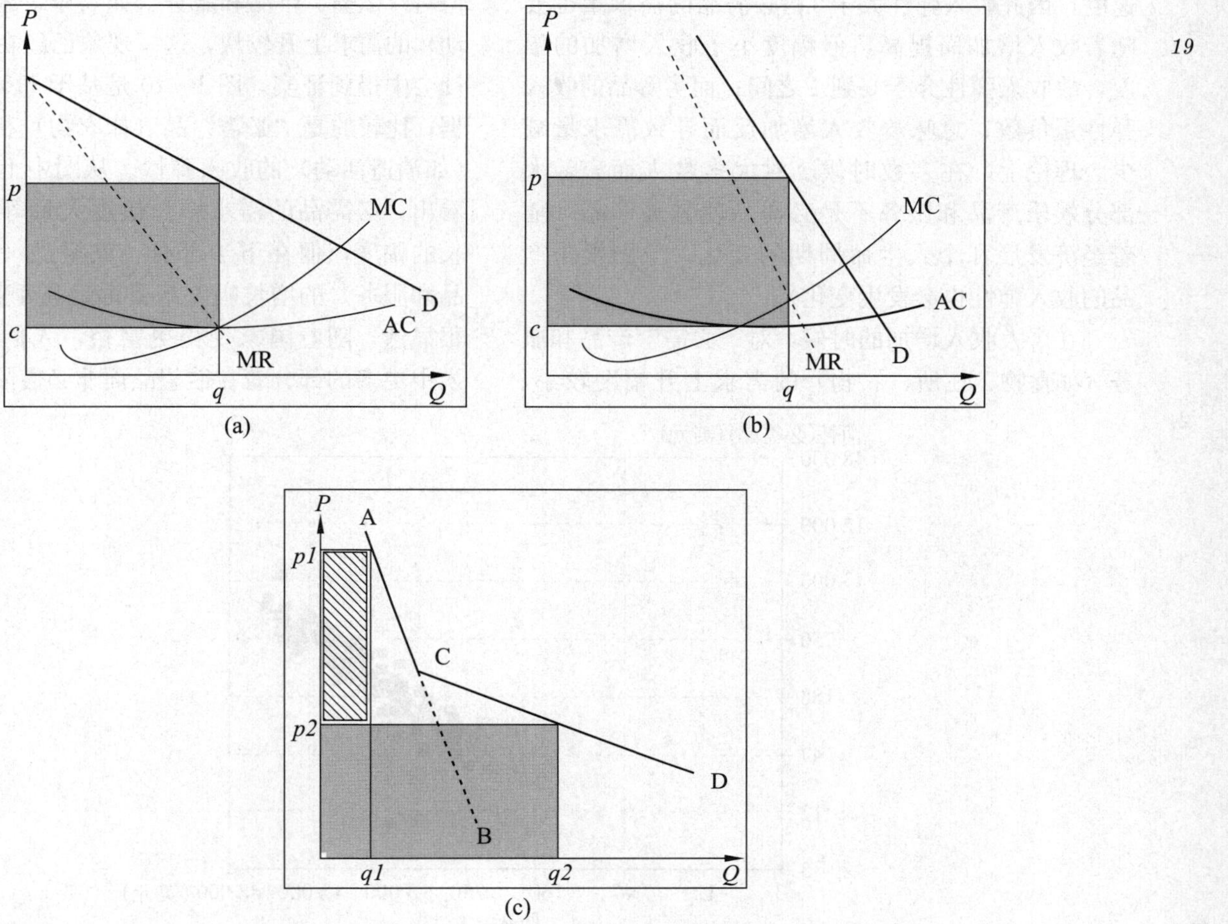

图 1—9　(a) 一般情况下的边际成本和收益。(b) 需求变得更缺乏弹性并朝右方移动。(c) 价格歧视之下的消费者剩余。

在娱乐产业，相对于制作初期所投入的沉没成本，额外多生产一单位产品［例如多制作一份电影拷贝（print）］通常是非常小的；而由于沉没成本的“沉没”特性，理论上它不应该影响到后期的战略性决策。因此，发行商有机会通过投入较高的营销和促销预算（相对于制作成本而言并不算多）来改变需求曲线，使需求变得更缺乏弹性、更向右方移动。所谓缺乏需求弹性（elastic demand）的产品，一般具有以下特性：

被认为是必需品
替代品很少
占消费者预算的比重较低
消费时间相对较短
不需经常使用

经济学者用“弹性”（也就是敏感度）来表示价格、收入或其他因素升降 1%时，需求量变动的百分比。如果用收入做分母的话，弹性公式可以表示如下： 20

$$\text{收入弹性}=\frac{\text{需求量变化的百分比}}{\text{收入变化的百分比}}$$

在其他条件保持不变的情况下，一般预期需求量会随着收入的提高而增加，但随着价格的提高而减少。[23]例如，如果价格上升 4%的同时，需求量减少了 8%，那么需求的价格弹性就是−2.0。理论上，不同商品或服务之间如果能够互相替代（例如新的《星际迷航》和新的《星球大战》电影）或者互相补充（例如电影票和爆米花），那么两种商品或服务之间的交叉弹性（cross-elasticity）也可以计算出来。

同样地，根据收入弹性（income-elasticity）的高低，我们可以把产品和服务分为奢侈品（luxuries）、必需品（necessities）或劣等品（inferiors）。[24]奢侈品的需求量提高速度大于收入增加的速度，因此收入弹性大于1；必需品的需求量也会随着收入增加而提高，但幅度小于收入增加的幅度，故收入弹性介于0到1之间；而劣等品的收入弹性是负数，意味着收入增加反而导致需求量减少。理论上，在多数时候、对大多数人而言，大部分娱乐产品和服务不是必需品就是奢侈品（随着经济发展和个人生命周期的变化，个别娱乐产品的收入弹性也会发生变化）。

在个人收入增加的时候，对“必需”产品和服务（如食物、住所、衣物）的需求上升幅度较小，但对“欲望”产品和服务（如娱乐、旅游、消遣活动）的需求上升较快，这一现象已经在多数国家和社会中得到证实。图1—10是基于116个国家的数据，比较的是“必需”品（如衣物）和“欲望”品（如消遣活动）的收入弹性。从图中上半部分可以看出，必需品的需求增长幅度大致等同于收入增长的幅度，但在下半部分，欲望品（休闲娱乐产品和服务）的增长幅度却要远远高于收入的增长。很显然，随着国家变得更富裕，人们会倾向把收入中更多的部分花在欲望品而非必需品上。[25]

21

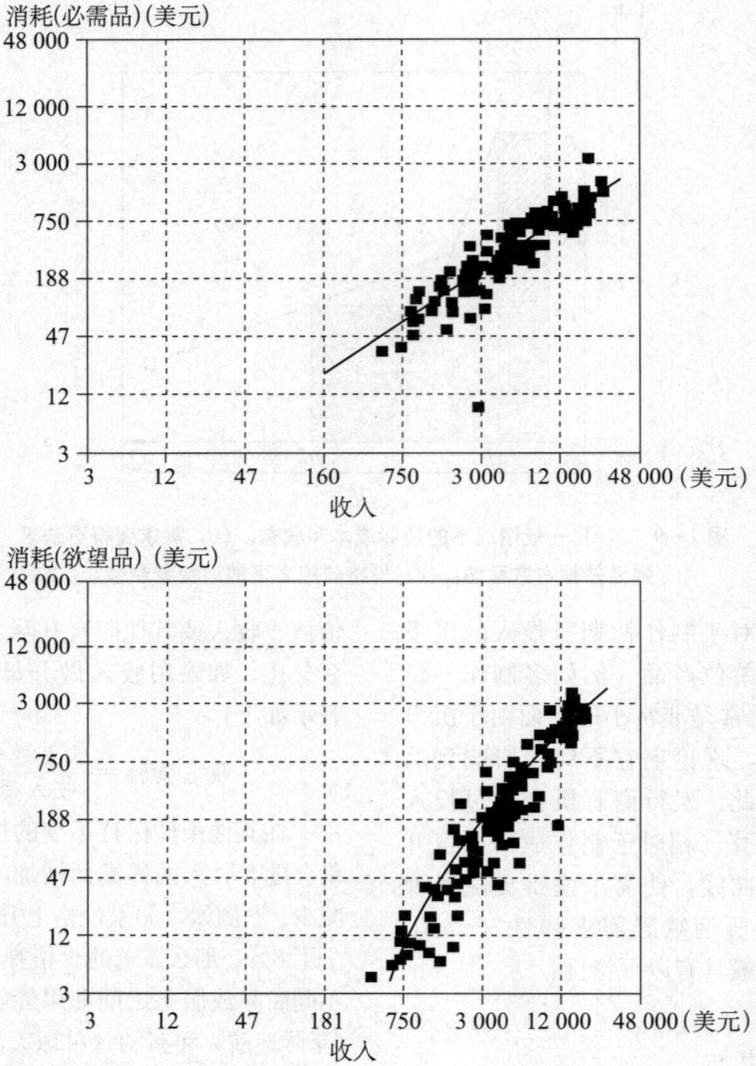

图1—10 必需品（衣物）和欲望品（消遣活动）：116个国家的收入弹性估计值，2006年。

资料来源：Cox and Alm (2007). Federal Reserve Bank of Dallas.

价格歧视

另外，对某些商品或服务，例如飞机和电影院的座位而言（详见第13章），如果能把座位区隔为头等舱和经济舱（或者豪华座和普通座）的话，就可以通过攫取更多经济学上所谓的消费者剩余（consumers' surplurs）——也就是消费者实际支付的价格和他所“愿意”支付的最高价格之间的差额——来进一步提高企业的获利。像这样的价格歧视并没有增加额外成本，却可以额外获得图1—9（c）上交叉阴影部分的收益。价格歧视的先决条件包括：

具备定价上的独占力

能够依照需求弹性的高低区分不同的消费者

购买者无法转卖产品或服务

公共产品特性

公共产品（public good，又译公共物品）是指可以被多人共享，且不会减损其他人使用机会的产品；同时提供该产品给其他人使用是不需要额外成本的。此外，公共产品一旦存在，一般而言不可能排除任何人享受该产品利益的机会，即使有人拒绝付费也不例外。这类拒绝付费的人因此被称为“搭便车者”（free riders）。一国的国防支出以及减少空气污染的项目均属于这类产品。而在娱乐产业，也不难找到拥有近似特性的产品（准公共产品）：例如电视网增加一位观众，或者主题乐园增加一位游客，所增加的成本几乎是可以忽略不计的。

1.4 个人消费支出 22

休闲产品和服务是指那些在“闲暇时间”被消费的产品或服务。因此，在闲暇需求和对休闲产品/服务的需求之间具有很紧密的联系。

正如表1—6所示，国民收入和生产账户(NIPA)把休闲支出列为个人消费支出的一部分。该表的重要性在于，它使得我们可以把与休闲有关的支出，和其他诸如住房、交通、食物、衣物、国防以及其他产品上的支出进行比较。[26] 例如，2009年个人消费支出在部分项目上的比重如表1—7。

表1—6　部分休闲活动实质个人消费支出，1990—2009年[a]

产品或服务类别	1990	2000	2009[b]
总体休闲支出	227.4	489.6	696.3
占个人总消费支出的比重	5.4	6.7	6.4
游乐园、露营等	19.2	31.1	41.8
博彩	23.7	67.6	109.3
杂志、报纸和书籍	47.3	81.0	105.1
视听娱乐设备，包含电脑和周边产品	81.1	184.4	265.2
观赏所有娱乐表演的门票	14.4	30.6	45.6
电影院门票	5.1	8.6	10.4
观赏体育赛事[b]	4.8	11.6	20.7

[a] 单位为10亿美元，代表个人和非营利组织消费相关产品和服务的市值。参见 Historical Statistics，Colonial Times to 1970，series H 878-893。

[b] 包含职业和业余运动竞赛。

资料来源：U.S. Bureau of Economic Analysis，The National Income and Product Accounts of the United States，1929-1976；and Survey of Current Business，July issues.

表 1—7　　2009 年个人消费支出结构

支出项目	支出百分比
医疗	19.7
住房	15.8
交通	8.9
食物（不包括酒精类饮料）	6.6
衣服	3.4

此外，正如图 1—11 所示，整体娱乐支出占个人消费支出总额的比重正在不断增长，而与此同时，在衣服和食物上的支出比重却在不断下降。

娱乐产品和服务支出与整体经济发展之间的关系可参考图 1—11。[27] 图 1—12 则显示，在 1929 年之后的 60 年间，大多数时候个人在娱乐上的支出占总体个人可支配收入（disposable personal income，DPI）的比重大体维持在 4.0%～6.5%之间。直到 20 世纪 80 年代末，由于长期的景气扩张、消费借贷比例提高、人口和家庭结构的改变，以及与娱乐产品和服务有关的技术创新，娱乐支出占可支配所得的比重才创下新高。

23

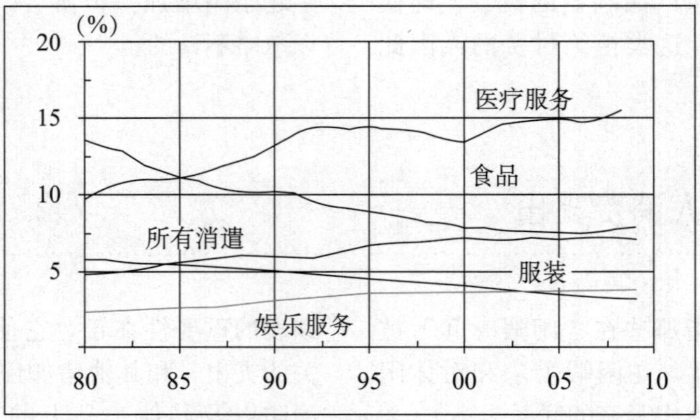

图 1—11　部分项目占个人消费支出比重的趋势，1980—2009 年。

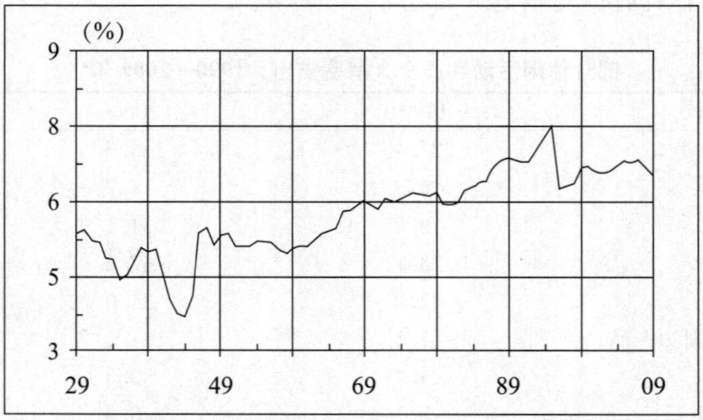

图 1—12　个人娱乐支出占可支配所得的比重，1929—2009 年。

另外，衡量个人总体休闲活动和休闲“服务”上的实质支出［扣除通货膨胀（inflation）］，可以为我们提供另一项长期论证，说明美国人是如何分配他们的闲暇预算的。尽管休闲服务类支出不包含耐久产品（如购买电视机），但它包含了电影、有线电视（cable TV）、体育、影院、主题乐园、彩票以及运动博弈等，这些都是近年来大幅增长的领域。休闲服务支出如今已经占到整体休闲支出的 50%以上（见图 1—13）。此外，从图 1—14 可以看出，在 1960 年以后无论是人均整体休闲支出还是休闲服务方面，均呈现高速增长的势头。[28]

休闲支出当中的休闲服务比重不断增加，这样的趋势在其他先进国家也可以看到，反映的是耐久产品的消费逐渐饱和、相对价格的变化，以及随着新产品和服务出现所导致的消费者偏好发生改变。换言之，即使只是支出比重的微小改变，都可能意味着娱乐产业数十亿元的经济规模变化。对许多企业而言，这样的变化很可能代表着未来的荣景或者惨况。

24

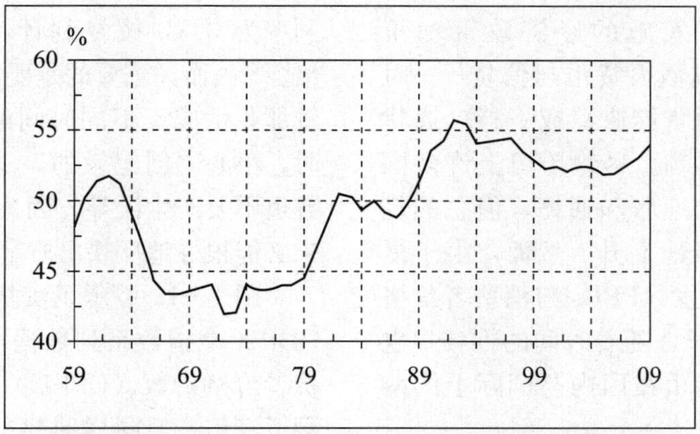

图 1—13　个人消费支出中休闲“服务”占整体休闲支出的比重，1959—2009 年。

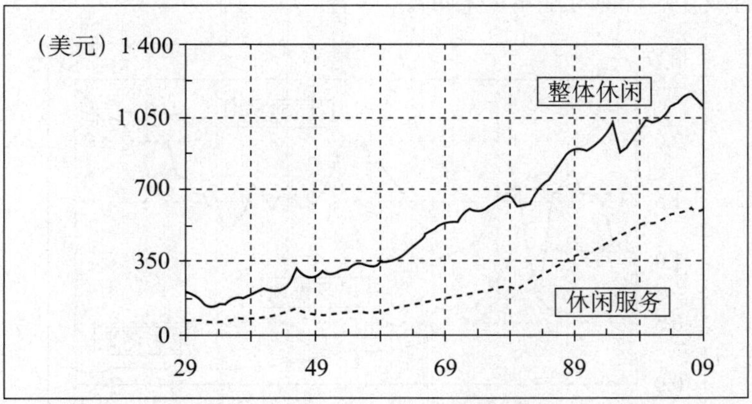

图 1—14　在整体休闲和休闲服务上的人均实质支出，1929—2009 年。

不幸的是，由于各种娱乐产业对外在环境变化的敏感程度并不相同，对抗景气衰退和产业循环的能力也差异甚大，因此总体的时间序列分析并无法涵盖娱乐产业的全貌。例如，广播产业的收益取决于企业的广告支出，而广告支出又受到企业总体利润水平的影响。相反地，电影和影院产业则往往表现出反景气循环的趋势。因此想要有效研究各娱乐产业的实际情况，就不能太过仰赖总体性、宏观性的数据。换言之，国民生产总值（GNP，gross national product）或是更晚近的国内生产总值（GDP，gross domestic product）数字仅仅是我们研究娱乐产业的一个起点而已。[29]

此外，娱乐和媒体产业的财务分析师们还需 25
要注意一个事实，那就是石油价格如今很可能对整体个人消费支出产生史无前例的影响，并且将会彻底改变许多行业的发展模式。[30] 如果世界不能继续生产价格低廉的石油，让各地的消费者可以将日益增长的一部分收入用于闲暇、旅行和娱乐，这部分支持的减少将不可持续。全世界以及美国石油生产和消费结构数据，意味着全世界的产油水平徘徊在每年 320 亿桶至 350 亿桶之间，自 20 世纪 90 年代后期以来价格稳步增长，短期的波动则不可预测。[31]

1.5 价格的影响

所有商品和服务的价格在很大程度上取决于与特定的商品或服务相关的供给和需求因素。然而，政府及其中央银行实施的经济政策和策略——它们有能力创造或消灭货币与信贷——对于整体的价格的上行（通货膨胀）或下行（通货紧缩）通常也有重要的影响。尽管历史上许多国家出现过显著的阶段性的通胀和通缩，但总的趋势和偏好是允许价格逐步地上升。然而，由于复利的效应，每年即使在批发（PPI）与消费者价格指数（CPI）上的小幅增长，随着时间的推移，也会大大削弱一个国家的货币在国内与国际上的购买力。

因此，今天作为平均价格和票房收入的 1 美元，比方说，与昨天的或 10 年前的是不一样的。事实上，在美国，今天的 1 美元的购买力，相当于 100 年前也许是 2 美分或 3 美分的购买力。假使年利率为 3%，按复利计，大约 20 年价格将翻一倍。[32]因而，重要的是要清楚这种价格效应，当比较那些生成于不同时间的数据时，以及解释数字时，小心“创纪录的”这样的表述。这一类的指数也不要产生误导，因为数据和方法经常要修正，未必能很好地反映出质量和技术的变化。[33]

图 1—15 展示了美国劳工统计局使用 CPI 和 GDP 平减指数系列数据报告的价格趋势。城镇消费者价格指数（CPI-U）自 1980 年以来总体价格翻了三倍。但同样明显的是，娱乐活动的门票价格上涨得更快。

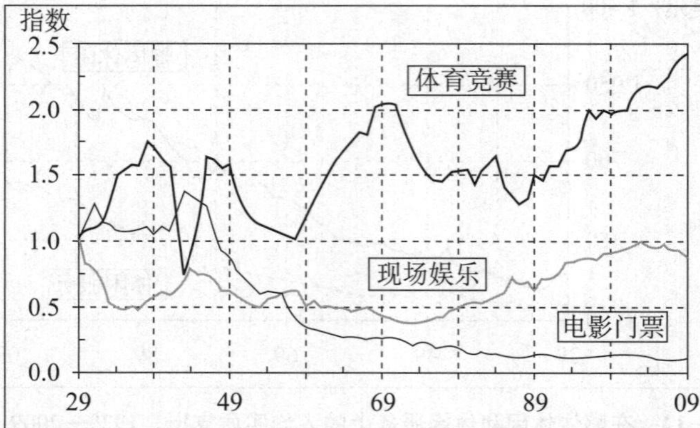

图 1—15 价格通胀指数：城镇消费者 CPI，GDP 平减指数以及门票价格 CPI（电影、现场娱乐和体育竞赛），1984 年＝100；1970—2011 年。

1.6 产业结构和区隔

结构

微观经济学认为，我们可以依照厂商的定价和产出决策，以及对市场状况的反应，来把产业加以分类。在完全竞争市场（perfect competition），厂商全都生产一样的产品，同时由于所有厂商的规模相对整个市场而言都太小，它们的行为对市场价格和产量的影响微乎其微。另一个极端是垄断市场（monopoly），只存在一家厂商，且缺乏有效的替代产品，因此垄断厂商对价格有较高的自主权，同时市场存在较高的进入障碍，使得潜在竞争者难以加入市场。

然而在真实世界中，大多数产业都不属于真正的完全竞争市场或者垄断市场，而是介于二者之间。其中一种“折中”的市场结构是垄断竞争市场（monopolistic competition），众多厂商生产的产品有一定差异，它们也能通过广告等方式获得一定程度的价格和竞争优势。寡头垄断（oligopoly）与此相似，差别在于有数个“寡头”分享了整个市场，他们的产品之间往往可以相互替代，同时个别厂商的定价决策会影响到产业当中其他厂商的定价和产量决策。尽管垄断性竞争市场和寡头垄断市场之间的疆界较为模糊，但有一点是明确的，就是如果厂商在定价时必须考虑到竞争对手的反应，则市场结构就是寡头垄断的。

在媒体和娱乐这个范畴，不同产业大致上可以被归类在有时彼此重叠的市场结构之下，见表 1—8。

表 1—8　　不同产业的市场结构归类

垄断	寡头垄断	垄断竞争
有线电视	电影	书籍
报纸	录制音乐	杂志
职业运动队	电视网	广播电台
	赌场	玩具和游戏
	主题乐园	表演艺术

26 针对上述分类，我们还可以用竞争企业之间的集中程度来进一步分析。[34]此外，经济学者还经常使用另一项同时可以反映厂商数量和相对市场份额（market share）的指标——赫芬德尔-赫希曼指数（Herfindahl-Hirschman index）——来衡量市场集中程度。[35]

区隔

图 1—16 列出了各种娱乐产业在经济上的相对重要性，从图中的趋势线可以看出娱乐产业长期的宏观经济成长模式。这些模式可以进一步转化为短期的财务经营绩效，如表 1—9 展示了娱乐产业主要上市公司的收益、税前营业收入（operating income）、资产（asset）和现金流［主要是税、息、折旧（depreciation）及摊销前利润，EBITDA］。这些样本企业涵盖了娱乐相关产业 80%左右的交易量，因此也为我们比较不同娱乐产业部门的效率提供了工具。

其中，现金流显得尤其重要，因为现金可以用来偿还债务、获取资产，或是支付股利。营业现金流（operating cash flows）指的是销售产品或服务所取得的现金收入，与生产所投入的现金支出之间的差额；一般用税、息、折旧及摊销前利润（EBITDA）来表示，近年来也用折旧和摊销（amortization）前营业收益（OIBDA）来代表营业现金流。[36]尽管近年来的使用不如以往频繁，但现金流（尤其 EBITDA）依然被视为分析各种媒体和娱乐资产的基础，因为它能够排除不同税负和财务结构因素所造成的扭曲现象；通过 EBITDA 分析能够为潜在买主提供更有效的企业资产评价基准。[37]

2009 年，娱乐产业的整体收益约为 3 650 亿美元，2005—2009 年的年成长率约为 2.7%。同一时期，整个经济体系经历了长期而严重的衰退，娱乐产业的营业收入因此出现了约 3.7%的复合下滑率，但整体资产价值大致保持不变。

完整的分析见表 1—9，但我们依然必须考虑到不同产业所面对的环境因素，如利率、反托拉斯政策、美元汇率走势，以及相对定价能力等。最后一项因素可参考图 1—17，该图比较了部分重要娱乐产品的消费者物价指数（CPI）以及都市消费者的整体消费者物价指数（CPI-U）。从图中可以看出，有线电视服务的价格上涨幅度要高于平均物价水平。

27

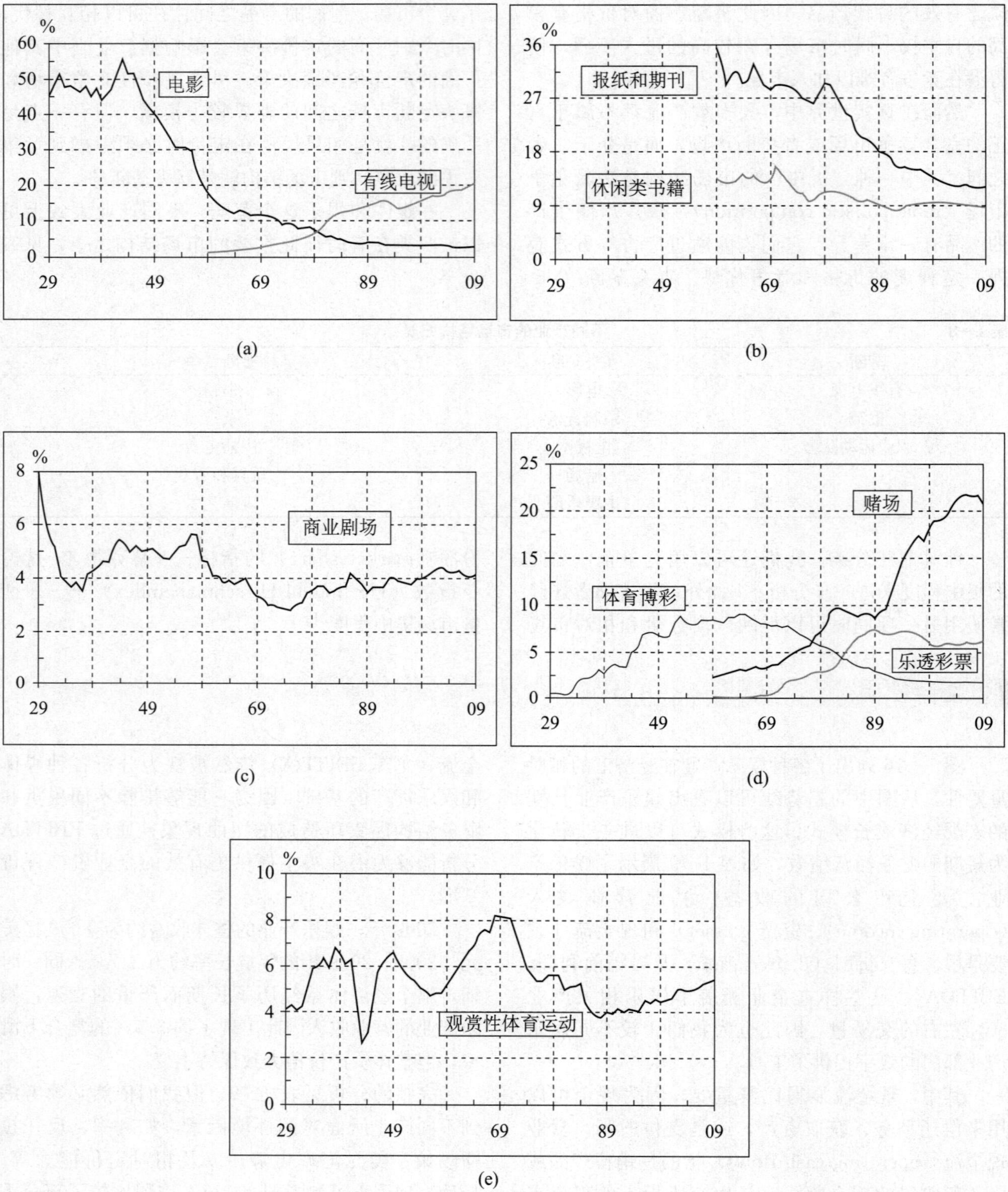

图 1—16 部分娱乐产品/服务支出占总体休闲支出的比重，1929—2009 年。

28

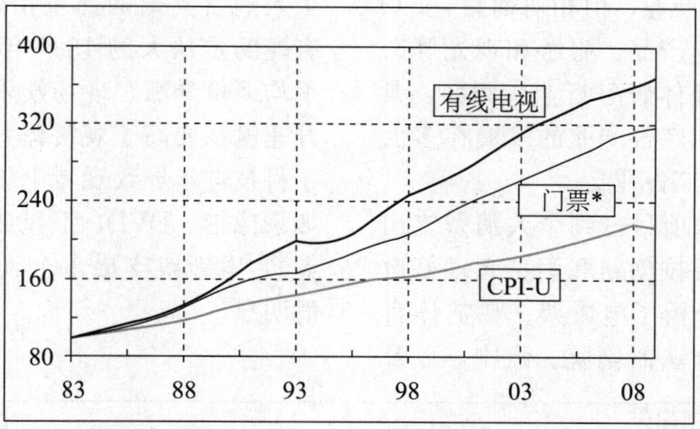

图 1—17　都市消费者物价指数（CPI-U）与部分娱乐产品/服务的通货膨胀率比较，1982—2009 年。

＊此处的门票包含电影、戏剧和音乐会的门票。

资料来源：美国劳工统计局。

表 1—9　　娱乐产业部分样本企业的综合财务数字，2006—2010 年 29

复合年均增长率（%）：2006—2010						
产业类别	企业样本数	收益	营业收入	资产	营业现金流	平均利润率
广播电视	23	−5.2	nm[a]	−18.0	16.0	−1.0
有线电视（付费视频服务）	12	8.5	13.4	−14.4	8.8	3.6
电影娱乐	6	−1.3	3.4	−3.7	nm	9.4
博彩（赌场）	15	−3.8	−6.4	4.3	−2.8	nm
互联网	7	125	16.7	23.7	22.3	21.4
录制音乐	4	−0.4	1.4	1.6	nm	7.0
出版（书籍、杂志和报纸）	19	−3.3	−7.4	−7.4	−11.0	5.9
卫星	2	10.6	13.0	2.5	19.0	14.4
戏院表演	5	3.9	−3.1	−0.8	1.7	7.4
主题乐园	5	1.3	5.5	1.0	2.1	15.7
玩具	9	5.4	2.6	13.2	11.4	3.7
总额	107					

复合总额						
	税前回报率					
	收益	资产	收益	营业收入（10 亿美元）	资产	营业现金流
2010	17.5	9.5	373.2	65.4	689.5	90.1
2009	8.6	4.0	355.4	30.5	754.1	90.1
2008	6.3	3.0	355.3	22.5	760.8	79.6
2007	16.0	7.1	345.5	55.3	783.3	201.3
2006	16.2	6.9	324.0	52.3	761.6	193.3
CAGR[b]：			3.6	5.7	−2.5	−17.4

[a] 无意义。

[b] 复合年均增长率（%）。

资料来源：各公司财报。

虽然经济学者也采用投入/产出表（I/O tables）来分析不同的娱乐产业，但相对而言，I/O 表较多地被用在分析工业产品、旅游和观光等产业，而较少用于娱乐和媒体服务行业。例如，典型的 I/O 表可以告诉你，广告产业的发展在多大程度上取决于娱乐公司的广告开支。[38]

最后，比较各种娱乐项目占到个人消费支出的百分比，将可以发现科技创新和消费者偏好改变的影响。如图 1—18 分析了电影票、观赏体育竞赛、现场娱乐（包含合法的剧院、歌剧，以及表演艺术等非营利组织的活动）三种娱乐活动占个人消费支出的比重指数（以 1929 年为基期）。有趣的是从大约 1980 年开始，由于现场演出的平均票价暴涨，现场娱乐直到最近为止的支出上升速度都要高于观赏体育竞赛。而另一方面，由于科技进步导致观看电影的方式愈来愈多元（例如录像带、DVD、卫星或有线电视转播、互联网等），电影票支出占个人消费支出的比重近年下滑明显。

30

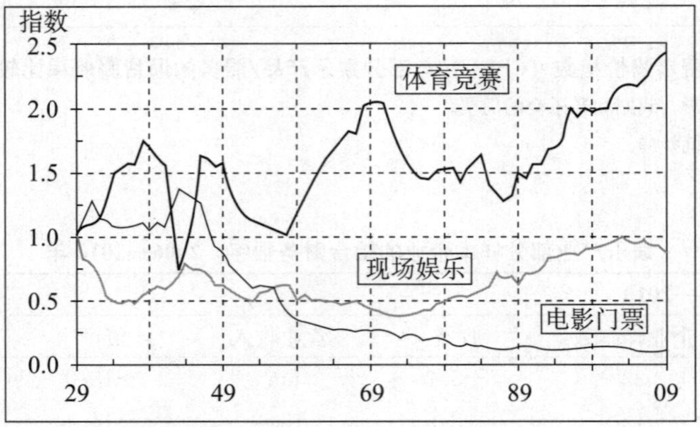

图 1—18 指数化的体育竞赛观赏、现场娱乐、电影院门票占个人消费支出比重，1929—2009 年（1929 年＝1）。

1.7 估值因素

除了了解相关的经济理论和观点外，对财务分析师而言，另一项重点在于利用这些信息进行资产价值的评估。对投资者而言，最重要的问题莫过于市场对于特定产业或公司的资产估值是否正确。为了回答这个问题，我们将会发现在价值评估的过程中，涉及的艺术成分并不比科学成分少。

估值方法大体可以分为三类：采用现金流量贴现、比较法以及期权定价模型。有时候三种方法都适用，其结果也可以互相比较。但有些时候，某些资产的特性使得它仅能适用单一估值方法。不过，在多数情况下，我们总是把现金流量贴现法作为核心方法，因为它同时考虑到了金钱的时间价值以及风险因素。

31 现金流量贴现法

由于媒体和娱乐企业的主要资产多半属于无形资产，而且与知识产权紧密结合在一起，因此根据这些资产（以及权益）随着时间推移所能带来的预期利益，来对资产进行价值评估，是较为合理的做法。尽管并非完美无缺，但在贴现率（discount rate）可以被合理估计的前提下，将未来的预期现金流（或者 EBITDA）采用贴现法折算为当前的价值，就能对资产的潜在利益进行较为有效的评估：其中，股权的现金流必须采用股权资本成本贴现率（cost of equity capital discount rate，也就是在扣除利息费用和本金支付后的贴现率），相反地，企业的现金流量（在扣除利息费用和本金支付之前）则使用资本加权平均成本（weighted average cost of capital，WACC）贴现率。

基本上，任何资产价值的现金流量贴现都是采用净现值法（net present value，NPV）对未来预期的所有现金流进行估算，NPV 的公式如下：

$$NPV = \sum_{t=1}^{n} CFt/(1+r)^{t}$$

其中 r 代表风险调整后的必要报酬率（与当前利率有关），CF_t 代表第 t 期的预期现金流，而 n 则代表未来收到现金流量的总期数。

用最简单的例子来说明，假设必要报酬率为 9%，某电视节目预期未来三年现金流分别是 300 万、200 万和 100 万美元，而第三年之后就不再有任何额外现金流，那么，该电视节目的净现值为 $3/(1.0+0.09)+2/(1.0+0.09)^2+1/(1.0+0.09)^3=2.75+1.683+0.7722=5.205$（百万美元）。

比较法

价值评估也可以通过比较不同公司或产业的财务比例和数字来完成。比较方法通常包括对现金流量和预期盈余的价格倍数（multiples，又译乘数）、股东权益、收益增长率等。例如，目前在采用不同会计准则的全球企业间，进行比较的最佳基准，或许是企业价值（enterprise value，EV）和 EBITDA 的比值。其中企业价值 EV 的计算方法是：对特别股和其他非资产负债表项目进行调整后，把发行在外的普通股股数乘以股价（也就是股东权益资本化的价值），再加上负债减去现金。

当然，现金流量价格倍数、盈余、收益和其他财务数字，本身实际上已经反映了资产的贴现现金流量或者（最终）残值的市场估计。例如，若一家有线电视系统即将被出售，而交易价格是其下一年度现金流量的 10 倍（也就是 10 倍的现金流量价格倍数），则其他拥有类似特质的有线电视系统，很可能也被以 10 倍左右的现金流量价格倍数估价。

32 在娱乐和媒体产业资产的估值上，这种倍数比较法（comparative-multiple approach）是最常用的方法。然而，这种方法难以有效估算经济学者所说的“外部性”（externalities）——而外部性恰恰是使媒介资产对许多买主而言具备独特价值的因素。声誉、政治或道德上的潜在影响力，以及进入特定市场的机会等，都是会影响媒体资产交易价格的重要外部性因素。

选择权

对于具备类选择权（optionlike）特性的资产，或者不常被交易的资产而言，现金流量贴现法或比较法往往都不适用。相反地，选择权定价模式（例如著名的布莱克-斯科尔斯模型，Black-Scholes model）由于采用未定权益估价方法（contingent claim valuation estimates，即分别计算资产在特定条件下的报酬率，以及该条件出现的概率）得到了广泛应用。

然而，除了 20 世纪 90 年代末的互联网创业热潮时期之外，选择权定价法很少被用于娱乐产业的价值评估，除非被估值的资产本身就是选择权契约形式（例如包含保证权、买权或卖权）、在部分具备选择权特性的发行和营销合同（contract，又译合约）当中或者在某些特殊形式的知识产权（如专利权）估值中，才会使用此种方法。[39]

1.8 结论

本章简要描述了整体娱乐产业的经济学观点。我们指出了工作时间、生产力趋势、期望效用函数、人口统计变量以及其他因素，是如何影响我们对闲暇产品投入的时间和金钱的。本章还说明了不同产业部门的成长率、规模和其他数据应如何进行比较。例如，美国人对休闲的个人消费支出——包含娱乐活动和其他在闲暇时间进行的活动支出——占个人可支配所得的比重，在 20 世纪 80 年代首次超过 6%。总体而言，娱乐产业是门大生意：所有娱乐产业如今每年创造 3 000 亿美元以上的产值。此外，若以美元计价条款（terms），娱乐产业多年来都是美国最大的净出口产业之一（2010 年预计贸易黑字达到至少 100 亿美元）。[40]

科技创新同样扮演着重要角色。科技提高了生产力，因此为人们创造了更多的闲暇时间。但同样地，如图 1—19 所示，科技进步也改变了我们对娱乐产品的看法，这些产品——无论是电影、音乐、电视、电玩游戏，乃至于文字——如今都必须被视为广义“信息”的一部分，同样可以被以比特的形式生产、处理和发行。虽然数字化信息只是由简单的 0 和 1 构成，却能够呈现出声音、图像、文字等多样化的面貌。毫无疑问，这已然彻底改变了娱乐产业的经济蓝图。

总的来说，过去的一切都只是变革的序幕而已，富有创造力的人们始终都在寻找新的方法，把创意转换成收益。不过，本章提供的广泛经济学观点，将给后续的章节讨论提供一个基本的思维脉络。

【注释】

[1] 同样地，玩乐（play）这一概念也是社会学和心理学的研究议题。荷兰人类学家约翰·赫伊津哈（John Huizinga）的著作《游戏的人》（*Homo Ludens*）就认为玩乐本身就是目的。赫伊津哈（1955，p. 8）提到玩乐的第一项特征是“不受拘束的、自由的。第二项特征……在于玩乐并不是‘普遍’或‘真实’的生活”。玩乐也需要自身的规则、命令，有时也包含着紧张和疏解的元素，例如赌博。简而言之，玩乐是不受理智支配的本能行为。亦可参见赫尼格（Henig，2008）。

托尔基耳德森（Torkildsen，1999，p. 93）更详细地区分了玩乐（play）、消遣（recreation）和闲暇（leisure）。玩乐是“人们通过自由选择、沉迷其中，并由此获得满足的活动，它具有自发性、自我表达的童趣特点，并创造了自身的特殊意义。……消遣与玩乐不同，它是需要被论证的……它比闲暇具有更大的社会责任……在创造（re-creation）是另一个意义。在最纯粹的意义上，它的特点是由内部消费经验实现个人的同一性和复兴……闲暇则被以不同的方式来理解——时间、活动、经验、状态、生活方式等，它可以包含玩乐和消遣活动”。在这里，消遣、玩乐和闲暇这几个部分重叠的概念，其核心都是愉悦（pleasure），亦可参见罗伯特（Roberts，1995）。

[2] 赫尼格（Henig，2008）引述前任心理医师兼美国国家玩乐研究院（National Institute for Play）总裁斯图亚特·布朗（Stuart Brown）的话：“长期被剥夺玩乐是会有危险后果的”，并认为玩乐与睡眠和做梦等活动一样，是生命的基本元素。

[3] 正如德·格拉齐亚（De Grazia，1962，p. 13）指出的，很明显地，“单单拥有时间是不足以创造闲暇的”，同时伴随着恐惧和焦虑的空闲时间并不算是闲暇。亚里士多德关于闲暇和工作的概念，以及与文化的联系，可参见皮珀（Pieper，2009）。

[4] Klein（2001，pp. 118-119）写道，20 世纪 20 年代初期，大学足球和网球已经成为流行，“越来越多的美国人想要玩和娱乐”，对娱乐和消遣有着一种饥渴。

[5] 正如史密斯（1986，p. 8）所指出的，这类调查表明，对全职的日班工厂工人而言，平均每周工时从 1973 到 1985 年下降了 0.8 小时。但在同一时期，“私营部门的全职办公室员工周工时却增加了 0.2 小时，结果使得这两大劳工群体的工时开始趋于一致”。

此外，海吉斯和泰勒（Hedges and Taylor，1980）发现在 1968 到 1979 年，全职服务业员工的工时减少速度要高于白领和蓝领劳工。同时美国劳工统计局估计，1993 年非农业部门受薪员工每周工时超过 49 小时的比例达到 18.5%，高于 1973

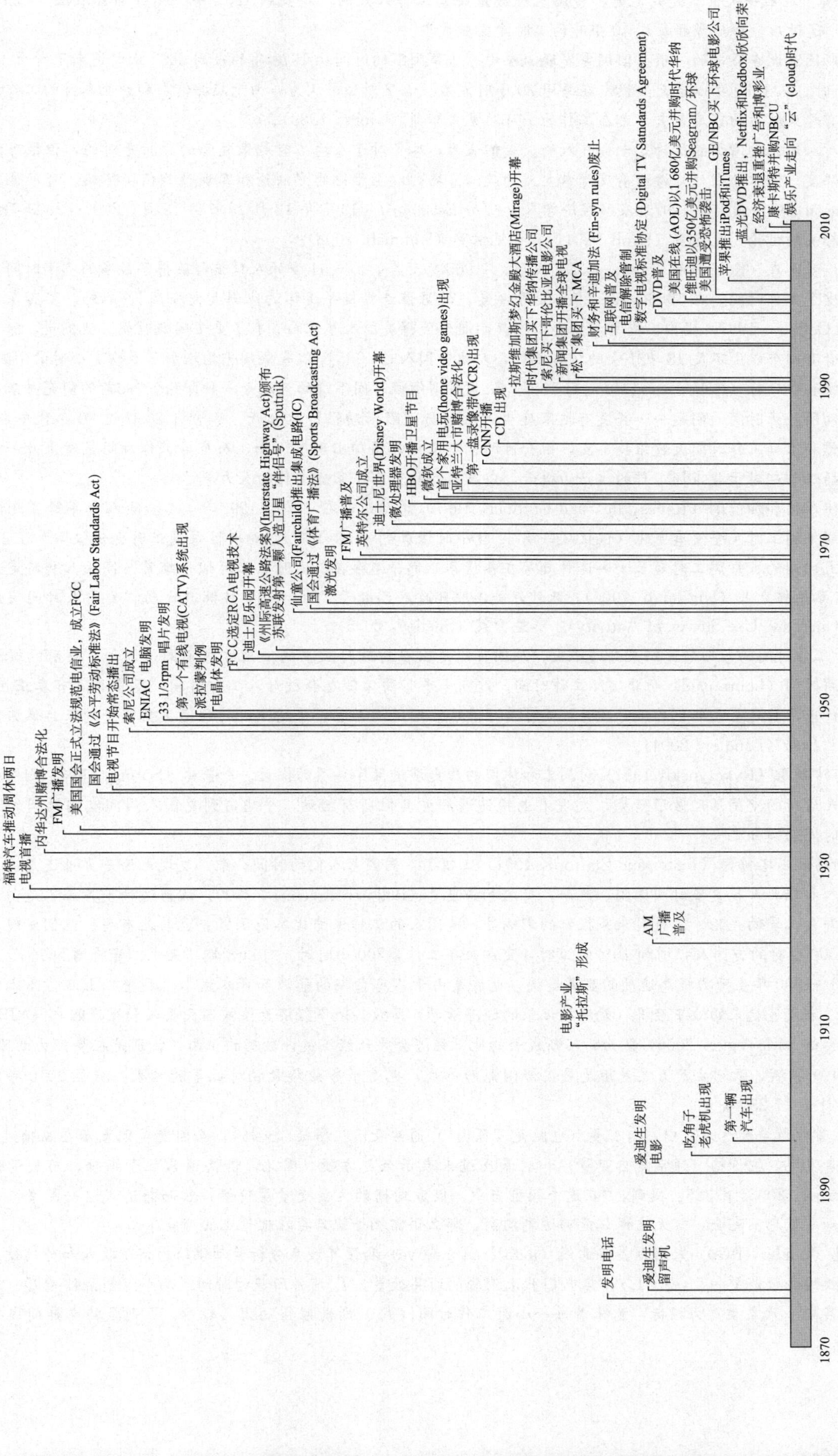

图1—19 1870—2009年娱乐产业大事记。

年的比例 14.2%。在第一次世界大战之前，美国人一般是每周工作六天的，而直到 1938 年公平劳动标准法（Fair Labor Standards Act）通过后，加班费和每周 40 小时的工时才变成常态。

[6] 哈里斯民意调查公司的一项全国调查发现，人均可从事闲暇的时间从 1973 年的每周 26.2 小时逐渐下滑至 1987 年的每周 16.6 小时。从 1989 年以后大致稳定在每周 20 小时左右。哈里斯公司认为，由于经济需求和妇女本身的工作意愿逐渐提高，如今有越来越多的家庭是夫妻都在工作的。可参见吉布斯（Gibbs，1989）。

[7] 这项对人均工时增加的估计是十分吓人的。我们认为，尽管对于人均工时越来越高的分析是对的，但很可能高估了工时增加的幅度。修尔的书处处渗透着反资本主义的政治立场，以至于他的方法论和客观性都值得怀疑。可参见罗宾森和戈比（Robinson and Godbey，1997）及《经济学人》（*The Economist*）1995 年 12 月 23 日第 12 页。2007—2009 年经济衰退对工作时间影响的讨论，见克罗（Kroll，2011），也见卡莫（Kimmel，2008）。

[8] 例如，罗宾森（Robinson，1989，p. 35）发现，"1965 年至今，51～64 岁的人口族群获得了最多的空闲时间，主要是因为他们减少了工作时间。在 1965—1985 年，这个年龄段的男性选择提早退休的比例大大提高"。此外，罗宾森和戈比（Robinson and Godbey，1997）提出，提早退休和小家庭的趋势使得美国人整体而言有了更多闲暇时间。他们说，除了子女非常年幼，或者有四个以上不足 18 岁子女的父母之外，其他美国人自 1965 年以来每周平均增加了至少 1 小时的闲暇时间。

[9] 罗伯特和鲁珀特（Roberts and Rupert，1995）认为所谓闲暇时间下滑的说法是一种谬论。"此前的研究并未有效解决家庭生产活动所花费时间的问题……并没有把家庭生产活动与闲暇活动很好地分开。尽管自 20 世纪 70 年代中期以来，男性的市场工作和家庭工作时间大致维持不变，但女性的家庭工作时间却出现了下降，而市场工作时间呈现上升……可能的原因包括市场工作相对于非市场工作的生产力提升，以及新科技节省了家庭工作的人力等。"

劳恩斯、伊尔格和加德纳（Rones，Ilg，and Gardner，1997）总结道，在 1976—1993 年，"扣除人口年龄变迁的影响后，男性的每周平均工时几乎没有变化（仅仅从每周 41.0 小时增加到 41.2 小时），而女性每周工时也仅仅增加了 1 小时，然而……有更大比例的人每周工时超长……这种趋势在各行各业都普遍存在，同时长工时似乎经常与高收入和特定形态的工作有关"。可参见柯克兰（Kirkland，2000）。此外，美国联邦政府已经于 2000 年 12 月批准资助"美国人时间使用形态调查"（American Time Use Survey of Activity）。参见雪莱（Shelley，2005）。

[10] 关于工作时间的各项研究结果分歧很大，原因可能是出在对政府数据的使用方式不同。例如，政府的统计数据通常是基于受薪时间（hours paid）而非实际工作时间。这意味着带薪休假也会被计入工作时间，尽管并没有真正在工作。此外，政府统计采用的是基于职位的工时统计，而非基于个人。对欧洲而言，平均工时的改变主要是受到来自低薪国家竞争的结果，见兰德勒（Landler，2004）。

[11] 李布津斯基（Rybczynski，1991）对周末和休假的历史演进做了详尽的探讨。斯普林（Spring，1993）则对美国人在每周不同日子进行的空闲活动做了研究，发现看电视遥遥领先其他所有活动，平均占到美国人周间空闲时间的三分之一、周末空闲时间的四分之一。

[12] 杰斯塔和斯塔佛德（Juster and Stafford，1991）比较了不同国家人们的时间分配，发现无论是男性还是女性，美国人都比日本人和瑞典人花更多时间休闲。然而，贝尔和弗里曼（Bell and Freeman，2000）认为这种差异并不是由文化所导致的，而是源自工资的差距、工时对未来报酬的影响等，美国人的工作保障比其他国家差也与此有关。他们发现，当一个每年工作 2 000 小时的美国人，增加 10%的工时，变成每年工作 2 200 小时时，可以预期"未来工资将增加 1%"。

[13] 1973—1990 年生产力提高速度的显著趋缓，也许是由于不可预期的能源和资本成本（利率）上涨、高比例的企业债务，以及逐渐发展起来的地下经济（无法被记录的经济活动）所致，地下经济无法被国民收入和生产账户（NIPA）反映出来。麦克泰格（McTague，2005）认为，不断成长的地下经济会导致经济统计数据的扭曲，特别是在生产力的衡量上。McKinsey（2010）推测，欧洲生产力之差距是更偏好闲暇的结果，也是服务业绩效相对低下的结果。截至 2010 年，人均 GDP 的差距估计是 11 250 美元。

[14] 在大多数数学表达方式中，自变量（也就是"原因"）通常表示在横轴（x 轴），而因变量则表示在纵轴（y 轴）。然而，经济学者发现，把价格（通常是自变量）和数量反过来表示会更方便。因此，价格通常位于纵轴，而数量位于横轴。维纳（Werner，2005，p. 326）提到，"在这个模型当中，促成均衡的主要变量是价格，然而想达成这一结果，完全信息是必需的。如果信息不完全，就无法保证能够达到均衡，那么供需相等就只存在理论上的可能了"。

[15] 林德（Linder，1970）采用无差异曲线（indifference curve）和预算线来分析劳动供给为何是收入和替代效应的函数。消费者的效用函数是 $V=f(Q, T_c)$，其中 Q 代表消费的商品数量，T_c 消费所花的时间。两个限制条件是 $Q=pT_w$ 和 $T=T_w+T_c$，其中 p 代表生产力指标，意味着每一小时工作时间（T_w）所能赚得的商品数量，T 则是特定期间内的时间总和。

为了最大化效用，V 可以用拉格朗日方程求解

$$L=f(Q, T_c)+\lambda[Q-p(T-T_c)]$$

接着对 Q, T_c 和 λ 分别进行偏微分计算。

[16] 参见特罗斯特（Trost，1986）和美国商务部、劳工统计局发布的《每月劳工回顾》（*Monthly Labor Review*），1986年11月，第11期。

[17] 欧文（Owen，1970）的研究证明了向后弯折的劳动供给曲线，并说明对闲暇活动的需求具有正的收入弹性和负的价格弹性，与主流经济学理论一致。此外，戴达和塞利纳（Deidda and Cerina，2002）也研究过单位劳动对劳工收入储蓄的工资弹性。

[18] 效用可以用数学曲线或方程式来表示。例如，购买商品 x 数量所产生的效用可以用 x 的平方根表示［也就是 $U(x)=x$ 的平方根］。可参见李维和萨内特（Levy and Sarnat，1972）。

[19] 进一步分析，X 商品和 Y 商品之间的边际替代率（marginal rate of substitution，MRS）可以用无差异曲线（indifference curves）表示，MRS即为 X 商品的边际效用（marginal utility，MU）和 Y 商品边际效用的比值。其中隐含着边际效用递减假设，意味着两条无差异曲线永远不会相交，无差异曲线是负斜率曲线，且一般凸向原点。

[20] 见 Van Boven and Gilovich（2003）。Lancaster（1966，1971）提出了消费特性法。

[21] 抚养比（dependency ratio）意味着非劳动人口（如儿童和老人）对劳动人口的比值。可参见伯顿和托斯（Burton and Toth，1974）和格拉德威尔（Gladwell，2006b）。

[22] 政府管制经常被认为具有政治必要性，以抵消市场经济中存在的缺陷。例如，过去有许多次立法的目的是在限制垄断权力、避免过度竞争、提供公共产品，以及规范外部性等。

[23] 价格弹性或者其他弹性也可以用微积分来计算。如 $\varepsilon_p=-(p/q)\times(dq/dp)$，其中 q 代表需求数量，p 为每单位价格。

[24] 第四种类型是有益品（merit goods），有时也用于描述文化、艺术和教育支出。当然并不是所有的经济学者都接受。这一概念是由公共财政先驱理查德·马斯格雷夫（Richard Musgrave）提出来的。见陶斯（Towse，2010，p. 35）。术语“地位性商品”（positional goods）有时也用于描述艺术作品。麦克安德鲁（McAndrew，2010，pp. 17-18）解释这一类商品是“稀有的、独特的，具有社会区分度，对它们的购买能力取决于一个人的相对经济条件，而不是绝对经济条件。艺术作品是地位性商品，意味着它们的供给不能像其他商品一样增加”。另外也有“吉芬品”（Giffen goods）——价格上涨时人们的消费会更多，这一类商品相比于替代品，收入效应更强。

[25] 考克斯和亚伦（Cox and Alm，2007）也认为随着收入增加，服务、医疗健康、教育、通信和交通等方面的弹性往往也会跟着提高。这些关系与效用最大化概念是一致的，常常用恩格尔曲线表示，恩格尔曲线显示了一种商品或服务的需求量，是怎样随着消费者收入水平的变化而变化的。不过，这种估计的解释力较低。

[26] 然而，该表并未列出有线电视和博彩支出。尽管这两项是规模最大、增长速度最快的闲暇领域，但却很不幸地被归类在“其他”中。

[27] 图1—11和补充表S1—1均是基于NIPA的数据。

[28] 然而，娱乐服务占整体娱乐支出的比重自1929年以来有了很大的波动。娱乐服务占总娱乐支出比重在20世纪40年代初达到约55%的高峰，主因是那时没有太多耐久消费品可以购买。从那之后，直到20世纪70年代末的数十年间，这一比例又缩减到33%～36%。

[29] GNP衡量的是美国人民和美国企业的产出，不论他们身在何处。而GDP衡量的是一国境内生产出来的产品和服务总价值，无论是本国人还是外国人生产的。事实上对美国而言，这两个数字的差异很小。

国民收支账户（National Income Accounting）的批评者们，如柯布、哈斯蒂德和罗威（Cobb，Halstead and Rowe，1995）认为，GDP的计算完全忽略了家计活动以及志愿活动的经济价值。结果，GDP掩盖了社会结构的恶化，并且在很大程度上误导了分析。“GDP无法分辨成本和利益、创造性的和毁灭性的活动，或是可持续的和不可持续的活动。这项我们国家最核心的经济指标，基本逻辑就像一台只能加不能减的计算器一样……GDP对待闲暇活动和家计活动的方式，就像对待空气和水一样，认为它们毫无价值”（pp. 64-67）。亦可参见维奇特勒（Uichitelle，2006）和曾西（Zencey，2009），他们认为“国内生产总值的最大问题在于，它衡量的是经济活动，而不是经济利益”。斯蒂格利茨等人（Stiglitz et al.，2010）也探讨过用GDP来衡量经济活动的其他问题。

[30] 举个例子，截至2014年，云计算——许多智能手机应用、社会网络、大型多人游戏，以及其他基于互联网的服务将依赖于它——将消耗大约3%的电能。见格兰仕（Glanz，2012）。20世纪90年代以来的石油价格下跌，很明显地让消

费者转向了闲暇、旅行、娱乐和媒介支出。

[31] 美国消费了全世界大约25%的石油，而其中大约三分之二用于驱动汽车、卡车和飞机的燃料上。随着其他人口大国如中国、印度和巴西的经济发展，这些国家的燃料需求很可能也会逐渐接近这个比例。施瓦茨（Schwartz，2008）简短回顾了美国是如何变得如此依赖石油的。斯坦纳（Steiner，2009）提出假设石油价格涨到每加仑8美元，则许多主要航空公司和主题乐园都将无法盈利。德菲（Deffeyes，2005）、坎贝尔（Campbell，2004）、古德斯坦（Goodstein，2004）、马克斯韦尔（Maxwell，2004）和高德与戴维斯（Gold and Davis，2007）都探讨过赫伯特峰值（Hubbert's Peak）和石油耗尽相关的问题。他们认为全世界石油产量的峰值有可能出现在2012年，约为每天1亿桶。西蒙斯（Simmons，2005）、布莱斯（Bryce，2008）和斯特劳斯（Strauss，2011）探讨过未来沙特阿拉伯可能出现的石油短缺，同样的议题马斯（Maass，2005）和金（King，2008）亦有探讨。不过，Corsi and Smith（2005）以及Mills（2008）认为，不会出现这样的短缺，但是将会需要钻探得更深，价格也将因此而超过先前的水平。

[32] 在金融学中，一个便捷的说法叫做“72规则”，即数量翻一倍所用的近似的时间。因此，用72除以复合年均增长率3%（72/3），表明最初的金额将用24年翻一倍。

[33] 价格指数有几个版本；CPI-U表示城市居民消费者价格指数，CPI-W表示职工消费者价格指数，还有GDP平减指数系列。GDP平减指数不像其他CPI上升那么快。价格指数效应的一个例子是，1980年的一台计算机，当时很原始，但是经过通胀调整后，它其实花费不菲。

[34] 丹尼斯和迪弗勒（Dennis and DeFleur，2010，pp. 12-14，89）对大众传播给出了精确的定义，其基础是来自政治学家兼传播理论家哈罗德·拉斯韦尔（Harold D. Lasswell）。拉斯韦尔把大众传播的功能总结为：监控环境、联系社会的各部分，并把社会遗产一代一代地传承下去。

[35] 赫芬德尔-赫希曼指数（Herfindahl-Hirschman Index，HHI）是美国司法部在审核企业并购案时采用的指标。计算方式是把所有生产相似产品、且处于相同地理区的市场竞争者所占市场份额平方后加总，公式如下：

$$\mathrm{HHI} = \sum_{i=1}^{n} S_i^2$$

其中S_i代表该产业第i个企业的市场份额，n代表该产业的公司总数。一般而言，越接近垄断市场，HHI的值就会越接近10 000；中等程度集中的市场HHI一般在1 000到1 800之间，而集中度低的市场HHI一般小于1 000。可参见诺姆（Noam，2009）。

[36] OIBDA消除了企业合并中常出现的不同产业有形资产非现金折旧和无形资产摊销等方面的影响。然而，该方法的问题在于无法用产生的收益来反映特定资本化无形和有形资产的阶段成本。OIBDA也不会反映商誉和无形资产的价值减损，或是由于出售资产导致的收益和损失。相反地，自由现金流（free cash flow，FCF）的计算方式则是用营运现金流，减去已中止业务的现金流、资本支出和产品开发成本、支付本息，以及（如果有的话）合伙发行的费用。

[37] 在2000年左右的一连串会计丑闻后，使用EBITDA作为重要估值指标的热情已经逐渐消退。如今投资者们更青睐自由现金流（FCF）和净盈余。特别是在今天，商誉摊销的规则已经改变（见第5章），且EBITDA并未指明较高且不断上升的债务成本对资产负债表造成的负面影响，或是高涨的利息支出对净盈余的影响，使得它的缺陷愈来愈明显。

[38] 投入/产出表（input/output，I/O）显示产业之间的互动情况，特别是它标示出各产业是如何提供投入给其他产业（并利用其他产业的产出），以创造GDP。该表提供了关于各产业生产过程中的产品和服务流动的信息。I/O表事实上是一系列的表格：使用、制造、直接需求，以及总需求表。“使用”（Use）表格显示其他产业生产以及最终消费者购买商品使用该产业投入的情形；“制造”（Make）表则展示出各产业制造出的商品。

[39] 关于无形资产的衡量和估值，可参见立夫（Lev，2001）。

[40] 关于娱乐产业出口的官方数据是十分粗略的。美国人口普查局（U. S. Census Bureau）公布的信息部门年度调查（The Annual Survey of the Information Sector，NAICS 51）（表3—0—2）表明，在2007年软件行业出口额达188亿美元，而电影和录音产业出口额为148亿美元（根据表3—0—2美国传播产业年度调查，2008年的数字是155亿美元）。美国在娱乐产业方面的贸易黑字是极为明显的，根据美国商务部数据（1993，p. 20），美国电影产业和电视节目产业的净出口（采用以国家为单位而非以公司为单位的衡量指标）在1991年约为21.22亿美元。同一年，音乐、磁带和其他媒介的净出口额达到2.83亿美元。其他相关产业的净出口额如下：主题乐园5亿美元，赌场5亿美元。此外，根据OECD的“国际交易统计”（Statistics on International Transactions）（表A—21），1994年美国电影和电视产业的净出口为24.8亿美元，远高于1980年的1.95亿美元。另可参见伯恩斯坦（Bernstein，1990）和《综艺》（*Variety*）杂志1991年1月9日所探讨的，关于全世界逐渐接受美国娱乐产品的潜在影响。

更晚近的（但并未考虑到进口因素）的数据来自经济学人联盟公司（Economists Incorporated）的希维克（Stephen E. Siwek）为国际知识产权联盟（International Intellectual Property Alliance，IIPA，www.iipa.com）所完成的2003—2007年美国版权产业报告（Copyright Industries in the U.S. Economy，2003—2007）。该报告认为广义的版权产业已经成为美国出口和国外消费最大宗的产业，2007年出口额达到1 260亿美元，超过了航天和化学等产业。占据版权产业核心的行业包括报纸和期刊、音乐出版、广播电视、有线电视、音乐和磁带、电影、戏剧表演、广告、电脑软件和数据处理等。在这些核心版权产业中，2007年电影、电视和视频产业合计创造了约203.8亿的出口额，音乐为76.2亿，期刊出版业57.8亿。

【阅读材料精选】

Albarran，A.（1996）. *Media Economics：Understanding Markets，Industries and Concepts*.

Ames，IA：Iowa State University Press.

Alexander，A.，Owers，J.，Carveth，R.，et al. eds.（2004）. *Media Economics：Theory and Practice*，3rd ed. Mahwah，NJ，and London：Lawrence Erlbaum Associates.

Aron，C. S.（1999）. *Working at Play：A History of Vacations in the United States*. New York：Oxford University Press.

Athavaley，A.（2007）. "Vacation Deflation：Breaks Get Shorter，" *Wall Street Journal*，August 15.

"Crossroads for Planet Earth，" *Scientific American*，September，2005.

Cutler，B.（1990）. "Where Does the Free Time Go?，" *American Demographics*，12（11）（November）.

"The Determinants of Working Hours，" *OECD Employment Outlook*，September 1983.

"The Entertainment Economy，" *BusinessWeek*，No. 3362（March 14，1994）.

Epstein，G.（1995）. "Myth：Americans Are Working More. Fact：More Women Are Working，" *Barron's*，April 3.

Filer，R. K.，Hamermesh，D. S.，and Rees，A. E.（1996）. *The Economics of Work and Play*，6th ed. New York：HarperCollins.

Fuchsberg，G.（1994）. "Four-Day Workweek Has Become a Stretch for Some Employees，" *Wall Street Journal*，August 3.

Gabriel，T.（1995）. "A Generation's Heritage：After the Boom，a Boomlet，" *New York Times*，February 12.

Gray，M. B.（1992）. "Consumer Spending on Durables and Services in the 1980s，" *Monthly Labor Review*，115（5）（May）.

Hedges，J. N.（1980）. "The Workweek in 1979：Fewer but Longer Workdays，" *Monthly Labor Review*，103（8）（August）.

（1973）. "New Patterns for Working Time，" *Monthly Labor Review*，96（2）（February）.

Hunnicutt，B. K.（1988）. *Work without End：Abandoning Shorter Hours for the Right to Work*. Philadelphia：Temple University Press.

Jablonski，M.，Kunze，K.，and Otto，P.（1990）. "Hours at Work：A New Base for BLS Productivity Statistics，" *Monthly Labor Review*，113（2）（February）.

Kilborn，P. T.（1996）. "Factories That Never Close Are Scrapping 5-Day Week，" *New York Times*，June 4.

Malabre，A. L.，Jr.，and Clark，L. H.，Jr.（1992）. "Productivity Statistics for the Service Sector May Understate Gains，" *Wall Street Journal*，August 12.

Marano，H. E.（1999）. "The Power of Play，" *Psychology Today*，32（4）（August）.

Meyersohn，R.，and Larrabee，E.（1958）. "A Comprehensive Bibliography on Leisure，1900-1958，" in *Mass Leisure*. Glencoe，IL：The Free Press. Also in *American Journal of Sociology*，62（6）（May 1957）：602-615.

Moore，G. H.，and Hedges，J. N.（1971）. "Trends in Labor and Leisure，" *Monthly Labor Review*，94（2）（February）.

Oi，W.（1971）. "A Disneyland Dilemma：Two-Part Tariffs for a Mickey Mouse Monopoly，" *Quarterly Journal of Economics*，85（February）.

Owen，J. D.（1971）. "The Demand for Leisure" *Journal of Political Economy*，79（1）（January/February）：56-75.

Pollak，R. A.，and Wachter，M. L.（1975）. "The Relevance of the Household Production Function and Its Implications for the Allocation of Time，" *Journal of Political Economy*，83（2）.

"The Productivity Paradox，" *BusinessWeek*，No. 3055（June 6，1988）.

"The Revival of Productivity," *BusinessWeek*, No. 2828 (February 13, 1984).

Rhoads, C. (2002). "Short Work Hours Undercut Europe in Economic Drive," *Wall Street Journal*, August 8.

"Riding High: The Productivity Bonanza," *BusinessWeek*, No. 3445 (October 9, 1995).

Rifkin, J. (1995). *The End of Work*. New York: Putnam.

Robbins, L. (1930). "On the Elasticity of Income in Terms of Effort," Economics 10 (June).

Robinson, J. P., and Godbey, G. (1996). "The Great American Slowdown," *American Demographics* (June).

Rosen, S., and Rosenfield, A. (1997). "Ticket Pricing," *Journal of Law & Economics* XL (2) (October).

Scott, J. (1999). "Working Hard, More or Less," *New York Times*, July 10.

Staines, G. L., and O'Connor, P. (1980). "Conflicts among Work, Leisure, and Family Roles," *Monthly Labor Review*, 103 (8) (August).

Tseng, N. (2003). "Expenditures on Entertainment," Consumer Expenditure Survey Anthology, U. S. Bureau of Labor Statistics.

Vitello, P. (2008). "More Americans Are Giving Up Golf," *New York Times*, February 21.

"Wheel of Fortune: A Survey of Technology and Entertainment," *The Economist*, November 21, 1998.

Yoon, L. (2006). "More Play, Less Toil Is a Stressful Shift for Some Koreans," *Wall Street Journal*, August 10.

第2章 基本要素

仔细聆听科技带来的信息。

——卡弗·米德（Carver Mead），芯片设计先驱

所有娱乐和媒体产业都拥有一些共通的基本要素。这些产业都遵循着相同的潜在规则，也几乎同时 41
受到发行技术变革的影响；此外，由于这些产业的产品和服务特性，它们经常同时是广告的买方和卖方。本章所要探讨的就是这些与所有娱乐和媒体产业均有联系，但却往往被忽略的基本元素。

2.1 心理学根源

娱乐对我们意味着什么？是什么在驱动着我们对娱乐的需求？甚至在古代文明中的乐师、舞者、（中国和埃及的）杂技表演以及（罗马的）战车比赛就已存在？这些问题可以说是娱乐产业经济学的核心，因为问题的答案对于任何一个娱乐或媒体产业的供给和需求而言，都具有重大意义。然而，对于娱乐的心理学探讨目前还在十分初步的阶段。例如，所谓的客观主义方法（objectivist approach）认为，在最基本的层面上，娱乐和媒体至少提供人们三种心理利益［或者报酬（payoff）——用经济学语言来说］。[1]

1. 胜任感（sense of competence）：成功完成 42
某些情绪和智力上的挑战。例如，听懂了一个笑话、看懂电影情节、了解歌词、哼出旋律，或者在电玩游戏中获得高分等。

2. 自主感（feeling of autonomy）：嘿！你“独自”完成了这项挑战呢！（至少你认为如此。虽然你的选择在很大程度上依然受别人影响。）

3. 关系感（sense of relatedness）：你对小说中的角色、电影明星、作者、电视人物、歌手或

者作曲家产生了认同。虽然实际上，他们根本不认识你。

因此，娱乐是一种被人的本性所驱动的、自我满足的、拥有积极体验的活动。[2]然而，娱乐最显著的一个特性，是它能够抓住人们的注意力(attention)。[3]这一点在互联网时代显得尤其难能可贵，因为如今人们已经被遍布网络的免费内容给弄得注意力缺失了。换句话说，如果某件事物不能抓住你的注意力，也不能用其他方式令你产生情感上的联系，它就不是“娱乐”。[4]

2.2 大道之行

媒介定律

传播学先驱马歇尔·麦克卢汉（Marshall McLuhan，1964，2001，p. 305）很早就注意到，“任何一种媒介的内容，本身就是另一种媒介”(the content of any medium is always another medium)。换句话说，任何媒介，无论是书籍、音乐、电影、玩具、游戏，或是戏剧，其内容都会与别的媒介彼此转借、衍生，并相互依赖：电影的内容也许是基于小说，小说也可能被改编成电视连续剧甚至歌曲。例如，动画片《狮子王》(*The Lion King*) 后来被改编成电玩游戏，《变形金刚》(*Transformers*) 系列玩具后来衍生出了同名电影，电玩游戏《真人快打》(*Mortal Kombat*) 和《古墓丽影》(*Tomb Raider*) 后来也被改编成电影。著名百老汇音乐剧《芝加哥》(*Chicago*) 最后成了获奖电影。迪士尼的《加勒比海盗》(*Pirates of the Caribbean*) 在拍成特许电影 (movie franchise) 前，本来是主题乐园里面的一项设施。

其实，上述说法仅仅反映了麦克卢汉四条媒介“定律”的其中之一而已（McLuhan and McLuhan，1988，p. viii）。这些定律都可以通过直接观察来加以验证，并适用于任何人类创造的产品。

(1) 延展性 (extension)：任何科技的目的都在于延伸或强化人类的器官或能力。例如，轮子（自行车或汽车）是脚的延伸，媒介则强化或增益了人类的社会文化。

(2) 淘汰性 (closure)：为了维持均衡，当某个领域的体验被提高或强化时，其他领域就会减少或是消退。例如，我们虽然可以同时看书和听音乐，但两种体验会互相干扰，以至于都达不到最大效果。另一方面，在观赏电影或电视节目时，过于强烈的色彩和图像，也会分散我们对于片中对话和声音的注意力。[5]同样地，新媒体会挤压旧媒体，使得旧媒体逐渐淡出我们的注意范围。

(3) 逆转性 (reversal)：任何形式的媒介，当它的潜力被发挥到极致时，其性质往往会发生逆转。例如互联网本来只是电脑的一种应用，但随着网络的高速发展，如今电脑的地位已然下降为互联网的一部分而已了。[6] 43

(4) 回溯性 (retrieval)：每种媒介的内容都可以回溯到先前的或是更为古老的媒介。例如，书籍衍生出电影，电影又产生了戏剧、音乐专辑、电玩游戏等衍生品；反之亦然。[7]

然而除此之外，我们认为麦克卢汉很可能漏掉了第五条“定律”（不过就某方面而言，这条定律是“回溯性”定律的延伸）。这定律也是从观察中产生的，可以表述如下：

(5) 熵/分裂性 (entropy/fragmentation)：在某种媒介形式成功后，它会很快分裂/衍生出许多不同的子类别或是子系列。例如，我们可以从杂志类别、有线电视频道、书籍、电视节目种类、电玩游戏、流行音乐乃至于电影流派的繁衍中，发现这一趋势。[8]

分裂和衍生可以发生在所有媒介领域中，只要有成功的媒介内容或形式被开发出来，就会出现这一现象。这个过程与生物的细胞分裂十分类似，它会一直持续到该领域的经济能量耗尽、财务失败的风险上升到难以容忍的程度为止。[9]我们也可以用热力学的概念“熵”（entropy）来描述这一现象。“媒介熵”（media entropy）与物理学和通信理论的熵一样，会通过分裂和衍生而不断增加，从最初的稳定有序状态，最终变成完全无序、纷乱的状态。[10]从这一定律还可以推论出我们的第六定律：

（6）群聚/同步性（herding/synchronicity）：分裂和熵同时也伴随着另一项目前尚未被科学家完全了解的生物学趋势，就是“人们会倾向跟别人做同样的事情，而且喜欢和别人同步去做”。这一群聚/同步性倾向导致了所谓的时尚和潮流，在自然界随处可见这一现象，同时也适用于所有娱乐和媒介产业。[11]

熵/分裂性还衍生出另外一个现象，就是媒介和娱乐产品或服务（与其他产业类似）的排序也服从指数性或者所谓的幂律（power law），其数学逻辑类似地震强度、城市规模或是股价变动的排序规律；幂律的另一种说法是“80/20 法则”，简而言之，无论电影、书籍、唱片、电视节目、玩具、游戏、有线电视观众、网站访问、演员收入，以及几乎其他一切现象，都服从 80/20 法则，如 20%的电影获得超过 80%的票房收入、20%的网站获得超过 80%的访问量、20%的明星演员囊括了 80%的片酬收入等。幂律关系（在第 4 章有更深入讨论，可参考图 4—9）与媒介的第七条定律有关。

（7）指数性（exponentiality）：收入是呈指数 44
分配的，即少数的产品或服务创造出绝大多数的效益，而其余大多数的产品或服务只创造一点点收益，甚至没有。各行各业几乎都服从 80/20 法则——也就是 80%的收益或利润是来自 20%的商品。[12]但在娱乐产业，情况更加极端：例如在音乐产业，比例差不多是 98：2。

（8）散布性（spread）：正如水总是往低处流一样，媒介内容总是尽可能散布得越广越好；内容寻求最大化的发行量，发行网络也寻求最大化的内容。[13]

网络特性

对娱乐和媒介产业而言，“内容为王”通常是成立的。这意味着一家公司如果能掌握目前最流行的内容，不管形式是电影、书籍、音乐、电视节目、杂志或报纸、电玩软件还是其他，都能够因此获得市场竞争优势和良好的公司估值。因此，内容通常也是多数消费者和投资者关注的焦点。尽管如此，内容发行网络方面的科技变革（例如 Google、iTunes、YouTube、Facebook 等）已经使得大多数内容的价格掌控能力趋近于零，只有一小部分内容由于其内在的质量而能维持某种定价权。[14]通常看来，通常聚合内容要比创造、管理或收集内容更容易赚钱。例如有线电视频道，这是电影、电视节目、动画片的完美的聚合器，一般获得的利润远胜过那些。[15]

其主要原因，正如尼等人（Knee et al.，2009，p. 62）所言：“内容生产本质上并不需要巨额的固定成本，因此它并不是规模经济产业。”在发行业，所需的固定成本过高，形成了进入障碍，使得仅有少数企业能长期生存。相反地，对内容生产企业而言，由于进入障碍较低，导致竞争者众多，且更迭频繁。[16]因此，在任何一个媒介和娱乐产业领域，包括电影、广播电视、音乐、有线电视、书籍、杂志、报纸和电玩等，总是可以看到众多内容供应商在争夺少数发行网络的情况。简单地说，媒介之间的竞争常常是激烈的，体现为多种层次和不同的形式。[17]

确实，倘若缺乏庞大的发行网络——发行网络是需要大量固定成本的，具备规模经济特性；尽管发行网络只是内容的载体，但相关的技术创新却从不缺少——大多数内容根本无法拥有太大的经济价值，或是对社会、文化的影响力。从这个角度而言，“渠道为王”或许比“内容为王”更靠谱些：如果无法触及受众（audience），哪怕世界上最好的内容都是一文不值的。[18]

因此，我们必须再一次强调前面提过的散布 45
性，媒介内容寻求最大化的发行量，发行网络也寻求最大化的内容。基于这样的特性，在所有媒介和娱乐产业的运作中，发行网络都是最基本的要素。从 Facebook 和 Twitter 等社交网站平台展现出的全球知名度和文化影响力就可以看出这点。这样的网络在内容传输发明上的边际成本几乎为零，这些内容不仅反映了其内在的价值，而且也为用户和广告商所接受。然而，要注意一个重要的区别：三者之间的边际成本接近于零和创造新内容的边际成本之间的区别，后者总是会更高一些，并且最终要通过更高的边际价格进行补偿。[19]

尽管媒介网络也遵循着麦克卢汉所揭示的定律，但整体而言，网络最重要的特性莫过于梅特卡夫连接定律（Metcalfe's Law of Connectivity，简称梅特卡夫定律）。该定律适用于所有网络，包括电脑、电话、公路网等，甚至人们向家人或朋友谈论电影、音乐、电视、玩具或书籍的意见网络，也同样遵循该定律。[20]

倘若一个网络具有足够的容量且不会出现壅塞，那么网络的效用（或价值）至少是用户（或节点）数量的平方。用公式表达如下：

$$V=aN^2+bN+c$$

其中 V 代表价值（效用），N 为用户数量，其他均为常数。一个随着时间的推移向右上移动的抛物线或指数型曲线可以说明这个概念。

与其他网络比较，互联网的唯一差别是每个节点都能够同时与一个以上的节点连接，这意味着相较于大多数点对点的网络（例如电话网），互联网的价值提高速度会大于 N 的平方。因此，这样的网络显现出指数性（而非线性）的增长，且具备规模收益（returns）特性。[21]

夏伊（Shy，2001，p. 5）进一步说明，对软件开发、银行、广播、有线电视乃至于航空这类“网络产业”而言，开发第一单位产品或服务时所付出的巨额沉没成本（也就是再也无法回收的成本），随着往后销售的产品或服务数量会越来越多，“因为制造更多单位产品所产生的边际成本小到几乎可以忽略不计，意味着平均成本函数会快速下降”。“这表示竞争性均衡并不存在，在这样的市场中，通常强势的领导厂商能够攫取大多数的市场。”[22]

46

2.3 法律层面和限制

法律层面

谈到娱乐和媒介产品或服务——包括电影、音乐、主题乐园、赌场、电玩、表演艺术、体育竞赛、小说、杂志，甚至报纸，消费者所购买的事实上是一种情绪上和心理上的体验。因此很多人认为，娱乐和媒介产业基本上可以被定义为“体验产业”。事实上最近的研究表明，相较于购买实体商品，人们在购买“体验”时能获得更大的快乐和更长时间的满足。[23]所有看似五花八门的娱乐和媒介产业，基本上都在做同一件事：销售体验。[24]

娱乐产业的消费者所购买的其实并不是电影票、数字音乐、DVD 或按次付费(pay-per-view)的内容，而是一种接近、使用某些体验的权利。无论就批发还是零售层级而言，这种权利是整个娱乐和媒体商业的核心，也是律师（不是经济学者）能在这一领域几乎每一次交易当中找到机会大做文章的原因。然而，尽管关于这一领域的法律已经发展了很长时间，但依然存在模糊地带，同时随着新的内容形式和传播科技不断出现，法律的边界也在不断改变。[25]

结果，关于娱乐和媒介产业的法律框架——特别是版权法——总是不断受到挑战，并需要定期地更新和审视。[26]

法律限制与集中度议题

所有国家都在某种程度上，对媒介产出和内容制作产业的所有权设定结构化的限制。有些限制是纯粹基于技术理由（例如尽量避免信号干扰），但多数是为了政治原因。例如在美国，长期以来对于媒介所有权的集中都有着严格限制（例如限制在同一区域市场同时拥有电视台和报纸），部分原因是担心丧失意见的多元性。

关于媒介集中和多元化的议题，诺姆（Noam，2009）的研究最为详尽而全面。他提到（p.35）影响媒介集中的三个主要因素包括：（1）规模经济增长；（2）进入障碍的降低；以及（3）数字融合（digital convergence）。“前两个因素导致了纵向的、垂直的集中；而第三个因素导致了各个媒介部门之间的横向融合。”该研究发现，整体而言美国的媒介集中程度并没有比其他已开发国家更高；同时无论是媒介集中的支持者还是反对者，关于媒介集中这一议题都还有诸多被忽视、误解或者混淆之处。此外，他还发现媒介集中是一个循环的过程，且多数媒介市场都包含有占据大部分市场份额的产业巨头，但依然存在独立者、创新者，以及专精者。

2.4 互联网 47

变革的推动者

互联网并不只是一个传输信息和娱乐的新媒介——如果你喜欢的话，可以把它理解为联系所有网络的网络。同时它也是如今所有企业业务的整合者。互联网已经颠覆了几乎所有过去大家习以为常的商业模式，特别是在媒介与娱乐方面，后者是通过所有权以及/或者对封闭系统（如广播电视频谱的许可制度）进行控制来创造财富。互联网减少了由于规模经济所产生的竞争优势，也降低了顾客对传统媒介的忠诚度，并创造了新的不同的封闭生态系统（如亚马逊、苹果、脸谱和谷歌所创造的）。

互联网已经在以相比于以往更大的量级，更高的更新率在创造或摧毁金钱和信用。因而，由于金钱的创造和更新关乎信心和信任，金钱从根本上来说就是信息；反之亦然。[27]图2—1说明了互联网发展历程中的里程碑事件。[28]

互联网最大的影响之一在于它推动着内容发行方面的变革，让新的发行传布方式得以挑战传统的发行渠道。网络就像是一个不断进化的有机体，任何人在网上都可以成为自己所生产内容的全球出版商、广播者，而无需通过政府许可或公司审核。所有娱乐和媒介产业都不断被互联网所改变，因为互联网：

（1）重新定义和安排中间人、批发商和发行商的功能，但并不一定彻底消灭他们。

（2）通过改变广告、订单和销售收入占总收益的比重，而改变了顾客关系的本质。

（3）提高娱乐内容及相关产品服务的数量、多样性和易用性（通过著名的“长尾效应”，我们下面将会继续讨论）。[29]

（4）为全新的娱乐产品和服务形式提供了发展机会。[30]

（5）能够更好地利用传输的零边际成本。

（6）打碎以前截然不同的、独立的媒体平台，使《纽约时报》、BBC、CNBC不再是不同的企业，或者在不同的地理区域竞争。[31]

（7）挑战整个基于技术和地理区位的权利基础（rights-based）结构。

（8）似乎降低了内容资产（例如电影库、音乐库）的价值，因为内容的单位价格正在降低，

48

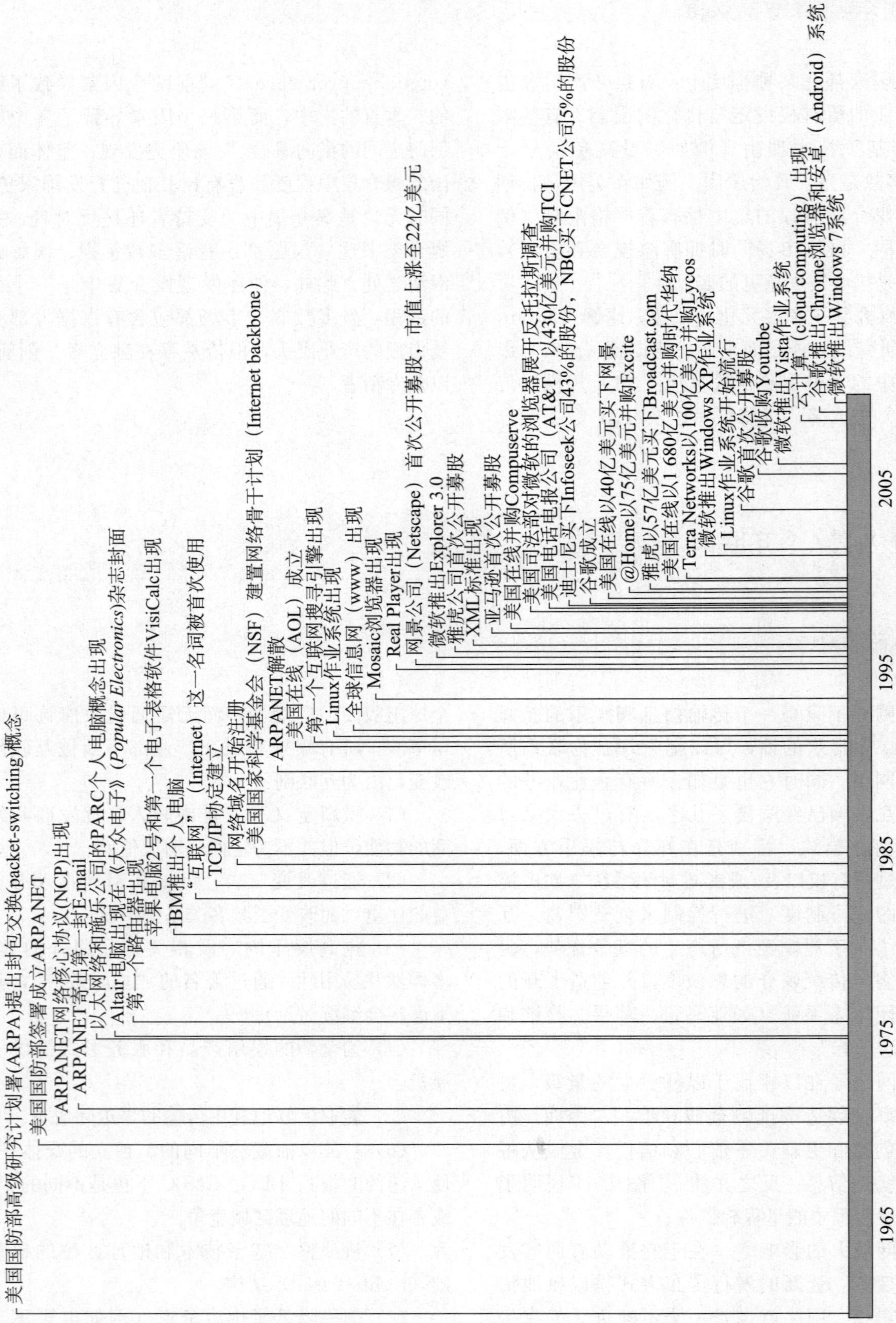

图2—1 1960—2009年互联网发展大事记。

且发行商的把关能力被弱化，结果私人品（常常不情愿地）转化成了公共品。[32]

49 其中，最后三项被认为是最具杀伤力的。例如，电影院的发行合同一般是基于地理基础的；广播电视信号发行（包括电台信号）技术上有发送距离和时间的限制；DVD 或 iPod 播放的内容一般不能在别的载体上播放；有线电视和卫星电视的接收权利更是直接与用户所处的地理区位有关。然而，通过互联网，地理、载体、用户位置都将不再重要，互联网弱化了过去的所有发行“藩篱”，使得所有内容都可以在各式各样的平台、载体上播放，不仅打破了时间和空间的限制，而且单位价格还大为降低。[33]

从更深一层来看，互联网所带动的内容发行变革使得过去传统媒介对内容的控制和把关能力被逐渐打破，而对内容发行的把关能力正是许多传统媒介和娱乐产业能获得高额利润的基础。[34]在新的媒介环境下，到处都出现了分裂和原子化的趋势。相较于传统上基于控制——通过旧的、以产权为基础的媒介藩篱——的媒介环境，如今互联网用户和内容创造者、发行者之间，存在更多的赋权、参与、投入、联系、客制化/个人化，以及合作。传统的媒介受众、消费者和购买者们，如今事实上已经逐渐变成社会网络化的内容生产者、发行者以及伙伴。例如，视频内容聚合者也叫多渠道网络（MC-Ns），让内容创造者可以在很大程度上绕开传统的广播电视和有线电视把关人。[35]

传统意义上的媒介受众、消费者和购买者，事实上已经成为社交网络中的内容创造者、传输者和同伴——从而提出了一个新问题：谁是这些更开放、更少独裁、更体验取向的世界的真正拥有者和控制者？[36]对传统结构的粉碎也表明，“将媒体按照其边际成本进行定价，在现实世界并不可行……大多数信息娱乐业的在线公司，并不为它们所传输的内容买单”[37]。

长尾效应

“长尾”（the long tail）这一词汇大约是 2003 年由作家克里斯·安德森（Chris Anderson）所提出，描述的是互联网如何改变整个世界，从资源稀缺到资源过剩。历史上从来没有一个时期的消费者能够像今天这样有如此多样化、区隔化的产品和服务（不仅是媒介和娱乐产品）可供选择。在互联网出现以前，商业运行的重点不外乎找到某项最受欢迎、能吸引最多消费者的“热门”产品；需求是自上而下推动的，而非自下而上拉动；产品和服务的重点是找到大众口味的最小公分母（least common denominator），也就是大多数人都能够接受但不会完全满意的东西，因为发行渠道和储存空间的物理限制，产品和服务的种类是远远不能满足大众多样化的需要的。

然而到了数字时代，这些限制在很大程度上已经逐渐消失，而背景（context）——而非内容——成为王道。[38]结果，“热门”产品或服务在商业上的重要性相对降低了，因为消费者如今能够自己去探索、挖掘更丰富多样的内容，其中有些因为太小众，在过去可能根本没有人知道。这样的变革在很大程度上是由于科技创新带来的内容聚合服务（例如 Google 和 Bing），以及像亚马逊（Amazon）或其他用户博客那样可以方便筛选信息的机制所导致的。这些趋势促成了“长尾”的实现，更多区隔化/利基化的需求不再被忽略，不同于大众化需求的“长尾”经济规律开始受到重视，热门产品的衰退期变得更长，以及“最小公分母凌驾一切”的时代结束。

长尾事实上就是数学中“幂律分布”（power-law distribution）的图形表达，它近似一条急剧往右下方倾斜的曲线，我们会在第 4 章深入探讨，另可参见图 2—2 和图 4—9。这条曲线表明，如果从左向右看，大约前 10 项产品（热门产品）吸引了绝大多数消费者的注意，然而其他利基产品依然有需求存在，因为“尾部”向右延伸到非常远的地方，且永不与横轴相交，这意味着所有利基产品的需求累积起来也是非常可观的，甚至会超过热门产品的总需求。

总之，尽管如今各行各业都会提到长尾效应，但这一效应在媒介和娱乐经济中的作用是特别巨

50

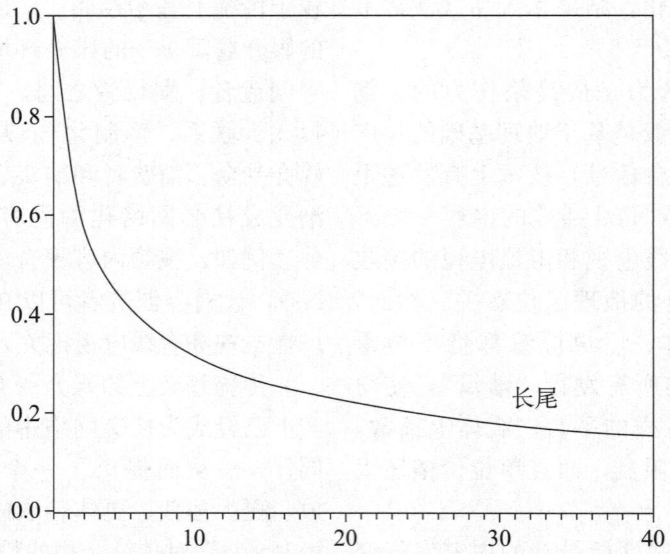

图 2—2 长尾分布（帕累托分布）（$k=-0.5$）。

大的。然而，关于“利基市场”能够产生出比“卖座产品”更大的利益，这一说法尚未被广泛接受。事实上，有些媒介公司已经发现，绝大多数的商业价值依然产生自长尾分布图中“头部”（head，即左边的热门产品部分）的卖座产品或品牌，而“尾部”的利基内容尽管有着新营销技术和 YouTube、Facebook 等平台的帮助，却依然难以创造出足够的商机和利润。此外，位于头部和尾部之间的中等内容却在不断流失市场份额。

毫无疑问，互联网使得内容的发行变得更加容易、成本更低，而互联网上的各种推荐/过滤机制也使得消费者能更轻易地找到所需内容。然而对多数企业而言，它们往往必须同时维持传统的发行网络和数字化的互联网发行机制，因此它们需要衡量这两种做法的利弊得失。此外，消费者也不可避免地需要花费更多时间成本来搜寻、筛选、获得自己所需的内容。结果，尽管“长尾”不断地延长，但仅仅关注“尾部”依然难以成为企业获利的基石。[39]

2.5 广告

在所有娱乐和媒介公司的商业模式中，广告都是关键的战术和战略要素。事实上我们还发现，在过去一个世纪间，广告实质上支撑着新闻和娱乐产业的生存发展。如图 2—3 所示，广告支出的发展与个人消费支出（PCE）的走势紧密相关。[40]随着行业不同，有些企业更多地扮演广告市场的买方；反之亦然。其中玩具公司、赌场和主题乐园通常是广告的买方，而广播电视、报纸和杂志通常是卖方。[41]通常，强调品牌形象的产品和服务，其广告/销售比（advertising-to-sales ratios，A/S 比）相对较高，其中尤以媒介和娱乐企业为大宗。

表 2—1 列出了 2009 年美国前 12 大广告支出产业，这个排序长期以来并没有太大变化，而且在多数已开发国家也呈现出类似的趋势。从表中可以看出，如果把电影、视频、音乐和媒体产业的广告支出加总起来，可以高居前五名。

了解广告供需关系的另一个办法，就是通过投入/产出表（I/O 表）。这类表格可以指出某行业与其他行业的买卖关系。例如在媒介和娱乐产业，电台和电视、有线电视、出版和广告产业之间的交互关系格外紧密，这并不令人意外。[42]

51

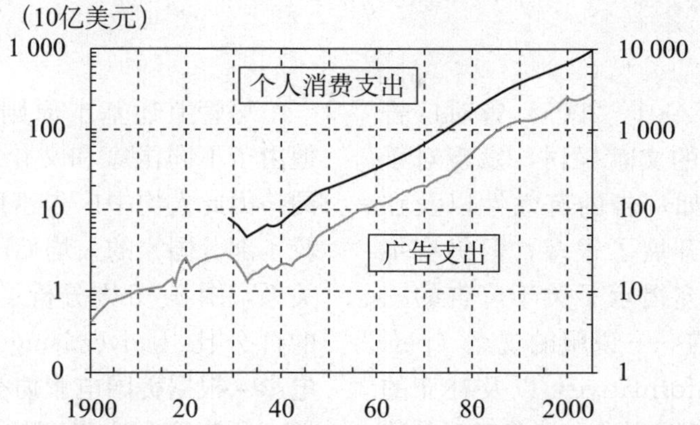

图 2—3　广告支出和个人消费支出趋势，对数尺度（log scale），1990—2009 年。

表 2—1　2009 年美国前 12 大广告支出产业　52

	总额（百万美元）	报纸	电视	有线电视网	互联网
零售	17 160	5 719	4 942	1 203	765
汽车	15 609	3 529	7 006	1 273	666
电信和互联网	10 101	1 554	4 192	1 173	1 338
金融服务	9 664	1 899	1 964	882	2 944
药品和医疗	8 687	215	4 053	1 472	281
一般服务	8 547	2 437	2 303	498	574
食物、饮料和糖果	7 820	79	3 180	1 633	124
个人照护	6 029	19	2 341	941	101
餐饮	5 616	221	3 255	1 146	68
航空、酒店和旅游	5 174	1 199	854	448	467
电影、视频和音乐	5 110	886	2 295	1 223	135
媒体	4 722	1 310	201	165	516

资料来源：《广告时代》(*Advertising Age*)，2009 - 12 - 28。

功能层面

广告对媒介和娱乐产业而言尤其重要，是因为这些产品通常都具有内容上的独特性和时效性。正如第 1 章所说，若是能让消费者需求曲线右移，或是变得缺乏弹性的话，企业将能够获得更高的利润。事实上，虽然第一个单位的产品（第一份电影拷贝、第一份报纸）需要耗费大量的成本和资源，但往后无论生产出多少同样的产品，所增加的边际成本几乎都可以忽略不计。因此，广告经常成为最主要的营销工具，同时占据很大一部分固定成本。[43]

广告对于那些销售广告版面或时段的业者而言，同样非常重要。例如，广播电视、有线电视网和报纸等业者向受众提供内容，而这为广告的存在建立了基础。这些业者为了生产有足够吸引力的内容，需要投入大量的前期成本，而这些固定成本在短期至中期内几乎是不可能改变的。因此，哪怕是对广告需求的一点点正向或负向的变化，反映在广告时段或版面的价格变动上，都会对媒介整体的利润产生巨大影响。

特别是对娱乐和媒介产业而言，广告在买方和卖方的商业模式中都处于核心地位。同时，今天的广告已经越来越多地和许多娱乐产品的发行和传播——包括销售（merchandising）、授权（licensing）、活动赞助（event sponsorships）、联合促销（ties-in，搭售）以及植入式广告（placements）——深度整合在一起。这是另一项基本要素。

53

经济与商业层面

巴格韦尔（Bagwell，2001，2005）曾对广告的经济学观点进行过全面的文献探讨，发现对于广告的经济学探索——例如广告的有效性以及在品牌化中的作用——虽然开展了很多，但仍有不少问题悬而未决。他的研究揭示了关于广告的三种互相之间存在冲突的观点——说服的观点（persuasive）、信息的观点（informative）以及补充的观点（complementary）（意即广告在消费者对品牌形象和认同的形成中起到了补充的作用）。这些观点基本上都是从垄断性竞争市场的理论中衍生出来的，大约形成于20世纪30年代。

根据说服的观点（persuasive），广告不仅降低了消费者对公司产品和服务的需求弹性，使得公司能够抬高价格，同时还能够形成进入障碍，特别是存在规模经济的市场更是如此。说服的观点似乎最适合用来解释大多数娱乐产品和服务的现象，部分原因是这些产业大多数产品都以相对固定的价格销售（例如电影票），同时具备“准独占”（quasi-monopolistic）市场性质（想想那些“不可错过”的节目或者“必须拥有”的玩具吧）。精准的广告还使得公司能够区隔不同消费者，并通过价格歧视策略来获得更高的回报（详见第1章）。

与其相反，信息的观点（informative）则认为广告信息使得消费者能够更有效地找到低价商品。因此，此种类型的广告往往会加剧当前企业之间的竞争，并使得新进入者更容易切入市场。[44]

补充的观点（complementary）在贝克和墨菲（Becker and Murphy，1993，p. 943）的著作中有深入的讨论，这一观点也有相当的道理。两人提到：“广告通过提高边际消费者的需求，而抬高了产品的需求弹性……当企业无法在自身产品和竞争者的产品间做出区隔时，它就不会进行广告。”在娱乐和媒介产业，无论对广告的买方还是卖方而言，这样的差异化和区隔都是必要的，尽管广告的投入成本和效益之间的关系有时并不明确。

尽管上述基本原则大致是放诸四海而皆准，但由于不同国家和文化中的媒介产业生态大不相同，因此人均中广告密度也大相径庭。图2—4比较了部分国家的人均GDP和人均广告支出之间的关系，图2—5则分析了部分商品的广告占销售额的百分比（advertising-to-sales ratios，A/S比）。电影（根据美国电影协会MPAA的数据）在图中拥有所有商品中最高的A/S比，这主要是由于电影具备非常明显的明星效应和时效性。

由于多数市场的新进入者一般都需要投入较高的成本进行广告，以争取消费者的注意力和认同，因此广告需求往往也被视为重要的进入障碍之一。但究竟应该将销售收入的多大比例投入到广告中，对多数企业而言依然是个问题。事实上，多夫曼和斯坦纳（Dorfman and Steiner，1954）曾提出一套探讨最优A/S比的理论模型[45]，尽管该模型并不容易应用在实践中。该模型认为，广告支出占销售收入的比值应该等同于需求的广告弹性和价格弹性之比。公式如下：

$$kA/S=\varepsilon_a/\varepsilon_p$$

其中k为常数，ε_a代表需求量对广告的弹性，ε_p代表需求量对价格的弹性。其背后的含义是，倘若把支出用在投放广告上，所能获得的收益要大于把支出用在降低价格上的话，则应该增加广告投入。不过，广告支出报酬率（ROAS，return on advertising spending）的计算不只考虑到销售增长或是收视率，也同样会考量到消费者的购买意愿和品牌知名度等因素。 54

一般而言，广告支出会受到景气循环的影响，随着经济形势的好坏而涨跌。广告支出通常占GDP总量的2.0%，或是企业税前利润的1.3%（见图7—6和图9—2）。广告支出通常是通过广告代理商而投放的，代理商与客户共同合作，进行品牌规划和广告植入策略的设计与实施，目的在于使最终用户的需求最大化。代理商与各大媒介保持紧密的联系，在广告定价和估值方面具备专业经验。[46]

55

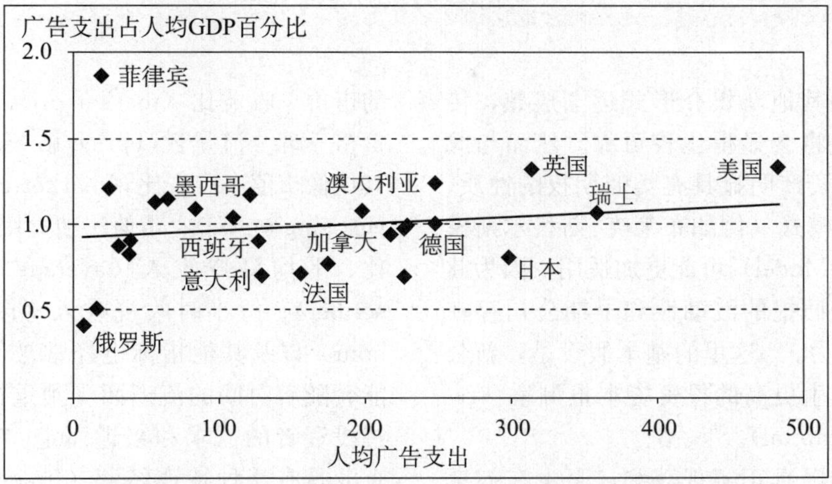

图 2—4　部分国家人均广告支出和人均 GDP 比较，2000 年。

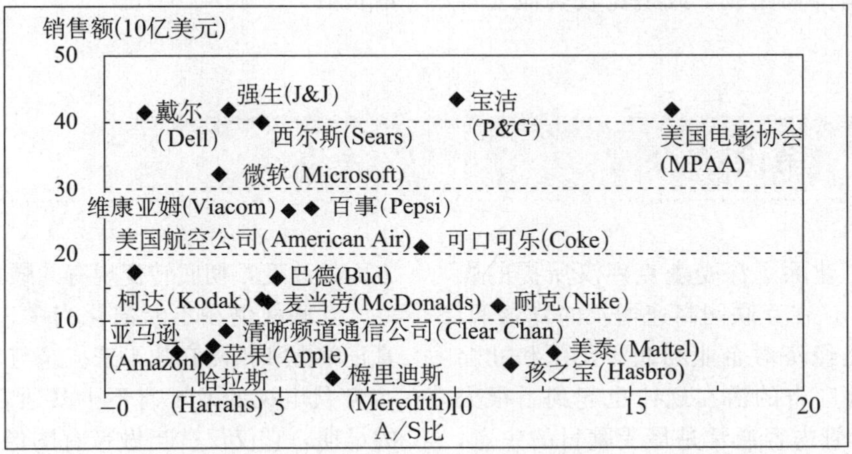

图 2—5　部分产业广告占销售额百分比（A/S 比），2004 年。

2.6　会计与估值

会计

至少在互联网发展的初期，传统的会计指标——现金流量、盈余或销售额倍数，以及与资产负债表有关的杠杆比率、负债率等——在对互联网企业的股权和资产进行评价时，就已经显示出不少问题。部分原因在于互联网企业的成长太快，潜力太难以估量。此外，传统的会计方法无法完全解释互联网企业的高速增长，这些企业几乎全由无形资产组成，其资产增值主要来自公司建立初期的密集广告、营销以及研究与开发（R&D）。传统会计方法的衡量依据主要来自交易时候的估计，但对知识资产而言，即使没有任何交易发生，其价值依然会出现增加或者折损。[47]互联网领域的会计争议还包括收益认定、贴现，乃至于该在何时认列费用等问题。[48]

估值

随着互联网和其他新媒介形式逐渐成熟，传统的估值方法最终将会显得比较可靠。然而与此同时，由于互联网资产明显具有类似期权的性质，这意味着期权定价模式（例如布莱克-斯科尔斯模型，Black-Scholes Model）可能更加适用，因为此类模型明确考虑到回报的波动性和早期公司存在的巨大营运杠杆潜力。[49]这里的基本假设是，新公司一般而言可以产生更高的投资资本报酬率（returns on invested capital）。[50]

许多新公司难以真正实现获利，至少在初期是如此。在这种情形下，分析师通常会拿类似公司最近的市场收购价来比较，或是比较类似公司的市价—收益比（market price to revenue ratio）、价格—现金流量比（price to cash flow ratio）等。其他像市值—广告比（market capitalization to advertising views）、市值—独立用户（unique users）比、平均订户收入（average revenues per subscriber）、每小时收视收入（revenue per viewer-hour）以及其他指标也经常被使用。这些指标可能会随着时间的流逝而受到重视或是被舍弃，都视投资者的需求和兴趣而定。[51]不过，除非目标企业具有某种特许经营（Franchise）或者处于受保护地位，否则投资者不会仅仅关注公司的业绩增长。[52]

2.7 结论

56

媒介和娱乐产业除了深受麦克卢汉所提的媒介四大定律影响外，在互联网高速增长的背景下，也会同时受到网络经济对企业利润、文化和社会的深刻影响，此外广告的潜在规律也起到了很大的作用。因此，尽管内容通常是最受瞩目的焦点，但发行的重要性丝毫不亚于内容。

我们已经探讨了互联网的许多方面，认识到互联网同时具备强大的破坏性和建设性。互联网的优势在于它使得现有的电影、电视节目、游戏、文字和音乐能够以崭新的形式进入新的市场。然而随着网络带宽（bandwidth）的不断增加，互联网也变得越来越有能力颠覆传统的商业模式，并通过发行结构、定价、便利性、广告以及费用等方面的改变，彻底转变现有的顾客关系。

互联网仍在不断演化当中，迄今我们仍无法真正掌握和预测它的未来。这与20世纪20年代和30年代电视的发展有不少共通之处。在电视发展的早期，它仅仅被当做带有图像的广播服务而已；然而多年以后，我们意识到电视的到达率（reach）、影响力，以及它对社会和人类集体心理的冲击，早已远远超过“带有图像的广播”这一范畴了。今天，互联网的影响力和前景绝不逊于早年的电视。

正如麦克卢汉所言：“每一项新科技改变的都是整个框架，而不仅仅是框架内的图像。”

【注释】

[1] 参见沃德尔等（Vorderer et al.，2004；2006，pp. 6-8）。

[2] 许多研究也表明娱乐和媒介对人类的心情、警觉、记忆和认知有影响。例如诺布洛克和思尔曼（Knoblock and Zillman，2002）研究过娱乐对心情转换的影响。巴特莱特和斯内鲁斯（Bartlett and Snelus，1980）揭示了音乐与自身记忆的关系。赫恩（Hearn，1989）则研究了音乐和心情放松的关联。安德森和安德森（Andersson and Andersson，2006，p. xiii）写道：“记忆体验包含的不仅是艺术和娱乐，还包括诸如工作经验、旅游、享受自然和社交等，但相对于其他体验，艺术和娱乐体验的重要性似乎正在不断提高。”

[3] 参见安德森（Anderson，2009）。

[4] 正如雷尼（Raney，2006，p. 141）所言："没有情感，就没有享受。"

[5] 参见罗尔（Lohr，2007）最近对该领域的研究。

[6] 麦克卢汉与麦克卢汉（McLuhan and McLuhan，1988，pp. 107-109）提到逆转性的一个例子就是乡村的改变；乡村过去是人类所有工作的中心，但如今已经变成闲暇和休憩的场所，而与此同时，城市的变化则正好相反。晚近，有线电视公司变得越来越像电话公司，而许多电话公司也开始提供电视服务。也许最好的例子是：过去电话完全是通过缆线传输的，而广播则是经由电波。但近年来电话越来越多地通过无线方式传送，而广播电视却逐渐转向靠缆线（有线电视网）传输。此外，网络（互联网）越来越像是一台巨大的电脑，而真正的电脑却变成网络的一部分。凯利（Kelly，1998，p. 76）提到，"汽车不再像是安装了芯片的轮胎，而更像是安了四个轮胎的芯片"。逆转性也可以在今天的广播电视网和有线电视节目内容中看到。无线电视网过去仰赖于精心编排的黄金时段节目，而有线电视台则多半依赖便宜的真人秀节目。但正如弗兰科（Frankel，2009）指出的，情况已经发生了反转，2004—2008 年，有线电视在黄金时段的受众从 5 050 万增加到 6 060万。与此同时，无线电视网的受众却从 4 090 万下滑到 3 560 万。

[7] 例如，马克斯（Marks，2002）和艾森伯格（Isenberg，2005）提到，百老汇的制作人们如今经常从电影中寻找灵感，而努森鲍姆（Nussenbaum，2003）提到，玩具品牌成为许多电影的创意来源。

[8] 每个区隔所吸引的是越来越分裂、小众的受众。例如，恐怖电影（horror films）衍生出青少年恐怖片。在杂志业，如今有专门区分 50 岁以上和 50 岁以下族群的不同园艺杂志。在有线电视业，如今有 300 个以上的专业频道。在图书产业，仅仅节食这个主题就有数百种不同的书籍。一旦碎片化市场无法保证获利，情形也会发生逆转，厂商会回过头来试图满足较大多数的受众。马丁（Martin，2004）提到，为了保持利润，许多利基性的有线电视频道如今也开始制作符合大众口味的节目。

[9] 例如，第一代的《星际迷航》(*Star Trek*) 电影或者电视剧无疑是极端新颖且令人兴奋的。但是在续拍过多次后，当第 N 代的《星际迷航》或者第 M 次山寨版电影出现时，这一系列内容的原创能量早已丧失殆尽了。紧凑的、统一的理念已然不在，留下的只有了无新意的、无序的混乱状态。

[10] 熵（entropy）这一概念经常令人混淆。香农和韦弗（Shannon and Weaver，1949）首先在传播理论中提到这一概念，皮尔斯（Pierce，1980，p. 80）也提及过。在传播理论中，熵可以用公式 $H=-k\sum_{i}P_i\log p_i$ 表示，其中 k 是常数（等于 1），p_i 代表从相似事物构成的大样本中抽取出第 i 个的概率。

[11] 相关文献包括钱姆利（Chamley，2004）对群聚性的探讨，和斯图罗加茨（Strogatz，2003）对同步性的探讨。

[12] 安德森（Anderson，2009，pp. 130-132）提到，这一法则经常被人误解。因为"80"和"20"说的并不是同一件事，所以两个数字相加并不一定等于 100。例如，你可以说 20%的产品创造出 95%的销售额（或利润），那么比值就是 95/20。

[13] 这一法则首先由泰普斯科特（D. Tapscott）2004 年 3 月 30 日发表在《华尔街日报》的管理者专栏（Managers' column）中。

[14] 免费内容的趋势在安德森（Anderson，2009）的著作和论文中有所讨论，亦可参见韩德尔（Handel，2009）。

[15] 这些想法由阳狮集团（Publicis Groupe）的数字媒介管理者 J. E. 瓦塞拉罗（J. E. Vascellaro）和 E. 斯蒂尔（E. Steel）发表在 2011 年 9 月 8 日的《华尔街日报》上，题为《内容洪潮淹没了雅虎》(Content Deluge Swamps Yahoo)。也见尼（Knee，2011）。

[16] 拉波特（LaPorte，2010，p. 144）提供了关于发行 vs. 内容的一个真实案例，他提到 20 世纪 90 年代末梦工厂（Dream Works）试图进军电视制作业的努力。"垂直化的趋势越来越明显。如果你无法拥有某种形式的发行渠道，将会严重影响你公司的规模和成长。"

[17] 维尔兹（Wirtz，2011，p. 31-32）根据类型（如经济方面、新闻特性方面）、子部门、不同产品和竞争目标，对媒介竞争进行了分类。

[18] 如果拥有良好发行渠道的话，自生产节目的价值会大幅提高。关于内容和渠道之争，可以从 2004 年 3 月艾科斯塔（EcoStar）和维亚康姆（Viacom）的争端看出端倪。当时维亚康姆要求艾科斯塔配合抬高价格，及绑定播放维亚康姆旗下的新频道，遭到艾科斯塔的拒绝。在将近一周时间内，艾科斯塔停播了维亚康姆旗下的 CBS 电视台以及其他有线电视节目［例如 MTV 台和尼克（Nickelodeon）儿童频道］；这次情况和结果均与 2000 年 5 月时代华纳（Time Warner）的例子类似，当时时代华纳旗下的有线电视网停播了迪士尼旗下的 ABC 电视节目，并因此承受了巨大的公众和政治压力。当时迪士尼向时代华纳施压，要求时代华纳播放迪士尼旗下新的有线电视网节目。在这两个案例中，发行方（有线电视网）试图压

低价格，并保留部分频道空间以供那些规模较小的独立节目制作商使用，但也因此饱受抨击。可参见阿朗戈（Arango，2008b）、《华尔街日报》2004年3月10日以及《纽约时报》2000年5月2日的报道。2008年，林氏广播公司（Lin Broadcasting）要求时代华纳有线电视将用户月费由25美分提高到30美分。参见《综艺》(*Variety*) 杂志，2008年10月27日。肖尔特（Stelter，2009）提到，2009年下半年也发生过类似的争端，当时福克斯电视网（Fox Network）要求时代华纳有线电视把用户月费提高到每月1美元。另一项迪士尼和缆视有线电视（Cablevision）之间的纠纷，源于迪士尼要求缆视把用户月费提高到50美分，后来该事件一直延续到2010年的奥斯卡颁奖日才得到解决。在维亚康姆的案例中，谢克纳和史密斯（Schechner and Smith，2010）与谢克纳和奥维德（Schechner and Ovide，2009）也提到，CBS每年从有线电视网约可获利2亿美元。而在福克斯与时代华纳的纠纷中，在持续了五年的谈判后，最后月费协调至每户80美分。福克斯和缆视2010年的争议过程也与此类似。参见李特顿（Littleton，2010）。

[19] 列文（Levine，2011，p. 5）注意到，经济学者所用的MC＝MR＝MP理论，最适用于普通商品而不是媒介商品。更重要的是，接近于零的定价无法补偿内容创造者和传输者制作新内容和维护渠道的投资和风险。

[20] 该定律得名自互联网和以太网的先驱之一——罗伯特·梅特卡夫（Robert Metcalfe）。

[21] 唯一需要注意的是，对N过小的网络而言，维持网络的成本可能会超过其价值。只有在用户达到关键多数（critical mass）以后，才能确保长期的成功。网络效应在e-mail、网拍、即时通信、聊天室等服务上更为明显。此外，正如胡伯曼（Huberman，2001，p. 25）所言，“网络上的内容发行有一个特殊的趋势，就是幂律……在n个页面上找到某个网站的概率是$1/n^B$，其中B大于或等于1”。凯利（Kelly，1998，pp. 32，115）也提到，在网络经济中只是取代了物质，而企业的成功则仰赖于所拥有网络的成功，网络包含的内容越多，就越有价值。

[22] 夏伊（Shy，2001，pp. 136-159）使用博弈论（game theory）进一步分析广播电视、有线电视产业和受众是如何对各种缺乏管制和竞争的情况做出反应的。

[23] 见范博文和吉洛维奇（Van Boven and Gilovich，2003）。

[24] 在旅游和运输业中，需求在很大程度上来自客与货从一地到另一地的物理移动的需要。在娱乐和媒介业中，需求和欲求来自从一种情绪和心理状态向另一种的转换。因而，电影、小说、音乐、赌场服务等，是移情需求。与商品有关的消费特性和品质，而不是拥有商品本身，更有意义。见兰嘉斯汀（Lancaster，1966，1971）。

[25] 一个重要的例子是在2010年，多家科技公司和好莱坞制片厂联合成立数字娱乐内容生态系统（digital entertainment content ecosystem，DECE）——后来重新命名为紫外线（UltraViolet）联盟。该联盟意在推动合法电影档案的可携式播放。根据DECE的构想，未来消费者在购买或租赁一部影片后，通过在线注册，就可以把数字加密过的电影档案在任何平台或装置上播放——换句话说，只需购买一次，就可以在任何时间和地点观看。然而，目前尚不清楚消费者是否能接受这种不保存档案、只靠在线播放的购买方式。可参见斯通（Stone，2010）。迪士尼也在推动类似的概念，它的系统称为钥匙箱系统（KeyChest）。

[26] 在美国，关于内容传输与使用方面最重要的法律就是版权法（copyright laws），特别是1998年的《千禧年数字版权法》(Ditigal Millennium Copyrights Act，DMCA)，该法与世界知识产权组织（World Intellectual Property Organization，WIPO）协议有关。DMCA为其他国家的相似法律提供了参照，并影响了大多数媒介和娱乐产业。DMCA的主要精神在于保护内容的版权，并对盗版行为提供了法律基础。但是，DMCA只是关于娱乐和媒介产业的诸多政府法令和规范之一，其他还有诸如涉及并购的法令、劳动法和劳工安全政策、授权规定和费用，以及财务会计揭露原则等。关于媒介和娱乐产业涉及的法律，可参见奥巴赫（Orbach，2011）。

[27] 这是皮克斯利（Pixley，2012，pp. 3-23，193）和瑞安-柯林斯等（Ryan-Collins et al.，2011，p. 51）的观点。

[28] 互联网的雏形最早在20世纪60年代被提出，当时美国国防部先进研究项目局（Defense Advanced Research Projects Agency，DARPA，现称为ARPA）试图建立一种新形态的通信网络，使得不同的电脑、各种软件系统都能够彼此交换信息。第一个“节点”1969年由博尔特、贝拉内克和纽曼（Bolt，Beranek & Newman）在美国加州大学洛杉矶分校（UCLA）建立（现成立了BBN公司）。到了1975年，大约建立了100个这样的节点，用来联系全球各地的研究中心和政府设施。此外，更先进的信号压缩演算法（演算法是指处理数据的数学方程式）也被运用在信号传输系统中。

不过，互联网的发展步伐还是深受处理器、存储设备等硬件技术进展的影响。在整个20世纪80和90年代，电脑硬件升级速度和效率不断提升，价格则不断下降；20世纪70年代价值100万美元、有一整个房间大的巨型电脑，效能可能还比不上20世纪80年代一台仅仅数千美元的台式机。总体而言，与互联网发展有关的技术概念可以被总结如下：(1) 网络就是电脑（the network is the computer，意即由许多电脑连接起来形成的网络，本身就等于是一台巨大的电脑）；(2) 预算能力每18个月增长一倍（摩尔定律）；(3) 带宽（每秒钟能传输的比特数）每年增加一倍；(4) 光纤的带宽容量近乎无限。

1985年，这些软件和硬件方面的进步促使美国国家科学基金会（National Science Foundation）建立了一条高速、长距离的网络主干——等于是整个网络的主心骨——取代了最早的军事网络。然而到1995年，国家科学基金会的主干网又被由七家公司联合建立的网络取代。另外在1991年，由英国科学家蒂姆·柏纳-李（Tim Berners-Lee）开发的全球资讯网（www），首度允许科学家们在网上交换图像，而不再只是文字信息。图像的交换可以说是释放互联网潜力的关键，参见齐格勒（Ziegler，1996）。

尽管商业应用早年在互联网上曾被禁止，但后来的发展非常快速。互联网商业应用的催化剂是浏览器（browser）软件，第一个浏览器是由伊利诺伊大学开发并免费发布的Mosiac。到了20世纪90年代晚期，互联网已经发展成一种低成本的大众传播媒介，使得每个人都可以立即地、不分时间地点地传播文字、动画、音乐、电脑软件，以及所有能够数字化的东西。安德森（Anderson，2004）提到，这使得旧的艺术作品、电影、音乐、书籍和其他内容得以被重新利用和转制成新产品。过去，哪怕最畅销、最有价值的内容产品，其销售周期通常也有限度，而在互联网时代，“长尾”的经济价值正在迅速显现。

[29]“长尾”这一概念是由安德森（Anderson，2004，2006）带动起来的，代表在电影、书籍、音乐和其他领域，前网络时代那种20%商品创造出80%价值的说法将不再有效。在互联网上，下载任何电影、书籍、音乐或其他内容的经济价值都是相等的，因为内容传播的边际成本为零，也不需要任何额外的物理存储空间。这不像是在地区戏院看电影或者在沃尔玛购物，因为空间的限制，哪怕是沃尔玛也只能摆出较受大众喜爱的商品来供选购，而网络上却不如此。“长尾”的假设意味着任何旧的、小众的内容都可以得到传播的机会，而不需要牺牲获利性。然而，戈麦斯（Gomes，2006）对此持怀疑态度，埃尔伯斯（Elberse，2008）也提出了反面例证。

[30]戏院通过在线下载影片供数字放映机播放，可以省去持有胶片的成本。参见麦克布莱德（McBride，2005a）和维瑞尔（Verrier，2006a）。《综艺》杂志2007年2月5日也探讨了数字内容用来生产3D影像，特别是动画片的作用。2008年，主要制片公司（迪士尼、福克斯、派拉蒙和环球）决定投入大约7亿美元，为多达10 000个戏院放映厅配备能播放3D电影的数字设备。麦克布莱德（2008a）也探讨了环球公司对数字播放设备的赞助决策。舒克（Schuker，2009d）提到，电影数字化是由发行商和放映商共同推动的，但升级到3D设备的费用（2009年时大约是7.5万美元）则由放映商独立承担。同时，能在任意时间和地点播放电影的视频点播（video-on-demand）服务也使得传统的DVD租售店受到冲击。

第一个基于互联网的视频点播服务于2002年由影联公司（Movielink）推出，后来曾由索尼、华纳、派拉蒙、环球和米高梅所拥有，最后于2007年授予百视达（Blockbuster）。该服务允许用户随时下载所喜爱的电影，每部价格在1.99～4.99美元之间，然而在推出的第一年并未得到什么反响。星光娱乐集团（Starz Entertainment Group）后来推出了Vongo，该服务收取9.99美元的月费，用户可以任意观赏大约850部电影，直到订阅过期或者影片被撤下为止。这是第一个以平价提供最近主流电影（下档不超过一年）的VOD服务。2006年，影联公司开始允许用户下载、保存影片，此前它仅提供在线出租。其竞争者在线影院（CinemaNow）也提供索尼和狮门电影（Lions Gate）的影片下载。影联公司提供的较新电影每部大约售价20～30美元，老片约为10～16美元。2006年比特流（BitTorrent）和华纳兄弟电影公司达成协议，允许200部数字加密过的电影在DVD发售的同日上线提供下载。参见汉赛尔（Hansell，2004）、考克（Colker，2006）、弗里茨和斯奈德（Fritz and Snyder，2006）和麦克布莱德（McBride，2006b）。

最近一项利用连接互联网和电视的机顶盒提供在线视频点播的服务，是由Vudu所提供的［参见斯通（Stone，2007）］，沃尔玛于2010年并购了Vudu，除了机顶盒外，还可以提供给特制的高清电视（HDTV）和蓝光播放机使用［参见巴斯蒂罗（Bustillo，2010）］。此外，2007年，苹果的AppleTV也开始利用类似iTunes的方式提供电影服务（与迪士尼、派拉蒙、狮门和米高梅合作）。苹果向电影发行商以每部14～14.5美元的价格购买影片，以14.99美元出售；相较之下，沃尔玛的DVD进货价是15～18美元一部。2008年，苹果还宣布iTunes将可以提供所有主流电影公司的影片出租服务，每部价格是新片3.99美元，老片2.99美元；用户下载后需要在30天内观看，一旦开始播放后24小时内必须看完。

科斯纳（Kirsner，2007）提到，早期电影付费下载服务被苹果所垄断，它返还给发行商的收益约占所有影片下载服务的70%。格兰特（2006）也探讨了互联网内容发行的议题，主要案例为Brightcove。然而到了2010年，其他竞争者的加入，如前面提到的Vudu、百视达、亚马逊、Netflix，以及百思买（Best Buy）和在线影院合作的首轮影片租售服务，使得这一市场竞争日趋激烈。相较于DVD和蓝光（Blu-Ray）影盘租售在2009年创造的180亿美元收益，所有在线下载服务2010年仅为电影公司创造了10亿美元的营收，尚弥补不了DVD销量下滑的损失。然而，据估计这类VOD服务到2015年将会带来大约50亿美元的收益。参见格雷瑟和奥特（Graser and Ault，2010）。

哈曼（Harmon，2003）探讨了关于电影和电视节目数字发行方面的限制，奥威尔（Orwall，2003）则分析了带宽增长的影响。同样值得注意的是，互联网似乎会减少人们通过传统手段观看电影和电视节目的时间；斯坦福大学一项调查表明，60%的互联网用户减少了看电视的时间，还有32%的人说他们看报纸的时间少了。参见马可夫（Markoff，2000，2004）。

对有线电视而言，互联网则是促成产业发展、融合以及数字信号设备［如机顶盒与电缆调制解调器（Cable Modem）］普及的催化剂。此外，目前尚不清楚传统的电视（这是有线电视这一产业出现的基础）在未来是否依然会像今天这样普遍。传统的广播电视业那种按照每天、每个时段固定编排节目的做法，势必也需要改变，因为受众已然在何时、何地、通过何种设备收听（收看）节目方面拥有更多自主权。因此，受众的收听、收看行为模式也不像过去那么容易被衡量和控制了。

音乐市场的情况甚至更加混乱，因为音乐是以现有技术最容易被下载的媒介内容。主流唱片公司才刚刚开始探讨关于如何对互联网下载的音乐收费、如何避免盗版（在非商业的情况下，称之为搭便车或许更合适）等方面的技术标准和程序。另一方面，互联网也强化了歌手自身的品牌价值和掌控权，意味着歌手有机会绕过大型唱片公司直接面对受众，过去唱片公司通过合同掌控着歌手，在很大程度上是因为它们拥有发行渠道。

同样的变革也发生在出版产业。和歌手一样，书籍作者如今有机会绕过出版商而直接接触读者。对报纸和杂志产业而言，过去获利甚丰的分类广告如今逐渐受到在线广告的冲击；另一方面，互联网企业也为传统媒体创造了大量的广告收益。参见《商业周刊》（*BusinessWeek*）2005年5月2日。

在游戏产业中，如今在网络空间中与来自地球另一端的对手对决，早已不是什么稀奇事。尽管游戏厅的街机也可以在线下载新的游戏内容，但无可避免地，由于互联网为家庭主机和电脑提供了更多、更高质量的游戏，传统的街机发展可能会趋缓。此外，互联网也使得玩具和游戏消费者逐渐更加青睐那些与电脑有关的玩意。

尽管在美国线上赌博依然游走在法律边缘，但如今已然有许多国际性的赌博网站存在。在线上赌博的规模和投入的金钱日益增长的同时，传统的地区性赌场也受到了冲击。事实上，与赌场密切相关的酒店和航空业，如今由于在线预订网站大行其道，酒店和航空公司本身对于价格的控制权已然降低。参见穆兰尼和格洛佛（Mullaney and Grover，2003）。

[31] 参见卡尔（Carr，2011）。

[32] 参见阿朗戈（Arango，2008b）和安德森（Anderson，2008b）。

[33] 关于“控制的终结”（The End of Control）及其意涵，主要见诸杰尔德·莱昂哈德（Gerd LeonHard），他自诩为媒介未来主义者，参见 www.mediafuturist.com。

[34] 关于掌控权的逐渐被打破，波德林和雷文（Boldrin and Levine，2008，Ch.2）总结道：“知识产权的垄断——包括专利、版权和有限授权协议——都应该被打破。”

[35] YouTube传输了很多的多渠道网络（MCNs），迎合了全球的年轻受众，并提供了测量手段，以实现段落长度、内容次序和其他观看标准的最优化。参见Wallenstein（2012）。

[36] 关于互联网发行和在线直播（webcasting）——软件能够根据受众选择的内容而自动推送相关的广告——相关的法律和技术标准还在发展中，参见盖斯（Gaither，2006）。目前互联网企业主流的商业模式有二：(1) 内容免费或收取最低费用，但内容与广告捆绑在一起；(2) 内容以注册费、授权费或者其他方式收取费用——包括网拍等平台根据交易额的一定比例收费。至于内容收入和广告收入的比重在不同企业则大异其趣，与公司的服务类型以及公司的发展阶段（成熟度）和品牌知名度均有关系。

至于网络广告，根据《商业周刊》2006年3月27日的说法，如今已经分为两大主要类别：搜索广告（如Google）和横幅广告（在多数门户网站如Yahoo和MSN都可以看到）。2010年，主要门户网站的横幅广告价格大约是每天50万美元，大约等于主要电视网热门时段的30秒广告的价格。在搜索广告方面，以Yahoo为例，广告客户平均需为每次点击（click）支付35美分，Yahoo收取其中的21美分。第三方稽核机构如尼尔森的NetRatings或是comScore Networks使得广告客户能够了解每个主要网站的到达率、月访问量、访问时长、每周或每天的访问量和访问时间、独立访问者数量等。这些信息对于广告策略的制定至关重要。2004年Google搜索广告的价格大约是每次点击40美分。参见威格费尔德（Wingfield，1999）、德兰尼（Delaney，2004）以及《商业周刊》2003年3月24日的文章。整体而言，广告和内容正在逐渐融合。

[37] 引自莱文（Levine，2011）。

[38] 参见安德森（Anderson，2009，p.109）引述 listen.com 创始人之一的话。

[39] 参见埃尔伯斯（Elberse，2008）和内特辛与谭（Netessine and Tan，2009）。

[40] 图中可以看出广告支出的时间序列与个人消费支出的时间序列密切相关。然而其间的因果关系耐人寻味，究竟是广告投入提高了个人消费支出，还是个人消费支出的提高为企业创造了更高利润，因此能够投入更多广告？参见哥特那（Gertner，2005）。

[41] 广告的历史可说源远流长。例如，早在古罗马时代，商人就会在街边张贴标识以宣传自己的货物。然而，广告的真正发展还要到印刷术出现以后，宣传单和报纸的出现造就了广告的良好平台，20世纪早期广播电视的发展是另一项革新。1869年创立于美国费城的N. W. Ayer&Son是第一批专业广告代理商之一，它撮合了广告客户与出版商，并收取一定比例的服务费。大约在同一时期，沃特·桑普森（Walter Thompson）开始在杂志上刊登广告。

尽管如此，直到广播媒介的兴起，特别是收音机在20世纪20年代普及之后，广告业才真正进入全盛期，并逐渐对许多产业产生举足轻重的影响，从玉米片、肥皂、汽车、服装和啤酒，到整个娱乐产业均是如此。20世纪30年代末，广播广告占到主要广告代理商收入的三分之一以上。20世纪50年代起，电视广告逐渐成为广告业的重心，其总广告金额在1994年超越了报纸，成为第一大广告载体。接着在2000年左右，互联网广告开始分食传统媒介的广告市场。正如我们在第7章（图7—2）将提到的，目前全球年均广告支出约5 000亿美元，其中美国占了45%。

目前全美国有超过2.1万家广告公司，其中六成主要负责文案写作、绘图、动画等创作活动。

[42] 瓦西里·莱昂提耶夫（Wassily Leontief）于1973年因为投入产出分析而获得诺贝尔经济学奖后，在记者会上说："如果你想做面包，你就需要鸡蛋、面粉和牛奶；如果你想要更多面包，就必须使用更多鸡蛋。对任何一个产业而言，都有这样一份食谱存在。"（哈佛大学《公报》，1999年2月11日）

[43] 例如，拍摄一部电影、建造主题乐园里的一个设施，也需要花上超过1亿美元。但除了必要的广告支出外，一旦拍摄/建造完成，多卖出一张电影票或乐园门票所增加的成本几乎是零。这与一般制造业的情况完全不同，例如汽车业尽管也需要投放大量广告，但每生产一辆汽车依然需要付出高额的材料和人工成本。

[44] 巴格韦尔（Bagwell，2001）总结道，20世纪70年代的研究一般认为：（1）广告与销售增长有关，但效果是短期的；（2）广告是有违天性的；（3）广告对需求的效果很难测量，且因产业而异。同时，尽管有证据表明零售业广告与降低价格有关，但广告和进入障碍降低之间的关系不明。广告的信息观点似乎较适用于需要频繁购买的商品（如煤气、牛奶、饮料和卫生纸等），特别是那些前期使用经验特别重要的商品。

[45] 巴格韦尔（Bagwell，2005）也提到过广告的强度模型。弹性的估计（在第1章有说明）是应用该理论的第一步。广告弹性εa代表销售量变化相对于广告支出变化的反应程度。第二个变量是价格弹性εp，意味着销售量变化相对于价格变化的反应程度。

[46] 汉莫洛夫（Hameroff，1998）对广告代理行业做了深入探讨。近年来，广告代理商的收益越来越多地来自预付费、服务费、加价（markup，在广告总成本之外，由代理商额外向客户收取的费用）等，而非固定的佣金提成（commission）。然而，提成收入总额是衡量代理商规模的重要指标，因此一般而言采用广告总支出的15%作为提成标准。波维和亚伦斯（Boveé and Arens，1992，p. 97）提到，加价一般定为总支出的17.65%，这样计算出来的总额会等同于15%提成；例如，广告总成本为850美元，850美元×17.65%=150美元，而若以提成来看，850美元+150美元=1 000美元，两者总额相等。

[47] 参见勒夫（Lev，2000a，2000b）。卡恩（Kahn，2000）提到，关于大多数互联网企业最主要的会计争议，在于"公司报告的是它从消费者那里收到的支付总额，但实际上，公司真正经手的只是其中极小的一部分"。事实上，这与旅行社收受的定金以及赌场经手的彩金有异曲同工之妙，而与传统制造业的情况大不相同。参见波特（Porter，2001）以及索姆和德兰尼（Thurm and Delaney，2004）。

[48] 收益认定的问题牵涉到广告交换（barter），在传统媒体中，广告交换通常占到总收益的5%，但在新媒体可能占到50%，尽管广告交换有助于提升品牌知名度和节省现金，但从本质上而言，它对于减轻媒介每日的现金支出负担（例如员工薪资、租金、保险）毫无帮助。财务会计准则委员会（FASB）的新议题小组（Emerging Issues Task Force，EITF）已经提出，只有在该公司过去曾经对同样的广告版面确实收到现金的前提下，广告交换才能被认定为收益。

互联网公司还经常提供赠券（coupons）或折扣，与电影产业相似的情况一样，这也造成了收益和成本认定的问题。例如，电影公司有可能以全价（无折扣）计算票房收益，却把折扣票的成本算做营销费用。比较保守的做法是在销售折扣票的时候，以实际价格来计算票房收益，但这样会导致账面收益金额较低。

认列各种费用的时机问题更为常见。例如，产品运送的全部成本（包括仓储、包装盒运输费用）应该被视为公司长期成本结构的一部分（这将会降低利润边际），还是算做短期的营销费用？

[49] 伊普（Ip，1999）提到，当互联网公司的资本化规模（x轴）和规模排名（x轴）均成对数关系时，股价会呈现往下走的趋势。这代表具有类似期权的特性。这意味着如果公司失去财务支持和业务实力，期权就变得一文不值。相反，如果公司财务表现良好，期权价值会加速上升。由于对互联网企业的估值在很大程度上依赖于对未来潜力的预测，最简单的期权估值方法就是采用总投资资本（total invested capital，TIC，即总市值加上负债）和销售收入的比值。计算同类企业

的该项比值，再应用到对新公司的评估中。

例如，假设传统零售商的 TIC—销售比是 3.0∶1，那么，如果一家新创零售企业的年销售额是 1 000 万美元（无负债），则它的估计市值就是 3 000 万美元。然而，也许市场上该公司的权益价值达到 1 亿美元，那就意味着公司的期权成长空间还有 7 000 万美元。在实际评估中，还会考虑到同类企业过去几年的收益情况，以及预期的市场成长。

[50] 例如，对两家盈余都是 100 万美元的企业而言，如果想成长 20%，则 ROIC 为 10%的企业需要再投入 200 万美元，而 ROIC 为 40%的企业只需要再投入 50 万美元。一般而言，投资者对这些成长比较容易的企业（代表资本利用效率高）较有兴趣。而分析师的工作就是通过对竞争环境、科技变革及其他因素的分析，评估这些公司拥有多高的溢价。长期来看，市场的评估还是比较准确的，但短期来看则未必。

另一个常用的办法是计算整个市场的市盈率（P/E ratio），找出那些成长速度快过大盘的企业。例如，在标准财务模型中，标准普尔 500 指数（standard & Poor's 500 index）的市盈率计算如下：

标准普尔 500 市场 P/E=股利支付率/（股权贴现率－盈余增长率）

以整个市场而言，标准普尔 500 企业的平均股利支付率大约是 40%，盈余增长率约为 6.0%，股权贴现率为 8.0%。那么整个市场的市盈率就是 0.4/（0.08－0.06）=20。

下一步是计算当前 1 美元的盈余，在固定增长率下，需要多长时间才能累积到 20 元。以 6.0%的成长率来看，大约需要 13 年。然而，如果某公司的盈余增长率是 20%而非 6%，则 13 年后就会变成 54 元了。这代表这家快速成长企业的市盈率倍数（P/E multiple）大约是 54。不过接下来还需要依照波动性进行调整：那些收益波动性（也就是风险）大于平均值的企业，一般 P/E 值要调低；反之亦然。

另一个比较方法是企业价值（enterprise value，EV，即股价乘以流通在外股数，再加上净负债）除以总收益（total revenue，TR）。一般而言，比类似企业（或者跟大盘比较，如标准普尔 500）拥有较高 EV/TR 比的企业，可能意味着股价被高估了。

还有一个非正式但也十分常用的做法，是把 P/E 值除以长期盈余增长率（G）。这个所谓的 PEG 值再拿来和产业内其他公司比较。例如，某家公司的 P/E 值为 30，但盈余每年增长 30%以上（因此 PEG 值会小于 1），显然它的收购价值要高于那些 PEG 大于 1 的同类企业。

[51] 所有这些方法都只是用于间接评估未来现金流量和利润率的做法。所有未来的现金流都必须贴现（discount）计算为现在的价值，贴现现金流（discounted cash flows，DCFs）再依照发生的概率一一加权计算后加总，以统计学术语来说就是期望值（expected value）。例如，假设某企业五年后有 20%的概率获得 200 万美元现金流，30%概率获得 1 000 万，50%概率获得 700 万，则未来现金流量的期望值就是 0.2×200+0.3 ×1 000+0.5 × 700=690 万美元（尚未贴现）。因此，上述概率和贴现率（通常较高，因为预期新企业所面对的风险较大）的微小变化，都会导致现值估计的大幅、快速（波动）的改变，进而影响到公司的股价。

[52] 这一方法由格林沃德等人（Greenwald et al.，2001）发展完善。

【阅读材料精选】

Abbate，J. (1999). *Inventing the Internet*. Cambridge，MA：MIT Press.

Allen，S.，Deragon，J. T.，Orem，M. G.，and Smith，C. F. (2008). *The Emergence of* The *Relationship Economy*：*The New Order of Things to Come*. Cupertino，CA：Link to Your World，LLC.

Altman，D. (2002). "Is the P/E Ratio Becoming Irrelevant?，" *New York Times*，July 21.

Anders，G. (1999a). "Eager to Boost Traffic，More Internet Firms Give Away Services，" *Wall Street Journal*，July 28.

(1999b). "The Race for 'Sticky' Web Sites，" *Wall Street Journal*，February 11.

Anderson，C. (2003). "Wi-Fi Revolution，" *Wired*，Special Report.

Baker，S. (2004). "The Online Ad Surge，" *BusinessWeek*，November 22.

Baker，S.，and Green，H. (2005). "Blogs Will Change Your Business" *BusinessWeek*，May 2.

Bane，P. W.，and Bradley，S. P. (1999). "The Light at the End of the Pipe，" *Scientific American*，October.

Bank，D. (1996). "How Net Is Becoming More like Television to Draw Advertisers，" *Wall Street Journal*，December 13.

Barfield，C. E.，Heiduk，G.，and Welfens，P. J. J.，eds. (2003). *Internet*，*Economic Growth and Globalization*：*Perspectives on the New Economy in Europe*，*Japan*，*and the US*. Berlin：Springer-Verlag.

Berners-Lee, T., and Fischetti, M. (1999). *Weaving the Web*. New York: HarperCollins.

Bianco, A. (2004). "The Vanishing Mass Market," *BusinessWeek*, July 12.

"Business and the Internet Survey," *The Economist*, June 26, 1999.

Cassidy, J. (2002). Dot. Con: *The Greatest Story Ever Sold*. New York: HarperCollins.

Cauley, L. (2000). "Heavy Traffic Is Overloading Cable Companies' New Internet Lines," *Wall Street Journal*, March 16.

Clark, D. (1997). "Facing Early Losses, Some Web Publishers Begin to Pull the Plug," *Wall Street Journal*, January 14.

Copeland, M. V., and Weintraub, S. (2010). "Google: The Search Party Is Over," *Fortune*, 162 (3) (August 16).

Cortese, A. (1997). "A Way Out of the Web Maze," *BusinessWeek*, No. 3515, February 24.

Cruikshank, J. L., and Schultz, A. W. (2010). *The Man Who Sold America*. Boston: Harvard Business Review Press.

Cukier, K. N. (2000). "The Big Gamble," *Red Herring*, April.

Dejesus, E. X. (1996). "How the Internet Will Replace Broadcasting," *Byte*, February.

Delaney, K. J. (2006a). "Once-Wary Industry Giants Embrace Internet Advertising," *Wall Street Journal*, April 17.

(2006b). "In Latest Deal, Google Steps Further into World of Old Media," *Wall Street Journal*, January 18.

(2005a). "In 'Click Fraud.' Web Outfits Have a Costly Problem," *Wall Street Journal*, April 6.

(2005b). "In Hunt for Online Advertising, Yahoo Makes Big Bet on Media," *Wall Street Journal*, March 1.

(2004). "Ads in Videogames Pose a New Threat to Media Industry," *Wall Street Journal*, July 28.

Delaney, K. J., and Barnes, B. (2005). "For Soaring Google, Next Act Won't Be as Easy as the First," *Wall Street Journal*, June 30.

Delaney, K. J., and Karnitschnig, M. (2007). "TV Industry Clouds Google's Video Vision," *Wall Street Journal*, February 21.

Downes, L., and Mui, C. (1998). *Unleashing the Killer App*. Boston: Harvard Business School Press.

"E-Commerce Takes Off," *The Economist*, May 15, 2004.

Flynn, L. J. (1999). "Battle Begun on Internet Ad Blocking," *New York Times*, June 7.

Grover, R., and Green, H. (2003). "Hollywood Heist: Will Tinseltown Let Techies Steal the Show?," *BusinessWeek*, No. 3841, July 14.

Grow, B., and Elgin, B. (2006). "Click Fraud: The Dark Side of Online Advertising," *BusinessWeek*, October 2.

Gunther, M. (2001). "The Cheering Fades for Yahoo," *Fortune*, 144 (9) (November 12).

(1999). "The Trouble with Web Advertising," *Fortune*, 139 (7) (April 12).

(1998). "The Internet Is Mr. Case's Neighborhood," *Fortune*, 137 (6) (March 30).

Hafner, K., and Lyon, M. (1996). *Where Wizards Stay Up Late: The Origins of the Internet*. New York: Simon & Schuster.

Hagerty, J. R., and Berman, D. K. (2003). "New Battleground over Web Privacy: Ads That Snoop," *Wall Street Journal*, August 27.

Hansell, S. (2006). "As Internet TV Aims at Niche Audiences, the Slivercast Is Born," *New York Times*, March 12.

(2005). "It's Not TV, It's Yahoo," *New York Times*, September 24.

(1999). "Now, AOL Everywhere," *New York Times*, July 4.

Hansell, S., and Harmon, A. (1999). "Caveat Emptor on the Web: Ad and Editorial Lines Blur," *New York Times*, February 26.

Hardy, Q. (2003). "All Eyes on Google," *Forbes*, 171 (11) (May 26).

Hempel, J. (2009). "How Facebook Is Taking Over Our Lives," *Fortune*, 159 (4) (March 2).

Hoskins, C., McFadyen, S., and Finn, A. (2004). *Media Economics*. Thousand Oaks, CA: Sage.

Hwang, S., and Mangalindan, M. (2000). "Yahoo's Grand Vision for Web Advertising Takes Some Hard Hits," *Wall Street Journal*, September 1.

"Keep It Simple: Survey of Information Technology," *The Economist*, October 30, 2004.

Kenner, R. (1999). "MyHollywood!" *Wired*, October.

Knecht, G. B. (1996a). "Microsoft Puts Newspapers in Highanxiety. com," *Wall Street Journal*, July 15.

(1996b). "How Wall Street Whiz Found a Niche Selling Books on the Internet," *Wall Street Journal*, May 16.

La Franco, R. (2000). "Faces of a New Hollywood?" *Red Herring*, April.

LaPlante, A., and Seidner, R. (1999). *Playing for Profit: How Digital Entertainment Is Making Big Business out of Child's Play*. New York: Wiley/Upside.

Lohr, S. (2005). "Just Googling It Is Striking Fear into Companies," *New York Times*, November 6.

Lyons, D. (1999). "Desperate. com," *Forbes*, 163 (6) (March 22).

Mahar, M. (1995). "Caught in the 'Net,'" *Barron's*, December 25.

Mangalindan, M., Wingfield, N., and Guth, R. A. (2003). "Rising Clout of Google Prompts Rush by Internet Rivals to Adapt," Wall Street Journal, July 16.

Manly, L. (2005). "The Future of the 30-Second Spot," *New York Times*, March 27.

Markoff, J. (2000). "The Soul of the Ultimate Machine," *New York Times*, December 10.

Markoff, J., and Zachary, G. P. (2003). "In Searching the Web, Google Finds Riches" *New York Times*, April 13.

McKinsey & Co., Copeland, T., Koller, T., and Murrin, J. (2000). *Valuation: Measuring and Valuing the Vcdue of Companies*, 3rd ed. New York: John Wiley.

McKnight, L. W., and Bailey, J. P., eds. (1997). *Internet Economics*. Cambridge, MA: MIT Press.

McLuhan, E., and Zingrone, F., eds. (1995). *Essential McLuhan*. New York: Basic Books (HarpeiCollins).

McLuhan, M., and Powers, B. R. (1989). *The Global Village*. New York: Oxford University Press.

Mehta, S. N. (2005). "How the Web Will Save the Commercial," *Fortune*, 152 (3) (August 8).

Miller, C. C. (2009). "Ad Revenue on the Web? No Sure Bet," *New York Times*, May 24.

Motavalli, J. (2002). *Bamboozled at the Revolution: How Big Media Lost Billions in the Battle for the Internet*. New York: Viking.

Mullaney, T. J. (2003). "The E-Biz Surprise," *Business Week*, May 12.

Noam, E., Groebel, J., and Gerbarg, D., eds. (2004). *Internet Television*. Mahwah, NJ: Lawrence Erlbaum Associates.

Nocera, J. (1999). "Do You Believe?: How Yahoo! Became a Blue Chip," *Fortune*, 139 (11) (June 7).

Nocera, J., and Elkind, P. (1998). "The Buzz Factory," *Fortune*, 138 (2) (July 20).

Orwall, B., and Swisher, K. (1999). "As Web Riches Beckon, Disney Ranks Become a Poacher's Paradise," *Wall Street Journal*, June 9.

Owen, B. (1999). *The Internet Challenge to Television*. Cambridge, MA: Harvard University Press.

Perkins, M. C., and Perkins, A. B. (1999). *The Internet Bubble*. New York: Harper.

Port, O. (2002). "The Next Web," *Business Week*, March 4.

Reid, R. H. (1997). *Architects of the Web*. New York: Wiley.

Rosenbloom, S. (2010). "But Will It Make Your Happy?" *New York Times*, August 8.

Roth, D. (2005). "Torrential Reign," *Fortune*, 152 (9) (October 31).

Savitz, E. J. (2005). "Gone Digital," *Barron's*, March 7.

Schwartz, E. S., and Moon, M. (2000). "Rational Pricing of Internet Companies," *Financial Analysts Journal*, 53 (3) (May/June).

Searcey, D. and Schatz, A. (2006). "Phone Companies Set Off a Battle over Internet Fees," *Wall Street Journal*, January 6.

Segaller, S. (1999). *Nerds 2.0.1: A Brief History of the Internet*. New York: TV Books.

Sellers, P. (2006). "MySpace Cowboys," *Fortune*, 154 (5) (September4).

"Shopping around the Web: A Survey of e-Commerce," *The Economist*, February 26, 2000.

Stelter, B. (2008). "For Web TV, a Handful of Hits but No Formula for Success," *New York Times*, August 31.

Stille, A. (2000). "Marshall McLuhan Is Back from the Dustbin of History," *New York Times*, October 14.

Stone, B. (2009). "Is Facebook Growing Up Too Fast," *New York Times*, March 29.

Story，L. (2007). “How Many Web Site Hits? Depends Who's Counting,” *New York Times*，October 22.

Stross，R. E. (2006). “Hey，Baby Bells：Information Still Wants to Be Free,” *New York Times*，January 15.

(1998). “How Yahoo! Won the Search Wars,” *Fortune*，137 (4) (March 2).

“Thrills and Spills：A Survey of e-Entertaniment,” *The Economist*，October 7，2000.

Totty，M.，and Mangalindan，M. (2003). “As Google Becomes Web's Gatekeeper，Sites Fight to Get In,” *Wall Street Journal*，February 26.

Vogelstein，F. (2005a). “Yahoo's Brilliant Solution,” *Fortune*，152 (3) (August 8).

(2005b). “Search and Destroy,” *Fortune*，151 (9) (May 2).

(2004). “Google @ ＄165：Are These Guys for Real?,” *Fortune*，150 (12) (December 13).

(2003a). “Can Google Grow Up?,” *Fortune*，148 (12) (December 8).

(2003b). “Mighty Amazon,” *Fortune*，147 (10) (May 26).

Wiggins，R. (1996). “How the Internet Works,” *Internet World* (October).

Wingfield，N. (2005). “Web's Addictive Neopets Are Ready for Big Career Leap,” *Wall Street Journal*，February 21.

Wiseman，A. E. (2000). *The Internet Economy：Access，Taxes，and Market Structure*. Washington，DC：Brookings Institution.

Woolley，S. (2007). “Building the Infinite Internet,” *Forbes*，179 (9) (April 23).

(2006). “Video Fixation,” *Forbes*，178 (8) (October 16).

Wortham，J. (2009). “Apple's Game Changer，Downloading Now,” *New York Times*，December 6.

第二部分

媒体娱乐产业

第3章 电影的宏观经济学

你应该去拍电影!

——《齐格飞女郎》(*Ziegfield Follies*), 1934 年

恐怕很难找到比电影更迷人的产业了。很多人认为拍电影很有趣，同时获利甚丰，因此吸引了无数投资者的目光。例如，《星球大战》(*Star Wars*) 的拍摄共耗资 1 100 万美元，但仅仅上映后前四年的收益就高达 1.5 亿美元，而 20 年后重新翻拍又为投资者赚进丰厚的利润。然而并非所有电影都像《星球大战》这般成功。实际上对许多电影而言，投资者除了得到自我满足感之外，经济上的收益实在微不足道。正如其他许多事物一样，事实往往与你想象的不同，一般而言，十部电影里平均有六至七部是赚不到钱的，还有一部只能勉强打平。本章将会探讨这一现象背后的原因，并说明为何大型制片公司/发行公司的成功率要远高于独立制片厂。 71

无论如何，电影制作是充满不确定性和挑战的。理想往往敌不过现实的残酷，但我们又很容易因为成功的光环而忘却了失败的痛苦。然而，撇开电影那一切神奇的、神秘的元素，电影制作终究还是一种商业行为。与其他产业一样，电影业同样受到基本经济法则的影响。

本章主要探讨电影产业的宏观经济趋势以及电影资产的估值问题；接下来两章则探讨电影的运营结构、会计，以及与电视有关的微观经济学。 72

3.1 电影：跃动的图像

想象自己悠闲地靠坐在电影院座位上，或者像今天越来越多的人做的那样，坐在自己家里的

播放设备前，当屏幕亮起的一瞬间，你的想象力随着你看到的图像一起无限延伸——这就是电影。当然，并非所有电影都能发挥如此神奇的效果，但大多数都是如此。电影的魔力来自100多年来人们不懈的努力，而这场影像的革命至今还在持续。

早在19世纪末期，把图像嵌在一长条胶卷上形成连续画面的手法，对当时的摄影师们就已经不是新鲜事了。正如马格里斯和格瓦斯梅（Margolies and Gwathmey，1991，p. 9）提到的，19世纪末的人们已经知道让静止的影像“活动”起来的方法，就是利用人眼的暂留性（persistence of vision），也就是当人眼所看到的影像消失后，人眼依然能继续保留其影像几分之一秒的时间。然而真正把这一原理变成实际发明的是伟大的发明家托马斯·爱迪生（Thomas Edison）。19世纪90年代初，爱迪生与他的主要助手威廉·迪克森（William Dickson）成功制作了第一台“电影摄影机”（kinetograph），它能够拍摄活动的影像。随后，爱迪生在他位于新泽西州西奥兰奇郡（West Orange）的实验室中成立了第一个动画工作室，用来生产“活动电影放映机”（kinetoscope）。第一部电影——通过小孔循环播放电影胶片——在纽约百老汇的“电影放映厅”（kinetoscope parlor）展出，吸引了大量人潮争睹这一新奇的发明。

在那以后，摄影设备、胶片以及放映设备的技术进步速度一日千里。例如在欧洲，1906年伦敦就出现了最早的电影院；而当时法国几乎主宰了全球的电影产业。[1]世界各地的企业家都敏锐地察觉到电影这一行业庞大的潜在商机。

然而在美国，电影产业发展初期的特征就是一连串的专利诉讼以及产业垄断的尝试，这也在后来很长一段时间影响着美国电影行业的内部结构。斯坦利（Stanley，1978，p. 10）指出：

> 73 全国有数千家影院播放电影……在专利权上缠讼多年后，主要电影公司终于体认到，合作才能获得最大利益……到1908年12月，一个复杂的、涉及电影产业几乎所有环节的自然垄断结构形成了。它就是电影专利公司（Motion Picture Patents Company）。
>
> 电影专利公司几乎掌控了所有与电影有关的专利，包括影片、摄影机、放映机，并拥有权利金的分配权。它还试图通过收购当时多数的主要发行商，来组建一个巨型的发行网络——通用电影公司（General Film Company）。[2]

电影专利公司及其旗下的发行子公司［也就是所谓的托拉斯（Trust）］也经常采取粗暴的、攻击性的商业行动，因此导致了业界的强烈不满和怨恨。然而，最终由于在电影制作、发行和放映（影院）各环节涌现出大量的独立企业，它们的市场力量不断增强，此消彼长之下，最终托拉斯一蹶不振。例如，许多“独立”制片人未经授权就使用电影专利公司的机器，播放进口的影片，这使得托拉斯控制市场的能力被大大削弱。值得一提的是，这些早期的“独立”电影工作者中，有不少成了后来好莱坞电影巨头公司的创办人。例如，环球电影公司的创始人卡尔·拉莫（Carl Laemmle）、创办了福克斯电影公司（Fox Film Company）的威廉·福克斯（William Fox），后来福克斯于1935年和20世纪电影公司（Twentieth Century Pictures）合并；后来掌控派拉蒙电影公司（Paramount Pictures）的阿道夫·朱克尔（Adolph Zukor）；马库斯·勒夫（Marcus Loew），他在20世纪20年代初把两家失败的公司（Metro电影公司和Goldwyn电影公司）合并，成立米高梅电影公司（MGM）。

差不多在同一时期，美国西岸也出现了电影制作的热潮。南加州地区不仅地处偏远，令托拉斯集团鞭长莫及，而且还拥有低成本的非工会劳动力、宜人的气候和地理环境，成为电影制作行业的天堂。到20世纪20年代，尽管纽约依然是电影的财务枢纽，但大多数电影行业的制作“工厂”都已经转移到西岸。

好莱坞（Holleywood）就是从此时开始逐渐主宰了全球的电影市场，与来自欧洲，特别是英国和法国的电影工作者分庭抗礼。特伦波尔（Trumpbour，2002，pp. 18-19）提到，相较于其他国家，美国电影产业拥有几项明显的优势：当时美国已经拥有全世界最大的内需市场，以及多元的移民文化；拥有完整的、现代化的产业组织结构，相较之下，其他国家的电影制作和发行方式依然比较传统；此外，美国电影一般崇尚乐观主义和快乐结局，比起强调忧郁和深沉的他国电影，美国片更受普通观众欢迎。

然而到 20 世纪 20 年代末，有声电影的出现再次撼动了整个电影行业，接着又遭受到大萧条的冲击。在经济困难时期，只有美国东岸的银行有能力提供设备升级（从无声电影到有声电影）所需的庞大资金，产业结构再一次重新洗牌。最终，只有那些垂直整合程度高的企业（掌控了从制作、发行到放映的整条产业链）才能存活。这些公司包括华纳兄弟（Warner Brothers）、雷电华（RKO）、20 世纪福克斯（Twentieth Century Fox）、派拉蒙（Paramount），以及米高梅（MGM）。规模稍小的有环球（Universal）和哥伦比亚（Columbia），它们只拥有制作和发行部门；还有联美（United Artists），基本上只是发行商。此外，大萧条还导致了许多专业人员工会、艺人工会以及其他组织的成立，这在往后的电影经济中产生了关键影响。

除了与工会之间偶尔的紧张关系外，前述的八大电影公司在这一时期不断壮大，对市场的掌控能力甚至超越了当年的电影专利公司，从而逐渐引起了美国司法部的注意。在长达五年的调查后，政府于 1938 年指控八大电影公司非法勾结、意图控制市场，主要做法是要求放映商如果想购买某部影片，就必须同时买下该发行商生产的所有影片［也就是所谓的买片花（block booking）］。八大电影公司在 1940 年同政府签订了协议，在同意了几条无关痛痒的条款后，它们得以维持发行商和放映商之间的关系。因此，前五大电影公司依然掌握着全国 70%的首轮影院。[3]

毫不令人意外地，对这些电影巨头的抱怨并未 74
减少，美国司法部最后不得不在 1944 年重新审理派拉蒙电影公司的案件。经过数年的缠讼后，最终派拉蒙于 1948 年同意签订一项协议，将旗下的制作、发行部门和放映部门加以分割。[4] 正是由于这项协议，加上同一时期电视的兴起，最终使得电影行业进入了新的时代（见表 3—1 和图 3—1）。

表 3—1　　电影产业反托拉斯事件年表，1908—1999 年 75

1908	电影专利公司成立；拥有大多数专利权的 10 家主要公司水平整合；交叉授权（cross-licensing arrangement）
1910	通用电影公司买下 68 家影片交换公司（即地区性电影发行公司）（垂直整合）
1914	五家发行公司合并为派拉蒙发行公司（垂直整合）
1916	名演员公司（Famous Players）和拉斯基公司（Lasky）合并为一家更大的制片厂（水平整合）
1917	名演员—拉斯基公司（Famous Players-Lasky）收购 12 家小型制片，以及派拉蒙发行公司（垂直和水平整合）
1917	由于司法判决和独立制作公司的崛起，电影专利公司和通用电影公司宣告解散
1917	3 500 家放映公司加入第一国家放映联盟（First National Exhibitors Circuit）；提供独立制片公司资金及兴建制片厂（垂直和水平整合）
1918	1912 年成立的放映商联合组织部分遭到禁止
1925	大型连锁放映商因向发行公司施压而遭到一连串联邦诉讼
1927	派拉蒙被要求停止反竞争的行为
1929	交易限制导致“标准放映合同”（standard exhibition contract）失效
1929	放映商控告，导致对有声电影制片商的限制
1930	完全的垂直整合模式形成（电影制作/发行/放映）；主要连锁放映商采用特殊模式如交易惯例、优势净空权（advantageous clearance）等；制片公司则掌握了天然资源的优势（如明星）
1932	奥马哈市（Omaha）针对电影发行的单一区位保护计划（Uniform zoning protection plan）遭到禁止
1938	司法部开始一系列针对电影产业的反托拉斯法案（派拉蒙案Ⅰ）
1940	主要制片公司同意一系列协议条款
1944	司法部开始审理派拉蒙案Ⅱ，要求放映部门和制作部门拆分；地方法院暂停这项规定，但要求停止其他垄断行为；双方皆提出上诉
1948—1949	最高法院（实际上）主导了拆分；在地方法院主导下，主要制片公司将放映部门剥离，并签署其他领域的一系列条款
1950—1999	针对电影产业各环节的一系列（私人的和联邦的）反托拉斯法案，包括针对违反协议、价格操弄、片花、产品拆分及其他反竞争行为

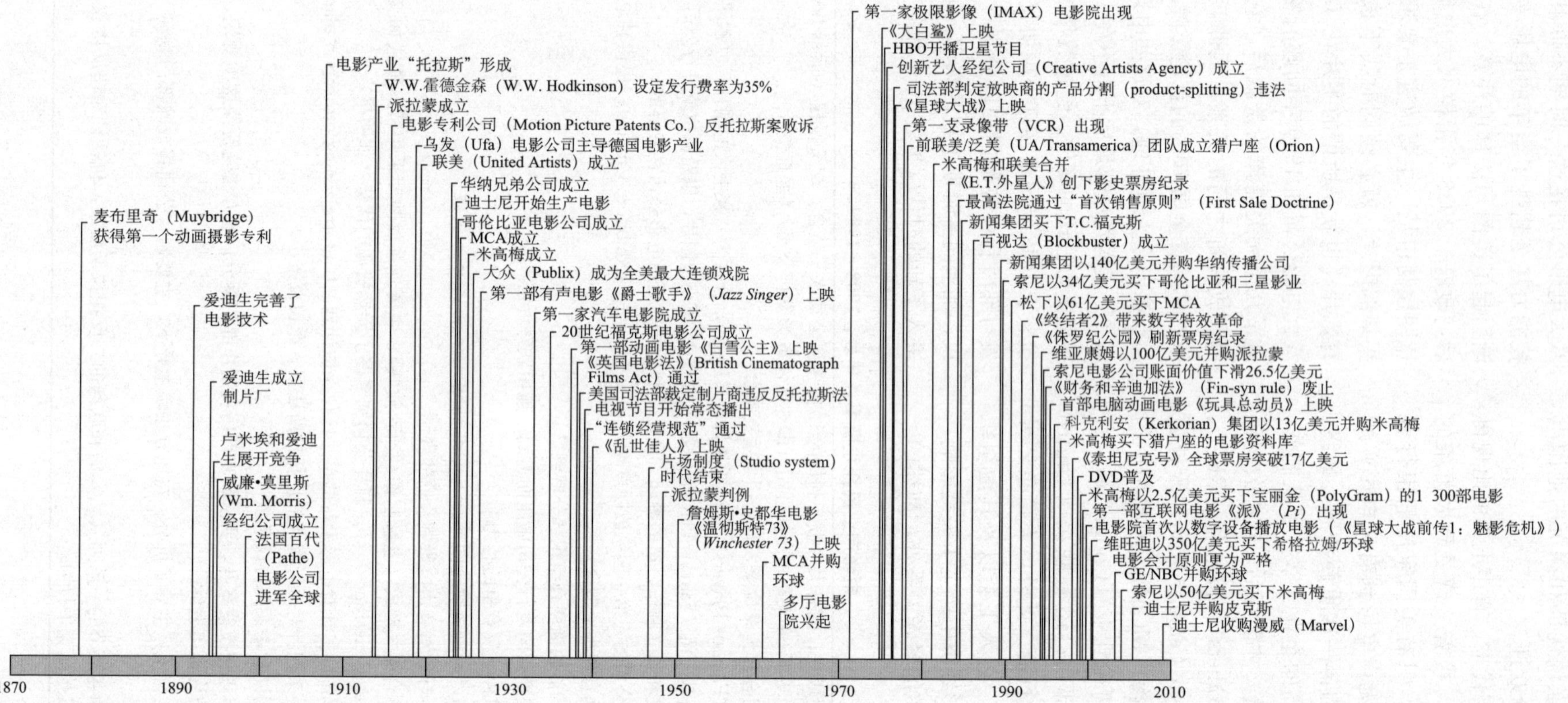

图3—1 1870—2010年电影产业发展大事记。

3.2　电影产业的驱动力

发展要素

历史上，塑造了电影产业结构的主要力量包括：（1）科技的进步，包括在电影制作、营销与受众调查等方面，以及基于电视信号、有线电视、卫星、录像机、电脑和光盘等技术所导致的发行和存储能力提高；（2）拍摄电影所需的资本不断提高；（3）1948 年反托拉斯法案将发行和放映部门分离；（4）郊区大型连锁电影院的星期；（5）独立制片和服务公司的快速发展和成长。以下将逐一展开来详细讨论。

科技　毫无疑问，科技是主导电影产业长期变革的最主要力量，且在未来仍将继续扮演重要的角色。菲尔丁（Fielding）提到：

> 如果想了解电影和电视艺术与历史的发展，艺术和科技的结合无疑是关键。正是 20 世纪的科技创新，使电影和电视这样的媒介同其他过去的艺术形式全然不同。（Fielding，1967，p. iv）

77 例如，技术进步对电影摄制的影响是举足轻重的。想体会这一点，你只要知道“声音”在 20 世纪 20 年代末还是不得了的电影特效就够了①；事实上直到 20 世纪 70 年代，在先进的电脑辅助设计、数字剪辑以及编排设备帮助下，现代意义上的特效才开始普及。倘若没有先进的拍摄技术和设备，《泰坦尼克号》（*Titanic*）、《终结者 2》（*Terminator* 2）、《黑客帝国》（*The Matrix*）、《阿凡达》（*Avatar*）、《蜘蛛侠》（*Spider-Man*）这些电影根本不可能出现。21 世纪初期，数字化发行和放映技术的普及，使得电影产业得以抛弃笨重的胶卷，并开始在全 3D 环境下进行电影创作（特别是在动画片方面）。更神奇的是，电脑特效已经能够让老演员在屏幕上回复到年轻的模样，甚至让已故的明星在电影中“复活”。[5]

此外，新科技还让发行商能够用早年难以想象的方式进行更为快速、复杂的营销活动。早在电影上映日期的六周前，小样本的受众调研就已经开始了，持续的调查、建模和追踪使得发行商能提早了解受众的反应，并及时修正其营销和发行策略。接着，在电影上映仅仅几天后，发行商和放映商就有能力（利用先进的财务预测模型）估算最终的票房和获利潜力。

电视、有线电视、电脑以及其他更新的移动播放技术的唾手可得（availability），同样也对电影产业的经济和实体结构有着重大影响。电影院曾是整个电影产业的核心环节，但上述任一平台都对传统的电影放映同时起到替代和补充的效果。另外，随着数据传输和存储技术的提升，如今我们完全可以在自己家中或者任意地点，观赏到多样化的电影内容。这项史无前例的发行变革——让受众可以自由掌控观赏电影的时间和地点——改变了电影制片商和发行商的经济力量，让更多新的企业得以切入这个行业。当信号传输技术（例如互联网的带宽）的发展速度快过电影制作技术的变革时，电影娱乐产品和服务无疑会向着更加个人化、灵活化的方向发展。[6]

资本　除了科技之外，对电影产业具有长期影响的第二大因素，是制作、发行和营销电影所需的庞大资本。其中，财务创新（见下一章）扮演着重要角色。倘若没有先进而复杂的融资方法，以及广阔的资本市场，电影产业绝对无法发展到如今这个地步。

以经济学观点来看，有趣的是，电影产业的市场结构及融资模式与其他行业大相径庭。那些需要大量资本投入的产业，一般很容易逐渐演变为寡头垄断产业，例如钢铁和汽车制造业。然而，

① 第一部真正的有声电影诞生于 1929 年。——译者注

由于每一部电影的制作、包装和营销都可以说是独一无二的，因此它的经济结构也与一般大规模制造业截然不同。相反地，我们会发现电影产业的结构十分复杂，不仅包括了大型、寡头垄断式的制作/发行/融资机构，而且也包括了高度独立和分化的小型专业服务公司以及制片厂。

至少在好莱坞，这种“小虾米”与“大鲸鱼”共同存在、和平共处的例子并不罕见。好莱坞就像是一个不断变动的整体，是网络式经济的典范，随着每一项交易、每一部电影、每一次科技创新，不同公司和个人分分合合、生生不息。 78

价值链

放映 在20世纪20年代，一张仅仅65美分的电影票就可以让你享受数小时的悠闲时光——舒适的座椅、用大理石装点的宏伟影院、一边啜饮咖啡一边聆听后台优雅的弦乐四重奏……然而，正如其他许多事物一样，这“美好的旧日时光”已经不复存在了。

1948年的反托拉斯法案禁止大型电影制作/发行公司掌控电影放映部门（地区性的电影院），从而对整个电影产业的结构产生深远影响。这项法案最早是由满怀怨恨的独立电影院经营者所推动的，主因是他们自认遭到了电影发行公司的歧视：发行公司未经公开竞标（bid），垄断了所有的影片放映渠道。

然而，这次以“确保市场竞争”为名进行的拆分，对独立放映商而言只是空欢喜一场。在发行商和放映商被迫剥离后，制片公司很快发觉它们不需要那么频繁地每周提供新电影，于是电影制作数量显著减少、制作周期拉长。因为供给减少，在好片供不应求的情况下，电影价格很快上涨到许多小型独立放映商无力负担的程度。与此同时，电视的崛起也瓜分了电影院的消费人口，电影院票房收入开始快速缩水。虽然这场变革终将到来，但1948年的反托拉斯法案无疑加速了整个进程。[7]

在美国，如今电影放映被几条主要连锁院线所垄断，包括里格尔娱乐集团（Regal Entertainment Group，旗下包括联美、爱德华院线、Hoyts和里格尔影院）、AMC娱乐集团（包含AMC院线和Loews Cineplex）、卡麦克影业（Carmike Cinemas）、红石集团［Redstone，包括全国娱乐院线（National Amusements）］、美国喜满客（Cinemark USA）以及马库斯集团（Marcus Corp.）。这些集团总计掌握着约2万个最现代化的电影放映厅，大多位于市区或市郊（例如在大型购物中心）的黄金地段。其他超过1.5万个放映厅仍然为私人或小型企业所拥有。因此，前述的连锁院线大约掌控着全国65%的影院，但它们却拥有超过80%的门票收入。 79

不过在加拿大，仅银河影城（Cineplex Galaxy）一家就控制着65%的全国电影门票收入（该集团2008年时拥有132家影院，共1 300多个放映厅）。加拿大市场大约只有美国市场10%的规模，其最主要的电影发行公司是联合电影（Alliance Films）。

无论在美国还是在加拿大，由连锁院线公司在郊区繁华地段建造的、拥有多个放映厅的电影院（也就是影城），已经快速取代了传统的汽车影院或市内电影院，并在一定程度上抵挡住了其他娱乐形式（例如家庭录像带）的冲击。此外，连锁影城还带来了规模经济，提升了电影放映产业的效率。结果，电影放映权逐渐落入少数财力雄厚的集团手中。表3—2中排名前五的大公司总计占到了整个产业营收的70%以上。[8]

表3—2 六大电影放映公司的财务数据，2005—2009年

		收益	营业收入	营业利润率[a]	资产	营业现金流
CAGR（%）[b]	2005—2009	−0.9	−2.4	NM[c]	NM[c]	4.4

[a] 2005—2009年平均值=7.4%。

[b] 复合年均增长率。

[c] 无意义（前文用的是小写，原书如此。——译者注）。

制作和发行　电影制作和发行已经逐渐演变为一个多元化的、复合式的产业，在每一部电影的拍摄、发行和营销过程中，都有各种不同规模和类型的组织参与其中。不过，其中在电影制作和发行方面历史悠久、拥有庞大的影片库资源以及完善的制片设备（虽然这在目前已经不是关键）的企业，依然具有举足轻重的地位，被称为“巨头”。

21 世纪初，在一系列的并购和重组之后，如今形成了六大电影公司共存的局面，它们分别是：沃尔特·迪士尼公司（包含博伟、试金石、好莱坞影业，以及皮克斯）、索尼电影公司（为索尼旗下公司，拥有哥伦比亚/三星电影）、派拉蒙（属于维亚康姆旗下，包含梦工厂）、20 世纪福克斯（属于新闻集团所有）、华纳兄弟（时代华纳集团旗下），以及环球［前身为 MCA，现属于康卡斯特（Comcast）］。[9]这几家公司不仅制作、发行自制影片，也替所谓的独立制片人（independent filmmakers）提供融资和发行服务。[10]

80 那些规模较小的制片和发行公司被称为“小巨头”（minimajors），例如狮门影业（Lions Gate）、温斯坦影业（The Weinstein Company）等（目前已倒闭的猎户座电影公司也属于这一类别，目前它的电影资料库为米高梅所有。其他例子还包括米拉麦克斯电影公司以及梦工厂等，以及目前已被时代华纳收购的新线电影公司）。另外一些小型制片公司在特定市场区隔中也拥有较强的发行实力。整体而言，这些中小型制片公司的产品线广度（生产的电影类型）无法和几大巨头相比，它们的资金实力也较为逊色。尽管如此，这些公司有时还是能制作出全国甚至全球卖座的电影，从而获得巨额的票房收入，以及吸引全国媒体的目光。[11]

那些规模较小的“独立”制片公司，有些是通过主流发行公司发片，有些则拥有自己的小规模发行体系。其中许多新的独立制片公司并不向大厂融资，它们事实上只是同大厂签订发行协议（换句话说，它们向主流电影公司“租借”发行渠道）。这些小公司因此能够对自己的影片拥有更大的控制权，并建立自己独立的电影资料库。此外，还有许多项目开发公司并不直接制作电影，而是进行电影题材的发行和出售。

小型独立电影公司有时候也被称为“市场微调者”（states-righters），它们偶尔也会在那些巨头或准巨头（submajors）无法兼顾的地区性市场中参与发行工作。[12]例如，狮门影业和 IFC 都是美国较新的独立发行公司，而在海外市场这样的情况更为常见，许多国家的发行市场是由许多规模不一的公司所分食。

尽管同一个产业存在这么多不同类型的制作和服务公司，确实令人惊讶，但这也说明了电影产业的独特性。从电影出现起，众多“独立”制作和发行公司就是这个产业结构的重要组成部分，并对整个电影制作过程有着举足轻重的影响。

3.3　产业循环

票房周期

因为电影票的销售似乎并不容易受到经济萧条的冲击，因此长期以来有一种看法，认为电影是个反景气循环的产业（见图 3—2）。事实上根据理论，相较于经济稳定和扩张的阶段，在经济进入衰退期时，消费者的闲暇支出偏好通常会逐渐转向那些低成本的、离家较近的娱乐活动；如果真是如此，那就可以解释为何电影票房通常在经济衰退的前期和中期保持稳定甚至增长，却在经济衰退期接近尾声的时候出现下滑的现象了。在经济开始复苏时，人们通常会把预算优先应用于那些在萧条期被迫延宕购买的基本商品（如换新车）和服务（例如修缮房屋）上，而娱乐方面的支出自然会相应减少。1929 年迄今经济萧条和电影票房表现之间的关系可参见图 3—3。

81

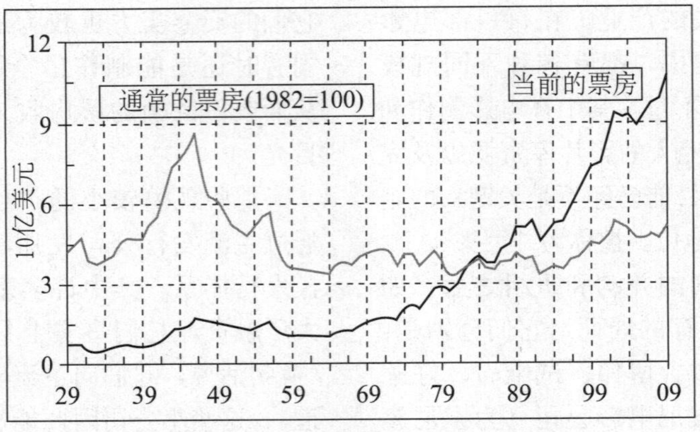

图 3—2 个人电影消费支出，1929—2009 年。

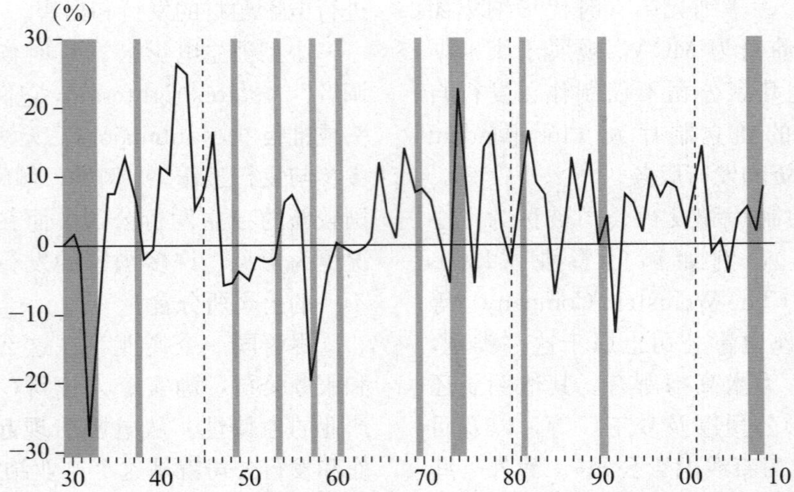

图 3—3 电影总票房收入：相较于前一年的变化百分比，1929—2009 年。图中阴影部分代表经济衰退期。

事实上，一项关于电影票需求周期的重要研究（Nardone，1982）指出，在 87.5%的经济高峰期和 69.3%的经济萧条期中，电影产业都呈现出反景气循环的现象。此外还有别的研究认为电影票房以四年或十年为一个景气周期，但证据并不充分。[13]整体而言，电影总票房在 1946 年达到高峰，1971 年则跌至低谷——当时几家主要电影发行商都举步维艰。

尽管票房的季节性需求趋势不如过去明显（主要因为如今全美有太多的多厅电影院），但相较于长期趋势，电影行业的季节性变化还是比较容易辨别和解释的。美国家庭一般最常在假期时段看电影，例如感恩节、圣诞节、复活节，以及暑期儿童放假的那几个月。[14]然而到了秋天，学校开学了，新的电视节目开播了，选举活动也开始了，结果，人们忙着从事别的活动，看电影频率就少了。然后到了圣诞节前夕，购物成了人们生活的重心，电影也跟着迎来仅次于暑期的另一波旺季。因此我们可以看出，电影公司会把大部分重要电影的上映期集中在一年的少数几个星期当中。相较于那些季节性不那么强的行业，电影行业这种明显的季节循环使得市场竞争更加激烈，获得受众注意力的代价也更大（参考第 4.4 节关于营销成本的部分）。图 3—4 显示了电影票房的季节性趋势。

82

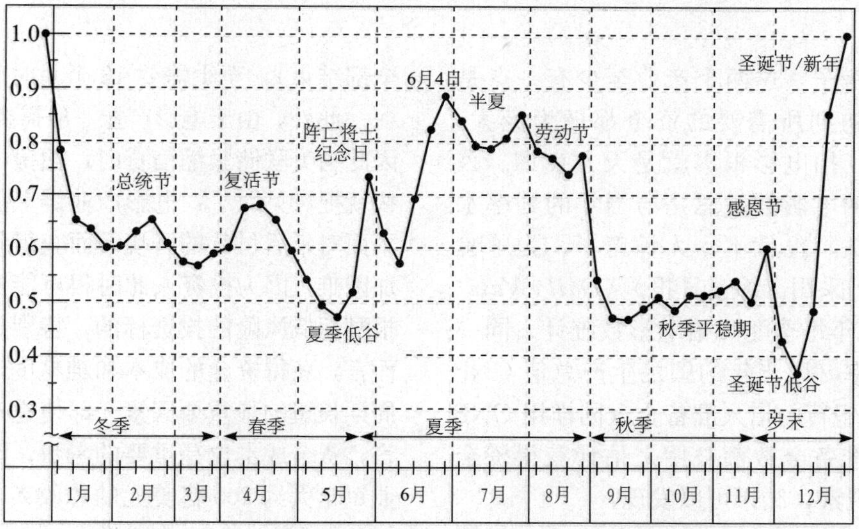

图 3—4　美国平均每周观赏电影人数，1969—1984 年。

资料来源：《综艺》，1984 年，版权属于墨菲。

价格与弹性

83 尽管首映电影的票房收入对票价变化并不敏感，但票房收入却跟看电影的整体支出有关；除了门票外，看电影的其他相关支出可能还包括互补商品（complementary goods）、保姆费、餐饮、停车费等。[15]虽然首轮大片的市场需求主要受到广告口碑和影评的支持，一般是相对稳定、缺乏价格弹性的，但电影院往往还是会在一些非热门时段（例如周二中午学校午休时段）以较低的价格放映一些二轮电影来刺激票房收入。许多退休人员、失业者、无聊的家庭主妇，甚至逃学的学生，都喜欢抓住这难得的机会。此外，许多人的印象里都认为电影票价已经涨得太高，但正如图 3—5 所示，在经过消费者物价指数（CPI）调整后，电影票的价格其实比 20 世纪 70 年代早期还低。

除了价格外，还有很多其他因素——包括故事类型、明星阵容、导演、营销预算、人口结构、电影评价、获奖、影评等——都会影响到人们看电影（包括购买/租赁录像带）的意愿。总的来说，目前大多数的相关经济学研究都表明，观众对电影的口味和反应也是在经常变化的。[16]

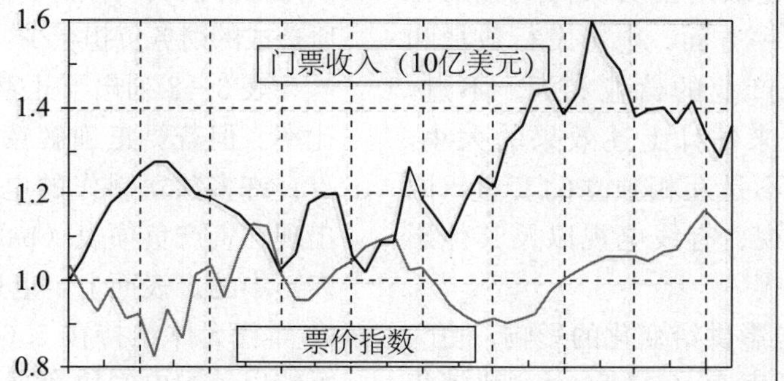

图 3—5　电影门票收入和平均实质票价指数，1965—2012 年。

开拍和资本

拍电影和盖房子，这两个产业至少有一点是相同的，那就是初期所需要的资金都极为庞大。缺乏足够的资本，拍电影根本就是天方夜谭。因此每个年度开拍的电影数量总是与当年的利率水平和信用额度有关，也就不令人惊奇了。为了验证这一关系，我们采用《综艺日报》(*Daily Variety*) 1969—1980 年每季度开拍电影数统计、同一季度银行基本利率（以当年的国民生产总值 GNP 进行平减），以及银行的借入准备金（同样用 GNP 进行平减。借入准备金数额被用来估计获得资金的难易度）合并观察，结果可以发现：

84 (1) 在实质利率和开拍电影数量之间，呈现中度的反向相关（correlation），且两者之间至少存在一个季度的滞后。

(2) 在电影开拍数量和借入准备金（代表信贷额度）之间，似乎存在滞后期长达六个季度的反向相关（见图 3—6）。

由于电影开拍前需要多方协调，考虑到较长的准备期，电影开拍数量与资金易得性之间存在六个季度的落差，并不令人意外。事实上，从最初形成概念和故事构想，到接洽和确定投资方、审定脚本、敲定演员和制作阵容，直到真正开拍，一般需要花费一年以上。总体而言，一部电影从概念阶段到真正完成（指后期剪辑、配音和混音全部结束），至少需要 18 个月时间。

此外，由于电影产业一般需要持续的现金挹注，因此当美联储紧缩信贷时，拍摄电影所需的资金很快就捉襟见肘了：电影产业链上的每个环节都不得不面对延后付款的窘境，而获得新的资金也变得更加困难，因为投资人此时很可能更青睐那些相对高报酬而低风险的投资标的。特别是对独立制片公司而言，获得资金的成本和难易度，往往是影响拍摄周期长短的最重要因素。即使是对几大电影巨头而言，资金成本也是重要的考量，因为在美国电影行业每年大约 200 亿美元的总收入（包括票房、电视播放权利金、DVD 销售等）中，几乎全部都被重新投入到新电影的制作和营销中去了（以每年 200 部新片乘以每部片 1 亿美元总成本来计算）。

然而无论金融环境如何，理论上永远只有最有价值的电影才能得到支持（当然，实务上未必总是如此）；最好的故事构想总是会送到大型制片厂、发行商、投资者的手中，但其中许多仍会遭到拒绝。由此可见，好莱坞那些胎死腹中的影片构想，远比真正拍出来的电影要多很多倍。这就是帕金森定律（Parkinson's law）：不管质量如何，也不管还有多少其他电影构想正在等待资金和拍摄，现有的电影拍摄计划总会不断扩张，最后把绝大多数资金都消耗掉。[17]

85 发行和库存

电影开拍数量的变化最终会反映在电影发行（供给）的数量上。而另一方面，电影发行数量和影院票价又决定着整个产业的营业利润。不过，我们很难利用回归模型来估计上述效果的大小，电影发行数量和票价并不是互相独立的变量，同时整体利润还会受到电视、有线电视以及其他影视娱乐产品市场的影响。[18]

有时候，想要检视电影供给变化的影响，更为实际的做法是比较电影库存（inventory）和销售[影片租金（Film rental）]之间的关系。在其他产业，这样的比较通常能够发掘更深层的经济关系。例如，库存/销售比的下降可能意味着需求的增加，或是拍片投资的减少，无论是何者，都意味着库存所造成的财务负担减少，现金周转变得较快。

表 3—3 列出了几家主要电影公司的库存/销售比率。但若要正确解读这些数字，就必须了解一点：许多独立制作的电影，在接近完成前是不会出现在资产负债表（balance sheet，又译资金平衡表）中的。表面上，上述比例在 20 世纪 80 年代和 90 年代大体维持在 0.6 或者更高，不过实际情况可能以美国电影协会（Motion Picture Association of America，MPAA）的每年出片统计数字来看更为准确。[19]其他产业相关数据可以参见表 3—4。

86

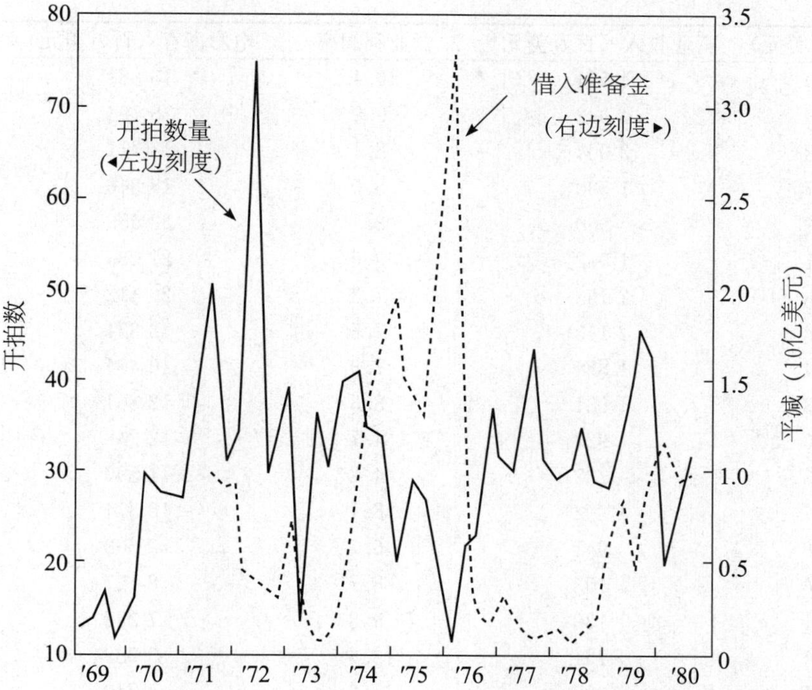

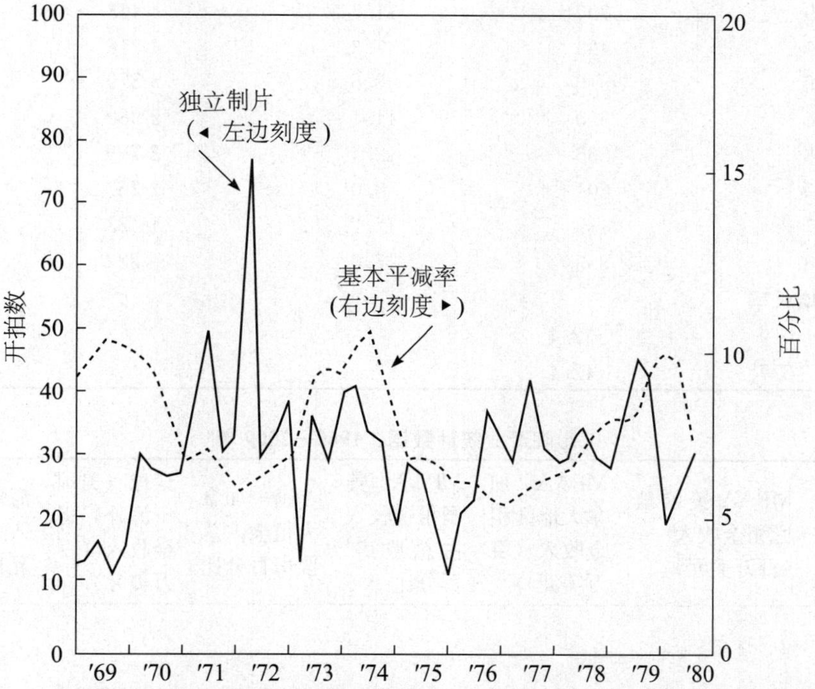

图 3—6　电影开拍、利率以及借入准备金（时间落差六个月）之间的关系，1969—1980 年。

表 3—3　电影娱乐产业主要发行商的营业绩效，1975—2009 年　87

	收益（百万美元）	营业收入（百万美元）	营业利润率	电影库存（百万美元）	库存/销售收益比
2009	42 441	3 414	8.0	14 493	0.34
2008	44 673	4 862	10.9	14 033	0.31
2007	46 330	5 134	11.1	13 822	0.30
2006	46 005	3 853	8.4	17 013	0.37
2005	44 300	3 782	8.5	19 176	0.43

续前表

	收益（百万美元）	营业收入（百万美元）	营业利润率	电影库存（百万美元）	库存/销售收益比
2004	44 799	4 544	10.1	18 881	0.42
2003	42 036	4 072	9.7	18 194	0.43
2002	37 808	3 064	8.1	18 771	0.51
2001	31 547	1 590	5.0	18 846	0.60
2000	29 416	900	3.1	22 959	0.78
1999	29 651	1 062	3.6	21 033	0.71
1998	29 468	2 153	7.3	20 412	0.69
1997	28 758	2 143	7.5	18 371	0.64
1996	25 644	1 884	7.3	16 404	0.64
1995	22 073	1 831	8.3	12 361	0.56
1994	19 850	927	4.7	12 288	0.62
1993	17 583	733	4.2	11 597	0.66
1992	16 147	1 302	8.1	10 374	0.64
1991	14 128	941	6.7	9 663	0.68
1990	12 676	1 103	8.7	8 127	0.64
1989	11 571	1 130	9.8	7 242	0.63
1988	9 121	1 151	12.6	5 089	0.56
1987	8 251	928	11.2	4 710	0.57
1986	6 839	799	11.7	4 458	0.65
1985	6 359	465	7.3	4 216	0.66
1984	5 839	516	8.8	3 370	0.58
1983	5 324	590	11.1	2 980	0.56
1982	4 548	565	12.4	2 729	0.60
1981	3 749	301	8.0	2 267	0.60
1980	3 997	489	12.2	1 423	0.36
1975	2 078	353	17.0	822	0.40
五年和十年复合年均增长率					
2004—2009	−0.9	−2.4			
1999—2009	3.7	12.4			

88 **表 3—4　　电影院产业统计数据，1965—2009 年[a]**

	美国总票房[b]收入（百万美元）	MPAA 美国地区租金收入[c]（百万美元）	MPAA 加拿大地区租金收入（百万美元）	MPAA 美国租金收入占总票房[d]百分比	美国＋加拿大租金占总票房百分比	全球（美国＋海外）租金收入（百万美元）	海外租金收入（百万美元）[f]	海外收入比重（%）
2009	10 610.2							
2008	9 791.0							
2007	9 629.0	4 269.4	342.0	44.3	47.9	8 782.6	4 513.2	51.4
2006	9 138.0	3 970.2	335.4	43.4	47.1	7 945.8	3 975.6	50.0
2005	8 832.0	3 486.0	289.3	38.8	42.0	6 683.0	3 197.0	47.8
2004	9 215.0	3 600.0	279.7	37.7	40.7	7 480.0	3 837.0	51.3
2003	9 165.0	3 980.3	261.0	41.9	44.7	7 510.0	3 529.7	47.0
2002	9 272.0	3 575.0	242.0	37.6	40.1	6 715.0	3 140.0	46.8
2001	8 125.0	3 270.0	221.7	38.9	41.5	5 710.0	2 440.0	42.7
2000	7 468.0	2 850.0	189.3	37.2	39.7	5 480.0	2 630.0	46.8
1999	7 314.0	3 120.0	207.8	41.9	44.7	5 970.0	2 854.0	47.8

续前表 89

	美国总票房[b]收入（百万美元）	MPAA美国地区租金收入[c]（百万美元）	MPAA加拿大地区租金收入（百万美元）	MPAA美国租金收入占总票房[d]百分比	美国＋加拿大租金占总票房百分比	全球（美国＋海外）租金收入（百万美元）	海外租金收入（百万美元）[f]	海外收入比重（%）
1998	6 760.0	2 787.0	174.1	40.1	42.6	5 695.0	2 908.0	51.1
1997	6 216.0	2 640.0	175.5	41.5	44.2	5 320.0	2 680.0	50.4
1996	5 817.0	2 417.5	146.7	40.9	43.4	4 921.5	2 504.0	50.9
1995	5 269.0	2 393.7	110.2	43.6	45.6	4 609.6	2 215.9	48.1
1994	5 184.0	2 040.3	126.8	37.8	40.2	4 089.1	2 048.8	50.1
1993	4 897.0	1 997.6	131.9	38.8	41.3	4 017.6	2 020.0	50.3
1992	4 563.0	2 005.0	130.4	41.2	43.8	3 444.1	1 439.1	41.8
1991	4 803.2	1 847.5	133.9	38.5	41.3	3 273.2	1 425.7	43.6
1990	5 021.8	1 829.0	148.3	36.4	39.4	3 478.4	1 649.5	47.4
1989	5 033.4	1 780.0	152.5	35.4	38.4	3 126.9	1 346.9	43.1
1988	4 458.4	1 413.6	125.2	31.7	34.5	2 433.9	1 020.3	41.9
1987	4 252.9	1 244.5	96.7	29.3	31.5	2 179.6	935.1	42.9
1986	3 778.0	1 165.1	86.8	30.8	33.1	1 963.4	798.3	40.7
1985	3 749.4	1 109.1	76.8	29.6	31.6	1 729.0	619.9	35.9
1984	4 030.6	1 313.2	111.0	32.6	35.3	1 967.2	654.0	33.2
1983	3 766.0	1 297.4	94.2	34.5	37.0	2 136.2	838.8	39.3
1982	3 452.7	1 342.7	99.8	38.9	41.8	2 061.3	718.6	34.9
1981	2 965.6	1 163.6	88.7	39.2	42.2	2 015.0	851.4	42.3
1980	2 748.5	1 182.6	91.5	43.0	46.4	2 093.7	911.2	43.5
1979	2 821.0	1 067.7	75.0	37.8	40.5	1 966.6	911.4	46.3
1978	2 643.0	1 119.9	77.6	42.4	45.3	1 949.4	829.5	42.6
1977	2 372.0	868.0	66.8	36.6	39.4	1 466.8	597.6	40.7
1976	2 036.0	576.6	60.8	28.3	31.3	1 147.5	570.9	49.8
1975	2 115.0	628.0	63.2	29.7	32.7	1 232.2	604.2	49.0
1970	1 429.0	381.3	27.4	26.7	28.6	741.7	360.4	48.6
1965	1 042.0	287.2	23.2	27.6	29.8	630.7	343.5	54.5
CAGR[e]：	5.4%	6.4%	6.5%			6.1%	5.7%	

[a] 数字总额采用四舍五入计算。 90

[b] B.O. 即票房（box office）的缩写。

[c] 美国电影协会版权租金约占全美电影租金收入的95%，剩下5%为非MPAA会员所有。

[d] 上述票房未扣除电影票娱乐捐，因此美国租金收入占总票房比例有大约1%～2%的低估。

[e] 复合年均增长率，1965—2009（%）。

[f] 依照产业传统，所谓本土（domestic）市场包含美国和加拿大，但在本表中，加拿大属于“海外”（foreign）。

	美国累计观众人数	平均票据（美元）	MPAA发行数量	总放映厅数（屏幕数）	室内影院	汽车影院	每厅平均票房（美元）	每厅平均观众人数	MPAA每片平均播放厅数
2009	1.415	7.50	158	39 717	39 028	689	263.974	35.633	251.4
2008	1.364	7.18	168	40 194	39 476	718	244.305	33.935	239.3
2007	1.400	6.88	189	40 077	39 347	730	242.740	34.933	212.0
2006	1.395	6.55	204	39 668	38 943	725	230.362	35.167	194.5
2005	1.378	6.41	194	38 852	38 143	709	227.324	35.468	200.3
2004	1.484	6.21	179	36 594	35 993	601	251.817	40.553	204.4
2003	1.520	6.03	180	36 146	35 499	647	253.555	42.052	200.8

续前表

	美国累计观众人数	平均票据（美元）	MPAA 发行数量	总放映厅数（屏幕数）	室内影院	汽车影院	每厅平均票房（美元）	每厅平均观众人数	MPAA 每片平均播放厅数
2002	1.597	5.81	205	35 280	34 630	650	262.812	45.266	172.1
2001	1.437	5.66	183	36 110	36 764	654	221.004	39.087	200.9
2000	1.385	5.39	191	37 396	36 679	717	199.701	37.036	195.8
1999	1.439	5.08	200	37 185	36 448	737	196.692	38.698	185.9
1998	1.438	4.69	235	34 168	33 418	750	197.846	42.086	145.4
1997	1.354	4.59	253	31 865	31 050	815	195.073	42.492	125.9
1996	1.319	4.42	240	29 731	28 905	826	195.654	44.364	123.9
1995	1.211	4.35	234	27 843	26 995	848	189.240	43.494	119.0
1994	1.240	4.18	183	26 689	25 830	859	194.237	46.461	145.8
1993	1.182	4.14	161	25 626	24 789	837	191.095	46.125	159.2
1992	1.099	4.15	150	25 214	24 344	870	180.971	43.587	168.1
1991	1.141	4.21	164	24 639	23 740	899	194 943	46 292	150.2
1990	1.189	4.23	169	23 814	22 904	910	210 876	49 912	140.9
1989	1.263	3.99	169	22 921	21 907	1 014	219 598	55 094	135.6
1988	1.085	4.11	160	23 129	21 632	1 497	192 762	46 902	144.6
1987	1.089	3.91	129	22 679	20 595	2 084	187 526	47 996	175.8
1986	1.017	3.71	139	22 765	19 947	2 818	165 957	44 683	163.8
1985	1.056	3.55	153	21 147	18 327	2 820	177 302	49 941	138.2
1984	1.199	3.36	167	20 200	17 368	2 832	199 535	59 361	121.0
1983	1.197	3.15	190	18 884	16 032	2 852	199 428	63 382	99.4
1982	1.175	2.94	173	18 020	14 977	3 043	191 604	65 228	104.2
1981	1.060	2.78	173	18 040	14 732	3 308	164 390	58 758	104.3
1980	1.022	2.69	161	17 590	14 029	3 561	156 254	58 073	109.3
1979	1.121	2.52	138	16 901	13 331	3 570	166 913	66 327	122.5
1978	1.128	2.34	114	16 251	12 671	3 580	162 636	69 411	142. 6
1977	1.063	2.23	110	16 041	12 434	3 607	147 871	66 268	145.8
1976	0.957	2.13	133	15 832	12 197	3 635	128 600	60 447	119.0
1975	1.033	2.05	138	15 030	11 402	3 628	140 719	68 729	108.9
1970	0.921	1.55	185	13 750	10 000	3 750	103 927	66 982	74.3
1965	1.032	1.01	210	12 825	9 240	3 585	81 248	80 468	61.1
CAGR									
1965—2009		0.7%	4.7%	−0.6%	2.6%		3.3%	2.7%	−1.8%
1980—2009		1.1	3.6	−0.1	2.8	3.6	−5.5	1.8	−1.7

资料来源：《综艺》（*Variety*）和《每日综艺》（*Daily Variety*），基于 MPAA-MPEAA 数据。

市场占有率 91

许多消费品行业仰赖市场占有率（简称“市占率”）信息来作为各主要厂商市场地位的评估基础。然而，由于消费者对电影发行商以及多数制片商的品牌认同十分淡薄（很多时候根本没有），加上不同发行商的市占率年年发生变化，这些数据在实务上的意义和价值十分有限。对电影产业而言，评估市场地位的方式显然与肥皂、香烟或者饮料行业截然不同。

因此在电影产业，市占率数据最适合的用途是用来比较主要发行商的长期经营有效性，或者用来比较不同电影在同一地区的短期租赁表现。例如，从长期角度来分析，将迪士尼与其他主要发行商的平均市占率进行比较，可以发现迪士尼在 20 世纪 70 年代出现明显的衰退，直到 20 世纪

90 年代才显著回升。

其他因素

汇率效应　主流电影公司如今大约有 40%～55%的租金毛收入（gross rentals）来自所谓本土市场（一般包含美国和加拿大，其中加拿大规模仅有美国的 10%）以外。因此，汇率变化也会显著影响美国制片、发行公司的利润。

92 例如，在 20 世纪 70 年代大部分时间以及 1985 年以后，美元相对于主要出口国的货币（如日圆、英镑、德国马克、法郎以及瑞士法郎）疲软，美国电影公司在这些国家的票房收入换算成美元后显得利润大增；相反，在 20 世纪 70 年代末和 20 世纪 80 年代初，强势美元使得电影产业的营业利润减少了 10%～15%（约等于缩水 1 亿美元）。换句话说，尽管美元汇率走低也会导致在其他国家拍摄电影的成本和发行/营销成本上升，但整体而言，弱势的美元能够显著提高美国电影产业的利润。

电影产业利润和汇率之间的关系如图 3—7 所示。从图中可以明显看出，弱势美元能为整个产业带来净收益。图 3—8（a）显示的是五个已开发国家的电影门票销售总数，而人均每年看电影次数和每百万人屏幕数量则分别以图 3—8（b）和 3—8（c）表示。[20] 2009 年，全球大约有 14.8 万个电影放映厅（屏幕），每年总票房收入约 260 亿美元，售出的电影票数量约为 72 亿张。2009 年全球投资在电影制作上的资金总额约为 280 亿美元，产出的电影大约 5 000 部，其中有 1 100 部产于印度。[21] 不过目前中国也拍摄了越来越多的电影。[22]

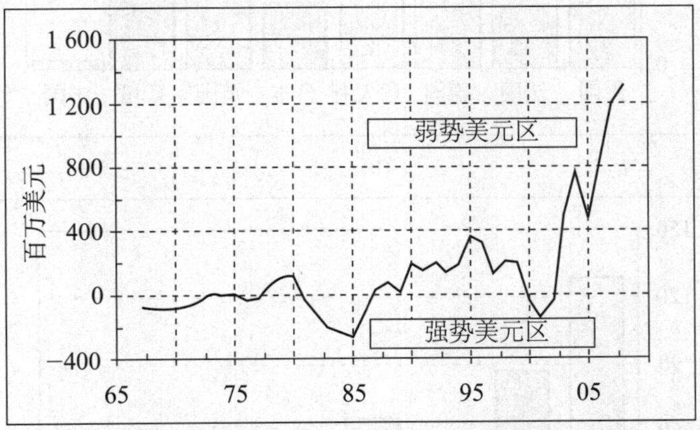

图 3—7　美元汇率对海外电影租金收入的影响，1965—2009 年。

93 **贸易效应**　尽管全世界每个地区都在制作和发行电影及电视节目，但美国长期以来都是主要的出口国，每年从电影和电视节目所创造的净贸易收入达到 40 亿美元。这种优势背后的因素包含历史偶然性、科技创新、资本投入、营销能力以及文化因素等。但从经济学角度来看，主要原因有[23]：

（1）电影和电视节目具有公共产品特性，也就是某个消费者观看电影并不会减少别人观看的机会，每个消费者的效用也不会降低。

（2）美国的国内市场庞大，且电影院、电视、有线电视、录像机等设备的人均/户均普及率高，有利于摊销拍摄电影所需的庞大成本。

（3）英语是除了汉语之外的第二大语言，也是西方富裕国家使用最多的语言。这意味着美国的影视产品出口到其他英语系国家时所遇到的"文化折价"（cultural discount）——指当电影或电视节目出口到风格、文化偏好和语言环境不同的国家时，出现的价值减损现象——相对较少。[24]

由于上述优势的存在，可以预见美国电影产业在未来一段时间内仍将维持出口的强势地位。然而在电视产业，由于新科技和各地区节目制作能力的提升，美国在全球电视市场的优势可能会逐渐丧失。[25]

94

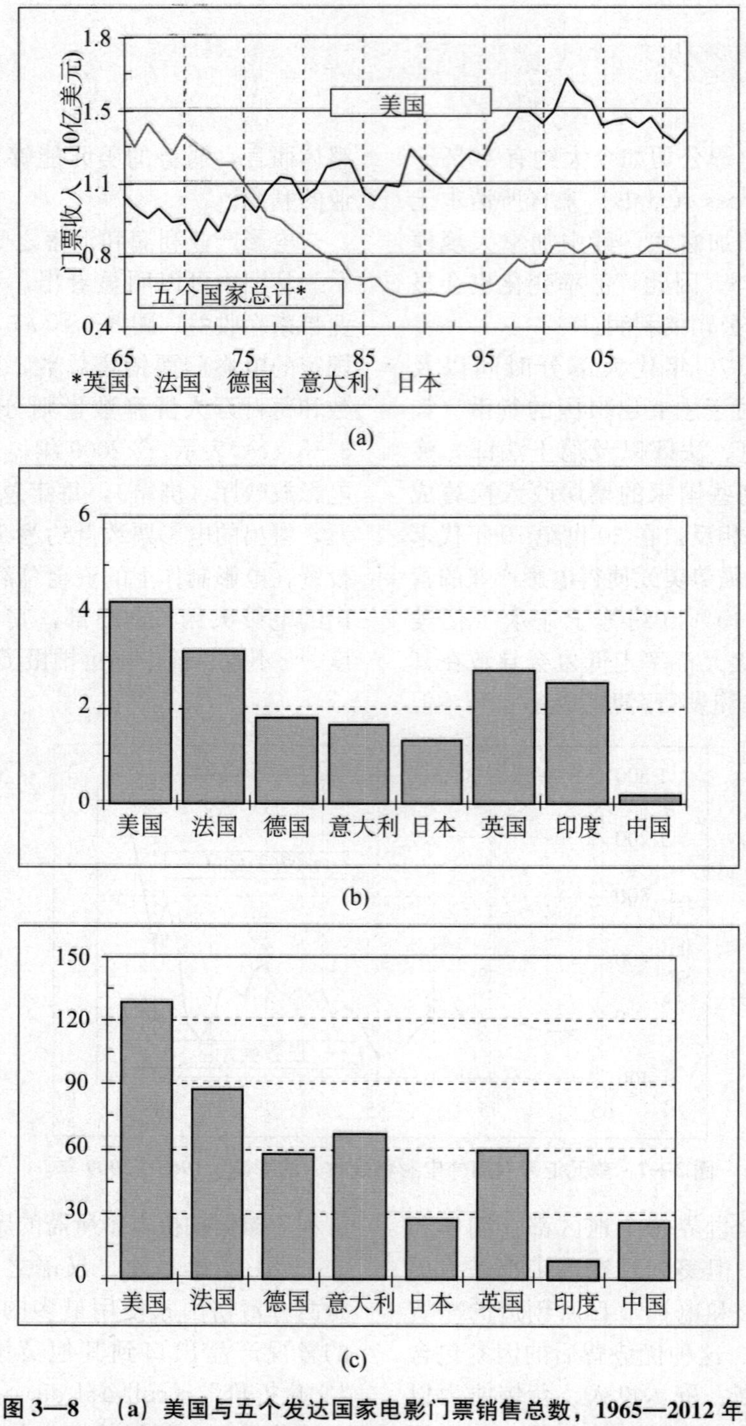

图 3—8 (a) 美国与五个发达国家电影门票销售总数，1965—2012 年。
(b) 部分国家人均每年看电影次数，2009 年。(c) 部分国家每百万人口屏幕数量，2009 年。

资料来源：MPAA 国家统计数据。

总体财务

尽管电影发行大致上被几家大公司所掌控，但在创意和电影制作方面，整个产业基本还是分散而具有家庭工业（cottage industry）性质的。我们有理由相信这样的情况将会持续下去，因为许多小型的服务公司和制片厂已然逐渐壮大，并与巨头们形成了良好的互动关系。

尽管如此，几大电影巨头依然占据了整个产业绝大多数的收益（大约垄断了全国 90%的影片租赁收入），如果它们遇到困难，其他业者恐怕也难逃厄运。因此，这些大型电影公司多年来公布的财务报表可以为我们理解整个产业的绩效趋势，提供有用的信息（见表 3—3）。然而，由于电影公司往往发现很难系统性地比较不同收益渠道的营业费用和融资成本，因此仅仅采用这些数据无法帮助企业评估电影院、电视或其他配套市场的利润潜力。我们必须通过对电影产业的微观经济学分析，才能处理这些问题。下一章对此有更深入的探讨。[26]

3.4　主要市场和次级市场

传统上，电影院一直是电影发行的主要渠道，也是主要的观众来源和收益泉源。但自 20 世纪 80 年代中期以后，来自配套市场（包括电视网、辛迪加联播电视、付费有线电视、家庭录像带等）的电影授权金收入逐渐超过了电影院票房。表 3—5 显示的是在 21 世纪初，一部主流发行商发行的电影在配套市场所能获得的“平均”收入。

科技进步是电影配套市场成长的幕后推手，种种新技术导致了娱乐信息内容的传输和存储成本大幅降低。但尽管如此，仅靠单位成本的降低是否足以维持产业的利润率，依然令人存疑。

例如，以一部新上映的主流大片来看，如果在电影院播放，每人次观众能为发行商带来 3～5.5 美元的收益（即租金收入）。然而若是观众选择在付费电视台观看，或者租 DVD 回家，则发行商所能拿到的就只有每人 20～30 美分了（见表 3—6）。这主要是由于几个人可以同时观看一片 DVD，或者重复观看几次，却不需要付任何额外费用。

表 3—5　MPAA 成员发行的电影配套市场平均收益[a]（百万美元），2010 年 95

影片平均授权收入[b]	
付费有线电视	10.0
家庭影片（录像带和 DVD）	13.0
无线电视网授权	2.5
辛迪加	1.5
海外电视	3.0
总计	30.0

[a] 电影平均配套市场收入数字，并非以全部配套市场收入除以总发行片数的结果。换句话说，若将非 MPAA 成员的影片也包含进来，表中的平均数将会向下修正。

[b] 详见 3.5 节，将会说明为何这类平均数字的解读需要格外谨慎。表 5—8 的例子中就显示出平均数存在较大正负落差的情况。

表 3—6　平均每人每小时观看电影的成本，2010 年[a] 96

电影院（大都会首轮影院）	$6.00
付费有线电视频道	0.50
家庭录像带/DVD	0.60
“免费”商业电视网[b]	0.06

[a] 假设平均每部电影长两小时，一家有两人观看。

[b] 计算方法为：假设电视台年广告收入 300 亿美元，除以 2 555（平均每天观看 7 小时×一年 365 天）×1 亿家庭。

当然，上述计算方法可能引起很多争议，例如，尽管近年来在家观看电影的成本不断降低，但电影院进场人数却并未受到显著影响。同时，配套市场的发展事实上还拓宽了电影的观赏人口，吸引了许多从来不上电影院的人在家看电影。此外，数据显示，无论在家观看电影的成本有多低，会上电影院的人依然喜欢上电影院。

上述现象在业内可说众所周知，但若是和其他现象合并起来看，其中的意涵就更深远了。其中一个最显著的趋势是电影市场逐渐划分为少数“热门大片”（hits）和其他多数的“失败片”（also-rans），这可以从最近几年旺季的电影票房分布看出，一般而言，在大约一打新上映的电影中，其中四部就占据了80%以上的票房收入。

尽管市场对于“不可不看”的热门大片需求始终强烈，这些大片多半都能在上映后三周内赚到最终票房的一大部分，但这也同时意味着，那些没有那么大吸引力的电影（上映初期票房没有亮眼表现的影片）将会很快地被转入家庭电影市场，而这些市场的人均产出要远低于电影院，因此最终的总收益显得更加惨淡。家庭电影市场的兴起使得人们在何时、何地观赏电影上有了更多选择。最近一项调查就指出，年轻人已经不再把电影院视为观赏电影的首选地点。[27]

换句话说，一个市场的成长，往往或多或少意味着另一个市场的损失。总体而言，配套市场的现金流量之间存在强烈的互相替代性。例如，倘若影片先在付费有线电视频道播放，就可能导致无线电视网同类频道的收视率下滑，而收入的下降又使得无线电视网无力购买更多的电影版权，形成恶性循环。

配套市场的发展经常被认为有助于提升整个电影产业的获利。然而，新的收益来源，特别是来自付费有线电视和家庭录像带的收入，并不足以弥补电影制作和发行环节飙涨的成本。例如在1980年到2009年间，主流电影公司拍摄一部电影的平均成本从940万美元飙升到7 930万美元，平均营销成本更是从每部430万美元上涨到3 600万美元。结果，营业利润率至少下滑了三分之一，远低于20世纪70年代末高峰时期的水平（见表3—3）。表3—7显示了近年几家主要电影公司的财务绩效。

97 **表3—7　六家主要电影公司的运营绩效，2005—2009年**

	收益	营业收入	营业利润率[a]（%）	资产	营业现金流量
CAGR（%）[b]	8.5	24.1	8.3[c]	−0.8	5.9

[a] 平均利润率=8.3%。
[b] 复合年均增长率。
[c] 无意义。

不过，同样重要的是，配套市场的发展使得许多独立制片公司能够通过版权预售（presales）来筹措资金。古德尔（Goodell，1998，p. xvii）指出，所谓独立制片意味着“无论制作或发行所需的资金来自何处，都与主流电影公司没有关系”，换句话说，制片人本身需要承担一定的财务风险。

版权预售通常采用基金（funds）、保证金（guarantees）或者基金承诺（commitments）等形式，这些方式使得许多原本根本拍不出来的电影最终能够完成。事实上，通过这种版权预售方式筹资，对投资者而言也是有一定风险的，因为很多电影最终的总收益根本弥补不了制片和发行（包括营销和拷贝）当中的所有成本。[28]

独立制片公司通过版权预售策略，可以尽可能地降低或延缓误判风险，但也同时在一定程度上放弃了电影大卖时所可能带来的潜在收益。此外，不可避免地，独立制片商获得资金的成本一般要高于主流电影公司，因为版权预售收入（来自下游发行商）通常采用分期支付，因此制片商依然需要仰赖其他贷款来源（通常利息甚高），有时甚至需要撑到电影正式上映为止。因此长期来看，独立制片商拍出的卖座片（通常要少于主流电影公司的产品）在数量和收益上都越来越难以弥补大量失败电影造成的亏损，独立制片商也越来越难达到损益平衡。[29]

简而言之，配套市场的成长尚未（也许永远不会）真正提高整个电影产业的利润。由于脆弱的成本结构、不断分化的市场和观众，以及激烈的人才争夺，大幅削减了电影产业的边际利润率（profit margin），而新媒介所带来的收入并不足以弥补这种损失。[30]不过毫无疑问地，新媒介已经彻底改变了整个电影产业的收入结构，电影下片后的后续收益正在逐渐超越电影的主要市场（电影院）本身。正如表 3—8 所示，直到 1980 年左右，影院票房收入依然占到整个电影产业收入的一半以上。但 25 年后（见图 3—9），影院票房已经仅仅占电影总收入的五分之一左右，而最大的利润来源则是电视授权金。[31]

表 3—8　电影产业收益来源：全球电影公司总收入，单位为 10 亿美元（以 2007 年币值为准），1948—2007 年 98

年度	电影院	录像带/DVD	TV[a]	总计	电影院所占比例（%）
1948	8.5	—	—	8.5	100.0
1980	4.9	2.2	4.1	9.2	53.3
1985	3.3	2.6	7.4	13.3	24.8
1990	6.8	6.5	10.1	22.4	30.4
1995	6.2	11.9	11.6	29.7	20.9
2000	6.5	13.1	15.5	35.1	18.5
2005	7.0	22.6	16.9	46.5	15.1
2007	8.8	17.9	16.2	42.9	20.5

注：若以 2004 年币值为准，则免费电视 1980 年的收入为 3.35、1985 年为 5.74、1990 年为 7.6、1995 年为 8.13、2000 年为 11.03、2005 年为 12.60。

[a] 包括按次付费频道（PPV）、付费电视和免费电视（电视网、有线电视和地区电视台）。

资料来源：爱普斯坦（Epstein，2005；2010，p. 180）、Slate. com 和 MPAA。

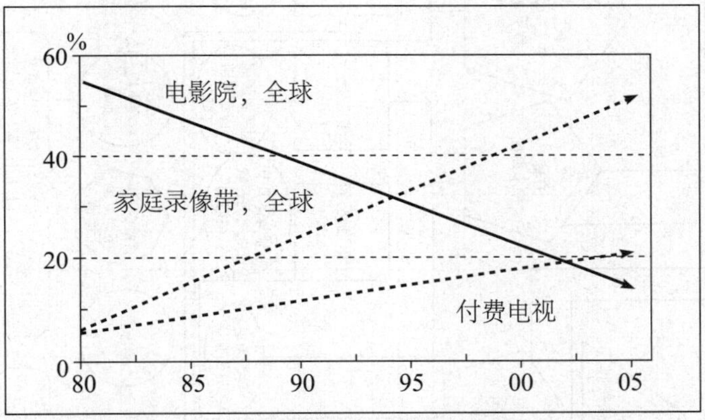

图 3—9　电影产业中电影院、家庭录像带和付费电视市场所占的收入百分比，1980—2005 年。

99 尽管受众的偏好有从传统的、以广告为主要收入来源的“免费”电视逐渐转向付费服务如电影票、付费有线电视频道以及录像带/DVD（出售或租赁）的趋势，假设其他条件不变，这一趋势最终有可能会提升整个产业的利润，但这种演变是极为缓慢的。[32]但与此同时，对未来的不确定性，已经导致了一系列的企业交叉持股及合资模式等尝试（见图 3—10），产业中的各个参与者不断合纵连横，试图争取对内容、发行渠道以及受众更多的控制权；许多并购和交叉持股等尝试显得过于冒险和缺乏深思熟虑。[33]这些赌博式的行为，与一般人的直觉相反，大部分反而会降低股东权益的报酬率。[34]

互联网科技已经为用户创造了史无前例的自由度，使得用户可以随心所欲地选择享受娱乐的时间和地点。此外，信息技术还降低了观赏影片的成本，并削弱了传统发行渠道的经济力量。然而，在这个新媒介逐渐取代旧媒介的阶段，由于发行商必须同时采用新旧两种渠道来争夺受众的注意力，因而导致了营销成本难以避免地高涨。

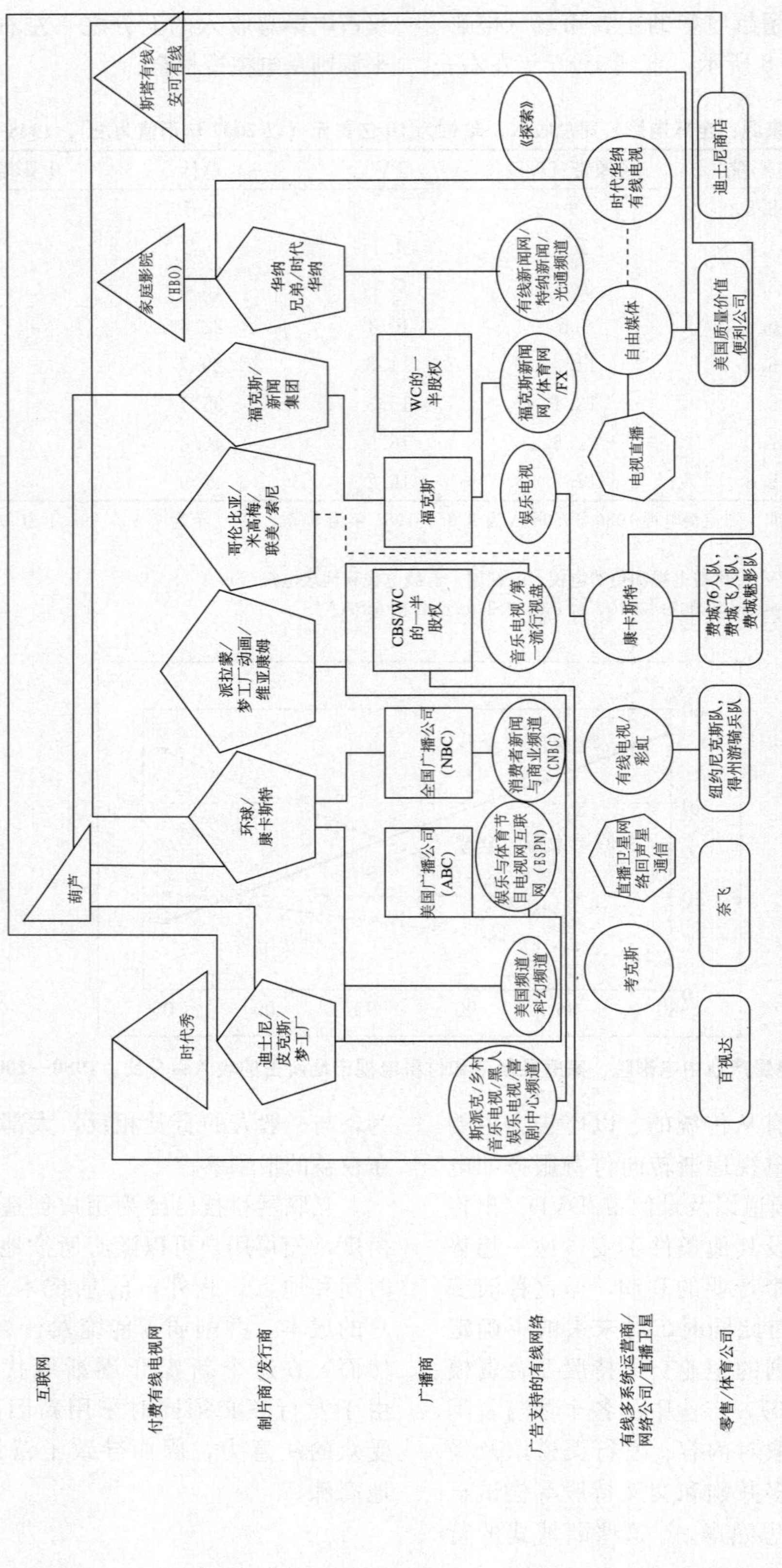

图3—10 主要娱乐公司之间的相互关系（虚线代表间接关系），2010年。

3.5 资产

电影资料库

长期以来，在电影产业的所有资产中，对于电影资料库的估值方法是最混乱和模糊的。尽管如此，对于投资者而言，在实际或者可能发生的电影公司并购（涉及金额常高达数十亿美元）之中，电影资料库的价值却是最关键的问题。20世纪福克斯、联美、哥伦比亚和MCA（现为环球）都曾经牵涉到大规模的并购案当中。许多看似不重要的因素——科技进步、利率、法令、最近使用率（耗损率）以及社会趋势——实际上都会影响到电影资料库的评估价值。

科技 在所有因素中，科技是最为重要、也最饱受争议的一项。毫无疑问，雨后春笋般涌现的各种新媒介提高了人们对各种节目内容的需求，就算是新瓶装旧酒也能够大卖。然而，新的内容传输和存储技术却使得几乎任何人都能够以更低的成本更方便地下载各种内容，而且大多是非法的。由于信息技术使得消费者能够通过下载和串流技术免费享受到数以百万计的影片内容，这不可避免地对电影资料库的价值产生了负面影响。[35] 正如音乐、书籍、报纸、电视等其他媒介一样，电影如今也变得随处可得了。

使用率 电影的市场曝光率（即使用率）是评估其价值的重要指标。有趣的是，曝光率和影片价值之间的关系涉及一系列的经济（甚至哲学）问题：电影资料库若要拥有较高的价值，就不能被过度曝光（播放）；然而若要获利或反映其潜在的商业价值，又必须要通过授权或买断将影片呈现在公众的视野中。

此外，一般而言，越新的电影越能吸引观众的兴趣，收益也越高，因此大多数电影（除了少数被认为是“经典”的名片之外）都具有某种“时效性”［time-decay，或称衰退性（perishability)］。因此，社会趋势的改变也有很大影响。例如，史诗战争片（war epics）在某些时期非常流行，但在其他时期却乏人问津。当然，有些幽默片是历久弥新的，但也有某些特殊题材的电影始终无法被大多数观众接受。此外，从发型到服饰、从汽车型号到道德观，几乎所有东西都会随着时间慢慢改变，这使得哪怕仅仅20年前的电影，在如今的观众看来可能都难以接受。

因此，尽管好莱坞电影巨头们总计拥有超过2万部的电影（见表3—9），但每年仅有极少数的电影有机会重新在电影院放映（考虑到重制和广告成本之后）。有线电视频道对老片的需求同样不大，它们一般更偏好新题材。尽管家庭录像带/DVD是消化电影资料库的重要渠道，但相较于推出新片，主流电影公司发现推广老片的难度要大上许多。联播电视网长期以来都是老片的主要市场之一，但它们同样需要靠少数新的强打电影来吸引受众。

表3—9 主要电影公司所拥有的电影数量，2010年[a] 101

电影公司	电影数量
索尼（哥伦比亚/三星）	2 600
迪士尼	800
派拉蒙	1 200
20世纪福克斯	2 200
米高梅（包括猎户座）	4 500
环球	4 200
华纳兄弟（含新线和1987年以前的米高梅）	4 600
总计	20 100

[a] 环球拥有1948年以前派拉蒙的1 000部电影；联美拥有1950年以前华纳兄弟的745部电影；此外联美还拥有雷电华1950年以前700部电影的免费电视播放权，参见注释［28］。

102 总体而言，受到产业结构和其他因素的限制，美国电影产业在国内和海外市场上每年出片数量很难超过1 000部（仅占电影资料库总数量的5%），其他国家的情况也是如此。据估计，全球媒体业者的资料库大约有50万部电影，以及300万支以上的电视节目和短片。

利率和通货膨胀率 影响电影资料库估值的最重要外在因素就是利率（interest rate）。想了解利率对估值的影响，不妨把一个标准的电影授权合同（一般期限是3至5年）想象成一个能在几年内为持有人持续带来现金收入的投资组合，正如债券（bond）或年金那样。在债券市场上，利率上升会导致投资组合的价值降低；反之亦然。换句话说，一个电影资料库的净现值（net present value，NPV），就是往后通过电影授权或买断所能获得的现金流，在考虑到风险和不确定性因素后，对每年的现金流量进行贴现后加总的结果。上述的现金流量贴现这一概念，可以用下列公式表示：

$$\mathrm{NPV}_a=\sum_{t=0}^{n}A_t/\ (1+r)^t$$

其中r代表经过风险调整后的必要报酬率（与利率有关），A代表电影a在第t期预期的现金收入，n代表能够获得现金收入的总期数。对于电影资料库这种资产而言，由于未来收益、残值以及其他成本都很难估计，因此公式中一般会假设存在较大的风险，并据此设定较大的必要报酬率（提高公式中的r），或是进一步调整NPV值。

当然，通货膨胀往往也是导致授权费逐年提高的主因之一。然而当授权费的提高仅仅反映通胀压力时，由此所导致的电影资料库增值其实只是一种幻觉而已。另一项跟通货膨胀有关的幻觉，通常发生在那些人们认为艺术上属于“无价之宝”（priceless）的资产上。例如，迪士尼的许多经典动画片，如果想在今天的环境下重新拍摄，所需的制作费可能是天文数字，因此那些动画片常被认为是无价之宝。然而，这并不意味着那些影片可以获得更高的授权金收入、DVD销量或者年度票房。事实证明，大多数情况并非如此。

搜集与合约 电影的所有权和完整性也会影响到电影资料库的估值。正如搜集邮票或钱币那样，一个完整系列的影片（例如《洛奇》全集、《007》系列全集，或者马克斯兄弟的全部电影）当然比零散的影片更具价值。若能掌握所有相关的影片［以及其他相关资料如负片、原声带、剧照、海报、电视广告（TV commercials）等］，后续的营销就能更加无往不利。

此外，版权的分割是非常恼人的问题。想要完整地衡量一个电影资料库的价值，就必须一一审视过去多年来签订的所有合同，才能了解相关影片的所有权状况、剩余价值、可授权范围（包括版权保护），以及移转限制等。但由于很多合同条款记载得并不详细（或者不让外人阅读），因此外部人想要评估电影资料库的价值，通常是以少数重要资产的所有权来推估整体状况的。换句话说，电影资料库中的影片总数其实只是评估整体潜在价值的一项粗略指标而已。 103

资料库转移 从外部角度来看，评估电影资料库价值最容易的途径就是了解先前类似影片资产的转移价格。但尽管如此，这一做法依然存在许多困难，因为历史上电影资料库的转移并不是那么频繁，而且当时的时空背景和今天也存在差异；转移的动机和当时市场对娱乐产品的看法，都会对资料库转移价格产生重大影响。因此，即使两个电影资料库的规模和性质都非常相似，其转移价格也可能差异甚大。[36]

从表3—10可以看出，历年来重要电影资料库的转移价格相差很大。我们可以说，电影资产的估值过程往往十分复杂且不太精确，其中涉及的艺术成分要多过科学成分。电影资料库的估值通常始于对比最近类似电影资产的转移价格，而在预测现金流量的时候还必须综合考量电影中主要演员（如果还活着的话）的当前情况、所有权的完整性和可移转性、数字化的潜在成本、所有权结构和残值，以及科技进步所带来的潜在影响等。接着，贴现现金流分析可以帮助我们分解和预测不同渠道（影院、DVD、有线电视等）的预期收益，最后计算总的期望值。然而，最终我们不得不承认，正如同每个人的审美观各不相同，电影的估值往往也只是源自旁观者的想象罢了。

表3—10 主要电影资料库转移案例，1957—2010年[a] 104

年度	转移资产	卖方	买方	估计金额
1957	700部华纳兄弟的影片、短片和卡通	联合演艺人公司	联美公司	3 000万美元
1958	750部1948年之前的影片	派拉蒙	美国音乐公司	5 000万美元
1979	500部影片	美国国际电影公司	影路	2 500万美元
1981	2 200部影片、短片，以及制片厂和发行系统	跨美	米高梅	3.8亿美元
1981	1 400部影片、阿斯彭滑雪场、可乐灌装厂、蒂娜克斯电影工作室、第5电视台、国际影院连锁、制片厂不动产	20世纪福克斯	私人投资者马文·戴维斯	7.22亿美元
1982	1 800部影片、制片厂地产、电视台、商场游戏机制造厂	哥伦比亚电影公司	可口可乐	7.5亿美元
1982	500部影片	影路	猎户电影公司	2 600万美元
1985	4 600部影片、800部卡通和短片、默特罗彩色工作室、制片厂地产	米高梅/联美娱乐（柯克·科克莱恩）	特纳广播公司（特德·特纳）	15亿美元
1985	950部影片、发行系统，以及米高梅资料库的其他权利	特纳广播公司（特德·特纳）	联美公司（柯克·科克莱恩）	4.8亿美元
1989	2 400部影片、20 000集电视剧、发行系统、800块银幕及其他权利	哥伦比亚电影公司和可口可乐	索尼公司	48亿美元[b]
1990	3 100部影片、14 000集电视剧	美国音乐公司	松下电器	61亿美元[c]
1993	200部影片	新线路公司	特纳广播公司	5亿美元
1994	900部影片、4 000集电视剧，以及美国（USA）广播网、团队、电视台、出版公司的1/2股权	派拉蒙	维亚康姆	96亿美元
1995	3 200部影片、14 000集电视剧	松下	希格拉姆公司	57亿美元[d]
1996	1 500部影片、4 100集电视剧	法国里昂信贷银行	柯克·科克莱恩/七号电视网	13亿美元
1997	2 000部影片	猎户/萨缪尔·高德温	米高梅	5.73亿美元 105
2003	7 000部影片	亚提森	狮门	2.1亿美元
2006	59部影片	梦工厂	派拉蒙（维亚康姆）	15亿美元
2010	700部影片	米拉麦克斯（迪士尼）	柯罗尼资本/罗·图特	6.6亿美元

[a]有几宗其他的交易或提议反映了资料库的价值。1985年，如果鲁珀特·默多克花费1.62亿美元现金和8 800万美元贷款购得的20世纪福克斯的权益中的一半是不动产、制片厂资产和发行系统的话，那么另一半平均下来，每部影片为18万美元。1982年，华纳兄弟拥有的1948年之前的影片资料库，包含745部影片、327部卡通，以及辛迪加权利、米高梅/联美音乐出版企业，差一点以大约1亿美元出售给华纳传播。不计非电影资产，拟议中的销售平均下来，每部不到10万美元。

[b]包括估计达14亿美元的债务。此外，随后收购古伯—彼得斯娱乐，还需要几亿美元。

[c]包括音乐、主题公园和出版业务。

[d]松下保留了20%的权益。

不动产

长期以来，好莱坞巨头们一直不太重视不动产的价值和用途。直到1948年反托拉斯法案之前，电影公司主要的不动产（多半是影院）最重要的用途是抵押给银行以换取贷款。然而，这种现象已经是过去式。[37]在20世纪80年代初，随着大都会的发展、电视电影（made-for-television movies）和有线电视独立制作的兴起，以及综合影城的发展等，电影公司所拥有不动产的价值也跟着水涨船高。[38]

106 相较于过去的消极做法，如今电影公司对旗下不动产的管理更加积极，也更令人印象深刻。例如，迪士尼旗下位于奥兰多的“迪士尼世界”占地达27 500英亩，NBC环球的总部及其位于洛杉矶的环球影城总计规模也达到420英亩，还有华纳兄弟（时代华纳）位于伯班克（Burbank）占地140英亩的制片厂等。

无论在好莱坞还是其他任何地方，不动产的估值总是受到利率水平和整体经济成长的影响。尽管如此，由于对娱乐设施和其他不动产的需求不断上升，可以预期不动产资产对电影公司及其母公司的财务分析而言，将越来越重要。

3.6 结论

与其他的艺术相比，电影是一种独特的艺术形式，它能够转移我们的情绪，让我们彻底地把自己装进情节中去。[39]本章探讨了电影产业的宏观经济部分。正如我们已经看到的，影响其他产业的许多因素——经济周期、外汇（foreign exchange）、反托拉斯法案、科技进步、利率等——也同样影响着电影产业的利润水平和资产价值。从这个角度看来，拍电影和其他产业并没有什么不同。若要分辨电影产业和其他产业的差异，需要通过微观经济和会计学的视角来分析，这也是接下来两章的主题。

【注释】

[1] 正如普特南（Putnam，1997）提到的，电影在欧洲的发展源于卢米埃家族（Lumière family）的努力，并由帕雷（Charles Pathé）加以产业化。是欧洲人首先把电影视为一种文化形式的。鲁德（Roud，1983，p.7）提到（可能有夸大的成分），1914年法国占据了全球电影市场的90%，但1919年跌至15%。此外，在英国，1895年就出现了早期的动态影像放映机器（Kinetoscope），甚至比卢米埃兄弟1896年的动作记录器（Cinématographe）更早。还可参见第9章提到的特伦波尔（Trumpbour，2002）和奎格利（Quigley，1969）的论述，影像记录和播放的原形甚至可以追溯到1645年德国诗人基歇尔（Athanasius Kircher）的设计。

[2] 影片交换的出现使得电影的发行由购买转变为租赁制度。这加速了影片的流动率，也大大增加了市场上的电影数量。

[3] 差不多在同一时期，英国的电影制片、发行和播放产业也开始整合，先驱者是亚瑟·兰克（J. Arthur Rank），正如特伦波尔（Trumpbour，2002，p.179）所说，兰克是英国1938年《电影影片法案》（Cinematograph Films Act，实质上就是配额法案）的受益者。

[4] 布鲁克（Bruck，2003，p.112）引述普特南（Putnam，1997）提到，在1948年，对影院的投资额占到整个电影产业资本投入的93%，而制片仅占5%。当时的制片厂事实上更多的是用手中的影院持股作为交换，来支付制片和发行等费用。

[5] 见彭蒙兰兹（Pomerantz，2010）。

[6] 吉尔德（Gilder，2000）的论述中特别提到这一点，例如光纤网络的带宽要远远超过今天的一般电子信号传输网

络，因此他认为光纤将会快速替换掉旧有的信号传输基础设施。关于技术创新的历史回顾可参见克斯纳（Kirsner，2008）。

[7] 有关这一产业漫长、多彩多姿的历史，可参见巴里奥（Balio，1976）、奈特（Knight，1978）和斯坦利（Stanley，1978）等人的著作。

[8] 放映产业也在不断整合。在20世纪80年代并购的高峰期，许多大城市电影院的收购价格甚至达到预期现金流的10～40倍，但多数中小型城市的收购价格则在5～6倍左右。此外，尽管大城市每个放映厅的收购价格有时可以达到100万美元以上，但整体平均价大约在50万美元。然而到了2000年，由于电影院建设过度密集，花费过巨，许多大型连锁影院宣告破产。

[9] 三星影业是1982年由哥伦比亚（当时为可口可乐所有）、CBS和HBO共同出资成立的电影公司，投资总额5 000万美元。但CBS随即把所有股份出售给可口可乐；可口可乐在1987年又收购了使馆电影公司（Embassy Pictures）和梅夫·格里芬公司（Merv Griffin Enterprise）的电视部门并入三星影业，并改名为哥伦比亚电影公司（Columbia Pictures），可口可乐持有49%的股份。日本电子业巨头索尼（Sony）于1989年收购了哥伦比亚电影公司。环球电影公司（Universal）最早称为MCA公司，曾经七度易手，其所有者从1995年的希格拉姆（Seagram）、2000年的维旺迪、2003年的GE/NEC，到2009年12月被纳入康卡斯特旗下（康卡斯特占51%股份，GE占49%）。米高梅则在2004作为电影库资产被以索尼为首的集团买下，康卡斯特提供了部分融资。

[10] 尽管像迪士尼和华纳兄弟这样的大型电影发行商有能力每年生产40～60部电影，但它们通常不会提供这么多。

[11] 两家电视联播网ABC和CBS都曾经在20世纪60年代和20世纪70年代从事电影制作，后来因连年亏损而退出；它们在20世纪80年代初重返电影制作（不涉足发行）产业，但随即又于1984年退出。后来，CBS自2006年从维亚康姆剥离出来后，目前也有从事少数低预算的制片工作。

[12]“市场微调者”事实上只在全国发行网络尚未建立前发挥作用。

[13] 参见卡钦斯基（Albert Kapusinski）的研究（Nardone，1982），他比较了1928—1975年42个电影产业主要经济指标和整体宏观经济的表现。亦可参见霍夫勒（Hofler，2009b）。

目前的研究结果表明电影票房表现可能存在4年或10年一度的经济循环，但证据尚不充分。其他研究也有发现25年周期的。参见库普曼（Koopmans，1974）、高特曼（Gottman，1981）和汉密尔顿（Hamilton，1994）。

[14] 这种季节性的循环长期来看相当稳定。例如在1983—1992年，夏季票房占全年票房收入的比重为35%～41%，平均值37.8%。参见艾纳夫（Einav，2007）。

[15] 在1965—2008年间，电影门票销售数字大致可以用方程式 Log（TICNUMB）＝－7.92－0.55×log（TICPRICE）＋1.54×log（YDPERCAP）－0.50×log（TRANSPORTINTRA）-0.75×log（FASTFOOD）来预测，其中TICNUMB是全年电影票销售数量，TICPRICE是以实质货币计价的平均电影票价格，YDPERCAP是美国人均可支配所得，TRANSPORTINTRA是市内交通成本价格指数，FASTFOOD是消费者外食的价格指数，这被认为在预测消费者看电影时的额外支出上相当有用。其他变量如油价、停车成本、电影数量等均不具备统计上的显著性。整个模型的R^2达到0.84，F检验中的p值为0.00。

[16] 关于去电影院看电影的决定因素可参见德·席尔瓦（De Silva，1998）的研究，他发现电影导演、广告、影评以及消费者的年龄和婚姻状况都对是否去电影院看电影有显著影响。其他类似研究如苏凯（Sochay，1994）和科特曼（Litman，1998）。

[17] 埃勒和弗里德曼（Eller and Friedman，2008）探讨了大量受对冲基金和私募基金融资的电影，是如何影响整个产业的。

[18] 回归模型试图用统计和概率方法来说明变量之间是如何互相影响的。例如，一个回归模型也许会指出产业总利润（因变量）受到电影票销售量和影片租赁数量（自变量）的影响。

[19] 通过MPAA分级的电影数量，每年由《综艺》杂志汇总发表。

[20] 这样的比较也许暗示着海外市场存在巨大的商机。然而，一个国家仅仅拥有庞大的人口是不够的，例如，虽然俄罗斯和中国的人口众多，但因为电影票价较低，因此庞大的电影票销量也未必能产生足够的收入。

[21] 提蒙斯（Timmons，2008）提及印度公司对好莱坞投资的兴趣，但他也提到印度宝莱坞（Bollywood）的制片成本要远低于好莱坞。在印度，400万美元的电影就称得上大制作了，而制片预算最高的电影也不过2 000万美元；其中半数是支付给演员和导演的费用。此外，印度的电影融资尚不十分透明，至今仍有部分资金是来自犯罪集团或黑市。

[22] 参见B. 华莱士（B. Wallace，2005）和约翰逊（Johnson，2010）对中国电影市场增长的探讨。中国2009年国内票房总收入达到9.11亿美元，而中国政府限制每年进口的外国电影数量不得超过20部。中国在2010年超过韩国而成为亚

洲第二大电影市场，并很可能在 2015 年超越日本。

[23] 赫克歇尔-俄林定理（Heckscher-Ohlin theorem）提出，一国的生产因素如劳动力、资本、土地/自然资源等，而不是相对的生产效率决定了比较优势。

[24] 普特南（Putnam，1997）探讨过贸易议题，但从反美国的观点，霍斯金斯、麦克法蒂耶和费恩（Hoskins，MaFadyen and Finn，1997）对于贸易和文化折价的探讨更为全面。他们（p. 33）把进口节目或电影的文化折价定义为（本国同类产品价值－进口产品价值）/（本国同类产品价值）。

关于文化多样性，以及对抗美国文化霸权的本土市场保护——美国 2000 年在视听产品方面对欧洲出超达 81 亿美元，其中电影和电视节目各半——可参见莱丁（Riding，2003），柯文（Cowen，2002）探讨了好莱坞霸权的原因，并比较了数个国家的情况。

[25] 正如卡普纳（Kapner，2003）所提到的，美国电视产业的国际市场统治能力正在衰减。2001 年，在 60 个国家的十大电视节目中，有 71%是本土制作的。

[26] 然而，联美的子公司泛美（Transamerica）尽管并没有参与电视连续剧制作，但在电影和电视市场都有实现收入。附录表 S2—2 展示了联美公司 20 世纪 70 年代的财务表现。

[27] 参见阿布卡利恩和霍恩（Abcarian and Horn，2006）和霍恩（Horn，2006a）。

[28] 海外预售版权会降低产业的利润率，因为通过这种方式获得的融资，提高了电影的供给量，增加了对制作要素（演员、特效、音效等）的需求，进一步抬高了要素价格。

[29] 这类例子如 20 世纪 80 年代的坎能集团（Cannon Group）和德·劳伦蒂斯娱乐集团（DeLaurentiis Entertainment）。

[30] 例如，在付费有线电视方面，时代华纳旗下的 HBO 在 20 世纪 70 年代就崛起为一个近乎垄断的势力。作为全国有线电视用户收看电影的首选，HBO 具有极高的议价能力，它在 1981 年就超越最大的连锁院线，而成为好莱坞最大的客户，仅仅当年度支付的授权费用就达到 1.3 美元（在 20 世纪 90 年代初大约是一年 5 亿美元）。但在其他相似的频道如电影频道（The Movie Channel，TMC）和时代秀（Showtime）出现，以及录像机的普及率在 1984 年达到 20%后，HBO 也面临着激烈的竞争。在并购之前，时代秀为维亚康姆所有，而 TMC 则由华纳传播（Warner Communications）和美国运通（American Express）共同持股。合并后的时代秀/TMC 有 50%的股权属于维亚康姆，40.5%属于华纳，9.5%属于美国运通，直到 1985 年维亚康姆买下全部股权为止。1989 年，时代秀半数股份被转售给电信公司（Tele-Communications Inc.）。

[31] 爱德华·杰·爱普斯坦（Edward Jay Epstein）于 2012 年 1 月 19 日发表在《素裹》（*The Wrap*）上的一篇文章说，2012 年华纳兄弟在世界范围内的电视许可费为 40 亿美元，大约 80%来自有线购买者，如 NBC 环球网、ABC 家庭网、HBO 和特纳网。电视许可费超出票房年收入 24 亿美元，利润十分可观，因为有线放映的印刷、广告、传输、后勤等成本其实有限。电视许可费也是电影工作室最可靠的利润来源。

[32] 在美国，一般消费者愿意为每小时娱乐节目支付的代价平均在 50 美分至 2 美元间，其中按次付费节目可以达到 3 美元。平均来讲，一个美国家庭每年会购买 100 小时的付费娱乐节目（含电影票、付费有线电视和 DVD）。

此外，美国家庭每年平均还会收看 2 500 小时的免费电视（差不多每天 7 小时）。广告客户平均为每个家庭每小时的收视支付 12 美分左右的代价（每年 300 亿广告支出，除以 2 500 小时，再除以 1 亿收视家庭）。假设其他条件不变，如果能够以让每个家庭每年多收看 100 小时，而每小时广告成本为 50 美分的话，整个产业将会增加大约 40 亿美元的年收入。当然，由于第 1 章讨论过的限制存在，说的永远比做的容易。

2010 年，美国消费者为电影产品直接支出了 1 100 亿美元（100 亿电影票支出、750 亿有线电视支出、250 亿录像带/DVD），而广告客户支付了额外 600 亿美元。

[33] 此类行为的动机多半是为了达到范围经济（economies of scope），根据霍斯金斯、麦克法蒂耶和费恩（Hoskins，McFadyen and Finn，2004）的定义，当“同一厂商生产两种或更多产品的总成本低于在两个或更多不相关厂商分别进行生产”时，就存在范围经济。例如，电影和电视剧经常共享生产流程、采用相同的发行渠道，同样通过 DVD 和有线电视发行，并生产大量相关的副产品。亦可参见布朗（Brown，1984）、奥威尔和皮尔斯（Orwall and Peers，2002）和皮尔斯（Peers，2005）。

[34] 例如，尼等（Knee et al.，2009）发现，由于大量失败的并购和其他原因，导致到 2005 年为止的 15 年间，五大主要电影公司的股权年平均收益率仅为 8.2%，低于标准普尔 500 指数的 10.2%。

[35] 互联网使得老片更有能力和新片竞争。此外，科技进步也使得电影母片更不容易损坏或老化。过去，许多电影库就是由于母片老化、褪色而导致价值减损。而如今，电脑技术使得影片修复和上色的成本大大降低。部分电影人担忧这

类后期修复和上色会减损原始影片的艺术价值（对那些就著作权角度已经属于公共物品的电影而言）。但林菲尔德（Linfield，1987）提到，上色并不会损毁原始的黑白负片，却能够让这些老片继续被未来的观众所欣赏。参见《综艺》，1996-03-11。谢普利（Cieply，2007a）分析了数字保存技术的成本；希尔格（Siegal，2007）以及《综艺》（2010年8月2日）也都有专题讨论。

[36] 20世纪80年代初最重要的产权转移当属米高梅于1981年以3.8亿美元收购了联美旗下的泛美（Transamerica），包括了联美的全球发行系统以及超过900部影片的电影库（其中不乏奥斯卡得奖电影）。但随后（1985年）的交易最终又把米高梅/联美拆分为两家公司。特纳广播公司（Turner Broadcasting）以15亿美元买下了包含米高梅/联美的发行部门以及多达4 600部的电影库，但这只是开始。1989年，联美公司的1 000部电影、发行部门以及电视部门再次被兜售。1992年，米高梅被法国里昂信贷银行（Credit Lyonnais）收购，随后又于1996年以13亿美元价格卖给柯克·科克利安（Kirk Kirkorian）的集团。参见马尔和皮尔斯（Marr and Peers，2004）。

20世纪80年代初期还有其他值得注意的交易。1981年新闻集团以7.22亿美元收购20世纪福克斯，涉及大量的不动产，以及几个赚钱的部门［一个软性饮料授权、一个国际连锁院线、五个电视台以及豪门（Deluxe）电影实验室等］。1982年可口可乐收购哥伦比亚（总价约7.5亿美元）也包含了部分广播电视资产、不动产，以及一家街机游戏生产公司。2003年，狮门影业以2.1亿美元收购了艺匠（Artisan）旗下大约7 000部影片的电影库。

[37] 重要的不动产交易案例如20世纪70年代初的哥伦比亚（当时处于严重的财务危机），以及米高梅1973年决定出售其位于考沃尔市（Culver City）175英亩土地中的130英亩。哥伦比亚于1977年出售18英亩土地换得610万美元；米高梅的土地交易则获得了1 200万美元。这些原属于米高梅的考沃尔市不动产后来被洛里马公司（Lorimar）所有，该公司随即被并入华纳传播（今天的时代华纳）。1989年，哥伦比亚（索尼）以其所有的伯班克市的不动产交换了华纳所持有的考沃尔市不动产。洛里马公司1987年从特纳广播公司手中买下了考沃尔市其余的土地，总金额超过5 000万美元，但具体金额由于涉及其他资产而难以估计。

[38] 对制片空间的需求是如此之大，使得美国其他地区也能够通过许诺较低的拍摄成本，而与好莱坞竞争。参见哈里斯（Harris，1981）和巴戈梅利（Bagamery，1984）。同时，由低廉的成本、较少的工会所制约，以及加元相对于美元走软，使得加拿大在2000年初期成功瓜分了好莱坞大量的制片工作。但麦克纳利（McNary，2003）提到，由于税盾的消失，这种情况已经改变。2002年，加拿大和澳大利亚在制片上的税收减免分别为劳动成本的11%和12.5%。最近，匈牙利成为美国电影制片的新选择。参见迪奥利奥和麦克纳利（DiOrio and McNary，2002）和布奇（Boucher，2005）关于《超人归来》（*Superman Returns*）在澳大利亚拍摄的探讨，以及鲁塞克（Rousek，2010）。

但到了2008年，由于美元疲软，海外拍摄的吸引力降低，同时正如桑德斯（Sanders，2008b）提到，美国许多州提高了税收减免的额度，例如在纽约州，税收减免可以达到制片花费的30%，纽约市甚至可以高达35%。参见麦克纳利（McNary，2008）和莱夫金（Rivkin，2008）；舒克（Schuker，2009a）也探讨了区域性诱因对拍摄决策的影响。但一项由密歇根州教育委员会（Michigan Education Association）委托、安德森经济集团（Anderson Economic Group）完成的针对密歇根州电影税收减免政策的研究表明，这类政策对当地的效益并不高。该研究总结认为这类政策"所创造的就业机会大多是暂时性的"，同时"投资的实效甚微"。密歇根州政府当时投入了超过1.5亿美元，提供的税收减免达到40%～42%。参见《纽约时报》2010年3月4日的文章《研究报告：密歇根减税不那么有效》（Study: Michigan Tax Breaks Not Very Effective）。谢普利（Cieply，2008a，2010a）、卓西克（Chozick，2010a）和考夫曼（Kaufman，2010）的结论也与此类似。

[39] 这是资深影评人托德·麦卡锡（Todd McCarthy）在2012年8月3日发表在《好莱坞报道》（*The Hollywood Reporter*）上的观点："每一种艺术形式都提供了一次逃避自我的机会。电影由于它可以全封闭，把我们带到另一个世界，以美景和音乐诱惑我们，以漂亮的面孔吸引我们，而超过了所有其他的艺术形式。"

【阅读材料精选】

Altman, D. (1992). *Hollywood East: Louis B. Mayer and the Origins of the Studio System*. New York: Carol Publishing (Birch Lane).

Balio, T. (1987). *United Artists: The Company That Changed the Film Industry*. Madison, WI: University of Wisconsin Press.

Baughman, J. L. (1992). *The Republic of Mass Culture: Journalism, Filmmaking and Broadcasting in America since 1941*. Baltimore: Johns Hopkins University Press.

Berg, A. S. (1989). *Goldwyn: A Biography*. New York: Knopf (and Berkley Publishing Group paperback, 1998).

Brownstein, R. (1990). *The Power and the Glitter: The Hollywood — Washington Connection*. New York: Pantheon Books (and Vintage paperback, 1992).

Cieply, M. (1984). "Movie Classics Transformed to Color Films," *Wall Street Journal*, September 11.

Cieply, M., and Barnes, P. W. (1986). "Movie and TV Mergers Point to Concentration of Power to Entertain," *Wall Street Journal*, August 21.

Egan, J. (1983). "HBO Takes on Hollywood," *New York*, 17 (24) (June 13).

Fowler, G. A., and Mazurkewich, K. (2005). "How Mr. Kong Helped Turn China into a Film Power," *Wall Street Journal*, September 14.

Friedrich, O. (1986). *City of Nets: A Portrait of Hollywood in the 1940s*. New York: Harper & Row.

Goldstein, P. (2005). "In a Losing Race with the Zeitgeist," *Los Angeles Times*, November 22.

Izod, J. (1988). *Hollywood and the Box Office, 1895—1986*. New York: Columbia University Press.

Kafka, P., and Newcomb, P. (2003). "Cash Me Out If You Can," *Forbes*, 171 (5) (March 3).

Klein, E. (1991). "A Yen for Hollywood: Hollywood vs. Japan," *Vanity Fair*, 54 (6) (September).

Landro, L. (1995). "Ego and Inexperience among Studio Buyers Add Up to Big Losses," *Wall Street Journal*, April 10.

Leonard, D. (2001). "Mr. Messier Is Ready for His Close-up," *Fortune*, 144 (4) (September 3).

Rose, F. (1998). "There's No Business Like Show Business," *Fortune*, 137 (12) (June 22).

Sherman, S. P. (1986a). "Ted Turner: Back from the Brink," *Fortune*, 114 (1) (July 7).

(1986b). "Movie Theaters Head Back to the Future," *Fortune*, 113 (2) (January 20).

(1984). "Coming Soon: Hollywood's Epic Shakeout," *Fortune*, 109 (9) (April 30).

Steinberg, C. (1980). *Reel Facts*. New York: Vintage Books (Random House).

Thompson, K. (1986). *Exporting Entertainment: America in the World Film Market*, 1907-1934. London: British Film Institute.

Turner, R., and King, T. R. (1993). "Disney Stands Aside as Rivals Stampede to Digital Alliances," *Wall Street Journal*, September 24.

Twitchell, J. B. (1992). *Carnival Culture: The Trashing of Taste in America*. New York: Columbia University Press.

Waterman, D. (2005). *Hollywood's Road to Riches*. Cambridge, MA: Harvard University Press.

第4章 电影制作和营销

面团①可以做成面包，也可以促成交易。

——本书作者

有些人认为，好莱坞的主要产品其实并不是电影，而是交易。事实上，与其把好莱坞看做电影的集合，不如说是一系列合同的集合，也许更为恰当。 114

虽然电影公司经常让我们联想到神秘而巨大的企业怪兽，但事实上它们更像是知识产权的交易所，融合了四种主要的企业活动：融资、制片、发行，以及电影营销和广告。[1]这四种活动都需要高度专业化的知识和技巧，包括筹资和投资、评估制片成本和控制风险，以及规划、执行影响和广告方案等。事实上，任何一部电影或者电视节目的制作过程都不可避免地会遭遇三大风险，首先是融资，然后是完成制作，最后是上映。本章主要就是探讨上述活动的架构与运作方式。

4.1 资产——有形和无形

电影剧本的来源有三：根据既有文学作品改编、原创故事，或是改编真实事件。而剧本的发展还需要经过从大纲（outline）、初步剧本（treatment）、草稿（draft）到最终定稿（polished form）的几个阶段。[2]

然而事实上，早在脚本大纲写作以前，文学经纪人（literary agent）就已经开始活跃了，他们熟悉最新的小说作品以及作家，并为作品寻找最 115

① 面团 dough 也有金钱的含义。——译者注

适合的买家。一般而言，电影公司的编辑部门不常接受陌生的剧本，通常都是通过有经验的文学经纪人推荐；这些经纪人对作品的市场价值有敏锐的洞察力，并熟悉电影公司的口味，经过他们推荐的脚本，才能够正式进入独立制片商或大型电影公司附属制片公司的审核程序。这个阶段所需成本一般比较低，不外就是几通电话、交通费用，以及阅读和写作的时间罢了。

不过，一旦作品吸引了潜在制片商（或者那些有能力影响制片商决策的人）的目光，一般就会签订一份期权协议（option agreement）。如同股票或者不动产市场一样，期权价值仅占整体潜在价值的一小部分，但却给予买方在未来一段时间内买下全部版权的权利。期权协议中定有明确的期限和商定价格，根据细则不同，有些还可以被转售。在这一过程中，文学经纪人通常可以赚取至少10%的佣金。

如果制片商最终选择了其中一个剧本，决定拍摄，那么真正的融资活动就开始了。这一过程必须严格按照所签订的文学财产协议（literary property agreement，LPA）进行，该协议规定了多项权利从作者（或其他版权所有者）转移给制片商的细节。某种程度上，LPA 的深度和复杂程度会受到制片商融资类型和能力的影响。

例如，如果是由大型电影公司旗下的制片商来拍摄，制片商通常会坚持（在 LPA 中）要掌握该作品的所有权利，包含后续可能拍摄的续集、电视剧、周边商品等等。而因为电影发行合同能够被用做银行贷款担保，这种附属于大型电影公司的制片商一般融资压力较小。当然，制片商也可能会自行出资。相比之下，“独立”制片商就必须从别的渠道自己筹措资金了——从这个角度看，其实它们也不是真正完全“独立”的。为了顺利取得开拍所需的资金，许多创新的融资结构不断出现。

尽管如此，投资电影拍摄的决策本身依然是高度主观的，而且经常出错：好的策划案被拒于千里之外，而烂到家的脚本却被接受［这种情况，电影业行话戏称为“开绿灯” （green-lighted）］。例如，超级卖座片《星球大战》（*Star Wars*）和《夺宝奇兵》（*Raiders of the Lost Ark*）都曾经被几大电影公司当做皮球一样踢来踢去，直到最后才分别由20世纪福克斯和派拉蒙拍摄完成。《大白鲨》（*Jaws*）曾经因为制作过程严重超支而差点被腰斩。《小鬼当家》（*Home Alone*）的拍摄计划曾经差点难产，而《回到未来》（*Back to the Future*）的剧本一度被所有制片商拒之门外。[3]

当然，想要顺利取得所需资金，电影策划案 *116*
本身必须包含完整的故事大纲、导演、制片、拍摄地点、演员阵容，以及预算等。此时另一种经纪人——人才代理（talent agents）就开始发挥作用，他们负责为客户寻找所需的人才，“拼凑”出看起来有搞头的人员阵容（特别是对投资者来说），使得电影或电视剧得以顺利进入制作环节。[4]

目前对电影产业而言，最大的人才代理机构包括创新艺人经纪公司（Creative Artists Agency，CAA）、威廉·莫里斯奋进娱乐（William Morris Endeavor）、联合人才经纪公司（United Talent Agency）、国际创新管理公司（International Creative Management，ICM）等。[5]其中，创新艺人经纪公司在20世纪80年代是好莱坞最主要的人才推手。此外，还有一些规模更小、更为专门化的公司，其中还有一些专门以低价抢市场的机构，它们开出的服务报价可能低到只有平均价格的10%甚至更少。

人才代理公司在电影产业扮演着不可忽视的角色，一方面，它们降低了电影公司搜寻和招揽所需人员的成本，另一方面，它们还是八卦消息的重要来源。在某种程度上，八卦其实也是电影行业的重要资源；八卦可以说是人才代理公司自然衍生出的功能之一。人才代理的存在也使得客户可以专注于电影的艺术表现上，而把商业问题留给专业人士来处理。

4.2 财务基础

其实，电影产业最具创意的部分往往并不是出现在屏幕上，而是出现在拍摄过程所需的融资活动中。在筹措资金的过程中，制片商经常需要面对风险以及时间上的不确定性——毕竟拍片和电影营销所需要的资本投入往往集中在很短的时间内，但来自电影票房和授权的资金回收却需要十分漫长的时间。电影的融资方式有很多种，包括有限合伙（limited partnerships）乃至于直接向公众出售普通股票（common stock）等。不过一般而言，融资来源大致可以分为三类：

（1）产业资源：包括来自制片商本身、独立发行商、人才代理机构、工作室（laboratories）、完工基金（completion funds）的出资，以及其他最终使用者如电视网、付费电视频道以及录像带发行商等的投资。

（2）放款者：包括银行、保险公司及发行商。

（3）投资者：包括各种公开或私募的投资基金，其组织形式非常多元化。

本章接下来的部分主要讨论放款者和投资者这两种较常见的融资来源。产业资源的部分留待第 5 章探讨。

117

发行普通股

从技术上来讲，发行普通股是最简单易懂的融资方法。制片商希望通过销售相对较少份额的股票来换取大量资金；但历史经验表明，对制片商而言，想通过发行普通股换取所需的资金往往并非易事。除非股票市场的投机风气异常高涨，否则想用发行股票换资金的制片商，往往会发现这是一个费时费力、令人煎熬且代价昂贵的过程。

最主要问题出在投资报酬率上，拍电影通常需要很多年时间才能回本，其中许多根本等不到回本的那一天，因此一部尚未拍摄的电影，其潜在价值是非常低的。而对股票投资人而言，大多数人都希望能在短时间内赚到钱，而电影显然不符合这一需求。相较于保守但稳健的投资标的如国库券（treasury bills）、货币市场基金等，投资新电影公司可以说是一种刺激、浪漫但却充满风险的行为。[6]

因此，除了在已经极度泡沫化、充满投机风气的环境之外，不知名的新公司想通过发行普通股来实现增值通常是非常困难的。[7] 从股票投资人的角度看，经验表明，那些新电影公司发行的股票带给投资人的噩梦往往要远多于实际的收益。

当然，例外情况虽然罕见，但也不是完全没有。一个著名的例子是 1995 年皮克斯（Pixar）公司的首次公开募股，以每股 22 美元的价格发行了 690 万新股，共获得约 1.5 亿美元的资金。皮克斯的成功除了源自它在《玩具总动员》（*Toy Story*，该片在皮克斯首次公开募股的同一周上映）中采用的先进电脑科技，以及与迪士尼签订的复数电影发行协议外，其管理团队和创意团队的知名度和声誉（例如史蒂夫·乔布斯）也起到了很大作用。

复合交易

普通股经常与其他证券联合销售，以吸引更多的投资者，同时借此获得更充足的资金。一个例子是电子图像公司（Telepictures）20 世纪 80 年代的股票发行。当时电子图像公司是一家提供电视影集和电影的辛迪加公司，同时也负责为电视电影（made-for-television movies）和新闻节目进行包装和营销。

在 20 世纪 80 年代初委托纽约一家小型证券承销公司进行首次公开发行时，电子图像公司大约在拉丁美洲拥有 30 部电影和约 200 小时电视节目的发行权。当时的承销内容总计包含 7 000 个单位，每一个单位包含 35 万普通股、35 万单位的认股权证（Warrant），以及价值 700 万美元、票面利率 13%的 20 年期可转换次级公司债券（convertible subordinated debentures）。总体而言，电子图像公司通过此次股票发行获得了约 640 万美元的资金。

另一个例子是德·劳伦蒂斯娱乐集团

(DeLaurentiis Entertainment Group)，该公司1986年由纽约一家大型承销商同时发行了185万普通股以及价值6 500万美元、票面利率12.5%的优先次级债券（senior subordinated notes）。在这一案例中，知名制片人迪诺·德·劳伦蒂斯(Dino DeLaurentiis）以他刚获得来自使馆电影公司（Embassy Films）以及北卡罗来纳州一家制片厂的245部电影作为主要资产，完成了这次股票发行。这些电影当中包含了著名的《毕业生》（*The Graduate*）、《猎爱的人》（*Carnal Knowledge*）以及《罗密欧与朱丽叶》(*Romeo and Juliet*）等。

德·劳伦蒂斯娱乐集团以及差不多同一时期 *118*
其他电影公司的股票发行，背后的主要精神在于版权预售（presales of rights）的价值，也就是说把电影版权预售给付费有线电视、家庭录像带以及海外电影院发行等，能够为低预算的电影制作提供更多资金保障。然而从这些公司后来面对的重重困难，可以看出这一策略实践起来并没有理论上那么完美。其主要原因在于，电影开拍初期通常会面对庞大的现金流量压力，除非该公司幸运到电影一上映就票房长红，否则资金压力依然会压得人喘不过气来。[8]

有限合伙与避税

过去，有限合伙为电影产业投资创造了许多机会，特别是其中部分风险是由政府来分担。事实上在1976年税法大幅度调整之前，投资电影可以说是一项最有趣且有效的避税工具。在税法修正之前，有限合伙的有限追索权（limited recourse）或无追索权贷款（nonrecourse loans；也就是说在违约的情况下，放款人无法扣押借款人的所有资产，换句话说借款人个人并无承担债务的义务）可以从最初投资金额中多次认列收入损失。换句话说，对投资人而言，他们既可通过投资电影享受乐趣和自我满足，又可以获得可观的税负减免。

这种协议通常采用购买合伙或服务合伙（purchases or service partnerships）方式进行。以购买合伙为例，假设投资者购买某部电影（通常会以溢价认购），其中先支付1美元，另外3美元则采用预期电影收入的无追索权贷款。这样一来，风险只有1美元，但折旧和税负减免的额度却高达4美元。

在服务合伙的例子中，投资者并不是直接购买电影，而是成为制片公司的合伙人。通过本票(promissory note）支付，投资者所能获得的年度支出扣除额高达其实际投资金额的数倍。对于那些应缴税率高达50%以上的投资者而言，这种避税方式非常有吸引力。

然而在1976—1986年的税务代码（tax-code）修正后，只有电影真正的“拥有者”（有严格的定义）才能扣抵所得风险。税务代码的修订还明确规定，投资扣抵税额（tax credit）（若是超过80%的部分是在美国制作，则月可获得投资总额6.67%的扣抵额度）只能上溯至电影实际上映日。[9]同时法律还明确规定对电影的投资必须采用资本化的方式，意即不再允许采用服务合伙形式。

过去，许多娱乐公司发现采用电影投资来作 *119*
为税负抵免十分有利，且有助于节约现金投资，但在1986年的税务改革法案后，这种做法基本被废止了。重要的是，此后这种所谓的消极损失节税（passive losses from tax shelters）不再能用于冲抵工资、薪水、利息和股利等方面的收入。消极损失节税自此只能被用于同样来自消极活动的所得。在1986年之后，这种形式的电影合伙变得越来越少，且多半采用不同的形式。最近的有限合伙案例则大多数发生在美国以外。[10]

到了20世纪80年代，虽然合伙形式有许多种，但最原始的结构还是1983年银屏影片公司(Silver Screen Partners）的案例。严格说起来，这并不是一种以避税为目的的合伙。在此案例中，家庭票房公司（HBO，为时代公司下属的付费有线电视节目发行商）保证，不管票房收入如何，甚至不管有没有票房，都会为融资组合中的至少十部电影偿还全额的制作成本。

然而，由于只有50%的拍摄预算会在电影完工时到期，其余借贷则在5年内偿付即可，HBO实质上等于获得了可观的无息贷款，还能够稳定地获得许多新产品的收益。[11]而对于HBO那50%的投资而言，它依然保留了付费电视以及电视辛迪加（Syndication）的独家版权，以及无线电视网25%的收入。这意味着合伙人非常仰赖电影院的票房收入，电影卖座的收入等于它们的绩效奖金（performance bonuses）。[12]后来银屏电影公司又采用类似的方式对迪士尼提供融资，只是规模扩大到4亿美元以上（见表4—1）。[13]

表4—1 部分电影合伙的财务结构，1981—1987年 120

合伙关系	投资总额（百万美元）	最低投资额（千美元）	管理费占融资比例	利润分配
德尔菲三世（1984年1月）	60	5	1985—1989年为1.16%，1990—1994年为0.67%	若资本全额回收，有限合伙人分得99%，1%给一般合伙人；另外，一般合伙人享有20%未来现金分配
SLM娱乐（1981年10月）	40	10	1982年为资本额的2.5%，1983—1987年为3%，1988—1994年为1%	若资本全额回收，有限合伙人分得99%，若两倍回收，则可分得80%，再往上则为70%
银屏电影公司（1983年4月）	75	15	影片预算成本的4%，加上10%的每年延期付款	若资本全额回收，有限合伙人分得99%，加上10%每年调整后的投资金额。再往上则为85%
银屏电影公司（1986年10月）	200	5	影片预算成本的4%，加上10%的每年合伙关系经常费用	若资本全额回收，有限合伙人分得99%，加8%的优先报酬

不过，这不是唯一可行的模式。例如，美国证券交易委员会（Securties and Exchange Commission）的D规则（D Regulation）规范了一种准公众募款的方式，独立制片商可以通过这种方式采用有限合伙进行融资。D规则允许至多35位私人投资者购买公司的股份或参与合伙，并且不受1933年证券法的限制。[14]

有限合伙这种方式对制片公司而言很有吸引力，因为资金的扩张意味着投资组合能够进行更多元的运用，增加更多电影以满足那些需求若渴的发行商。[15]此外，尽管一部电影也许无法提供投资者足够的报酬，但通过有限合伙形式，借由电影租金特定比例的发行收入（distribution fee），制片公司至少可以回收固定成本（经常费用）。[16]

而对个别投资者而言，大多数的电影合伙制结构并无法提供较高的资本报酬率。只有少数案例能够达到每年10%～15%以上的报酬率。但偶尔也有些合伙案例能够带来可观的报酬，同时这也提供给小投资者参与诸如《安妮》（*Annie*）、《洛奇Ⅲ》（*Rocky* Ⅲ）、《闪电舞》（*Flashdance*）和《谁陷害了兔子罗杰》（*Who Frameed Roger Rabbit*）等大片制作的机会。不过事实上，倘若一部电影最终大卖，投资者往往会发现，相较于采用合伙制结构，其实直接投资制片厂和发行商的普通股票（如果不考虑流动性等其他因素的话）的报酬率更高。

银行贷款

已经初具规模的制片公司既可以通过举债或股权进行融资，也可以通过一般的商业贷款。采用商业贷款的好处是弹性要高于其他融资方式，多种公司资产都可以被用做担保品。

121 例如，近年来许多制片公司都采用贷款证券化（loan securitization）方式，这种结构类似以汽车或不动产作为抵押的中期贷款证券。对于电影产业而言，投资者可以用相对较少的资金成立“纸上公司”（paper companies），利用该公司的股权资金以及未来三年预计拍摄的电影价值作为担保品，争取银行贷款，以及发行商业本票和中期债券，为母公司的制作成本提供资金。这样一来，拍摄成本就不会出现在制片公司的资产负债表上，公司盈余变得更加亮眼，借款成本得以降低，同时，虽然最终所有权仍将回到制片公司身上，但其间部分风险却能被转嫁给股权投资人。[17]

不过对独立制片商而言，银行借贷就完全是另一种情况了。除了预售合同（presale contracts）和其他与制片版权直接相关的协议之外，独立制片商几乎没有任何资产可供抵押。因此，银行对此会更加谨慎，它们会把电影视为具有潜在版权价值的附属品，要求未来的放映授权金不仅能够偿付贷款本金，还要足以支付贷款利息。银行还会务实地根据不同授权形式，衡量该电影的潜在价值与可贷额度。无论如何，这使得针对独立制片商的贷款更像是银行的“应收账款”，而与一般企业以资产担保获得的标准贷款有很大不同。[18]

从制片商角度来看，银行贷款具有相当的吸引力，因为相较于其他融资手段，银行贷款可以在一定程度上避免过高的资金成本以及严格的财务审查。

私募和对冲基金

好莱坞总是依赖于大规模的融资，并从意想不到的投资中获益。在 20 世纪 80 年代，公开股票备受欢迎，是新的独立制片商如卡洛可（Carolco）的融资手段。20 世纪 80 年代末，日本索尼、松下向哥伦比亚电影公司等企业直接投资，接着外资银行和保险开始介入。后来，德国的上市公司和中东的主权财富基金也进而提供金融支持。

近年来，私募基金（private equity）和对冲基金（hedge funds）在电影制作融资方面扮演着越来越重要的角色，而且对于主流制片商和独立制片商而言同样如此。[19]这些基金的构成来源包括退休基金和一些财力雄厚的人士，且它们常常积极寻求股票、债券、不动产等标的之外的多元化投资渠道。因此，这些基金近年来在一定程度上逐渐取代了有限合伙等以避税为主要目的的投资形式。与此同时，期权（也就是衍生性商品市场）概念在电影产业也逐渐发展起来。[20]

这些基金的规模有时可高达数亿美元，拥有同时投资 10～20 部电影的能力；对于制片商而言，它不仅提供了一个重要的融资来源，同时制片商在电影发行和创意等方面依然可以保有较高的自主权。事实上，制片商可以由此将部分风险——包含融资、完工、营销等方面的风险——转移到私募/对冲基金那里。而对这些基金而言，通过多元化投资于包含电影在内的多种资产（这些资产之间的共变数一般较低，也就是所谓“鸡蛋不要放在同一个篮子里”），除了追求高于平均值的获利外，更能降低总体投资风险。

122

一般的做法是，电影所得的利润在先由制片商扣除 12%～15%的发行费用后，剩下的利润由双方根据预先设定的比例拆账；此外，制片商有时也会要求先行扣除拷贝和广告费用。在类似的投资案中，大型投资银行通常会采用严谨的债务分析手段，并追求较低的投资风险；而私募基金和对冲基金则正好相反，愿意承担较高的风险以追求更高的报酬。夹层投资者（mezzanine investors，一般指具有中等风险承受度的投资者）一般与其报酬率在每年至少 15%，而私募/对冲基金则往往追求至少 20%的年报酬率。这里的指导原则是，尽量把投资的电影类型加以分散，大型、多元化的投资组合将能有效降低投资者的风险暴露程度。

需要特别指出的一点是，相较于其他产业，私募/对冲基金在电影产业的作用其实比较类似所谓的风险投资（venture capital investment）。因为高风险的投资基金虽然在电影制作前期就已经投入，但回报速度却比其他行业慢，必须等到制片商把各种制片过程中发生的费用（包含拷贝、广告、发行等费用）都回收后，投资者才有可能开始获得回报。[21]由于这一层原因，相较于投资基金，制片商在这种合作关系中占据着更有利、风险更低的位置。

没有与制片商捆绑在一起的独立制片人，也开发出了创新的融资选择，以降低潜在的直接股权投资风险。多个州提供抵免税收的贷款资金，例如，对于州认可的制片人，可获得 850 万美元的临时债务激励，价值 1 000 万美元（差额由投资者获得）。其他备选方案包括在需要额外的资金完成电影制作的情况下使用的“完成基金”（finishing funds），将用于优先补偿投资者。另外还有回报率可能高达 15%的用于市场营销和广告的基金，以及国内外发行权预售基金等。对于投资者来说，这些安排的主要吸引力在于，一发生收入流就可以有回报，而不用依赖票房结果。[22]

4.3　制作前期

“大电影”时代

根据美国电影协会（MPAA）的数据，从 1980 年到 2007 年，主流制片厂拍摄电影的拍摄成本（negative cost）——也就是电影制片的平均成本，包括制片厂的开支以及资本化利息——年成长率高达 7.5%，比通货膨胀率高出 5 个百分点。2007 年是所能获得数据的最后一年（因为此类计算的难度越来越高），这一年 MPAA 成员所制作电影的平均成本已经高达每部 6 000 万美元（见表 4—2）。[23]

电影制作成本上涨的速度总是快过其他行业，主要是由于尽管电影制作程序大部分已经标准化，但每部电影依然是独一无二的，种种独特性使得成本很难压低，也更难达到规模经济。但还有其他因素在发挥作用。

例如在 20 世纪 70 年代，由于投资电影可以起到避税的作用，制片商变得更容易获得资金，使得整个行业对资金审核较为纵容和马虎。结果，许多“才气纵横”的导演以创意为名浮报大量预算且能够顺利通过；那些“票房保证”的明星和导演们（就是观众只要看到他们出现在海报上，就会乖乖买票进场的那种人）更是恣意妄为，哪怕再怎么小制作的电影都要编列上百万的预算。很快，所有人都学会了这种浮报预算的做法。[24]

表 4—2　　主流电影的营销和拍摄成本，1980—2009 年　　123

年度	MPAA 电影数量	每片平均成本（百万美元）			拷贝
		总成本	负片[a]	广告	
2009	158	79.3			115.3
2008	168	74.5			110.7
2007	189	70.8	32.2		106.7
2006	204	65.8	30.7		100.3
2005	194	63.6	32.4	3.8	99.7
2004	179	65.7	31.0	3.7	100.5
2003	180	66.3	34.3	4.2	105.8
2002	205	47.8	27.1	3.3	78.2
2001	183	47.7	27.3	3.7	78.7
2000	191	54.8	24.0	3.3	82.1
1999	200	51.5	21.4	3.1	76.0
1998	235	52.7	22.1	3.3	78.0
1997	253	53.4	19.2	3.0	75.7
1996	240	39.8	17.2	2.6	59.7
1995	234	36.4	15.4	2.4	54.1
1994	183	34.3	13.9	2.2	50.3
1993	161	29.9	12.1	1.9	44.0
1992	150	28.9	11.5	2.0	42.3
1991	164	26.1	10.4	1.7	38.2
1990	169	26.8	10.2	1.7	38.8

续前表

年度	MPAA 电影数量	每片平均成本（百万美元）			拷贝
		总成本	负片[a]	广告	
1989	169	23.5	7.8	1.4	32.7
1988	160	18.1	7.1	1.4	26.6
1987	129	20.1	6.9	1.4	28.3
1986	139	17.5	5.4	1.2	24.1
1985	153	16.8	5.2	1.2	23.2
1984	167	14.4	5.4	1.3	21.1
1983	190	11.9	4.2	1.0	17.1
1982	173	11.8	4.1	0.9	16.8
1981	173	11.3	3.5	0.9	15.7
1980	161	9.4	3.5	0.8	13.7
CAGR（%）[b]：2090—2009		7.6			7.6

[a] 1975—1979 年的拍摄成本分别是 310 万、420 万、560 万、570 万和 890 万美元。拍摄成本包括制片商的开支和资本化利息。2008 和 2009 年的成本为作者估计得出。本数据经常更新。

[b] 复合年均增长率。

资料来源：MPAA.

到了 20 世纪 80 年代初，有线电视和家庭录像带等新媒介收入快速增长，同样吸引了很多热钱投入电影和电视节目制作中（直到 1986 年税务代码修订为止）。这些资金来自垃圾债券（junk-bond financing）、国内股票市场飙涨，以及日本泡沫经济带来的财富膨胀和贷款过剩等。[25]事实上，直到 20 世纪 90 年代初，美国政府开始严格限制银行贷款融资，加上经济衰退让电影相关股票投机逐渐退烧后，成本飙涨的压力才稍稍得到缓解。

即使在最理想的情况下，由于电影制作所涉及的支出项目数以千计，整体的预算控制都是十分不易的。[26]例如，图 4—1 列出了一般电影拍摄成本所包含的要素。

124

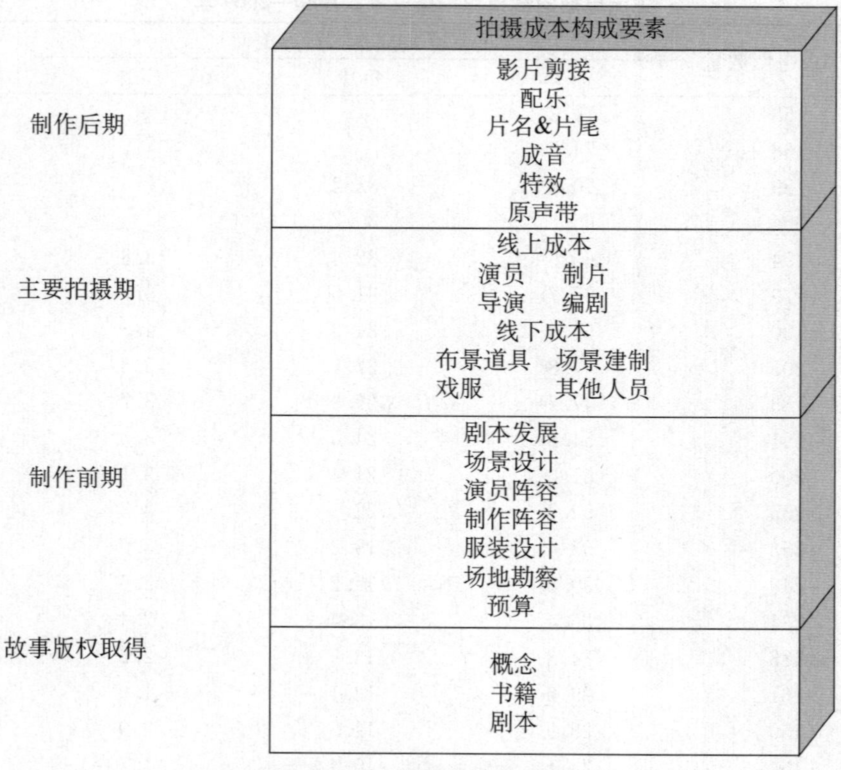

图 4—1　拍摄成本构成要素。

125 仅仅在“线上成本”（above-the-line costs）——主要指跟电影创意有关的元素，包括演员阵容、故事版权的取得等（但不是指延期）——部分，就包含了数百人的签约、报酬支付与管理。

而“线下成本”（below-the-line costs）——主要包括制作人员、交通运输、器材、场景、道具等——同样需要良好的协调。[27]对任何一部电影而言，都需要精心制作或购买戏服和道具，事先勘察、租借相关场地，而所有场地和人员的搭配也必须要有缜密的安排。其中任何一个环节出现问题（包括气候或场地不理想，或者主要演员生病、受伤等），成本就会大幅提高。在最坏的情况下，完工保证（completion bond insurance）显得尤其重要。完工保证人有权利决定借款给制片人以完成电影、自行接管电影并完成或者放弃该电影并将资金返还出资者。[28]此外，其他线下成本也经常在制作后期（后制）阶段发生。[29]

总而言之，一般而言预算越少，线下成本所占的比例就越高；反之亦然。不过有趣的是，预算越高，发行商购买电影版权的意愿往往越高——而且这点与演员阵容、剧本等其他因素无关。主要原因在于，融资条件通常和预算多寡有关，也就是说预算越高，发行商所能获得的融资就越多。

工会

从电影制作的最初阶段开始，工会对电影经济就有着巨大的影响。事实上，各个工会对所属团体设定的薪酬基准使得我们能够更精确地估计所需的线下成本。好莱坞主要的工会团体包括：

美国电视与广播演员联合会（American Federation of Television and Radio Artists，AFTRA）；

美国导演工会（Directors Guild of America，DGA）；

国际剧场和舞台员工联盟（International Alliance of Theatrical and Stage Employees，IATSE）；

美国制片工会（Producers Guild of America）；

屏幕演员工会（Screen Actors Guild，SAG）；

美国编剧协会（Writers Guild of America）。

上述工会团体的成员一般都会参与到电影制作中来。而工会则会与代表制片商的议价机构——电影与电视制片人协会（Alliance of Motion Picture and Television Producers，AMPTP）协商讨论相关的合同条款。[30]一般而言，工会团体及其成员可以获得所谓的剩余款项（residual payments，也称附加酬金。这是沿用旧时百老汇的做法），也就是说无论电影最后是否获利，工会成员都可以获得来自录像带租售、电视、有线电视等其他非影院收入的一部分。

虽然如此，制作一部不受工会影响的电影依然是可行的。126 事实上如果在好莱坞以外没有工会或者工会势力较小的地区拍摄电影，甚至可以节省高达 40%的成本，而许多独立制片商为了节省线下成本，会尝试在这些地区拍摄电影。[31]此外，制片商有时也会利用国际剧场和舞台员工联盟（IATSE）的合同条款（第 20 条），在宣称并不掌握核心创意的前提下，获得对低预算非工会电影和电视的融资。[32]

4.4　营销议题

发行商与放映商

发行顺序。在完成电影主要制作阶段后，依然有许多庞杂的细节需要管理和监控，如配乐、剪接、混音混色及制作拷贝等。不过，当电影进入后制阶段后，最重要的准备工作就是发行（distribution）和营销（marketing）了。

目前一般电影的发行顺序模式是次优原则（second-best）之下的结果——正如第1章讨论过的价格歧视市场区隔策略（price-discriminating market-segmentation strategies）一般。简而言之，电影通常会被首先发行至能在最短时间内产生最高边际收益的市场，然而根据边际收益递减的次序，逐步“降级”发行，一直到单位时间内边际收益最低的市场为止。根据历史经验，通常发行顺序依次是电影院、付费有线电视频道、家庭录像带、电视网，最后则是地区性的电视辛迪加。正如尤林（Ulin，2010，p. 31）所说，发行就是“把每个发行时段的利益压榨到极致”。

然而，由于电影所需的投资金额已经变得如此庞大，加上必须快速回收资金的压力，目前已经出现指向所有窗口（window）同步发行的趋势（见图4—2）。事实上，DVD的出现已经在一定程度上改变了过去的发行顺序，而视频点播、互联网下载，以及更新的移动平台（如手机等小屏幕设备）等，也正在进一步改变着电影发行的传统模式。[33]

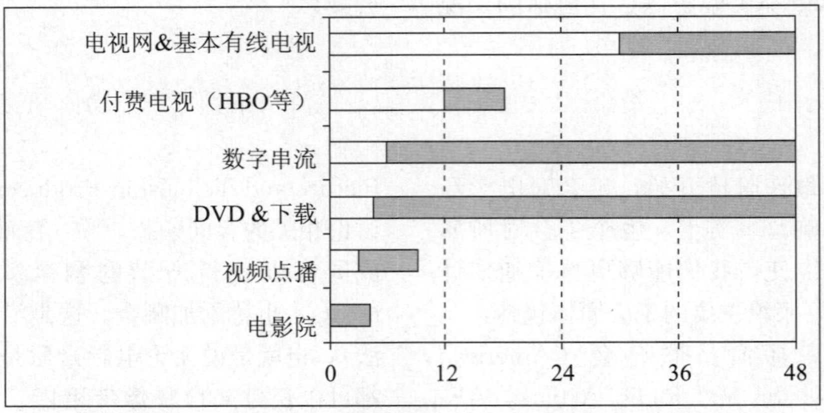

图4—2　一般电影在各窗口的上映日期（阴影部分），2010年。

127 发行顺序是一项关乎收入最大化的重要营销决策，通过价格歧视策略，把同样的商品在不同平台（或窗口）上以不同的价格销售，符合发行商利润最大化的动机。[34]具体做法是采用所谓的“暂留”（holdbacks）策略，明确规定每个渠道的发行方式和时间（例如按照电影院—付费频道—DVD—电视网的顺序依次播出），尽量降低不同渠道间的重叠。因此，新传播技术的出现会对旧平台起到排挤作用，进而对发行顺序产生影响，也就不令人意外了。[35]例如，互联网如今有能力让电影实现在全世界任何地点的同步上映（day-and-date-release），这种视窗化（windowing）的趋势也使得电影的公共产品性质得到最大化的体现。[36]

但新传播科技也威胁到了传统放映商的生存，当电影院不再拥有主要电影首映的优势，仅能靠剩余的放映档次求生时，放映商的处境就愈发艰难。而电影院放映的萎缩又可能会打压到部分小众电影的生存空间，因为发行商越来越难确保电影能够获利。

发行商—放映商合约　发行商通常会针对目标受众（target audiences）设计营销活动。在最初阶段，一般是利用人口统计变量来分析和预测目标受众群，包括男/女、年轻（25岁以下）/年长等分为四个象限。偶尔也会利用种族、文化等变量作为分类标准。[37]

随后，发行商会依照屏幕（放映厅）数量，以及先前与放映商的合作关系等因素，决定最适合上述人口统计变量的放映商。通过分析先前同类型影片在各地的放映情形，发展一套最佳营销组合，以及电影上映的阶段性策略。[38]例如，有时候会采取在部分地区局部上映再逐步拓展升温的策略，而其他时候则可能采取全国数千家影院同步上映的策略。

尽管再好的营销手段也很难让一部烂片起死回生，但良好的营销策略确实有可能让一部中等的电影在票房（以及后续的家庭录像带和有线电视授权）上表现更佳。因此，与放映商就放映的具体区位和影院进行仔细协商，也就成为现在发行商的一项重要特色。

128 不过，除了上述协商方式外，发行商有时也会在正式上映前几个月主动选择理想区位内的电影院（基于人口统计或收入等数据），向对方送出投标函（bid letters，或称投标邀请函）。[39]当电影的供给数量相对有限时，追求利润极大化的发行商往往偏好这种策略，这种情况主要发生在 20 世纪 70 年代后期［图 4—3（a）］。一般而言，有意愿的电影院通常会接受发行商在该地区分支机构（branch）（销售办公室）所提出的合同条款（主要包含潜在租金成本和播放次数）。

事实上，一般而言，上述放映合同的类型差异不大，多数由大型连锁电影院的电影登记员（film booker）安排协助相同区位的几家电影院处理类似的投标事宜。小型独立连锁电影院或是个别电影院，有时也会通过专业代理商寻求协助。这类合同中涉及的关键词有：屏幕（screens），指的是放映厅的数量；映约（playdates，有时候称为 engagements），代表签约的电影院（无论该电影院同时在几个放映厅播放）。

不过，其中仍然存在变化。例如 20 世纪 70 年代初，电影《比利·杰克》（*Billy Jack*）通过所谓的包租影院（four-wall）策略在发行上大获成功。在这种策略中，发行商事实上以每周固定的租金“租下”了整个电影院，负责影院的所有营运开销，并通过当地电视台的密集广告，在最短时间内争取到最多的观众进场观看。偶尔也会有另一种截然相反的形式——定额制出现。所谓的定额制（flat rental）指放映商（通常是小型、次轮播放的电影院）向发行商支付固定费用，购买特定时段的播放权。而最近，一个趋势是逐渐走向简单的总额预定合同（aggregate booking contracts），意即所有票房收入（box-office receipts）在扣除电影院的场地津贴（俗称 nut，见下文说明）后，以事先协商的比例，在放映商和发行商之间拆账。例如，假设票房收入是 10 000 美元，而事先商定的拆账比例是发行商 55%、放映商 45%，则电影院最后可以获得 4 500 美元。

无论如何，发行商和放映商之间的这种传统合同［一般所谓的标准协议（standard agreements）］多半在拆账分配比例上采取弹性百分比制（sliding percentage），其中票房毛收入在扣除放映商固定的场地津贴（nut，包括场地费用、租金、电话、水电、保险以及抵押贷款成本等）后，再由双方进行分配。场地津贴的多寡往往与电影院的位置地段、屏幕数量、座位数量以及电影预告安排等有关，换句话说对观众越有吸引力的电影院，所得的场地津贴就越高。无论拆账比例是协商还是预先设定的，发行商都会确保放映商拥有一定的利润空间。

以主流电影的上映为例，弹性百分比制可能意味着在上映的首周或者前两周，所有票房收入再扣除场地津贴后，有 70%归发行商所有，剩下 30%才归放映商。而往后每过两周，分配比例就调整 10%，从最初的 70/30 到 60/40 再到 50/50，逐渐倾向于对放映商有利。[40] 129

如果假定电影院的每周场地津贴（代表固定开销）是 10 000 美元，第一周的票房收入 50 000 美元，而发行商与放映商之间的协议是 90/10 分配比例，70%保底（floor），则发行商本周可以获得下述两个数字中较大者（参见表 5—7）。

90/10 比例：90%×（50 000－10 000）＝36 000（美元）或

70%保底：70%×50 000＝35 000（美元）。

但到了第五周，分配比例下修为 70/30、50%保底，假设此时票房收入 30 000 美元，则发行商可获得下述两者的较大值。

70/30 比例：70%×（30 000－10 000）＝14 000（美元）或

50%保底：50%×30 000＝15 000（美元）。

因此，发行商的毛收入［一般称为租金（rental）］就是在这样特定的时间分配之下，通过详尽的条款计算得出的。租金条款中可能包括净空（clearance）条款——意即提供某些影院在特定区位、特定档期的独家放映权。[41]如果放映商知道隔壁的电影院很快就会放映相同的电影（更糟的情况是同时上映），则它往往会对该片兴趣全无。此外，这类合同可能还包括续映条款（holdover），也就是如果前一周的票房收入超过预期，发行商有权要求电影院将放映时间延长一周（或要求更高的租金百分比）。

如果电影的票房表现不如预期，发行商依然可以获得“保底”权利，这个“保底”金额是总票房收入的一个固定比例（通常超过 50%，且未

130

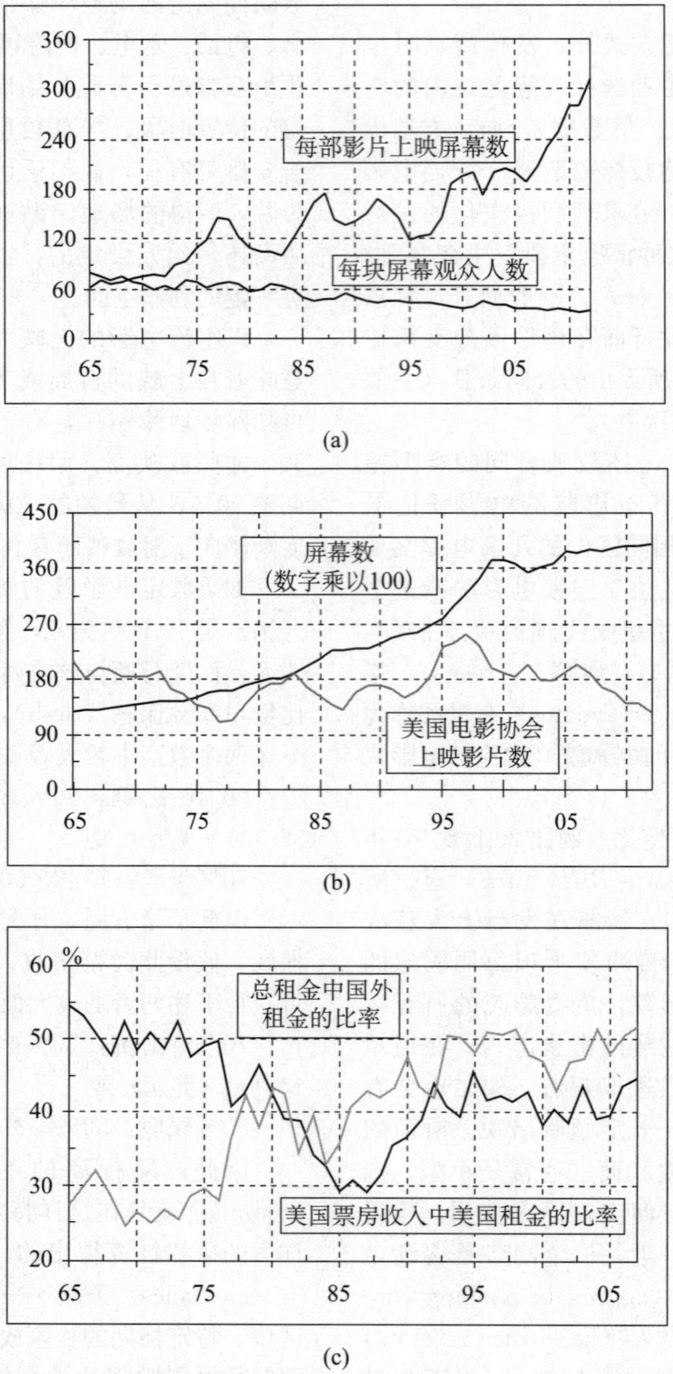

图 4—3 (a) 1965—2012 年的放映产业趋势：平均上映屏幕（放映厅）数及平均每厅观众人数。(b) 屏幕数量和美国电影协会上映数量。(c) 租金百分比，海外及总额，以及占美国票房总收入百分比。

扣除电影院固定开销），如前面所述，发行商可以选择获得协议拆账金额或保底金额中的较大者；但此时，放映商预先支付（advance）的保证金可以返还回来抵消场地开销。此外，许多电影（特别是那些票房惨淡的影片）发行商会采用较为温和的结算方式（通常在没有投标的情况下）来降低放映商的负担。[42]一般而言，美国放映商能获得大约 50%的票房收入（在英国则是接近 70%）。

然而，事实上许多放映商最大的利润来源（大约占总收益的三分之一）并不是票房，而是销售糖果、爆米花和饮料等，这些业务的营业利润率甚至超过 50%（其中爆米花利润率达 90%）。电影院业者对这些商品的销售拥有完全自主权，他们既可以自行经营餐饮柜位（近年来还包括电玩机台），也可以承包给外面的特许经销商。表 5—7 显示了这些销售柜位对放映商的利润贡献。此外从 20 世纪 80 年代初起，屏幕广告（on-screen advertising）也逐渐成为电影院第三大的利润来源。特许销售和广告加在一起可能提供了 75%的营业收入。[43]

131 由于租金是发行商最主要的收入来源，因此发行商通常会希望采取高票价政策；但对放映商而言，降低票价以吸引更多观众（从而带来更多的爆米花、糖果和饮料销售额）是更符合其利益的。在大多数情况下，票价由放映商制定，且发行商与放映商之间潜在的利益冲突并不会造成问题。然而也有例外，如《超人》（*Superman*）、《安妮》（*Annie*）和部分迪士尼的电影上映时，发行商设定了最低人均票价要求，以避免过低的儿童票价拉低了人均利润贡献。发行商担心过低的票价会导致消费者支出从门票转移到爆米花等周边商品上，损害了发行商自身的利益。

虽然大多数电影院会经由插播广告获利，但部分发行商（例如 20 世纪 90 年代初至今的迪士尼）会限制甚至禁止影院在电影开演前插播广告。[44]电影产业的定价和放映策略——例如，为何无论放映的是哪一部电影，票价都差不多？为何电影院的爆米花卖这么贵？——目前越来越受到经济学家的重视，并展开了实证研究。[45]

上映策略、竞标和其他做法 庞大的制片预算以及发行成本，还有较高的利率，都会使得发行商倾向于尽快地在尽可能多的地方上映电影（同时这也降低了放映商的风险）。因此，电影的话题性以及预期观众数量会对发行商采用的营销策略产生显著影响。[46]发行商市场研究部门最感兴趣的是电影的"市场性"（marketability）——意即该电影的概念是否容易通过广告和促销的方式传达给观众；还有"可玩性"（playability）——也就是观众在看完电影后的反应程度。

发行商可选的营销策略有很多种。有些电影会在上映前几个月就通过全国电视网进行广告联播；另外一些电影则是谨慎选择部分地方电视台播放广告，期望通过口耳相传实现强大的口碑营销效果。有些时候，电影发行商会在年底的最后一周选择纽约或洛杉矶的一两家电影院"首映"（有限上映），目的是获得当年度奥斯卡奖的提名资格，但正式上映却要等到第二年的春天。有些电影则是在暑期开始时，同时在全美 3 000 多家放映厅同步上映（也称饱和上映）。如果电影本身比较小众，预期不可能吸引广泛的观众，则通常会安排区域性的、高度专业化的上映活动；另外，为了打击盗版，全球同步上映目前也越来越常见。

目前全美至少有 23 个州严格实施反盲目投标 132
法（anti-blind-bidding law），意指严禁放映商在尚未看到影片前，就被要求签约标下放映权的一项法令。这项法令是在放映商的推动下，由各州的议会通过的，目的在保护放映商免受发行商强迫投标（或强迫保证）购买他们未曾看过的电影。虽然目前发行商大多采用电影试映模式，但在一些黄金档期，例如从圣诞节到新年的这一周，这样的消费旺季期间，电影院往往依然必须事先支付大量现金来获得放映权（且通常不能回收），而非只是提供未来的租金收入（保证金）而已。

尽管理论上，电影的上映只跟上面说过的因素有关，因此所有制片商的电影照理都有机会在任何电影院上映；但实际上，某些电影院，特别是那些在大都会地区的电影院，最终往往只会放映特定发行商推出的电影。电影产业的行话称这些电影院为"卫星电影院"（tracks）或"院线"（circuits）。这通常是由于发行商和放映商之间长期的合作关系（有许多可以追溯到派拉蒙案之前）而形成的，彼此的合作往往是通过协商而非一般的竞标。事实上，其关系是基于产品分割（product splitting）或夹片制（block-booking）而形成的。[47]

产品分割通常发生在同一地区的几家电影院形成默契，不对某部电影展开过于激烈的竞标；当这种默契形成后，几家影院就可以用相对较低的租金轮流取得强档新片的放映权。相反地，夹片制指的是放映商在获得某部强档大片放映权时，被连带要求必须承诺放映同一发行商其他非热门电影。[48]

据此推论，尽管发行商和放映商有时会形成共存的关系，但这种关系并不紧密。按次付费的电视频道、家用录像带同步发行以及互联网的发展，都导致两者的关系日趋紧张。德·万尼和沃尔斯（De Vany and Walls，1997，p. 796）提到，由于派拉蒙案导致对多电影授权（multiple-picture licensing）方面的法律限制，因此，

> 没有任何合同可以取得发行商所有或者部分电影的上映档期。同样地，也不可能通过授权放映商一系列的电影来获得制片资金。无论是发行商、制片商还是电影院，都无力透过多部电影组合的授权合约，来管理风险和不确定性。

放映产业特性 （1）容量和竞争。放映商的长期竞争力，明显受到其选址能力和不动产交易能力的影响。对黄金地段的争夺（通常也意味着较高的地租开支）以及同一地区过于密集的影院分布，都会降低影院的整体收入。

为了达到规模经济，从20世纪60年代起，放映商就开始在大型购物中心内部或邻近位置设立复合式的多厅电影院（影城）。与此同时，许多位于市中心的老旧电影院经营越来越困难，原因包含第二次世界大战后婴儿潮时代的人越来越习惯在市郊生活、相对较高的犯罪率以及市中心的停车位过少等（讽刺的是，同样的社会压力也导致许多汽车影院的消失，因为所在地区的房价越来越贵，仅仅靠影院收入无力负担）[49]。

2010年，全美国有3.96万多个放映厅（电影屏幕），其中汽车电影院所占的比例逐年减少。自1980年以来，放映厅的数量平均年增长率约为2.7%，而每个放映厅的平均票房毛收入年成长率约为2%（见表3—4）。在这一时期，相较于那些独立的电影院，大型连锁电影院（特别是地区性）的营业收入和市场占有率出现了快速增长。例如在1982年，票房毛收入排名前三分之一的放映厅，约创造了总票房收入的一半，而毛收入最后三分之一的放映厅则只占总票房的六分之一（Murphy，1983；参见图4—4）。而现在，前三分之一的放映厅票房收入已经占到电影院总票房的75%。

133

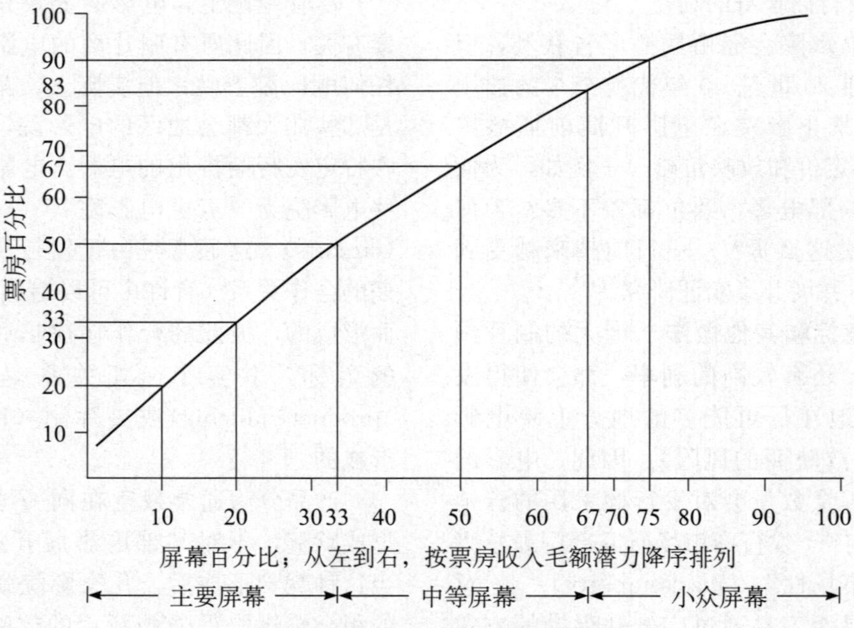

图4—4 美国主要电影院票房表现分配。

资料来源：《综艺》，1982-07-07。版权属于墨菲（A. D. Murphy，1982）。

134 尽管北美地区的屏幕（放映厅）数量增长很快［见图4—3（b）］，但事实上电影院的数量并没有增长那么多；许多电影院只是增加了更多放映厅，变得更加“复合式”而已。目前许多地区已经只剩下两种类型的电影院：首轮的多厅复合式影城，以及其他。这使得电影想做到“阶段性上映”（platform release）变得较为困难。而过去，至少还有三种电影院类型可以轮着来：首轮电影院、晚场小型电影院以及二轮影院。

不论电影是否具有续映潜力（legs，意指对观

众具有强大吸引力，因此能够长期放映），理论上，影院放映的最大可能收入 R 都是平均放映时长 T、每天放映次数 N、每厅平均座位数 A、总厅数 S、平均票价 P，以及电影分级（MPAA 规定美国电影从所有年龄都可观看的 G 级，到 17 岁以下禁止观看的 NC-17 级，共分为 G、PG、PG-13、R、NC-17/X 五级）的函数。先撇开分级问题不谈，则：[50]

$$R=P\times N\times A\times S\text{，其中 } N=\mathrm{f}\ (T)\text{。}$$

例如，如果平均票价 6 美元，每天平均放映 4 次，平均每个放映厅有 300 个座位，而总放映厅数为 500，则理论上，该电影所能产生的最大票房收入是每天 360 万美元（6×4×300×500）或每周 2 520万美元。对于发行商而言，上述分析方法可用来与其他发行渠道做比较。事实上，如果在按次付费有线电视频道播放，收取每次 4 美元的费用，则理论上每晚收入可高达 2 000 万美元之多。[51]

由于上述方法估算出来的理论数字差不多等于整个电影产业所生产电影的平均状况，因此我们可以据此来估计所有放映商的总收入。例如根据同一方法计算，2009 年全美总计有 39 717 个放映厅，则理论上最大票房总收入可以达到每天 2.86 亿美元，或是每年 1 040 亿美元。当然，事实上电影放映产业根本不可能达到这样的理想数字，因为电影院爆满的情况并不多见，一年当中有不少日子根本没什么人看电影，而一周当中每一天的观赏人数也大不相同。2009 年，电影院每个座位的每周平均上座频率是 2.3 次，而全年总体票房收入仅有 106 亿美元，仅仅是理论最大值的 10.2%而已。

由于主流的电影公司的年度大片通常会选在热门档期（暑期、圣诞等）上映，因此上面所说的计算方法其实没太大作用。因为全美国大约只有 12 000 多间先进、符合要求的首轮放映厅，而因为同一档期有好几部大片上映，其中一部电影顶多只能同时预约到 4 000 间。旺季效应导致的结果就是营销预算必须不断提高（还加上前面 1.3 小节所说的经济因素）。在这样的环境下，哪怕再怎
135 么有艺术价值的电影，如果宣传推广力度不够，最后也只能沦落到“叫好不叫座”的下场。[52]

在比较不同年代不同电影的热门程度时，多数媒体都只是简单地采用票房数字来计算：例如电影 A 票房是 10 美元，电影 B 票房 11 美元，因此 B 比 A 热门；显然这种做法忽略了不同时代的物价和通货膨胀因素。此外，另一个比较复杂但同样具有误导性的做法，是比较不同电影的每个放映厅平均票房收入（有时候被错误地解读为每个电影院的平均票房收入）。总之，想要详细地分析比较不同电影的票房收入，必须一并考虑多个因素，如票价的通货膨胀率，电影放映时间、季节、气候，电影院的数量和质量，每厅平均座位数，以及同期的其他电影竞争等。[53]

（2）租金百分比。若其他条件不变，当放映商的需求大于电影的供给数量时，发行商所能获得的票房收入百分比（租金百分比）就会提高。[54] 另外，如果只有少数几部强档电影可供选择，通常电影院会采取更为积极的竞标，并愿意接受较为严苛的条件。例如在 20 世纪 70 年代末，许多放映商抱怨“电影短缺”，因为 1978 年新上映的电影数量只有 110 部，比 1972 年的 193 部减少了 43%。可以预期，发行商所能获得的租金百分比（也可以称为利润边际）在 20 世纪 70 年代会因此提高［见表 3—4 和图 4—3（c）］。

不过在某种程度上，租金百分比也会受到票价以及当年度整体电影市场表现的影响。如果整体票房表现不佳，发行商所获得的租金百分比也就随之降低，此时“保底”（floor）条款就会生效。而在今天，即使是最热门的强档电影，通常也只能维持一两周的强势票房表现，随后票房收入就会开始锐减，使得放映商尽管在电影上映后期能够获得较高的租金百分比，但实质收入依然相当有限，远不如 20 世纪 90 年代末之前的繁荣景象了。

尽管电影放映这一产业短期内具有较大的波动性，但长期来看依然与国内经济情势发展保持相当的一致性。例如，从 20 世纪 60 年代起，每周平均有 8%～10%的美国人口会购票进电影院观赏电影。从图 4—5（a）可以看出，每年前 20 部最卖座的电影大约可以占到年度票房总收入的 40%，偶尔会有些超级卖座的大片囊括更多的票房百分比。从图 4—5（b）还可以看出每年前 20 大电影票房收入（以定值美元计算）波动并不大，整体市场成长率也相对稳定。美国人的人均观赏电影次数趋势可参见图 4—5（c）。而图 4—5（d）则显示出每年前 100 大电影的海外票房收入占其总票房的一半左右，这个比例也是相对稳定的。

136

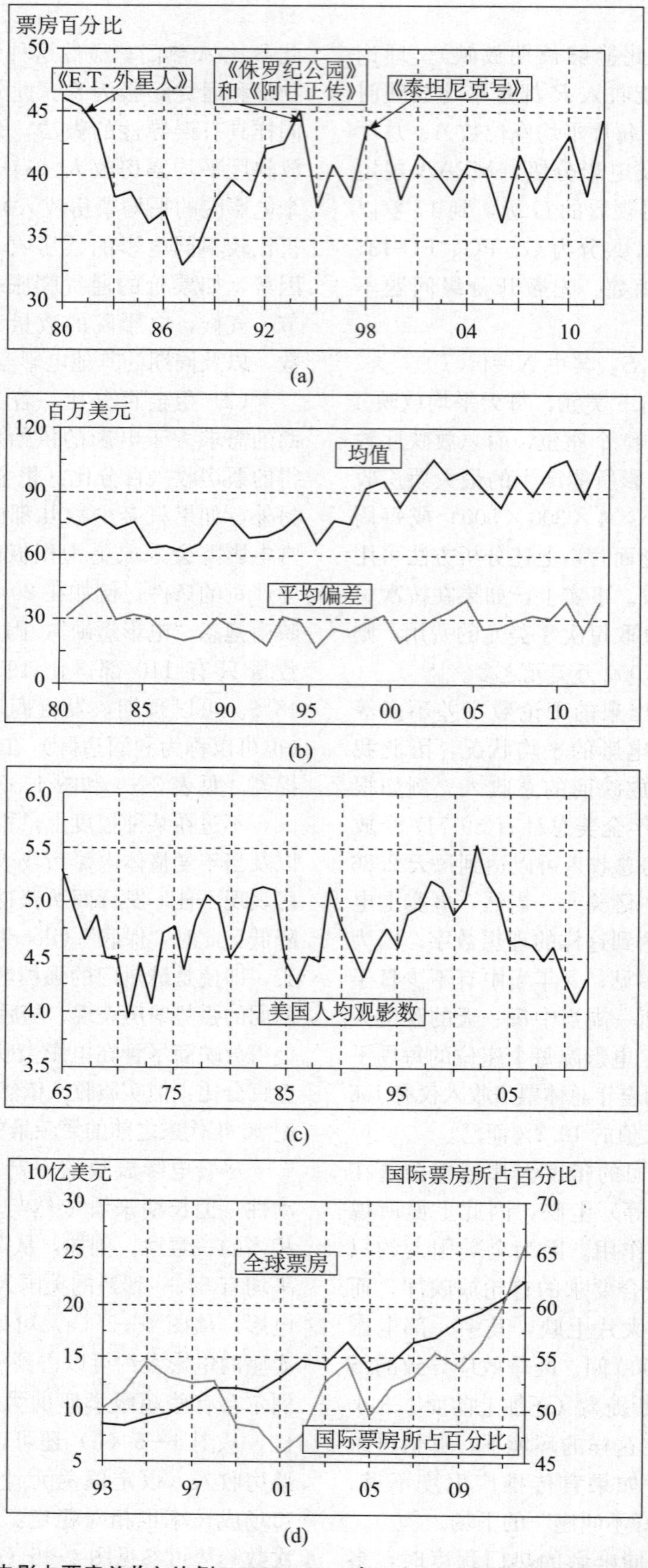

图 4—5　（a）每年前 20 大电影占票房总收入比例，1980—2012 年。（b）以定值美元（即扣除通货膨胀影响后的实质货币）计算的前 20 大电影票房收入平均值和标准差，1980—2012 年。（c）美国年人均看电影次数，1965—2012 年。（d）每年前 100 大电影的国内和海外票房，1993—2012 年。

137
家用录像带和授权

家用录像带。直到 20 世纪 80 年代为止，无论大型或是小型制片商，都把营销主战场放在电影院。然而在 1986 年，发行商从家庭录像带所获得的总收益（约 20 亿美元）超过了电影院放映（约 16 亿美元），从此之后，家用录像带彻底改变了整个产业的基本结构，也同时转变了电影事业的营销策略。[55]目前数字光盘（DVD）和它的前辈录像带（VCR）都已经广为全世界的家庭所熟悉。高度的普及率对电影制片商而言形成了强而有力的诱因。[56]

结果，家用 DVD 销售（如图 4—6 所示）已经成长为超过 200 亿美元的巨大国内市场，而其中多数的收益（大约三分之二）来自电影 DVD 的销售或出租。[57]此外，考虑到好莱坞大约 45%～60% 的发行成本必须通过家庭录像带（DVD）市场来回收，也就不难想象制片商和发行商为何如此重视 DVD 市场的营销了。

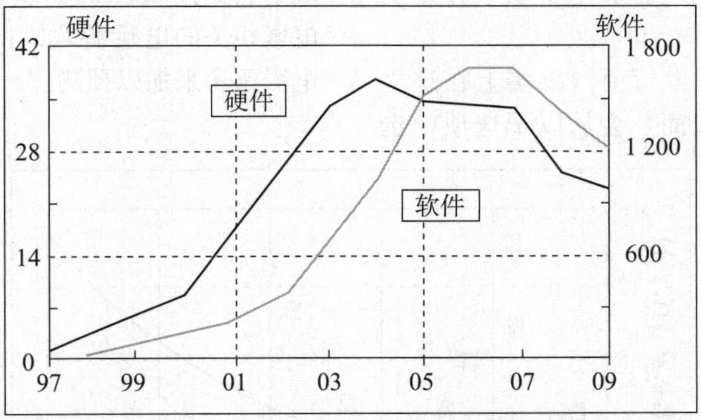

图 4—6　北美 DVD 播放机和光盘销售量（单位为百万），1997—2009 年。

资料来源：数字娱乐集团（Digital Entertainment Group）。

138 在家用录像带和 DVD 上的营销相关议题中，最重要的莫过于定价。20 世纪 90 年代后期，当未参与收入分享（revenue-sharing，下面有详细说明）的大型零售商有能力大幅降低录像带的价格时，它们就面临一项抉择：一是抬高售价，主要采用出租（rental）服务；另一种做法是降低售价，主攻销售（sell-through）市场。尽管无论哪一部电影，制作一盘录像带或 DVD 的价格都是几乎一样的（大约每盘 4 美元），但真正的决策关键在于，发行商从出租还是出售录像带中能够获得较高的收益。[58]最近几年，美国消费者花在 DVD 上的支出有 50%以上是直接购买（而非租赁）的，其中又有超过一半的支出是购买主流电影 DVD。[59]

1997 年出现的 DVD 格式对整个市场有极大影响。由于一张 DVD 的制作、营销和发行成本总计不到 5 美元，但批发价格却可以高达 15 美元，使得每张 DVD 所能带来的利润几乎是传统录像带的两倍，这使得制片商越来越倾向采用直接销售而非出租 DVD 的商业模式（该模式过去主要被音乐唱片业采用）。[60]可以说，DVD 的出现动摇了过去 20 年间流行的录像带出租定价模式（以及收入分享模式）。而且 DVD 的获利结构对制片商也更加有利，相较于发行商和放映商，如今制片商有机会获得电影总体收入的更大比重。

在 20 世纪 90 年代末，传统出租模式的一种变体——“收入分享模式”（revenue-sharing，在录像带市场运用得远比 DVD 市场更多）被许多制片商和零售商所采用。这种模式可以确保制片商的最低收入，大致做法如下：大型连锁录像带出租业者，例如百视达（Block-buster）以 7 美元左右的价格向制片厂购买录像带（这个价格一般是录像带直接零售价格的十分之一），然后出租给消费者；最初，制片商可以获得录像带租金收入的 30%～40%，这个比例会逐渐递减，直到六个月后变为零。此时录像带出租业者可以把这些旧录像带转售以回收最初的购买成本。平均来说，连锁出租业者可以获得总收益的大约 50%～60%。[61]

不过，对于那些“长销不衰”的电影，例如迪士尼的许多动画片来说，采取直接出售而非收入分享模式，对于制片商可能更为有利。但无论如何，如果无法采用收入分享模式的话，最好的选择是制片商直接把录像带售价调高，主要贩卖给以出租为目的的业者；大部分这类 A 级录像带（热门电影的录像带）售价不低于 89.95 美元，而发行商可以从中获得约 56.57 美元的收入（也就是总售价的 63%，主要是由于给予零售商较高的折扣所致）。[62] 然而在这种情况下，发行商无法分享后续影片出租市场的获利，而那是一项十分重要的现金流量来源。[63]

139 如果其他条件不变，发行商（事实上在这里就是指家用录像带的出版商）会从以下选项中选择获利较高者：

以出租为目的的录像带预期销量×销售给出租业者价格的 63%，

或是预估最终销售渠道销量×批发销售价格[64]

然而，倘若录像带是直接出售给消费者而非出租的话，需要花费更多成本进行营销，一般营销推广支出会占到总收益的 10%左右，因此一般而言，发行商必须预估至少能获得超过出租市场 7～8 倍的销售量，才能保证直接出售策略的决策有利可图。类似的市场预测可以通过标准曲线来观察，见图 4—7。曲线显示，家用录像带（以及电影相关的电玩游戏）的需求数量，可以用国内电影票房来加以预测。[65]

140

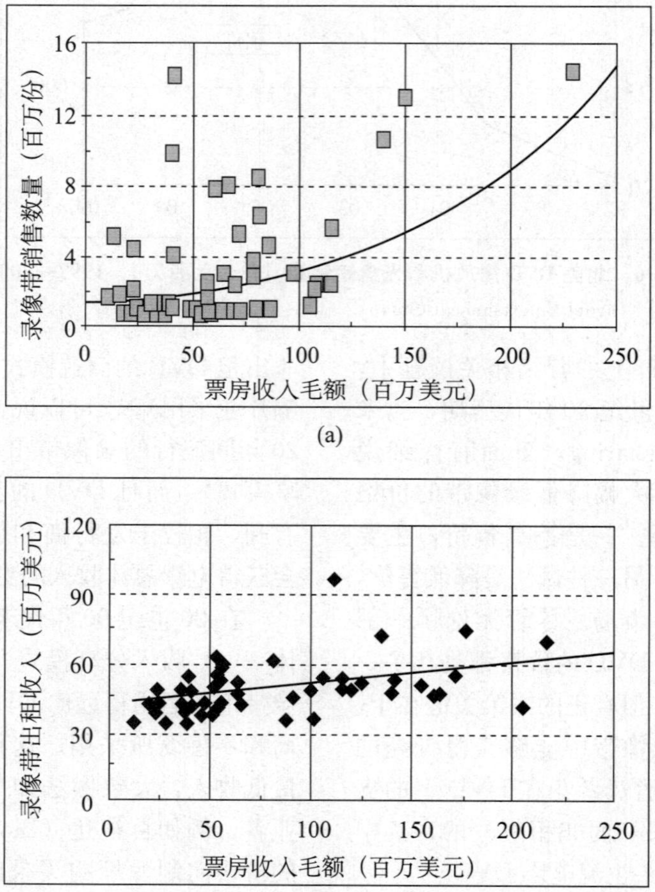

(a)

(b)

图 4—7 电影票房收入毛额（x 轴）与（a）录像带销售和（b）录像带出租金额的关系，1995 年。

不过，由于 DVD 市场的饱和，以及有线电视和互联网平台上视频点播（video-on-demand，VOD）的兴起，另一次的市场变革已经开始了：通过视频点播，制片商的利润边际可以高达 60%，这几乎是实体 DVD 的两倍以上。换句话说，出售 DVD 的每 1 美元收益中，制片商只能获得大约 20 美分；但每 1 美元视频点播中，制片商的获利却高达 60～70 美分。不过在 DVD 销售依然逐年增长的时候（大约 2007 年达到高峰），这样的差距还显不出重要性；事实上，目前 DVD 销售依然贡献了美国制片商总利润的一半。[66]

当然，独立制片商所面对的问题又大不一样了。为了及早填补资金缺口，独立制片商一般倾向预售（preselling）或是版权划分（fractionalizing）它们的电影版权。为了这个目的，它们可以寻求主流发行商的合作，或是找上独立家用录像带发行商。[67]然而，版权划分通常并不怎么受到大型发行商的欢迎。[68]

此外，尽管大多数独立制片商过去依然偏好在电影院上映他们的电影，但实际上，这些电影中的大多数无法获得这种待遇。[69]如今，由付费有线电视频道或者 Amazon、Netflix 这类网站来资助电影的制片、营销和发行，已经变成“独立”电影制片商比较实际和简单的选择了。

另外还有所谓“直接发行”（direct-to-video），也就是跳过电影院上映阶段，直接进入家用录像带市场，这种趋势如今也越来越明显，特别是在家庭电影（family film）领域。这种做法可以省去庞大的电影院发行开销，并提高获利。[70]

此外，所有电影发行商都必须认真看待有线电视按次付费/视频点播（PPV/VOD）以及互联网平台的快速发展。至少，PPV/VOD 技术的崛起减缓了 DVD 需求的增长、降低了 DVD 出租店的重要性，并且改变了部分电影的发行顺序。[71]不过到目前为止，虽然在互联网平台发行电影，制片商的利润边际更高（对一部 5 美元的电影下载来说，利润边际可以高达 70%，而一部 20 美元的 DVD，制片商利润只有 30%），但由于单价较低，整体收入水平尚无法与 DVD 市场匹敌。

发行协议　在付费有线电视频道（例如 HBO 141
和时代秀，见第 8 章）的发展初期，如何获得更多相对较新的电影，显然成了争取付费用户和建立品牌的关键。当时这些频道通常会跟制片商签订长期的、独家的发行协议，而这对发行商而言简直是天上掉下来的好事。因为假设一家制片商每部电影每年可以从付费频道那里获得 1 000 万美元的授权金，那么只需要 20 部电影就可以差不多抵消它当年度的营运开销了，何况还有海外的授权收入呢！到了 21 世纪初，好莱坞每年从付费有线电视频道这个大财主身上获得的收入超过 10 亿美元。

然而，近年来由于付费频道订户的饱和，加上其他电影观看渠道如 DVD、iPods、网络下载、免费电视网的崛起，分散了付费电影频道的受众，许多付费电影频道因此转向推出更多自制节目［如《黑道家族》、《广告狂人》（Mad Men）、《抑制热情》（Curb Your Enthusiasm）、《嗜血判官》等］，减少了对好莱坞电影的依赖度。这导致了主流制片商和独立制片商的财务状况更加困难，一些专业发行公司如 New Line、Picturehouse、Warner Independent 以及 Paramount Vantage 也倒闭了。[72]

产品授权　20 世纪 70 年代初期，电影人物和概念等产品的授权商机就已经出现了，著名例子包括《大白鲨》和《星球大战》系列。由于产品授权可以延续人物和电影情节的生命，带动续集的拍摄，使得《007》、《星球大战》、《侏罗纪公园》、《蝙蝠侠》、《蜘蛛侠》、《超人》、《玩具总动员》等电影可以一拍再拍。因此制片商往往特别关注动作片以及儿童电影类型的营销和授权策略，授权范围遍及音乐、漫画、多媒体（multimedia）和其他互动形式（DVD、有声书等），乃至于速食店和玩具等。[73]一部重要电影的产品授权，可以为制片商带来产品批发价格至少 6%～7%的收益。例如迪士尼的动画片，包括《美女与野兽》、《阿拉丁》和《狮子王》等，以及环球（MCA）的《侏罗纪公园》等电影，产品授权利润都高达 1 亿美元以上。[74]

营销成本

理论上，相较于融资和制片阶段，制片商在电影营销阶段的成本控制应该相对容易。但事实上，由于有太多的电影和其他娱乐在争夺受众的注意力，电影公司几乎毫无选择，只能投入大量经费积极进行电影营销宣传。实际上，发行商的时间并不多，它只能在上映之前和初期拼命投入广告和进行宣传推广，以期在电影上映后一炮而红。

142 在这种毫无节制（也无法节制）的情况下，电影的营销支出快速增长，其成长速度往往快过通货膨胀率。事实上，制片商经常花费制片预算的50%左右来进行广告和营销，以扩大电影影响力，并对抗电影满档、竞争、季节、周期以及其他因素对电影上映的负面影响。好的旺季的放映档期难以避免其季节性、周期性，对发行有重要影响。[75]不过，随着数字下载和视频点播服务在抢夺过去的家用产品如DVD的份额的时候，制片商也有零售的机会，更有效地营销，而且像Amazon或Netflix等发行商一样了解受众。

实务上，营销策略对于电影制作和发行非常重要，它直接影响到观众的想法与口碑，以及配套市场的表现等。“高概念”（high concept）电影这一说法的提出，很好地总结了电影营销的重要性。[76]德·万尼和沃尔斯（De Vany and Walls, 1996）提到，“电影首映的表现与最终票房收益有显著相关”[77]。然而同样值得注意的是，受众的口味转变是很快的，而且口碑的影响力超乎预期。再多的营销投入都救不了一部烂片。

4.5 经济层面

利润概要

“一个人可以在6英寸深的水里溺死”，这句谚语凸显出了单靠平均值进行数据分析的困难度。事实上，许多（应该是大多数）电影最终根本无法赚钱，即使加上所有新媒介的收入后依然如此；是少数的卖座大片拯救了大多数“失败者”。外部投资者投资电影制作时，往往是最早投钱进来，但却最晚获得回报的，换句话说，他们承担了最大的风险。

而由于电影产业极大比例的资金来源于外部，因此经常出现成本失控、快速增长的局面（正如帕金森定律所描述的那样），其速度一点也不会比预期收益增长慢。这意味着电影产业从新兴媒介所获得的收益，在很大程度上又会被吸纳、分散或转化为成本的一环。例如，在当今主流制片商发行的电影中，国内电影院租金收入占直接摊销成本的比率逐年下滑［见图4—8（a）］。而图4—8（b）则显示电影产业的营业成本增长率经常快过收益，而总体营业利润率并不稳定，且呈下滑的趋势［图4—8（c）］。[78]

综合考量电影发行数量、配套市场收益增长（见第3.4和第4.4节）、平均拍摄成本和营销成本，以及总租金（见第3.3节）后，我们会发现多数主流制片商发行的电影都没能达到损益两平，其中有卖座程度远超预期的电影，也有惨淡到令人欲哭无泪的影片，两者都背离平均值甚远（见表5—9）。[79]

事实上，所谓的“平均”电影并不存在，所谓电影产业的平均收益和利润，主要是被少数卖座电影给拉高了。这种特性符合帕累托定律（见图4—9），不只适用于整体的电影市场，对于大制作/小制作电影、不同的电影类型、有/无超级明星的电影都同样适用。[80]由于每一部电影都是独一无二的，所面对的观众和竞争环境也变幻无常，因此几乎不可能准确预测一部电影的财务绩效。此外，电影产业在一个方面与其他多数产业不同：尽管电影票价一般相对固定，但借由调整放映的厅数和档期长短，电影的供给是十分有弹性、能够快速因应市场需求变化进行调整的。这样做的边际成本很低。

不过，尽管存有潜在的损失风险，但多数主流制片厂通过电影资料库和电视节目的发行收入，依然能够成功在这个产业中生存。[81]事实上，哪怕营运能够获利的制片商，也难以保证其“平均”的电影不会发生亏损。电影制片商必须体认到，其经营的核心问题在于融资和发行，而任何的营销和制作成本风险往往都会被转嫁到外部投资者和制片人身上。各式各样的发行渠道（包括电视网、有线电视、地区电视辛迪加、海外授权等）摊销了很大一部分成本。[82]尽管电影制片和上映总是整个行业的焦点，但实质上，电影制片商的获利往往是仰赖于种种平凡而乏味的传统发行和收入模式。

143

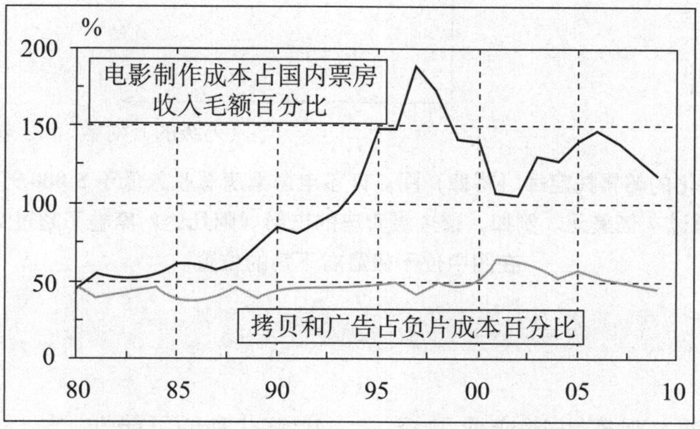

(a)

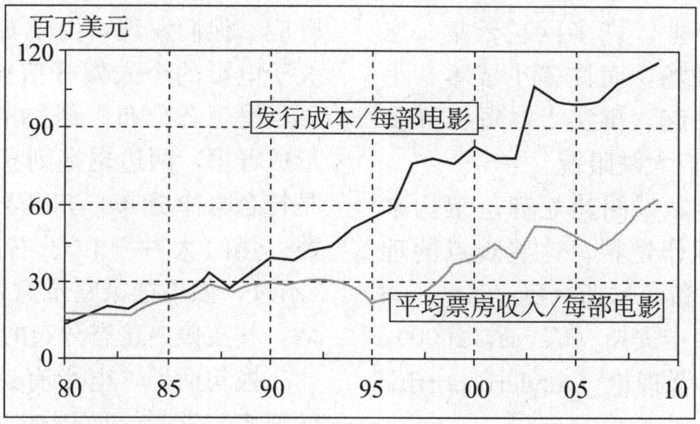

(b)

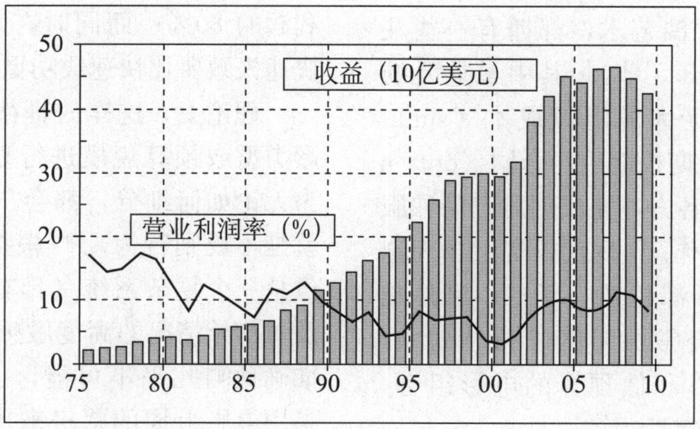

(c)

图 4—8　电影产业收益和成本趋势。(a) MPAA 成员电影制作（负片）成本占国内票房收入毛额百分比，以及拷贝和广告（p&a）成本占制作成本百分比，1980—2009 年；(b) MPAA 成员平均电影上映成本包含负片和 p&a 成本）及国内票房收入，1980—2009 年；(c) 主流制片商收益和营业利润率，1975—2009 年。

144

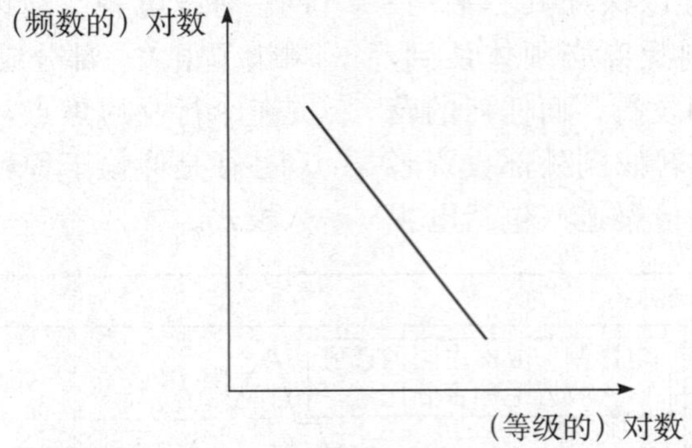

图 4—9 理想化的帕累托定律（幂律）图。许多电影票房总收入低于 5 000 万美元，而极少数卖座片票房超过 4 亿美元。例如，迄今最卖座的电影《阿凡达》席卷了超过 24 亿美元票房，在图中位于极靠右下角的位置。

理论基础

任何一个曾参与或深入观察电影产业融资、制片或营销工作的人都会了解这是一个高度复杂、混乱且充满不确定性的产业。许多巨星云集、志在必得的大片最后惨淡收场，而许多小成本、小演员的电影却往往异军突起。事实上，每年许多电影的票房表现都让专家们大跌眼镜。

145 近年来，许多经济学家试图建立理论架构来解释电影产业的现象和运作逻辑。这些观点的理论基础大多来自德·万尼和沃尔斯（De Vany and Walls，1996，1997）以及卡夫斯（Caves，2000），也有部分来自现代投资组合理论（modern portfolio theory）。

卡夫斯发现，所有创意产业，包括电影、艺术、音乐、图书出版或表演艺术，都拥有一些共同的组织特性（详见第 13.5 节）。其中最重要的是，由于这些产业都有庞大的沉没成本（sunk-cost），因此往往利用具备期权性质的合同（option contracts）来协调参与的各方，完成创意产品和服务的融资、制作和发行工作。[83]现代投资组合理论则指出，由于每一部电影都是独一无二、风险难以预估的，因此制片商经常在年度发行计划中，通过平衡高预算、中预算和低预算的电影组合，来减少风险和绩效的不确定性。[84]

而为了避免投资过于分散，同时有效降低风险，近年来制片商还会利用所谓的蒙特卡罗方法（Monte Carlo statistical methods），结合多种变量（如明星、导演、上映日期、档期等）来预测电影能够获利的可能性。[85]

上述研究基础与德·万尼和沃尔斯的研究相呼应。他们发现，由于观众经常随机地互相交换关于电影的个人偏好信息，结果导致票房收入并不是呈正态分布（俗称的钟形分配，平均值附近形成群聚，两边尾端则直线下降）。票房收入反倒是符合幂律分布，其变异规律是非对称性的：少数“热门大片”位于右边尾端，拉高了平均值（不过，如果把家庭录像带和海外市场考虑进来的话，其实偏离正态分布的情形并不严重）。

换句话说，电影有这样的特质：创造高收入的概率非常低，而创造低收入的概率非常高。这产生了如下估计：大约 5%的电影创造了产业总体利润的 80%；而同时在众多电影院放映的电影，快速失败要比快速成功更加容易。

理论上，这样的幂律分布规律，意味着对电影类型或预算规模进行划分并没有太大意义，因为无论如何细分，都会出现相同的概率分配（也就是不规则行为）。[86]根据一项研究，电影产业就像是一个复杂系统（具有信息的非线性回馈，以及对初始情况的高度敏感性），这意味着对未来的准确预测几乎不可能，也许唯一靠谱点的预测，是用电影上周的票房来预测下周票房。德·万尼（De Vany，2004a，p. 2）指出：“电影产业没有标准模式，平均值并没有任何意义……电影产业完全属于一种非高斯分布（即非正态分布）的、超乎寻常的产业。”

146 此外，这项研究还同时指出，电影产业的票房表现可以用每周的存活测试（contest for survival）模型加以分析，也就是说，电影是否会在下周续映，取决于已经放映的时间，风险函数 $h(t)$ 可以用来估计特定期间的电影存活概率，当然基本假定是，电影在一开始上映时能够存活下来。[87]

上述的分析工具，包括幂律、不规则性和风险比率，用来分析电影和其他娱乐、信息相关产业都是有用的。不过需要记住的是，无论哪种娱乐产业，在导入新产品或服务时，风险和不确定性总是隐含其中，永远都存在超级热卖或者超级失败的可能性。[88]就统计学角度来讲，包括电影、电视、图书出版、音乐、舞台剧、电玩以及玩具等产品，都存在类似的经济模式，流行和趋势无所不在，但又难以预测。无论如何，总是有不到20%的产品创造超过80%的利润（尽管在互联网上存在长尾效应，但尚无法撼动80/20的力量）。

4.6 结论

自20世纪70年代中期以来，电影产业发生了重大的转变，电子/光学传输和储存技术的发展大幅降低了传统发行渠道对于发行和定价的控制能力。尽管这让消费者有了更多元化、价格更低廉的娱乐选择，但却并非所有电影产业部门都能因此受益。事实上，科技使得更多人能够创造出更多内容，并且能够以更低的成本进行更广泛的传播（如通过互联网）。

尽管有上述变革，但电影产业本身依然有着动人心魄的独特魅力。知名电影剧作家墨菲（Murphy，1982）根据多年的观察写道：

> 即使经过了100年，电影产业仍然充满着企业家精神和资本主义精神。
>
> 电影本质上是一种研发产品；它们易于消逝，而且无法依照一般常识进行市场测试。
>
> 电影产业为大众创造一种艺术形式。
>
> 尽管受到长期的贸易限制，但强大的出口市场可以促进国内市场的稳定。

不同于一般大众的认知，电影产业从最初的文学文本取得一直到最终的发行上映，每个阶段都需要紧密的协商沟通，而且在这其中，人际的信任和专业诚信发挥了很大的作用。

正如斯阔尔（Squire，1992，p.23；2004，p.4）所言： 147

> 从来没有任何其他产业像电影一样，人们愿意投入数百万美元，生产一个无法保证消费者会购买的产品；同样，也没有任何其他产业像电影一样，消费者在使用了产品之后，除了回忆之外，一切都不带走［马克斯（Marx）1975年观察］。

【注释】

［1］把电影公司视为产权交易所的概念，首见于爱普斯坦（Epstein，2005，p.107）。风险相关议题可参见艾利亚什伯格等人（Eliashberg et al.，2006）的讨论。

［2］参见鲁特（Root，1979）、纳什和奥克（Nash and Oakey，1974）等人的著作。

［3］其他卖座电影如《甘地传》（*Gandhi*）、《爱情故事》（*Love Story*）、《忍者神龟》（*Teenage Mutant Ninja Turtles*）和《黑鹰坠落》（*Blask Hawk Down*）等也都曾面临找不到发行商的窘境。《码头风云》（*On the Waterfront*）曾被所有电影公司拒绝（参见《洛杉矶时报》，2005年6月5日的文章）。甚至连《魔戒》（*Lord of the Rings*）三部曲都遇到过同样的情况，直到最后获得时代华纳旗下新线电影的融资。大获成功的《暮光之城》（*Twilight*）系列尽管有着畅销7 000万本的四部曲小说做后盾，但也被派拉蒙所拒绝，后来才被独立制片公司顶峰娱乐（Summit Entertainment）捡到。而《星球大战》（*Star Wars*）都曾经被环球电影公司拒绝（见Bruck，2003）。

此外，《独立日》（*Independence Day*）曾经被索尼打了回票，福克斯错失了拍摄《英伦情人》（*The English Patient*）的机会，环球则放弃了共同投资《泰坦尼克号》（*Titanic*）的良机；华纳兄弟否决了《阿甘正传》（*Forrest Gump*），后来该片被派拉蒙捡走。大牌明星加盟也未必就是获得融资的保证，例如，即使有克林特·伊斯特伍德（*Clint Eastwood*）加盟的《百万宝贝》（*Million Dollar Baby*）和有莱昂纳多·迪卡普里奥（*Leonardo DiCaprio*）加盟的《飞行者》（*Aviator*）都曾面临找不到发行商的问题。

有些电影剧本在获得青睐之前，曾经在不同电影公司之间辗转流连多年，例如《阿甘正传》辗转10年、《本杰明·巴顿奇事》（*The Curious Case of Benjamin Button*）20年、《莎翁情史》（*Shakespeare in Love*）10年。艾利亚什伯格等人（Eliashberg et al.，2007）曾提出更科学的剧本甄选方法。

电视产业所犯的类似错误也不少。巴特（Bart，2006，pp. xi-xiv）提到《我爱露西》（*I Love Lucy*）和《全家福》（*All in the Family*）一开始饱受质疑的情景。

[4] 人才代理机构的费用收取方式十分多样。戴维斯（Davis，1989）提到，最简单的形式是“收取联播网支付给制作公司费用的5%。若有利润的话，再获得利润半数的5%。知名人才代理机构如莫里斯可以从每集电视节目收取2.1万～10万美元。而热门剧集的收入可能更高。”

所谓3%-3%-10%协议在20世纪80年代末最为常见，但知名代理机构可能争取到5%-5%-10%。第一个3%指授权费的3%，第二个3%则在有利润的情况下才获得，第三个10%则仅发生于电视节目超级卖座的情况下。

在电影产业，近年来人才代理机构对于为电影寻找对冲基金或私募基金的融资，以从中赚取咨询费用或其他经济利益。

[5] ICM是约瑟夫森国际出版公司（Josephson International）的子公司，目前已经上市。据估计，2002年各家代理机构的收益（百万美元）和经纪人数量如下：

	收益	经纪人
Creative Artists	250+	184
William Morris	250	215
ICM	150	165
United Talent Agency	100	80

资料来源：《华尔街日报》，2002-02-22。

各家机构代理的客户数量不一，从CAA的1 200家到ICM的2 200家；参见李普曼（Lippman，1995）。不过1999年整个人才代理产业经历了大幅动荡，许多老牌经纪人和客户都改弦易辙。霍恩（Horn，2005a）提到，CAA被认为是势力最大的代理公司。其他文献包括凯利（Kelly，2005，2006a）、佛莱明（Fleming，2006）、金贝尔（Gimbel，2007）和谢普利（Cieply，2008b）。人才代理产业的问题以及定价能力的改变见佛莱明（Fleming，2008b）。关于威廉·莫里斯（William Morris）和奋进娱乐（Endeavor）2009年的合并可参见巴恩斯和谢普利（Barnes and Cieply，2009）。也可参见谢普利（Cieply，2007c）。

[6] 1981年王者之路电影公司（Kings Road Productions）曾试着发行普通股，希望以每股10～12美元的价格销售180万股，但当时股市表现恶化使得该公司撤回了发行计划。直到1985年，该公司才成功通过两家小型承销商，以每股10美元的价格发行了150万股。

[7] 参见《好莱坞报道》，1993年独立制片人（Independent Producers）专题。

[8] 国内家庭电影市场的预售收入，一般在开拍时收取25%、拷贝完成（answer print）时25%、影院上映后3个月25%，剩下的则在家庭电影市场发行时获得。

[9] 在1986年税务改革法案出台之前，这是最重要的制片资金来源之一。

[10] 20世纪90年代末，德国出现了这类税盾的变体。在当时，投资者甚至可以获得制片投资全额100%的税负减免；这种做法的核心是一种“出售—租回”（sale-leaseback）协议。也就是投资者购买整部电影，再把电影的发行权“租”回给电影公司，电影公司有权买回电影，但一般需要在至少7年后。但在2002年，德国税法的修订使得许多投资者减少了对电影的投资，投资额度缩水了60%。

各国对拍摄电影的诱因各不相同，且时常改变，采用的方式从直接补贴到税负减免，十分多样化。巴里奥诺维（Barrionuevo，2004）探讨了匈牙利以及其他东欧国家的情况。例如，匈牙利为拍摄电影提供了20%的税负减免；法国则对美国电影征收票房税（box-office tax），以补贴本国电影；在英国，制片人可以获得来自国家彩券的补贴。亦可参见布朗

(Brown，2002)、高汉姆（Gorham，2002)、突尼克（Tunick，2002)、格斯（Gerse，2004）以及梅萨（Meza，2005)。本国税负减免政策相关讨论见佛德拉洛（Foderaro，2008)、海耶斯和希尔曼（Hayes and Thielman，2009)。

[11] 站在投资者角度，无息贷款具有潜在的通货膨胀成本（因为还款是以账面价值为准，而无法计入通货膨胀调整)。

[12] 这类合伙协议，以及HBO的其他合伙（如三星影业）使得HBO成为电影制片产业的重要力量。HBO对电影拍摄的兴趣是基于很简单的理由：基于其庞大的订户基础，HBO自行拍摄电影的成本（2000年初期平均一部约1 000万美元，最低400万）通常要低于从电影公司那里购买影片。

[13] 根据美国证券交易委员会10—K档案，及《综艺》杂志1989年5月10日的文章，银屏电影公司（SSP）Ⅰ至Ⅳ号集资在1988年均有获利。其中第Ⅳ号集资在1988年结束，每一单位净利16.15美元；每单位在1988年6月售价为500美元。同一年，SSPⅢ号集资共为19部电影募集到3亿美元的资金，净获利每单位61.63美元；由于每单位售价500美元，报酬率约为12.3%。

[14] 参见穆勒（Muller，1991)。

[15] 根据股票和债券等方面的现代资产组合理论，把投资分散于许多目标有助于降低整体风险。然而，系统风险（也就是隐含于整个电影产业的风险）无法通过分散投资来避免。参见埃尔顿等人（Elton et al.，2003)。

[16] 在20世纪90年代中期，新的融资结构开始出现。参见《每日综艺》1997年2月21日报道。

[17] 在20世纪90年代末，福克斯、环球、梦工厂和宝丽金都开始运用股权融资结构，通过花旗、摩根大通等投资银行进入商业票据和债券市场。参见哈瑟尔顿（Hazelton，1998)。

[18] 预售合同的应收账款有时会被用于获得外国政府的制片补贴。英国的48号文件（Article 48）是其中代表，该条款已经于2005年被新的税负减免（2亿英镑以上为16%，以下为20%）所取代。

[19] 正如《综艺》杂志2005年8月8日的文章中提到，两个最大的资金池包括传奇影业（Legendary Pictures）和梅尔罗斯投资公司（Melrose Investors)。基本模式是电影公司和投资者各负责一半的制片预算，有时候也包括各出一半的拷贝和广告（p&a）费用。然后电影公司先收取总收益的10%～20%；接着，在电影公司偿付所有其他成本以及参与者的分红后，剩下的利润由双方50/50对分。在这种情况下，投资者最多负担电影总预算的一半，但电影公司依然保有创意上的控制以及发行权。梅塔（Mehta，2006）探讨了其他例子，例如J. P. 摩根半球电影公司（J. P. Morgan Hemisphere Film Partners)，该公司只投资总预算在1亿美元以上的电影；原因是该公司的分析师从历史数据发现，这类大制作电影的平均回报率是32%，远高于预算7 500万～1亿美元电影的2%，以及5 000万至7 500万美元电影的5%。亦可参见凯利（Kelly，2006b)，《综艺》2005年11月21日，以及《洛杉矶时报》(*Los Angeles Times*) 2006年1月20日。

当时还有其他私募基金公司积极投入电影产业。但正如舒克和桑德斯（Schuker and Sanders，2008）所说，大笔资金的涌入催生了2008—2009年许多独立制作的电影，但其中大多数终是亏损的。路透社2009年3月2日的文章《华尔街撤出好莱坞》(*Wall Street Pulling out of Hollywood*) 证实了这种怀疑，此时许多大型投资机构已经开始把投资折价转让给其他私人投资者。

外部投资者面临的问题是，电影公司的这类合伙协议通常会把一些最有卖座潜力的电影排除在外；而且，收益必须先扣除所有发行费用（占到总收益的12.5%左右，最高15%)。此外，私募基金通常假设分散投资能够带来投资组合效应，因为大多数投资目标的收益是呈正态分布的。然而正如约翰·盖普（John Gapper）发表在《金融时报》2006年10月9日的文章，投资组合效应经常被电影产业过大的收益波动性所抵消，他说“投资者并不知道这个产业真正的概率分布情况”。霍尔森（Holson，2006b）提到一些对冲基金和私募基金会直接与资深制片人达成协议，这样他们最多可以获得潜在DVD销售收益的100%，而不只是与电影公司合伙时的20%。

[20] 这类期权合约可参见“好莱坞股票交易所”(Hollywood Stock Exchange，HSX.com)，该机构2001年被经纪商康托·费兹杰罗德（Cantor Fitzgerald）买下。另一个竞争者是位于芝加哥的趋势交易所（Trend Exchange)，属于维里亚那网络公司（Veriana Networks）旗下。由于MPAA成员的反对，美国国会在2010年的金融重整法案（Financial Regulatory Reform Act of 2010）中禁止了此类期权交易。康托期权交易所的期权定价是在上映后数周内的国内票房收入每达100万美元，期权价格就上升1美元（一般而言，绝大多数电影99%的票房收入都是在最初的八周内产生的)。参见普兰贝克（Plambeck，2010b)。

[21] 参见斯奈德（Snyder，2006)。另外，维斯（Weiss，2007）提到，独立制片人承担的是风险最高的初期工作，包含购买剧本、改编、拍摄等；而电影公司的投入事实上多半在大势已定后才加入，也就是在营销和发行部分。“在任何其他产业，承担最高风险的投资者都能最先获得回报；但在好莱坞正好相反，是电影公司先拿到钱。没有任何其他产业会这样。”

[22] 见斯坦伯格（Steinberg，2012）。

[23] 相较之下，20世纪40年代的大片制作成本平均只有30万美元，1932年大萧条时期更只有10万美元。马尔和凯利（Marr and Kelly，2006）提到新的特效技术也是导致制片成本上涨的元凶之一。

[24] 奇格（Kiger，2004）提到，早期的外部投资者们在好莱坞经常受挫，在20世纪70和80年代，外部投资者错失了如《大白鲨》和《星球大战》这类卖座大片。然而近年来，在有经验的经纪人协助下，外部投资者开始变得越来越轻车熟路。高德斯坦（Goldstein，2006b）提到，在2006年的奥斯卡提名电影中，有很多都受到外部投资者的赞助，且成本大都控制在1 400万美元以下。这些投资者包括马克·库班（Mark Cuban，NBA达拉斯小牛队的老板）、托德·瓦格纳（Todd Wagner）、比尔·波拉德（Bill Pohlad）和鲍勃·亚利（Bob Yari）等。投资者也不再像过去那么迷信"票房保证"的明星了，因为近年来电影的演员阵容和票房表现关系越来越小。参见拉韦德（Ravid，1999）和巴恩斯（Barnes，2009a）。

[25] 日本20世纪80年代末宽松的信贷状况，使得日本公司可以用低至1%的利率获得贷款，这使得日本的房地产和股市一飞冲天。结果，日本的大企业如索尼和松下能够用其他公司无法跟进的高价去竞标美国的电影公司（松下于1990年买下MCA）。

[26] 仍有一些小型独立电影公司能够获得盈利。例如纽约的特罗马电影公司（Troma），参见舒梅（Schumer，1982）和特拉斯坦伯格（Trachtenberg，1984）。还有厄尔·欧文斯比（Earl Owensby，EO Corporation），可参见《综艺》1980年7月23日文章、CBS《60分钟》1982年8月8日。罗森和汉密尔顿（Rosen and Hamilton，1987）深入探讨了低成本独立制作电影的营销和融资问题。

[27] 人员福利一般占到线上成本的20%～30%，线下成本的30%～40%。这类成本在20世纪90年代初增加到每天20万美元，是20世纪80年代初的两倍，同时拍摄日程从平均40天延长到60天。

[28] 为了避免天灾人祸可能导致的巨大损失，并保障主要投资者（电影公司或银行）的权益，完工保证（completion-bond guarantees）显得极为重要，通常由专门的保险公司提供；完工保证合同价值一般占制片预算的6%，在一切正常的情况下，最终拍片方可获得50%的保费返还。

全世界电影完工保证产业的总规模大约7亿美元。安杰利（Angeli，1991）提到，在20世纪90年代初，电影融资公司（Film Finances）和完工保证公司（The Completion Bond Company）两大公司统治了整个市场，每家公司每年为超过100部电影提供担保。然而在1993年，激烈的价格战（保费甚至低到制片预算的1%）导致完工保证公司停止营业，第三家公司——国际电影担保人（International Film Guarantors，IFG）趁机崛起。到2002年，IFG和电影融资公司是两大龙头，影业完工公司（Cinema Completions）和电影债券公司（Motion Picture Bond Co.）紧随其后。2005年时的竞争者还包括尼尔全国集团（Near National Group）。

[29] 因此，线下成本在会计上可以分为三类：制作、后制以及其他。

[30] 也有人认为工会的诸多限制会导致电影产业失业率提高。好莱坞的失业率长期以来居高不下，它受到制片周期的影响，长期来看更受到新媒体的冲击。

[31] 塞利格曼（Seligman，1982）认为，如果没有工会的干预和限制，电影产业获取资本将会更容易、资金成本更低，而制片人也不会如此急切地转移到外国拍片。长期来看，由于工会干预导致的资金成本提高，会降低本土的制片数量，进而使更多从业人员失业。

[32] 见康斯（Cones，1998，p. 56）和《综艺》1992年9月14日。

[33] 2009年，电影上映到DVD发售之间的平均间隔为4个月又11天，比1997年的5个月又22天缩短不少。史密斯和舒克（Smith and Schuker，2010）提到，这个周期还在继续缩短并更有弹性，例如2010年迪士尼的《爱丽丝梦游仙境》（*Alice in Wonderland*）。传统上DVD发售到视频点播（VOD）上线的间隔约为45天，如今这一周期也逐渐被打破；从2003年起，未经授权的电影在互联网上已经十分泛滥，许多电影甚至还未曾上映就已经在网上流传了。

2008年，主流电影公司同意让苹果公司的iTunes在电影DVD发售的同一天在线出售电影，而过去这至少还有几个礼拜的滞后。每部新片在iTunes的售价为14.99美元（但电影公司却可以获得16元，也就是说苹果在这一方面实质上是亏损的），华纳兄弟是首先采取DVD、在线电影同步发行策略的，但迪士尼和环球也随后跟进。

2006年，电视平台播放电影的顺序大致如下：按次付费的卫星和有线电视（大约在影院放映后180天）、付费频道（HBO、时代秀等）大约在一年后；电视联播网（一般播放三轮）大致在影院放映后两年；普通有线电视在联播网播放后一年，或在联播网未重播的情况下，紧接着付费频道播出（一般播出周期可以长达七年）；而区域性电视台则在普通有线电视播放完之后，继续炒冷饭，其周期甚至可以达到30年之久。但在2010年，新的网络串流服务如Netflix和Epix（由狮门、米高梅和维亚康姆共同拥有）开辟了新的发行窗口。

[34] 随着按次付费有线电视频道的普及，电影公司最热门的电影甚至可能在一个晚上就从付费用户那里收取到上百万元。这使得人均收视价格得以远高于传统付费频道（见第8章）。

[35] 理论上，按次付费频道播放电影的时间甚至可以比影院上映日更早。1995年卡洛可（Carolco）和电信传播（Tele-Communications）公司就做过这样的尝试，但并未跟进。其他打破传统发行顺序的尝试还包括在1980年，20世纪福克斯的《告别昨日》（*Breaking Away*）先在电视联播网播放，然后才转向付费有线电视。福克斯甚至考虑过在影院上映的时候同步发行录像带。2004年《圣诞夜奇迹》（*Noel*）也尝试过同时在多个渠道发行，但并不成功；2005年，《灵魂歌王》（*Ray*）的DVD在2月份上市，此时影院还未下片。2005年，小成本电影《泡沫》（*Bubble*）尝试过同时在影院、DVD、高清数字电视和有线电视频道播出，但票房表现平平。事实上对大多数电影而言，影院上映依然是单位收益最高的平台，同时良好的电影院票房表现对于提升其他渠道的收益也有极大作用，因此在可预见的未来，大多数电影依然会把影院上映当做发行的首选。

[36] 在经济学中，纯粹公共产品是指那些制造成本与消费人数完全无关的产品，这点适用于电视节目。参见第13.4节以及术语说明。

[37] 马里奇（Marich，2005，pp.26-27）提到，最重要的两个群体是25岁以下的男/女。这方面的主要研究公司包括尼尔森旗下的全国研究公司（National Research Group，NRG）、里德·爱思唯尔集团（Reed Elsevier）旗下的MarketCast、OTX研究公司（Online Testing Exchange Research，已出售给法国公司IPSOS），以及IAG研究公司等。

[38] 这些策略包括预售电影票、保留座位以及限制播放厅的数量等，目的是把电影首映打造为重大事件。

[39] 投标函的内容通常包括电影票售价、周末和周间的场次、预期播放厅的座位总数，以及其他发行商感兴趣的条件。有些电影公司喜欢采取竞标方式，其他公司则不然。无论采取竞标还是协商的方式，正如前面提过的，一般首轮放映时，发行商在最初几天可以获得70%以上的票房收入，随后开始减少，在4～7周后锐减至30%；二轮放映的情况多半是第一周35%，后面则是30%。但在1995年《永远的蝙蝠侠》（*Batman Forever*）上映时，前三周的分成比例是90/10（扣除场地经常费用后），接下来三周是80/20，或者发行商获得总票房收入的65%，两者取其高。

尽管关于电影竞标的经济学分析较少，但博弈论（game theory）或许会有帮助，参见戴维斯（Davis，1973）。

[40] 随着电影放映业在2000年年初逐渐整合为几条大型院线，两者的议价能力也在悄然改变。例如，2002年3月25日的《综艺》提到，发行商开始倾向于留给放映商全部票房收入的40%；高德史密斯（Goldsmith，2004）提到甚至开始出现50/50拆账的情形。尽管这一改变看似对放映商较为有利，但实质上最大的好处在于收益计算和分配变得更为简单，而双方所获得的实际收入与过去并无太大差别。

[41] 索尼在1996年6月发行《王牌特派员》（*The Cable Guy*）时，为了尽可能扩大电影的上映范围，曾要求院线方面放弃净空权，而部分院线拥有者照做了。此外，目前的趋势是以整个年度为单位进行影片租赁和净空权的谈判，而不像过去那样每部电影、每个影院分开来谈。另外在加拿大，由于电影放映被两家公司所垄断，因此谈判方式也与美国的情况大不相同。

[42] 多曼（Doman，2001）提到，在2000年年初，主流电影公司开始倾向在电影发行之前就与放映商谈好“固定条款”（firm term），这类条款以整个放映档期的固定拆账比例来作为传统按周计算的替代选项。例如2003年AMC娱乐公司的10-K条款规定“固定条款之下的电影租金为下列两者中较大者：（1）电影票房收入的70%，在4～7周后减少至30%；（2）在支付协定的影院经常费用之外，若还有额外票房收入，则收取其中的90%（也就是俗称的90-10条款）”。

[43] 近期，放映商开始从数字节目传输中获利，包括歌剧、音乐会、百老汇制作等。结果，影院成为本地的社区表演艺术中心。

[44] 在20世纪90年代末，电影放映期四周内的60秒屏幕广告售价平均为125万美元。参见古伯尼克（Gubernick，1999）。

[45] 更详细的讨论参见麦克肯兹（McKenzie，2008），以及吉尔和哈特曼（Gil and Hartmann，2007）、奥贝克和艾纳夫（Orbach and Einav，2007）。

[46] 在许多时候，营销对整部电影的成功至关重要：许多电影公司因此倾向拍摄那些已经成名电影的续集，例如《007》、《哈利·波特》和《魔戒》系列那样。一般而言，系列电影第二集的票房平均是首部曲的65%，但也有续集电影比第一集更加卖座的例子，如《王牌大贱谍》（*Austin Powers*）和《尖峰时刻》（*Rush Hour*）。参见莱曼（Lyman，2002）和瓦克斯曼（Waxman，2003）。

[47] 所谓卫星电影院（tracks）在加拿大更为突出，马里奇（Marich，2005，p.200）提到：“在AMC出现之前，明

星电影公司（Famous Players）通常放映迪士尼、米高梅、派拉蒙和华纳兄弟的电影（最近还加上梦工厂），而国宾影城（Cineplex Odeon）则放映哥伦比亚/索尼、20世纪福克斯以及环球的电影。”

[48] 1983年，美国一个地区法院裁定产品分割（splits）是合谋定价的一种，违反谢尔曼反托拉斯法（Sherman Anti-trust Act）。根据法院的说明，产品分割使得发行商从密尔沃基地区放映商获得的收入从1977年的180万美元暴跌至1981年的14万美元，衰退92%。

[49] 当地的不动产价格决定了电影院所在位置用来兴建商业写字楼、停车场或者其他建筑是否更有利可图。达摩达兰（Damodaran，1996）提到，贴现现金流和内部报酬率（internal-rate-of-return，IRR）法在此皆可应用。

例如，假设初始投资金额50万美元，预期未来10年每年可获益10万元，则内部报酬率为15%。但如果设定必须报酬率等于18%，则此影院的净现值（NPV）只值45万美元。一般影院的营业利润率介于15%～45%之间，如果土地不是自有而是租来的话，通常更低。

[50] 电影分级工作如今是由电影归类与分级局（Classification and Ratings Administration，CARA）负责的，它是MPAA下属的一个独立单位。美国电影分级如下：G（General Audience）——适合所有年龄；PG（Parental Guidance suggested）——可能包含部分不适合儿童的内容；PG-13（Parents strongly cautioned）——不适合13岁以下观看；R（Restricted）——17岁以下观众需要在父母或其他成年人陪同下观看；NC-17（No one 17 and under admitted）——17岁以下禁止观看。

[51] 假设每个家庭支付4美元，其中三分之一归发行商（剩下的由有线电视业者和节目批发商瓜分），再假设有1 500万收视家庭，则发行商就能获得2 000万美元收益。这对发行商而言是额外的利益，且现金回收的速度通常远比影院放映更快。

[52] 追求首映周末票房的压力近年来与日俱增。这源自1975年的《大白鲨》，这是第一部在全国范围同步上映并大打广告的电影，在700多个放映厅同时上映。如今，首映周末票房没破1 500万的电影，通常很快就会消失；相反，若是在上映第二个周末单日票房衰退未超过20%，则往往意味着大获成功。在2004年，电影上映次周周末票房比首周下滑50%已经十分普遍；李普曼（Lippman，2002a）发现，过去首周周末票房通常占电影总票房的20%～25%，但近年来逐渐上升到33%。

另一个值得一提的现象是，有些经久不衰的大片会“阻碍”其他电影的发行。例如当年《星球大战》票房长红，就曾经因此阻碍了《第三类接触》（*Close Encounters of the Third Kind*）如期上映，双方因此对簿公堂，详情可参见《综艺》，1977-12-21。2010年年初，《阿凡达》的强势表现也使得另一部3D电影——迪士尼的《爱丽丝梦游仙境》无法找到足够的3D放映厅。派拉蒙的《驯龙高手》（*How to Train Your Dragon*）和华纳兄弟的《诸神之战》（*Clash of the Titans*）也遇到类似的情况。

[53] 理论上，想比较两部电影实际票房表，有一个更好的方法是看该电影占到全国放映商周放映容量（capacity）的多大百分比。例如，倘若想比较《夺宝奇兵》和《超人》的首周票房表现，则可以先计算当年度全国的放映商潜在播放容量（在全部时段排满的情况下，全国一周所能够播放的场次总数），再分别计算两部电影首周的总播放场次，并加以比较。然而，这种数据很难取得。

首映票房的表现和随后的票房数字锐减，同样也是产业关注的焦点。在1990年，首周票房通常占电影国内总票房的20%～25%，但到了2010年往往超过50%；同时，第二周的票房数字通常比前一周衰退50%左右。DVD如今也出现了同样的模式，大多数零售DVD都是在发售后两周内卖出的。

目前首映周末（3天内）票房纪录的保持者是《蝙蝠侠：黑暗骑士3.142亿》，这部耗资1.85亿美元的电影，2008年7月上映第一个周末就狂揽1.584亿美元，并在上映10天内赚得3.142亿美元。第二名是《蜘蛛侠3》，该片总成本约4亿美元（制作成本2.58亿美元），2007年5月4日上映后，三天内在北美斩获1.48亿美元（全球票房达到3.73亿美元）。排名其后的依次是《暮光之城：新月》（1.428亿美元）、《加勒比海盗2：聚魂棺》（1.356亿美元）和《钢铁侠2》（1.336亿美元）。

非周末期间上映日的票房纪录则由《变形金刚2：卷土重来》（*Transformers: Revenge of the Fallen*）保持，该片2009年上映当天就在美国和加拿大创下6 060万美元票房。12月份周末票房（冬季的票房表现通常不如暑期）保持者是2007年的《我是传奇》（7 720万美元），紧随其后的是电影史上的总票房冠军《阿凡达》（首映周末国内票房7 700万美元，全球2.323亿美元），《阿凡达》上映时正逢美国东岸暴风雪，影响了票房表现。

[54] 发行的电影数量和租金比例之间的相关系数大约是－0.4。艾利亚什伯格等人（Eliashberg et al.，2006）还注意到由于美国人均每年上电影院5.5次，产业的惯例是1个放映厅需要1万人维持。

[55] 最初，家用录像带的前景并不明朗。正如同后来的DVD和互联网等新媒介一样，色情片往往是最早应用这些技术的娱乐产品。拉德纳（Lardner，1987）提到在索尼1975年首先推出录像机（VCR）技术时，市场前景并不明确。当时相关的软件技术并不成熟，且索尼的录像带（称为Betamax标准）只能录制1小时内容。随后索尼又面对来自松下的竞争——松下的技术（VHS）可以录制两小时内容。两种规格之争最终以VHS的胜利告终，虽然规格的不统一限制了录像带初期的发展，但VHS最终结束了群雄分立的局面。在此之前，曾出现过的录像带技术还包括EVR（Electronic Video Recording）——由CBS实验室的彼得·高德马克（Peter Goldmark）博士于20世纪60年代末研制出——以及Cartrivision。

在进入电脑时代后，规格之争又延续了很长一段时间，直到1997年DVD正式成为电影产业和电脑业的标准存储介质。第一代的DVD可以存储4.7GB的内容，是前一代CD的七倍左右。而双层DVD则可存储8.56GB的内容。在采用MPEG-2压缩标准之下，一张DVD可以储存133分钟长度的电影，并拥有杜比AC-3音效。更新的技术包含索尼的蓝光DVD（存储容量25GB）以及东芝的高清DVD（15GB），这使得家庭可观看的画质更上一层楼，因为传统DVD无法完整容纳两小时的高清电影（约需8GB空间）。到2008年，华纳兄弟、百思买（Best Buy）和沃尔玛都决定采用蓝光DVD技术，使得技术标准之争告一段落。

在DVD面世初期，是否应该加上观赏次数的限制曾经引起争议。早期的DIVX技术允许消费者能以低至4美元一片的价格购买DVD，但一旦激活之后，只有48小时的观赏期；DIVX技术在1999年停止推广。后来，迪士尼曾在2003年推出类似的技术ED-D，在此技术之下，消费者购买的廉价DVD（一片5～7美元）在观看时间达到一定限度后就会“自我毁灭”；但迪士尼这项技术并未持续推动。此后，美国最大的影片租赁网站Netflix也采用了类似的做法，消费者每月支付20美元月费，就可以下载到DVD画质的电影，想租多少片、每片想保存多久都没有限制，然而一个订户同一时间只能保有三部影片。参见李普曼（Lippman，1999）、拉姆斯塔德（Ramstad，1999）和陶布（Taub，2003）。

不过，其实类似光盘这样的技术在20世纪70年代末已经出现过。当时市场上出现了两种技术：一种是采用激光读取的系统，类似后来的CD；另一种则是采用电容差异来存储的系统。两种系统均无法提供录制服务；同时两种系统的市场表现均很差，以至于很快被原公司放弃。其中激光系统最早是由MCA和先锋（Pioneer）公司所推动；而RCA公司则砸了上亿美元在电容系统上，一直到1984年彻底放弃为止。格拉汉姆（Graham，1984）对RCA系统有更详细的说明。

[56] 早年电影公司对于录像机（VCR）的普及是极力抗拒的。相关的最高法院判例包括1984年索尼诉环球影城案（Sony vs. Universal City Studios）；此外，类似的还有2005年的米高梅诉格罗斯特案（Metro-Goldwyn-Mayer vs. Grokster），反映了互联网档案分享技术对电影公司的威胁。参见《纽约时报》和《华盛顿邮报》2005年6月28日的文章。其他重要事件还包括2009年警方逮捕瑞典档案交换网站Pirate Bay创始人的行动。

[57] 过去的经验显示，电影和其他家用视频内容（如体育训练、教育）的比例维持在2∶1左右。

[58] 根据布鲁门罗和古德恩诺（Blumenthal and Goodenough，2006，p.23）的估计，一片DVD的收益和结构情况大致如下：零售价30美元，其中零售商分成15美元，原始版权2美元，包装2美元，仓储和运输成本1美元，再加上可能的营销费用2美元。换句话说，最终利润在8～10美元之间。卡兰尼卡（Caranicas）论述了DVD销售下降导致的损失，很难靠票房或VOD来弥补。

[59] 到2005年顶峰期，DVD总购买量大约160亿美元，零售开支75亿美元。此外，站在零售商的角度，一部成本66美元、每次出租费用3美元的录像带，至少要在4～6周内出租22次才能够回本。在电影发行六个月内，一般前几周的租金收入会占到总收入的40%以上。

[60] 例如，电影公司从销售一盒录像带所能获得的收益大约是9美元（在收入分享模式下有时可达到25～30美元），而录像带制作成本是1.75美元。然而，由于DVD的制作成本要比录像带低三分之一左右，电影公司销售一片DVD的平均收益达到16美元左右。关于DVD的潜在获利性可参考《蜘蛛侠》的例子，该片的DVD上市后第一个周末就创下了1.9亿美元销售收入，其中1.6亿归电影公司所有（《洛杉矶时报》，2002年11月19日）。电影公司通常可以收获影院票房收入的半数，从影带租赁市场则几乎收不到什么钱，但在DVD销售中却能赚得售价半数以上的收益。科克派崔克（Kirkpatrick，2003）提到，动作电影的高DVD销售量，使得电影公司更愿意拍摄这一类型的电影；约翰逊（Johnson，2005b）也注意到海外DVD销售增加了电影公司的利润，并改变了电影产业的生态。马尔（Marr，2005）则提到对DVD销售的预测有时会出错（例如《怪物史莱克2》）。贝尔森（Belson，2006a）则提到电影下载的普及可能对DVD销售造成影响，并进而降低电影公司的利润，因为电影公司从每次付费下载中只能得到2.40美元左右（是DVD的四分之一）。

[61] 收入分享模式（revenue-sharing）是20世纪90年代末由维亚康姆和旗下的百视达所推动的做法，该模式能够让更多的卖座片在出租店上架，增加了消费者满意度；但其缺点则是随着卖座片的增加，对“非热门片”的需求减少了。研究显示，采用收入分享模式的情况下，发行商和租赁商的利润都有所增加，消费者也能从中获益。麦克布里德（McBride，

2008a）提到，收入分享是当年环球控告租赁业者红盒子（Redbox）的关键因素。因为当时如百视达等零售业者都和电影公司分享收入，但每片租金1美元的红盒子却拒绝分享租金收入。

不过，尽管百视达在录像带时代愿意与发行商分享收入，但在进入DVD时代后却很少签订收入分享协议，而是选择买断DVD。据估计，在收入分享模式下，零售商的毛利润率大约为65%，但出租DVD则高达70%。这主要是因为制作成本下降所致，正如《商业周刊》2002年9月16日报道"百视达向电影公司购买大部分的DVD，平均价格为17美元"，而在录像带时代，收入分享模式下获得录像带的成本是22～25美元。

皮尔斯（Peers，2003）提到，2002年出租DVD的边际利润率大约是65%，而销售仅为15%。不过，原先滞纳金（late fee）大约为百视达创造2.5亿美元的年收益，占其总收益的15%，但该收费已经于2005年停止。

[62] 电影公司（也就是录像带的"出版商"）在针对租赁市场出售录像带时，一般会给出定价37%的折扣。计算依据是零售商进货价格是定价的70%，而这一批发价中10%的利润（也就是定价的7%）归批发商所有。换句话说，电影公司实际销售收益是定价的63%。

[63] 不过，若是电影公司与零售商签订特别协议的话，也有可能分享后续的租片收益。有几家电影公司已经通过此种方式获得了成功。

[64] 在20世纪90年代中期，选择的交叉点大约在160万销售量，当以零售为目的的录像带销量超过这个数字后，所产生的收益就会大于以出租为目的的录像带贩售。不过为了确保摊销高额的营销成本，发行商一般都会把零售目标定在出租片销量的6～10倍左右。

例如，在1992年，以出租为目的的录像带销售记录是64.5万盒。因此可以假定热门片的出租片销量大致是50万盒，在这种情况下，营销决策很容易做出，因为出租片所能产生的最大收益大约为3 200万美元（单价100美元乘以0.63再乘以50万）。假定以零售为目的的录像带售价为13.50美元，则只要销量超过240万盒（很多卖座片都能超过这个数字），则主打零售市场更有利可图。例如，派拉蒙的《壮志凌云》（*Top Gun*）采取零售策略，定价25美元（其中包含来自百事可乐的广告），最后卖出了将近300万盒，收益超过4 000万。由于录像带的制作成本很低（至今依然如此），估计派拉蒙至少从中获得了3 000万美元利润。

历史上，电影录像带销售冠军是迪士尼的《白雪公主》（*Snow White*），共卖出了2 700万盒；不过这一纪录被DVD打破了，DVD的销售记录由2003年迪士尼/皮克斯发行的《海底总动员》（*Finding Nemo*）所保持（3 000万片）。2010年DVD销量冠军是《阿凡达》（1 900万片），而《暮光之城：新月》则在发售两天内就售出了400万片DVD。

[65] 尽管DVD销量和电影票房之间的关系不如过去密切，但票房表现依然是预测DVD销售的重要指标。奥特（Ault，2009）指出，在2008年DVD市场下滑之前，每1美元的电影票房收入代表DVD市场可以收获85美分，不过再后来跌至70美分。

[66] 随着其他电影观看方式（互联网、Netflix、Redbox等）的普及，视频点播（VOD）对电影公司的重要性不断增加。在VOD模式下，销售一部DVD可获得14～18美元，但采用租赁方式则只有1～4美元。

[67] 版权划分协议（fractured-rights deals）指电影制作人提供电影创意、海内外的预售版权，然后委托大型电影公司代为发行。这种做法在20世纪80年代家庭录像带市场发展初期较为普遍。这种做法可以摊销大部分的国内发行成本，而制作人则主要从影院票房分成和电视授权中获利。不过随着电影公司加强了自己的录像带发行部门，以及银行贷款政策的改变，这种做法逐渐消失。到了20世纪90年代初，版权分割协议（split-rights deal）——电影公司拥有全部的国内版权，制作人则保有海外版权——大行其道。

[68] 因此，那些独立制作的电影即使幸运地保有国内影院发行的权利，通常也难以从配套市场上获利。针对独立制片商的家庭录像带发行协议一般为期七年左右。制片商可以获得版税总收入的20%～40%（也就是说一部收入2 000万美元的电影，制片商通常可以获得400～800万之间的国内家庭录像带收入）。格雷瑟（Graser，2008）提到，如今电影公司经常要求独立制片商自行负担拷贝和广告（p&a）成本，另外收取8%～12%的发行费。

最有名的独立录像带发行商当属20世纪80年代中期的维斯特伦（Vestron）公司，该公司1985年上市，试图对抗大型电影公司的录像带发行部门。但随着电影公司加强对录像带市场的控制，该公司最终失败了。

[69] 邦斯（Barnes，2008a）提到，在2008年，有3 600部独立制作电影参加了圣丹斯电影节（Sundance Film Festival），但其中只有10%最终得到在影院上映的机会。由于电影院数量增长缓慢，这一情况不太可能有太大改变；相反地，越来越多这类电影会选择互联网或付费有线电视频道作为发行渠道。此外，独立电影想在大屏幕上映，所需的营销宣传成本逐年增加。卡尔（Carr，2008a）和舒克（Schuker，2009b）提到，在经济衰退期，对独立电影的需求也会减少。

[70] 1994年，迪士尼《阿拉丁》的续集《贾方复仇记》（*Return of Jafar*）选择采用直接发行（direct-to-video），该

片制作成本500万美元，总计销售了1 100万盒录像带，收益达1.2亿美元。后来，这一市场转型为直接发行DVD（direct-to-DVD），迪士尼2004年的《狮子王1 $\frac{1}{2}$》销售收入达1.6亿美元；迪士尼的《歌舞青春》（*High School Musical*）制作成本仅420万美元，但DVD销量却超过800万片，创造过1亿美元的收益。2007年，大约有700部电影采取直接发行DVD的方式，共创造销售额10亿美元。参见《综艺》2004年9月13日，以及《华尔街日报》2007年4月20日和8月17日由马尔（M. Marr）撰写的文章。

[71] 例如，有证据表明家庭租赁录像带的频率（在20世纪80年代末拥有录像机的家庭，平均每周租一盒带子）在20世纪90年代出现了下滑，尽管租片成本几乎没有变化（1997年大约是租一天2.5美元）；新的互联网下载服务，以及通过直邮购买DVD模式的兴起，严重威胁到传统DVD出租店的生存，过去滞纳金收入对DVD出租店而言是重要的收益来源（2003年美国人缴纳的滞纳金总额约10亿美元）。其他像有线电视提供的视频点播（VOD）服务（一般是月费5～10美元，此后每看一部新片3.95美元，老片2～3美元）以及Netflix等在线视频服务也都起到越来越大的作用。

麦克布里德等人（McBride et al.，2009）提到，有些电影公司正与Youtube合作，在电影DVD上市的同时提供在线观看，价格为每部3.99美元，与苹果iTunes电影的售价相同。这些公司包括狮门影业、米高梅以及时代华纳。

大型DVD零售商，如百视达以及最近的沃尔玛，长期以来都是好莱坞的重要客户。事实上，沃尔玛2006年卖出了全美国40%的电影DVD（以批发价格来看超过30亿美元）以及20%的音乐CD；塔吉特（Target）占15%。不过到了2008年，苹果iTunes变成了最大的音乐零售商，沃尔玛、塔吉特、百思买和亚马逊位列其后。这些巨头们对销售的电影种类和拷贝深度（depth-of-copy，即销售的拷贝数）的竞争越来越白热化。霍恩（Horn，2005c）指出，在2005年沃尔玛、塔吉特和百思买占到了所有新电影DVD销量的一半以上，其中60%销售发生在上市后六天内。

录像带出租业能否获益，则取决于录像带上市后六个月内的出租次数。考虑到所有成本和经常费用，一盒录像带通常需要达到出租30次才能够打平成本。在20世纪90年代初期，一般录像带平均可以出租达50次。

[72] 制片商的产出要与主要的付费型有线电视网打交道，电子传输权一般锁定为八年，因而限制了流媒体服务商（如Netflix）对新出的电影的接近和使用。

[73] 2008年，美国漫画销售收入约为7.15亿美元，漫威（Marvel，现为迪士尼所有）占了其中的46%，DC Comics占32%。尽管漫画和童书是电影授权产品的两个大项，但其他小说和非小说类书籍也包含在其中。漫威公司拥有蜘蛛侠、绿巨人浩克等知名漫画人物，每月出版60本漫画；但漫画出版仅占该公司总收入的15%，对电影和其他产品的授权收入则占85%。在漫威授权的电影中，该公司通常可以获得电影全球销售收入（包含DVD和有线电视）的2%～3%。2009年迪士尼并购了漫威。

传统出版业如今也普遍涉足所谓的多媒体产业，包含数字化音乐、图像和文字的产品，可以在个人电脑上使用，或通过有线电视、电信或无线网络发布。参见第9章。

[74] 根据马里奇（Marich，2005，p.128）的说法，第一项电影授权销售的商品产生于1929年，是有米老鼠（Mickey Mouse）图案的儿童写字板。据《授权通讯》（*Licensing Letter*）的估计，美国和加拿大2008年的授权商品销售总额约为591亿美元，其中大约25%与娱乐产品有关。参见马里奇（Marich，2009，第5章）。这类商品的授权费一般占批发价格的5%～6%，当然也可能更高；食物和糖果类的授权费比例则较低，在3%～7%。

授权商品大获成功的案例可参见1989年上映的《蝙蝠侠》，华纳兄弟从各类授权商获得2 000至50 000美元不等的授权费，再加上商品销售总收入（估计第一年就达到2.5亿美元）8%～10%的权利金。在2000年，美泰（Mattel）为了获取《哈利·波特》系列的授权，支付给华纳兄弟3 500万美元的费用，再加上商品销售15%的权利金。迪士尼/皮克斯的动画片《汽车总动员》（*Cars*）发行第一年（2006）就创造了20亿美元的周边商品销售额。关于商品授权的讨论参见欧维迪亚（Ovadia，2004）、李普曼（Lippman，1990）、兰（Lane，1994）以及巴能和李普曼（Bannon and Lippman，2000）。

[75] 营销成本也受到奥斯卡提名的影响而呈现季节性波动。为了获得提名，大多数具备最好创意元素的电影往往都集中在每年第四季上映；在这种情况下，同一笔营销预算既能够吸引观众，也能够吸引奥斯卡投票人的注意。参见高德斯坦（Goldstein，2006a）。

普拉格和卡萨旺（Prag and Cassavant，1994）的实证研究证明了营销支出对电影票房的重要性。值得注意的是独立制片商特别需要营销上的投入以提高国内外能见度，他们会积极参加各种电影盛事，例如每年11月举办的美国电影交易市场（American Film Market，AFM）、1月于犹他州举办的圣丹斯电影节（Sundance Film Festival）、5月在法国举办的坎城影展（Cannes Film Festival），以及10月份在意大利的米兰电影市场（MIFED）等。

电视制作人和发行商同样也有类似的营销盛会，例如冬季于美国举行的全国电视节目主管协会（National Association of Television Program Executives，NATPE)，以及春季在法国的国际电视节目节（March Internationale des Programmes de Télévision，MIP）等。

［76］怀特（Wyatt，1994，p. 7）认为，高概念（high concept）电影可以被视为一种差异化的商品。“差异可以用两种方式来实现：一是强调电影当中的风格元素，二是与营销和授权商品紧密整合。”他提到（第 19 页），“高概念电影伴随着有冲击力的视觉表现，以及大量的电视广告宣传……”

［77］德·万尼和沃尔斯（De Vany and Walls，1996）深入研究了电影的需求，发现由于电影票价相对固定，票房表现信息反映及时，因此电影产业的供给还是较富有弹性的，能够因应需求的变化做出调整。德·万尼（De Vany，2004a）还指出，(1) 周票房表现是自相关（autocorrelated）的；(2) 观众选择或拒绝观看某部电影，经常是受到已经看过的人或者“意见来源”（opinion-makers）口碑的影响；(3) 发行范围广的电影，其票房收入波动更大，同时平均生命周期更短；(4) 票房收入分配并不是正态的；(5) 票房表现服从玻色-爱因斯坦分配（Bose-Einstein distribution）。参见德拉罗卡斯等人（Dellarocas et al.，2004）、德·万尼（De Vany，2004b）、拉韦德（Ravid，2004）、鲁斯科和沃尔斯（Rusco and Walls）。

另一项由拉韦德（Ravid，1999）随机选取 200 部左右电影后进行的研究发现：

低预算电影的利润率往往高于高预算电影。

由没名气演员主演的电影，利润率往往比那些群星汇聚的电影更高。

影评和电影利润率之间相关性不显著，但影评的数量（不管内容是褒是贬）却与利润率有关。

上述相关性在分级 G 或 PG 的电影中最为显著。

续集通常比普通电影赚钱。

明星可以带来高票房收益，但电影公司的利润率却更低（因为明星会赚走更多的经济租金）。

尽管近年来的研究表明电影“星度”和票房表现之间的关系并不明显——即使群星荟萃的电影也可能票房惨淡，但埃尔伯特（Albert，1998）发现明星还是很好的指标，能够为电影的完工和未来表现提供部分保障。

［78］但整体而言，卡根（Kagan，1995）发现，1989—1993 年主要电影的发行存在下述规律：

想达到损益两平，电影的国内票房总收入必须与拍摄成本相等（或者，半数的拍摄成本必须能被国内影院租金收入抵消）。

全球租金总收入（包含影院、家庭录像带、有线电视等）一般是国内票房总额的两倍。

参见谢普利（Cieply，2007b）对电影公司利润的探讨。

［79］尽管想精确计算某部电影的投资报酬率（ROI）并不容易，但我们可以把所有参与者获得的利润（包括发行商）加总后，加上资金成本，再除以总投资额。

实际上，ROI 应该被年化计算，并在整个生命周期（从开始制作到配套市场销售）与当年度的政府公债无风险利率加以比较。

［80］因此，电影的财务表现是不规则、难以预测的。波斯特尔（Postrel，2000）引用德·万尼和沃尔斯（De Vany and Walls，1996）的研究（可以在 www. socsci. uci. edu/mbs/personnel/devany/devany. html 上查到）进行了深入讨论。波斯特尔提到：“明星对于电影首映表现的作用比不上对延续电影生命周期的作用大。然而，大多数明星事实上有没有他们都没差别。”参见拉韦德（Ravid，1999）和埃尔伯斯（Elberse，2006）对明星影响力的探讨，以及艾利亚什伯格和舒根（ELiashberg and Shugan，1997）对影评作用的探讨。德拉罗卡斯等人（Dellarocas et al.，2004）提出了一个用在线影评来预测票房表现的工具，可查阅 http：//ccs. mit. edu/dell/papers/movieratings. pdf。

［81］尽管如此，电影公司想要获利也并不容易。例如，假设每年生产 20 部电影，每部电影成本 2 500 万美元（包括拍摄成本和营运开销），加上每片 1 000 万美元的拷贝和广告成本，则每年公司的总成本就高达 7 亿美元。假设这些成本中的 40%由影院票房来摊销（参见第 5 章），则发行商至少要从电影放映商那里拿回 2.8 亿美元。以目前影院发行的租金比例 42%来估计，这意味着必须有 6.67 亿美元的总票房数字。在 1993 年，全美电影票房总额大约是 50 亿美元，这意味着电影公司必须至少拥有 13%的市占率，才能损益两平。但在 20 世纪 90 年代初，好莱坞存在八大主要的电影公司，这代表市占率 13%不是那么容易达到的数字。事实上很多年来，许多电影公司的市占率都低于 10%。

［82］MPAA 在 2004 年对六大电影公司及其子公司毛利润的评估数据［题目为《好莱坞利润去魅化：真正的黄金之城是电视》(Hollywood's Profits，Demystified：The Real El Dorado Is TV)，由 E. J. 爱普斯坦（E. J. Epstein）于 2005 年 8 月

8日发表在Slate.com上］显示，所有电影公司当年度的电影院票房总计亏损22亿美元，而家庭录像（包含VHS录像带和DVD）创造了140亿美元的毛利润，而电视授权也创造了159亿美元利润。

［83］博弈论以及所谓的“赢家的诅咒”（winner's curse）对于任何形式的竞标，包括剧本、明星、书籍等都有意义。塞勒（Thaler，1992，p.51）提到，拍卖中的赢家最后往往觉得自己是输家；同时与直觉相反，竞标的参与者越多，竞标者就越不积极。

［84］资本资产定价模型（capital asset pricing model，CAPM）在金融领域被广泛运用。该模型认为，持有一个投资组合（不管是由证券还是电影组成）的风险，可以通过投资组合内容的多元化来降低。博克尼（Pokorny，2005）试图用此理论来解释主流电影公司20世纪90年代发行的电影类型组合。

［85］相关讨论参见琼斯（Jones，2009）。蒙特·卡罗方法（Monte Carlo methods）是一种利用随机数进行大量的统计试验，以计算概率的方法。在电影产业应用蒙特·卡罗方法主要是为了估计电影实现获利所需的时间，以及最终利润额。这一方法在近年的计量经济学（econometrics）文献中有大量讨论。

［86］帕累托定律最早是用来描述收入分配的情况的，形式为$P(\mu)\sim C\mu^{-\alpha}$，其中$\alpha>0$。另一类似的定律是齐普夫定律（Zipf law）。如果我们统计一段时间内所有电影的票房表现，并根据出现的频次加以排序，会发现绝大多数电影的全球票房总收入都在1亿美元以下，只有极少数电影总票房超过10亿美元。在《阿凡达》2009年创下破20亿美元的票房纪录之前，《泰坦尼克号》（总票房18.43亿）是唯一一部票房接近20亿的电影；而很多电影的票房都未曾超过4 000万美元。不过《魔戒》三部曲也算是佼佼者，三部电影加起来创下30亿美元的全球票房，以及10亿美元的国内DVD销售额。

［87］韦伯概率函数（Weibull probability function）允许设置固定、递增或递减的风险函数，因此经常被用于这类分析。

［88］根据德·万尼（De Vany，2004a，p.68）的观察。

【阅读材料精选】

Akst，D.(1987)．“Directors and Producers Face Showdown over Residuals，” *Wall Street Journal*，June 11.

Attanasio，P.(1983)．“The Heady Heyday of a Hollywood Lawyer，” *Esquire*，99（4）(April).

Bach，S.(1985)．*Final Cut：Dreams and Disaster in the Making of Heaven's Gate，the Film That Sank United Artists*. New York：William Morrow.

Barboza，B.(2005)．“Hollywood Movie Studios See the Chinese Film Market as Their
Next Rising Star，” *New York Times*，July 4.

Barnes，B.(2008)．“AtCineplexes，Sports，Opera，Maybe a Movie，” *New York Times*，March 23.

(2007)．“Wall St. May Want to Get out of Pictures，” *New York Times*，September 30.

Barnes，B.，and Richtel，M.(2008)．“Studios Are Trying to Stop DVDs from Fading to Black，” *New York Times*，February 25.

Bart，P.(1999)．*The Gross：The Hits，The Flops - The Summer That Ate Hollywood*. New York：St. Martin's Press.

(1990)．*Fade Out：The Calamitous Final Days ofMGM. New York：William Morrow.*

Bellman，E.，and Schuker，L.A.E.(2008)．“Bollywood Dreams Benefit Both Parties，” *Wall Street Journal*，June 19.

Bonnell，R.(1989)．*La Vingt-Cinquieme Image：Une Économie de I'Audiovisuel*. Paris：Gallimard/FEMIS.

Brown，E.(2005)．“Coming Soon to a Tiny Screen Near You，” *Forbes*，175（11）(May23).

Brown，G.(1995)．*Movie Time：A Chronology of Hollywood and the Movie Industry*. New York：Macmillan.

Bunn，A.(2004)．“Welcome to Planet Pixar，” *Wired*，June.

Canby，V.(1990)．“A Revolution Reshapes Movies，” *New York Times*，January 7.

Carr，D.(2003)．“Major Stars Not So Crucial as Concept Trumps Celebrity，” *New York Times*，June 23.

CSrvell，T.(2000)．“The Talented Messrs. Weinstein，” *Fortune*，141（5）(March 6).

(1998)．“How Sony Created a Monster，” *Fortune*，137（11）(June 8).

Cassidy，J.(1997)．“Chaos in Hollywood，” *The New Yorker*，March 31.

Cieply，M.(2010)．“Out of the Labyrinth and Onto the Screen，” *New York Times*，April 15.

(1987)．“MCA Is in Front Line of Hollywood's Fight to Rein in TV Costs，” *Wall Street Journal*，March 6.

(1986). "An Agent Dominates Film and TV Studios with Package Deals," *Wall Street Journal*, December 19.

Clark, J. (2005). "The Soul of Sundance's Machine," *New York Times*, December 4.

Clifford, S. (2010). "Branding Comes Early in Filmmaking Process," *New York Times*, April 5.

Cooper, M. (1987). "Concession Stand: Can the Hollywood Unions Survive?," *American Film*, XⅢ (3) (December).

Cox, M. (1984). "A First Feature Film Is Made on the Cheap, Not Hollywood's Way," *Wall Street Journal*, May 14.

Daly, M. (1984). "The Making of *The Cotton Club*: A True Tale of Hollywood," *New York*, 17 (19) (May 7).

DeGeorge, G. (1996) *The Making of a Blockbuster: How Wayne Huizenga Built a Sports and Entertainment Empire*. New York: Wiley.

Denby, D. (2007). "Hollywood Looks for a Future," *The New Yorker*, January 8.

(1986). "Can the Movies Be Saved?," *New York*, 19 (28) (July 21).

De Vany, A., and Walls, W. D. (2000). "Does Hollywood Make Too Many R-Rated Movies? Risk, Stochastic Dominance, and the Illusion of Expectation," Irvine, CA: University of California, Department of Economics, asdevany @uci. edu.

(1999). "Uncertainty in the Movie Industry: Does Star Power Reduce the Terror of the Box Office?" *Journal of Cultural Economics*, 23 (4).

Eller, C. (2003). "Movie Studios Learn Sharing Burden Can Be Risky Business," *Los Angeles Times*, April 16.

(2002). "Marketing Costs Scale the Heights," *Los Angeles Times*, October 21.

Eller, C., and Bates, J. (2000). "Talent Agents about to Demand Bigger Piece of Pie," *Los Angeles Times*, October 31.

Eller, C., and Hofmeister, S. (2005). "DreamWorks Sale Sounds Wake-Up Call for Indies," *Los Angeles Times*, December 17.

"The Entertainment Glut," *BusinesWeek*, No. 3565 (February 16, 1998).

Epstein, E. J. (2005). "Hollywood, the Remake," *Wall Street Journal*, December 29.

Evans, D. A. (1984). "Reel Risk: Movie Tax Shelters Aren't Box-Office Boffo," *Barron*'s January 9.

Fabrikant, G. (1999). "Plenty of Seats Available," *New York Times*, July 12.

Finler, J. W. (1988). *The Hollywood Story*. New York: Crown Publishers.

Fleming, C. (1995). "$200 Million under the Sea: The Inside Story of Kevin Costner's Disaster-Prone *WaterWorld*," *Vanity Fair*, August.

Frank, B. (1994). "Optimal Timing of Movie Releases in Ancillary Markets: The Case of Video Releases," *Journal of Cultural Economics*, 18.

Gabler, N. (1997). "The End of the Middle," *New York Times Magazine*, November 16.

Garcia, B. (1989). "Who Ya Gonna Call If a Ghostbuster's Proton Pack Breaks?: Insurance Helps Hollywood Survive Almost Anything," *Wall Street Journal*, August 24.

Gimbel, B. (2006). "The Last of the Indies," *Fortune*, 154 (2) (July 24).

Goldman, W. (1983). *Adventures in the Screentrade: A Personal View of Hollywood and Screenwriting*. New York: Warner Books.

Goldsmith, J. (2007). "Wall Street Wise to Summer B. O. Ways," *Variety*, January 22.

Gregory, M. (1979). *Making Films Your Business*. New York: Schocken Books.

Griffin. N. (1993). How They Built the Bomb: Inside the Last Seven Weeks of 'Last Action Hero,'" *Premiere*, September.

Gubernick, L. (1988). "Miss Jones, Get Me Film Finances," *Forbes*, 142 (14) (December 26).

Gubernick, L., and Lane, R. (1993). "I Can Get It for You Retail," *Forbes*, 151 (12) (June 7).

Gunther, M. (2006). "Fox the Day after Tomorrow," *Fortune*, 153 (10) (May 29).

Hand, C. (2002). "The Distribution and Predictability of Cinema Admissions," *Journal of Cultural Economics*, 26 (1) (February).

Hanssen，F. A.(2000). "The Block-Booking of Films：A Reexamination," *Journal of Law and Economics*，43 (2) (October).

Harmetz，A.(1993). "Five Writers + One Star = A Hit?," *New York Times*，May 30.

(1987)："Hollywood Battles Killer Budgets," *New York Times*，May 31.

Hayes，D.，and Bing，J.(2004). *Open Wide：How Hollywood Box Office Became a National Obsession*. New York：Hyperion.

Hirschberg，L.(1995). "Winning the TV Season," *New York*，28 (27) (July 10).

Hirschhorn，C.(1979). *The Warner Bros. Story*. New York：Crown Publishers.

Holson，L. M.，*and Lyman*，*R.*(2002). "In Warner Brothers' Strategy a Movie Is Now a Product Line," *New York Times*，February 11.

Horn，J.(2004). "HBO Emerges as a Mecca for Maverick Filmmakers," *Los Angeles Times*，September 19.

Hughes，K.(1990). "Hunt for Blockbusters Has Big Movie Studios in a Spending Frenzy," *Wall Street Journal*，May 3.

Jackel，A.(2003). *European Film Industries*. London：British Film Institute.

Jayakar，K. P.，and Waterman，D.(2000). "The Economics of American Theatrical Movie Exports：An Empirical Analysis," *Journal of Media Economics*，13 (3) (July).

Kaufman，A.(2008). "Hollywood Meets Bollywood," *Wall Street Journal*，May 21.

Kehr，D.(2004). "A Face That Launched a Thousand Chips," *New York Times*，October 24.

Kenney，R. W.，and Klein，B.(1983). "The Economics of Block Booking," *Journal of Law and Economics*，26.

Kindem，G.，ed.(2000). *The International Movie Industry*. Carbondale，IL：Southern Illinois University Press.

Kelly，K.(2006). "Getting Man of Steel off the Ground Tests Mettle of Hollywood," *Wall Street Journal*，June 23.

Kenny，R. W,，and Klein，B.(2000). "How Block Booking Facilitated Self-Enforcing Film Contracts," *Journal of Law and Economics*，42 (2) (October).

King，T. R.(1995). "Why *Waterworld*，with Costner in Fins，Is Costliest Film Ever," *Wall Street Journal*，January 31.

(1993) "*Jurassic Park* Offers a High-Stakes Test of Hollywood Synergy," *Wall Street Journal*，February 10.

King，T. R.，and Bannon，L.(1995). "No Longer Bit Players，Animators Draw Fame as Hollywood Stars," *Wall Street Journal*，October 6.

Knowlton，C.(1988). "Lessons from Hollywood Hit Men," *Fortune*，118 (5) (August 29).

Koch，N.(1992). "She Lives! She Dies! Let the Audience Decide," *New York Times*，April 19.

Landro，L.(1990a). "Hollywood in Action：Making a Star," *Wall Street Journal*，February 16.

(1990b). " 'Godfather III' Filming Begins after 15 Years and 3 Studio Regimes," *Wall Street Journal*，February 9.

(1989). "Sequels and Stars Help Top Movie Studios Avoid Major Risks," *Wall Street Journal*，June 6.

(1986). "The Movie 'Top Gun' and Deft Management Revive Paramount," *Wall Street Journal*，July 14.

(1985). "Movie Partnerships Offer a Little Glitz，Some Risk - and Maybe a Decent Return," *Wall Street Journal*，May 20.

(1984). "Frank Mancuso's Marketing Savvy Paves Ways for Paramount Hits," *Wall Street Journal*，June 27.

(1983). "If You Have Always Wanted to Be in Pictures，Partnerships Offer the Chance，but with Risks," *Wall Street Journal*，May 23.

Landro，L.，and Akst，D.(1987). "Upstart Movie Makers Are Fast Fading Out after a Year's Showing," *Wall Street Journal*，November 3.

Lees，D.，and Berkowitz，S.(1981). *The Movie Business*. New York：Vintage Books (Random House).

Leonard，D.(2002). "This Is War," *Fortune*，145 (1 l) (May 27).

Lippman，J.(2002). "In Sequel-Crazy Hollywood，Studios Couldn't Resist 'T3'," *Wall Street Journal*，March 8.

(1995). "How a Red-Hot Script That Made a Fortune Never Became a Movie," *Wall Street Journal*，June 13.

Lyman，R.(2001a). "Hollywood，an Eye on Piracy，Plans Movies for a Fee," *New York Times*，August 17.

(2001b). "Movie Marketing Wizardry," *New York Times*, January 11.

(1999a). "Hollywood's Holiday Bets," *New York Times*, December 6.

(1999b). "New Digital Cameras Poised to Jolt World of Filmmaking," *New York Times*, November 19.

Lyman, R., and Holson, L. M. (2002). "Holidays Now Hottest Season in Hollywood," *New York Times*, November 24.

Magnet, M. (1983). "Coke Tries Selling Movies Like Soda Pop," Fortune, 108 (13) (Decem-ber 26) and also counterpoint by Murphy, A. D. (1983). "In Defining 'Hit Film' Economics, 'Fortune' Looks in Wrong Eyes," *Variety*, December 14.

Mayer, M. F. (1978). *The Film Industries: Practical Business/Legal Problems in Production, Distribution, and Exhibition*, 2nd ed. New York: Hastings House.

McClintick, D. (1982). *Indecent Exposure: A True Story of Hollywood and Wall Street*. New York: William Morrow.

Moldea, D. (1986). *Dark Victory*. New York: Viking.

Noglows, P. (1990). "Newcomers Tum Completion Game into Risky Business," *Variety*, August 8.

O'Neill, K. (1995). "Gumption," *Premiere*, 8 (8) (April).

Orwall, B. (2002). "At Disney, String of Weak Cartoons Leads to Cost Cuts," *Wall Street Journal*, June 18.

(1998). "Here Is How Disney Tries to Put the 'Event' into the Event Film," *Wall Street Journal*, June 30.

Orwall, B., and Lippman, J. (1999). "Hollywood, Chastened by High Costs, Finds a New Theme: Cheap," *Wall Street Journal*, April 12.

Orwall, B., and Ramstad, E. (2000). "Web's Reach Forces Hollywood to Rethink America-First Policy," *Wall Street Journal*, June 12.

Orwall, B., and Zuckerman, G. (2000). "Regal Cinemas Joined Megaplex Frenzy, Ended Up in Back Row," *Wall Street Journal*, September 27.

Peers, M. (2002). "Blockbuster Breaks Away," *Wall Street Journal*, April 22.

Porter, and Fabrikant, G. (2006). "A Big Star May Not a Profitable Movie Make," *New York Times*, August 28.

Rensin, D. (2003). The Mailroom: Hollywood History from the Bottom Up. New York: Random House/Ballantine.

Rose, F. (1999). "A Strategy with a Twist," *Fortune*, 139 (4) (March 1).

(1996). "This Is Only a Test," *Premiere*, August.

Rosen, D., and Hamilton, P. (1987). *Off-Hollywood: The Making and Marketing of American Specialty Films*. New York and Colorado: The Independent Feature Project and The Sundance Institute; New York: Grove Weidenfeld (1990).

Rudell, M. I. (1984). *Behind the Scenes: Practical Entertainment Law*. New York: Harcourt Brace Jovanovich.

Salamon, J. (1991). *The Devil's Candy: The Bonfire of the Vanities Goes to Hollywood*. Boston: Houghton Mifflin.

Salmans, S. (1984). "A Nose for Talent - And for Tradition," *New York Times*, May 20.

Sanders, P. (2008). "High-Risk Glamour: A Piece of an Indie Flick," *Wall Street Journal*, October 6.

Sansweet, S. J. (1982). "Who Does What Film? It Depends on Who Talks to What Agent," *Wall Street Journal*, June 23.

Sansweet, S. J., and Landro, L. (1983). "As the Money Rolls In, Movie Makers Discover It Is a Mixed Blessing," *Wall Street Journal*, September 1.

Schlender, B. (1995) "Steve Jobs' Amazing Movie Adventure," *Fortune*, 132 (6) (September 18).

Schmidt, R. (2000). *Feature Filmmaking at Used-Car Prices*, 3rd ed. New York: Putnam Penguin.

Serwer, A. (2006). "Extreme Makeover," *Fortune*, 153 (10) (May 29).

Sharpe, A. (1995). "Small-Town Audience Is Ticket to Success of Movie-House Chain," *Wall Street Journal*, July 12.

Sherman, S. P. (1986). "A TV Titan Wagers a Wad on Movies," *Fortune*, 113 (10) (May 12).

Singh, A., and Mohideen, N. (2006). "Bollywood's New Vibe," *Bloomberg Markets*, 15 (10) (0ctober).

Singular, S. (1996). *Power to Bum: Michael Ovitz and the New Business of Show Business*. Secaucus, NJ: Birch Lane (Carol Publishing).

Slater，R. (1997). *Ovitz：The Inside Story of Hollywood's Most Controversial Power Broker*. New York：McGraw-Hill.

Sochay，S. (1994). "Predicting the Performance of Motion Pictures," *Journal of Media Economics*，7 (4).

Spragins，E. (1983). "Son of Delphi," *Forbes*，132 (2) (July 18).

Sterngold，J. (1997). "The Return of the Merchandiser," *New York Times*，January 30.

Taub，E. (2003). "Digital Projection of Films Is Coming. Now Who Pays?," *New York Times*，October 13.

Tromberg，S. (1980). *Making Money Making Movies：The Independent Moviemaker's Handbook*. New York：New Viewpoints/Vision Books (Division of Franklin Watts).

Turner，R. (1994). "Disney，Using Cash and Claw，Stays King of Animated Movies," *Wall Street Journal*，May 16.

(1989a). "A Showdown for Discount Movie Houses," *Wall Street Journal*，July 18.

(1989) "A Hot Movie Studio Gobbles Up the Cash but Produces No Hits," *Wall Street Journal*，June 14.

Waxman，S. (2007). "Computers Join Actors in Hybrids On Screen," *New York Times*，January 9.

Weinraub，B. (2000). "Tentative Pact Set to Expand Agents' Power in Hollywood," *New York Times*，February 21.

Welkos，R. W. (1996). "Starring in the Biggest Deals in Hollywood：Top Lawyers Rival Agents as Power Brokers," *Los Angeles Times*，January 12.

Wolf，J. (1998). "The Blockbuster Script Factory," *New York Times Magazine*，August 23.

Zweig，P. L. (1987). "Lights! Camera! Pinstripes!" *Institutional Investor*，XXI (9) (September).

第5章 电影与电视产业的财务会计

祝你一路顺风，直到再次相遇为止。

——戴尔·伊凡斯[1]

178 事实上，上面这首歌如果由好莱坞的会计师们来唱，恐怕会比牛仔们唱得更好。本章将会详细说明电影及其配套市场的会计问题；不过我们必须认识到，这些问题并不是来自刻意的欺骗，而多半是由不同的观点和诠释方法所导致的。

5.1 金钱与灵感

大牌效应

无论演员、导演、编剧还是其他娱乐产业人员，几乎都需要经纪人、律师、会计师和税务专家的协助，否则根本无法展开工作。这些专家有时候以团队为单位，分工合作、各司其职；但也有些专家能够身兼数职，独立操办多项事务。无论如何，许多人想象中那种才华横溢的艺术家独自与强大的制片商和发行商周旋、最后成功搞定所有事情的场景，很难发生在现实世界中。

在这个结构松散的市场协商中，议价能力［或 179
者以电影产业行话来说，“影响力”（clout）］起到的作用至关重要。一个新进艺人无论才华多么出众，也很难拥有什么话语权；相反，大牌明星拥有吸引大众目光的绝对能力，因此在产业内的影响力也举足轻重。好莱坞和其他产业一样，“你无法得到所谓的公平，你只能尽量提高自己的谈判筹码”[2]。

如果能够请到一位有足够吸引力的大牌艺人，制片商往往能够获得可观的投资报酬。尽管聘请一位明星需要200万美元，而聘请一个不知名的艺人只需要10万美元，但前者的风险反而更低。因为通过聘请大牌明星，制片商在电影票房和其他配套产业获得的收入很容易就可以超过200万的好几倍；相反，花10万找一个小人物很可能毫无投资报酬率可言。总而言之，影响力是必须以对数（倍数）来衡量的。[3]

一般而言，初始的合同只是针对合作大纲取得共识，如交易备忘录（deal memo）、意向书（letter of intent）或投资条件（term sheet）等，对于双方而言，后续还有许多需要专业人士来一一磋商、处理的细节。无论如何，最终合同通常是极其复杂的，而且倘若签约时不够严谨明确，后续将可能产生不同的见解并导致争议。当然，就某种意义上来说，合同争议所产生的话题性以及对公众眼球的吸引力，本质上也是这个行业的特色之一。

操弄数字

总体而言，会计原则提供了一套用来观察企业财务绩效，并进行比较的有效架构。然而尽管如此，美国注册会计师协会（AICPA）直到1973年才公布了电影行业会计准则（Accounting for Motion Picture Films），针对许多（但绝非全部）争议性的问题提出解决方案。这套准则的公布显著减少了各界对于电影产业交易的解释歧义，同时也使得不同公司之间的财务报表比较变得更加简单和有意义。

然而，会计准则也无法完全避免会计师刻意操弄财务报告，将同样的数据经过精心编排以更符合客户的需求。就像从不同的角度观察同一物体一样，尽管所检视的数据完全相同，但不同的人却可能产生不同的见解。事实上，由于大多数电影产业合同的内容非常复杂，因此重点在于，相关人员该如何从最适合的角度来检视财务绩效。

例如，外部股东通常只需要了解公司的整体财务状况，而不需要深入剖析每一位参与者的详细合同；相反地，合同参与方通常只关心涉及自身利益的财务报表。以下分别就这两种不同的会计观点进行说明。

5.2 企业角度 180

本书并不是专门的会计学教材，受篇幅所限，我们无法在下文中完整说明所有的会计学专门用语。不过，通过说明电影产业和其他产业在会计实务上的不同，相信可以提升读者对整个产业的了解。

收益认定

电影产业中关于电影放映的收益认定是比较直观的。无论采用按比例拆账的形式还是定额制（flat-rent contracts），由于票房收入几乎都是立即性的现金收入，因此发行商都是在从放映商那里获得收益的同时加以认列。相反地，配套市场（如DVD、有线电视）的收益认定问题则较为复杂。若是依照相关会计准则，大致可以采取下列四种方法。

（1）合约法（contract method）：收益在合同生效时即被认列。

（2）到期法（billing method）：收益在分期付款到期时即被认列。

（3）递交法（delivering method）：在产品递交给被授权者时，即认列收益。

（4）递延或分配法（deferral or apportionment）：收益按照总体授权期间长短，加以分期认列。

为了统一整个产业的基本做法，美国注册会计师协会（AICPA）准则指出，针对电视的电影授权收入，只有在满足下列条件的情况下才能认定。

（1）已知每部电影的授权费用（销售价格）。

（2）已知每部电影的成本，或能够合理估计。

（3）被授权人有能力支付全部应收授权费用。

（4）被授权人已经按照授权协议条款接受了该电影。

（5）该电影的授权是有效的（available），也就是说授权人递交授权的权利，以及被授权人运用授权的能力都没有问题。

尽管后续仍然存在许多复杂因素，包括长期应收账款的时间价值贴现、基于报税或股东报告等不同目的的不同呈现方式等，但就分析角度而言，只有几个重要议题需要特别注意。

上列第5点的有效性（available）对于电视或其他配套市场授权而言最为重要。尽管合同指定的后续市场发行顺序限制了发行商在特定时间点的版权处理能力，但在电影版权的有效性无虞时，发行商往往依然能够保留相当大的自由裁量空间。例如，对电视联播网而言，在9月30号或者10月1号获得播放权利并没什么差别；但对发行商而言，由于这两个日期分别属于两个季度，因此为了使季度财务报表更加亮眼，这个授权的时间点就显得非常微妙了。

181 另外一项同样敏感且富有争议性的问题在于销售给电视网的套装影片（films in a package）的费用分配问题。[4]一个套装通常包含10多部电影，其中当然有热门和不热门的区别。在理论上，每部电影都应该单独议价，但实际上却是以整个套装为单位来议价。换句话说，在收益认定的问题上，必须把套装影片的收入总额按一定方法分配给每部影片，分配的参考依据包括每部电影的电影院票房收入、影片类型及其他指标等。一般认为，最热门电影的价值大概是最不热门电影的2.5倍，这里的“热门”与否是用票房表现（通常每部电影价格等于国内票房收入的12%～15%），至于分配的具体流程将在第5.4节讨论。

另一项重要问题是合同积压（backlog）——意指由于未来授权费用所产生的合同累积。一般而言，重要的配套市场放映合同通常在很早以前就已经签署，有时甚至早在电影开始制作、发行之前就已经签好合同了。相较于库存（inventories），合同积压通常并不会直接出现在资产负债表上，除非在收益认定前就已经收到部分款项。在这种情况下，那些款项通常被视为预付款（advance），并纳入流动负债（current liabilities）中。

尽管仍有争议，但事实证明，电影公司公开的财务报表通常只能部分反映公司的实质资产状况。不过，公司通常在资产负债表的附注或其他报告中提示这些情况，例如年报（annuals）或提交给美国证券交易委员会的10-K报告等。这些额外报告会揭示关于合同积压及其变动的情况。

库存

也许电影产业和其他产业最大的差异，就是“库存”（inventories）的定义了。库存在会计学中一般被归为流动资产（也就是在单一会计年度中可被用于生产产品或服务的资产）。然而，由于电影娱乐产品的生命周期（从最初的概念设想到最终发行）通常需要好几年，因此电影公司通常把库存分为（在资产负债表上）流动期间的（current-period）和非流动期间的（noncurrent-period）两类。这些资产包括期权成本、剧本、处于前制阶段的项目、当前制作，以及正在进行后制的准电影产品等。

182 正式来讲，根据先前的相关会计准则，被列为流动资产（current assets）的库存包括：

（1）对正在上映的电影而言，分配到主要市场且尚未摊销的电影成本。

（2）对已完成但尚未上映的电影而言，分配到次要市场且能估计适当成本部分净额的电影。

（3）已经签订销售合同但仍在制作中的电视电影。

根据美国注册会计师协会的早期规定，凡是属于次级市场且预计在12个月内不会实现的成本，以及其他与电影制作有关的成本，都被归为非流动性资产。一般而言，电影公司的非流动性库存资产包括：

（1）已上映，但尚未完全摊销的电影；

（2）已完成但未上映的电影；

（3）制作中的电影；

（4）已取得的故事版权。

库存摊销

库存应该按照未来预期的收入期间来认列销货成本（cost-of-goods-sold）。尽管对电影的收入预测很大程度上只能靠猜测，但平均而言，大约有 85%的影院票房收入会发生在前三个月，其余收入进账也不会晚于第二年年底。

电影产业通常并不采用成本回收理论（cost-recovery theory，意即在回收完所有的成本和费用后，才开始认列利润），相反，这个产业多半是采用随着收入流量（income flows）同步进行成本摊销的做法。按照这种方法，毛利润是按照每一美元收入毛额的某个百分比来认列的。

在美国财务会计标准委员会（FASB，又译美国财务会计准则委员会）于 1983 年提出对 AICPA 准则有重大影响的第 53 号公告（Statement 53）之前，通常采取的摊销方法有两种：公司可以把每一部电影分开来单独估算收入毛额，也可以采用所有电影的平均数字来估计。不过后一种方法如今已然被禁止。[5]

目前电影产业是按照个别影片（film-by-film）来估计，存货摊销的基础是未摊销成本和可实现价值净额两者中的较低者，会计流程要求要定期进行这项评估（至少每季度及每年年终），以确保数据的有效性和正确性（见表 5—1）。如果个别电影的收入预估没有任何改变，则摊销成本和分红成本将被列入应计项目，这在某种程度上可以反映预估期间内的固定利润百分比。

表 5—1　　个别电影的预期摊销方式 183

假设	
电影成本	10 000 000 美元
实际收入毛额	
第一年	12 000 000
第二年	3 000 000
第三年	1 000 000
预期收入毛额	
第一年年底	24 000 000
第二和第三年年底	20 000 000

摊销金额

第一年摊销

$\frac{12\ 000\ 000}{24\ 000\ 000}\times 10\ 000\ 000=5\ 000\ 000$（美元）

第二年摊销（预期收入毛额从 24 000 000 美元减为 20 000 000 美元）[a]

$\frac{3\ 000\ 000}{8\ 000\ 000^{b}}\times 5\ 000\ 000^{c}=1\ 875\ 000$（美元）

第三年摊销

$\frac{1\ 000\ 000}{8\ 000\ 000}\times 5\ 000\ 000^{d}=625\ 000$（美元）

[a] 如果预期收入毛额没有改变，则第二年摊销如下：

$\frac{3\ 000\ 000}{24\ 000\ 000}\times 10\ 000\ 000=1\ 250\ 000$（美元）。

[b] 20 000 000 美元减去 12 000 000 美元或是期初预期收入毛额。

[c] 10 000 000 美元减去 5 000 000 美元或是期初成本减去累计摊销。

[d] 由于第二年和第三年的预期收入毛额没有改变，因此 8 000 000 美元和 5 000 000 美元不需要扣除第二年的实际收入毛额（3 000 000 美元）和第二年摊销（1 875 000 美元）。如果予以扣除，则摊销金额如下：

$\frac{1\ 000\ 000}{5\ 000\ 000}\times 3\ 125\ 000=625\ 000$（美元）

资料来源：FASB 第 53 号公告的附录。版权所有，Financial Accounting Standards Board，High Ridge Park，Stamford，CT 06905，USA。经授权重印，完整文件可从 FASB 获得。

184 不过，如果电影的预期毛收入发生变化，上述摊销明细就必须重新计算。例如，当电影上映初期的票房不佳时，很快就会反映在成本认列中。另一种罕见的情况是，当电影制作成本已经超过预估毛收入时，会在上映前就开始认列成本。[6]

上述方法也假定电影公司所持有的故事版权需要被定期检视。例如，倘若电影公司已经取得一个故事版权超过三年但尚未开始制作，或是最后认定该故事不适用于拍电影，则这个故事版权成本就会被列为当期的制作间接费用。

未摊销余款（重播费）

在付费有线电视、家用录像带及互联网出现之前，电影的多数收入都是来自电影院（还有少部分来自免费电视网）。[7]这就是 FASB 第 53 号公告于 1983 年发布时的背景环境。然而尽管 FASB 第 53 号公告已经被废止，而由 SOP 00-2（下面将会讨论）取代，但 FASB 第 53 号公告的基础架构依然存在，并为我们讨论电影产业的会计观念和解决争议提供了重要的基础。其中最重要的一个问题是未摊销余款（unamortized residuals）的处理。

20 世纪 80 年代初，来自电影院以外的收入开始占据电影总收入越来越大的比重，这对收入和成本的认定与匹配造成了困难。因此，电影产业开始把制作成本的一部分列为未摊销余款（unamortized residuals）以用来冲销未来预期来自电视播放的权利金收入。[8]对于 20 世纪 70 年代的主流大片而言，普遍的每部电影未摊销余款数额约在 75 万美元。

随着时代的发展，当来自配套市场的最终收入（包括来自付费有线电视、DVD 和地区电视辛迪加等）在比例上超过影院收入后，更大比例的未摊销余款也被预留下来以因应不断成长的配套市场。如今每部电影的平均未摊销余款要远高于过去，而随着非电影院收入来源的增加，增加未摊销余款的比例以匹配未来的潜在收益已经是常见的做法。[9]

利息支出和其他成本

随着利率和平均制片预算的飙涨，利息支出也逐渐成为电影制作成本中值得重视的一部分。不过，直到 1980 年的 FASB 第 34 号公告中，提及利息（资本化）的议题后，这项成本才逐渐受到重视。根据新的标准，利息支出应被资本化处理，并列为负片成本的一部分。

185 在制片商的经常费用中，虽然已经包括了租金和薪资等正常支出项目，但也会产生其他资本化的发行（开发）成本，主要包括（但不局限于）拷贝、广告和次级发行等费用。例如，在数字播放设备和卫星传送技术普及之前，电影的一支拷贝大约需要花费 2 000 美元（通常包含五卷胶卷），而在全国同步上映的情况下，至少需要 1 000 支以上的拷贝，这就成为一笔可观的支出了。根据 FASB 第 53 号公告的规定，这项费用的摊销方法通常比照负片成本的模式。

根据 FASB 第 53 号公告，所有利于未来的开发成本［如拷贝、广告、租金、薪资以及其他发行费用（distribution expense）］都应该被资本化，以电影成本库存的形式认列，并且从未来主要的毛收入中予以长期摊销。这一方法特别适合上映前投入的全国性广告费用，因为这笔费用所费不赀，且对电影的未来票房有极大影响。相反地，地方性的广告支出通常只跟当地的短期收益有关，因此往往直接认列为支出。

计算争议

相较于过去杂乱无章的会计处理方法，FASB 第 53 号公告确实提供了电影和电视产业数据更明确的比较基础。然而，这项公告并非完美无缺，特别是由于它允许不同的营销和库存成本摊销处理方法，结果导致了不小的争议。由于对电影产业而言，营销成本经常占库存总成本的 35%以上，经常费用则占 10%，因此相较于其他产业（例如制造业）而言，回收上述成本对于电影和电视节目制作产业而言尤其重要。在其他产业，上述成本的摊销只占费用总额的很小一部分，并且与资产的计划使用年限紧密相关，因此在认列上并无太大困难。

而对于电影和电视节目产业而言，上述成本的摊销百分比往往依赖管理者的预测（每个市场、每种媒介的情况都不相同），很多时候预期收益都是充满不确定性的，且可能在很远的将来才会发生。另外，因为收益认列往往跟实际收到的现金无关，所以有可能发生账面上有盈余，实际上却破产的情况，这种事情并不罕见。因此，FASB 第 53 号公告所建起的会计架构经常产生争议，被许多人认为无法反映公司真正的盈余能力（earning power）、现金流量潜力或是资产价值（asset value）。

186 例如，根据 FASB 第 53 号公告，有些公司可以假设电影上映期间所有的广告成本都会对未来配套市场的价值产生增益。因此它们会把一部分广告成本加以资本化、认列为库存，尽管实际上你在美国坦帕市（Tampa）打的广告，对未来在多伦多（Toronto）或坦桑尼亚（Tanzania）的 DVD 销售可以说毫无影响。此外，部分公司可能以所有市场收入作为拷贝成本的摊销基础，而非以特定市场为准，例如国内和海外市场。

其他公司还可能假设自己的电影或电视节目非常卖座、长销不衰，因此会在库存中预留第二轮甚至第三轮的辛迪加联播系统销售收入（syndication sales），尽管这些销售的具体时间和价格都还在虚无缥缈的未来。其他还包括许多认定上的差异，例如独立制片商的制片成本该以多长的时间、何种方法来加以资本化并认列为公司的经常费用。一般而言，确定放弃制作的剧本（文学财产）成本应该立刻加以摊销，但实际上由于许多计划决策时间不断拖延，以至于很多剧本长期处于被闲置在冷宫（limbo）的状态。[10]

在 FASB 第 53 号公告的架构下，甚至应收账款都存在问题。例如，根据规定，应收账款应该在资产负债表中以贴现（discounted）的方式呈现，以反映未来收益相对于今天的时间价值；然而其间许多不确定的预估收入因素却没有被考虑进去，这些因素在很大程度上取决于最初上映时的影片类型以及明星影响力等。因此，这可能导致低估了当年度的摊销成本（会导致账面盈余虚高）或是高估了资产负债表中的资产价值（通过成本资本化）。[11]

无论如何，FASB 第 53 号公告导致了收入和成本的报告方式产生极大差异。[12] 许多案例显示，分析师只能做到将特定公司的部分财务报表比率跟产业平均值进行比较（如表 5—2 所示），却无法做到更深入的比较分析。

00-2 号立场声明（SOP 00-2）

FASB 第 53 号公告所导致的诸多歧义和争端，最后促使 FASB 在 1995 年要求美国注册会计师协会（AICPA）以立场声明（Statement of Position）的形式制定新的标准，以促使电影、电视、系列影集或类似产品销售、授权或放映的制片商和发行商，在财务报告上做到更加严谨、规范。00-2 号立场声明在 2000 年生效，与此同时，FASB 第 139 号公告也取代了先前的第 53 号公告。

表 5—2　主流制片商和发行商的相关会计比率，1985—2009 年 187

	电影成本摊销占比（%）			上映电影未摊销	新增影片成本占
	收益	存货	营运现金流量	成本占库存百分比	影片摊销成本百分比[a]
2009	49.0	191.0	67.3	53.4	101.1
2005	51.4	129.90	84.5	53.3	85.1

续前表

	电影成本摊销占比（%）			上映电影未摊销成本占库存百分比	新增影片成本占影片摊销成本百分比[a]
	收益	存货	营运现金流量		
2000	40.7	32.4	32.4	49.2	55.1
1995	51.9	80.9	92.3	61.7	63.2
1990	41.8	69.0	70.0	50.0	104.9
1985	52.6	80.9	88.8	65.4	128.3
Mean	44.2	72.2	101.2	55.5	90.3

[a] 以 1996 年的一个小样本为基准。

资料来源：各公司财务报表。

总体而言，新规定做出了更加严谨的要求，包括：

(1) 开发成本必须遵循 SOP 93-7 原则（广告成本报告方面）：一般而言，要求所有的营销和广告成本必须在发生时（或广告刊登的第一时间）认列为费用。电影拷贝成本依照当年收益期间予以认列为费用。而在以往，这些成本多半被资本化，并依照电影的整个发行年限进行摊销。

(2) 除了少数例外情况外，与制片成本摊销相对应的电影收益预估期间，一般从首映开始不超过 10 年。而在以往，期间可以长达 20 年之久。[13]

(3) 在电视系列影集的收益预估期间，从第一集的递交开始，一般不超过 10 年；如果仍在制作期间，则从递交最新的影集开始，期限不超过 5 年。至于最终的收入预估，应该包括次级市场的收入，不过只限于具有确切保证以及可以被成功授权的影集。而在此前，对影集的收益预估假设毫无规范可言。

(4) 电视系列影集的辛迪加市场收入认定，如果特定的收益认列指标无法适用，则应该在整个合同期间分期认列，而非在第一次播出日期就全部认列。上述指标包括完工日、递交日、被授权者可以立即运用的有效性，以及应收固定或可以估计的费用可以被合理确认等。对部分辛迪加系列影集而言，主要影响在于原本在 FASB 第 53 号公告之下可以被一次认列的收入，如今必须分多次认列。

(5) 最终收益应该包括相关产品的批发和零售预期收入，例如玩具、衣服及其他授权商品的销售，但只限于类似电影的授权商品过去确实曾创造出利润的情况。

(6) 已经放弃的制片计划成本和相关的间接费用，不再认列为负片成本，而是直接列入当年度的损益表（income statement）中——也就是说，列入制片商的经常费用中。[14] 188

(7) 电影被定义为长期资产（也就是电影成本资产）而非库存。也就是说，其价值是基于未来预期现金流量经贴现计算的价值，或公平价值（fair value）；相较之下，过去并不需要对预期收益进行贴现。

(8) 在资产负债表显示的未来三年内，如果已上映电影的未摊销成本百分比（不包括收购所得的电影资料库）低于 80%，则必须提供额外信息，说明达到 80%摊销比例的预计期限。

尽管 SOP00-2 无法完全解决所有争议，不过它至少为个别电影的评估建立了标准化的方法，而这长期以来都是电影产业会计学的基础概念性问题。

然而与此同时，制片商和其他相关机构基于不同目的所采用的会计假设往往存在差异，这又衍生出新的问题。其中最重要的差异可能在于收入和后续支出的认列时间点问题。例如，发行商通常在收益部分使用应计会计法（accrual accounting methods），也就是在应计收入发生时即予以认列（即使实际并没有现金入账），以使财务表现更加好看；然而他们在支付给制片商或其他人费用时，却是采取现金会计法（cash accounting methods，也就是在资金实际到账或支出时才予以认列）。[15]

事实上，这个产业的所有部门对于现金流量都极为敏感，并尽可能地采取递延付款策略以美化财务数字。不过，尽管电影公司有时会通过会计上的巧妙处理来掩饰实际财务状况，但如果无法获得新的投资现金流，则真实的财务情况就会自动浮现，再也无法掩盖。

另外，并购也无法永远遮掩真实情况。2001 年以前，并购在会计上的处理有两种方法：利益共享法（pooling of interest）或购买法（purchase）。[16]然而，这两种方法其实都无法完全适用于媒体产业，因为我们必须记住，在本质上，所有电影和电视节目都属于无形资产，它们的估值是非常主观的，因此所有的会计处理方法都必须兼顾科学性与艺术性。[17]这一观点也有助于进一步探究制片商和其他创意参与者之间的财务关系。

5.3 "大电影" 会计学 189

财务观点

前面章节已经大致描述了如何从企业角度来看财务报表。然而不同参与者对于财务报表的看法可能大相径庭。本节将从个别电影拍摄计划的损益报表出发，说明电影产业各种制片、发行和放映合同的会计处理方式。

对制片商而言，大多数电影拍摄计划的核心就是制作—融资及发行协议（production-financing-distribution agreement，PFD agreement），该协议通常包含下列一个或多个财务会计特性或元素。

（1）逐步交易（step deals）。融资资金是逐步进入的。提供融资者可以决定是否继续投入资金或是停止参与，这取决于在各个阶段，先前所设定的门槛条件是否满足（例如电影剧本是否被认可、演员阵容是否令人满意等）。

（2）套装/负片提交（packages/negative pick-ups）。制片人或是经纪人（agent）通过整合拍片计划的重要因素，试图吸引大型电影公司提供融资的兴趣。当制片人取得电影公司同意背书的履约完工保证债券（completion guarantee bond）后，放款银行即同意贷款给电影公司。而电影公司则在电影完工后取得负片的版权。

（3）预售（presale）。制片商在电影制作完成之前，通过销售全部或者部分放映或发行权，以取得融资。例如授权发行家用录像带，或者授权给海外发行公司等，一般由对方提供商业本票，制片商再交由银行贴现取得资金。然而，以这种方式取得的融资一般不超过负片成本的 60%。

（4）私募基金（private funding）。如果制片商只想拍摄一部低成本的电影的话，往往会通过有限合伙协议来争取私募基金的投入。

上述各种融资方式，对于制片商而言各有利弊，需要权衡的方面包括对电影创意的控制能力和利润分享等。例如，在逐步交易中，制片商为了速度和效率考量，可能选择放弃对创意的控制以及更高的利润空间等。在另一个极端，私募基金在创意上几乎没有任何限制，但在实际制作时间和资金协助上则控制甚严。

不过一般而言，PFD 协议中的制作环节更为重要（该协议较少用于小预算的电影），这部分会详列电影拍摄计划的基本要素，包括电影剧本、导演、制片人、主要演员，还有预算等。然后还会进一步说明谁负责完成电影制作、谁在何时取得款项，以及在何种情况下，制片融资者可以"推翻"整个计划，例如放弃原先计划并另起炉灶等。

这里有个很重要的区别，就是每部电影基本上都是一个独立的财务实体（无论是公司制还是合伙制），其相关的收益和成本与制片商本身的财务报表是分开计算的。这意味着尽管制片商很赚钱，但所拍摄的电影可能是亏钱的。另外，在制作—融资及发行协议中，也详细描述了融资的安排、履约完工保证及其成本（完工保证的费用平均约占折扣前预算总额的 6%）。[18]

最后，发行协议是收益分配中最重要的一环。这里包括发行费用的定义（事实上包括下列销售佣金或服务费用，如协商放映日期、预购影片、应收租金，以及与其他发行渠道的协商），并详细说明稽核和所有权、会计报表准备（频率、细节与时间等），以及广告和营销承诺。

表 5—3 显示了康斯（Cones，1997，p. 29）提出的五种基本融资、制片和发行模式。这些模式可以合并运用，包括：

（1）独立制作发行（in-house production. distribution）：制片商/发行商自行筹资完成电影制作和发行。在这里，附属于电影拍摄计划的独立制片人可以被视为制片商的员工（制片商通常会支付附属制片人在拍摄期间的所有经常费用开支）。

（2）制作—融资及发行协议（PFD agreements）：一般由独立制片人将完整的拍摄计划提交给制片商或发行商，由制片商/发行商提供制作和发行资金。

（3）负片提交协议（negative pickup arrange- 191
ments）：发行商承诺在电影拍摄完成之后，负责发行并支付所有制片成本（换句话说，发行商买下负片及其发行权利）。[19]

（4）收购协议（acquisition deals）：在这种情况下，发行商负责发行费用，但电影制片成本则由第三方支付。

（5）租借发行协议（rent-a-distributor deals）：由第三方负责所有制作和发行融资，等到电影全部完工之后，再提交给发行商负责发行（由于收益较低和优势有限，制片商通常不会优先考虑类似的租借模式营销电影）。

190 **表 5—3　基本电影融资类型**

	独立制作发行	制作融资发行	负片提交	收购协议	租借发行协议
制作资金来源	制片商/发行商	制片商/发行商	放款人	第三方	第三方
拷贝 & 广告资金来源	发行商	发行商	发行商	发行商	非发行商
协议时间	制作之前	制作之前	完工之前	完工之后	完工之后

资料来源：Cones（1997，p. 30）。经授权重印。

表 5—4 指出了电影院放映的一般收益情况。但与此同时，必须记住一点，那就是放映商一般希望尽量降低电影租金，而发行商却希望租金收入最大化。另外，参与者还会发现，它们的毛利润是来自发行商的电影租金，而非票房收入。如同前面讨论的那样，票房毛收入可能远大于发行商的毛收入（也就是租金）。

表 5—4　电影院的收入流程：票房收入

发行商毛收入减去
　1. 发行费用
　2. 发行成本
　3. 第三方毛收入分红
↓
制片商毛收入减去
　1. 负片成本
　(a) 直接成本
　(b) 常费用
　(c) 贷款利息
　2. 或有递延费用
首次利润净额
↓
损益平衡
↓
第三方利润净额分红（电影利润净额的 100%）
↓
制片商的电影利润净额分红

资料来源：Breglio and Schwartz（1980）. John F. Breglio.

关于 PFD 协议，利迪（Leedy，1980，p.1）提出的例子值得参考（见表 5—5）。利迪的模式对了解一般电影的财务分配而言十分有用，它对给编剧和导言的薪酬采取递延支付，对于主要演员采用利润分成模式，对于融资者和制作人而言则是采用津贴模式（contingent compensation）。它还显示出一部耗资 1 400 万美元（负片成本）、发行商租金收入 1 亿美元的电影，是如何为融资者和制片人在分红之前赚到 1 600 万美元获利的，即使在分红调整和递延后，依然有 810 万美元的获利。

表 5—5　主流电影上映的收益和成本，1992 年 192

毛收益	
必须扣除的发行费用 30%	
电影院租金收入（美国和加拿大）	50 000 000 美元
非电影院租金收入	1 000 000 美元
家用录像带授权	5 000 000 美元
美国电视网	4 000 000 美元
小计	60 000 000 美元
必须扣除的发行费用 40%	
海外电影租金	20 000 000 美元
海外电视授权收入	5 000 000 美元
海外家用录像带版权	5 000 000 美元
电视、付费和辛迪加市场	9 000 000 美元
小计	39 000 000 美元
必须扣除的 15%发行费用	
商品授权	950 000 美元
广告销售	50 000 美元
小计	1 000 000 美元
毛收入合计	100 000 000 美元
发行费用：	
30%×60 000 000 美元	18 000 000 美元
40%×39 000 000 美元	15 600 000 美元
15%×1 000 000 美元	150 000 美元
发行费用合计	33 750 000 美元
余额	66 250 000 美元
发行费用合计	
联合广告	20 000 000 美元
其他广告和公关宣传	5 000 000 美元
上映拷贝等费用	3 000 000 美元
租税	2 000 000 美元
电影工会费用和其他	1 500 000 美元
坏账	1 000 000 美元
其他所有费用	1 750 000 美元
发行支出合计	34 250 000 美元
余额	32 000 000 美元

续前表

毛收益		
制作成本	14 000 000 美元	
利息成本	2 000 000 美元	16 000 000 美元
分红前利润净额		16 000 000 美元
递延项目		125 000 美元
分红毛额和净额		7 775 000 美元
合计		7 900 000 美元
净利润额分配（50：50）		8 100 000 美元

资料来源：Leedy（1980，pp. 1-3 and unpublished updates）.

193 此外，尽管上述模型无法提供所有新媒体的收入，但它对美国一般主流电影的收益分配结构描述较为合理，也就是国内电影院收入（包含美国和加拿大）约占 30%，海外放映市场和电视辛迪加授权费占 40%，其他收入占 15%。[20] 从电影产业的长期经验来看，这一比例与实际情况相差不大。不过由于上述收入与实际成本无关，因此在一些较为罕见的情况下，为了留住重要的制作人，可能会在合同中提供保底的收入；这种情况多半采用弹性制（sliding-fee scale），如果影院票房收入较高，分配比例会依次降低，例如每多获得 2 000 万美元的票房，比例就降低 5%等。

表 5—5 还指出了为何利润对于资金成本变化如此敏感。例如，倘若利率上升到 20%，表中的利息成本就会由原来的 200 万美元上升到接近 300 万美元。这样一来，多出来的 100 万美元利息成本就会使投资者利润降低 12%，从原本的 810 万美元降低到 710 万美元。[21]

表 5—6 还总结了在利迪的案例中，当总租金收入为 1 亿美元时，其他参与者的收入分配情况。这里有一点需要注意，与融资者和发行商的情况不同，其他潜在分红者如导演、主要演员并不需要背负损失的风险。他们并没有投资股权或其他资本到电影中，因此如果有利润分红的话，多半是以薪酬红利的形式支付。

194 **表 5—6　主流电影上映的费用分割、递延和分红：基于表 5—5 的情况**

编剧		
费用	250 000 美元	
递延费用	50 000 美元	300 000 美元
导演		
费用	525 000 美元	
递延费用	75 000 美元	600 000 美元
主要男演员		
费用	2 000 000 美元	
分红[a]	6 875 000 美元	8 875 00 美元
主要女演员		
费用	500 000 美元	
分红[b]	900 000 美元	1 400 000 美元
制片人		
费用	500 000 美元	
或有项目	4 050 000 美元	4 550 000 美元
融资者		
利息收入	1 000 000 美元	
或有项目	4 050 000 美元	5 050 000 美元

续前表

编剧		
发行商		
费用		33 750 000 美元
分红前净利润	16 000 000 美元	
递延费用	125 000 美元	
分红毛额	6 875 000 美元	
总计	7 000 000 美元	
分红后净利润	9 000 000 美元	
分红比	10%	
分红金额	900 000 美元	

[a] 男演员的分红以 200 万美元为基础，扣除损益平衡之前的联合广告和租税，分红百分比为毛收入的 10%，损益平衡后的额外分红比为 2.5%。

[b] 女演员的分红方式，以毛收入扣除递延项目及分红之后，利润净额的 10%为基础。

资料来源：Leedy（1980，p. 3 and unpublished updates）。

分红协议

从主流制片商的角度，如果制片计划拥有均衡的融资组合，则风险可以大为降低。例如，主流制片厂可能预估一年上映 24 部电影，其中四部采取独立制作和全额融资，另外 14 部采用制作—发行和融资协议，与其他制作公司合作；剩下几部则采取负片提交或收购协议方式。

然而，无论融资来源为何，收入和利润的分配始终是重要议题。一般而言，分红协议的形式和内容非常多元，取决于个人的想象能力和沟通协商能力。不过大多数时候，只有大牌艺人除了薪资费用之外，还能享有额外的明显利润分红。此外，制片商为了取得主流电影公司的融资，也会在电影所有权和拍摄计划控制权上让步，借此享有实质的财务报酬。

提交（pickups） 在各种常见的分红协议形式中，最简单的一种称为“提交”（pickups）模式。也就是在电影全部或部分完工后，提交给制片融资者或发行商，以取得进一步的资金和支援。[22]就发行商的角度而言，相较于其他的做法，提交模式的风险显然最低；在其他融资模式中，发行商经常难以评估电影的拍摄过程是否符合原先设想。因此，独立制片商经常发现，提交模式是取得融资和发行机会的最佳策略。[23]当然，事实上独立制片公司也可以采取非常多样的协议模式。[24]

195

事实上，如果确定制片商有能力通过其他融资来源（例如私募基金）募集到电影拷贝及广告（p&a）所需的预算，并提供完成（或接近完成）的电影，那么租借发行协议（rent-a-studio）往往更为有利，这种做法可以用相对较低廉的成本使用主流电影公司的院线发行组织以及收款系统（费用占票房比例介于 12.5%～17.5%之间）。[25]一个很好的例子是乔治·卢卡斯（George Lucas）出资拍摄、于 1999 年开始上映的《星球大战》前传系列，它就是采用了这种模式（当时福克斯仅仅收取了 6%的发行费用）。

共同制作发行（coproduction-distribution）。发行商融资者会与一个或多个地区的组织（可能不止一个）签署共同制作协议，以共同承担成本和分摊风险。例如，国内和海外发行商在版权分割协议（split-right）中，分别承担一半的制作成本，并个别负责自己所属地区的发行费用。然而，由于不同地区的发行成本和票房吸引力往往差异甚大，因此一部电影可能对某个发行商而言是赚钱的，但对其他发行商却毫无利润可言。无论如何，对所有发行商而言，结果应该从整体角度出发，也就是依照总体市场而非个别市场的表现来进行损益分割。

艺人分红和损益平衡（talent participations and breakeven）。分红到底要根据净利润（net profits）还是毛收入（经常以所谓的 Exhibit A 在合同中定义）来计算，往往取决于电影的收益是否已经达到损益平衡。因此，分红可以说是一种附带的津贴形式，当然也有可能根本拿不到。此外，所谓的原始条款（at-source provisions）通常要求与毛收入有关的版权和分红，采用合同定义的与发行连锁系统有关的方式计算。例如电影院的上映租金、录像带出售时向零售商索取的批发价格等。

然而，由于分红协议本质上是通过谈判得出的，因此实际上，可能每个人计算分红的基础都是不一样的。也因为如此，合同中通常会写明该艺人的分红比例是100%的Y中的X%。这一切都增加了会计上的处理难度，因为不同的分红计算标准可能发生在每个人、不同的国内和海外市场，以及不同的产品类别上（如DVD、玩具、游戏、电视节目等）。

196 编剧、导演和演员也是利润分红者，如果他们的经纪人事先替他们协调好毛额基点（gross points），他们就可能成为利润分享者。毛额基点的计算方式有很多，对于发行商而言，毛额就是所谓的租金，采取这种方式计算基点是非常有优势的，因为不管电影能否卖座，他们都能够获利。也因此，市场上很难见到这种分红形式，只有超级强档的电影才可能出现。

近年来，制片商尝试将总制作成本纳入毛额分红协议，从而产生了三种类型，即从最不常见到最普遍的做法依次为：第一元毛额（first-dollar gross）、调整后毛额（adjusted gross）以及平衡后毛额（gross after breakeven）。[26]这样的偶然的补偿是在固定的补偿之外的，是不管电影拍得如何都发生的前期支付。

（1）第一元毛额（first-dollar gross），也称dollar-one，意指已经扣除某些特别支出（如交易费用或突发费用，约占收入的3%）后的收入。分红就以第一元收益的某个百分比来计算。[27]

（2）调整后毛额（adjusted gross），意指未进行损益平衡的毛额。毛收入先由制片商扣除负片制作成本、拷贝及广告（p&a，有时包括其他项目）成本，通常还要扣除12%～25%的发行费用，剩下的额度即为分红的基础。就这个角度而言，津贴并不等于毛收益，它是在达成现金损益平衡之后才有的额外红利。而损益平衡的计算方式不仅每部电影都不大一样，同一部电影的不同分红方也可能有不同。

（3）平衡后毛额（gross after breakeven/breakeven），也就是实际损益平衡之后的毛额。制片商先扣除所有成本，在扣除全额发行费用（有可能占到总收益的40%甚至更高）后，剩下的才作为分红之用。另一种做法是滚动式平衡后毛额（rolling breakeven），也就是制片商会持续扣除所有发行费用，即使在电影已然转亏为盈之后依然持续扣除。最近的一种类似做法是，顶尖艺人在分红协议中允许制片商扣除更高比例的费用，以降低制片商的风险并及早付清所有开销；但在实现损益平衡后，该艺人要求的分红比例也高于一般惯例。[28]

实际上，没有一种可以根据真正的毛额来要求分红。分红经常都是根据实际或预设的损益平衡点。例如，有些艺人会在发行商获得第一个4 000万美元的毛收入之后，开始得到特定比例的分红；在另一些情况下，分红可能在真正达到损益平衡后才开始，也就是发行商的毛收入要先减去相关发行成本，包括收款和币值转换成本、关税、授权费、税以及其他突发费用（off-the-tops）等。在这种情况下，票房收入甚至可能要达到制片成本的3.5倍以上，才有分红的可能。可以想象得到，分红的形式和计算基础是非常多元、几乎无穷无尽的。

近年来制片商的成本压力越来越大，也在一定程度上改变了艺人的分红形式，从粗放的毛收入分红，转向精打细算的分红模式；许多艺人不得不接受较低的薪酬，而采用分红的形式替代，197
而分红则必须在票房收入扣除发行费用、利息、拷贝与广告费用之后仍有盈余时，才能够获得。这种做法在一定程度上使得制片更有效率，并通过把所有参与者转换为电影的合伙人或出资人，而把每个人的利益更紧密地联系在一起。[29]

无论如何，参与分红的人数越多，要达到净获利就越困难。[30]也就是说，潜在的冲突往往不是发生在参与者与制片商之间，而是发生在不同参与者之间。

此外，“净获利”本身并不是一个稳定的状态，哪怕电影已经达到损益平衡，后续的发行依然可能产生新的渠道费用或相关开支。众多参与分红的人员无疑也使得会计处理更加复杂：一开始只是一份经纪人、制片商法律代表及其他企业代表间的简单协议，往后则会逐渐演变成极端复杂的财务会计文件，其间隐藏着种种潜在的歧义和解释空间。

艺人A的分红应该在艺人B的分红之前扣除吗？分红究竟该以国内收入为主，还是国内外收入都要列入？在达到预设的损益平衡点前，应该要扣除哪些发行成本？应该包括或排除电视广告和全国性杂志广告费用吗？另外，更根本的问题在于，次级发行商和家用录像带的收入该如何认列到毛收入中？在将一部电影推向屏幕的过程中，会面对数以万计的交易项目，其间许多认知和选择未必相同。换句话说，不管合同条款定义得有多么精确，后续的稽核工作依然是费时费力的。

另外，在采用滚动式损益平衡（rolling breakeven）概念时，意味着收入等于制片成本加上发行费用，而发行费用是处于持续变动（累计）状态的，这使得问题更加复杂。换言之，如果纳入分红毛额，递延制作成本就会自动被纳入影片预算。对于股权融资者而言，他们可以在其他参与者加入之前，拓展其他区位市场权利及取得特定收入。另外，当电影即将实现获利时，如果发行商决定投入更多广告，则损益平衡点将因此递延，也会影响到一些艺人获得利润分红的权利。但这对许多艺人而言是难以拒绝的，他们基于自己的生涯发展需求，也需要增加广告支出来提高曝光度，尽管这会在一定程度上影响他们的分红。

198 下列公式表示新的损益平衡点［行话称为滚动式损益平衡（rolling break）］的计算方法。以不含发行费用的成本总额（也就是负片成本加上拷贝与广告费用）除以1减去发行费用百分比。其中a=要求租金收入，b=总成本，r=发行费用百分比，因此

$$a=\frac{b}{1-r}$$

例如，假设$r=30\%$，$b=700$万美元，则$a=1\,000$万美元。但如果额外投入100万美元的广告支出，则$b=800$万美元，$a=1\,143$万美元，也就是说，每多出100万美元的支出，租金收入就需要增加143万美元，才能维持损益平衡。

由于制片商多半把电影的融资成本视为一种贷款，因此，损益平衡点也会受到未回收制作成本的利息支出影响（通常是银行基准利率的125%），如果依照这种计算方式，制作成本经常也会把经常费用和设备费用（通常占到电影成本的12.5%～17.5%）纳入。不过古德尔（Goodell，1998，p.14）提到，制片商通常会支付一笔所谓的软元（soft dollar）费用，也就是在分红之前，预付这些费用给自己，而这笔费用的利息支出也会列入经常费用之中，或是在经常费用中直接计入利息（属于未回收制作成本的应付费用）。

紧接着，对于后续参与者而言，支出究竟属于发行成本或制作成本也很重要，且跟时间点有关。[31]在PFD协议中，当制作成本很大时，发行商通常倾向于将尽可能多的费用归于制作成本，如此一来，透过经常费用和利息扩大制作成本，制片厂可以获得更多收入。但是对于电影提交及收购协议而言，制片商通常又偏好于列为发行费用。在提交、收购及租借发行协议中，使用制片设备会列为经常费用，因此利润可能降低。

合同还潜藏着许多的模糊地带，包括租税抵免和汇款、广告和票房回扣（film lab rebate）、工会费用、授权成本、汇率等都会影响电影的会计处理。例如，回扣或租税抵免会被发行商视为毛收入，因此制片商会很自然地扣除30%的发行费用，这样一来，剩余可供分红的收入显得更少。

由于这么多错综复杂的关系，加上先前提到的各种费用和成本扣除问题，因此许多潜在的利润分享参与者发现，很多电影的净利润数字令人难以理解，并且会受到各种会计定义和解释的影响（特别是在上游参与者要求调整之后的毛收入）。另外由于获利基础并非依照固定时间点，因此当电影的应计收入和成本持续改变时，必须每个会计期间重新计算。 199

正如丹尼尔斯等人（Daniels et al.，1998，2006）指出的，收入并不完全代表电影所创造的所有金钱，制作成本也并非仅限于拍片产生的费用。严格说来，制作成本是依照参与者之间的合同来决定的，这使得损益平衡计算多了些艺术性。无论如何，利润分红协议，意指依照每部电影（同样也是针对每位参与者）定义的所有合同条款及会计方式。正如鲍姆加登等（Baumgarten，Farber and Flesicher，1992）指出，毛收入（gross receipts）或净利润（net profits）本身并没有什么实际意义，上述字眼都是由参与者自行决定的。[32]

制片人分红与交叉担保 制片人必须对电影的制作成本负责，通常合同条款会给予他们足够的诱因来控制开销。如果制片成本超出特定预算百分比，那么制片人所面对的红利缩减可能是预算超额的数倍。无论如何，制片人可以收到的利润分红（除了固定的薪酬收入之外）通常会有一个保底（floor，也称硬底 hard floor）额度，且相较于其他分红参与者，制片人拥有优先权。倘若不是采用硬底，而是一般的软底（soft floor）分红协议的话，则其他第三方参与者的分红——假设分别占到净利润的 10%——就会使制片人的潜在收入明显降低（对制片人有额外保障的原因是，制片人通常是为整部电影奉献心力最长久的人，而其他分红参与者往往是半途才加入进来的）。

如果某一部电影与另一部电影的财务紧密相关，或是电影在特定地区的票房表现与其他地区相关，则制片人的分红收入也会受到显著影响。在这种情况下，制片人承担交叉担保（cross-collateralization）责任；这意味着某部电影的利润必须超过另一部电影的损失，或者说两部电影合计起来必须获利，制片人才有分红可言。这种情况有时令人颇为无奈，例如，倘若电影 A 与电影 B 形成交叉担保，则即使 A 已经大卖并显著获利，但如果 B 电影尚未开拍、放映或开始获利的话，一样无法分红；必须等到 B 电影至少回收了大部分成本之后，分红才会开始。就独立筹资的电影而言，重要的拿出现金的股权投资者也可能通过专门定义的办法有权拿到现金。

家庭录像带分红 由于 DVD（以及早期的录像带）发行系统实质上是与音乐唱片（详见第 6 章）和书籍的发行混合在一起，因此也发展出了颇具争议性的分红会计基础。前面所说的分红方式多半是直接从毛收入中扣除发行费用和开支，家用录像带（DVD）的分红则通常是以产品售价的一个固定比例来分红：以出租为目的的录像带，分红比例通常是 20%（但也取决于双方的议价能力），而以销售为目的的录像带则为 10%。换句话说，录像带发行商最多只能分到录像带版权销售收入的 20%，而制片商除拥有剩下 80%的收入，足以支付所有的制作、广告及复制成本外，还能享有额外收益。此外，如果制片商从发行商的家用录像带毛收入中进一步扣除发行及其他费用的话，发行商所能分到的收益可能只剩下 10%～12%。[33]

由于制片商可以在家用录像带（目前主要是 DVD）的收益分成中掌握大部分（通过制片商自营的制作/批发业务），并压缩录像带发行商的收益分红，其结果是显而易见的，制片商在家用录像带上的获利令人瞩目，因此，如今家用录像带已经成为电影产业重要的收益来源，并且成为各方参与者互相角力的焦点，也就不令人意外了。毫无疑问，对大多数制片商而言，家用录像带（也就是 DVD）已经成为企业的主要获利来源。[34]

发行商—放映商的计算

前面已经说过，“租金”（rental）是指票房总收入中归属于发行商的那一部分。表 5—7 是一个例子，其中放映商的经常费用（nut）经过协商后设定为 1 500 美元，票房总收入扣除经常费用后，按照 90∶10 的比例分配（90%归于发行商，10%归放映商）。不过协议中有注明，发行商分得的收益不能低于总票房收入的 70%。

200 **表 5—7　电影租金计算方式比较：最低底价和票房净收入百分比**

	案例 1	案例 2
票房收入	10 000 美元	8 000 美元
减去第二部电影扣除额	2 500 美元	2 000 美元
票房净收入	7 500 美元	6 000 美元

续前表

	案例 1	案例 2
最低电影租金：票房净收入的 70%	5 250 美元	4 200 美元
合同电影院经常费用（俗称 nut）	1 500 美元	1 500 美元
扣除经常费用后的票房净收入	6 000 美元	4 500 美元
最高电影租金：扣除经常费用后的票房净收入的 90%	5 400 美元	4 050 美元

在表 5—7 的案例 1 中，发行商可以分到 5 400 美元，在案例 2 中则是 4 200 美元。不过，发行商无法分享到电影院的爆米花、糖果、饮料和游戏街机等方面的收入（见第 4.4 节）。正如表 5—8 所示，这种营业场所销售收入往往才是放映商最主要的利润关键。[35]

表 5—8　放映商营业收入和支出示例 201

每周票房（BO）毛收入	3 000 美元
营业场所销售收入，如爆米花和饮料（约 15%）	450 美元
每周毛收入	3 450 美元
扣除：	
发行商分红（占票房收入 50%）	1 500 美元
广告（占票房收入 10%）	300 美元
薪资支出（占票房收入 10%）	300 美元
食物成本（占销售额 23%）	104 美元
租金和不动产税（占票房收入 15%）	450 美元
设备费用每周 150 美元	150 美元
管理费（占每周毛收入 10%）	345 美元
保险及员工福利	100 美元
修缮和保养费	100 美元
其他（门票成本等）	100 美元
平均每周支出总额	3 449 美元

资料来源：Lowe（1983，p. 346）.

在会计上，发行商通常以现金基础来认列租金收入和实际发生的费用。事实上，这种会计方法会导致现金的回收和相关支出（如联合广告）的认列显得较为缓慢。不过这对于所有参与者而言都是较为合理的。

一般而言，联合广告（co-op advertising）通常根据毛收入计算，并且在广告播出之后，根据发行商和放映商的收入百分比加以分配。以下案例为实际收入净额百分比：

票房收入总额	20 000 美元
减去营业场所费用	4 000 美元
净额	16 000 美元

其中 90%的收益归于发行商，即 14 400 美元（按照 90：10 分配比例）。此时，发行商实际负担的联合广告支出百分比是 72%（14.4：20.0），而非 90%。

在分析放映商的财务报表时，还需要注意自有不动产和租赁不动产的差异，以及租赁和交易方式的不同，这在不同公司之间会导致会计操作上很大的差别，也因此提高了横向比较的难度。[36]总之，放映商实际投入四大主要的营运项目：电影放映、营业场所营运（饮料、爆米花销售等）、屏幕广告以及不动产。

发行商协议和费用

在前面表 5—5 的案例中，我们假设电影的总租金收入是 1 亿美元，发行商或销售组织的服务费用占到 3 375 万美元（约占 34%）。虽然上述费用被视为发行商的利润，但实际上，大多数电影都是无利可图，甚至亏损的，只有少数卖座大片才能产生利润，并弥补其他电影的亏损。一般而言，10%的电影创造出 50%的总票房收入（见图 5—1）。

202

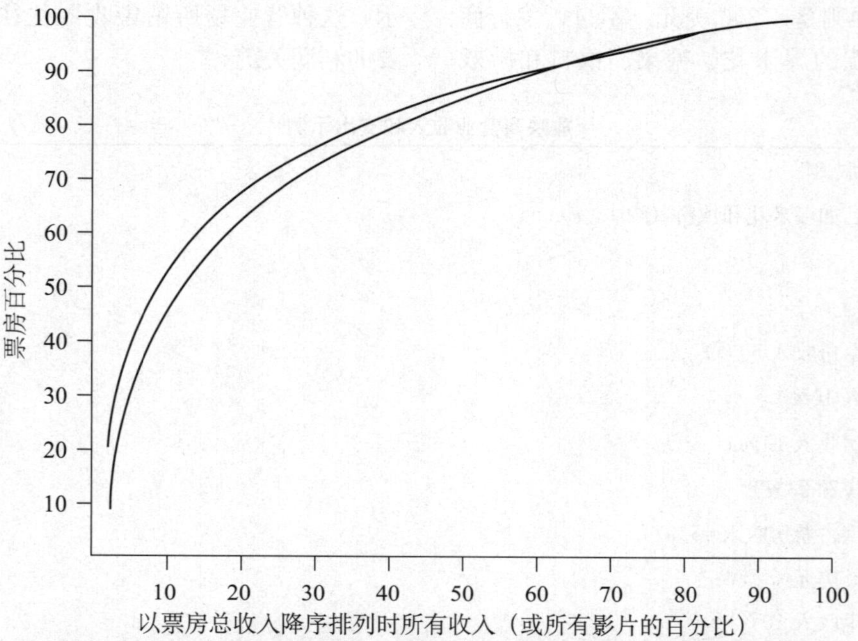

图 5—1 10%的电影创造 50%的票房收入。若将电影票房由高至低依序排列（无论是从单周票房还是每部电影的总票房来看），结果都呈现这样的曲线形状。

资料来源：《每日综艺》，1984－07－31。版权为墨菲（A. D. Murphy）所有。

简单说来，发行利润（对于主流发行商而言，长期来讲平均约占发行费用总额的三分之一以上）可以提供投资新电影所需的现金流量。这项利润来自从发行费用中扣除所有经常支出、销售人员薪资、公关宣传费用，以及尚未经由其他收入回收的促销费用等。然而，如果将所有的投入因素成本及费用全部考虑进去，那么多数的电影都是亏损的。事实上，尽管主流电影公司拥有许多合同上的优势，但电影这个产业依然是充满风险的：历年来的案例显示，许多制片商根本无法负担其加权平均资金成本（weighted average costs of debt and equity capital，WACC）。而现代财务理论告诉我们，无论在哪一个产业，企业想要生存的先决条件就是收入必须足以支付资金成本。

203 发行费用是电影现金流量的主要来源。不过我们也可以把发行费用的主要概念视为，制片商通过支付过路费、过桥费等费用给发行系统，借此趋近和接触广大的受众群体。正如同其他类型的网络基础设施（如电信网、有线电视网）一样，具备足够规模的发行系统通常只有几家，而且所需的前期资本投入是极其巨大的。[37]因此，发行网络具备较高的议价能力，其定价与直接成本往往没有太大关系，而且在本质上，它是属于准垄断市场结构的。

在这样的市场结构中，电影通常采取净额协议（net deal）模式，也就是发行商按照租金总额的一个固定比例（例如国内电影院票房的 30%）或者渐进比例收取发行费。此外发行商还会预先扣除其他发行成本，例如拷贝、预告片和全国广告等。另外的费用可能还包括相关宣传和巡回宣传费、与放映商的联合广告、联邦和地区政府的租税（根据租金总额收取）、工会和贸易团体的费用（主要在配套市场），以及呆账等。发行商通常在支付账款给制片商之前，会先扣除这所有费用。另外正如表 5—4 所示，在达到所谓的“净利润”之前，会先扣除发行费用和支出（拷贝、广告、公关宣传等），然后扣除负片成本的利息、负片成本（包含各项分红毛额），最后才是支付各项递延费用和其他分红。

尽管前面提到净额协议（net deal）极具优势，但也有发行商（通常是低预算独立制片和独立发行的电影）采取所谓的毛额协议（gross deal）。这种做法并不会预先扣除种种费用，但发行商能够获得比净额协议更高比例的发行费（例如占到票房收入的 50%～70%），发行商用高额的发行费收入来补贴其他开支。而制片商则获得其余的收入。[38]

对票房表现惨淡的电影而言，制片商采用毛额协议反而更有优势，因为不需要负担全部发行成本（如果票房不佳的话，发行成本占收入的比重可能非常恐怖）。相反，对于票房表现良好的电影而言，制片商会更加偏好净额协议模式，因为在票房收入惊人的情况下，营销成本所占的比重就显得微不足道且容易承担了。在有些情况下，制片商和发行商可能会签订兼有两者特色的混合协议，视票房表现来决定分配的方式。

204 在协商上述协议条款时，配套市场所能带来的潜在收益使得许多独立制片商愿意在一定程度上放弃电影院放映市场的获利，以换取后续对有线电视、家庭录像带（DVD）和其他市场的掌控权。然而，发行商往往也不希望本身的权利被所谓版权分割（split-rights）方式给分走，除非有分红或其他补偿方案。显而易见的是，付给发行商的预付金额越高，制作成本就越难回收，独立制片商也因此更难获利。

正如我们所看到的，发行商的利润主要取决于发行活动。发行费用往往占总票房收入的 30% 以上，另外还可以预先扣除票房毛额的 15%～20%用以支付其他发行、广告、宣传等成本。然而这样的高利润背后其实也隐含着不小的风险，因为电影很可能无法赚钱。此外，发行商也需要投入可观的成本来建立和维持全球发行网络。

与授权给家用录像带、付费有线电视、电视辛迪加以及无线电视网不同，电影院发行是唯一一个有可能产生负现金流量的市场（也就是说发行成本超过票房收入），因此发行商在电影院发行方面所获得的高利润同时起到了风险缓冲和维持/扩展发行网络的作用。如果电影票房表现良好，发行商的利润自然跟着水涨船高；同时，电影院的首映表现也会明显影响后续其他市场的发行价格（通过十分复杂的公式计算）。[39]

例如，在首映后，一部影片国内总票房 1 亿美元，国际总票房 1.4 亿美元，在随后的 10 年内，预期将另外从国内家庭视频市场获得 7 500 万美元，从付费电视获得 1 500 万美元，从其他电视市场（包括无线、有线等）获得 1 600 万美元。在国际上，还将分别从家庭视频、付费电视和其他免费渠道获得 5 000 万美元、1 600 万美元和 1 800 万美元收入。以上非影院收入，10 年预计达 2 亿美元。这就是为什么电影业在第一周总票房的炒作和狂热之外，越来越成为视频和电视许可行业的原因。[40]

随着带宽增加以及互联网电影播放的普及，配套市场授权和分红的方式也在发生变革。在传统的按次付费有线电视市场或者家用录像带市场，因为观众数量和渠道都十分固定，多半采取总版权收入 20% 的分红模式。但对互联网发行而言，制造和传输成本都远低于传统的实体方式（电影胶卷、录像带、DVD 等），因此互联网观赏电影的定价通常远低于 DVD。相关的议题还有互联网发行权的归属、发行顺序、地域性等，这些都亟待整个产业加以探讨并形成标准。

制片厂经常费用和其他制片成本

由于艺人分红被纳入制片成本而非发行费用，因此利息和经常费用被允许纳入分红费用项目。

从参与者的角度出发，多数的制片成本都被视为制片商的经常费用，依照约定比率列入直接制作成本。然而，这些经常费用可能与实际成本无关，例如租借舞台、采购道具，以及与制片厂以外的商店和工厂签约等。

205 实际上，如果采用直接成本法（direct-cost），购买或租赁物品的成本通常更为低廉，因此参与者可能质疑制片厂到底把经常费用使用在什么方面了。如果协议中并未写明，就可能产生不同的解读，经常费用的支出项目可以从摄影机、音响设备到秘书服务，导致许多争议。也许最重要的问题是，外景拍摄的费用是否全由这笔经常费用支付。相关争议的解决——可能在电影制作之前、期间或者（最好不要）完工后——主要取决于相对的议价能力。

制片人总是希望可以争取到独立的资金援助，借此避免或降低上述费用的影响，它能增加大约15%～25%的电影预算（再加上10%用于直接广告和公关宣传的成本），并且显著提高损益平衡点（breakeven point，又译盈亏平衡点），这可以在一定程度上限制其他参与者所得的分红。[41]对于取得外部融资的独立制片人而言，还可以通过影片提交（pickup）的方式来极小化前期的制片开销，这种策略是可行且值得的。[42]其他还包括可以节省时间，以及降低与发行商合作的费用等。

简而言之，尽管经常费用的比例往往是固定的，但应用的范围（如办公室用品、车辆等）却可以协商。因此对制片人而言，了解合同细节和经费运用范围非常重要。如果电影公司太抠门的话，有可能会从标准应用范围中剔除大量的花费项目。

一旦制片流程开始，成本会计就会依照工作顺序（job-order）成本流程进行，也就是时间和材料支出随着新增工作或计费次数而增加。因此，制片人（基本上是制片工作的最终负责人）在制片过程中必须小心控制支出费用。由于从油漆工、电工到摄影师和编剧，每个人或多或少对于相关支出都有一定的掌控权，因此成本很容易超出预算。一部拍摄期间为10周的电影，详细预算记录可能长达80页以上，涵盖的支出项目更是数以百计。

预算高与低[43]

我们可以用票房现金流量的概要来总括解释前面说过的细节，假设营业场所支出（电影院经常费用）为10%，则每1美元的票房收入就剩下90美分，在上映前两周，这90美分在发行商和放映商之间按照90：10的比例拆账。这意味着发行商所能获得的毛收入（租金）大约是81美分。

在美国和加拿大，这其中需要扣除总额30%也就是24美分的发行费用，剩下57美分。广告和公关宣传成本一般至少占租金收入的20%～25%，因此这边需要扣除大约20美分。现在剩下37美分，其中还有大约6美分作为其他发行支出，例如拷贝、税、MPAA核准费用和运输费等。

206 所以，在开始支付实质上相当可观的负片成本之前，本来1美元的票房收入已经只剩下31美分了。如果再拿出主要演员所要求的分红（按照总租金来计算），例如10%的话，又要再扣掉8美分左右。此外，如果电影是由制片厂融资的，则扣除负片成本后的利润总额一半要归于制片厂所有，剩下才由其他参与者分红（如图5—2）。[44]事实上如果把负片成本囊括进去，票房收入到这个阶段基本已经全数用尽，甚至呈现财务赤字（亏损）。因此，目前绝大多数电影的成本回收已经不能光靠电影院收入了；为了进一步回收成本及实现获利，必须仰赖其他配套市场的收入（如DVD、有线电视和无线电视网等），而配套市场的表现又与最初的票房息息相关。所以总起来讲，一部电影最初上映的表现越差，后续通常会越来越惨；反之亦然。很多电影公司最后都会发现，事实比它们最初设想的还要更糟。[45]

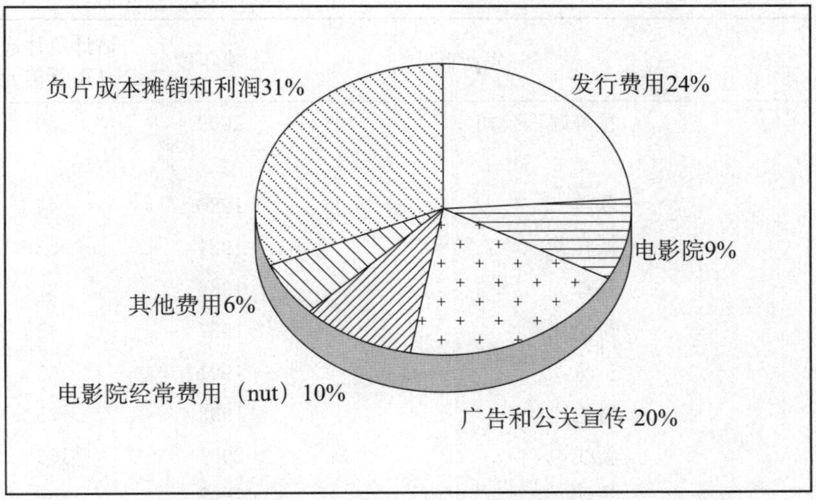

图 5—2　主流电影的票房收入分配。

表 5—9 列出了部分票房惨淡的高预算电影，我们可以发现票房的成功或失败似乎是与生俱来的：无论配套市场多么发达，你永远不可能把一部烂片变成下金蛋的鸡。同时，制片成本和票房收入之间的相关性（如果有的话）其实很小（见表 5—10）。

表 5—9　票房赢家和输家 207

电影	发行商	上映年度	估计负片成本（百万美元）	估计国内租金收入（百万美元）
赢家（含高预算和低预算电影）				
《大白鲨》	环球	1975	8	130
《星球大战》	卢卡斯影业/福克斯	1977	11	225
《克莱默夫妇》	哥伦比亚	1979	7	60
《空前绝后满天飞》	派拉蒙	1980	3	41
《夺宝奇兵》	卢卡斯影业/福克斯	1981	22	116
《E. T. 外星人》	环球	1982	12	228
《星球大战：绝地归来》	卢卡斯影业/福克斯	1983	33	168
《妙探出差》	派拉蒙	1984	14	80
《蝙蝠侠》	华纳	1989	41	151
《小鬼当家》	福克斯	1990	18	140
《侏罗纪公园》	环球	1993	70	212
《狮子王》	迪士尼	1994	65	173
《四个婚礼和一个葬礼》	宝丽金	1994	7	25
《独立日》	福克斯	1996	65	171
《泰坦尼克号》	福克斯/派拉蒙	1997	200	1 214
《女巫布莱尔》	艺匠电影公司	1999	<1	141
《蜘蛛侠》	索尼	2002	175	406
《我的希腊婚礼》	IFL 制片公司	2002	5	241
《疯女人日记》	狮门影业	2005	6	51
《灵动：鬼影实录》	派拉蒙	2009	<1	108

续前表

电影	发行商	上映年度	估计负片成本（百万美元）	估计国内租金收入（百万美元）
《暮光之城：新月》	顶峰娱乐公司	2009	50	297
输家（高预算）				
《天堂之门》	联美	1980	44	2
《赤色分子》	派拉蒙	1981	52	21
《天降神兵》	环球	1986	37	10
《伊斯塔》	哥伦比亚	1987	45	8
《虎胆神偷》	三星	1991	55	6
《幻影英雄》	哥伦比亚	1993	75	28
《城里城外》	新线	2001	105	7
《星际冒险王》	华纳	2002	100	4
《星银岛》	迪士尼	2002	140	38
《绿色地带》	环球	2010	120	35

资料来源：《综艺》，Anniversary and Cannes issues，Imdb. com，Box Office Mojo。

208 表 5—10 **投资回收比较，大/小电影**[a]

电影	《谁陷害了兔子罗杰》	《独闯龙潭》
国内上映日期	1988 年 6 月	1985 年 10 月
发行商	沃尔特・迪士尼	20 世纪福克斯
结束日期	1990 年 12 月 31 日	1992 年 2 月 29 日
毛收入		
国内票房	80 763	17 941
海外票房	80 102	24 022
付费电视	9 680	8 005
家庭录像带	26 573	6 045
非电影院	2 316	
电视		8 507
消费产品和其他	5 686	725
小计	205 119	65 245
减去		
发行费用和成本		
发行费用	68 259	22 122
广告和公关宣传	48 333	11 529
检查、收款、汇兑等	655	194
其他版本	1 076	156
重播费	3 415	3 135
工会规费	843	371
税、保险	2 949	1 608
拷贝	5 746	3 387
运输	951	431

续前表

电影	《谁陷害了兔子罗杰》	《独闯龙潭》
其他	166	140
小计	132 394	43 073
减去		
负片成本		
制作成本	50 579	15 946
制作经常费用	7 587	
利息	17 105	3 129
分红递延毛额	17 054	396
小计	92 325	19 471
净利润（亏损）	(19 600)	2 701（美元）

a 数字单位：千美元。

资料来源：改编自《好莱坞报道》，1992-08-17和1992-09-14（已获得授权）。

不过，尽管获利的可能性很低，但许多人依然认为拍摄电影在财务上具有吸引力，并且值得去冒险。适当地结合运气和勇气，独立制片人有时可以获得足够的融资，并且在几乎不需要负担直接成本的情况下，获得有价值负片的全部或多数所有权。

209

5.4 电视节目会计

电视最初被认为将会威胁到电影的生存。事实上，电视的影响力确实无处不在，并且的确影响了每年进电影院的观众人数，使得观众人数从1946年高峰期的每年40亿人次减少到20世纪60年代初期的大约10亿人次。然而，电视最终却成为电影产业最主要的配套市场，甚至在一定程度上成为电影的救星。然而，电影工作者花了很长时间才真正了解电视的价值。

目前电影公司致力于三种与电视有关的活动：电视联播网的电影授权；针对地区电视台的电影、电视剧和其他节目的辛迪加授权；以及电视电影、电视剧和其他节目的制作。也有许多小公司活跃于这些领域，然而这并不是简单的工作。相较于主流电影市场，电视节目或系列影集的潜在收入较为有限，而销售的不确定性和市场最终价格波动却更高。[46]另外，潜在参与者的会计问题（包括递延和最低收入认定，以及许多租税扣抵等）也与电影产业会计十分类似。

电影授权

电视联播网的电影授权大概在20世纪70年代后期达到高峰，当时付费有线电视还处在萌芽阶段，而美国广播公司（ABC）拥有极高的收视率和庞大资金，得以利用这项优势大肆购买最新的热门电影。当时一些主流电影的授权费用可以高达2 000万美元，且只能播放五次（依照电影票房表现而有差异）。

然而，随着付费有线电视的崛起，利用不受广告干扰的电影播放快速抢占许多联播网的收视率后，这股热潮就逐渐冷却了。此外，电视台自制的电视电影（made-for-television movies）的崛起也减少了电视台对授权电影的需求，当然那些最卖座的大片除外。不过尽管如此，在20世纪80年代初期，电影公司通过授权一部电影给电视联播网，依然可以获得 500 万美元左右（两轮播放）的收益。影响授权价格的因素包括节目预期收视率、联播网每周播放电影节目的时数，以及制作类似内容节目的成本。

在电视授权费中，还需要扣除给其他分红参与者的余款（或称重播费），以及其他发行成本（包括支付给大牌艺人的费用、相关的交通运输和食宿费用等），总体而言，电影公司通过授权给电视联播网，获得的利润边际大约是 40%～65%。

210 不过，当单一卖方出售套装电影给单一买方时，会遭遇一项会计上的两难问题。例如，联美（United Artists）采用如下分配公式：

- 套装电影价格除以其中的电影数量，决定单一电影的平均价格。
- 对于票房租金收入最高的电影，其价值是单一电影平均价格乘上 1.5 倍。
- 对于票房租金收入最低的电影，其价值是单一电影平均价格乘上 0.5 倍。
- 其余电影按照票房表现加以排序，分别给予平均价格 0.5～1.5 倍的系数。[47]

其他发行商也采用类似的公式，背后的逻辑是，根据长期经验，“包括国内和海外市场在内，最成功的电影在电视上播放所得到的收视率通常不会超过最不成功电影的三倍”。[48]

然而，上述公式在法律上可能存在问题，因为这对不同的分红参与者而言会造成不公平。因此目前的做法是，尽可能针对套装中的每一部电影进行价格协商，尽管定价的基础依然存在问题。

对于外部参与者而言，电视授权收入最简单的会计记录方法就是根据电视网实际播出的日期来认列现金收入。然而实际上，由于各方的议价能力不同，实际合同规定也存在较大差异。正如前面说过的，为了让财务报表显得好看，制片商—发行商会倾向在电影放映权生效的同时就认列收入；然而在实际的合同条款中，可能规定在签约时支付 20%现金、初次播放时支付 50%、后续播放时才支付剩下的 30%。对于老片而言，首付款比例可能更低。

另外，在授权电视辛迪加、付费有线电视，以及其他配套市场（如小说、游戏与玩具、角色人物、音乐等）也经常产生许多问题，包括现金收入的认列、分配以及报表的时间点等。

节目制作与发行

开发与融资流程。一般而言，电视联播网原创的节目制作多半属于电视电影（made-fors）或系列影集，例如《战争与回忆》（*War and Remembrance*）和《根》（*Roots*）等。[49]每种节目都有特定的会计处理方法，不过一般而言，电视电影的会计流程与方法和电影制片较为类似。

211 电视电影及系列影集的融资，通常由联播网以逐案的方式提供。通常在预计播出日期的前一年，联播网、节目制作人、主要电影制片厂的电视部门，以及许多大型电视制作独立公司，会从数以百计的节目概念中进行筛选，挑选出有潜力成为 2 小时电影、迷你影集（通常长度为 8～12 小时），或是 0.5～1 小时长度的影集内容。其中只有二三成的节目概念能够得到启动资金，其中每个构想都会被制成试播节目（pilot），包含主要的内容主题与人物角色。

试播节目能够让联播网的广告主们亲身感受节目的种种元素。不过由于广告主的第一印象经常决定了节目是否能够获得资金，因此试播节目的成本通常很高。[50]

在每 120 个竞争各大电视联播网（包含 ABC、CBS、NBC、福克斯和 CW）节目空间的试播节目中，大约只有 35 个能进入电视网的季度安排，其中又只有不到半数能成为经常性的节目。如果节目被联播网接受，后续资金通常可以支持拍摄 13 集左右，附带期权合约；如果节目收视率够高，就能够额外获得更多集数（通常是 9～11 集）的资金。对每一集节目的制作而言，联播网通常会在开拍时支付 1/3 费用，完工时再支付 1/3，剩下的余款则在播放及销售后才支付。每个阶段的支付比例并非固定不变的，另外，如果节目获得重播（rerun）的话，制作团队通常还可能获得 10%左右的额外收入（不过从 20 世纪 90 年代后期起，节目重播的收视表现越来越差，带来的经济效益也每况愈下）。

制片人通常无法在系列影集或电视电影完工后立刻获利，原因有两个。首先，联播网所支付的授权费（通常包括两轮播放）一般无法完全补贴节目制作过程中的所有支出；事实上，一般而言，联播网授权费通常只能支付制作成本的80%～85%，其他剩余成本通常必须冀望海外市场收入来弥补。[51]因此，即使最有效率的制片人，也难以采取现金基础的会计方法。[52]

然而，应计影集方法将会导致财务赤字的出现，因为非现金的经常费用支出（占到预算的10%以上）也会被纳入。因此，电视电影和系列影集的制片人经常处于赤字融资（deficit finance）状态，他们希望自己的节目在联播网能拥有高收视率，以期未来在旧片重播市场创造更多的利润。[53]

制片人无法从成功的系列影集中立即获利的另一个原因就是期权条款（option clauses）。期权条款使得电视联播网能够提前买下（也就是提交pickup）节目，并在四个季度乃至于更多（现在很多是六个季度）以后播出，原因是每集节目所需的成本大约每年会增加3%甚至5%以上（很多时候是每年7%～8%）。合同还赋予联播网对后续延伸节目的优先权，也就是说，即使其他电视网或有线电视有意以更高的价格购买节目，制作公司也不能立刻接受。期权条款对于联播网而言非常有利，使得联播网能用低于市场行情的代价持有节目，这能在一定程度上补偿无法确定观众接受度的风险。

212 尽管如此，在与联播网签约之后，制片厂或独立制片人也可以凭此获得更多的融资支持，包括银行贷款、其他放款组织或投资集团等；也可以通过预售节目的辛迪加版权给其他发行商以取得现金，发行商通常需要这些节目来填补频道空间。制片人通常必须保证节目的销售（收视率），并预扣部分现金作为保证，才能获得发行商提供的资金，而在节目收视率达到预期水平后，发行商会返还这一部分现金。不过，发行商依然需要承担节目收视率不如预期的风险。

在首播（以及可能有的重播）结束之后，制作公司最终可以拿回节目的所有权，并任意支配。不过一般而言，只有当一个系列影集能够连续播放三个完整的季度（有时是四个季度）时，制作公司才能够真正开始获利，而这意味着至少必须制作完成60集（一般每季度22集，最多88集）并完成播放。然而，这种事情发生的概率很低；一般情况下，只有大约五分之一的新节目能够存活这么久。[54]此外，随着电视网之间的整并，如今只剩下五家主要的电视集团，其中居主导地位的是福克斯（Fox）和论坛集团（Tribune），另外还包括美国广播公司（ABC）、全国广播公司（NBC）以及哥伦比亚广播公司（CBS），这些公司对节目购买、排程和播放时段具有很大的决策权，并促使了许多畅销影集（如《欲望都市》和《黑道家族》）的二次利用。[55]

至于本周电影（movies-of-the-weeks，MOWs）、首播辛迪加制作（指为了非联播网电视台特别制作的节目）、黄金时段节目和有线电视专用节目等，可以从财力雄厚的电视制作发行公司（也包括主流电影公司的电视部门）取得融资。对于这类节目，发行商一般愿意投资部分资金以换取利润分红，以及获得发行费用的机会。

辛迪加协议　如果一个系列影集能够在电视联播网存活三个季度以上（这在目前越来越困难，因为受众的收视习惯逐渐转向互联网平台），那么对辛迪加市场（即旧片播放市场，有时也称旧片联播市场）的价值就显著提升了：对于这些已经证明过自己的系列影集，地区性电视台和有线电视网可以一次购买很多集数，实现至少维持几个月的带状（strip）播放。[56]辛迪加市场授权是许多地方电视台和有线电视台的首选，它们往往会在五年内（现在很多时候是三年内）播放同一剧集六次以上。[57]对这类长销的系列影集而言，DVD销售也逐渐成为一个新的收入来源。[58] 213

在一般的辛迪加协议中，对于所收到的收益总额，辛迪加公司会先扣除辛迪加费用，再扣掉其他支出（包括运输、广告、拷贝费用等），剩下的才归制片公司所有。辛迪加服务的费用（其实也就是发行费用）在带状节目销售中约占毛收入的15%～20%，在国内一般辛迪加中占30%～35%，海外辛迪加则占40%～50%。

表5—11是一个主流电影制片厂的辛迪加市场案例，包括发行商的潜在获利以及与电影院发行相似的利润结构。发行商在播出其他公司制作的节目时，营业利润率大约30%，而自制、长销节

目的利润率更达到40%。[59]

214 **表5—11　电视联播网节目制作与辛迪加：一个成功系列影集的案例，2005年**

制作		
电视联播网授权费大约可回收80%～85%的现金支出		
一小时节目的海外销售可以回收剩余的现金支出；但对半小时节目而言，只能回收一半应计经常费用和利息		
一小时节目	22集/每季 每集成本120万美元 每集应计赤字=25万美元	
半小时节目	22集/每季 每集成本60万美元 每集应计赤字=15万美元	
辛迪加市场		
发行费（辛迪加费用）：国内35%，海外50%		
假设辛迪加节目100集		
	每集收入	325 000
	国内	250 000
	海外	
		575 000（美元）
一小时节目	减去	
	重播费：六次	
	国内	65 000
	海外	25 000
	制作赤字	250 000
	发行成本[a]	65 000
	制片厂利润[b]	170 000（美元）
半小时节目	每集收入	1 000 000（美元）
	减去	
	重播费：六次	40 000
	制作赤字	150 000
	发行成本[a]	50 000
	艺人利润分红	200 000
	制片厂利润[b]	560 000（美元）

[a] 主要是宣传推广和“跑片”（bicycling）成本。

[b] 如果节目是独立制作，并且不需要负担其他节目的亏损，则利润将被分割。

电视联播网长期以来都仰赖电影和系列影集来填补黄金时段。但自20世纪80年代初起，首播辛迪加节目（first-run syndication）已经成为独立电视台（也就是不属于联播网的电视台）和地区性电视台，乃至于联播网会员（affiliates）用来填补次黄金播放时段（也就是联播网节目开始前的时段）的重要渠道。首播辛迪加节目主要包括游戏、谈话性节目、摘要新闻报道节目等，这些节目为电视台提供了低成本、可任意支配，并且不需要预留带状时段的节目选择。这些节目完全绕过了联播网，通过辛迪加形式成为许多独立电视台的首播选择。

尽管这些首播辛迪加节目的融资和发行方式极为多元化，但若要推出一个首播辛迪加节目，先决条件是必须拥有足够的电视台覆盖，以确保至少全国65%～70%的观众能够看到。因此这种节目也需要靠试播节目（pilot）争取电视台的支持，当然在试播的规模和成本上无法与联播网节目相媲美。此外，除非节目的收视率够亮眼，否则很少有电视台愿意签订一年以上的辛迪加协议。[60]

制片商和发行商通常希望电视台在购买播放权时支付现金。然而，多数电视台更偏好广告交换（barter），也就是出让广告时段来换取节目播放权。这类广告交换辛迪加协议（barter syndication）将在第 7 章详细说明，自 20 世纪 70 年代末以来，已经成长为每年产值 40 亿美元的产业，并在很大程度上削减了电视联播网的利润。[61] 表 5—12 提供了一个广告交换辛迪加协议的收入预估案例。辛迪加公司的利润对于微小的收视率变化十分敏感（见表 5—13），因此其中隐藏的风险也值得注意。

广告交换辛迪加的主要会计问题在于收入认定的时间点。根据 FASB 工作小组的规范，广告交换收入认定的前提是具有不能取消的合同［扣除补偿广告（make-good）的预估价值，也就是对低于收视率预期的情况进行调整］，认列的时间点则是首次播出时。[62]

表 5—12　广告交换辛迪加协议的收入预估案例 215

假设：	● 1 亿拥有电视的家庭
	● 平均收视率 5.0，也就是有 500 万家庭收看
	● 目标观众比例 60%
	● 每千人成本（cost per thousand）（CPM）为 30 秒广告 9 美元
结果：	目标观众收视数量＝300 万
	（500 万乘以 0.6）
	每支 30 秒广告收入＝2.7 万美元
	（3 000 乘以 9 美元）
	扣除 15%代理佣金后的净收入＝2.295 万美元
	每周 10 支广告交换总收入＝22.95 万美元
	每周现金授权收入＝10 万美元
	每周总收入＝32.95 万美元
	一年 52 周辛迪加总收入＝1 765 万美元[a]
成本：	每周 12.5 万美元制作费，共 39 周＝490 万美元
	当地营销费用＝250 万美元
	发行费用＝收入的 30%＝530 万美元
利润：	745 万美元[a]

[a] 分红对象包括制片人及其他重要参与者。

表 5—13　电视系列剧的参与者利润分配案例 216

制片厂自制系列影集（超过五年）	
收入（百万美元）	
联播网提供的制作费用	50.0
10%销售费（提供联播网）	5.0
40%辛迪加发行费（125 集，每集 20 万美元）	10.0
40%海外销售发行费用	5.0
利息和其他	3.0
小计	73.0
支出（百万美元）	
制作成本（包括经常费用）	65.0
直接发行成本	2.0
重播费和其他	6.0
小计	73.0
制片厂税前利润	0.0

制作成本 联播网通常试图通过严谨的制作合同来控制成本。因此，制片人面临的挑战就是如何在合同规定的预算限制下生存。由于时间限制和各类工会不断提高成员工资，加上因为常见的剧本重写和排演导致超时工作（必须支付加班费），成本控制往往十分困难。

在2000年年初，联播网黄金时段的一小时节目（大约52页脚本）平均需要八天时间拍摄（以及好几倍的时间来剪辑），制作成本大约需要200万美元；如果启用较不知名、待遇较低的演员，有可能把成本控制在这一数字的70%～80%。而半小时的情境喜剧制作成本大约是160万美元。[63]

不过对于播出时间较长的系列影集而言，由于场景、道具、基本故事概念等固定成本可以通用，所以制作集数越多，平均成本越有望降低。假设其他条件不变，则越长销的系列影集一般越赚钱。但在成本会计上，还受到其他一些因素的影响。

第一个问题是，随着系列影集的收视率提高，主要演员很可能开始要求更高的报酬，甚至以辞演做威胁。主要演员每集的报酬很可能超过12.5万美元（例如，《宋飞正传》主角是每集100万美元，《欢乐一家亲》是160万，《好汉两个半》是200万，《人人都爱雷蒙德》是180万左右）。尽管大多数时候，可以通过向联播网收取更高的授权费来支付这些新增的成本，但也有例外，例如《三人行》演员要求加工资就遭到拒绝。[64]相较于联播网，有线电视原创的系列影集一般每小时制作费可以减少15%，并且只需要七天（而非八天）来拍摄。

另一个决定获利的重要因素，是制作成本的摊销百分比，这取决于节目的放映窗口（放映平台）数量。[65]正如欧文和怀尔德曼（Owen and Wildman, 1992, p.48）所言，一般而言，播放的平台越多，就越能分摊制作预算。

217 事实上，在制片商/发行商开始寻求节目辛迪加机会时，上述理论就发挥作用了。成本摊销比率的降低（意味着延长摊销时间）代表部分费用可以依靠未来预期的辛迪加收入来支付。这种处理方式，与未摊销电影重播费的会计处理一样，可参考第5.2节。

相较之下，制作人和辛迪加公司可能更偏好首播辛迪加节目，因为这类节目的制作成本通常要低于联播网的系列影集，而且资金回收的速度也较快。例如，一集时常为半小时的喜剧类联播节目，制作费很容易超过100万美元；但首播辛迪加节目的制作费却只需要这个数字的2/3。而每周播出五次、每次半小时的游戏类节目，总费用甚至只需要25万美元。[66]

相较于一般的主流电影，电视电影或者类似的本周电影（MOWs），其制作成本也较低，而较接近标准的电视节目系列。例如在2010年，两小时的MOW制作成本大约是480万美元；而电视网两次播出的授权费可以支付85%的成本，再加上海外销售和辛迪加市场收入，有可能很快打平甚至获利。[67]电视联播网则是用广告收入来弥补授权费支出，每一轮播出可能会包含45次甚至更多次的广告，每次30秒，广告费为每30秒至少6万美元。

发行成本与问题 电视节目的发行成本包括办公室的经常费用、交通运输，以及相关参与者的重播费分红等。事实上，相较于有线电视网的辛迪加市场，广播电视的重播费用具有明显差异，而这也经常影响辛迪加市场的营销决策。[68]除此之外，发行成本可能还包括重新取片名、翻译成其他语言，以及拷贝成本等，加起来也相当可观。[69]

正如表5—13所示，无论是独立电视台还是联播网会员，辛迪加节目的支出都快速增长，代表它们越来越仰赖辛迪加公司提供的节目，而支付方式通常是现金和广告交换的结合。类似的模式在欧洲、亚洲和拉丁美洲市场也会越来越常见。

尽管如此，在20世纪90年代，美国电视节目发行最大的变化就在于政府取消了所谓的财务与辛迪加法（financial interest and syndication rules, "fin-syn"）。这项法令禁止电视联播网享有任何的辛迪加节目销售利益，并限制了联播网自制节目的数量。[70]事实上，该法在1995年被废除，使得电视联播网能够通过销售自制节目获得额外的收入。[71]然而同样重要的是，财务与辛迪加法的废止也导致制片厂和联播网被大量收购。[72]

电视联播网过去的优势已然在日益严峻的竞 218
争（来自有线电视、独立电视台、DVD以及其他收视选择）下逐渐丧失；如今，电视节目开发、制作和发行越来越多地被掌握在大型电影公司和其他资本雄厚的媒体集团之手。由于黄金时段电视节目制作的高风险，以及制作、发行与营销电视节目所需的资本越来越庞大，小型独立公司的生存日益困难。

时间问题　无论发行商何时取得节目，都必须等到节目送至电视台播出后，收益和盈余才能够认列，这点与电影授权的情况相仿。[73]而系列节目只有在取得发行服务协议，开始播出后，发行费用才会被逐期认定。[74]

制作人、发行商、辛迪加以及其他利润参与者，对于电视授权收入的要求并不相同。每个人或公司都可能同时扮演多个角色。与电影院放映的情况类似，观念差异经常导致争议和稽核上的问题。例如，某一方所认定的支出和利润时间点，可能和另一方有显著差异。

例如，哥伦比亚广播公司的在 1980 年 12 月 7 日的《60 分钟》（60 *minutes*）中，以及《电视导览》（*TV Guide*）（Swertlow，1982）都提到两位知名演员：《丹尼尔·布恩》（*Daniel Boone*，由 20 世纪福克斯制作）系列的费斯·帕克（Fess Parker）和《洛克福德档案》（*Rockford Files*，由环球制作）的詹姆斯·加纳（James Garner）。这两位明星的合同都采取递延利润分享模式，因此，尽管他们认为发行商至少已经获利数百万美元，但两位明星并未收到任何的分红利润。

其中，帕克起诉福克斯，求偿 4 800 万美元，他认为他所主演的这部电视剧在 NBC 的黄金时段播出达六年之久，同时还成功地通过辛迪加市场获得至少 4 000 万美元的收入。而加纳则声称，他所演出的长销系列影集在国内和海外市场至少获得了 5 200 万美元的收入。他们认为，这样畅销的电视节目怎么可能没有获利？

问题就出在合同当中对“利润”的定义上。正如前面说过的电影市场那样，只有极少数的超级明星能够在高薪之外，还获得以毛收益为计算基础的高额分红；其他一些艺人也许只能获得高固定工资，再加上很小比例的“利润”分红。当然，大多数人是根本没有分红可言的，他们能得到演出机会就要谢天谢地了。

219 例如，根据环球和福克斯的前任高管罗伯特·利普（Robert Leeper）在《电视导览》中举出的假设情况：

> 制片厂宣称一小时的系列节目，第一年的制作成本大约需要 1 000 万美元……其中，70%是硬成本，如设备、灯光、胶片等，剩下 30%是制片商经常费用，如停车费、办公室支出等。
>
> 如果电视联播网第一年支付 800 万美元来取得这部 1 000 万美元成本的电视节目，则在账面上，这个系列节目当年度亏损 200 万美元。如果该系列节目大受欢迎，连续播出五年的话，代表每年都会亏损 200 万，最后光是制作成本账面上就会亏损 1 000 万之多。其他费用也是一样，制片厂会自己收取自己 10%的佣金来把节目“销售”给电视网。这每年就多了 80 万费用，五年就是 400 万，加上制作费用，在账面上就是高达 1 400 万的财务黑洞。制片厂还会计入这些损失的利息费用。假设五年来随着基准利率调整，利息费用达到 220 万，那么账面上就是 1 620 万美元的赤字。
>
> ……现在，该系列节目五年总共制作了 125 集，每集售价 10 万美元——也就是总共 1 250万美元的销售额。其他分红参与者可能会认为，这样一来财务赤字就减少到 370 万美元，或许即将盈利了？错！因为 40%的辛迪加费用在这里依然被视为损失——制片厂支付给自己 40%的发行费，把节目卖给独立电视台重播，在这个例子中，那就是 500 万美元。于是只剩下 750 万美元可以冲销赤字，而账面赤字还有 870 万美元之多。然后，制片厂还要扣除节目所谓的实际成本（actual cost），也就是用来发行这些节目到辛迪加市场的开支，包括剪辑、拷贝、负片，以及送到电视台播出的成本，这些“实际成本”加起来可以达到 130 万美元。所以，我们“长销不衰”的系列节目，账面上依然有着 1 000 万美元的赤字。（资料来源：《电视导览》杂志，1982 年）

所以，财务报表上几乎总是呈现赤字。那么，到底制片厂有没有获利？对于长销的系列节目而言，答案多半是肯定的。然而，如果你知道用来吸收制片厂一般经常费用的“软成本”（soft cost）总是包含在总制作成本数字中，如果你了解制片厂是通过收取发行费用来获利，而且制片厂总是希望比其他分红参与者更快收到现金的，那么你就不难想象，为什么其他人看到的永远只是简要的会计数字了，正如表5—13展示的那样。[75]

很多制片厂并不否认，哪怕在给其他分红参与者看的公开报表中显示亏损，它们依然能从节目制作和发行中获利。不过正如同电影产业一样，双方的立场是不一样的：制片厂必须投入可观的资本在设备、办公室以及其他长期性经营资产中，以维持公司的生存，而这也使它们处于经营风险之中；相反，其他参与者（如演员）可以通过自己的劳动获得可观的薪资收入，而且不需要承担风险。

220 5.5 脆弱的联结

电影和电视产业长期以来的会计问题和争议可谓众所周知，这也呼应了大众对于娱乐产业缺乏诚信、充满欺骗的形象认知。那些始终敏锐聚焦于各产业重大问题的新闻媒体，无形中也放大了上述问题的严重性。不过正如同其他经济部门一样，事实上，娱乐产业多数的个人和企业都谨守着行业伦理规范。其实，正由于娱乐产品的创造是个劳力密集、仰赖密切合作的过程，因此成功的关键除了能力外，尊重和信任同样不可或缺。

无论如何，为了防止产业内部的不当行为，我们必须了解那些可能被人遗漏的细节，并知晓"欺骗"行为一般是如何、在何处发生的。[76]

放映商：开始和结束

消费者购买电影票所贡献的票房收入，不但是一连串资金流动的开始，也代表着整个创意生产过程的结束。从一个简单的想法出发，最终形成数百磅重的法律文件，还有数十万英尺的电影胶卷（或者电脑硬盘中数兆比特的资料），这一切的开始和结束，都是发生在电影院当中。

由于发行商和放映商之间的详细合同内容几乎不可能被第三方所知，事实上双方都有可能为了公关和宣传的目的，扭曲实际的票房收入。[77]换句话说，一部票房平平的电影可能被说成票房不错的片子，而票房尚可的电影有可能被吹嘘成超级卖座片。

从现金流的角度来看，放映商的营业场所支出（俗称nut）是一个可以谈判的项目，有时可以扩大营业场所支出的比重以确保放映商的获利。事实上，不同发行商对于同一间电影院的营业场所支出可能有很大的认知差异，这种差异是长期合同之下默许的结果，也可能源自议价能力的差别。无论如何，营业场所支出的比例会影响到发行商的毛利润（也就是租金），进而影响后续所有利润分红参与者的收益。当然，如果放映商递延支付账款，或是明显地调整联合广告补贴等支出，也都会影响后续各方所得的利益。[78]正如康斯（Cones，1997，p.44）所说，发行商与放映商之间的关系比其他任何关系都要重要。

无论如何，电影票价政策也会明显影响到其 221
他参与者的收入分配。定价取决于当地的市场竞争状况、观众的需求周期，以及放映商极大化营业场所销售收入（如爆米花和饮料）的动机。对放映商而言，多半希望降低票价以吸引更多人潮，但这往往会因此牺牲了其他参与者的利益。为了避免上述策略遭到滥用，发行商有时会在合同中明确规定最低票价（参见第4.4节）。

货币的时间价值也是这个产业长期以来存在的问题。由于放映商收到的票房收入基本全是现金，因此在理论上，放映商应该能马上支付全额租金才对；此外，由于放映商也会对发行商的下一部电影感兴趣，因此发行商通常会利用这一诱因鼓励放映商准时付款。然而实际上，递延付款的情况在电影产业的每一环节都司空见惯，而在高利率环境下，递延的行为对其他参与者的收入分配十分不利。[79]

另一种欺骗行为发生在放映商和发行商合作谎称进行全国性广告，但实际上只是地方性广告的时候。在这种情况下，制片商必须分担所谓的全国广告支出，这使得发行商和放映商能保留更多利润。有时不道德的放映商还会利用假发票来夸大地方广告的支出（在联合广告的情况下）。放映商如果在地区性报纸上刊登广告的量够大，通常能够获得价格折扣，但放映商有可能刻意对发行商隐瞒这一事实。

此外，发行商和放映商之间的结算（settlement）条款也是被滥用的对象。在票房表现不如预期，或者其他议价条件改变的情况下，结算条款可以重新协商。[80]在这种情况下，发行商和放映商可能联合在一起，剥夺制片商以及其他分红参与者应得的利益。

其他潜在的欺骗和不道德行为还包括：

- 跑片（bicycling，也就是在未经授权的情况下，把单一拷贝拿到同一业者所属的其他电影院放映，以获得额外收入）。对于多厅电影院（影城）而言，如果原有电影的观众人数未达到放映厅潜量，业者有可能在违反合同的情况下，改播其他未经许可但更受欢迎的电影。另外还有所谓的连锁播放（interlocking），也就是两个放映厅共用一台放映机，因此可以用一个拷贝同时在两个厅播放，而发行商往往不知道这一点。
- 在未经许可的情况下，加映额外场次。
- 藏票（palming tickets），也就是留下未撕的电影票，并且加以回收转售，由于电影票的销售序号不会受到影响，因此这样可以低报票房收入。
- 在销售数百张电影票后，更换票卷（也就是重新开始售票计数），这样先前销售掉的票就不会被记入账面上的票房。
- 在未经授权的情况下复制影片，也就是盗版。在今天，还包括复制 DVD、录像带以及互联网下载的电影等。这会导致发行商的收入大幅减少。
- “产品分割”（product-splitting）在第 4.4 节讨论过。这会降低电影投标的竞争性，同样也会降低发行商收到的票房收入百分比。

发行商—制片商问题 222

前面说过，相关参与者的收入会受到制片厂经常费用的影响，包括电影制片部门的公关宣传及其他营销费用，制片商的配音、剪接、稽核发行商收入、版权、筛选、净空审查、电影预告准备、保险、关税、工会规费、拷贝检查及放弃计划成本等。如果没有仔细留意相关参与者的合同，上述费用都有可能成为未来的争议焦点。

另外，主要的分红参与者（例如主要演员）也可能会降低其他参与者的分红数额。例如，有时候为了电影出镜而购买的古董家具、服饰、房屋或汽车等，在电影拍摄完成后，有可能留给主要演员作为私人使用。

另一种情况则是，在某些国家（如匈牙利或印度）拍摄电影时，由于外汇管制导致货币无法正常汇出。在这种情况下经常让随同主要演员出国的家人或朋友，获得一场难得的免费异国之旅。因为在上述国家赚到的外币收入，必须在当地被消费掉。[81]

正如前面已经指出的，在电视授权费、交叉担保交易和制片厂的海外租税等方面，也存在争议的可能。同样地，海外收入汇款也是一项难处理的会计问题，因为合同规定的审计权利，最后可能受限于美国的财务会计规定，同时发行商也可能会采用对自己较有利的汇率结算；还有，海外款项的收受往往异常缓慢。

为了避免上述问题，制片商可能尝试建立自己独立的海外发行系统。最有效的做法通常是与有经验的海外发行公司签约，它们的服务费用通常占到发行收入的 10%～15%。同时如果海外收入不足，发行公司还有权先行扣除直接销售成本。[82]

5.6 结论

对于主流电影公司而言，其优势在于可以掌控从初期融资、发行一直到电影上映的所有阶段。然而，新科技的发展对传统的权力结构造成了调整，同时也带给电影产业的其他参与者新的机会。

223 新科技带来的机会使得许多小公司可以切入利基市场。然而从全球角度来看，电影和电视节目制作与发行所需的庞大资金依然形成了明显的进入障碍，并且逐渐使得产业朝向垂直整合的角度发展。因为制片成本属于经济学家所说的沉没成本（sunk cost，也就是说，生产电影所需的资本大多是在前期就投入了，且难以回收，而后续增加的支出相对而言微不足道），因此对制片商和发行商而言，关键在于该如何通过多个窗口（平台）的接触，让电影的曝光程度极大化。事实上，对于电影这种固定成本和沉没成本极大、变动成本和边际成本极小的产业而言，市场规模大小就是生存的关键。[83]

然而，我们不能说新媒体市场已经消除了电影产业的风险，大量的新进入者也并没有导致产业投资报酬率降低，产业循环也没有因此消失。总而言之，上述因素都只是这整个产业发展的一部分而已。

尽管近年来电影产业的并购风潮逐渐告一段落，但整个电影和电视制作及发行产业的财务经济结构甚至变得比过去更加复杂。而这也提供给投资者一个有趣，同时或许有利可图的投资领域。

【注释】

[1] 版权属于派拉蒙音乐公司（Paramount-Roy Rogers Music Co.，Inc.）。

[2] 巴特与古贝尔（Bart and Guber，2002，p. 155）。

[3] 罗森（Rosen，1981）是第一个对"超级明星"现象进行严谨经济学分析的学者。后续涉及这一主题的文献包括阿德勒（Adler，1985）、麦克唐纳德（MacDonald，1988）和哈姆兰（Hamlen，1991）。参见弗兰克和库克（Frank and Cook，1995）。

[4] 关于《少棒闯天下》（*Bad News Bears*）1979 年的诉讼——该片由派拉蒙以 675 万美元授权给 ABC，作为整个影片组合（1850 万美元）的一部分——为相关判决立下了先例。详情见《综艺》1981 年 1 月 21 日和 1980 年 7 月 2 日。

[5] 采用平均摊销法的公司，通常根据它们的实际经验作为计算的基础。以 104 周的总摊销期间来说，一般 65%的成本发生在前 26 周，而 90%发生在前 52 周。

[6] 在电影上映前就认列成本的情况相当罕见，因为如果在拍摄前期就估计电影票房表现会很差劲的话，该电影通常根本无法得到融资、制作乃至于发行。

[7] 在部分教育机构也存在 16 毫米的屏幕。

[8] 来自电视的收益增长可见以下例子：1956 年，米高梅的《乱世佳人》（*Gone with the Wind*）从电视联播网获益 25 万美元；1979 年，通过与 CBS 签订为期 20 年、总额 3 500 万美元的合同，平均年获利超过 100 万美元。近年来，联播网为热门大片支付的金额屡创新高，例如 1994 年，NBC 为了《侏罗纪公园》向 MCA 支付 5 000 万美元（四轮播放）。1996 年，ABC 为了《碟中谍》的两轮播放权支付了 1 800 万至 2 200 万美元（视票房表现而定）。其他重要案例还包括福克斯 1997 年支付 8 000 万美元以获得《失落的世界》先期播放权、为《星球大战前传 1：魅影危机》支付 8 000 万美元，以及迪士尼 2001 年为《哈利·波特与魔法石》支付的 7 000 万美元。如今，大多数电影可以从电视联播网（两轮播放）获得大致等于其票房 20%～25%的收入。

[9] 在 20 世纪 70 年代末和 80 年代初，新媒介的快速成长一度扭曲了电影产业的账面利润。当时成本摊销多半是在影院上映期间进行的，但对于后续的付费有线电视和家庭录像带市场却很少顾及。因此 AICPA 成立了特别小组以解决这一问题，后来则规定电影公司必须揭露其预期收益周期、成本结构，以及预计的摊销时间。根据 SOP 00-2，如果预计在三年内摊销的成本不到总成本的 80%，则必须提供额外信息。

[10] 2004 年，IRS 的要求对于电影公司已放弃的拍摄计划的税务处理提供了指导原则。指导原则 2004-58 指出，除非

纳税人（电影公司）早已打算放弃拍摄计划，否则不能针对拍摄中取得的资产认列损失。

[11] 当年度的摊销数额，等于所有未摊销成本乘以当年度的毛收入，再除以预计的剩余毛收入（包含当年度）。

[12] 例如，华纳传播公司（Warner Communications）1989 年并购洛里玛电子图像公司（Lorimar-Telepictures）时，由于华纳采用较保守的会计方法，导致洛里玛电子图像公司约 4.5 亿美元的股本价值消失。对预期收益的微小调整往往会导致预期利润的巨幅变动，例如，预期收益上调 10%，边际利润率就可能提高一倍。

[13] 例如，根据时代华纳 2008 年的 10-K 文件："管理成本根据每一部电影的预期最终收益来估算，考虑因素包括类似电影的历史票房表现、演员阵容、电影分级和类型、前期市场调研，以及电影预期上映的厅数。"

[14] 这是表 4—2 中，MPAA 电影平均负片成本从 2000 年起调降的主因。

[15] 利迪（Leedy，1980，p. 9）提到了递延会计法对外部参与者的意义。丹尼尔斯等人（Daniels et al.，2006，pp. 45-48）提到电影产业混合使用递延法和现金会计法，主要是由于电影公司和外部参与者的期望不同所致。

[16] 根据会计原则委员会第 16 号意见，发生企业并购时，并购方支付的成本以被并企业的资产减负债来计算。其中，商誉（goodwill）是收购成本和合并后的公司净资产最主要的差异所在。在 2001 年以前，商誉的摊销年限可以长达 40 年。不过在 FASB 的第 142 号公告于 2001 年生效后，商誉一般情况下不需要摊销，除非相应的资产价值出现减损。

[17] 1982 年影路（Filmways）电影公司的"准"重组（quasi-reorganization）就展现了一个鲜明的例子。当时该公司由于票房严重失利而陷入经济困境，急需新的资金注入。后来，该公司根据会计方法将其影片库一一加以估值，并根据最近的发行纪录来设定新的摊销标准，对该公司发行系统也进行了重新的估值。结果，通过发行债券和股票，该公司获得了 2 600 万美元的现金，再加上出售部分资产，该公司重获新生，它的新名字就是猎户座电影公司（Orion Pictures）。

另一个例子是米高梅 1981 年并购联美，其中米高梅支付了 3.8 亿美元的收购成本，这些成本中未与特定资产对应的部分（换句话说就是属于联美的商誉部分）以及与发行系统有关的成本，分 40 年摊销。

[18] 如果电影如期完成，且花费超出预算的比例不超过 10%，则最多一半的保证金将被返还。参考第 4 章注释 [26]。

[19] 不要混淆了负片提交协议和（在极少数的情况下）发行商为制片方提供的银行贷款担保。在发行商提供贷款担保的情形下，制片公司必须马上在资产负债表上认列负债。相反，在提交协议中，直到电影发行之前，都不需要认列负债。

[20] 低于 30%的业界发行费标准的情况也发生过，例如 1970 年代联美就以 22.5%的收益比例发行米高梅的电影。此外像第 4 章讨论过的有限融资也可能产生远低于标准的发行费用。

[21] 在这个例子中，投资报酬率就是 54%（810 万/1 500 万美元）。不过在进行比较时，还有很多因素如拍摄耗时、税负等问题需要考虑。

[22] 然而，正如康斯（Cones，1998，p. 46）指出："当电影是独立制作完成并提交给发行商时，这一交易实质上应该视为一种收购。"负片提交（negative pickups）这种做法其实应该被看做由贷方融资的制片协议。

[23] 在看过许多电影的草案后，发行商会根据预期票房收入来做出评估。例如，假设 450 个影院的发行费用需要 600 万美元，依照发行费率 30%来计算，发行商在电影总租金收入 2 000 万美元时能够实现损益两平：

600 万/30%＝2 000 万（美元）

在这种情况下，发行商最多愿意给制片商提供 1 400 万美元的预付金。不过，在实际情况下发行商愿意支付的金额往往只是这一数字的一半，因为：(1) 发行商需要考虑潜在风险；(2) 发行商希望追求更高利润；(3) 这一计算并未涵盖所有发行成本；(4) 发行商的固定成本，例如维持一个庞大发行体系所需费用，并未被计算进去；(5) 影院放映的情况是随时变动的。

[24] 伯尼（Berney，2004，p. 382）指出，独立制片人的情况从一般的发行协议到"租借发行协议"（rent-a-system）都有。

[25] 例如，前迪士尼高管乔·罗斯（Joe Roth）2000 年创立的革命工作室（Revolution Studios）就采用了类似方式：索尼拥有该工作室的股权，并为出品的每一部电影支付 40%的制片成本和全部的营销费用；作为回报，索尼拥有电影的影院和录像市场发行权（日本和德国市场除外），收取的发行费仅为 12.5%。参见《商业周刊》，2001 年 3 月 5 日。另一个例子是迪士尼/皮克斯在《海底总动员》采用的合作方式，迪士尼收取 12.5%的发行费用，但利润由两家公司共享；后来，迪士尼于 2006 年并购了皮克斯。漫威娱乐（Marvel Entertainment）在 2008 年的《钢铁侠》大获成功后，就往后四部电影与派拉蒙签下了新的协议，发行费用降为 8%（原先是 10%）；参见《华尔街日报》，2008 年 9 月 30 日。在梦工厂 2008 年和派拉蒙拆伙后，新的全球发行商环球（除了印度市场之外）承诺每年为梦工厂发行六部电影，发行费仅 8%。参见《洛

杉矶时报》，2008 年 10 月 14 日。

[26] 例如，《黑衣人Ⅱ》的总制作和营销成本约 2 亿美元，其中至少有 40%属于给主要演员威尔·史密斯（Will Smith）、汤米·琼斯（Tommy Lee Jones）、导演巴里·桑菲尔德（Barry Sonnenfeld）和其他人的分成。演员事先获得固定的薪酬，但承诺在电影票房达到 2 亿美元之前，不再获得其他分红，以使电影公司能够回收投资；不过一旦票房超过这一数字，演员又能够获得额外的红利。不过，《综艺》2002 年 11 月 25 日报道，电影公司从 2002 年起一般把主要演员的分红总比例限制在 25%以下（过去往往超过 30%）。

针对其他人员的小额分红大约在 20 世纪 90 年代末开始变得较为普遍。1999 年，哥伦比亚电影公司为作家提供分红，原著独立作者可以获得 2%的分红，共同作者为 1%。分红是在电影公司扣除制片、发行和营销成本后（但尚未扣除支付给电影公司自己的发行费）才开始计算。这意味着如果一部电影总收益是 1.2 亿美元，制片成本和营销成本分别为5 000万和 3 000 万，则剧作家可以获得额外的 80 万元红利。

[27] 大概从 2006 年开始，第一元毛额分红的做法由于电影公司面临票房和 DVD 销量的增速放缓而逐渐消失。调整后的做法（称为现金损益平衡法，cash breakeven）是电影公司在回收完所有制片、营销和发行成本后，才开始分红。有些这类协议包括电影公司保留全部（而非一般的 20%）家庭录像收入以支付成本。受到这一改变影响的电影包括《达·芬奇密码》、《碟中谍Ⅲ》以及《加勒比海盗》的两部续集。2008 年的剧作家罢工也加速了这一变化。

谢普利（Cieply，2010b）注意到，对巨星的补偿已经从第一元毛额转向后端补偿（backend compensation）。有些演员甚至按照 SAG（Screen Actors Guild，影视演员协会）的计划 F（schedule F），要求最新薪酬 65 万美元。

弗莱明（Fleming，2008a）叙述的例子是金·凯瑞出演《好好先生》（*Yes Man*）的合约，他放弃了 2 500 万美元，要求的回报是盈亏平衡之后总收入的 33%，加上 DVD 收入的三分之一。克林特·伊斯特伍德（Clint Eastwood）出演《老爷车》（*Gran Torino*），拿到的是制片商收回成本后第一元毛额的 30%。也见霍尔森（Holson，2006a）、凯利和马尔（Kelly and Marr，2006）以及舒克（Schuker，2009c）。下面的例子来自霍恩（Horn，2006c）。

第一元毛额法	
制片商总收入	200.0（百万美元）
制片商支付电影	
制作成本	−160.0（百万美元）
制作人、演员和制片商	
净收入	+40.0（百万美元）
支付给制作人和演员	
为净收入的 50%	−20.0（百万美元）
制片商结算线	+20.0（百万美元）
现金损益平衡法	
制片商总收入	200.0（百万美元）
电影制作人和演职员分享的利润	
为收入的 25%	−50.0（百万美元）
制片商毛收入	+150.0（百万美元）
电影制作总成本	−160.0（百万美元）
制片商结算线	−10.0（百万美元）

[28] 埃勒（Eller，2008）提到，在《夺宝奇兵 4》（*Indiana Jones and the Kingdom of the Crystal Skull*）中，乔治·卢卡斯、斯蒂芬·斯皮尔伯格和主演哈里森·福特三人在参与分红时采用了所谓“损益平衡协议”（breakeven deal）。需要注意的是，乔治·卢卡斯创作了整个故事，因此他拥有《夺宝奇兵》系列的版权。派拉蒙拍摄此片总共耗资 1.85 亿美元，全球营销成本大约 1.5 亿美元；发行商针对影院、DVD、电视等渠道收取的发行费用占 12.5%。只有在总收入超过 4 亿美元，并打平所有的成本和发行费之后，分红才开始生效。不过，一旦总收入超过这个数字，此后每赚得的 1 美元中，派拉蒙只能分到 12.5 美分，剩下 87.5 美分则由其他分红者们拿走。当然，如果票房失利的话，无论电影公司还是分红者们都拿不到多少钱。

[29] 由瑞恩·卡瓦诺（Ryan Kavanaugh）所创的相对论传媒（Relativity Media）在这类风险分担协议上走在业界前沿。

[30] 电影预算越高，通常广告营销费用也花得越多；参与分红的人员越多，电影公司也就越不容易实现净利。例如，支付给参与者的分红反过来又会被计算到负片成本中。据估计，只有当电影总收入超过制片、营销以及人员成本总和的1.5倍之后，才能实现净利。

[31] 例如，预告片（trailer）成本的归类就迭有争议，虽然一般归类在发行成本当中。

[32] 最杰出的电影行业会计师菲利普·黑克（Philip Hacker）就提到："华纳兄弟对利润净额的定义就可以写满五页纸；对毛收入的定义也有四页纸之多。到底是'赚钱'还是'赔钱'往往取决于你采用的定义。而对分红参与者而言，这些字眼毫无意义，他们只是不定时地收到电影公司给的一笔钱而已，数额由协议里定义的方式算出。"很多时候，电影公司会采取对本身较有利的会计计算方式，以至于有些看似非常卖座的电影，实质上分红参与者们根本没分到多少钱。

[33] 不莱梅（Breimer，1995，p.76）提到，电影公司通常能从有线电视或家庭录像带市场获得高额的预付款（advances），但这些预付款在真正被认列之前，分红参与者们是1毛也享受不到的。这里又凸显了电影公司和分红人员的观点差异。不过《综艺》2002年4月1日提到，许多主要电影明星也开始要求分享DVD市场较高比例的权利金。与DVD市场有关的重要数字就是视频/总额比例（video-to-gross，VTG）。不过，在大多数情况下分红者们只能分到DVD收益的20%，剩下80%仍归电影公司所有。

[34] 康斯（Cones，1997，p.58）提到，关于家庭录像带市场收益的处理，有着四大问题：(1) 是以权利金而非发行费的方式支付；(2) 发行商获得的权利金收入只有批发价格的20%；(3) 因为电影公司往往拥有自己的录像带发行部门，它们还可以获得发行费收入，因此等于两次获利；(4) 录像带营销所需的开销会被发行商所扣除。

[35] 由全国特许经营协会（National Association of Concessionaires）和可口可乐赞助的一项研究指出，电影院餐饮销售的40%来自爆米花，40%来自软饮料，剩下20%来自其他食物和糖果。一项1990年的研究指出，在部分影院，这些特许销售收入甚至占到整个影院利润的90%；因为一杯2.50美元的饮料，成本可能不到25美分，利润惊人。在1990年，美国人每次看电影时平均在食品上花费1.20美元，都市地区更高达1.60美元。

[36] 例如在1988年，国宾影城（Cineplex Odeon）的财务报表显示了可观的营业收入。然而，如果把不动产交易的盈亏排除在外的话，该公司事实上是亏损的。参见维斯勒（Wechsler，1989）。

[37] 在2010年，维持一个全国发行系统每年大约需要耗费7 000万美元。假设发行费用率为33%，则只要影院租金收入达到2.1亿美元，就能够挣回这7 000万。然而正如在斯阔尔（Squire，1992，p.286）所编选的著作中A.D.墨菲（A.D.Murphy）的论文所提到的，收入超过这一数字并不代表就能够获利，因为额外获得的收益往往会先被用于支付其他营销成本以及拍摄新片之用。参见维斯勒（Wechsler，1990）。

[38] 唐纳修（Donahue，1987，p.183）提供了一个很好的例子："……假设一部电影获得1 000万美元的租金收入，营销成本500万。在发行费协议下，发行商获得300万美元，所需成本则由剩下700万中扣除，剩下200万归制片商；而在毛额分红协议中，独立制片人可以获得300万美元，成本则由剩下700万中扣除，剩下200万归发行商所有。"

[39] 例如，国内票房超过5 000万美元的电影，付费电视授权费用一般是700万；而票房超过7 500万美元的电影，授权费用则是1 000万左右。逐级计算的方式也常被采用，例如一般国内票房（domestic box office，dbo）不超过500万美元的电影，授权费用是dbo的50%；票房介于6 000万至1亿美元的电影，授权费是1 100万元加上总票房减去6 000万之差的5%；而票房超过2亿元的电影，授权费封顶在1 500万元。未来，随着影院票房占电影总收入的比重下滑，授权费计算方式与票房的关联可能降低。而在有线电视网方面，一般授权费是票房收入的12%左右，有最高限度。因此像《阿凡达》这样国内票房超过3.5亿美元的电影，有线电视网授权费可高达3 000万以上。

[40] 见艾布拉姆斯（Abrams，2012a），文中有一个例子，估计了2012年电影《魔镜魔镜》（*Mirror Mirror*）在全美650万美元票房，在国外1 110万美元票房。这部影片预期在美国国内及国外的家庭视频市场分别获得500万和400万美元，在付费电视市场分别获得110万和130万美元，在免费电视市场分别获得100万和150万美元。

[41] 不过，主要电影公司如今已很少在预算中编列经常费用。相反地，他们会根据实际支出来编列，不过通常还会保留负片成本的15%左右作为经常费用。

[42] 大约从20世纪90年代起，完工担保公司开始为独立制片人提供所谓的"缺口融资"（gap financing）。这类融资通常是以电影尚未出售的海外版权作为担保。在最盛行的时期，缺口融资金额甚至可以达到电影总制作成本的50%～60%。不过近年来融资者已经变得更为谨慎，因为制片方偿债能力的风险在加大。

[43] 参见加瑞（Garey，1983，p.104）。

[44] 过去的经验是票房毛额一般要达到负片成本的2～3倍，才能损益平衡。不过对于大制作的电影而言，这一比例更接近2∶1。

[45] 许多公司在20世纪70年代初都曾尝试进入制片领域，但几乎都失败了，包括ABC影业、影院中心电影公司（Cinema Center Films，由CBS投资）、影路（后来重组为猎户座）、德·劳伦蒂斯娱乐集团（De Laurentiis Entertainment）等。这些公司都拥有雄厚的资金与丰富经验，但依然落得惨淡收场。正如一位CEO所说："你投资了2亿元，拍了一部没有任何人喜爱的电影。其他人都可以得到应有的回报，唯有出资的人啥都没有。"（《综艺》，2002年11月25日）

[46] 一个真实的例子请参见艾伯特和伊洛特（Eberts and Ilott，1990，p. 109）。

[47] 见《每日综艺》，1979年10月24日。

[48] 在20世纪90年代末，业界一般的共识是，对于热门大片而言，国内票房每增加1 000万美元，电影公司就能获得150万美元（在票房超过1.5亿美元之前）。

[49]《战争与回忆》(*War and Remembrance*) 这部影集的巨额成本与它的高水准制作同样著名。这部在1988秋季至1989年春季播出、共32集的系列影集，共耗资1.1亿美元，给ABC带来2 000万美元的亏损。后来在2001年，HBO制作类似的影集《兄弟连》(*Band of Brothers*) 时，10集就花掉了1.25亿美元。在2010年，HBO的黑道影集《海滨帝国》(*Boardwalk Empire*) 第一集就花了至少2 000万美元，这部共12集的系列影集，主要希望能由更多的订户、DVD销售以及至少160个国家的海外发行来回本。

[50] 因为试播节目（pilots）这种方式实在花费巨大且往往得不到回报，因此电视产业有许多人都质疑过这种大规模的、浪费的节目开发方式是否合适。不幸的是，完美的替代方法还没有出现。布恩（Bunn）提到，在2002年一部一小时长的试播节目耗资往往超过250万美元，而仅26分钟长的"演示"（presentation）节目［也称微示（minipilot）］也要耗掉180万元。巴恩斯（Barnes，2004b）提到，试播节目对于预测未来节目收视率的效果并不显著；《宋飞正传》(*Seinfeld*) 和《天龙特攻队》(*The A-Team*) 的试播表现很差，随后却大获成功；相反，试播一级棒后来却收视惨淡的节目也不少。

[51] 在投资税额抵免于1986年被废止以前，制片成本的62%～63%可以被视为税收减免——这在一定程度上减轻了制片赤字问题。参见布鲁克（Bruck，2003，pp. 289-291）。

[52] 事实上，正因为在制片的初期阶段想获得正的现金流是极为困难的，才使得许多制片公司面临财务问题，并被迫寻找投资者，或干脆并入大型电影公司。

[53] 半小时节目的平均赤字已经从1982—1983年的6.4万美元上升到1986—1987年的17万美元；而一小时节目的平均赤字在同一时期也从19.8万美元涨到37万美元。根据电影与电视制片人协会（Alliance of Motion Picture & Television Producers）的估计，1989—1990年，每小时节目的平均赤字已经达到30万美元，半小时节目则是25.8万美元。

斯坦伯格（Steinberg，2006）以电视剧《24小时》为例，说明DVD对于弭平赤字的重要性。过去，制作人通常是依靠海外版权销售来弥补亏损。但对于120集的《24小时》而言，每集成本250万美元，总计花费3亿美元；其中联播网授权费每集收入130万美元，加上海外版权每集100万——120集下来，总共收入2.76亿美元，但依然留下2 400万美元的赤字。而该剧DVD销售收入总计达到2亿美元，是转亏为盈的关键。

[54] 欧文和怀尔德曼（Owen and Wildman，1992，p. 184）指出，那些至少被续拍过一次以上的影集或系列节目，再续拍的可能性较高。1992—1993年，播出集数最多的电视剧是402集的《荒野大镖客》(*Gunsmoke*) 和356集的《达拉斯》(*Dallas*)。到2010年为止，存活时间最久的黄金时段节目是《60分钟》（从1968年起，长达42年）、《埃德·沙利文秀》(*Ed Sullivan Show*)（1948—1971年，20年）、《20/20》（24年）、《荒野大镖客》（1955—1975年，20年）、《法律与秩序》(*Law and Order*)（到2010年为止共20年，456集）和《雷德·斯克尔顿秀》(*The Red Skelton Show*)（1951—1971年，21年）。非黄金时段节目则以《周六夜现场》(*Saturday Night Live*) 最长盛不衰，该节目自1975年起迄今一直都在NBC播出。

[55] 有线电视流行节目《愤怒管理》(*Anger Management*) 清楚地说明了非有线节目在辛迪加市场也有潜力。该节目在FX网络播出了10集之后，成为收视率最高的有线电视连续剧（453万观众，其中250万是18～49岁）。该剧拟制作90集，也突破了第一季播出的电视剧的门槛。九家福克斯电视台进行了重播。它由Lions Gate Television制作，Debmar-Mercury公司发行。

[56] 总体而言，在20世纪70年代末以后，想拍出能赚钱的、畅销的系列节目，难度要远高于20世纪60年代和70年代初。在20世纪80年代，观众的口味变得越来越多元；同时，有线电视、录像带等替代品也分散了观众的注意力。

[57] 随着付费电视的竞争力不断提高，电视制作人也开始把注意力放在这些平台上，而不是只注重吸引联播网客户。

[58] 斯伯里奇（Sporich，2003）提到，派拉蒙是第一个发售电视剧DVD的制片商（1999年的《星际迷航》），福克斯则是第一个把热门电视节目制成DVD发售的（《辛普森家庭》）；福克斯随后又制作了一系列热门影集的DVD（包括《X档案》、《吸血鬼猎人巴菲》、《24小时》），到2003年，福克斯占据了电视DVD市场的42%。HBO（及其姐妹公司——华纳

的家庭录像部门）同样表现抢眼，其《六人行》、《黑道家族》和《欲望都市》都创下很高的DVD销售额。2006年，美国电视DVD市场规模约达30亿美元；2005年，最热销的《宋飞正传》（第1和第2季）销售额达9 000万美元。斯坦伯格提到福克斯的《24小时》在2002—2006年DVD销售额达2亿，是该剧转亏为盈的关键。

[59] 对于有潜力长销三年以上的节目，发行公司通常愿意为每集提供5万美元以上的资金保障。而制作人往往愿意放弃对节目的部分所有权以换取现金流，发行商则可凭此保障长年有节目可供播出。当然，发行商也要承担节目可能被取消或观众口味改变的风险。华纳兄弟的一项研究表明，在1990—2002年间播出的436部喜剧节目中，只有54部能持续播放四年以上，其中更只有9部（占总数2%）成为热门节目。

[60] 一个例外是发行商King World（目前为CBS所有），该公司由于其《命运之轮》(*Wheel of Fortune*)、《奥普拉脱口秀》(*The Oprah Winfrey Show*) 和《挑战自我》(*Jeopardy!*) 的良好收视表现，跟许多电视台签订了三年的辛迪加协议。到2009年为止，辛迪加市场播出时间最长的节目是《灵魂列车》(*Soul Train*，33年）和《今夜娱乐》(*Entertainment Tonight*，28年)。

[61] 广告交换的价格依电视联播网的每千人成本（CPM）而定，通常是电视台所能收取总额的80%。不过，广告交换把财务风险从联播网这边转嫁到辛迪加公司身上，后者必须设法吸引广告客户以填补时段。

[62] 因为广告交换合同一般要到接近播出的时候才能够谈妥，因此评估合同价值变成十分困难的事。

[63] 电视联播网热门时段节目的制作费在20世纪70年代以每年14.4%的年增率不断上涨，20世纪80和90年代虽然缺乏类似数据，但一般认为成本年增率也在10%左右，到20世纪90年代末更达到15%以上。参见卓西克（Chozick，2010b）。

[64] 热门电视剧的高利润是导致明星报酬高涨的原因之一。例如，《宋飞正传》（史上制作成本最高的电视剧之一，第九季每集制作成本达400万美元），NBC每集可插入9个30秒的广告，每个50万美元，总收入450万；加上重播一次，共收益900万美元，扣除代理费后，每集可为NBC创造800万美元的年收入。假设一季度播出25集，NBC就能获益2亿美元。但随着新合同当中主要演员的报酬提高到每集100万美元，新季度每集的总成本也上升到500万，远高于该剧前几个季度的200万。成本的高涨也使得NBC每季度的利润从1.5亿下滑到7 500万。此外，在1998年，NBC为电视剧《E. R.》每集支付创纪录的1 300万美元——意味着三年支付8.5亿美元。其中，华纳分得了3.3亿美元，剩下的归制作人、编剧、代理商等所有。参见《商业周刊》，1997年6月2日。

卡特（2006）还提到NBC第10季的《六人行》，制作方华纳对于制作新季度的节目了无兴趣，除非授权费达到每集1 000万以上。结果，NBC与华纳签下了17集、每集1 000万的协议。华纳之所以并不热衷于拍摄新的《六人行》，主要是因为该剧已经拍摄了8～9季，累积集数达到175～200集，足够让地区性电视台连续播放一整年了，因此，再拍第10季对于辛迪加市场而言价值不大。

[65] 对于在联播网上热播过的电视节目而言，后续的辛迪加市场收益往往十分可观，例如20世纪80年代中期MCA的《夏威夷神探》(*Magnum, P. I.*) 就收获了总共2亿美元（每集150万）的辛迪加授权费；1998年，每集半小时的《宋飞正传》辛迪加授权费达到600万美元，总计收入16亿，打破了1988年半小时节目《考斯比秀》(*Cosby*) 6亿美元的纪录。《宋飞正传》也是少数辛迪加市场收入比联播网首轮播放还高的电视剧。《六人行》第二轮播放的收益大致与首轮相等，都是10亿美元左右，这意味着通过两轮播放和其他授权收入，236集的《六人行》共斩获30亿美元以上，这一数字仅次于《宋飞正传》。

[66] 2000年初期，杂志类型节目（magazine-style show）的每周制作预算大约是45万美元（是20世纪90年代初的两倍），而大多数游戏或谈话类型节目制作成本约在每周15万～25万之间。这类节目一般至少每周要从全国广告交换市场获得9万美元受益，才能实现损益平衡。然而像《今夜娱乐》这样的节目成本达到每周50万美元，它至少需要保有4.5%的家庭收视率才能实现盈利。

首轮系列节目的成本可以很高，例如《星际迷航：下一代》(*Star Trek: The Next Generation*) 的每集预算达到130万美元，外加7.5万美元的特效费用，使它成为20世纪90年代初最花钱的节目之一。但热门节目也不一定都很贵，在1997年，几大联播网的新闻杂志类型节目如《60分钟》(CBS)、《20/20》(ABC)、《黄金时段现场》(*Prime Time Livs*) (ABC) 和《日界线》(NBC) 每小时制作成本都在40万美元左右（仅有电视剧的1/3)。而ABC的《谁想成为百万富翁?》(*Who Wants to Be a Millionaire*) 每集成本大约只有75万美元，因为并不是每集都有人拿走百万大奖。《谁想成为百万富翁?》在2000—2001年估计为ABC带来10亿美元的收益，EBITDA也有8亿美元左右。

[67] 20世纪90年代中期，美国电视节目发行商大约靠电视电影从海外赚进2.25亿美元。每部电影的海外授权费在40万～140万美元之间，其中制作人通常可以通过出售海外版权事先获得40～90万美元。这大约能弥补电视电影1/3的制

作资金。每年大约有 250 部这种类型的电影被制作出来；而根据布鲁克（Bruck，2003，pp. 206-208）的说法，电视电影最早是在 20 世纪 60 年代中，由 MCA 所制作。

[68] 例如，在广播电视辛迪加市场，人才代理机构要求的剩余价值分红比例可能是首轮和二轮的 75%、三至五轮的 50%、第六轮的 10%，再往后则是 5%。然而在有线电视辛迪加市场，通常剧作家、演员和导演只能一次性分得总额不超过 10%的分红。换句话说对于每集授权费 15 万美元的节目而言，发行商在有线电视市场只需要付出 1.5 万美元的分红，但在广播电视辛迪加却可能花到 12 万～15 万美元。

[69] 全国辛迪加播放所需要的拷贝数量，可以通过"跑片"（bicycling）来降低，也就是在安排好时间的情况下，同一份拷贝在多个电视台之间流转。当然，理论上通过卫星传输技术，只需要一份拷贝就够了。

[70] 在 1985 年以前，电视联播网每周播放自制节目的时长不得超过 2.5 个小时，到 1988 年提高到 5 小时。不过时至今日，电视联播网在自制节目方面依然不是很有效率。20 世纪 80 年代 ABC 自制的《蓝色月光侦探社》每集成本达到 300 万美元；NBC 在 2006 年开播的自制节目《日落大道 60 号》每集成本也达到 250 万美元（据《华尔街日报》2006 年 5 月 15 日报道）。

[71] 财务与辛迪加法，以及黄金时段准入规则（Prime Time Access Rule）都是由 FCC 在 20 世纪 70 年代通过的，主要目的是让独立制片商得以生存，并限制三大联播网的垄断地位；当时，三大联播网的大多数节目都是自制自播的。但布鲁克（Bruck，2003，第 4、第 5 章）指出，实际上是 MCA 为了遏制电视联播网的竞争，才推动了这些法令通过。

到了 1983 年，解除管制的风潮促使电视联播网试图挑战这些禁令，产生了在联播网和独立制作人、独立电视台以及电影公司之间的政治博弈。独立制作人害怕联播网会侵害到他们的创意的财务独立性，联播网则力证在有线电视和家庭录像带的发展下，联播网早已不再构成垄断。到了 1995 年以后，所有限制都逐渐解除。

[72] 福克斯电视网是在 20 世纪 80 年代末发展起来的。因为当时它并未提供整周的节目，也不在 FCC 所定义的联播网名单中，因此得以不受限制地享受辛迪加利益，并开发自制节目。因此在 1993 年解除管制之前，新闻集团——福克斯的母公司——就已经拥有了电影公司、"准"电视联播网以及辛迪加公司。不过到 1994 年以后，其他跨媒体集团也开始形成，联合/派拉蒙（United/Paramount，UPN）以及华纳兄弟（WB）分别成为第五和第六个联播网；另外在 1995 年，迪士尼收购了 ABC。后来在长达 10 年累计亏损数十亿元之后，UPN 和 WB 在 2006 年合并为 CW 电视网。

[73] 不过，现金流量可能采用先认列 10%，随后三年各认列 30%的方式。其中每一年度的现金流量需要按照合适的利率贴现计算为现今的价值。

[74] 海外发行收益通常也采用逐集认列的方式，不过与国内市场不同，节目是自制还是购买的并无差别。

[75] 例如，加纳的《洛克福德档案》（*Rockford Files*，1974—1980 年在 NBC 播出）与环球签订的协议是制作人获得净利润的 37.5%，但一开始的薪酬收入相应减少。到 1988 年，该剧的总收益达到 1.193 亿美元，但环球却宣称还必须再赚 160 万美元才能够实现净利润。

根据环球的财务报表（Scholl，1989b），1.193 亿美元收益要先减去 3 260 万元的发行费、1 460 万元的发行支出（包含拷贝与存储成本）、5 780 万美元的制作成本，还剩下 1 420 万。然而根据环球（以及其他主要电影公司）的算法，这 1 420 万还不足以偿付这笔投资的隐性利息成本（也就是以无风险利率计算，把钱进行投资能够获得的最低收益，以该剧来讲是 1 580 万美元，这笔钱也被算在成本当中）。

但加纳的审计师却认为，环球明显多报了成本、少报了收益，差额至少达 1 090 万美元。例如，审计师认为环球没有把大量拷贝所能获得的折扣（约 44.3 万美元）计入。

另一个较近的例子是 2010 年杰克·克鲁格曼（Jack Klugman）对环球的诉讼，克鲁格曼主演的《法医昆西》（*Quincy, M.E.*）能获得净利润的 25%分红。然而，尽管该剧总收益达到 2.42 亿美元，但环球却宣称实质上亏损了 6 640 万美元。

[76] 参见萨勒姆森和索罗托（Salemson and Zolotow，1978）。

[77] 李普曼（Lippman，2004）指出，实际的门票销售数字要到电影院付款给发行商的那一天才会上报，而那通常已经是电影上映后六周的事了。每厅平均票房数字往往也有误导作用，因为许多影城在三个厅播放同一部电影的情况下，会把它们合并计算为一个厅；换句话说，实际的每厅票房数字要低于账面数字。

[78] 发行商和放映商之间的合同内容十分复杂，可能涉及预告片播放奖励、报纸广告、损坏成本、票房分红等。蒙诺兹（Munoz，2004）、巴特和古贝尔（Bart and Guber，2002，p. 231）对此有更多论述。

[79] 当然在高利率的时期，递延付款在每一个产业都不是新鲜事。

[80] 有趣的是，在电影表现不如预期时，发行商往往会提供较大的未来诱因给放映商，但反之却不然。环球、福克斯、索尼和梦工厂一般是采用"固定条款"，也就是电影上映后，结算方式就不会再改变，但其他电影公司往往会在电影

上映60～90天内与放映商协商最终的结算方式。参见《综艺》，1997年3月17日，以及康斯（Cones，1997）。

[81] 外汇管制下无法汇出的资金，有时会作为新电影拍摄的融资之用。许多公司或产业都会通过种种方式累积资金，毕竟只要钱是在该国花掉的，那么钱是来自卖车还是卖衣服都没有差别。参见《综艺》，1986年8月20日。

[82] 海外发行公司的数目不少，但大多规模较小。其中最有名的可能是帕里斯（Paris，1984）和萨拉蒙（Salamon，1984）提到的制作人销售组织（Producers Sales Organization），但该公司已经退出这一行业了。

[83] 巴克（Bakker，2005，p. 37）在谈到好莱坞为何能够称霸世界影坛时，提到了这一点。

【阅读材料精选】

Abelson, R. (1996). "The Shell Game of Hollywood 'Net Profits," *New York Times*, March 4.

Abrams, B. (1984). "Why TV Producers Flock to New York to Just Sit and Fret," *Wall Street Journal*, May 7.

Andersson, D. E. (2006). *The Economics of Experiences, the Arts and Entertainment*. Edward Elgar. http://www.ihh.hj.se/kursplan/9s0v-42c-4.pdf? kurskod=JE2D20& revisionsnr= 1 & format=pdf&lang=EN.

Barnes, P. W. (1987). "How King World Reaps Riches, Fame as a TV Syndicator," *Wall Street Journal*, June 9.

Briloff, A. J. (1998). "Disney's Real Magic: Is the Entertainment Giant's Accounting Pure Mickey Mouse?," *Barron's*, March 23.

Carvell, T. (1999a). "Lights! Camera! Lawsuit!," *Fortune*, 140 (7) (October 11).

(1999b) "Hello, Mr. Chips (Goodbye, Mr. Film)," *Fortune*, 140 (4) (August 16).

Chambers, E. (1986). *Producing TV Movies*. New York: Prentice-Hall.

De Vany, A., and Walls, W. D. (1999). *Uncertainty in the Movie Industry: Does Star Power Reduce the Terror of the Box Office?* Irvine, CA: University of California, Department of Economics, asdevany@uci.edu.

Gottschalk, E. C., Jr. (1978). "Feud in Filmdom: Movie Studios' System of Splitting Profits Divides Hollywood," *Wall Street Journal*, October 16.

(1972). "Film Makers Struggle with Major Studios for 'Creative' Control," *Wall Street Journal*, December 29.

Harmetz, A. (1987). "Now Lawyers Are Hollywood Superstars," *New York Times*, January 11.

Garwood, J. (1985). "Hollywood Exposing More of Its Ledgers," *Variety*, March 13.

Kopelson, A. (1985). "Presales of Independently Produced Motion Pictures," *The Hollywood Reporter*, March 5.

Landro, L. (1985). "Overseas Distributor Takes On Big Studios by Doing Own Films," *Wall Street Journal*, April 16.

Lippman, J. (2001). "Battle over Residuals Could Set the Stage for a Hollywood Strike," *Wall Street Journal*, March 28.

Litwak, M. (1994). *Dealmaking in the Film & Television Industries*. Los Angeles: Silman-James.

Mariet, F. (1990). *La Télevision Americaine: Médias, Marketing et Publicité*. Paris: Economica.

Mayer, J. (1991). "Hollywood Mystery: Woes at Orion Stayed Invisible for Years," *Wall Street Journal*, October 16.

McGrath, C. (2003). "Law & Order & Law & Order..." *New York Times*, September 21.

Morgenstern, S., ed. (1979). *Inside the TV Business*. New York: Sterling.

Pope, K. (1999). "A Profligate Producer Helps Hallmark Corner TV-Miniseries Market," *Wall Street Journal*, May 21.

Price Waterhouse & Co. (1974). *Accounting for the Motion Picture Industry*. New York: Price Waterhouse.

Rose, F. (1995). *The Agency: The William Morris Agency and the Hidden History of Show Business*. New York: HarperBusiness.

(1991). "The Case of the Ankling Agents," *Premiere*, 4 (12) (August).

Sabin, R. (2000). "The Movies' Digital Future Is in Sight and It Works," *New York Times*, November 26.

Sansweet, S. J. (1983). "Even with a Hit Film, a Share of the Profits May Be Nothing at All," *Wall Street Journal*, July 21.

Scholl, J. (1986). "Bad Show: Picture Dims for Syndicators of TV Programs," *Barron's*, December 15.

Schuyten, P. (1976). "How MCA Rediscovered Movieland's Golden Lode," *Fortune*, 94 (5) (November).

Sherman, S. P. (1985). "Hollywood's Foxiest Financier," *Fortune*, Ⅲ (1) (January 7).

Sterngold, J. (1999). "A Preview of Coming Attractions: Digital Projectors Could Bring Drastic Changes to Movie Industry," *New York Times*, February 22.

Stevens, A. (1993). "Court Allows Movie Industry Big Tax Benefit," *Wall Street Journal*, July 20.

Turner, R. (1989). "For TV Comedy Writers, the Money Grows Serious," *Wall Street Journal*, August 2.

Turner, R., and King, T. R. (1994). "Movie Makers Find That Rights to Films Overseas Often Pay Off," *Wall Street Journal*, November 22.

第6章 音乐产业

无趣的生活，就像没有油的汽车开在快车道上。

——本书作者

在20世纪70年代末，全球的音乐产业就像上面这句引言一样，在经历了长达30年的持续增长后，音乐唱片（recorded-music）的销售成长出现了停滞。不过在20世纪80年代中期，又开始了新一轮的增长期，一直到20世纪90年代末为止，全球唱片产业年营收达到创纪录的400亿美元。[1]然而从此之后，许多问题开始浮现。 244

尽管如此，音乐依然是一种最个性化、最容易取得的娱乐形式，而且早已渗透到几乎所有文化和所有社会阶层中。[2]事实上，早在现代录制技术出现之前，音乐就已经是整个社会不可或缺、不可分割的一种元素了。[3]因此，音乐往往也被视为所有娱乐事业的基础。

6.1 感受时髦

前面章节提过，人类试图复制动态影像的历史可以追溯到19世纪初期。然而，人们对于复制声音的兴趣似乎没那么大，因此直到1877年，伟大的发明家爱迪生（Thomas Edison）才发明了第一台可以记录声音的新奇玩意——那是一个用锡箔纸包裹的圆柱筒，附有一个旋转把手。[4]当他一边转动把手，一边对着录音筒哼唱童谣《玛丽有只小羔羊》（*Mary Had a Little Lamb*）时，他的声音通过一片隔膜使得金属唱针不断振动，声音就被记录在锡箔纸上了。接着上述过程被反过来进行，令人惊讶的事就发生了：金属唱针振动隔膜，录好的声音就被原封不动地播放出来了。

245 不过，尽管早期的发明家们曾试图通过在音乐厅、乡村博览会以及歌舞剧院等地展示留声机来推广这项发明，但机器发出的沙沙的噪音以及锡箔纸使用次数有限等因素，浇灭了人们对爱迪生这项发明的热情。直到后来其他发明家们（包括电话之父亚历山大·贝尔）不断改良，利用外膜涂蜡的硬纸板裹住圆柱筒，再加上电力的使用，这种“会说话的机器”（后来自动唱机的前身）才终于流行开来。

当时人们会跑到发廊，花五个美分聆听这种新玩意中播放的歌曲或喜剧独白。但是技术瓶颈依然存在，当时有人开玩笑说：“铜管乐队为了录制两分钟的进行曲，必须重复不断地演奏几百次，而且分毫不差，才能录制出几百张唱片。”[5]

到了19世纪90年代，家用留声机已经出现。当时来自德国的移民埃米尔·柏林纳（Emile Berliner）发明了一种能够在唱片上刻画纹路，以此来记录声音的机器；经过10年的改进，维克多公司（Victor Talking Machine Company）推出了家用的普及型留声机——维克多拉留声机（Victrola）。

同一时期广播和电子录音技术的发展，使得声音记录和再现的技术有了更进一步提升，不过也导致了更多的利益团体冲突。一方面，作曲家们尝试对歌曲播放收取版税却遭到极大的阻力；另一方面，广播电台坚称一旦它们买下一张唱片，就拥有作品的全部权利，尔后任何使用都不需要负担额外费用。[6]事实上在整个20世纪20年代，特别是前期，是广播市场而非留声机市场经历了大幅的增长。

紧接着，美国经济大萧条造成了唱片业的衰退——销售额从1929年的7 500万美元一路狂跌到1933年的500万美元，直到20世纪30年代末才逐渐恢复。然而，唱片业的复苏又受到第二次世界大战以及音乐人工会为期超过一年的罢工的阻滞。[7]到1945年，整个唱片产业销售额也仅有1.09亿美元。

246 战后，录音带取代了效率低下的蜡质空白带。1948年，哥伦比亚唱片公司推出12英寸黑胶唱片（long-playing，LP），带动了整个行业的增长。然而，新型33 1/3转的黑胶唱片单面播放时间只有23分钟，明显比不上旧式的45转和78转唱片。直到20世纪50年代后期，唱片产业销售额才首次突破5亿美元。20世纪50年代同时也是技术创新的时代；新的低成本录音设备使得许多独立唱片公司得以崛起，与RCA、哥伦比亚、迪卡唱片等历史悠久的大公司展开竞争。[8]这些独立唱片公司是传统爵士乐、南方R&B以及福音音乐（gospel-based music）等流派得以进入美国主流音乐市场的关键。

不过，直到20世纪60年代中后期，唱片产业才真正开始高速发展。环球唱片（Universal）引入了高保真立体声（hi-fi stereo）设备，当时战后婴儿潮时代正值青少年时期，拥有庞大的消费力，于是促成了摇滚乐的风行。同时，20世纪60年代也是唱片发行业大举整并（但仍保有独立品牌）的时代，正如同电影产业30年前发生的那样，唱片发行产业被整合为RCA、哥伦比亚（CBS）、华纳（Warner Communications）和宝丽金（PolyGram）等几家大公司。整个高速成长阶段一直持续到20世纪70年代，标准化可携式的录音卡带（standardized portable cassette）的出现也给市场带来一剂强心针。到20世纪70年代末，唱片产业零售额达到了每年40亿美元左右。

然而进入20世纪80年代，唱片产业的发展不再一路顺遂，反而开始有些后继乏力。逐渐老化的人口对新唱片兴趣减少，加上乙烯（制造黑胶唱片的原料）压片制程的质量管控不佳，导致市场需求开始下滑，直到1983年推出4.7英寸光盘（CD）才有所好转。这种采用数字（电脑）编码、光学（激光）解码的唱片提供给消费者远比过去更逼真的音乐体验，引导消费者重回唱片市场。在20世纪90年代初，CD变成主流的音乐存储媒介，而黑胶唱片几乎消失。当时美国唱片市场年销售额约达70亿美元。

美国国内和全球的唱片销售约在20世纪90年代末达到高峰。但在此后，随着廉价的个人电脑、广泛的互联网联结，以及档案交换软件的出现，音乐开始能够以更廉价甚至免费的方式被消费者自行复制，结果产生了遍及全球的盗版问题。唱片公司的顽固不化和错估情势，又使问题雪上加霜，导致了一大批音乐粉丝和许多著名音乐家的离弃。在仅仅五年后的2004年，唱片产业销售额（无论国内还是全球）比1999年衰退了大约三分之一。

247 尽管 CD 作为音乐、视频和个人电脑应用软件的标准存储媒介此时依然是消费主流，不过它很快就被更先进的 DVD（数字多功能光盘）以及其他可携数字存储设备（特别是 iPod 和智能手机，后者如今是重要的音乐和视频播放媒介）所取代。[9]事实上，产业结构的转变如此之大，以至于唱片公司如今仅仅拥有歌曲的版权，而其他的权利，如定价、发行以及格式制定，几乎都被苹果和少数其他公司所掌控。[10]音乐产业的主要发展历程（唱片产业只是其中一部分）可参见图 6—1。

从音乐产业的历史来看，其商业模式大致可以分为三个互相之间存在重叠的阶段，主要区分依据是音乐的播放、存储和发行方式。在蜡质圆筒时代，音乐的商业模式主要是播放（performance）服务。随后商业模式转变为以产品（product）为主，从单曲到专辑，从黑胶唱片、录音带到 CD，销售产品成为产业获利的核心；以产品为主的模式需要大量的实体空间和营销手段，包括零售店和其他发行渠道（例如邮购）。然而，在如今这个一切都被数字化，互联网和智能手机取代了传统存储与播放渠道的时代，音乐产业也进入了服务（service）模式，通过无所不在的在线音乐服务器，音乐变成了完全可携、可以在任何时间或地点欣赏的个性化服务。

纵观音乐产业的发展史，大致上有四个主要的收入来源：唱片销售、下载、出版以及现场表演。过去最重要的是实体唱片（包括录音带、CD）销售，但如今逐渐被在线下载所取代；而出版一直以来保持相对稳定的收益；最后，现场表演则是四大收入来源中贡献最小的一个。

6.2 规模与结构

经济关联

美国观点 长期以来，美国都是全球音乐产业的龙头，不但是新唱片的主要发源地，同时也是最大的音乐消费市场。此外，尽管全球其他地区的唱片销售不断增长，特别是在发展中国家更是如此，但美国依然占据着全球音乐市场 30%的份额。此外，全球音乐产业的结构大多跟随着美国音乐产业发展（见图 6—2）。随着环境快速演进，音乐产业的体制已经越来越能为作词家、作曲家、出版商以及歌手提供合理的创作报酬——不论是短曲、歌曲、专辑还是歌剧。

先看美国市场情况。从图 6—3 可看出音乐市场的需求呈现波动性循环，且与整体经济情势存在相关性。虽然从 1980 年到 1999 年，音乐产品（包括网络下载）销售量平均年增长率为 3.5%（以销售额来看则是 3.2%），但经济不景气时期的销售明显低于平均值。一般而言，唱片销售的高峰期总是发生在整体景气的高峰之后，而销售低潮通常滞后于景气低谷数个月左右。此外，新的音乐存储媒介——如 1973 年的录音带和 1983 年的 CD——对整体市场的影响也可从图中看出。

根据美国和加拿大在第二次世界大战之后的经验，音乐市场如果想要稳定而快速地增长，一般需要几个因素的联结。第一项，也是最重要的因素，是中产阶级当中青少年和年轻成年人口的扩张。第二项重要因素是全国性广告媒介的普及，使得大型广告营销活动能够顺利进行。当然，市场上的零售渠道也必须稳定且货源充足。此外，音乐相关设备和录制技术的进步以及价格稳定对整个产业也有极大的贡献。

上述因素在第二次世界大战后的北美地区同时出现，因此并不令人意外地，40 年间美国国内音乐产品零售额从 1 亿美元增长到将近 60 亿美元之多。由于同样的因素也发生在其他发达国家，美国以外的音乐产品销售也呈现同样的增长。[11]

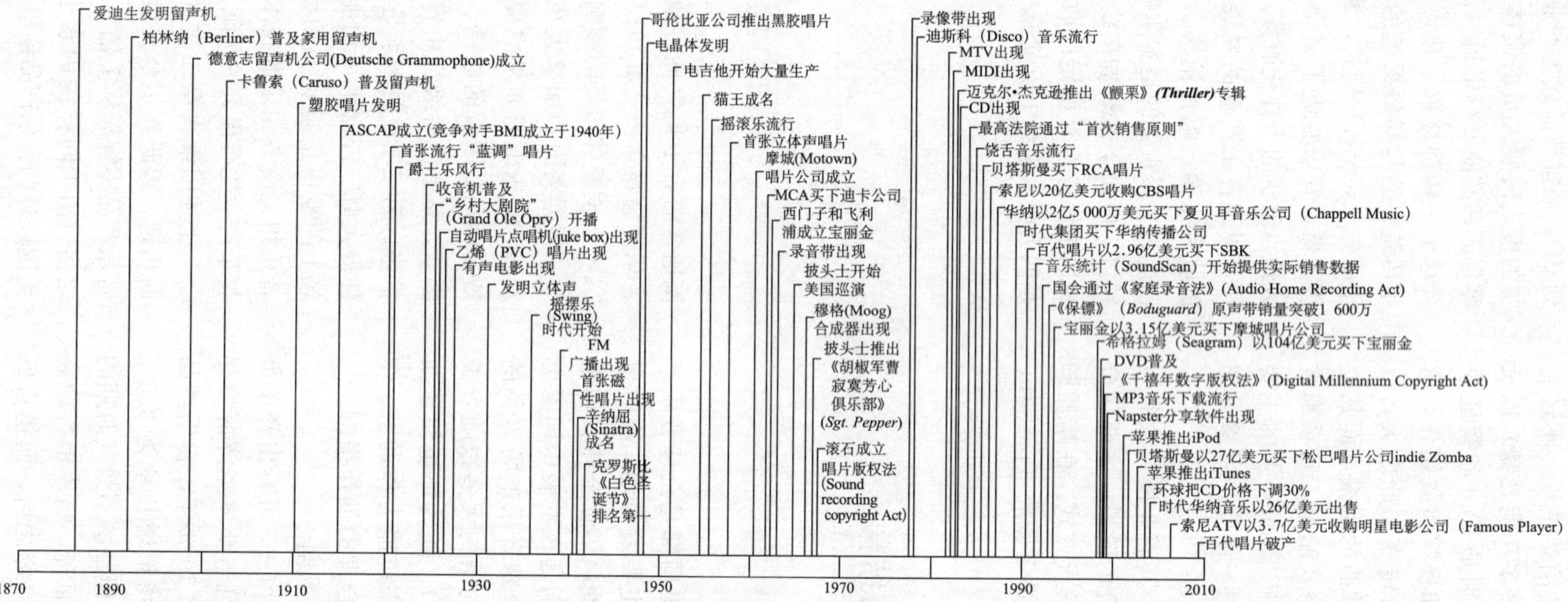

图6—1　1870—2010年音乐产业发展大事记。

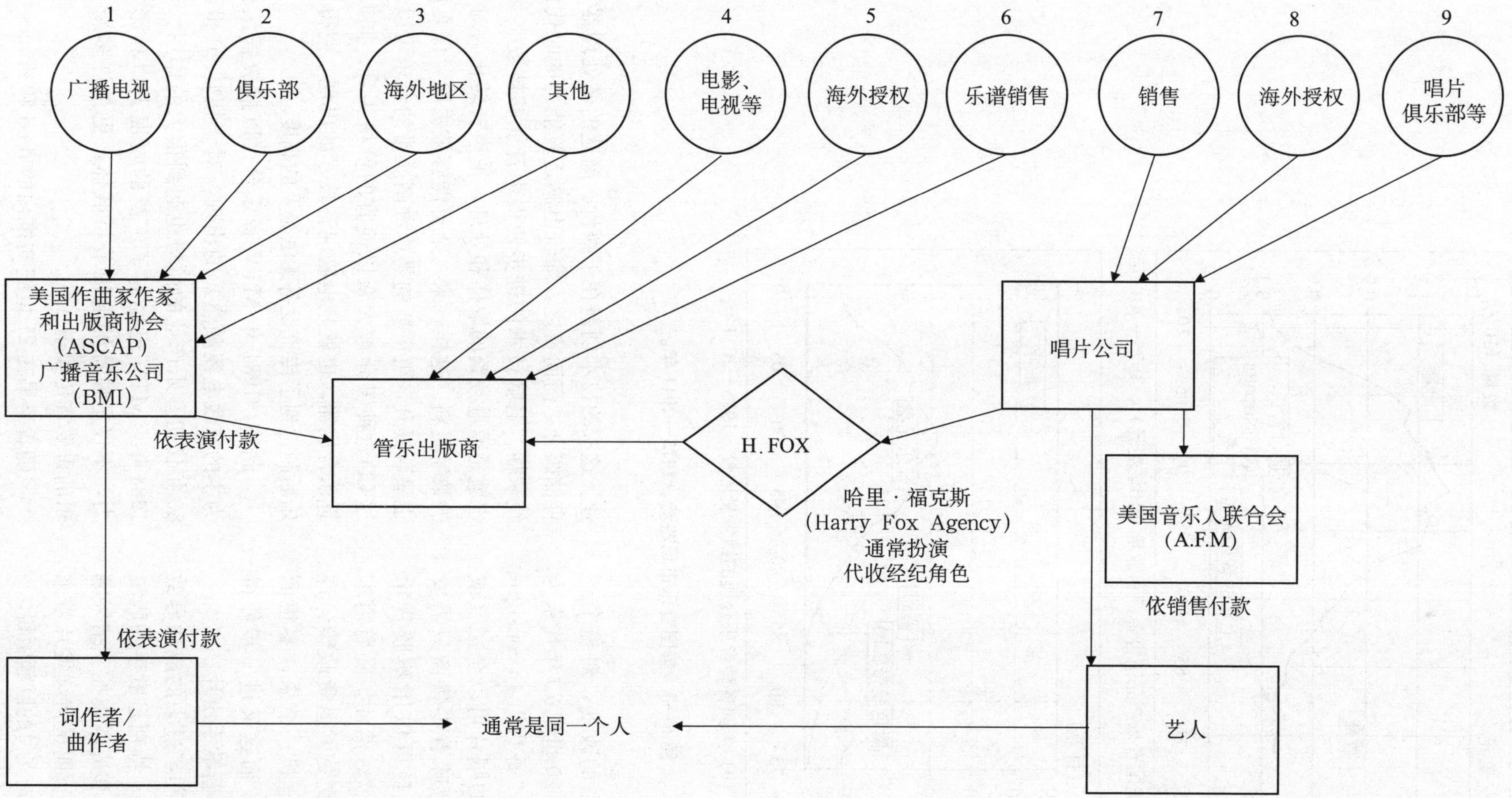

1. 以百分比计算的合同金额
2. 依歌曲使用计算的合同金额
3. 依歌曲使用计算
4. 依照协商定价
5. 依歌曲使用计算的合同金额
6. 依实际销售单位
7. 依产品销售百分比
8. 依产品销售百分比

图6—2　音乐产业各参与方的现金流。

资料来源：Arther Young & Co.(prepared by E.Cook).

250

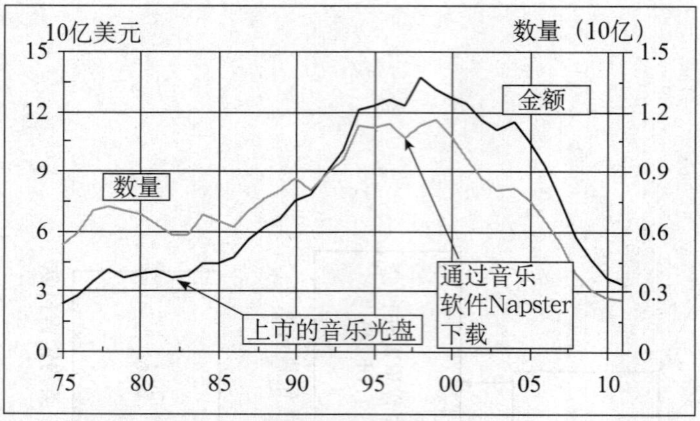

(a) 美国音乐产品销售金额和数量（10亿美元），1975—2011年。

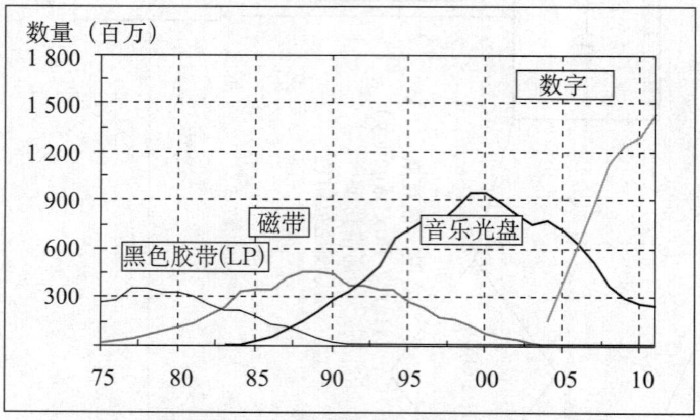

(b) 美国各种音乐介质的销售量比较，1975—2011年。

图 6—3 美国音乐市场趋势，1975—2011 年。

资料来源：RIAA.

251 然而，音乐产品发行体系的改变，对整个产业的销售也有重大影响。直到 20 世纪 70 年代末为止，唱片销售基本上都采取“寄售”（consignment）模式，也就是未销售的唱片可以全额（或接近全额）退货并退款，这意味着零售商只需要很少的资本就能够经营，并且可以用塑胶货币（也就是信用卡）代替现金付款。然而，随着需求的减少，一些主要发行公司改变了退货政策，许多零售商就面临庞大的存货危机；结果，零售商在进货时变得更谨慎和挑剔，而这又进一步使得音乐发行公司不再愿意冒险替新歌手出片。

此外，20 世纪 70 年代中期，过去的成功导致唱片业供给过剩，在许多领域，特别是歌手的版税担保和市场营销方面出现预算和成本失控。结果哪怕是最大型的公司都发现，旗下明星持续发片带来的收益越来越难以弥补公司预先支付的巨额版税。

所幸在 1983 年，科技的再次创新拯救了唱片产业。这次的技术创新在于廉价、高速的微处理器和存储媒介：简而言之，廉价电脑运算能力的时代已经来临。电脑技术的进步使得声音能够被数字化，也就是通过频繁的取样和处理，把声音转化为对等的数字资料。这样一来，杂音能够被去除，保真度也显著提升，更重要的是这种高质量的音乐可以通过 CD 这种媒介被大众以便宜的价格买到。同时，音乐合成器，也就是电脑混音技术的出现，使得音乐后制达到了传统设备无法企及的高度。[12]

此外，1981 年 MTV 音乐台（以播放摇滚乐为主的有线电视频道）的出现，对于扭转 20 世纪 80 年代初音乐产业的颓势也起到很大的作用。到 1984 年，MTV 已经有了广泛的收视人口和影响力，不仅是独特的电视节目载体，更是许多新专辑的重要宣传渠道。[13]

随着苹果在 21 世纪初推出的 iPod 和 iTunes 大获成功，在线音乐商店这一模式再次改变了人们购买和使用音乐的方式。音乐的可携性和便利性再次提升，而歌手获利的方式也发生了转变。“拥有音乐”这一概念，从拥有一张实体 CD，逐渐转变为拥有在任何时间或地点享受数字音乐的权利。

252 **全球观点**　在一个国家摆脱压抑与失灵的市场结构，人们收入不断提升的同时，首先受惠的产业之一就是音乐——因为音乐是成本低廉却又高度个性化的享受。不过，尽管全球各地的音乐产品需求都受到前面提过的人口统计学、经济和技术等因素影响，但另一项值得注意的趋势是：本土音乐创作在各国音乐销售和营销中的地位越来越重要：外国歌手一般最多占到当地销售的一半甚至三分之二左右。

图 6—4（a）显示出从 20 世纪 80 年代中期开始，唱片销售额（以定价计算）的增长速度要快过销售量的增长速度。[14] 然而近年来，随着廉价音乐在线下载的普及，音乐产品的销售量增长更快，但销售金额却出现下滑。此外，尽管美国的每人音乐产品需求量（图中未显示）过去一直高于其他国家，但目前各发达国家的这一数字已经大致相等了。

图 6—4（b）还显示出，尽管人均 GDP 与各国和地区的国际音乐消费百分比（该国音乐销售当中属于外国音乐产品的比重）之间具有正相关关系，但还有很多因素如语言、文化、人口年龄中位数、当地产业相对创新能力等，也起到了重要作用。例如，日本拥有很高的人均 GDP，但日本人较偏好本国的音乐和歌手，因此国际音乐消费占整体音乐市场的比重却很低。

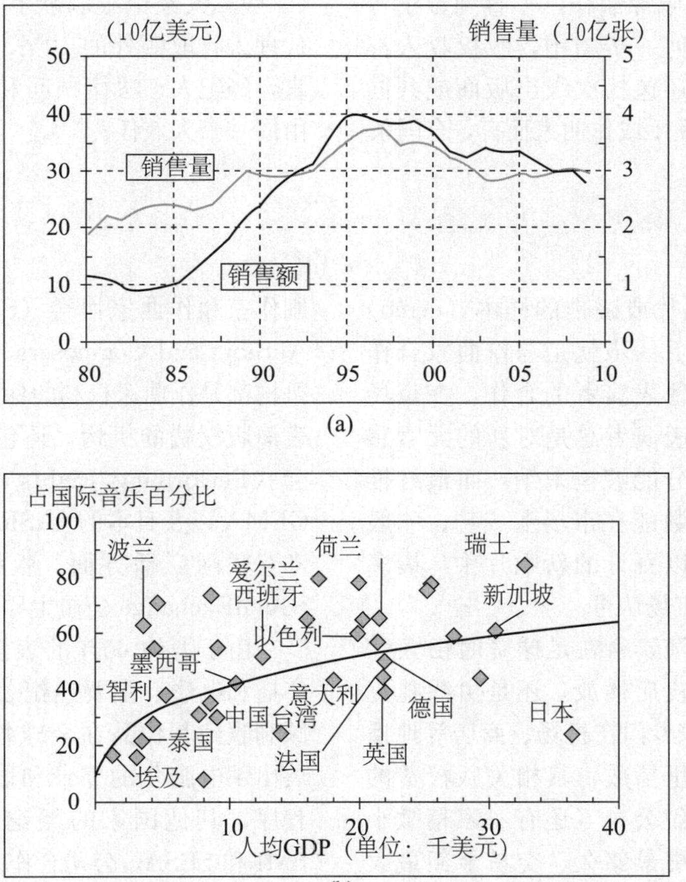

图 6—4　全球音乐市场。(a) 全球音乐产品销售量与销售金额，1980—2009 年（2004 年开始包括数字在线下载）。(b) 人均 GDP 与各国和地区国际音乐销售的关系。

资料来源：IFPI，MBI World Report，1999.

作曲、发行和管理

在很多方面，音乐产品的创作与利用都与电影的开发和利用过程十分相似。在这两个产业，议价能力（bargaining power）都是关键因素。主要差别在于，相对于电影公司所需要的庞大投入，音乐公司所需要的人力和资本投入一般较少。

新作曲家获取收益的渠道有很多，但第一步通常必须通过出版商（publisher，即一般俗称的音乐公司）。他可以争取一家现有出版商的支持，或是自己创立一家新的出版公司。无论哪一种方式，所得收入通常都由作曲家和出版商平分。

出版商的角色在于监督、推广音乐并从中获利，它们的职责可能从乐谱的销售（有些公司专精于此），到现场表演、唱片制作，一直到数字音乐盒铃声下载等。在任何一步当中，版权收入都由出版商和作者（可能还包括次级出版商或共同作者）瓜分。对新进的歌手或作曲家而言，合同条款通常是标准化的，但大牌艺人的合同条款则复杂得多，从税、管理费用到其他条款，都需要通过谈判来确定。美国有数以万计的音乐出版商和自营出版商，但整个产业主要还是被少数几家全球性的唱片发行商所掌控，包括华纳、百代唱片、环球和 BMG 等。

作曲家的整个职业生涯，很多时候都需要律 253
师和会计师的协助；不过如果作曲家本身也是歌手（这点在如今越来越普遍），往往就需要雇用一位专业经纪人（manager）或代理人（agent）负责敲定演唱会、电视通告和唱片录制等活动。总体而言，经纪人或抽取歌手全部所得的 15%～30%（一般私人经纪收取歌手全部毛收入的 15%），而代理人收取额外的 10%。对新进歌手或作曲家而言，经纪人、法律顾问和代理人的角色可能全部由同一个人兼任。[15]

254 版权

演出　如果一张唱片或磁带的样本（demo）吸引了出版商的兴趣，下一步就是与作曲家合作制成唱片，或是吸引其他表演者的合作，在市场上推出产品。出版商和表演者总是对新的元素感兴趣，但总是只有少部分能够被采纳，而最终推出的唱片里又只有极少数能在市场上成功。一般而言，在每周推出的数以百计的新唱片中，最多只有 5～10 种能够获得市场认可。

无论音乐是由乐团演奏、在足球赛时由大学乐队奏出、在电台或是夜店播放，还是由缪扎克公司（Muzak，美国一家专门在机场、商店等地播放音乐的公司）在电梯里播放，其相关版权费的收取在美国都由两大经纪公司（还有一家稍微小点的）所负责。其中历史最悠久、交易金额最大的一家是美国作曲家、作词家及音乐出版商协会（American Society of Composers，Authors，and Publishers，ASCAP），但规模较大、会员较多的则是美国广播音乐公司（Broadcast Music Incorporated，BMI），这两家经纪公司合计收取全美音乐表演版权费的 95%以上；剩下的版权费则由欧洲剧作家和作曲家协会（Society of European Stage Authors and Composers，SESAC）囊括。这三家机构都是作曲家权利的保护者。[16]类似的负责收取表演版权费的机构，还包括英国的表演版权委员会（Performing Rights Society，PRS）、德国的 GEMA 以及日本的 JASRAC 等。不过在卫星广播和互联网广播方面，版权费的收取和分配则由 SoundExchange 公司主导。[17]

由于大约 60%的表演版权收入都来自电视、广播和电影，主要经纪公司为了确保作曲家能够顺利收到其作品在全球各地表演的酬劳，已经发展出了电脑化的登录和取样程序。为了完成这一程序，其他国家的经纪公司也都会与 ASCAP、BMI 和 SESAC 公司合作。

版权费的多寡取决于音乐的使用频率、使用长度、估计受众规模以及其他因素的影响。例如，古典乐一般被认为比流行乐更有分量；由于制作古典乐所需的开支较高、受众规模和表演频率又较小，古典乐的作曲家一般能够获得更高权重的版税收入。

无论如何，版税的多寡以及授权电视台和广

播电台播放的方式（例如带状播放或单次播放）经常都是立法变革的重要议题。[18]

255 **灌录版权** 在所谓强制授权（compulsory license）之下，灌录版权（mechanical royalties，这一名称源于1909年的著作权法）是由唱片销售或乐谱出版中收取（在美国通常是零售价的3%～10%），其中唱片销售的重要性更高。2007年，唱片版权法定收取比率（由著作权法所定）提高到每首歌9.1美分，或是每分钟1.75美分，两者取较高者。但在美国以外，版税是由唱片出版价格（published price to dealers，PPD）的特定百分比收取，这意味着版税收入与作品长度或专辑当中的歌曲数目无关。

灌录版权最早是由钢琴演奏家对“灌录”钢琴曲的收费演变而来。为了跟上市场变化的步伐，灌录版权的比例经常出现调整，有时是利益相关各方协调的结果，有时则由著作权版税委员会（Copyright Royalty Board）审核。[19]出版商与新进作曲家通常以50∶50的比例对拆版税，但与知名作曲家的分成比例一般是25∶75（或20∶80）。版税收入一般占到出版商所有收入的45%～55%，另外在美国还需要扣除哈里·福克斯代理公司（Harry Fox Agency）4.5%的收件费（根据毛收入计算）；在加拿大则由加拿大灌录版权重制代理公司（Canadian Mechanical Rights Reproduction Agency，CMRRA）收取5%。

同步费。除了支付表演版权费外，任何人在电影当中使用音乐，都需要获得同步授权（synchronization license），这代表着让音乐和影像在播放时间上配合的权利。不同团体需要个别协商同步权，决定条件包括音乐长度、潜在受众规模、使用频率等。广播广告中也有类似的使用费，主要是针对音乐编曲的授权。

出版商所获得的同步费和灌录版权费，通常是由哈里·福克斯代理公司［它是国家音乐出版商协会（National Music Publishers Association）的全资子公司］或规模较小的美国灌录版权协会（American Mechanical Rights Agency，AMRA）向各大电影公司和唱片公司收取。这些代理公司负责将音乐版权授权给唱片公司、电视和电影制作、广告，以及公共场合的背景音乐播放。代理公司也会稽核唱片公司的账目，它们的佣金则由出版商和作者共同支付，一般占版税收入的4.5%。

著作权 前述各项版权，包括对在线音乐以及其他服务（例如缪扎克公司的公共场合音乐播放服务）的授权，都是援引美国国会1976年时对1909年著作权法的修正案。1976年的法案赋予音乐著作人（或其指定的其他人）拥有录制和发行作品的排他优先权力。[20]

另外，著作权版税委员会（Copyright Royalty Board）负责协调相关争议，并针对技术变革做出调整。可以预期的是，长期来看，许多技术变革都会导致产业收入结构的改变。[21] 256

另一项重要议题是录像带出租时涉及的“首次销售”（first-sale）权问题：个人或公司购买产品后，得以再次销售或出租给他人，而不需要进一步对原销售者提供任何报偿。[22]因为首次销售权的存在，在以出租为目的的录像带销售中，制作者只能在出售给录像带出租店时获得收入，而无法分享后续出租影片的收益。[23]

总而言之，从打击非法复制和盗版问题时衍生出的著作权或其他知识产权的保护，对于音乐产业和家用录像带产业的发展至关重要。尽管如此，由于盗版所导致的版权收入损失，依然是广泛且严重的问题。

协会和工会

工会联盟合同对于音乐产业而言也是重要的影响因素，包括美国电视与广播演员联合会（American Feferation of Television and Radio Artists，AFTRA）和美国音乐家联盟（American Federation of Musicians，AFM）等。美国电视与广播演员联合会的成员包括歌手、独奏者、合唱团等，而其他音乐家如指挥、编曲者和器乐家则属于美国音乐家联盟。美国音乐艺术家协会（American Guild of Musical Artists，AGMA）的成员则包括歌剧、芭蕾、古典音乐会和独奏会方面的表演者。演员权益协会（Actors Equity Association）和美国演员工会（Screen Actors Guild）则是其他演艺人员的权益代表。纽约戏剧家协会（The New York Dramatists Guild）则是代表百老汇音乐剧作词家、作曲家和作家的交易协会（见第13章）。

如同其他产业，工会联盟协助成员争取更高的工资待遇和退休福利。然而有趣的是，由于工会成员的高工资导致制作成本上涨、作品数量减少，反而使得许多音乐家失去了工作机会。事实上，新进艺人或唱片公司往往不愿雇用工会成员，或者宁愿远赴欧洲录制唱片，因为那里的劳工成本较低。

美国电视与广播演员联合会和美国音乐家联盟都试图严格维护工会体系，但各州的工作权法（right-to-work laws）多少降低了工会的影响力，特别是在摇滚、乡村乐和R&B音乐方面。不过，如果唱片母带是由非工会的独立制作人转让给唱片公司，而该唱片公司已经与AFM签署协定（多数唱片公司都会签署），工会就会发起薪资抗争。类似情况同样出现在混音制作中，工会联盟会向制作人收取费用。

版权艺人（royalty artist）是由美国电视与广播演员联合会依照唱片销量给予的头衔，同样受到工会协议的约束。无论何时，当美国电视与广播演员联合会成员为特定媒体表演，而演出内容在另一个媒体上被使用时，表演者都能收到额外报酬。 257

音乐会和剧院

受欢迎的艺人（唱片销售超过某个门槛的艺人）所举办的演唱会，如果具有严格的预算控制和规划能力的话，有可能获得较高的收入。不过大多数时候，巡回演唱会（通常由一位代理人负责安排）的目的在于提高艺人曝光程度，以提高唱片和其他授权产品的销售量。[24]通过这类演出，艺人可以打响自己的品牌，并且能够获得额外的收入（通常不需要跟唱片公司分成）。巡回演唱会如今北美每年创造40亿美元的营收、售出门票数量达4 000万张（全球市场规模是这一数量的两倍）。毫无疑问，这已经成为音乐产业最重要的商业模式之一。

百老汇剧场、夏季音乐厅、古典音乐会和歌剧院也属于现场表演的形式，但相较于流行艺人的演唱会，这些表演比较难以获利。据估计，交响乐团、歌舞团和芭蕾舞团等表演单位的平均收入经常不足其营业成本的40%（Baumol and Bowen，1968）。此外，即使是增加表演次数或是提高票价，也无助于减少赤字（见第13章）。通常需要来自政府或私人单位的经济援助，才能够支撑这类表演活动。1965年，随着美国国家艺术基金会（National Endowment for the Arts，NEA）的成立，国会有权通过联邦基金支持地方性的表演活动，获得援助的对象包括1 500多个交响乐团、500多家歌剧公司，以及许多个别艺术家（美国国家艺术基金会的合法授权对象仅限于免税的个人和公司）。

258

6.3 唱片制作和营销

交易者的狂欢

大型唱片公司传统上提供几种不同的服务，而每一种服务在一定程度上都与电影公司存在相似之处。唱片公司的业务主要涉及音乐产品的制作、发行以及营销；然而，这个行业同样也存在80/20法则：通常在数以百计的歌手中，只有少数歌手的唱片能够大卖，从而为唱片公司挣得利润。唱片公司同时也为唱片制作提供融资、借款以及预付费，并希望能借此引导歌手展开成功的职业生涯。不过，随着录音、制作以及发行音乐的成本显著降低，这类服务对歌手的价值也跟着减低。[25]尽管如此，传统唱片制作和发行工作中的许多元素至今仍在发挥作用。

制作协议　正如前面章节已经提过的，创意不只存在于作品本身，也存在于融资和制作过程当中。事实上，由于音乐产业所需的资本比电影产业小，人员需求也较少，因此这个行业的灵活度甚至要高于电影产业。此外，多数的唱片公司对于艺人签约保有高度的选择性，而只有已经成名的大腕们才能够享受更好的合同条款与特权。

在音乐产业发展初期，通常唱片公司是直接与歌手签约，然后由公司内部的制作人［俗称"艺人与节目"部门（artist-and-repertoire，A&R）］负责主导整个专案；但目前的趋势则是艺人和独立制作人合作。正如唱片公司的 A&R 部门一样，独立制作人协助艺人选择音乐曲风和定位，决定如何、在哪里制作唱片，通常还会为进棚录音、排练、混音和剪接配置并监督预算。有时他们也会参与 CD 专辑封面的设计。

不过，当独立制作人和独立公司（俗称"label"）与艺人合作，成为主要唱片公司的次合约对象时，财务安排存在多种变化。[26]合同通常按照下列方式之一进行。[27]

（1）唱片公司与艺人以及内部制作人签约，执行专案，通常给付固定薪资或是加上部分版税收入。

（2）艺人与唱片公司签约，公司另外签约一位独立制作人或制作公司以负责完成母带。外部独立制作人最初会收到制作费，以及依照零售销量协商的 1%～5%的版税。唱片公司会设定预算，独立制作人或制作公司则必须遵守。

259 （3）独立艺人和制作人合作完成母带，然后尝试卖给唱片公司。如果母带被接受，唱片公司就向艺人—制作人团队预付版税。

（4）唱片公司与艺人或独立制作人成立合资公司。版税收入按照出资的比例分配。

（5）艺人可以自行成立制作公司，制作母带并提供给唱片公司。艺人的制作公司也可能聘请自由制作人。

（6）艺人可能被公司聘用（可能是他自己的公司），然后售出（或借出）该艺人的服务给唱片公司，以换取版税收入。

（7）艺人自己成立制作公司负责制作母带，然后通过压片和发行协议（press and distribution agreement，P&D deal）委托大型唱片公司进行唱片的压制和发行工作（一般唱片公司收取 20%的费用）。这种方式与电影产业的"租借发行协议"（rent-a-studio）十分类似。

基于上述种种变化，市场上出现了许多独立公司。但事实上只有极少数可以真正独立运作，因为从最初的筹资、制作到最后的发行，大型唱片公司运作起来都更有效率，且能够在分散风险的同时，享受更大的规模经济利益。[28]

独立公司和制作人通常可以在许多方面与大型唱片公司进行协商。制作人可能同时受过音乐和录音工程训练；艺人可能同时是共同制作人和筹资者。然而，艺人或制作人最终所能取得的报酬总是取决于他们的议价能力。除了固定的制作费（通常一张唱片是 2.5 万至 15 万美元，签约时预付一半）外，知名制作人往往还能额外获得版税收入的部分"点数"（points）。总体而言，知名制作人拿的钱往往比艺人还多。

艺人合约　艺人的版税收入取决于其市场需求。大牌艺人经常能获得唱片零售价 15%以上的版税，也就是每卖出一张唱片就能获得 1 美元以上；然而小牌艺人的版税可能只有零售价的 10%甚至更少。有时会采用浮动比率，例如前 10 万张唱片版税率是 9%，此后每多卖出 10 万张，版税率就上调 1～2 个百分点。在大多数情况下，唱片公司会预先估计该艺人的唱片销量和总版税数字，并预付大约一半的版税。在所谓的全包合同（all-in deal）中，艺人还必须从自己获得的版税收入中，拿出部分来支付给制作人（大约占零售总收入的 3%）。也就是说，如果艺人获得唱片零售收入的 15%，在全包合同的情况下就必须拿出其中五分之一给制作人，这种模式相当于电影产业中导演和制片人的分成模式。与艺人不同，制作人的收入取决于唱片总销量，且与制作成本无关。

20 世纪 70 年代后期唱片产业衰退的原因之 260
一，就是由于唱片公司为了竞标大牌艺人而付出了超额的版税。当庞大的预付版税无法被唱片销售所吸收时，巨额损失就难以避免了。为了规避潜在的损失，公司会与艺人签订在未来一段时间内推出几张唱片的合同，并且如同电影产业一样，对不同专辑的版税支付采用交叉担保（cross-collateralize）模式。然而近年来，唱片公司也意识到专辑（album）这种产品模式的重要性不断下降，仿佛回到音乐产业的早年（主要是20世纪50年代）那样，如今消费者越来越偏爱购买单首歌曲，而非整张专辑。

制作成本

签约阶段完成后，音乐家和制作人就进入了漫长的制作过程。录制时间、地点、后备歌手与艺人的相关准备必须完成，预演也必须排进日程。

目前知名音乐专辑的制作预算通常需要至少20万美元，如果占用太多棚内时间，成本可能暴涨到35万美元以上。由于制作成本不断上升，唱片公司越来越难从专辑销售（无论音乐介质是什么）中获利。

随着母带的立体声混音制作完成，并初步压制成专辑，制作人就可以获得剩下的一半制作费或是版税收入。但对于唱片公司而言，其他开支才刚刚开始：营销活动必须展开、唱片封面需要设计，而制作和发行的日程——无论是网络下载还是发行实体专辑——都必须排定。[29]

营销成本

音乐专辑的营销活动通常包括巡回演唱、与地区性零售商的联合广告、店内促销（例如店内陈列品、海报和T恤等）、电台和电视广告，以及媒体宣传片（promo）等。此外，免费的样片会被免费送至数以百计的电台。但这一切都不便宜：一张普通唱片的营销成本经常达到10万美元左右，而大牌艺人的重要专辑营销成本更可能超过50万美元。

261 宣传活动通常锁定那些最有影响力的电台，例如《公告牌》（*Billboard*）所列出的200～300家知名电台。基于宣传目的间接支出往往也相当庞大，例如对电台经理和节目导播的公关费用（也可以说是行贿）等；直到20世纪60年代这类行为被公开并被立法禁止，这种“公关”行为才逐渐消失。如今，每家重要电台都对员工接受礼物的额度和频率设下严格的规范。然而，达南（Dannen，1990）指出，20世纪80年代贿赂行为又卷土重来——这次是通过雇用独立促销人员（independent promoters），他们通过合法管道付费给电台，从而对电台的音乐选择起到重要影响。[30]

唱片公司也拥有自己的“追踪人员”（tracker），负责追踪全国电台播放或者停播歌曲的情况，以掌握唱片促销的效果。由于一般流行音乐电台每周顶多只能新增播放3～4首新歌，因此争取播出机会的竞争非常激烈：每年大约有11 000张新专辑（不包含古典乐）发行，每张专辑平均有10首歌，但其中通常只有不到120种专辑可以卖出超过50万张实体唱片（也就是CD）。

也就是说，大约只有10%的唱片能够获利，它们却需要抵消剩下大多数唱片的发行损失——这情况甚至比电影更糟，在电影产业大约70%的影片是输家。唱片公司会鼓励大量制作不同风格的唱片，以分散集中于特定专辑的投资风险。唱片公司敢于这样做的原因，一方面是相较于后期的宣传和发行支出，唱片制作前期的投资相对较小；另一方面，畅销专辑的出现往往是十分突然的，而少数热卖专辑的获利空间又极大——特别是那些由新进艺人推出的专辑，因为给新艺人的版税较低，公司更能大赚一笔。正如同其他娱乐产业，通常是少部分产品创造出大多数利润。[31]

发行与定价

在音乐产业发展历史的大多数时期，都只有一种主要的发行模式；然而如今，互联网却拓展了音乐发行渠道的可能性。例如，通过广告支持的免费音乐模式，以及自制音乐（DIY）都比以往更容易出现。通过互联网，几乎任何音乐都可以在任何地点、任何时间，通过多种定价模式被受众获取。[32]事实上，音乐产业可以说是媒介内容从所有权模式（指“拥有”CD、黑胶唱片、MP3 播放器等）向近用权（right to access）模式——也就是通过云端运算，让消费者在任意时间地点、通过任意方式享受音乐——转变的先驱。[33]

结构　然而，任何发行方式都改变不了一个事实，那就是音乐产品的失败率极高，还有除了最成功的少数专辑外，音乐产品的生命周期都十分短暂，一般最多只能维持几个月的时间。因此，音乐产业的传统结构（以下将会详述）不断演进以适应这种产业形态，同时由于唱片必须快速铺货到零售终端，在滞销后又必须能快速退回发行中心，因此对仓储和物流能力具有极高的要求。这种产业结构安排的重要性虽然在今天有所下降，但在可预见的未来仍将具有相当重要的意义。

262 在音乐产业仰赖于黑胶唱片、录音带以及 CD 销售的时代，零售商在热门唱片销售一空时必须能马上补货，因此当时唱片发行几乎都被大型公司所垄断，因为只有它们具有足够的资金规模，能够在最短时间内完成遍布全国、数以千百计专辑的大规模铺货。在美国（以及在全世界），音乐发行产业最终通过并购形成了四大巨头：环球、索尼/BMG、华纳以及百代。①

长期以来，美国最大的两家唱片发行公司是华纳和索尼。华纳唱片原本是时代华纳（Time Warner）集团的音乐发行部门［旗下包括华纳兄弟、黑天使（Elektra）、亚特兰大（Atlantic）、庇护所（Asylum）、极品（Nonesuch）、重奏（Reprise）、巨人（Giant）和雄风（Sire）等公司］；索尼旗下则包括哥伦比亚、Epic、Masterworks 等，是由日本索尼公司 1987 年从哥伦比亚广播公司（CBS）收购而得。[34]这两家公司发行的唱片数量占到北美销量的一半左右，在世界其他地区的市场份额也达到 35%。

不过，2008 年索尼和 BMG 的合并使得新公司在美国的市占率达到 25%左右，仅次于环球唱片的 32%（环球隶属于法国维旺迪集团）。环球唱片旗下包含原来宝丽金（PolyGram）所拥有的德意志留声机公司、水星/岛屿（Mercury/Island）、宝丽多伦敦（Polydor. London）、A&M、困境（Def Jam）以及摩城（Motown）公司②，此外还包括 MCA 以及格芬（Geffen）公司。其他主要音乐发行公司还有英国的百代集团，旗下子公司包括朱庇特（Capitol）、天使（Angel）、百代、蚕蛹（Chrysalis）、维京（Virgin）、曼哈顿（Manhattan）以及蓝色音符（Blue Note）［以及一些艺人，披头士乐队（the Beatles）和酷玩乐队（Coldplay）］。2012 年，环球以 19 亿美元收购了百代的音乐部门，索尼/ATV 以及其他投资者以 22 亿美元收购了百代出版部门（含超过 130 万音乐版权）。[35]这几家公司的市占率份额长期以来相对稳定。[36]

成功发行的关键在于资本规模大小，以及对音乐流行趋势的敏感度。因此，发行商不仅聘用大量销售和宣传人员，还非常仰赖外部的情报搜集机构。不过，尽管这种结构在大型区域行之有效，但在小型零售店和偏远地区却显得效果不佳。因此，市场上还存在规模较小的独立发行商，也就是所谓的“一站式”发行商（one-stops），它们为所有音乐公司代理产品，包含那些主流发行公司旗下的产品。一站式发行商是在 20 世纪 40 年代因应唱机业者的需求而出现的；今天它们也为小型零售商以及互联网发行部门等提供服务。[37]

还有一种发行渠道称为超市批发商（Rack Jobbers），他们从 20 世纪 50 年代起为音乐产业的发展做出不少贡献，最近则主要在家用录像带产业发挥作用。[38]“支架”（rack）指的是陈列唱片或录像带的架子，超市批发商们为唱片公司争取百货公司的上架空间，或在其他唱片销售店里负责替唱片公司管理库存和展示宣传，他们的获利方式通常是唱片销售额的某个百分比。与超市批发商的合作协议类型有很多，合作范围可以拓展到药局和超市等。超市批发商可以获得数量折扣，他们的专业优势则在于快速选择产品、展示产品和存货（仓储）管理的能力，这对唱片这种生命

① 2011 年，EMI 被环球和索尼/BMG 并购，环球买下其音乐制作公司，索尼则并购了其发行部门。——译者注

② 宝丽金在 1998 年被加拿大的希格拉姆收购，希格拉姆则于 2000 年和维旺迪合并。——译者注

周期短的产品尤其重要。[39]

最后一种发行渠道，则是专门以低价收购滞销唱片的批发商。滞销唱片被退回给发行商，代
263 表着唱片公司对于错估唱片品质和销量所需付出的代价。批发商低价买下这些唱片，再转卖给折扣商店；那些有耐心、有经验的消费者可以在此得到好处。

然而，由于音乐制作合同中的版税计算一般是基于唱片的销售量而非制造量，因此滞销唱片和过多的库存长期以来都是艺人和唱片公司之间争议甚至诉讼的焦点。数量过多的唱片可能被用来以物易物，或是成为唱片公司募款的工具。但只有最大牌的艺人具有足够的议价能力，可以要求销毁过多的库存而非任由它们进到折扣销售渠道。

定价。一如预期，主要发行商的定价政策会对产业链下游厂商产生重大影响。尽管如此，由于每家公司的折扣政策和退货限制各不相同，分析定价策略并非易事。折扣的大小一般和订单规模成正比，这意味着前述的超市批发商和一站式发行商们拥有批发价市场利基。从艺人角度来看，唱片的最高定价销售一般只能维持一段时间（按合同规定），随着作品进入公司普通产品目录（意味着不再有任何额外的宣传投入），销售价格也跟着降低，再往后甚至可能以跌破成本价的价格出清库存——这也意味着艺人的版税收入随之减少。

尽管批发价格相当明确，但零售价格策略却显得较为不规则，且是一项有趣的经济学议题。例如，为了吸引冲动型购买者，最新产品的定价可能低于较老的、需求已经疲软的产品。[40]

6.4 财务会计与估值

一如预期，公司的财务会计观点总是和艺人大相径庭。从公司观点来看，总是希望有充足的利润和具有竞争力的投资报酬率，以满足股东，并尽可能签下、培养更多的艺人。而个别艺人关心的则是自己的财务结构。

264 艺人角度

艺人和唱片公司之间签订的合同关键内容包括有效期限、承诺销售专辑数量、海外发行意向，以及版税和预付款等。例如，合同可能要求在签约后三年内提供三份母带，如果专辑未能按期发行，可能需要赔偿。站在艺人的角度，需要认清的事实是：唱片公司实际上并不是“付款”给艺人；唱片公司只是“借”钱（预付款）给艺人，然后期待艺人在唱片大卖后连本带利地还给公司。[41]

除了爵士乐领域存在例外，一般而言唱片公司会要求艺人提供额外服务，包括延伸表演内容到录像带和其他影音媒介（例如拍摄 MV 等）。还有一点值得注意，由于如今许多唱片销售发生在美国以外（有时占到国内版税收入的 75%），因此艺人签订的合同可能会涉及海外发行的预定地区。

然而，合同最重要的内容莫过于版税比例和
预付款金额了。[42]在音乐产业的惯例中，版税一般 264
而言以唱片零售价（suggested retail price，SRP）的 10%为基础，根据该艺人的销售潜力加以向上调整。[43]即使在 iTunes 的时代，这种版税也按销售价格的一个百分比来计，如果每份下载 99 美分，在扣除零售商费用后，艺人可能挣到 7～10 美分。但是如果听众转向流媒体服务如 Spotify 和 Pandora，艺人的版税支付结构就会变化：在流媒体中，当播放一首歌曲时，只能拿到 1 美分的几分之几——演唱者和词作者再按比例分享这一微支付（平均每次播放 0.5 美分）。[44]

在这一方面，近年来唱片公司越来越倾向所谓的“360 度合同”（360 deals），这种合同让唱片公司得以分享多个来源的收益。这种合同的基本

内容是，唱片公司前期投入更多的营销和其他服务费用，而作为交换，它可以分享后续的巡回演唱、授权商品销售等其他原本由艺人所独占的收入。在很多情况下，唱片销售已经变成次要的收入来源，其存在的目的反而是为演唱会、授权商品销售等更赚钱的活动服务了。[45]

当新进艺人签约独立制作公司时，获得的版税比例大概是建议零售价的 9%～13%，与大型唱片公司签约的版税比例则是 13%～14%；超级巨星则可拿到零售价 18%～20%的报酬。但在互联网付费下载时，艺人能分到的比例往往高达 20%～50%。不过在古典音乐方面，由于预期销量较低，因此版税比例大概只有零售价的 7.5%～10%，且预付款的比例也远低于流行音乐。[46]

然而，版税和预付款也可能以发行（批发）价格为基准，其实这种方式反而更好，因为发行商无法决定最终零售价，而所谓“建议零售价”通常与实际售价没什么关系。事实上在美国以外地区，批发价被称为发行价（Published Price to Dealers，PPD）或是基本价（Base Price to Dealers，BPD）。不过无论采用 SRP 还是 PPD 的倍数价格来估算，美国唱片产业协会（Recording Industry Association of America，RIAA）都会根据销量给予不同的认证：从金片（专辑或单曲销量达 50 万以上）、白金片（专辑或单曲销量达 100 万）到钻石片（销量达 1 000 万）。[47]国际唱片业协会（International Federation of the Phonographic Industry，IFPI）对美国以外的各国唱片销售也有类似的奖励。

265 合约内容可能进一步涉及创意控管、母带和出版所有权、制作预算底限、合同在何种情况下可以被转给另一个人或公司、艺人稽核公司账目的权利，以及唱片公司对宣传、巡回演出和音乐录像带（MV）的承诺经费底限等。唱片公司有权回收超出协商预付款的版税，或者在特定情况下拒绝支付制作费，对艺人的财务状况都会产生重大影响。其他内容还包括违约和仲裁条款，以及预防超出预期的歧见和问题所设的条款等。

如果唱片公司和艺人未能明确厘清相关版税的扣除比例，争议很快就会发生。例如，唱片公司会详列版税的特定折扣比例，通常包含最高 15%的赠送比例（例如免费送至各电台的宣传带，以及对零售商的数量折扣）。其他版税折扣还可能包括包装费（外壳费用），占录音带售价的 20%、CD 价格的 25%（但在黑胶唱片只占 10%），以及最高 50%的唱片俱乐部销售等。[48]其他像关于授权商品销售、MV 制作成本，乃至于交叉担保（参见第 5.3 节）等条款，也都会影响艺人的版税收入。直到最近，为了回应广泛的批评，才有唱片公司开始改变合同条款，采用零售商实际支付的批发价作为版税计算基准，同时去除过时的“包装费”等。[49]

录制协议通常会把上述所有因素列入考虑，并提出一笔固定经费作为唱片录制的费用和支付给艺人的预付款。预付款的额度可能依照唱片销售表现设定上限和下限；整体预算规模可以小到新进艺人的区区数千美元，大到超级巨星的数百万美元之多。

当然，版税的计算基础是实际销售的专辑数量，而非全部铺货数量。此外，正如前面所说过的，在常见的“全包”合同中，流行音乐歌手还必须从自己的版税收入中拿出一部分付给制作人。一般支付给制作人的比例是建议零售价（SRP）的 3%～4%。[50]因此，即使艺人已经偿还了唱片公司预付的营销和制作费用，他/她可能依然积欠制作人款项。此外，除非合同中有明确规定，否则专辑有可能制作出来却得不到发行（甚至根本制作不出）。这种情况就是所谓的“付款或捣蛋”（pay or play）条款，与电影产业类似。

为了靠版税收入来清偿预付款，并赚取额外的销售收入，艺人通常每售出一张专辑才能偿还大约 1 美元的制作和营销费用，且往往要等到销量破百万才能真正开始赚钱。达南（Dannen，1990，p. 143）指出，音乐产业标准合同中的偿还条款事实上隐含的意思是“制作唱片的成本几乎全部由艺人的版税，而不是总销售收入来支付”[51]。因此，大概只有不到 10%的艺人能够还清预付款。事实上，一纸唱片合同基本上就等于唱片公司借钱给艺人的借据，艺人必须靠着自己的版税收入连本带利地偿还给公司。[52]

表 6—1 显示了一位新进艺人首张黄金专辑（销量超过 50 万张的专辑）的财务状况，其中销量 50 万张是一个明显的分界点。艺人在销售出第一个 50 万张唱片后，每增加 30 万张销量，版税比率都会提高。同时，尽管录音带已经是一种过时的媒介（如

今大多是CD)，但计算公式依然是以录音带销售为准的，这也是当今大多数录制合同的真实情况。从表中可以看出，艺人从后续30万张唱片销售中获得的版税收入，反而要高于前50万张的收入。

266 **表6—1　艺人首张录音带黄金专辑的财务观点**

录音带建议售价	10.98美元
减去：包装费（20%）	2.00
	8.98美元
艺人净版税比例16%。“全包”（all-in）情况下减去给制作人的4%	12%
单位版税毛额	1.08美元
专辑销量	500 000
小计	538 800美元
减去赠送专辑后的版税比例	85%
版税毛额	457 980美元
减去唱片成本和预付款	250 000美元
艺人专辑销量50万张时的总版税收入[a]	207 980美元
额外销量	
额外版税/下个30万张销量以18%计算	1.26美元
销量	300 000
减去赠送专辑后的办税比例	85%
增加30万张销量的版税收入	321 300美元
总共80万张销量的版税总收入[a]	529 280美元

[a] 在上述数字中，约一半的独立促销和MV成本后续将被扣除。

尽管如此，艺人初期可能只能收到部分款项，因为唱片公司会保留部分金额以防止退货，直到掌握了真实的销售数字为止，这部分暂留款项比例可能高达50%。暂留款的额度取决于该艺人先前专辑的销售情况，而未能销售出去的专辑（会变成不计算版税的滞销唱片）会被返还给发行中心，然后从付给艺人的版税中扣除。不过，一旦最终零售数字确定（也就是不会再有退货），暂留款就会还给艺人（一般需要经过两年左右），这种情况代表退货储备金被清零。其他扣除项目可能还包括独立宣传费用以及一半的视频（MV）录制成本。

在这一案例中，还可以注意到包装费用占 267
20%，这是录音带的计费标准。但是一般而言，CD以及其他新技术（尽管像互联网下载这种渠道根本没有所谓“包装”费）的包装费比例是25%。此外，CD的版权比例依然比照录音带，设为85%。若以单位计价为基础，从表6—2可以看出，由于CD的建议零售价一般比录音带高出3～4美元，因此艺人所得的版税收入通常要略好一点。

表6—2　建议零售价15.99美元CD的估计成本结构，2010年

成本项目	美元	占总额比例
工会规费	0.16	1
包装/制作	0.80	5
发行	0.96	6
出版商版税	0.80	5
艺人版税	1.60	10
营销/推广	2.40	15
唱片公司经常费用	2.88	18
唱片公司利润	1.76	11
零售商经常费用	3.84	24
零售商利润	0.80	5
总计	15.99	100

资料来源：根据Byrne（2008）和Avalon（2002，p.90）。

然而，艺人通过苹果 iTunes 销售专辑的收入可能比 CD 销售更少。以定价 9.99 美元的专辑为例，14%（1.4 美元）归艺人所有，30%（3 美元）归 iTunes，剩下 56%（5.59 美元）归唱片公司。[53]

除了表 6—1 显示的艺人版税收入情况外，艺人的收入还会受到所谓限制作曲条款（controlled composition clause）影响，该条款规范艺人的歌曲创作和出版的付款方式。“限制作曲”（controlled composition）意指由艺人（有时也是制作人）所拥有、撰写或以其他方式所控制的歌曲，条款规定了在没有补偿款和成本扣抵之下的灌录版权付款期程，但它一般也限制了艺人的每张专辑收入。一般而言，限制单曲费率依著作权法规定为 75%。例如，倘若一张专辑包含了 10 首限制歌曲，依照法定费率 8 美分的 75%计算，每张专辑的版税就是 60 美分。

相较于艺人与唱片公司直接签约的弱势无助，若是与出版商签约，通常可以获得更为有利的预付款。然而作为交换，出版商通常会要求拥有歌曲 50%的版权（也就意味着分享往后半数的版税收入）。出版商收取大约 10%的管理费，这笔钱也会在 75%分给作曲者的预付款之前，先行扣除。

总而言之，我们发现唱片合同通常极为复杂，而且许多方面反映的是已经过时的情况，而与最新科技发展缺乏紧密联系。正因为体认到这一点，目前音乐产业的合同正逐渐地（虽然十分缓慢）朝着对艺人较为友善的形式发展。[54]

公司角度

总体而言，主流唱片公司依然维持着细致且难以复制的经营结构，提供有效率的筹资、营销、艺人生涯发展和发行等服务。作为提供服务的回报，唱片公司会从各个方面汲取利益，包含制作费加成、来自艺人版税收入的录制成本清偿（以及 MV 制作成本的部分返还）、器材租用和包装费，以及版税暂留款的利息收入等。

268 当然，互联网音乐下载的成本结构与过去的 CD 完全不同，制作、包装乃至于铺货成本几乎都不存在了；然而其他成本如经常费用、版税、宣传推广，以及营销成本大致仍保持不变。表 6—2 显示出 CD 成本中大约半数是与经常费用和营销成本相关的。

由于产业本身的性质，唱片公司经常面临着资本流失的风险，因为音乐作品的成功是充满不确定性的，签约艺人是否能成名、能红多久总是充满了变数，此外发行商必须背负专辑制作、宣传、营销和铺货费用等无法回收的成本，而支付给艺人的预付款也可能无法清偿（在专辑出现亏损的情况下）。诚如前面已经指出的，少数畅销专辑（通常不到所有发行唱片的 10%）所赚的利润必须足以抵消大多数失败作品的亏损。[55]因此，唱片公司的财务会计观点与艺人存在显著差异。[56]

根据对上市音乐公司财务报表的研究，可以看出主要音乐发行公司的税前利润并不甚稳定，总是出现不可预期的波动，而哪怕规模最大的公司，也难以保证持续稳定的增长。尽管主流发行公司的基本财务运作结构大体相同，但在利息和经常费用支出上仍存在差异，包括所谓“退货储备”（return reserves）方面。该项储备金一般按照国内销售收入的固定百分比计算（在美国和加拿大以外地区通常要少得多），且比例与近来零售商退还唱片的情况密切相关。

下面是 1982 年华纳公司财务年报中，关于退货储备的会计政策说明： 269

> 根据业界实务，对于销售给客户的产品，客户有权退还未出售的部分。上述销售收入代表毛收入减去未来的退货储备。这项一般性政策指出，被包含于存货内的退货估价，主要依据合理的价值而非超额成本。

因此，作为对零售商未来可能退还商品的缓冲策略，唱片公司通常会在最初出货给零售商之后的两年内，保留艺人版税金额的 30%～50%（或是灌录版税的 50%～75%）作为储备金。上述保留资金大大增强了唱片公司营运资本的流动性（但也是导致公司与艺人摩擦的重要根源）。[57]

美国财务会计准则委员会（FASB）的第48号公告规定了在消费者有权退还（非瑕疵）产品的情况下，公司的责任和处理方式。其中最重要的规定就包括必须对未来可能的退货金额进行合理估计。对音乐产业而言，通常可以根据历来的退货数量来做出估计。

其他的公司会计处理原则也受到FASB第50号公告的规范。其中，艺人的版税收入除了配合预期退货状况加以调整外，一般在唱片销售期间内列为费用（expense）。然而如果该艺人先前的唱片销售表现和当红程度可以作为预测预付款偿付状况的稳定基础的话，那么预付给艺人的版税就可以被列为资产（也就是被资本化）。如同电影产业一样，这一资产的分期摊销金额将与未来一段时间内预期的净收益有关。相反，无法评估潜力的新进艺人，其版税和预付款都将直接被列为费用。

至于授权协议、最小保证，以及预付版税等方面，FASB第50号公告也指出，授权者应该先将最小保证列为负债，直到授权费取回后再列为收入。

估值方面

对音乐公司的资产进行评价，通常要从对其过去发行作品的深度和广度评估开始：唱片公司所拥有的作品目录，不管是以出版权还是母带的形式拥有，都对公司的估值起到关键作用，正如同电影资料库对电影公司的意义一样。虽然作品目录只不过是一堆版权的集合，但却是资产估值的基础，它通常代表一家唱片公司半数的收益以及四分之三的利润来源。

270 如同其他娱乐产业，音乐资产也是依照其未来的现金获利能力加以评估。预期的现金流量（意即在摊销、利息和税收之前的营业收入）与当前利率水平、经济情势、政治以及科技等情况都密切相关。但在所有因素当中，利率的角色最为关键，因为利率与未来现金流量的贴现价值呈反比，同时也和资产购买者未来获得融资的能力有关。

换言之，音乐公司的资产价值可以通过未来数年的现金流量贴现值加以评估，而预期现金流量则可由最近同等资产属性公司的出售价值，减去净负债来加以估计——详见第7章第4节关于广播电视公司资产的评价模式。[58]

然而，音乐出版商（music publishers）的估值则不大相同。在这里，评估的关键是净出版商份额（net publisher's share，NPS），等于公司所收到的全部版税收入，减去所有要支付给作曲家和艺人的版税。[59]换句话说，NPS可以定义为收入总额减去管理费扣除额（一般占总收入的10%～20%）、作曲家的版税和其他支出，包括宣传单、宣传片、搜集成本和二级出版商费用，以及版权注册费等。出版商的利润边际通常是唱片录制公司的两倍，而总收入的半数要作为版税支付给艺人。[60]尽管历来出版商的资产大多能得到很高的估值，但近年来灌录版权和同步费授权（来自电影、电视节目等）不断减少，对出版商造成了不利影响。因此，NPS估值很难像过去那样高涨了。

其他资产还包括唱片母带。当然，发行超过一年后仍然具有商业价值的母带并不常见。[61]然而，对于大型音乐活动来说，母带可以提供长期的收入流。但是1976年美国著作权法修订中规定，允许音乐人像其他艺术作品的创造者一样行使“终止权”，在35年后重新控制他们的作品。如果行使这样的权利，主要音乐出版企业的价值就会因此受损。[62]

6.5 结论

音乐产业从未停止变化的脚步，过去半世纪以来的发展更是体现了这一点。随着CBS和RCA

被外国企业收购（两家公司现均属于索尼/BMG集团旗下），这个产业显得日益全球化。与此同时，音乐产品的发行和融资体系也逐渐被整合为三大巨头垄断的局面。

但同样重要的是，我们正在经历一场音乐制作、复制、包装以及发行方面的重大科技变革。例如，直到20世纪80年代电脑出现之前，声音的录制和播放依然大体上延续着100年前爱迪生发明的模式。而在如今，受惠于最新科技，这一切基本上都通过互联网进行了。我们确信，音乐的创作、享受和使用环境，正充满着前所未有的活力。[63]

【注释】

[1] 根据国际唱片业协会（IFPI）的数据，2009年CD、唱片和录音带的全球销售额将近300亿美元（见图6—4）。

[2] 帕尔默（Palmer，2008，pp. 79-80）发现，音乐是一种更加个人化的选择。“人们对于拥有一首歌的心理感觉，和电影或电视是完全不同的。在许多方面，音乐可以说是我们生活方式的时尚配件。”人们喜欢或厌恶一首歌，但他们通常说不出自己为何喜欢（或不喜欢）它。

[3] 拜恩（Byrne，2008）提到：“史诗音乐和民谣、宫廷乐、教会音乐、唱诗、酒吧独唱、典礼音乐、军乐、舞曲……这些都跟特定的社会活动有关，它们是属于集体的、有特殊功能的。你不可能把这些音乐带回家、复制、销售……乃至于重听。音乐是一种体验，与你的生活经验紧密联系在一起。你可以付费去听一首歌，但一旦听完了，它就过去了——只剩下回忆。但20世纪的科技却改变了一切，音乐——或者说刻有音乐的媒介——变成了一种商品，可以被购买、贩售、交易，并在任何地方被播放。这改变了有关音乐的经济学，但音乐对人类的本质作用未曾改变。”也可参见《经济学人》2008年12月18日的文章《为何是音乐?》（Why Music?）。

[4] 不过在2008年，有人发现在爱迪生发明留声机的17年前，法国人里昂·斯科特（Léon Scott）就已经通过用煤油灯在纸上留下烟痕，实现了声音的重放。参见罗森（Rosen，2008）。

[5] 参见艾略特（Eliot，1989，p. 15）。关于录音技术的历史，还可参见里德和威尔许（Read and Welch，1976）、格莱特（Gelatt，1977）、威尔许和伯特（Welch and Burt，1994）和怀特（White，1988）。

[6] 直到1941年，美国作曲家、作词家及音乐出版商协会（ASCAP）才统一了版税计算方式（一般以广播电台年广告收益的约2.75%为基础），该标准是由ASCAP的竞争对手——1939年成立的美国广播音乐公司（BMI）所定。

[7] 随着录制音乐的兴起，对现场演出的需求减少，因此音乐家工会［也就是美国音乐家联合会（American Federation of Musicians)］急需从唱片公司那里寻求补偿。

[8] 20世纪50年代后半叶兴起的大型唱片公司还包括国会唱片（Capitol）、米高梅（MGM）以及水星唱片（Mercury），形成六巨头并立的局面。

[9] 库洛切特（Crockett，2005）提到了手机音乐——包含付费铃声下载和音乐商店——是如何对苹果iPod构成威胁的，后者几乎是现代移动音乐平台的代表。自从2001年10月23日第一代iPod上市后，至今销售已超过1亿台，同时在iTunes音乐商店于2003年4月28日上线后，三年内歌曲下载超过10亿首。iPod影像服务于2005年10月上线，6个月内就有大约1 500万部影片被下载。2010年，苹果的iPad再次改变了一切。

1999年，两种版本的音乐DVD上市——分别是超级音频光盘（Super Audio，SACD）以及DVD audio；数年后又有DualDisc和DVD album等标准出现，但没有一种得到广泛运用。参见布林克力（Brinkley，1999）、贝尔森（Belson，2003）、罗斯曼（Rothman，2003）和史密斯（Smith，2006）。

[10] 这是卡尔（Carr，2008b）在2008年苹果iTunes歌曲销售突破40亿首时发出的感叹：“唱片公司依然拥有歌曲，但苹果拥有其他的一切——从定价、格式、发行，到利润丰厚的播放设备。”

[11] 在美国，1971—1980年间专辑出货量复合年均增长率约为3.9%。但受到经济衰退、高价及其他因素影响，20世纪80年代出货量出现了下滑。但在同一时期，录音带销售份额稳定增长并逐渐超过了传统的黑胶唱片，到1984年，录音带占到所有专辑销售的半数。

此外，20世纪80年代的调查表明，音乐的最大消费群体已经由青少年变成了年轻成人。显然20世纪50年代到60年代的青少年们，随着他们成长到20～30岁，也改变了整个产业的消费结构。此外，半导体技术的进步也使得家用和车用的音响设备变得更为普及；而FM广播逐渐成为收听音乐的重要媒介，对整个产业也有极大影响。再加上石油危机使得黑胶唱片价格暴涨，压制品质却有所下滑，因此这一时期消费者自行从广播录制音乐的情况十分普遍，而他们自己录制的品质甚至并不输给商店贩售的黑胶唱片。

[12] 在所谓乐器数字接口（musical-instrument digital interface，MIDI）于1982年出现后，唱片公司、音乐家以及作曲家的生产力都提升了；MIDI技术能够把来自不同乐器的控制信号转为统一的电脑格式。MIDI标准是由山叶（Yamaha Corp.）、河合乐器（Kawai Instrument Manufacturing）、罗兰德（Roland Corp.）以及时序线路Sequential Circuits公司共同推动的。

[13] MTV是一个24小时播放的电视网，其节目内容由音乐视频（MV）、音乐新闻和特别节目组成。MTV的母公司是维亚康姆，如今在全世界的观众数以亿计。MTV的崛起是在20世纪80年代初，由于录像机的普及和降价，使得音乐视频（MV）这一子产业得以茁壮。MTV对有线电视的发展有着不可磨灭的贡献，改变了音乐宣传的方式，并影响了整整一代年轻人。班克斯（Banks，1996）对MTV的历史有详尽的说明。

[14] 调查数据的完善，加上政府对盗版的查禁越来越严格，都是发展中国家唱片产业年成长率提高的原因。

[15] 福莱思科纳和海勒林顿（Frascognia and Hetherington，1978）以及帕斯曼（Passman，2000，pp. 49－50）对经纪人（manager）的角色有深入探讨。经纪人通常协助艺人签约唱片公司、选择制作人、联系发表，并安排律师和经理人等。经纪人合同的长短通常与唱片生命周期（从制作到巡演）有关，而报酬则取决于唱片销售数量，而非总收益。

[16] 在西班牙和拉丁美洲，主要由音乐作品作者与出版者集体管理协会（The Sociedad General de Autoresy Editores，SGAE）负责版权的收取和支付。

[17] SoundExchange创立于2000年，是美国唱片产业协会（Recording Industry Association of America，RIAA）的一部分，是一家位于华盛顿的非营利组织，受美国版权办公室（Copyright Office）授权，负责向数字广播业者（如Sirius XM）收取版权费，并支付给表演艺术家或其他版权所有人。

[18] 相关争议主要发生在电视辛迪加市场的节目以及广告当中的音乐运用方面。当电视台获得某个节目的授权时，它实际上并没有相应获得节目当中音乐的使用权。事实上，电视当中的音乐并不是一首一首、一张一张授权的，而是采用所谓“一揽子音乐授权”（blanket music licenses），也就是电视台需要向ASCAP和BMI支付其年度总收益的大约2%，然后电视台就有资格使用ASCAP或BMI旗下超过500万首歌当中的任意一首。例如，BMI在1999年的一揽子授权费等于电视台在扣除必要成本后收益的1.4%。在2005年，BMI的授权费收入达7.79亿美元，ASCAP则是7.49亿美元。

[19] 最早的著作权版税仲裁会（Copyright Royalty Tribunal，由1976年著作权法设立）于1993年废止，其功能则由美国国会著作权办公室接手。灌录版权费率从1988年起大约每两年根据CPI调整一次。在2008年，著作权版税委员会首次为手机铃声设定版权费率（每首24美分）。此外，唱片公司每出售一首歌（无论是CD还是网络下载），都需要支付9.1美分的灌录版权费。

[20] 这项权利一方面旨在保障著作权人能获得应有的报酬，另一方面也要避免权利的滥用。根据1976年著作权法，美国与其他许多国家一样，著作权的保障期间为著作人在世时以及死后50年内。

[21] 著作权版税仲裁会在1978年成立，1993年终止，该机构也曾向有线电视业者收取授权费。在1990年授权费收入总计1.61亿美元，其中60%来自电影，24%来自体育赛事。参见卡尔森（Carlson，1984）。

[22] 拉德纳（Lardner，1987）指出，1984年美国最高法院裁定一般人从广播电视中录制节目（非商业目的）是合法的，这加速了录像机的普及，也加剧了制造商之间的竞争。然而，关于家庭录像对视频和音乐产业产生了多大伤害，目前还没有定论；在众多相关研究中，较为全面的是1989年由美国国会的咨询机构科技评估办公室（Office of Technology Assessment）所做的家庭录像与拷贝调查（Survey of Home Taping and Copying），结论是娱乐产业所受的冲击并没有一般人想的那么大。关于消费者录像拷贝行为的经济模型，参见约翰逊（Johnson，1985）。此外，1992年美国国会通过的家庭录音法案（Audio Home Recording Act），使得政府得以征收数字录音设备2%（最低1美元，最高8美元封顶）以及空白数字录音带3%的权利金，以补贴唱片公司、出版商和作曲家。然而，传统类录音机和录音带则不需要支付任何权利金。

[23] 不过，一些新的合作方式使得发行商也能够分享到每一次出租的收益。例如在按交易付费（pay-per-transaction）协议中，录像带的每一次出租，发行商（例如电影公司）都能分享到一部分收入，而相应地，出租店能够用很低的价格购买到录像带，这使得出租店的热门电影库存大大丰富了。

[24] 关于巡回演唱的经济问题参见克朗霍兹（Kronholz，1984）、纽康（Newcomb，1989）和卡夫卡（Kafka，2003），及《综艺》2004年3月22日。在2008年，两家最大的演唱会公司分别是现场国度（Live Nation）和AEG现场（AEG Live）。2009年年初，现场国度与知名订票系统公司票务大师（Ticketmaster）合并，但该案直到一年后才被美国司法部批准，条件是现场国度公司必须将其订票软件向竞争对手AEG现场开放。现场国度公司占据全美演唱会门票市场的70%，每年举办2.1万多场活动，观众总人数超过1.4亿人。现场国度公司被禁止将销售的门票和其他商品或服务捆绑。而史密斯（Smith，2009）和西格尔（Segal，2010）指出，其实现场国度公司在门票销售方面是赚不到钱的，它主要的利润源自

啤酒销售、停车费以及广告。几乎所有的门票收入（90%左右）都归歌手所有。

［25］为了对抗盗版，主要唱片公司于1999年推动安全数字音乐计划（Secure Digital Music Initiative，SDMI）。根据该技术标准，所有音乐档案在下载前，都必须先获得中央服务器的授权。然而，即使经过授权，消费者也只能在一台电脑上聆听，而无法自由转移或拷贝。后来由于不受限制的MP3格式日益普及，SDMI的影响力越来越微弱。2007年，数字版权管理（digital rights management，DRM）也被认为是无效的。参见威格费尔德和史密斯（Wingfield and Smith，2007）。

Napster是1999年出现的软件系统，允许通过互联网连接的电脑互相搜索、分享音乐。由于这严重威胁到了音乐产业传统的知识产权保护，Napster很快面临了法律诉讼。尽管如此，其他类似软件，例如主机设在国外的Fast Track，以及Morpheus、Kazaa和Grokster层出不穷。参见古德尔（Goodell，1999）、哈曼（Harmon，2000）、瓦里安（Varian，2000）、2000年7月28日《华尔街日报》，以及2001年11月29日《纽约时报》。特别是凯利（Kelly，2002）对免费音乐下载进行了历史的和科技的探讨。免费音乐的威胁与电影产业的反内容扰乱软件（de-Content Scrambling System，DeCSS）类似，该软件可以去除DVD的版权保护，使得完整的影片能够被自由分享。但李奇特尔（Richtel，2003）指出，美国一个地方法院已经裁定Grokster和Morpheus并未侵犯著作权。关于数字音乐下载的经济学分析还在初级阶段，参见格罗斯（Gross，2004）。

2002年，主流唱片公司成立了listen.com网站（后被RealNetworks合并），以每首99美分的价格提供在线音乐下载；有些观察家认为单曲价格会下滑到25美分左右，这样就需要销售更多歌曲（大概50首）才能达到过去一张CD的利润水平（5美元）。后来苹果iTunes的初始音乐价格也是每曲99美分，其中唱片公司可获得65美分。到2009年，苹果的歌曲定价分为69美分、99美分以及1.29美元三个档次。参见史密斯和卡恩（Smith and Kane，2009）。

［26］据估计，美国大概有1 200家唱片公司和2 600家独立公司。但大多数的音乐录制工作都由少数几家巨头垄断。

［27］合同结构巴斯克维勒（Baskerville，1982，p.300）、帕斯曼（Passman，2000，p.203）和拜恩（Bryne，2008）均有说明。拜恩的分类如下。

(i) 标准发行协议：唱片公司负责录制、制作、发行和宣传，在支付给歌手权利金及摊平所有成本后，利润全归唱片公司所有（但独立公司依然拥有版权）。

(ii) 授权协议：与前者类似，但歌手拥有版权和母带。独立公司可以对母带进行有限制的使用，一般期限最多七年。

(iii) 所有权协议（或称360度协议）：歌手事实上变成独立公司的一个品牌，公司为其雇用制作人、经纪人、宣传人员和营销专家。

(iv) 利润分享协议：独立公司提供部分预付金，利润由双方共享，但歌手保有作品的所有权。

(v) 制作与发行（M&D）协议（与电影产业的租赁发行类似）：也就是唱片公司只参与制作和发行。大的独立公司通常不倾向此类协议。

(vi) 自主发行（或称DIY）模式：歌手自己录制、制作、宣传，并通过互联网提供下载（这最大限度减少了实体制作、运输和仓储等费用，但网站的维护和服务器租赁则增加了额外成本）。

最后一种模式看似具有最大吸引力，它使得歌手得以绕过主流发行公司，保有对音乐的最大控制权，并享有极高的边际利润率（有时高达50%）。但事实上，这种做法对许多歌手而言是不现实的，因为他们将无法享受到唱片公司在融资、营销和宣传等方面的专业能力。根据IFPI 2010年的报告《投资音乐》（*Investing in Music*），对于一位新歌手而言，唱片公司为其每张专辑平均投入100万美元左右（预付金20万，录制费用20万，拍摄3支MV的费用20万，10万用于巡演，剩下30万用于宣传和营销）。但对于超级巨星，预付金就可能达到150万美元以上，而营销宣传费用往往也突破230万美元。

［28］20世纪90年代中成立的选择发行联盟（ADA）（属于华纳音乐旗下）是独立音乐公司的重要发行平台。它收取唱片批发价的至多25%作为发行费用。其他大型唱片公司也设有类似的发行平台，参见杜西格（Duhigg，2005）。

［29］与20世纪70年代末不同，如今录音带、CD、专辑封面等方面的成本已经得到很好的控制，如今制作一张CD（或DVD）的成本仅为1美元左右，这使得CD的利润率相当惊人。早期，受限于唱片压制公司的产能，有时会出现供货跟不上需求的情况，例如在20世纪70年代末，《周末夜狂热》（*Saturday Night Fever*）的狂销（超过2 000万张）加上猫王和平·克劳斯贝在18个月内相继去世，唱片业一度面临严重的供货紧张。不过从此之后，这类问题就很少发生了。

迄今为止，迈克尔·杰克逊1982的《颤栗》被认为是全球史上最畅销的唱片（共卖出超过4 500万张）。而RIAA统计的到2006年为止美国国内唱片销售排行榜则是：

老鹰合唱团：《精选集，1971—1975》（1976）　2 900万张

迈克尔·杰克逊：《颤栗》（1982）　2 700万张

齐柏林飞船：《齐柏林飞船四号专辑》(1971) 2 300万张
平克·弗洛伊德：《迷墙》(1979) 2 300万张
比利·乔尔：《精选集，vol. I&vol. II》(1985) 2 100万张
佛利伍麦克乐团：《谣言》(1977) 1 900万张
甲壳虫乐队：《甲壳虫》(1968) 1 900万张
《保镖》原声带 (1992) 1 700万张
波士顿乐团：《波士顿》(1976) 1 700万张
老鹰合唱团：《加州旅馆》(1976) 1 600万张

[30] 对于贿赂行为的监管不力，加上歌手及其经纪人所面临的巨大竞争压力，使得唱片公司有时不得不仰赖所谓的"独立宣传人"(independent promoters)，这些人往往与当地的黑道有联系，他们的"服务"就是让更多电台播放唱片公司所希望推出的歌曲。正如达南(Dannen，1990，p.9)所言："是宣传——让歌曲能够被电台播出的艺术以及科学——而不是营销驱动着整个唱片产业，因为任何广告、乐评或公关活动都无法让你卖出上百万张唱片；也不是销售，因为唱片行只会对市场需求做出反应，而无法创造需求。如果广播电台对你冷眼相向，那么再顶尖的歌手和经纪人都救不了这张唱片。"ABC电视网的"20/20"节目《有偿播出?》(Pay for Play?)(2002年5月24日)就提到独立宣传人如何以合法的方式支付给电台，以换取播出的机会，而唱片公司对此几乎毫无选择，只能默默买单。不过，目前此种明目张胆的贿赂已经有所减少，特别是在2005年，索尼/BMG因被控采用不正当方式(也就是贿赂)试图影响电台的曲目安排，而被纽约法院罚款1 000万美元后，情况有所改观。参见《纽约时报》和《洛杉矶时报》2005年7月26日的文章。

[31] 奥多内兹(Ordonez，2002)提到，2001年主要唱片发行商共推出了6 455张新专辑，其中只有60张销量超过100万，销量在50万~99.9万之间的有52张，销量25万~49.9万之间的有95张，还有208张专辑销量在10万~24.9万张之间。不过，史密斯(Smith，2007b)提到，到2007年，随着许多连锁唱片行关门，沃尔玛和百思买垄断了热门CD销售市场的65%(10年前只有20%)，唱片的售价和销量都出现显著下滑。参见史密斯(Smith，2008b)和雷文(Levine，2008)。

[32] 提供免费音乐下载服务，并以广告维持收入的公司包括LBL唱片、FreeAllMusic.com以及旋蛙(SpiralFrog)。史密斯(Smith，2007a)提到与LBL唱片公司签约的歌手可以获得每首歌500~5 000美元的预付金，此外，若歌曲后续授权给电视、电影或广告，也会和歌手分成；但歌手无法分享网站的广告利益。莫里西(Morrissey，2011b)叙述了酷盒(Qtrax)怎样利用软件再次试图提供免费的广告支持的音乐下载服务。拜恩(Byrne，2008)也指出了电台司令乐队(Radiohead)在2007年所追求的DIY模式，粉丝可以自己设定价格，下载《彩虹里》(*In Rainbows*)专辑。在第一个月，大约100万次下载，其中40%付费，平均每次6美元，乐队净收入300万美元。乐队拥有版权，后来发行CD，卖出12.2万份。

[33] 在2010年可以明显看到这样的转变，所有权模式不再具备像过去那样的主宰地位。像欧洲的Spotify和美国的苹果电脑(2009年并购Lala音乐网)这样的公司主导了这一潮流。参见斯通和米勒(Stone and Miller，2009)。

[34] 博叶(Boyer，1988)提到，与电影资料库或者广播电视资产一样，在音乐相关资产的转移中，估值通常也是基于息前税前现金流的某一倍数。尽管近年来有数起重大的并购案，如索尼收购CBS、贝塔斯曼收购RCA、华纳传播收购夏贝耳音乐公司(Chappell Music Publishing)等，但对音乐资产的准确估值依然十分困难。例如，索尼为了收购CBS所支付的金额就达到估计现金流的9倍左右。另一种方式是直接以收益的某一倍数来计算。例如百代在1992年支付9.6亿美元收购维京音乐(Virgin Music)，这大约是维京1991年总收益的1.6倍；而宝丽金1989年并购A&M唱片的金额大约是其收益的2.3倍。

[35] 2013年年初，华纳音乐集团(WMG)以7.65亿美元收购了百代旗下的百乐风集团(Parlophone Group)、蚕蛹(Chrysalis)、恩赛因(Ensign)等子品牌，这是欧洲监管机构授权剥离EMI对环球音乐集团(UMG)的收购的一部分。百代签下甲壳虫，并拥有朱庇特、蓝色音符、维京等子品牌，以及沙滩男孩(The Beach Boys)、凯蒂·佩里(Katy Perry)、罗比·威廉姆斯(Robbie Williams)、弗兰克·辛纳屈(Frank Sinatra)等艺人。WMG增加了酷玩乐队、平克·弗洛伊德(Pink Floyd)、杰思罗·塔尔乐队(Jethro Tull)、电台司令乐队(Radiohead)以及其他一些艺人。见《纽约时报》，2013年2月8日。

德国贝塔斯曼集团(Bertelsmann Group，BMG)长期以来都是美国以外最重要的唱片发行公司之一。但随着该公司与索尼合资(由于哥伦比亚唱片的关系，其中有大量的股份属于美国人)，最终2008年索尼以9亿美元买下BMG大部分的资产。参见兰德勒(Landler，2008)。克罗尼米尔和西达克(Kronemyer and Sidak，1986)分析了1970—1984年的音乐产

业，提供了这一时期的全面的市场份额数据。

宝丽金（PolyGram）在1984年差点和华纳传播公司合并，不过后来美国联邦贸易委员会（FTC）否决了这项并购。当时宝丽金的年销售额约为7亿美元。1989年宝丽金销售额达到15亿美元，并公开发行了20%的股份。最后到1998年，希格拉姆以106亿美元收购了宝丽金。也参见凡娜（Pfanner，2011）和西萨里奥（Sisario，2012b，c）关于EMI拆分的法规审查。

[36] 2011年前后，美国独立音乐协会（American Association of Independent Music，A2IM）提出通过对录音棚的所有权，而不是传统的发行份额来测量市场份额。市场份额数据要独立可信。在新的测量方式下，音乐统计（SoundScan）发现美国2011年独立音乐（indies）的份额，从旧办法测量的12.1%上升到30.4%。

[37] 过去唱片和CD发行的另一重要渠道是俱乐部（club）。哥伦比亚影视俱乐部（Columbia House）是美国最大的一个，后来在2005年与第二大俱乐部BMG合并（并购价4亿美元）。2008年，贝塔斯曼又把该俱乐部出售给私人投资者。目前俱乐部占美国唱片销售额不到5%，但在1997年曾经高达10%。

[38] 20世纪70年代，皮克威克国际唱片公司（Pickwick International）是美国最大的超市批发商。后来被另一家大型批发商——汉德尔曼（Handleman）收购。

[39] 超市批发商事实上需要承担购买了太多滞销专辑或太少畅销专辑的风险。他们可以通过分散购买多种专辑来降低风险；然而，由于受众对音乐的口味是如此易变，他们容忍犯错的余地并不大。

[40] 尽管参考零售价是计算销售额的依据，但这数字其实具有误导性，因为唱片行往往会以低于参考价的价格销售。史密斯（Smith，2004a）探讨了环球音乐在2003年为了对抗互联网下载，而大幅降低唱片批发价的做法。

[41] 阿瓦隆（Avalon，2002，p.55）提到，如果唱片销售惨淡，唱片公司也就只能认赔。然而作为承担风险的回报，唱片公司“有权要求极不合理的高额分红。对新歌手而言，分红比例通常是歌手12%，唱片公司88%”。而预付金还需要由歌手那12%当中偿还，而在支付报酬给制作人后，歌手能保留的通常只有9%。

[42] 作曲家面临的问题和单纯的歌手不同。如果采用外部作曲家写的歌，则歌手的权利金往往会因此减少，因为外部作曲家并不受限制作曲（controlled composition）条款影响；限制作曲条款仅在歌手本身创作、拥有或控制歌曲的情况下发挥作用。在自行作曲的情况下，唱片公司通常要求歌手以最高灌录版权的75%授权歌曲。

[43] 有史以来歌手权利金的最高纪录是由索尼在1991年创下的，当时迈克尔·杰克逊获得了唱片零售价的22%作为权利金，也就是每卖出一张唱片他就能获得1.9美元。在20世纪，支付给歌手的预付金最高纪录，则是在1992年由华纳唱片创下，该公司与普林斯（Prince）签下6张专辑，每张1 000万美元（在唱片销售突破500万张的情况下）。迈克尔·杰克逊和麦当娜据信也拿过每张专辑500万美元的预付金，滚石乐队的记录则是800万。不过在2001年，玛丽亚·凯莉与维京音乐签下的合同达到破纪录的每张唱片2 350万美元（共5张唱片）。惠特妮·休斯顿与阿里斯塔（Arista）签约的总金额也达到1亿美元之多。

[44] 在流媒体公司全球拓展的时候，如此之低的版权税率预期将会上升。CD初次上市也会遇到同样的情况。

[45] 需要注意的是，这类全方位协议通常涉及其他独立公司以及电影、电视等制作环节。在CD销量不断下滑的当下，宣传人、独立公司以及广告公司都试图瓜分更多的利润。

例如，麦当娜2007年与巡演公司现场国度（Live Nation）签下的合同，就包含1 750万美元的前期预付金、每张唱片5 000万～6 000万美元的权利金（共3张唱片），以及另外支付5 000万美元的现金和股票以换取为她的巡演宣传的权利。在这类巡回演出中，歌手通常能获得总收益的90%，而宣传公司只有10%。参考《华尔街日报》2008年7月11和2007年10月11日，由史密斯（E. Smith）所写的文章。以及注释[24]和[45]。

[46] 不过与流行音乐不同，古典音乐的录制成本并不需要由预付金中扣除，而且歌手可以从每一张卖出的唱片中获得分成。

[47] 随着单曲的重要性下滑，RIAA在20世纪90年代把单曲的“金片”和“白金片”销量要求调低了一半。此外，随着互联网下载的重要性与日俱增，《公告牌》（*Billboard*）和RIAA均开始统计互联网销售额。《公告牌》统计的方式是TEA（track-equivalent album），也就是每10首歌下载视同售出一张实体专辑。“数字金片”（Digital Gold）代表下载10万次，“数字白金片”（Digital Platinum）代表下载20万次。

[48] 幸运的是，另一项复杂的扣除项目——破损津贴（allowance for breakage），通常占销售额的10%——如今已然不再采用。在唱片业的早年，这项津贴是用于弥补脆弱的黑胶唱片破损所带来的损失。

[49] 例如，参见《洛杉矶时报》，2003年3月20日。

[50] 杰根生（Jurgensen，2007）提到顶尖制作人每首歌可赚到5万～10万美元；其中一半预付，另一半在歌曲完成

后支取。

[51] 瓦德汉（Wadhams，1990，p.109）也提到，“即使在娱乐产业中，唱片业也是绝无仅有的、让艺人自己支付所有制作成本的一个产业”。在理论上，歌手可以用较低的预付款来交换较高的版税比例；但实际上，行业惯例是维持较高的预付款和较低的版税率。

[52] 不过相较之下，歌手从巡回演唱等其他活动中的获利较为可观。以巡回演唱为例，歌手通常可以获得35%的门票收入以及50%左右的授权商品收入，但却一毛钱都不需要分给唱片公司。不过利兹（Leeds，2006）提到，情况已经有所改变。一般而言，巡演公司能够获得65%的门票收入，但歌手越有名，巡演公司分到的比例就越低，在超级巨星的演唱会中，巡演公司很可能只能从停车费和饮料销售中获得利润。参见卡夫卡（Kafka，2003）。

[53] 关于iTunes的收益分成，参见拜恩（Byrne，2008）。

[54] 参见菲利普斯（Philips，2002）和哈罗威（Holloway，2002）关于BMG唱片的说明，该公司尝试消除传统合同中针对包装费、新技术和免费商品的预扣额；提高数字音乐下载的版税率；以及缩减合同期限，但以让歌手分享商业赞助和电影收益作为交换。许多唱片公司都开始尝试因应在线音乐的趋势而修改版税计算公式，把一些与实际成本无关的费用去除掉。其他试验还包括百代唱片（EMI）与科恩乐队（Korn）签订的新合同，在五年期间内，百代能够分享科恩乐队赚取的每一分钱。根据《洛杉矶时报》2005年9月12日报道，百代唱片支付给科恩乐队大约1 500万美元的预付款，作为交换，科恩乐队五年内从专辑销售、出版、授权商品乃至于巡回演唱中赚到的所有利润，百代都能够分得超过25%以上。

[55] 事实上对大型唱片公司而言，唱片往往只有达到“金片”也就是销售突破50万张的水平，才能够开始获利（不过对成本更加敏感的独立唱片公司，也许销售破10万张就能获利了）。

[56] 例如，美国的CD零售价至少16美元，其中唱片公司的发行部门在发售主流歌手新专辑时，批发价大约是12美元，其中有2.4元或是批发价的25%支付给独立制作公司。然而由于制作公司多半也归属于唱片公司旗下，因此这2.4美元其实也应该计算在公司的单位毛利润（也就是在扣除经常费用、薪资和融资成本之前的利润）。参见阿瓦隆（Avalon，2002，p.90）。

[57] 在20世纪70年代末，当唱片业对于退货还没有任何限制，退货率不断提高时，有些唱片公司发现储备金已然不够用：利润大跌，损失也开始出现。

[58] 过去20年间，销售额倍数的平均值大约在1.75倍，EBITDA倍数则大约是17.1倍。不过，远高于或低于这一标准的交易也并不罕见。

[59] 在20世纪80年代中期，NPS倍数从原本的5～6倍，攀升到1989年SBK/EMI合并案中的10倍。不过到了2000年，维旺迪/环球收购回旋曲（Rondor）一案中，NPS倍数达到大约20倍，据信这一时期也是NPS倍数的高峰，一般在12～20倍之间。在歌曲仍然能创造收益的情况下，版权的摊销期间可以长达20年，但定期的评估报告有可能要求缩短摊销时间。

在许多情况下，音乐资产的转移价格平均在一首歌1 000美元左右。例如，百代唱片1990年8月以1.15亿美元的价格，购买了影盒（Filmtrax）唱片公司手中的9万首歌曲。到了1999年7月，百代花了2亿美元，从日本富士太平洋（Fujipacific）唱片手中买下4万首歌曲的版权（一首歌5 000美元）。2007年，索尼/ATV从维亚康姆/派拉蒙手中买下了明星电影公司（Famous Players）旗下的音乐出版部门（3.7亿美元，共12.5万首歌曲）。参见《综艺》，1990年8月15日，以及克拉斯洛夫斯基和舒梅尔（Krasilovsky and Shemel，1994，第12章）。

在唱片公司和出版商之间，更晚近的一场版税战争是关于手机铃声方面的。史密斯（Smith，2004a）提到，在每一首铃声销售中，铃声出版商通常可以获得零售价的10%或是10美分（取较高者）。然而，唱片公司希望通过和CD一样的分成比例（2004年支付给出版商每首8.5美分）来获得更多利润。

[60] 克雷斯韦尔（Creswell，2009b）提到在5亿美元左右的收益中，索尼/ATV的发行部门赚到了其中1亿～1.3亿美元。

[61] 舒梅尔和克拉斯洛夫斯基（Shemel and Krasilovsky，1985，p.362）提到，由于税法的改变，“在制作母带过程中（通常耗时都在1年以上）产生的成本，被要求在整个制作期间计提折旧”。

因此，制作人必须把母带制作期间所产生的成本加以资本化，并采用收入预期法，在整个成本发生期间提列折旧。不过制作样带（demo）的成本则无法被资本化和计提折旧。因此，制作人往往将样带的制作费用列为研发（R&D）支出，并在60个月甚至更久的时间内摊销。参见《公告牌》，1994年4月9日。

[62] 罗特（Rohter，2011a，b）注意到，主要的录音公司——环球、索尼BMG、百代以及华纳——相信，录音永久属于它们，而艺人不是。这是因为，公司相信录用是“雇佣的作品”，音乐人是雇员而不是独立的表演者。艺人在他们想

取回著作权时，必须至少提前两年，签署终止申明。罗特（2012）指出，2012年洛杉矶的联邦地区法院支持艺人和词曲家声张“终止权”，在35年后取得并管理他们的作品。

[63] 尽管全美国至少有4 000万人会演奏乐器，但在一系列人口、经济和社会趋势影响下，乐器产业总体销售额从20世纪70年代初就几乎没有实质增长了。事实上，随着人们学习乐器的兴趣下降、相关设备和学校音乐教育投入的减少，个人消费支出中花费在这一部分的比例是在降低的。

不过，总体数字掩盖了部分细节。例如从20世纪60到70年代，吉他的出货量成长快速，与此同时，钢琴的销量却出现下滑。

学校入学率的缩水和州/市政府相关资助的萎缩，是导致20世纪80年代以来乐器销售增长放缓的主因。不过年轻人的注意力转移到电视游乐器和电脑上，也起到了很大影响；原本，那些支出很可能会投向音乐方面的。

【阅读材料精选】

Arango, T., and Carter, B. (2009). “An Unsteady Future for Broadcast,” *New York Times*, November 21.

Baig, E. (1984). “The Can-Do Promotor of the Jacksons Tour,” *Fortune*, 110 (4) (August 20).

Brabec, J., and Brabec, T. (1994). *Music, Money, and Success*. New York: Macmillan (Schirmer).

Brinkley, J. (1997). “After 15 Years, the Music CD Faces an Upscale Competitor,” *New York Times*, July 28.

Brownstein, S. (1986). “Music Videos Hit a Sour Note,” *New York Times*, July 6.

Burnett, R. (1996). *The Global Jukebox: The International Music Industry*. New York and London: Routledge.

Caramanica, J. (2005). “I Screen, You Screen: The New Age of the Music Video,” *New York Times*, July 31.

Cieply, M. (1986). “A Few Promotors Dominate Record Business,” *Wall Street Journal*, April 18.

Clark, D., and Peers, M. (2000). “Can the Record Industry Beat Free Web Music?,” *Wall Street Journal*, June 20.

Clarke, D. (1995). *The Rise and Fall of Popular Music*. New York: St. Martin's Press (London: Viking).

Cox, M. (1992). “Rock Is Slowly Fading as Tastes in Music Go Off in Many Directions,” *Wall Street Journal*, August 26.

Dannen, F. (1994). “Showdown at the Hit Factory,” *The New Yorker*, November 21.

Farr, J. (1991). “Turning Rock into Gold,” *New York Times Magazine*, December 8.

Goodman, F. (2010). *Fortune's Fool: Edgar Bronfman, Jr., Warner Music, and an Industry in Crisis*. New York: Simon & Schuster.

Gottlieb, A. (1991). “The Music Business,” *The Economist*, December 21.

Hamlen, W. A., Jr. (1991). “Superstardom in Popular Music: Empirical Evidence,” *Review of Economics and Statistics*, 73 (4) (November).

Harmon, A. (2003). “What Price Music?,” *New York Times*, October 12.

Harrison, A. (2000). *Music: The Business*. London: Virgin.

Healy, J., and Leeds, J. (2004). “Online Music Alters Industry Sales Tempo,” *Los Angeles Times*, April 28.

Hirschberg, L. (2002). “Building the Post-Britney,” *New York Times*, August 4.

Kerr, P. (1984). “Music Video's Uncertain Payoff,” *New York Times*, July 29.

Knoedelseder, W., Jr. (1985). “Cut Rate Albums Hit Sour Note,” *Los Angeles Times*, May 18.

Knopper, S. (2009). *The Spectacular Crash of the Record Industry in the Digital Age*. New York: Free Press.

Kozinn, A. (2000). “Classical Concerts and Recordings Seek an Audience on the Web,” *New York Times*, June 13.

Landro, L. (1985). “Producers, Artists Push Music-Video Sales as Market for VCRs Expands and Changes,” *Wall Street Journal*, March 20.

(1984). “Merger of Warner Unit, Polygram Angers Troubled Record Industry,” *Wall Street Journal*, April 12.

Leeds, J. (2007). “The Album, a Commodity in Disfavor,” *New York Times*, March 26.

Leland, J. (2001). “For Rock Bands, Selling Out Isn't What It Used to Be,” *New York Times*, March 11.

Leonard, D. (2003). “Facing the Music,” *Fortune* 147 (6) (March 31).

Mardesich, J. (1999).: How the Internet Hits Big Music,: *Fortune*, 139 (9) (May 10).

Mann, C. A. (2003).; The Year the Music Dies,: *Wired*, 11.02 (February).

Mathews, A. W. (2001). "Royalty Fight Threatens Record Industry's Plans to Deliver Songs Online," *Wall Street Journal*, May 1.

Mathews, A. W., and Ordonez, J. (2003). "Clear Channel Revamps Its Conceit Strategy," *Wall Street Journal*, June 2.

McBride, S. (2009). "Bill Would Grant Artists, Record Labels Some of Radio's Take," *Wall Street Journal*, May 6.

Millard, A. (1995). America on Record: *A History of Recorded Sound*. New York: Cambridge University Press.

Miller, M. W. (1987). "High-Tech Alteration of Sights and Sounds Divides the Arts World," *Wall Street Journal*, September 1.

"Music Reborn," *Wired*, 14.09, September, 2006.

Newcomb, P., and Palmeri, C. (1991). "What's Not to Love?," *Forbes*, 148 (7) (September 30).

O'Connor, A. (2001). "Record Labels Shed Big Name Sales Risks," *Financial Times*, December 23.

Ordonez, J. (2002). "Courting the Aging Rocker," *Wall Street Journal*, April 23.

Orwall, B. (2001). "Colombian Pop Star Taps American Taste in Repackaged Imports," *Wall Street Journal*, Februaiy 13.

Palmer, J. (1999). "Swan Song," Barron's, August 30.

Pareles, J. (1999). "Trying to Get in Tune with the Digital Age," *New York Times*, February 1.

Patrick, A. O. (2009). "EMI Deal Hits a Sour Note," *Wall Street Journal*, August 15.

Pulley, B., and Tanzer, A. (2000). "Sumner's Gemstone," *Forbes*, 165 (4) (February 21).

Richtel, M. (2002). "Napster Wins One Round in Music Case," *New York Times*, February 23.

Rose, F. (1999). "Help! They Need Somebody," *Fortune*, 139 (10) (May 24).

Sancton, T. (1990). "Horns of Plenty," *Time*, 136 (17) (October 22).

Sanjek, R., and Sanjek, D. (1991). *American Popular Music Business in the 20th Century*. New York: Oxford University Press.

Serwer, A. (2002). "Inside the Rolling Stones Inc.," *Fortune*, 146 (6) (September 30).

Sharpe, A. (1994). "Country Music Finds New Fans, and a Firm in Nashville Prospers," *Wall Street Journal*, January 19.

Smith, E. (2008). "Concert Industry Bucks the Recessionary Trend," *Wall Street Journal*, 1 December 31.

Starr, L., and Waterman, C. A., (2002). *From Minstrelsy to MTV*. New York: Oxford University Press.

Strauss, N. (1999). "A Chance to Break the Pop Stranglehold," *New York Times*, May 9.

Stross, R. (2007). "Want an iPhone? Beware the iHandcuffs," *New York Times*, January 14.

Tommasini, A. (2003). "Companies in U. S. Sing Blues as Europe Reprises 50's Hits," *New York Times*, January 3.

Trachtenberg, J. A. (1995). "Clive Davis, Once Hit by Controversy, Is Back at Top of the Charts," *Wall Street Journal*, March 13.

Turner, R. (1991). "How MCA's Relations with Motown Records Went Sour So Fast," *Wall Street Journal*, September 25.

U. S. Congress, Office of Technology Assessment. (1989). Copyright and Home Copying: *Technology Challenges the Law*, *OTA-CTT-*422. Washington, DC: U. S. Government Printing Office.

Wade, D., and Picardie, J. (1990). *Music Man: Ahmet Ertegun, Atlantic Records, and the Triumph of Rock'n'Roll*. New York: W. W. Norton.

Weisbard, E. (2000). "Pop in the 90s: Everything for Everyone," *New York Times*, April 30.

Zaslow, J. (1985). "New Rock Economics Make It Harder to Sing Your Way to Wealth," *Wall Street Journal*, May 21.

第7章 广播电视

节目是用来干扰广告的。

——本书作者

事实上，广告是美国商业广播电视产业的基础。

本章将讨论广播和电视产业的经济学，这两个产业与其他娱乐产业如电影、音乐和体育等都有密切的关系。看完本章之后，你可能会认同麦克卢汉（McLuhan，1964）半个世纪以前的名言："媒介即信息。"[1]

7.1 瓜分天空

科技与历史

在20世纪初，广播电视只是实验室里的玩意；到了20世纪末，这个产业每年创造超过500亿的产值。然而这个产业还谈不上垄断；事实上，许多小型区隔市场的竞争十分激烈，活力无限。

严格来说，商业广播电视业者是通过销售广告时段来赚取利润。不过实际上，广告客户购买的并不是广告时段，而是接近听众和观众想法和情感的机会。因此，任何一种广播电视形式，都可以被视为特定受众的集合。卖啤酒的公司倾向于购买体育节目的广告时段；相反，玩具和麦片公司则偏向于在儿童节目投放广告。

无论如何，受众规模越大，对广告客户的吸引力就越强。

288 过去 80 年来，为了把广告信息传递给受众（或者反过来讲，把受众传递给广告客户），出现了四种基本的广播电视媒体形式：调幅广播（amplitude-modulation，AM）与调频广播（frequency-modulation，FM），还有特高频电视（very high frequency，VHF）和超高频电视（ultra-high frequency，UHF）。这些仰赖不同技术的媒体实际上面对着相同的宏观经济环境，但它们的微观经济情况存在差异。

调幅广播（AM）是第一种被广泛应用的广播媒介，早在 20 世纪 20 年代就风行全国。同时，巴诺（Barnouw，1990）提到，特高频电视差不多也在同一时期开始发展。事实上，早在 20 世纪 30 年代初，全国广播公司（NBC）就开始从帝国大厦（Empire State Building）发送实验性的电视信号。然而直到 1939 年世界博览会（World's Fair）在纽约举办，全国广播公司才正式定期播放节目给少数用户收看。此外，尽管许多人对这种新媒体深感兴趣，但受众数量一直到 20 世纪 50 年代初才成长到足够的规模；在这之前，第二次世界大战和韩战所带来的经济衰退与环境动荡，加上初期电视接收设备的价格高昂等，都限制了电视产业的发展。

至于具有高保真立体声能力的调频广播，以及超高频电视，则是一直到 20 世纪 60 年代末 70 年代初才逐渐普及。调频广播的成功关键在于通过播放流行音乐，虏获了当时快速增长的青少年和年轻成人族群。超高频电视则是受惠于第三家大型电视联播网——美国广播公司（ABC）的崛起，它拥有强大的超高频电视信号播送能力；再加上此时国会立法规定生产能接收超高频电视信号的设备，大大助长了超高频电视的发展。与此同时，调幅广播在 20 世纪 70 年代逐渐转型为区域性的广播服务，广告目标也锁定在区域内的特定听众，这类市场占到电台收入的 75%以上。

事实上，正如图 7—1 所显示，纵观整个广播电视发展史，电视和广播的经济价值总是与信号传输技术的发展密切相关。

以调幅广播为例。由于调幅信号在夜间会通过大气层内的电离层产生反射，并对数百英里甚至数千英里外具有相同频率的电台产生干扰，为了避免此类干扰问题，联邦通信委员会（Federal Communications Commission，FCC）禁止许多小型电台在日落后播送信号，或者禁止以最大功率播送。此举明显限制了电台的受众规模，并减少了其商业价值。然而，所谓的无干扰频道（clear-channel）电台则不受此项限制，可以用最高 5 万瓦的功率，不分昼夜传输信号，使得北美广大地区的受众全天候都能收听。

相反地，调频广播（FM）由于信号传输距
离不超过 60 英里，因此基本上被视为区域性的 289
媒体（不过考虑到电台对外制节目的依赖，也具有全国特性）。不过从 20 世纪 90 年代后期开始，随着网络广播（web radio）这种可以通过互联网在任何地点收听的媒介形式出现，地方性的信息也能够随时传播到全球各地。尽管其他媒体和收听设备（例如苹果 iPod、网络电台等）纷纷出现，削弱了广播对广告客户的吸引力，但通过模拟频道传输数字信号（能够在符合 FCC 传输功率的限制下，播出 CD 等级的优质声音），以及付费卫星广播（如 Sirius XM）等技术的发展，使得广播至今依然能立足于主流媒体行列。[2]

特高频电视信号与调频广播有同样的距离限制，一般需要通过中继站强化信号才能传输到 100 英里外。[3]而超高频电视信号的传输距离甚至比特高频更短，但却需要更大的功率才能播送（通常超过 100 万瓦，即 1MW）。因此，超高频电视的发展较为缓慢。[4]

在 2010 年，全美大约有 4 800 家合法的调幅广播电台、6 250 家商业性调频广播电台，以及 1 380家商业性特高频和超高频电视台。此外，还有数以百计的教育电台和电视信号转播站（中继站）。

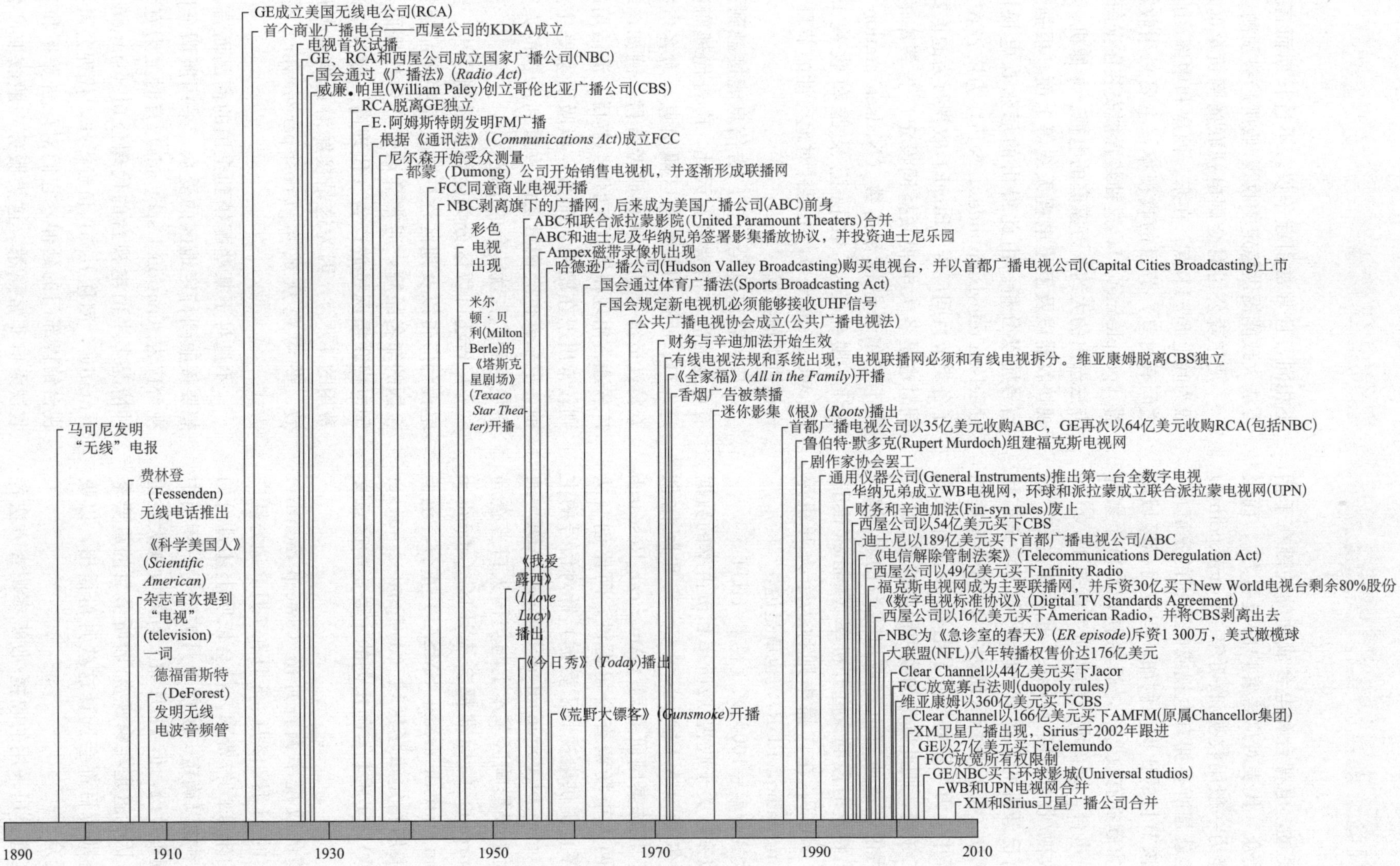

图7—1　1890—2010年广播电视产业发展大事记。

基本营运

前面提过，电视台和电台成功的关键在于拥有足够的受众（代表对广告客户的吸引力），而吸引受众的能力一般用收视/收听率（rating points）来衡量：也就是所有拥有电视或收音机的家庭中，收看/收听该节目的比例。例如，假设目标区域内有 10 万个家庭拥有收音机，而其中 12 000 个家庭收听了某个电台，则该电台的收听率就是 12.0。

至于收视/收听份额（share，也称市占率）则是衡量所有已开机的家庭中，收看/收听特定节目的比例。例如，假设目标区域内有 10 万个家庭拥有电视，其中 6 万个家庭打开了电视，2 万个家庭在收看第二频道，则此频道的收视份额就是 33.3。

换句话说，从所有电台或电视台的收视率，可以估计出特定时段的家庭开机率（homes using television，HUT；在广播中则称为个人开机率 persons using radio，PUR），也就是说，

收视份额＝100%×收视率/HUT

长期以来，关于收视/收听率和市占率的数据主要由尼尔森（A. C. Nielsen Co.）和阿比创［Arbitron，也称美国研究局（American Research Bureau）］两大市场调查公司提供。阿比创（从 1993 年起停止提供电视收看数据）针对信号的主要影响区（area of dominant influence，ADI）加以衡量，而主要影响区基本上与美国人口普查局（Census Bureau）的标准都会统计区（standard metropolitan statistic areas，SMSAs）重合。至于尼尔森则采用指定市场区域（designated market area，DMA），实质上与阿比创的主要影响区意义相同。

291 在所谓的收视率调查月份（sweep months）也就是每年的 11 月、2 月、5 月和 7 月，地方性广播电视台的未来广告费率，都会依照上述月份的收视/收听率加以确定。虽然 5 月被视为一年当中最重要的调查月份，但 11 月和 2 月的收视大战也格外激烈，因为这是在家观赏/收听节目的重要季节。许多特别节目都会选择这些月份播出，以吸引更多的受众。[5]

市场调查公司采用的收视/收听率调查方法各不相同，且常常引起争议。不过长期而言，这些方法大致能提供稳定的收视/收听趋势预测。

尼尔森公司对全国电视联播网黄金时段（一般为晚上 8—11 点，在东、西岸和中部/山地时区之间有时差）节目的收视率，主要采用收视记录器（people meter），这种装置被安装在全国经科学方法选出的大约 1 万家庭的电视、录像机、有线电视接收器以及卫星电视天线等上面，根据传回的信号加以分析。由此得出的尼尔森电视网指数（Nielsen television index，NTI）为广告客户提供了各类节目间广告（Break）收视行为的重要数据，同时也是各大电视联播网设定广告费率的依据。至于尼尔森电视台指数（Nielsen station index，NSI）则结合了收视记录器和收视日记法（viewers' diaries），主要针对地区性的节目和电视台提供类似数据。[6]

广告客户总是希望广告信息能接触到那些最有可能的潜在消费者。因此，广告代理商试图通过人口、所得和种族等区隔信息，为客户找到受众特性最符合的电视台或者节目，例如，剃须刀广告通常出现在体育/动作类节目；清洁用品广告则较常出现在肥皂剧时段，以吸引家庭主妇。目前，尼尔森也会衡量实际收看到广告的人数，以避免遇到广告就转台的情况。

广告还可以区分为全国联播网广告、全国性电视台广告以及地区性广告。那些产品销售遍及全国的知名品牌，通常会通过广告代理商，在全国电视联播网投放广告（代理商一般收取总广告费用的 15%），因为这是接触潜在消费者最为有效、平均观众成本（cost-per-viewer）最低的方式。

不过对于某些配销到全国的商品而言，若是想要接触到特定地区的受众，采用所谓全国性电视台广告（national spot ads）有时更为有效。这种情况多半由电视台的代理公司（station representative，简称 reps）负责操作，代理公司如同电视台销售部门的延伸，它们对广告费率和节目的收视人口非常熟悉。这类服务一般收取广告费的

7%～8%作为报酬。[7]

在区域性的层级，许多小型企业会直接跟当地的电视台购买广告时段。但这类交易很多属于台面下，因此外人无从得知价格。

广播电视业者通常以总收视率（gross rating points，GRP，也称毛评点，毛收视率）、到达率（reach）和接触频次（frequency）等概念作为销售广告时段的基础。前面提过，收视率（rating point）代表目标家庭或受众接触到广告的潜在百分比；总收视率（GRP）则是特定期间内收视率的总和。到达率代表特定期间内目标受众（或家庭）至少收看到一次广告信息的比例（有时也简称为 cume，是累计受众 cumulative audience 的缩写）；最后，接触频次代表特定期间内广告重复播放的次数。因此，总收视率＝到达率×接触频次。此外，目标收视率（targeted ratings points，TRPs）这一概念如今也越来越受到重视，毕竟广告客户总是希望优先接触到那些接受度和潜在购买意愿最高的受众。[8]

广告客户一般采用每千人成本（cost per thousand households，CPM）来衡量各种媒体的广告费用和效益，这一数据可以通过各广播电视台的费率表和排程加以计算，标准费率和数据服务公司（Standard Rate and Data Service，SRDS）可以详细提供每个季度、每一天、每个时段插播 30 秒广告所需支付的费用。图 7—2 显示电视联播网和报纸自 1980 年以来的每千人成本指数趋势，可以看出电视联播网和报纸/杂志的每千人成本几乎是同步成长。不过，每千人成本一般只用于计算电视联播网的广告时段费用；而在地区性电视台的广告方面，广告客户采用类似的指标——每收视点成本（cost per rating point，CPP）作为衡量依据，计算方法是特定时段的广告费用除以该时段的总收视率（GRP）。每收视点成本可以作为比较同一电视台不同节目效率的工具。

292

另一项衡量指标称为功率比（power ratio），通常用于广播电台，计算方法是以电台在特定市场的收入百分比，除以总听众百分比（12 岁以上听众）。如果比例大于 1，则意味着该电台（或一组电台）在特定市场的收入占有率，比听众占有率还高。[9]

与其他产业一样，购买数量较大时通常可以享受折扣。然而对于广播电视业而言，广告时段如果未能卖出，时间一过就永不复返了，因此，越接近播出时间，广告时段的议价空间就越大。广告客户、电视台和节目制作人有时也会采用广告交换（barter）的方式，也就是用广告时段来交换其他商品或服务，但最常见的情况是用来交换节目内容。广告交换辛迪加（barter-syndication deals）在 2005 年的市场交易金额超过 40 亿美元，这种做法使得广告客户能够以低于联播网 15%的价格获得投放广告的机会。[10]

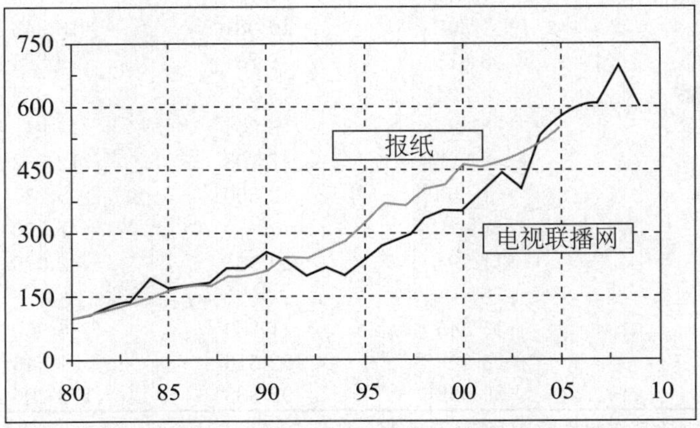

图 7—2　电视联播网（黄金时段）和报纸的每千人成本（CPM）指数趋势（1970 年＝100），1980—2009 年。

资料来源：Universal McCann Inc. data.

关于广播电视产业的广告运作、营运以及政府规范等微观经济学议题，已经有许多研究进行过探讨，部分研究内容将在下一小节讨论。整个电视产业的组织结构网络可参见图 7—3，从网络视角描绘的功能性关系见图 7—4，而 1980 年以来美国各类媒体的广告收入情况可参见表 7—1。

293

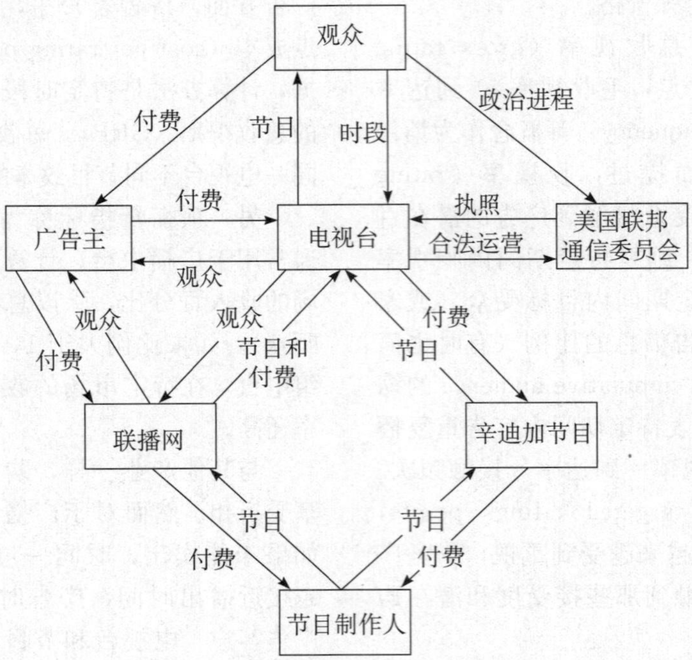

图 7—3　电视产业组织结构。

资料来源：Owen et al. (1974). Copyright 1974 Bruce M. Owen.

表 7—1　　美国年度广告支出，1980—2010 年（10 亿美元）

	1980	1990	2000	2010
报纸[c]	14 794	32 281	48 671	22 334
杂志	6 076	12 192	21 648	14 659
电视，小计	8 496	21 446	44 248	51 616
电视联播网[b]	4 078	8 094	13 583	14 202
有线电视网	62	2 116	9 660	20 648
辛迪加（外制节目）	47	1 156	2 162	1 721
地区电视台	4 309	10 081	18 843	16 547
广播，小计	3 613	8 781	19 884	14 403
联播网与卫星广播	224	537	1 065	1 125
地区电台	3 389	8 244	18 819	13 224
黄页	2 522	7 703	12 382	10 159
户外	1 000	2 600	5 235	6 106
数字/网络	—	—	7 500	9 893
其他	11 994	29 964	62 079	28 931
合计[a]				
全国	15 846	41 269	86 960	106 553
地区	23 206	52 616	91 246	61 153
总计	39 052	93 885	178 206	167 706

[a] 主要广告类别的总计，由于四舍五入的关系，可能并不精确。

[b] 1990 年前为 3 大电视网（1990 年后加入福克斯电视网），1987 年起计入西班牙语频道。

[c] 包含地区性和全国性报纸。

资料来源：MagnaGlobal，New York，courtesy Brian Wieser.

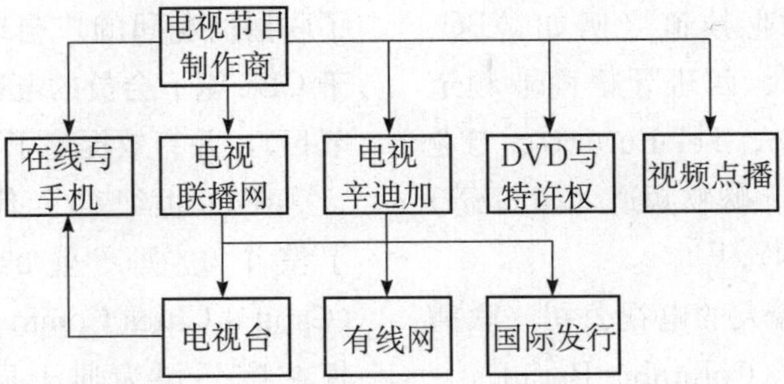

图 7—4　美国广播电视业的网络化系统。

资料来源：David F. Poltrack，CBSVision，2012.

政府规范

294

广播电视是少数受到政府严格管制的娱乐产业之一。在产业发展初期，由于技术限制和政治因素考虑，广播电视业者只能瓜分有限的电磁波频谱空间。[11]世界无线电管理大会（World Administrative Radio Conference，WARC）定期开会，决定频率的分配方式以尽可能降低国家间的频率干扰。另外，相关的历史和政治案例也是拥有许多电视传输系统的国家重要决策参考。[12]而最近，针对传输到手机和其他移动设备的数字电视（digital TV）技术标准（A/153）也已经确立。

从商业经济的角度来看，广播电视业者和电视设备制造商都必须了解此类议题，并列入决策参考，以回应法令环境的变化。例如，政府政策正导引广播电视业和相关硬件产业朝向数字高清电视（high-definition television，HDTV）信号发展，这种电视信号与电脑高度相容，并且可以提供近似电影的高画质，同时也采用与电影一样的画面比例（aspect ratio）（16∶9）。[13]

另一项具有重大影响的法规是 1992 年的有线电视法案（Cable Act 1992）。该法案开启了转播协议的时代，商业电视台可以选择成为“必须传送”（must-carry）的频道，或是与各地有线电视和卫星电视业者签订转播协议。一般收视率低或信号较弱的电视台都会选择成为“必须传送”频道，但大型联播网的会员频道（详见下文）多半选择与有线电视业者个别协商，以取得更有利的转播费。通过与有线电视业者的谈判，目前电视联播网已经可以从有线电视这里获得仅次于广告的第二大收入来源。[14]

产业结构和重要性

联播网和联播会员　在美国，政府对于广播电视业最直接的规范措施，就是执照的核发，以及规定单一企业或组织所能拥有的广播电视台数目上限。为了避免经营权集中在少数企业手中，在 1985 年以前，联邦通信委员会（FCC）规定单一企业最多只能拥有七家调幅电台、七家调频电台，以及五家特高频电视台（加上两家超高频电视台）。不过，上述限制近来已经逐渐放宽——拥有电视台的数目放宽到 12 家，但占据全国电视观众的比例不能超过 25%；而后来又进一步放宽到 39%。[15]

电视联播网（television networks）简单来说就是电视节目制作和播放的批发商。美国的电视 295
联播网成立于 20 世纪 40 年代末 50 年代初期（广播网则形成于 20 世纪 20 年代），基本模式是吸引独立电视台加盟，定期播放由电视网自制或外购的节目。[16]然而，直到 20 世纪 90 年代之前，联播网除了新闻类和体育类节目外，通常无法参与其他重要节目的制作。目前美国的电视联播网基本上可以分为五类：英语商业频道（例如 ABC、CBS、Fox、NBC 以及 CW）、西班牙语商业频道（例如 Univision、Telemundo、TeleFutura）、专业频道（如 PBS、Bloomberg）、购物频道（如 HSN）和宗教频道（如 TBN、CTN）。[17]

直到 21 世纪初，三家最大的电视公司（联播网）——哥伦比亚广播公司（Columbia Broadcasting，CBS）、全国广播公司（National Broadcasting，NBC）和美国广播公司（American Broadcasting，ABC）——至少各自拥有和经营（owned and operated，O&O）10 家以上大型城市的电视台，包含在纽约、芝加哥和洛杉矶等城市的“旗舰”（flagships）电视台。此外，福克斯广播公司（Fox Broadcasting）也迅速崛起，成为三大电视网的主要竞争对手。[18]

除了本身拥有的电视台外，这些主要电视联播网还分别拥有大约 200 家的联播会员（affiliate，又译附属台、加盟台），这些会员定期播放由联播网免费提供的全国性节目。由于联播网基本上扮演着聚集受众的角色，因此可以通过出租会员的广告时段和信号播送能力来获利。过去联播会员主要从联播网那里获得补贴（也就是播放联播节目时广告收益的一部分），补贴的额度取决于许多因素，包括覆盖区域、竞争的 VHF 和 UHF 电视台数量，以及长期合作关系等。然而，联播网补贴的重要性已经逐渐降低。[19]目前，联播会员大量购买二轮电影和脱口秀等节目，加上自制节目（包含当地新闻，通常是地区电台最大的收入来源），以此来弥补联播网补贴的不足。

296 值得注意的是，美国广播公司（ABC）直到 20 世纪 70 年代初才开始获利。其中的关键转折点在于政府的黄金时段近用原则（prime time access rule）放宽了地方联播会员在黄金时段（美国东部标准时间晚上 7—11 点）的节目安排，也就是不再全部转播联播网的节目。这一措施每周释放了联播会员数小时（每天晚上 7—8 点）的时间，减轻了联播网晚间的广告时段库存压力（例如，原属于 CBS 旗下会员的电视台也能够播放 ABC 制作的节目），并有效提高了广告价格。[20]

在 20 世纪 80 年代中期，经济自由化趋势带动了整个电视产业的重整：大都会通信公司（Capital Cities Communications）收购了 ABC（而现在该公司为迪士尼所有）；NBC 被通用电气（General Electric）并购；CBS 也成为众多收购者的目标，最后于 2000 年被维亚康姆纳入囊中，但又于 2006 年被转手。而 20 世纪福克斯（Twentieth Century Fox）和 Metromedia 公司整合了它们旗下的广播电视业务，最后形成了第四大电视联播网——福克斯。

到了 20 世纪 90 年代，时代华纳（Time Warner）和维亚康姆也加入了这个市场，各大联播网制作了更多的黄金时段节目，以及并购更多的电视台。结果，传统上联播网会员与独立电视台之间的分野，还有制作公司和联播网之间的界限都变得模糊。此外，电视联播网面对来自有线电视网的强大竞争，并且更加垂直整合旗下所有组织营运，包括增强自制节目的能力，以及与其他发行渠道（如有线电视和互联网）合作分摊新闻采集和节目制作成本。

在美国以外的地区，尽管各国的广播电视产业结构和政府规范各不相同，但最常见的框架都是在政府的监督下，由公共和私营机构共同承担广播电视信号播送的任务。[21]但直到 2000 年以后，美国境外地区的政府规制才逐渐松绑。随着民营的、以广告为主要收入来源的广播电视体系形成，许多国家的广播电视产业都出现了和美国同样的特性，而节目制作支出也随着广播电视产业的营收不断增长。[22]

表 7—2 比较了 15 个主要国家电视产业的情况，而图 7—5 则显示了美国和全球所有媒体广告支出的成长情形。

297

表 7—2　15 个主要国家的电视产业情况，2010 年

	拥有电视的家庭数（百万）	电视广告支出[a]（10 亿美元）	平均每户电视广告支出
澳大利亚	7.7	3.0	390
加拿大	13.0	3.0	231
中国	450.0	10.0	22
法国	25.2	5.0	198
德国	35.1	6.0	171
印度	115.0	5.0	43
意大利	23.2	6.2	267
日本	51.5	19.4	377
墨西哥	22.0	3.5	159
荷兰	7.2	1.3	181
西班牙	16.0	4.2	263
瑞典	4.6	0.7	152
瑞士	3.2	0.9	281
英国	25.6	7.0	273
总计	799.3	75.2	94[b]
平均	—	—	215
美国	114.5	59.0	515

[a] 所有电视广告形式，包括有线和卫星电视。

[b] 基于总额的平均。

资料来源：Universal McCann，Zenith Optimedia，industry estimates.

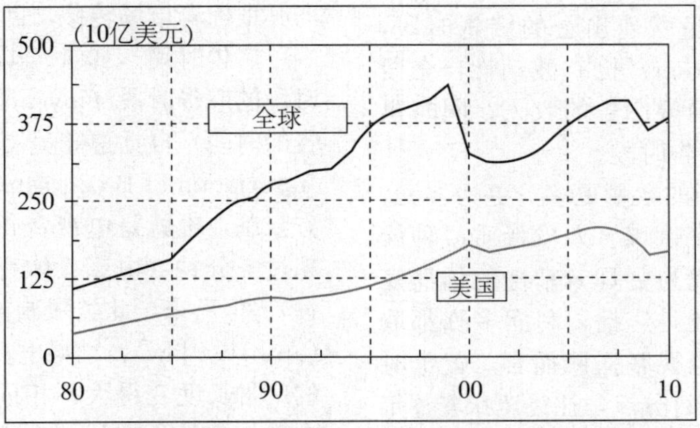

图 7—5　美国和全球的广告（包含所有媒体）支出总额，1980—2010 年。

资料来源：Based on Magna Global data.

收视率与受众　在理论上，拥有最受欢迎节目的电视网就能够吸引最多的受众。收视率领先的节目一般具有较高的每千人成本（CPM），因为这类节目的广告时段总是供不应求。一般而言，广告客户青睐那些高收视率的节目，或是那些可以吸引特定观众的节目（例如，18～34 岁的女性），因为此类节目可以持续、稳定地接触某一群体，为企业创造有利的营销机会。

298

此外，收视率领先的节目通常可以收取较高的广告费率，因为许多客户的广告活动经理会预先买下大量时段（称为“预付型”买家），而他们会对热门时段积极竞价购买，以确保广告播出时能吸引足够多的目标受众。这类预先购买通常出现在初夏，也就是电视网秋季黄金时段的节目表排定之后；通过大量购买时段，这些买家可能会要求 15%左右的折扣，倘若节目表现和受众规模不如预期，他们也会要求提供补偿［补偿广告(make-good)］。

电视联播网传统上会预先出售新季度 80%左右的广告时段，这一比例要高于有线电视网的

65%。不过近年来，预先购买的重要性逐渐下降。[23]剩下的零散广告时段则会在接近播出日期前售出，但这些时段（一般在较为冷门的时间）通常无法带给广告客户理想的到达率和接触频次。[24]尽管预付价格与零散时段价格历来存在70%左右的相关性，但也有例外，在一些突发性营销活动，或是广告客户出现“广告荒”的时候，哪怕是已经接近播出日期，零售广告时段仍有可能卖出较高的价格。[25]

除了节目制作费用等主要支出项目外，电视联播网的营运成本通常相对固定，不受收视率表现或联播会员数目的影响。[26]因此对于收视领先的节目而言，增加的收益几乎可以视为纯营业利润。相反地，对收视表现较差的节目而言，疲软的收视表现也就意味着利润率下降。因此，电视网的总支出中有极大的比重是用于新节目的制作开发，以及后续的大量宣传活动。此外，正如前面提过的，如果节目收视表现不如预期，广告客户往往会要求电视网提供额外的免费广告时段作为补偿[make-good，更确切来说是弥补受众缺额（audience-deficiency）]。这种免费送出去的广告时段，在分散市场（scatter market）更有波动性，会侵蚀电视网的利润、抵消预售广告的收入，同时也会减少未来可以出售的广告时段。

相较于电视，广播网的数量更多、更为多元，并且一般聚焦在某些特定区域、人口特质或种族的听众上，使得广播网成为更具专精性的传播媒介。然而，无论是电视还是广播，利润多寡都取决于节目的收视率。对电视联播网而言，黄金时段的收视率赢或者输1个百分点，往往意味着整年至少8 000万美元的税前利润差距。

例如，我们可以假设：

1亿收视家庭

每30秒广告价格＝12.5万美元

每半小时节目插播8则广告

每半小时节目制作成本（两轮播放）＝60万美元

那么：

电视联播网每半小时毛利润＝70万美元

299 可以想见，由于收视率对电视联播网的获利有如此重大的影响，因此许多公司都投入大量资源，研究各个群体偏好的节目类型。此外，还有不少研究在探讨电视观众的行为特点，据巴维斯和艾伦堡（Barwise and Ehrenberg，1998）指出，已发现的两项重要行为特性分别是重复收视法则（Duplication of Viewing Law）和双重危险效应（Double Jeopardy Effect）。

简而言之，“重复收视法则”认为：“观看节目B的观众中，同时也看节目A的比例，只取决于节目A的收视率，且偏差很小。”[27]而“双重危险效应”则是指：“当人们必须在两种内容相似但受欢迎程度不同的节目间做出选择时，较不受欢迎的节目不仅很少人选择，而且即使选择了它，观众满意度也较低。”[28]换句话说，收视率低的节目，受众忠诚度要显著低于收视率高的节目。

电视联播网对于双重危险效应的感触应该颇深，因为几大电视网的收视率已经明显受到其他竞争对手如有线电视、独立电视台以及家用录像带（包含VCR、VCD、DVD）的侵蚀。从图7—6可以看出，三大传统电视联播网的收视率和收视份额近年来持续下滑。然而，关于利润是否逐渐向其他配套市场转移，目前尚不清楚。

广告时段。1981年以前，电视联播网在黄金 300
时段的广告时段（inventories，也就是安排插播广告的时间）自觉遵守美国广播电视协会（National Association of Broadcasters，NAB）所设定的非官方限制，也就是电视台每小时节目插播广告不得超过6分钟（电影、体育赛事和特别节目为7分钟）。但后来，此类限制被发现触犯了反托拉斯法（antitrust law），结果电视联播网在各个时段出售的广告长度变得大不相同，且逐渐增加。[29]当然，在其他条件不变的情况下，广告时间的增加必然导致价格下滑。

对联播网节目来说，一般黄金时段的节目每小时插入10分钟的“非节目”内容，其他时段则是16分钟。其中，联播会员本身通常可以保留2分半的时间（节目开始前、结束后各60秒，中间插播30秒），但其中30秒需要用于播放节目宣传、预告、节目确认、节目名称和工作人员表。相较之下，在其他时段（非联播节目时段），联播会员一般每小时可以保有4～12分钟的非节目内容（周末时段至少7分钟）。

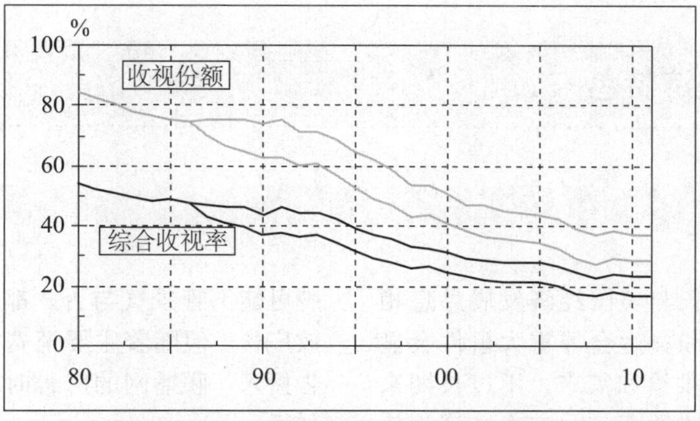

图 7—6　ABC、CBS、NBC 和 Fox（开播于 1987 年）的综合收视率和收视份额，1980—2011 年。

资料来源：尼尔森媒体研究。

然而，联播会员仍然热衷于播出联播网的节目，因为这类节目通常更有利可图：一般联播网节目的制作成本较高、品质较佳，因此能吸引大量的观众。此外，联播会员也不需要为节目制作的融资、创意，以及其他现金支出而费心。[30]

独立和公共电视台　那些并未与电视联播网结盟的电视台，就称为独立电视台，近年来这些电视台逐渐成为联播网的有力竞争者。独立电视台对抗联播网的策略包括在较早或较晚的时段播放新闻、提供更多地方性的节目，以及重播一些热门的联播网节目等。这些独立电视台也是辛迪加（电视节目外制）市场的主力军；如果被联播网取消（或下档）的节目数量足够进行带状播放——也就是维持一周播放几天的强度，则独立电视台往往会买下这些节目来填充时段空档。

尽管独立电视台也会购买首轮节目，甚至也有少部分自制节目，但它们一般都仰赖辛迪加市场来填补每天的黄金时段。因此一个城市在存在两家以上独立电视台的情况下，对于联播网刚下档的热门系列影集，往往会展开激烈的竞标大战。在这种情况下，一个主要城市播放的 30 分钟影集（这是最有经济效益的时长）售价可以高达 7.5 万美元，所有市场合起来往往能给制作人带来可观的利润（参见第 5.4 节）。不过近年来，许多独立电视台越来越倾向用第 5 章提过的广告交换辛迪加协议来获取节目，以节省经费。这种策略同样也被所谓的超级电视台（superstations）采用，这些电视台通过卫星把信号发送给全国的有线电视业者。[31]

广播节目的辛迪加（通常是首轮）市场一般具有统一的主题（例如“摇滚乐的历史”）或者名人特写（例如，著名脱口秀主持人赖瑞金）。在这类交易中，广播电台的支付方式十分多样化，通常混合了现金支付以及商品、服务或广告时段的交换协议。

相较之下，公共广播电视网（Public Broadcasting Service，PBS）下属电视台和电台的资金来源就与商业广播电视完全不同。PBS 事实上是一群非营利独立电视台或电台的联盟，与商业广播电视的差别在于，公共广播电视的节目并不会被商业广告干扰，但可能会接受一家或多家机构的赞助（sponsor）。事实上公共电视节目的资金来源包括民众捐款、政府补贴，或是企业赞助，这些赞助资金通过 1976 年美国国会设立的公共广播电视协会（Corporation for Public Broadcasting），向公共广播电视台提供财务支持。PBS 旗下电视台播放的节目可能是成员自制的，也可能购自其他渠道。[32] 无论是筹资、定位还是使命等方面，它都与英国广播公司（British Broadcasting Corporation，BBC）——全世界最老牌、最具知名度的公共广播电视机构——颇有共通之处。[33] 301

7.2 经济特色

宏观经济关系

广播电视产业的成长与美国经济发展息息相关。尽管诸如总统大选和奥运会等重大事件会显著影响到对广告时段的供给和需求，不过长期来看，对整个产业的财务绩效而言，宏观经济趋势仍然扮演着重要的角色。

在这一方面，企业要投入多少广告预算在报纸、杂志、看板、直接邮件以及广播电视上，取决于企业的获利状况。在经济不景气的时候，广告预算往往是企业优先删减的对象。不过，也有很多软性消费品公司（例如，肥皂、化妆品和速食店等），由于市场占有率和消费者认知度等因素
302 考量，除非遭遇到极为恶劣的环境，否则几乎不可能减少广告预算。企业税前利润和广告支出的关系，以及广播电视和报纸的广告市占率比较，详见图 7—7。[34]

无论如何，在经济走势疲弱时，部分企业就不得不删减广告预算，而对广播电视广告时段的整体需求也会因此降低。那些大型、全国知名的品牌可能不管景气与否，都会持续在电视联播网投放广告。但随着主要消费品公司周期性地缩减广告投入，联播网的广告时段和费率也会变得较有弹性。

然而，地区性的中小企业对经济衰退的感受 303
往往更为迅速和直接，并因此会大幅删减在地区性独立电视台投放的广告预算。换句话说，在经济萧条期，联播网广告以及全国性广告（指全国性品牌在区域或地方电视台播放的广告）表现会比区域广告更有优势。然而，如果地方电视台的广告费率远低于联播网的话，部分联播网广告也可能会转向区域性或地方电视台播放。[35]

1960 年迄今，电视媒体的收入在总统大选/奥运年平均年成长率达 14.1%，在其他年份的成长率约为 7.1%。与此同时，广告占个人消费支出的百分比大致维持在 3.0%～3.6%的水平。

微观经济因素

广播电视服务，就像国防一样，属于公共产品：制作成本和消费者数量几乎完全没有关系，同时一个人的收视并不会影响其他人的收视品质。[36]此外，广播电视属于受到高度规范的产业，有关大众福利或政府政策等议题经常出现，而经济学理论对于分析这些议题十分有用。

事实上，经济学研究已经对广播电视和有线电视许多方面的立法规范产生了影响，包括：黄金时段近用原则、联播网的财务议题与外制节目辛迪加、公共广播电视筹资、有线电视系统的远距离信号传输，以及低功率特高频（VHF）电视台的“渗透”（drop-ins）等（在不干扰其他地区相同频率标准电视台的情况下，允许设立低功率的小型电视台）。然而，由于广播电视服务的公共产品特质，加上在许多情况下都呈现独占的市场特性，因此大多数研究很难评估采取其他市场结构的相对效率和影响。

在此背景下，出现了不少关于广播电视产业的微观经济学分析，包括节目选择理论和联播网行为模式等（Noll et al.，1973）。[37]正如欧文等（Owen et al.，1974，p. 101）提到的，在许多模型当中：

在广告导向的产业竞争背景之下，相较

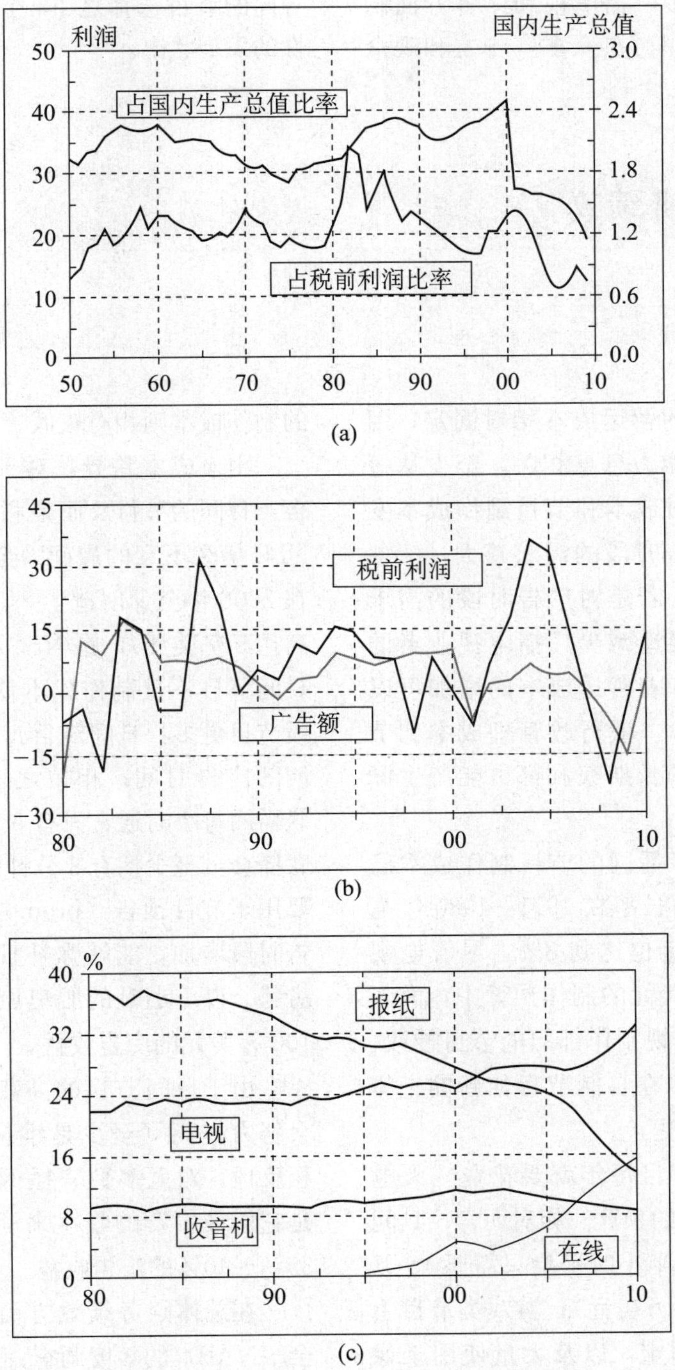

图 7—7 (a) 美国整体广告支出占 GDP 和企业税前利润比率，1949—2009 年。(b) 企业税前利润和广告支出的同比变动关系，1980—2009 年。(c) 电视、广播、报纸广告市场份额比较，1980—2010 年。

资料来源：Robert J. Coen，and Magna Global.

于社会福利最大化的水平，广播电视产业倾向于减少节目的多样性，而“浪费性的重复”增加了。这与哈特灵（Hotelling，1929）所提到的由于空间竞争导致的“过度同质性”(excessive sameness) 类似。这是由于产业的去集中化特性，加上个别频道的节目容量有限，造成许多频道都生产高度相似的（即使不是完全相同的）节目，以期吸引尽可能多的受众。[38]

大体而言，目前许多广播电视和广告方面的经济研究文献，都试图探讨在众多广告主和观众导向的节目选择之下，产业组织结构和节目多样性的发展状况。[39]

304

7.3 财务绩效

成本要素

由于广播电视产业的营运成本相对固定，因此收益的增长就与获利能力息息相关。至少从短期角度出发，在信号发射成本和节目制作成本变动不大的情况下，对广告时段的需求越大，广告费率也就越高。相反地，若是对广告时段的需求减少，也将会立刻、直接地减少广播电视业者的获利。然而，这并不意味着营运成本的增加可以完全忽略不计。事实上，一般行政管理成本和节目制作费用，对于公司的长期获利都可能产生深远的影响。

其实近年来，电视联播网的节目制作成本已经大幅上涨，复合年均增长率在1971—1980年高达14.4%，1980—2000年也达到8%。尽管电视联播网在每年超过90亿美元的制作预算中，大多数是用于购买电影公司电视制作部门的节目授权，但仍有不小的比例是花费在自制节目如新闻、体育赛事和日间的系列影集之上。

事实上，仅仅新闻节目每年就要花费三大电视联播网至少5.5亿美元的预算。相对而言，日间的系列影集（肥皂剧）每半小时平均只需要15万美元（1小时影集则是20万美元）；游戏类节目由于演员报酬较少、场地固定，以及大量使用录像带等因素，制作成本只需要系列影集的三分之一至一半（脱口秀节目甚至更低）。这些节目的制作成本都要远低于联播网黄金时段播放的影集；一般而言，黄金时段影集制作成本1小时超过180万美元（戏剧的话是270万～330万美元，半小时的情景喜剧则是160万～200万美元）。[40]真人秀节目的制作成本则相对较低。[41]

由于成本差异，对于联播网和许多电视台而言，日间的节目反而是利润率最高的时段。例如，NBC历久不衰的晨间《今日秀》（*Today*）节目，在2006年至少创造了2.5亿美元的利润（收益则高达5亿美元），是NBC获利最高的一档节目。[42]日间节目不仅制作成本低，广告时段也比黄金时段节目更多：日间节目每小时有12分钟属于联播网的广告时间；相较之下，在黄金时段节目中，联播网每小时通常只有6分钟可以用做广告，因为联播会员至少拥有3分钟的时段，另外还有3分钟要用于节目预告（promo）。因此，可以运用的广告时段增加，能够弥补日间节目观众基数较少的劣势。以1小时的肥皂剧为例，通常每天能获得100万美元的广告收益。

由于日间节目的高获利率，因此电视联播网会努力提高（至少是维持）日间节目的收视率。相反地，对大多数联播网会员而言，地方新闻则是它们最主要的收益来源，这类新闻节目创造了35%～40%的广告收益。

在总体财务绩效方面，根据美国广播电视协会（NAB）的年度调查，以及FCC在1980年以前的调查报告显示，联播网会员最大比例的支出项目是一般行政管理费用（general and administrative，G&A）。然而对于独立的电视台而言，节目制作和购买是最大、成长最快的支出项目。表7—3显示了一般电视台（联播网会员）的主要收入和支出项目。[43]

表 7—3　　一般电视台收益（所有时段）和支出项目，2007 年

广告时段销售额（收益）	%	支出	%
全国和区域性广告	56.1	节目购买和制作[a]	25.5
地方广告	34.3	新闻	13.5
转播与网络	6.8	销售	12.5
		广告和宣传	4.0
联播网补贴	2.9	工程	11.5
		一般行政管理	33.0
总计	100.0	总计	100.0

305

[a] 一般独立电视台在节目取得上的支出远高于此（可以占到总支出的 50%），但新闻上的支出则较少（约占总支出的 6%）。因为节目支出比例较高，独立电视台的平均税前利润，一般只有联播网会员的一半至三分之二。

值得注意的是，目前整体的转播费（通过有线电视或卫星电视转播的收入）和互联网相关收入已经达到大约 10 亿美元，在未来几年将可能成为电视台重要的收入来源。目前电视台大约可以从每个有线电视或卫星电视付费用户身上收到 25 美分，从附属会员台获得相似数额的对所提供节目的“反向补偿”。自 2010 年以来，这些费用都已开始支付（见表 7—4）。[44] 对于大型广播电视网来说，这些利润率很高的收入很重要，可参考以下的例子。

来自自有自营台（O&Os）的转播费：

4 500 万户×0.50 美元/月×12 个月＝2.70 亿美元

来自会员台的反向补偿：

7 500 万户×0.25 美元/月×12 个月＝2.25 亿美元

表 7—4　　广播电视产业的营运绩效：包含 23 家公司，2005—2009 年

收益	营业收入	营业利润率[a]（%）	资产	营业现金流量	
CAGR（%）[b]	−6.8	NM[c]	NM[c]	−18.2	−21.6

[a] 2005—2009 年的平均利润率无法获得。2001—2005 年平均利润率＝19.4%。

[b] 复合年均增长率。

[c] 无意义（not meaningful）。

财务会计

在节目支出费用的认定时间点方面，广播电视台的情况与前面第 4.4 节提到的电影制作和发行商观点完全不同。一般而言，电视台并不是在节目制作完成时就认列费用，而是在播出时才认列。在采用应计会计（accrual accounting）的情况下，一部系列影集的费用通常会在首播时认列三分之二，剩下三分之一则在重播时认列。不过关于现金的支付，则要视制作人的要求和相对议价能力而定。

306 对独立电视台而言，购买外制节目（辛迪加节目）费用占总营运成本的比例已经由 20 世纪 70 年代中期的 35%，增长到 20 世纪 90 年代的 45%～50%，往后则大致保持这个比例。相较之下，联播网会员的外制节目成本只占营运成本的 25%左右，因为它们有大约 65%的节目是由联播网提供的。

1975 年以前，广播电视节目的会计处理方式十分复杂多变。在资产负债表中，很多业者既不把节目权利列为资产，也没有列入相关义务。然而在 1975 年，美国注册会计师协会（AICPA）提交的报告开始促成本行业会计程序的统一，最后到 1982 年，形成了财务会计准则委员会（FASB）的第 63 号公告（见表 7—5）。

根据该项公告，广播电视业者（被授权者）在购买某个（或数个）节目的播放权时，需要遵守授权协议。当授权期间开始，且符合下列条件的情况下，随着节目播放权的取得，相关的资产和负债情况就必须在报表中明确列出：

（1）节目的成本已知，或可以被合理估计。

（2）节目内容已经依照授权协议被广播电视业者（被授权者）接收。

（3）节目已经可以提供首次播出或同步转播。

307 **表 7—5　取得节目播放权时资产、负债以及费用的认列情况**

影片	资产和负债认定[a] 授权期间 起	迄	资产负债认定年度 19X1	19X2	19X3
A	10/1/X1	9/30/X3	8 000 000		
B	10/1/X1	9/30/X3	5 000 000		
C	9/1/X2	8/31/X4		3 750 000	
D	9/1/X3	8/31/X5			2 250 000

费用认定[a]

影片	费用认定年度（美元） 19X1	19X2	19X3	19X4	19X5
A		4 800 000[b]	3 200 000[c]		
B		3 500 000[d]	1 500 000[e]		
C			2 813 000[f]	937 000[g]	
D				1 463 000[h]	787 000[i]
		8 300 000	7 513 000	2 400 000	787 000

[a] 依照总额观点，所有授权协议成本都被列入节目制作成本摊销款项。

资料来源：FASB 第 63 号公告。Copyright：Financial Accounting Standards Board，High Ridge Park，Stamford，CT 06905，USA. Reprinted with permission. Copies of the complete document are available from the FASB.

另外，资产和负债分别依照预期处理的时间及付款期限，区分为流动性和非流动性。此外，资产和负债应依照美国会计原则委员会（Accounting Principles Board，APB）第 21 号意见书（说明应收账款和应付账款的贴现处理方式）规定的现值基础计算，或是按照负债总额加以列入。

在资产负债表上，无论剧集、套装节目还是特定时段节目的资本化成本，都以未摊销成本或预估净变现值两者中较低者为准。不过，联播网会员与联播网签订的节目协议则被视为无形资产。

因此，套装节目中个别节目的成本分摊额度，主要视每个节目对于业者的相对价值而定。正如前面说过的，资本化成本的摊销主要取决于未来潜在的播出次数（如果无法做出估计的话，则以协议时间作为摊销基础）。

值得一提的是，特别节目（feature program）的摊销，可以采用个别节目分别摊销，或者以整个套装来进行。但系列影集和外制节目（辛迪加节目）则以整个系列为摊销处理基础。如果系列的每一集被预期能创造差不多相同的收益［例如，像《新婚梦想家》（*Honeymooners*）这类长青节目］，则通常采用直线摊销法（straight-line amortization）。

总而言之，FASB 第 63 号公告为广播电视业者在收益和节目成本摊销方面提供了较为灵活的处理方式。然而，这种灵活性也为比较不同公司（采用不同会计政策）的财务绩效造成了困难。[45]

7.4　资产估值 308

尽管并没有确切的广播电视资产估值方法，但一般而言，FCC 核发的执照以及电视联播网授权协议是最核心的资产。由于电视台易手的情况经常发生，因此在大多数时候，找到参照价格并不困难。[46]以广播为例，资产评估时包含已经固定的部分（广播执照），再加上在特定市场未开发资产的评估价值，以及未开发的不动产价值等。[47]除了当前的获利状况外，资产评估还需要考虑的重要因素有：

利率

地理位置（经济快速发展地区要优于衰退地区）

特定市场广播执照的稀缺性

法规松绑情况

频率在整个频谱中的相对位置（以广播为例，靠中间的频道比较常被人转到，因此最受青睐）

传输信号强度和营运时间（例如，VHF、UHF或低功率电视）

周围环境（例如，山区或高楼会阻断信号）

当前节目风格和形式，以及自有节目的质量

已取得授权节目的播出长度

发射器或广播电视台位置的不动产价格

预估负债总额

有线电视及其他新进地方播送业者的短、中期潜在影响，包括科技的冲击

与其他行业一样，利率因素非常重要。较高的实质利率（经过通货膨胀调整后的利率）不仅在宏观经济层面上会降低收益和利润，也减少了有能力负担贷款的买家数量。高利率也会降低电视台交易中涉及的不动产价值，特别是会降低未来预估的现金流量净现值（NPV）。[48]

不过除了利率因素之外，第二项重要因素在于，是否能透过节目内容和风格的改变来提高获利能力。对电视台而言，地方新闻、体育节目、名人特写或者接近黄金时段的节目调整都会有影响。对广播电台而言，从“Top40 排行榜”流行歌曲转向乡村或西部音乐，或者新闻与谈话类节目、成人与当代（adult/contemporary，A/C）、中间路线（middle-of-road，MOR）、热门摇滚（current hits rock，CHR），或者专辑摇滚（album-oriented rock，AOR）类型，都会产生影响。事实上，当年FM能够超越AM成为主流，原因就在于通过播放曲目的改变吸引到那些年轻、花费较无节制的听众。

在其他条件不变的情况下，出售具有相同特质的广播电视台，应该具有相同的营业现金流量（operating cash flow）或是广播现金流量（broadcast cash flow）。营业现金流量也就是税息折旧及摊销前利润（EBITDA）；广播现金流量则是未扣除营业费用的EBITDA。[49]在今天，这些现金流量的应用虽然不如过去普及，但依然被广泛应用。因为在不考虑利息支出和税负等变量的情况下，对不同广播电视台的价格和价值比较会较为客观。[50]

此外，比较自由净现金流量（net free cash 309
flow，也就是净收入加上折旧、摊销、递延税款，再扣除资本支出）也是十分有用的。还有现金流量率（cash flow margin，即营业现金流量占总收益的百分比）也是常用指标。对于资产结构健全的电视台而言，现金流量率一般在25%～45%之间，但通常只有大型电视台具有较高的现金流量率。

通过贷款来取得公司资产（也就是现金流量）的杠杆收购（leveraged buyouts，LBOs），也被用来作为融资并购广播电视台资产。[51]但这类杠杆交易的结果往往不如预期。在20世纪80年代中期，随着FCC在1984年把单一企业所能持有的电台上限从FM、AM各7个放宽到各12个（但同时规定拥有的观众数量不能超过全国电视观众的25%），部分投机性广播电视资产的现金流量倍数成长超过14倍之多。[52]

然而到了20世纪80年代末，限制高杠杆交易的法令出台，使得广播电视和有线电视业者取得银行贷款难度提高。[53]结果，媒体资产的现金流量倍数大幅缩减。此外，如果购买媒体资产时的举债比例过高，当后续经济出现衰退时，很可能就会无力偿还（无力支付公司的营运和利息成本）。[54]类似的情况我们在2008年就见过一次，当时原本财大气粗的汽车制造商（在经济良好时期，汽车广告往往占到地区电视台总收益的25%以上）
纷纷面临破产危机。 310

利用下列方法可以大略估算广播电视的资产价值（类似地，表8—6列出了有线电视的情况）。先假定一个介于8～12的现金流量倍数（倍数大小

取决于当前利率以及最近的类似交易价格），将这个倍数与现金流量相乘，然后扣除净负债（也就是长期负债减去流动资产净值），最后这个差额再除以流通在外股数，就可以得到每股的预估价值：

价值＝（预设倍数×预测现金流量）－（长期负债－流动资产净值）

上述方法强调通过当前现金流量倍数（也就是所谓的私募市场价值）和潜在的流通在外股份价值，可以合理衡量媒体资产之间的价值差异。当两个媒体的评估价值差异越大时，并购的可能性越高。

尽管如此，想要评估私募市场的贴现价值却并不容易。私募市场价格反映出潜在卖方掌控所有资产的能力，以及资产清算后所需支付的税款。事实上，由于利率走势和经济增长（economic growth）的不确定性，资产评价总是包含了许多不确定的因素，一般而言，公开市场价值要比私募市场价值低估30％左右。

7.5 结论

广播电视产业每年的获利潜力受宏观经济的影响极深。不过若从长期角度出发，20世纪40年代后期迄今，广播电视产业的发展一直受到新技术的影响和挑战，最终形成了当前的产业结构。事实上在今天，视频和音频的传播早已不再受到特定信号源、时段或是播放设备的限制。

近年来广播电视产业所面临的主要挑战包括：有线电视和卫星电视的成长、其他娱乐和信息服务发展导致的受众流失、科技发展使得受众能够跳过（甚至完全去除）商业广告的影响，以及互联网技术使得任何人都能够轻易地发送和接收音频和视频等。[55]

结果，传统的收视调查期间、预买时段（Upfront buying）、每次30秒的广告、每季度22集节目、每天的播放安排以及试播节目等产业惯例，重要性逐渐降低，最后演变成全天候都能收看节目，电视各季度之间也不再泾渭分明的情况。[56]此外，随着互联网高清电视（HDTV）以及移动设备的普及，人们对有线电视服务乃至于地区电视台的需求都在降低，这自然也会影响到此类媒体的资产价值。

手持播放设备如智能手机的发展也加速了产业变革，再加上有线电视和卫星电视业者的预付权利金，为广播电视产业带来了新的收益来源。[57]电视联播网业者也在互联网上开拓新的播放平台[58]，但这些都改变不了一个事实，那就是传统的无线广播电视模式，其影响力已经逐渐降低了。

有线电视或许是对无线广播电视冲击最大的一个产业，因为最新的有线电视系统可以传送多达500个频道，并且不会受到高楼或山区的干扰，也没有播送功率限制的问题。事实上，有线电视已经严重侵蚀了无线电视联播网的观众数量，1980年电视联播网合计占有84％左右的收视人口，到2010年已经不足50％。不过由于全美国拥有电视的家庭数从1980年的7 790万户增加到2010年的1.16亿户，所以电视联播网的观众总人数还能维持不至于下跌过快。

有线电视本身的广告时段，同样也对电视联播网的广告议价能力造成了冲击。尽管目前大多数有线电视频道都是播放电视节目，但近年来一些不含广告的资料传输与付费有线广播服务也开始取代商业性质的FM广播电台。此外，互联网广播也已经逐渐成为重要的广播媒介，以及全球广播与电视服务的整合平台。 311

上述因素都导致广播电视产业的获利减少。尽管如此，在商业周期（business cycles）开始向好的时候，依然有部分广播电视公司能创造出相对高的现金流量以及税前利润。同时，因为电视所具有的触及广大目标观众的能力，以及较佳的每千人成本优势，许多广告客户仍然会被电视联播网吸引。

通过互联网，广告客户与电视公司也将会找到新的节目播放渠道和广告投放空间，例如，由NBC、福克斯以及迪士尼共同拥有的网站葫芦

(Hulu)。[59]尤其在地方层面，很难取代商业台的新闻和体育节目能力，但现代流媒体信号传输服务已能向较小的手机屏幕传送内容。[60]特别是在区域性层级，由于地区性电视台在当地新闻和体育节目上的影响力，想要找到替代这些电视台的媒介并不容易。随着二元收入结构——有来自广告的，也有来自有线电视或卫星电视的转播费——的形成，在可预见的将来，广播电视产业应该还会继续存在。[61]

总之，广播电视是一个多元化的、受到政府特别关照和管制的产业，这个产业已经进入成熟期，成长将会趋缓，而挑战则日益增多。不过展望未来，广播电视在娱乐产业中仍将持续扮演重要的角色。

【注释】

[1] 麦克卢汉的意思是，使用某种传播媒介本身的意义，要远大于媒介所传送的内容。例如，正如雷文森（Levinson，1999，p.39）所说："相较于电视播放的节目内容，其实观看电视这件事本身对我们生活的影响更加深远；同样，无论我们通过电话说了什么内容，电话这一媒介对人类生活的革命性意义都远不止于此。"麦克卢汉（1964，2001，p.8）自己则解释道："例如，铁路并没有创造出交通、车轮或是道路，但铁路加速了过往这些技术的变革，并进而创造出全新的城市、工作和休闲方式。铁路的重要性不因在热带地区或北部地区而有所差异，同时也跟铁路上面运输的东西没有关系。"

[2] 然而，伍利（Woolley，2004b）提到，像 Sirius XM 这类数字付费广播还需要克服法规上的限制，这些限制是在美国国家广播电视协会（National Association of Broadcasters，NAB）的干预下，由美国国会通过的。参见曼利（Manly，2005b）、麦克布里德（McBride，2005b）和《商业周刊》2005 年 3 月 14 日。瓦德（Ward，2004）提到广告客户对广播的态度。XM 和 Sirius 公司于 2007 年合并。亦参见阿朗戈（Arango，2008a）。

[3] FM 广播的频率介于 VHF 电视频谱的 6 号和 7 号频道之间：VHF 电视频道 2～6 的频率介于 54～88 兆赫（MHz）之间，而频道 7～13 则作用在 174～216 兆赫之间。为了避免干扰，频道 1 通常不能使用。此外为了避免不同电视台间的互相干扰，VHF 波段的电视台彼此之间需要间隔一个空白频道；而 UHF 电视台之间则需要间隔八个频道。

[4] 低功率 VHF 电视台（Low-power VHF television，LPTV）在 20 世纪 80 年代末出现。LPTV 可以用最低成本满足区域性节目播送的要求，其卫星地面站和传输设备的建造成本只需 50 万美元左右。通过 1 千瓦（1 kW）的传输设备和高敏感度的接收天线，LPTV 的信号传输距离最远可以达到 19 英里。

[5] 从 2006 年开始，尼尔森调整了美国前 10 大市场的调查期间。这 10 大市场大约拥有全美 30%的观众，以及 50%左右的区域广告份额。参见卡特（Carter，2004b）。

[6] 尽管科技不断进步，但受众调查却比以往更加困难且充满争议。尼尔森公司长期以来的做法是在大型市场使用视听记录仪（audimeter），较小的市场则采用日记法。但直到最近为止，这些视听记录仪都只能够安装在固定的电视机上，对于其他收视媒介如电脑、平板电脑等则无能为力。哥特纳（Gertner，2005）提到阿比创已经开发出可携的视听记录仪，能够侦测受众在电脑、手机、iPod 甚至 PSP 上的收视行为和广告接触。此外，随着受众在技术上和人口上越来越分化，受众测量的难度也因此提升。尼尔森在国际上最大的竞争对手是欧洲的 TNS 媒体研究公司，该公司在 10 万户家庭装置了机顶盒，以获取关于受众收视习惯和广告接触的信息。参见康恩（Kang，2008）。此外，ErinMedia 公司的专长则在于有线电视的受众测量方面；贝利（Berry，1984）提到英国 AGB 公司早年与尼尔森的抗衡。克拉克（Clark，2006）探讨了从日记法向视听记录仪的转变。一般认为，记录仪要比日记法更为精确，因为它能够记录是谁在观看电视——家庭每位成员都有特定的按钮。

阿比创和波茨·斯卡波罗公司（Birch Scarborough）在广播听众测量上更为有名。自 2007 年起，阿比创公司的可携人员记录仪取代了传统的收听调查，到 2010 年已经覆盖了大部分市场。参见克利福德（Clifford，2009）。

[7] 在 21 世纪初期，美国最大的两家全国广告代理公司——Cox 和 Chancellor 所代理的广告合同总额年均超过 80 亿美元。以 7%～8%的代理费率计算，它们的代理费收入大约达到 6 亿美元。目前，广告代理公司大约涵盖了全美国 70%的电视网、15%的有线电视以及 55%的广播广告合同。

[8] 随着互联网和移动下载的普及，目前已经可以做到更精确的计算。例如，2008 年美国 ABC 就引入了"广告价值指数"（advertising value index），该指数允许客户用自选指标来比较 ABC 和其他电视网的节目；这些指标包括 C－3（延迟不超过 3 天的收视行为）、尼尔森指数、人口变量、心理变量、原创节目比例、时段长度，以及家庭规模和组成等。

[9] 广播节目同时也重视收听时间（time spent listening，TSL）。AQH（average quarter-hour）是指受众在特定的 15 分钟时间内转向某个电台或电视台的比例；TSL 的计算方式是衡量期间的 15 分钟时段总数（例如，在一周内，从每天的

早晨6点到午夜，总共有504个15分钟时段）乘以15分钟内的平均受众数，再除以受众总人数。

[10] 我们在第5.4节探讨过广告交换辛迪加。这一产业的发展参见表5—13。

[11] 理论上，通过自由市场的竞价拍卖机制，能够使电磁波频谱这一稀缺资源的分配更有效率。这也是1994年FCC通过拍卖方式分配个人通信电话系统（personal communication systems telephone）的背景。

[12] 其他国家对于广播电视的限制往往更为严格。美国是第一个真正把电视发展为一个产业的国家，同时也制订了最早（因此技术上并不先进）的标准，也就是NTSC（National Television Systems Committee）系统，共有525条扫描线；该系统也在加拿大、墨西哥、日本以及另外23个国家被应用。但其他国家有些用的是全然不同的、有625条扫描线的系统；起源于法国的SECAM（sequential color and memory）系统被超过20个国家采用，而PAL（phase-alternation line）系统则有37个国家使用。因为采用更多扫描线，SECAM和PAL系统的分辨率都要高于NTSC，但由于它们采用50赫兹的频率（而非美国的60赫兹），因此闪烁较严重。

传统上电影放映是每秒24帧，而NTSC电视则是每秒30帧，其中每帧由525条扫描线组成。不过为了避免闪烁，实际上每一帧被分成两部分，单数扫描线和双数扫描线以每秒60次的速度交替呈现，这就是俗称的隔行扫描（interlacing）。

[13] 美国在2009年6月12日实现了从模拟电视向数字电视的彻底转换；而同样的转变也发生在英国（2012）、法国（2011）和日本（2011）。这一转换不可避免地对频道业者和设备制造者都产生了不确定性。在美国，数字高清电视（HDTV）的标准在1996年确立，与电脑屏幕类似，HDTV的标准是每帧1 080条扫描线（逐行扫描）。参见安德鲁斯（Andrews，1993）、《广播与有线》（*Broadcasting & Cable*）1993年5月31日，以及布林克力（Brinkley，1996，1997）。与模拟电视一样，数字电视也出现了不同的标准，欧洲的DVB、北美的ATSC以及日本的ISDB。早在20世纪90年代初，一个被称为MUSE（Multiple Sub-Nyquist Sampling and Encoding）的HDTV标准（每帧1 250扫描线，60赫兹）就在日本出现了，当时美国和欧洲的标准都还未确立。到了1998年，所谓HDTV的定义已经确定，它是指720行逐行扫描，或1 080行隔行扫描以上的电视技术。其中ABC和福克斯采用了720行逐行扫描，它可以每秒传送60帧完整的画面，对于高速运动的捕捉更为给力。

[14] 对美国四大电视联播网及其附属频道而言，目前来自有线电视的收益总额大约是每年15亿～20亿美元，比2009年时的7.4亿美元增加了不少。不过，目前关于这部分授权费如何在电视网和附属频道间分配，还没有形成标准。

[15] 1996年的电信法将单一集团受众覆盖率上限提高到35%，FCC在2003年又把这一比例提高到39%。其他重要法规限制包含跨媒介的经营以及外国人持有股权的限制等。在2003年，一家广播电视公司最多可以在一个地区拥有2家电视台（前提是该地区的电视台总数超过5家），以及8家广播电台（前提是该地区拥有45家以上的电台）。外国人持有广播电视公司的股权不得超过25%。参见莱巴顿（Labaton，2003，2004）。

[16] 正如奥雷塔（Auletta，1991，p.4）所言："所谓联播网，就是一家购买并打包外制节目，然后出售给其他广告客户和地区电视台的公司。"

[17] 对西班牙语电视竞争的讨论见贝尔科维奇（Bercovici，2012）以及维加和卡特（Vega and Carter，2012）。

[18] 在1989年，福克斯已经有能力提供每周三天黄金时段的节目（周六、周日和周一），并在全美三大主要市场拥有电视台。不过此时它还不符合FCC对电视联播网的定义，因为在FCC的定义中，电视网必须有能力一周提供15小时以上的节目。

[19] 在20世纪90年代，随着联播网的受众不断流失，联播网补贴的额度也开始降低。传统上电视联播网支付的补贴比例，在晚上6—11点是30%～33%，白天则更低。联播网补贴对一些小型市场的电视台依然较为重要，可能占到其收益的15%，但对大型市场而言只有2%。然而，随着三家最早的电视网（ABC、CBS和NBC）减少补贴额度，新的电视网（福克斯、CW）又往往根本不提供补贴，这类补贴的重要性不断下降。在20世纪90年代初，每个电视联播网每年的补贴支出平均在1.25亿美元左右；但到了后来，甚至出现了反转，也就是电视台"补贴"给联播网以取得授权，成为反向补贴（reverse compensation），例如在2000年2月，Granite广播公司同意支付NBC共3.65亿美元的权利金，以换取9年的转播权。另外在1998年，CBS的会员同意在CBS购买NFL美式足球比赛转播权的40亿美元支出中，负担其中的10%。到了2009年，电视联播网的补贴继续下降，而来自有线电视、卫星电视和电信业者的权利金则不断增加。例如，CBS大约从每个有线电视用户身上每月能收到50美分。

[20] 随后，ABC的收视份额开始提高，到了20世纪70年代末，ABC终结了CBS长达20年的龙头地位。

[21] 例如，在加拿大，加拿大广播电视与电信委员会（Canadian Radio-Television and Telecommunications Commission，CRTC）负责广播电视产业的授权、监管和审核等一切职责。加拿大共有五家主要的电视网，其中两家属于加拿大广播公司（Canadian Broadcasting Corporation）所有，该公司是每年预算超过10亿美元的公营机构，负责提供英语和法语的

基本节目服务。另外，私营的 CTV 电视网提供英语节目，而魁北克电视网（Les Tele-Diffuseurs Associes，TVA）和四季（Quatre Saisons）提供法语节目。

相较于美国，其他许多国家会采用节目配额（programming quotas）来控制广电产业。例如，在加拿大，CRTC 要求所有电视台每天至少有 60%的时间播放加拿大本土的节目，黄金时段的本土节目比例也必须在 50%以上。不过，体育和新闻类节目不在此限。

[22] 例如在 1980—1993 年，整个电视产业的收益（包含无线和有线电视）增长了 160%（年增率 8%），但节目开支却增加了 165%。在这 10 多年间，节目开支/收益比率大致维持在 32%。但对联播网而言，它们从产业总收益中分得的比例（以 1993 年的价格计算）从 1980 年的 37%（68 亿美元）下滑至 21.6%（104 亿美元），节目开支占电视联播网收益的比重则从 1980 年的 52%上升到 1993 年的 60%。

[23] 关于广告时段预售的历史（由 ABC 于 1962 年开始）及近年下降的原因，参见安格温和弗拉尼卡（Angwin and Vranica，2006）。同样参见弗拉尼卡（Vranica，2006）和康索里（Consoli，2008）。

[24] 未在预售时被售出的广告时段（通常仅有总时段的 5%），则通常在接近播出时间时，由所谓“机会主义买家”（opportunistic buying）买下。

[25] 同样地，尽管电视联播网的收视率不断下滑，但一些消费产品公司依然愿意支付较高的广告费用。因为这些公司希望的是尽可能接触最多、最广泛的受众，而这一点是有线电视公司较难做到的。

[26] 收视率领先的电视联播网有机会吸收更多的会员。而随着收视人口的提高，对广告客户的吸引力也随之上升，将能够增加联播网的整体收益。

[27] 同时“对不同时间、在不同频道播出的两个节目而言，节目 B 的受众也收看节目 A 的比例，基本上等于节目 A 的收视率”。参见巴维斯和艾伦堡（Barwise and Ehrenberg，1988，p. 36）。

[28] 巴维斯和艾伦堡（Barwise and Ehrenberg，1988，p. 44）提到，社会学家威廉·麦克菲（William McPhee）是第一个提出双重危险效应的人。同时，他们还提到，在美国，观看某一影集的受众，在下周还会继续收看的比例仅有 40%，在英国也不超过 50%。即使是最受欢迎的系列影集，能够保持整个季度每一集都收看的受众比例也仅有 2%左右。

[29] 1982 年，一间地区法院裁定 NAB 规定违反反托拉斯法。此后，ABC 和 CBS 开始逐步增加广告，其中 ABC 每晚播出的广告比以往多了 1 分钟。到 1991 年，美国国会规定儿童节目在周末每小时广告不得超过 10.5 分钟，周间则是 12.5 分钟。在 2003 年，四大电视联播网每晚的非节目内容长度平均在 52.5 分钟。

[30] 据统计，每 2.5 分钟热门联播节目能为各电视台创造的收益，要大于 9 分钟的自制或外购节目。

[31] 其中一个知名例子是特纳广播公司（Turner Broadcasting）旗下位于亚特兰大的 WTBS，该电视台主要转播亚特兰大勇士队（Atlanta Braves）的棒球比赛，最远在阿拉斯加都能收看。随着母公司在 1996 年被时代华纳收购，该电视台也成为时代华纳有线电视服务的一部分。

[32] PBS 一直以来都在考虑引入部分广告以增加收入。参见《商业周刊》1983 年 10 月 10 日的文章；塔克（Tucker，1982）也探讨了公共电视的经营成本。《广播》（*Broadcasting*）1987 年 5 月 11 日第 60 页则探讨了公共广播公司（Corporation for Public Broadcasting，CPB）20 年的历史。在 1990 年，CPB 总收益是 15.81 亿美元，其中 14.5%来自联邦拨款，53.1%来自私人捐助。国际公共广播（Public Radio International，PRI）每周为会员提供大约 400 小时节目，国家公共广播（National Public Radio，NPR）则每周提供约 120 小时节目。PRI 和 NPR 都是由会员费和私人赞助支持的。

[33] BBC 是在 1922 年由一群收音机制造商成立的。历年来 BBC 的资金大部分来自向电视使用者收取的授权费。然而在数字电视频道暴增的时代，BBC 的角色定位受到了考验；同样的情况也发生在美国的 PBS。参见钱皮恩等（Champion et al.，2004）。

[34] 在第二次世界大战之后，企业广告支出与公司利润之间的相关系数大约是 0.97。

[35] 皮卡德（Picard，2001）发现 GDP 每下降 1%，广告支出（以固定货币计算）大约下降 5%。同时，相较于广电媒体，平面媒体受到经济衰退的冲击更大。

[36] 电影和书籍都同时具有公共产品和私人产品的特性：内容是公共产品，但发行却具有私人产品特性，因为个别消费者的购买会影响到别人享受该产品或服务的机会（Owen et al.，1974，p. 15）。

[37] 例子见诺尔等（Noll *et al*，1973）。

[38] 因此毫不令人意外地，哪怕有多达 500 个频道，它们的节目内容都会出奇地雷同。那些锐意创新、与众不同的节目往往更容易失败。参见罗森博格（Rothenberg，1996）。

[39] 欧文和怀尔德曼（Owen and Wildman，1992）对此类研究做了全面综述。

[40] 正如第 5 章提过的，黄金时段节目制作人通常只能从联播网授权费中回收制作成本的 80%～85%。

[41] 在 2009 年，真人秀节目一小时的制作成本大约是 90 万～100 万美元，而同等长度的戏剧节目花费可能是三倍之多，半小时的情景喜剧也需要 140 万美元。在 2009 年，真人秀节目大约占到五大电视网黄金时段节目的 30%。真人秀节目的另一优势是它对年轻人更有吸引力。例如巴恩斯（Barnes，2006a）提到，像 NBC 的《一掷千金》（*Deal or No Deal*）这类节目每集成本大约 110 万美元，而《超能英雄》（*Heroes*）这样第一年没有任何大牌明星加盟的电视剧，每集仍需要花掉 270 万美元。福克斯的《美国偶像》（*American Idol*）是另一个重要例子，该节目 2010 年总收益超过 30 亿美元，事实上在该节目中，每 30 秒广告售价高达 64.2 万美元，甚至高于老牌节目《星随舞动》（*Dancing With the Stars*）。

[42] 事实上，深夜节目也可能非常赚钱。例如 NBC 的《今夜秀》（*Tonight Show*）2007 年收益达 2.5 亿美元，其中营业利润达 1.6 亿美元。

[43] 作为独立电视台营运成本的一部分，辛迪加电视节目摊销费用占到独立电视台成本结构的比例，从 20 世纪 70 年代中的 35%上升到 20 世纪 80 年代末的 45%。相较之下，联播网会员的这项开销只占总成本的 25%；它们大约 65%的节目来自联播网。

[44] 肖尔特（Stelter，2011a）描述了这种补偿的演化，指出每一个联播网都有不同的支付方案。NBC 将转播费在会员和联播网之间 50/50 平分，以使用额外的收入流抵消掉联播网在新闻、地方和全国性节目的成本。ABC 的方案是收取一笔固定的相对更多一些的费用。

[45] 例如，弗兰肯菲尔德（Frankenfield，1994）提到，采用毛额会计法将不会计入任何利息成本；而采用净估算利息法将把利息成本排除在营运成本之外，从而显示出较高的毛利率。此外，FASB 第 63 号公告对于成本摊销的时间，给予很高的弹性。产业惯于采用的方法有六种：

(1) 收入预测。

(2) 加速法。

(3) 各轮总额。

(4) 年度总额。

(5) 年度直线提列。

(6) 每集直线提列。

[46] FCC 过去有规定，广播电视资产易手的频率不得超过每三年一次。不过在解除管制的趋势下，这一规定在 1982 年 11 月被废止。在 1995 年，共有价值 83 亿美元的电台和电视台资产被转手（2002 年是 79 亿），此外还有超过 60 亿美元的有线电视资产交易。而在 1988 年这两个数字仅有 35 亿和 10 亿。

[47] 所谓的固定价值（stick value）一度被认为早已废止，但事实上依然存在于广电产业中。参见《广播》（*Broadcasting*），1990 年 11 月 26 日。

[48] 有时候买家只需要支付 30%的总值，再从卖家那里“贷款”70%完成收购；这些贷款一般在 10 年内偿清。这种做法在 20 世纪六七十年代较为风行，因为当时资本利得税制约了许多资产交易的发生。从 20 世纪 70 年代末起，实质利率下降、贷款也变得更加容易，因此电视台和广播电台的资产价值开始飙升。

[49]“广播现金流”（broadcast cash flow）也被用来衡量电台的营运绩效。广播现金流的定义则是在扣除折旧、摊销、授权成本和企业经常费用之前的营运收入。

[50] 尽管每家公司对折旧和摊销的处理政策各不相同，但目前有趋向一致的趋势。另一项跟税有关的议题在于广播电视和有线电视行业的无形资产摊销。可摊销的无形资产包括租赁利息、转播权、节目授权等；不可摊销的无形资产则包括 FCC 授权以及电视联播网协议等。相关议题参考第 8 章注释 [27]、1986 年 9 月 1 日和 1989 年 8 月 7 日《广播》。史密斯和帕尔（Smith and Parr，1994）提到，从 1993 年起，某些无形资产如授权、许可或政府特许等权利，可以用超过 15 年的期限来摊销。

[51] 参见《广播》1983 年 11 月 14 日的文章《有限合伙与杠杆收购》（Limited Partnerships and Leveraged Buyouts: Growing Means to Broadcast Ownership）。

[52] 为了振兴陷入困境的广播产业，FCC 在 1992 年投票通过，允许单一集团 1994 年在全国拥有至多 20 家 AM 和 20 家 FM 电台。不过，1996 年的电信法废除了全国电台所有权的一切限制。目前在拥有超过 45 家商业电台的市场，单一公司最多可以拥有 8 家电台，不过若是该市场的电台总数为 30～44 家，则最多只能拥有 5 家电台。参见《广播与有线》（*Broadcasting & Cable*），1996 年 2 月 5 日。

[53] 高杠杆交易（highly leveraged transaction，HLT）的官方定义是：在超过 2 000 万美元的资产交易中，如果符合

(a) 杠杆比率超过 50%，(b) 总负债超过总资产的 75%，且 (c) 由银行所设计的话，则属于高杠杆交易。美联储在 1992 年废除了对高杠杆交易的限制。参见《有线电视》(*Cablevision*)，1990 年 5 月 7 日。

[54] 例如，假设未来每年现金流 (cf) 是 100 万美元，资产估值是现金流的十倍，即 1 000 万美元。在 20 世纪 80 年代末，银行一般愿意提供 60%的贷款（也就是现金流的 6 倍）；剩下 400 万则必须从股权融资或次级贷款等渠道获得。然而到了 20 世纪 90 年代初，同样的电视台每年现金流也许只剩下 80 万，估值则是现金流的 8 倍，即 640 万美元。此时银行依然能够回收原本 600 万美元的贷款，但剩下的股权融资等价值就只剩下 40 万美元，也就是原本的 10%。此外，新的贷款人很可能只愿意提供电视台最新估值的 60%贷款。此时，唯一确保融资的办法只剩下由卖方展延给买方的贷款期限。参见《广播》，1990 年 7 月 9 日。

[55] 参见伍利 (Woolley，2003) 对受众遇到广告就转台的习惯，可能阻碍广播电视和有线电视发展的预测，以及伍利 (Woolley，2003a) 关于互联网电视潜力的看法。曼利和马可夫 (Manly and Markoff，2005) 提到如今许多电视节目（如音乐）可以被轻易地下载和交换（通过 P2P 软件），从而使得商业广告毫无用武之地。这对 DVD 销售和传统的广播电视商业模式都产生了巨大的冲击，YouTube 就是很好的例子。参见《商业周刊》，2006 年 4 月 10 日。

[56] 卡特和艾略特 (Carter and Elliott，2008) 提到，NBC 从 2008 年开始以整年为单位来规划节目。肖尔特 (Stelter，2008) 提到，时移 (time-shifting) 录播设备的发展改变了电视台的节目编排策略。现在，很少有受众会完全照着电视台的安排走了，结果，一些特定时段的节目失去了价值。例如，周六晚上时段的重要性大不如前，许多长播的肥皂剧因此被停播。

[57] 关于这些转变的经济意义还有待商榷。例如，通过转播协议，广播电视业者能够从有线电视运营商那里获得收益；然而，节目制作人也希望从中分一杯羹。

在互联网下载这一方面，例如《绝望的主妇》(*Desperate Housewives*) 每一集的 iPod 版本售价是 1.99 美元，其中苹果公司分得 79 美分，ABC 得到剩下的 1.20 美元。而在联播网播出时，ABC 每一集的收益大约是 1 130 万美元，等于每位观众贡献 45 美分。换句话说，哪怕有 20%的受众改用 iPod 观看《绝望的主妇》，导致联播网收益下降，ABC 的每集获益反而会增加 180 万美元。参见《商业周刊》，2005 年 11 月 21 日。2006 年，ABC 宣布会让更多的热门节目免费（含广告）发布在互联网上。2010 年，苹果公司开始以每集 99 美分的价格，在 iTunes 上发布 ABC 的电视影集。参见巴恩斯 (Barnes，2006c) 以及谢克纳和史密斯 (Schechner and Smith，2010a)。

[58] 参见盖瑟 (Gaither，2006)。

[59] 葫芦网 (Hulu.com) 成立于 2008 年，主要提供福克斯和 NBC 的节目。由于该网站大获成功，迪士尼旗下的 ABC 也于 2009 年加入，而 CBS 则决定单独成立 TV.com。2010 年，葫芦网 (Hulu) 的在线观看次数超过 4 亿，每月观众超过 4 000 万人。这些在线影视服务使得受众能够自由搜索，观赏自己从未看过，甚至根本闻所未闻的节目内容。YouTube 也是其中的佼佼者。

[60] 转向手机终端的速率，取决于云计算软件的技术更新、手机网和处理器的速度、电池的寿命等因素。

[61] 不过，关于 3D 电视对整个广播电视产业会有怎样的影响，目前还言之过早。

【阅读材料精选】

"A Survey of Television," *The Economist*, April 13, 2002.

Abrams, B. (1985). " 'TV 'Sweeps' May Not Say Much, but for Now That's All there Is," *Wall Street Journal*, February 28. (1984). "CBS Program Chief Picks Entertainment for 85 Million Viewers," *Wall street Journal*, *September* 28.

Andrews, E. L., and Brinkley, J. (1995). "The Figh for Digital TV's Future," *New York Times*, January 25.

Barnes, B. (2005). "To Beat Up Rivals, TV Networks Do the Lineup Shuffle," Wall Street *Journal*, August 19.

Bary, A. (2003). "A Sound Idea: Satellite Radio Is Here, and XM Looks like a Winner," *Barron's*, February 17.

Berman, S., and Flack, S. (1986). "Will the Network Take It out of Hollywood's Hide?," *Forbes*, 138 (4) (August 25).

Besen, S. M., Krattenamker, T. G., Metzger, R. A., Jr., and Woodbury, J. R. (1984). *Misregulating Television: Network Dominance and the FCC. Chicago*: University of Chicago Press.

Besen, S. M., and Soligo, R. (1973). "The Economics of the Network-Affiliate Relationship in the Television Broadcasting Industry," *American Economic Review*, 63 (3) (June).

Block, A. B. (1990). *Out-Foxed: The Inside Story of America's Fourth Television Network*. New York: St. Martin's Press.

Botein, M., and Rice, D. M. (1980). *Network Television and the Public Interest*. Lexington, MA: Lexington Books, Heath.

Bylinsky, G. (1984). "High Tech Hits the TV Set," *Fortune*, 109 (8) (April 16).

Carnegie Corporation (1979). *A Public Trust: The Landmark Reports of the Carnegie Commission on the Future of Public Broadcasting*. New York: Carnegie Corporation and Bantam Books.

Carter, B. (2003). "Reality TV Alters the Way TV Does Business," *New York Times*, January 25.

(200la). "Can ABC Kick the Regis Habit?," *New York Times*, February 5.

(2001b). "The Thursday Night Fights," *New York Times*, January 18.

(1997a). "Could NBC Live without 'E. R.'?," *New York Times*, November 3.

(1997b). "Where Did the Reliable Old TV Season Go?," *New York Times*, April 20.

Chen, Y. C. (2001). "TiVo Is Smart TV," *Fortune*, 143 (6) March 19.

Clemetson, L. (2004). "All Things Considered, NPR's Growing Clout Alarms Member Stations," *New York Times*, *August* 30.

Coase, R. H. (1966). "The Economics of Broadcasting and Government Policy'" *American Economic Review*, 56 (May).

Coffey, B. (2002). "Big Audio Dynamite," *Forbes*, 169 (6) (March 18).

Colvin, G. (1984). "The Crowded New World of TV," *Fortune*, 110 (6) (September 17).

David, G. (2004). "Hollywood Hitman," *Fortune*, 150 (4) (August 24).

Day, J. (1996). *The Vanishing Vision: The Inside Story of Public Television*. Berkeley, CA: University of California Press.

Dee, J. (2002). "The Myth of '18 to 34,'" *New York Times*, October 13.

Dejesus, E. X. (1996). "How the Internet Will Replace Broadcasting," *Byte*, February 1996.

Donlan, T. G. (1983). "Clear Signal: Deregulation Touches Off a Wave of Bids for TV Stations," *Barron's*, July 11.

Dreazen, Y. J. (2001). "Pittsburgh's KDKA Tells Story of How Radio Has Survived," *Wall Street Journal*, May 15.

Dupagne, M., and Seel, P. B. (1998). *High-Definition Television: A Global Perspective*. Ames Iowa State University Press.

Eastman, S. T., and Ferguson, D. A. (1997). *Broadcast/Cable Programming: Strategies and Practices*, 5th ed. Belmont, CA: Wadsworth.

"Estimated U. S. Advertising Expenditures, 1935-1979," *Advertising Age*, April 30, 1980; September 14/1981; May 30, 1983; May 6, 1985.

Fabrikanl, G. (1987). "Not Ready for Prime Time?," *New York Times*, April 12.

Fatsis, S. (2003). "NBC Sports Maps a Future without the Big Leagues," *Wall Street Journal*, January 31.

Feder, B. J. (2003). "Satellite Radio Gains Ground with Right Mix of Partners," *New York Times*, April 21.

"Feeling for the Future: A Survey of Television," *The Economist*, February 12, 1994.

Flax, S. (1983). "Squeeze on the Networks," *Fortune*, 108 (5) (September 5).

Flint. J. (2003). "As Cable Gains in Prime Time, Broadcasters' Cachet Is at Stake," *Wall Street Journal*, May 8.

(2002). "PBS Takes Tack of Commercial Peers: Think Young" *Wall Street Journal*, March 27.

(2000). "How NBC, out of Sync with Viewers' Tastes, Lost Top Ratings Perch," *Wall Street Journal*, October 24.

Foege, A. (2008). *The Rise of Clear Channel and the Fall of Commercial Radio*. New York: Faber and Faber.

Gitlin, T. (1985). *Inside Prime Time*. *New York*: Pantheon (Random House).

Goldenson, L., and Wolf, M. J. (1991). *Beating the Odds: The Untold Story behind the Rise of ABC*. New York: Charles Scribner's Sons (Macmillan).

Goldsmith, C. (2002). "As BBC Flourishes, U. K. Is Shaking up the Rest of the Dial," *Wall Street Journal*, October 25.

Greenberg, E., and Baraett, H. (1971). "TV Program Diversity - New Evidence and Old Theories," *American Economic Review*, 61 (2) (May).

Gunther, M. (2005). "Crime Pays," *Fortune*, 151 (6) (March 21).

(2002a). "The Future of Television," *Fortune*, 145 (7) (April 1).

(2002b). "Will Fox Ever Grow Up?," *Fortune*, 145 (5) (March 4).

(1999). "The New Face of Network News," *Fortune*, 139 (2) (February 1).

(1998). "What's Wrong with This Picture?," *Fortune*, 137 (l) (January 12).

(1997). "How GE Made NBC No. 1," *Fortune*, 135 (2) (February 3).

Hirschberg, L. (2005). "Give Them What They Want," *New York Times*, *September* 4.

Hoynes, W. (1994). *Public Television for Sale*, *Boulder*, CO: Westview Press.

Jensen, E. (1995a). "Why Did ABC Prosper While CBS Blinked? A Tale of 2 Strategies," *Wall Street Journal*, *August* 2.

(1995b), "CBS' s Tisch Is Faulted by Insiders, Affiliates for Network's Struggle," *Wall Street Journal May* 22.

(1994a). "Many TV Stations Switch Networks, Confusing Viewers," *Wall Street Journal*, October 7.

(1994b). "Major TV Networks, Dinosaurs No More, Tune In to New Deals," *Wall Street Journal*, March 17.

(1994c). "Public TV Prepares for Image Transplant to Justify Existence," *Wall Street Journal*, January 13.

Kagan, P. (1983). "Broadcasting Bonanza: TV Stations Are Fetching Record Prices," Barron' S, October 17.

Kapner, S. (2002). "British Start Push to Open Media Sector," *New York Times*, May 9.

Kimmel, D. M. (2004). *The Fourth Network*: *How Fox Broke the Rules and Reinvented Television*. Chicago: Ivan R. Dee.

Kloss, I., ed. (2001). *Advertising Worldwide*: *Advertising Conditions in Selected Countries*. Berlin: Springer-Verlag.

Kneale, D. (1990a). "TV's Nielsen Ratings, Long Unquestioned, Face Tough Challenges," *Wall Street Journal*, July 19.

(1990b). "Duo at Capital Cities Scores a Hit but Can Network Be Part of It?," *Wall Street Journal*, February 2.

(1989a). "Seeking Ratings Gains, CBS Pays Huge Sums for Sports Contracts," *Wall Street Journal*, *October* 10.

(1989b). "CBS Frantically Woos Hollywood to Help It Win Back Viewers," *Wall Street Journal*, *February* 9.

Kupfer, A. (1991). "The U. S. Wins One in High-Tech TV," Fortune, l23 (7) (April 8).

Labaton, S. (2002). "Appelate Court Eases Limitations for Media Giants," *New York Times*, February 20.

(2001). "Court Weighs Easing Limits on Big Media," *New York Times*, September 8.

La Franco, R. (1999). "Unions on the Ropes," *Forbes*, 163 (8) (April 19).

Landro, L. (1984a). "TV Networks Are Again Producing Films for Release in Movie Theaters," *Wall Street Journal*, December 5.

(1984b). "Independent TV Stations Assume Bigger Role in Broadcast Industry," *Wall Street Journal*, May 11.

Larson, E. (1992). "Watching Americans Watch TV," *The Atlantic Monthly*, (March).

Leinster, C. (1985). "NBC's Peacock Struts Again," *Fortune*, 112 (3) (August5).

Leonard, D. (2003). "The Unlikely Mogul," *Fortune*, 148 (6) (September 29).

Levin, H. J. (1980). Fact and Fancy in Television Regulation: An Economic Study of Policy *Alternatives*. New York: Russell Sage Foundation.

Levine, J. (1990). "The Last Gasp of Mass Media?'" *Forbes*, 146 (6) (September 17).

Mahar, M. (1993). "Life after Cable," *Barron*'s, May 10.

Manly, L. (2005a). "On Television, Brands Go from Props to Stars," *New York Times*, October 2.

(2005b). "The Future of the 30-Second Spot," *New York Times*, March 27.

Mathews, A. W. (2002a). "In San Diego, Legal Quirks Help a Radio Empire," *Wall Street Journal*, October 4.

(2000b). "Clear Channel Uses High-Tech Gear to Perfect the Art of Sounding Local," *Wall Street Journal*, February 25.

Mathewson, G. F. (1972). "A Consumer Theory of Demand for the Media," *Journal of Business*, 45 (2) (April).

Mayer, J. (1983). "Putting Ads on Public TV Angers Few," *Wall Street Journal*, March 24.

McBride, S. (2007). "New Way to Count Listeners Shakes Up Radio," *Wall Street Journal*, September 6.

(2006). "Public Radio Goes Global over the Web," *Wall Street Journal*, October 31.

(2005). "Hit by iPod and Satellite, Radio Tries New Tune: Play More Songs," *Wall Street Journal*, March 18.

McBride, S., and Wingfield, N. (2005). "As Podcasts Boom, Big Media Rushes to Stake a Claim," *Wall Street Journal*, October 10.

McChesney, R. W. (1993). *Telecommunications, Mass Media, and Democracy: The Battle for the Control of U. S. Broadcasting, 1928-1935*. New York and London: Oxford University Press.

McTague, J. (1996). "Couch-Potato War," *Barron's*, July 15.

Moore, T. (1986). "Culture Shock Rattles the TV Networks;" *Fortune*, 113 (8) (April 14). Nelson, E., and Peers, M. (2003). "As Technology Scatters Viewers, Networks Go Looking for Them," *Wall Street Journal*, November 21.

Neuman, W. R. (1991). *The Future of the Mass Audience*. New York: Cambridge University Press.

Newcomb, P (1989). "*Negative Ratings*," *Forbes*, 143 (3) (February 6).

Noam, E. (1991). *Television in Europe*. New York and Oxford: Oxford University Press.

Peterman, J. L. (1979). "Differences between the Levels of Spot and Network Television Advertising Rates," *Journal of Business*, 52 (4) (October).

Pfanner, E. (2004). "State-Aided Broadcasting Faces Scrutiny across Europe," *New York Times*, February 16.

Piatt, C. (1997). "The Great HDTV Swindle," *Wired*, February.

Poltrack, D. F. (1983). *Television Marketing: Network/Local/Cable, New York*: McGraw-Hill.

Reitman, V. (1994). "Pittsburgh's WQED Failed to See Change in Public-TV Industry," *Wall Street Journal*, January 17.

Rose, M., and Hint, J. (2003). "Behind Media-Ownership Fight, an Old Power Straggle Rages," *Wall Street Journal*, October 15.

Rothenberg, R. (1995). *Where the Suckers Moon: The life and Death of an Advertising Campaign*. New York: Random House (Vintage).

Rublin, *L.* (1999). "Tuning Out," *Barron's, November* 8.

Rutherford, P. (1990). *When Television Was Young: Primetime Canada* 1952-1967. *Toronto*: University of Toronto.

Saddler, J. (1985). "Broadcast Takeovers Meet Less FCC Static, and Critics Are Upset," *Wall Street Journal*, June 11.

(1984). "Push to Deregulate Broadcasting Delights Industry. Angers Others," *Wall Street Journal*, April 16.

Saporito, B. (1990). "TV's Toughest Year Is Just a Preview," *Fortune*, 122 (13) (November 19).

Schatz, A., and Barnes, B. (2006). "To Blunt the Web's Impact, TV Tries Building Online Fences," *Wall Street Journal*, March 16.

Schechner, S. and Dana, R. (2009). "Local TV Stations Face a Fuzzy Future," *Wall Street Journal*, February 10.

Schmalensee, R. (1972). *The Economics of Advertising*. New York: North Holland Publishing Company (Elsevier).

Schmalensee, R., and Bojank, R. (1983). "The Impact of Scale and Media Mix on Advertising Agency Costs," *Journal of Business*, 56 (4) (October).

Sellers, P. (1988). "Lessons from TV's New Bosses," *Fortune*, 117 (6) (March 14).

Shames, L. (1989). "CBS Has Won the World Series... Now It Could Lose Its Shirt," *New York Times Magazine*, July 23.

Shapiro, E. (1997). "A Wave of Buyouts Has Radio Industry Beaming with Success," *Wall Street Journal*," September 18.

Sharkey, B. (1994). "The Secret Rules of Ratings," *New York Times*, August 28.

Sherman, S. P. (1985). "Are Media Mergers Smart Business?," *Fortune*, 111 (13).

Simon, C. (2000). "The Web Catches and Reshapes Radio," *New York Times*, January 16.

Simon, J. L. (1970). *Issues in the Economics of Advertising*. Urbana, IL: University of Illinois Press.

Smith, S. B. (1990). *In All His Glory: The Life of William S. Paley*. New York: Simon and Schuster.

Spence, A. M., and Owen, B. M. (1977). "Television Programming, Monopolistic Competition and Welfare," *Quarterly Journal of Economics*, 91.

Stelter, B. (2007). "A New Ratings System Stirs Up the Fall TV Season," *New York Times*, October 8.

Stelter，B.，and Stone，B (2010). “Success (and Some Growing Pains) at Hulu,” *New York Times*，April 1.

Taub，E. A. (2001). “New Format for Radio：All Digital,” *New York Times*，January 25.

“Television Ratings：The British Are Coming,” *Fortune*，111 (7) (April 1，1985).

“Television Turns 50,” *Broadcasting*，May 1，1989.

Telser，L. G. (1966). “Supply and Demand for Advertising Messages,” *American Economic Review*，56 (May).

The Economist (2010). Changing the Channel：Special Report on Television，April 29.

Tracey. M. (1998). *The Decline and Fall of Public Service Broadcasting*. New York and Oxford，UK：Oxford University Press.

Udelson，J. H. (1982). *The Great Television Race：A History of the American Television Industry，1925—1941* Tuscaloosa，AL：University of Alabama.

Weber，T. E. (1999). “Web Radio：No Antenna Required,” *Wall Street Journal*，July 28.

Weisman，J. (1987). “Public TV in Crisis,” *TV Guide* (31，32) (August 1，August 8).

Wirth，M. O.，and Allen，B. T. (1980). “Crossmedia Ownership，Regulatory Scrutiny，and Pricing Behavior,” *Journal of Economics and Business*，33 (1) (*fall*).

第8章 有线电视

你不能依据过去计划将来。

——埃德蒙·伯克（Edmund Burke），1971年

328 虽然这句话大约是200年前说的，对于快速成长的有线电视和其他新兴的视频类媒体（video-media）公司高管们来说，很可能也是一句有价值的口号。在这些公司中，管理层对于特许经营权、资金和用户，处于永无止境的争取中。本章将考察广播、有线电视和其他新媒体之间的历史和经济的关系。

8.1 在微弱的信号中诞生

20世纪40年代末，当时无线广播的技术奇迹还处在早期开发阶段，最初的共用天线电视（community-antenna television，CATV）系统，建在无线广播电视信号接收十分困难的山地或偏远农村等地区。有线电视确实是个非常符合逻辑的想法，据说，这一想法是由电视机零售商们为了销出更多的电视机而发展起来的：在附近的一座山顶上，安装性能良好的天线，经由有线再次传输，用户能接收到清晰的信号，新的电视家庭就会迅速增多。

然而，由于无线电视已经扩张占据了主导地位，直到20世纪60年代，有线电视在视频传播（video-communications）方面的业务仍然像一潭死水般地波澜不惊。事实上，从1948年到1963年，有线电视首次连接到100万用户，前后总共用了 329
15年。无线广播电视公司对来自有线电视的竞争，明显地采取了对抗策略，它们秘密地积极游说FCC，利用法规限制可以导入到大型市场中的远程信号的数量，还曾禁止（1970年）付费的有线电视系统播放10年内的电影，以及在之前的5年内

商业性的电视台已经播出过的体育赛事。

总之，有线电视及相关的卫星电视产业的历史可以分为三个重要阶段。第一阶段，从作为小城镇的有线电视传输服务的启动持续到1975年，这一年卫星首次在全美国范围内传输电视信号。第二阶段，从1975年到1996年，通常来说这一阶段监管更为宽松，服务还扩展到了大城市。第三阶段，从1996年的《电信法》(the Telecommunications Act）开始，这一阶段已经是整合、电视系统集群化并且采用数字传播技术的时期。[1]

付费服务的演变

虽然开拓者的构想很诱人，但是高昂且日益上升的利率无法吸引到投资所需的足够的资金，在20世纪70年代过高的"流失率"（即停止付费家庭/用户总数）也困扰着这个产业。不过，到了1975年，FCC对于有线电视远程信号输入和节目选择的限制开始放宽。向全美国观众提供有线节目的"超级电视台"如雨后春笋般地涌现。更为重要的是，时代公司——杂志出版业巨头——对电子传播产生了兴趣，建立了一个付费的电视影片发行机构，名字叫做家庭影院（Home Box Office)。[2]相比于通过电波传输的表面上"免费"为观众提供服务的商业广播电视，付费电视（Pay TV）服务需要订阅的家庭户每月为节目支付费用。

与基本型有线服务（basic cable，只是让无线广播进入到家庭的信号清晰而已）不同的优化型有线服务（premium pay cable）的出现，它本身并不具有革命性的意义。真正形成差别的是，付费电视服务是全美国第一次且同时通过地球轨道上的通信卫星转发器，给地方上获得特许权的运营商提供信号。这一技术进步可以同时给家庭户提供多个专门制作的电影和体育频道。因而，基本型的频道服务成为多系统运营商（multiple system operators，MSO）能够向观众提供的多个付费"层级"中的第一个。此外，多系统运营商还可能利用频道捆绑策略，通过按次付费（pay-per-view）来销售电影或体育活动，例如拳击比赛。经济学者业已证明，如果购买者对一项产品或服务的价值判断差别很大，而对于打包的产品或服务的价值判断比较相似的时候，捆绑定价策略就可以增强盈利能力。[3]

330 虽然在那个时候，在很大程度上没有认识到这一点（这是由于HBO在承担着沉重的启动费用以及亏损），然而，结果不仅出现了一个新的大型全国性电视网，而且首次严重地威胁到了电影行业对发行的强势控制以及对产品的定价权。等到电影娱乐公司完全明白发生了什么事，以及四大制作发行公司创办命运多舛的付费有线频道Premiere的时候，五年过去了。[4]

那个时候，付费服务的多样化已经很不错了，到20世纪70年代后期，出现了数家大型的全国性的电影，以及专门提供娱乐的频道，与HBO进行竞争。其中最重要的是时代秀，还有华纳—阿梅克斯出资的电影频道（The Movie Channel)。[5]时代秀为提词器公司（Teleprompter）和维亚康姆所有。当然，同时也至少出现了50个迎合不同的观众群体的有线服务频道。[6]

然而，新的有线电视家庭对于接收到更多的收费频道的渴望误导了许多的多系统运营商，对于当时还未建立的、在20世纪70年代末80年代初才提议的大城市的特许经营权，进行了过分狂热的投标。结果，数家多系统运营商由于财政捉襟见肘，之后不得不违背自己的承诺，因为建设和运营成本猛增，远远超出了可能的"合理的预期回报"。

此外，尽管行业的增长非常巨大，但在此期间，由于收入和其他来源不足以弥补经营开支，包括节目的制作及收购、向系统运营商和消费者的推销，以及租用卫星时间的成本，许多有线电视服务在继续承受着巨大的亏损。[7]

1984年《有线通信政策法案》的通过解除了对有线服务定价权的管制（1987年），成为这个产业拥有政治和经济权力的时代正在到来的标志（见图8—1)。[8]到20世纪80年代中期，一半以上的电视家庭至少订阅了最起码的基本服务，在美国和加拿大，有线电视已经成为主流性的多频道节目传输系统（见图8—2)。到2003年，有线电视的观众份额首次超过了大型广播电视联播网的观众总和。

目前，有线电视收视超过了美国总收视户数的35%，分布着200多个有线电视网络（见表8—1)，在受众兴趣方面，大多数有线电视旨在捕获特定的（亦即长尾的）利基市场。然而，即使存在

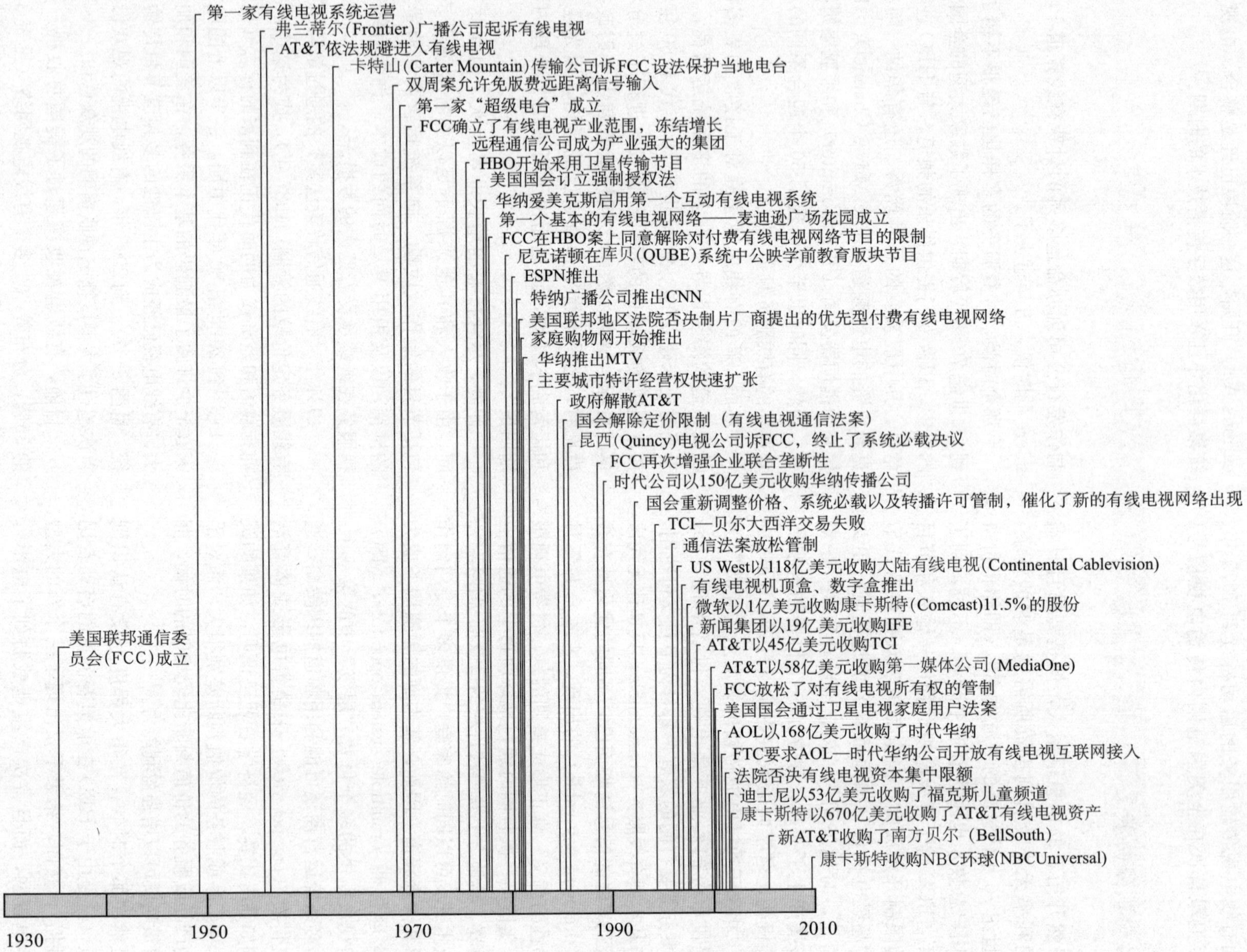

图8—1　1930—2010年有线电视产业发展大事记。

这样的利基网络的多样化，无论是通过有线电视，还是通过无线广播电视网传输，电视的节目工作很可能会继续保持在主要迎合大多数观众的口味喜好上：自 20 世纪 90 年代初以来，十大有线频道，加上五大无线广播电视网，在黄金时段的观众份额仍相当稳定地保持在 90%左右。

未来视频信号压缩方法的发展与整合，伴随着光纤与同轴混合网络结构（HFC）和互联网协议（IP）技术的发展，预计可以让有线电视业在新兴的数字通信市场中更为积极地参与竞争。与此同时，有线电视的节目服务，会继续从一般观众向特定的观众转移。

332

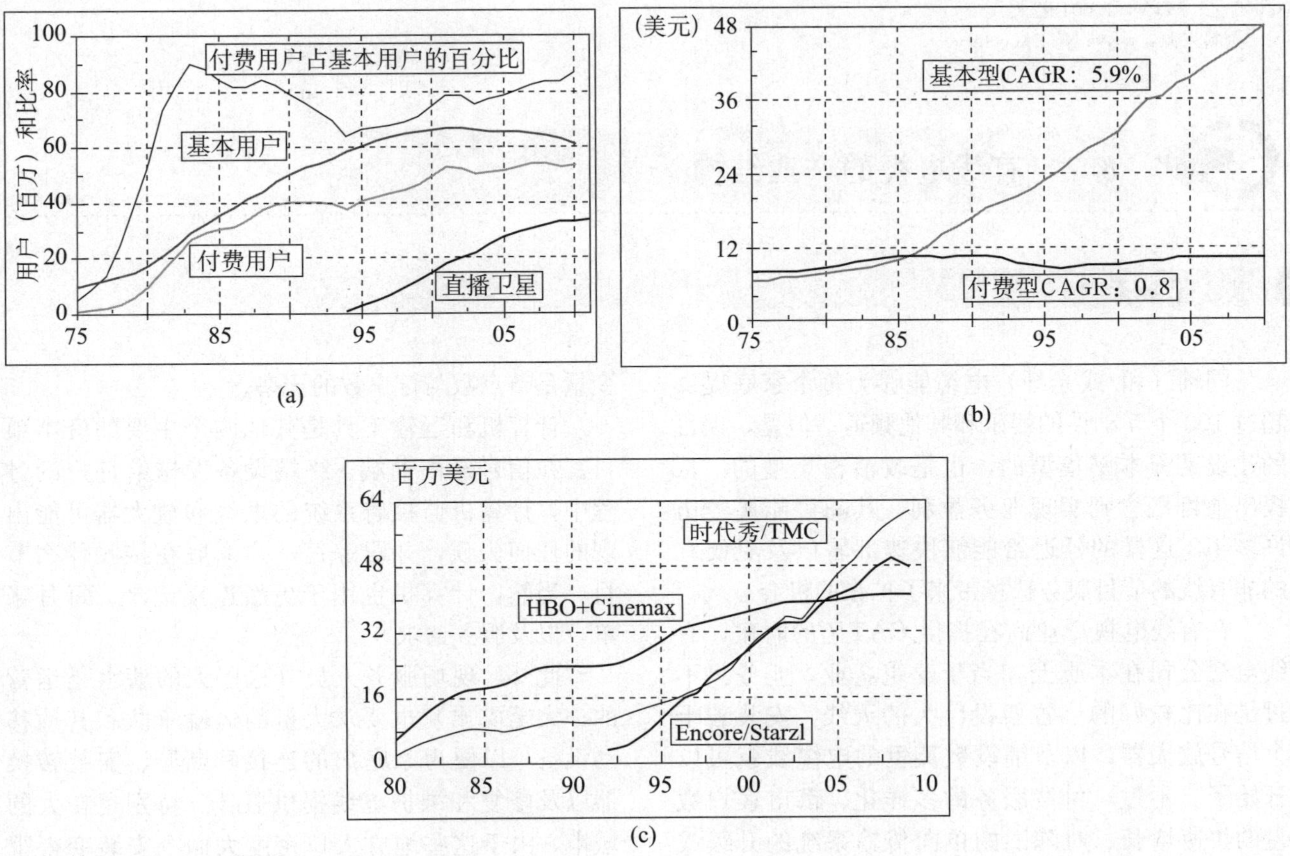

图 8—2 有线电视产业的趋势。(a) 1975—2011 年基本用户、付费订户以及直播卫星订户数。(b) 1975—2010 年每月有线电视基本用户和付费有线服务复合年均增长率的估计值。(c) 1980—2009 年，付费频道服务订阅者的收视情况。

资料来源：Broadband cable Financial Databook，2011.

表 8—1　　10 大有线电视网络[a]，2009 年 333

排位[c]	有线电视	开始日期	订阅（百万）
1	TBS	1976 年 12 月	101.9
2	天气频道	1982 年 5 月	101.7
3	发现频道	1985 年 6 月	101.5
4	尼克诺顿	1984 年 2 月	101.4
5	美国网络	1980 年 4 月	101.2
6	TNT（Turner Net. TV）	1988 年 10 月	101.1
7[b]	CNN	1980 年 6 月	101.0
7[b]	食物网络	1993 年 11 月	101.0

续前表

排位[c]	有线电视	开始日期	订阅（百万）
9[b]	HGTV	1994年12月	100.9
9[b]	生活时光电视（Lifetime）	1977年4月	100.9

[a] 订阅数并不代表实际的观众收视数，而是本书探讨的能够接收到网络的用户数量。

[b] 层级。

[c] 排在生活时光电视之后的包括：TLC有1.009亿；Spike电视，1.008亿；ESPN，1.007亿；卡通频道，1.006亿；迪士尼频道，1.005亿；MTV，1.004亿。

资料来源：www.NCTA.com.

8.2 有线电视的产业结构

运营层面

同轴（和/或光纤）电缆能够为每个家庭提供超过100个互动性的娱乐和其他频道。但是，项目的建设是资本密集型的，也是政治密集型的，从提出项目概念到实现业务盈利，其间可能要经历许多年。这样的延迟给能够快速部署以及更便宜的非有线的节目服务选择带来了扩张的机会。

在有线电视产业尚在提供CATV的时候，有线电视公司在本质上相当于建筑企业，业务只不过是在比较好的位置架设巨大的天线，安装若干个信号放大器，以及铺设数英里的电缆线就可以开始了。不过，付费服务的多样化、都市客户数量的快速增长、对陈旧的单向传输系统的升级或重建的需求，以及对订户的可寻址能力的要求，显著提升了设备的复杂性，以及有效运作所必需的资本投入量的规模。[9]

2000年，超过一半的美国有线电视订户所接
334 收的服务，是750 MHz带宽容量（比较而言，旧系统的带宽不到300MHz）。现在，最新的光纤系统通常有1 000 MHz（1 GHz）的带宽，可以传输超过150个频道。

在用光纤到路边（fiber-to-the-curb）来替代同轴反馈线和主干线的过程中，多系统运营商也一直在改变系统的架构，从树状结构转变为光纤同轴混合结构（hybrid fiber-coax，HFC），后一种方式将信号发送到邻近的中心（节点）。这些节点可以服务于数百个家庭，提供上游路径用于节目的交互式使用。[10]光纤同轴混合结构中的关键经济变量是节点数与订户数的比率。

计算机和运输工具是其他两个主要的资本项目。在信号经由前端—终端设备发送给订户的过程中，计算机监控着系统的电线和放大器可能出现的任何失误，并跟踪每一户家庭在接收什么节目。当然，计算机也用于更新连接记录、每月账单，以及服务请求。

此外，现场服务人员（这些人的薪水是运营的一大笔支出）也要求大量的运输车队和其他移动设备，以便为家庭户的连接和断开、安装转换器以及修复和维护电线提供服务。特别是在大的城市，由于这些地方人口密度大而令安装变得很复杂，还需要建造地下管道（而不是租用电话线杆，在乡村地区就是这么做的），维护、消费者服务和信号的盗用等方面的问题，可能也很多，这些都会显著降低系统的潜在利润。

表8—2显示了美国有线电视系统的用户规模和频道容量的明细，而图8—3说明了有线电视系统的所有权的集中化趋势。这种所有权的巩固，令最大的多系统运营商，能够更有效地利用财务杠杆，来抵消对流行有线节目网的坚挺的价格需求（根据每个订户的月费），同时也能更有力地反击来自直接入户的数字卫星和电话公司的服务提供商的挑战。

这很重要，因为总的来说，典型的、系统的、最大的成本项目就是节目制作与播送，这往往会占到所有成本的大约三分之一。人力成本（工资）

是第二大项目，合计约占到总运营预算的 18%（见表 8—3）。然而，由于数字电话和其他互联网服务的发展，上述收入和成本项目的构成，与 21 世纪初相比，可能会发生巨大的变化。

表 8—2　　美国有线电视系统的估计用户数量和渠道容量，2009 年

	系统	占总数的百分比	订阅户（百万）	占总数的百分比
订阅户规模				
50 000 及以上	241	4.0	49.3	74.9
20 000—49 999	235	3.9	7.3	11.0
10 000—19 999	258	4.2	3.5	5.4
5 000—9 999	332	5.4	2.3	3.5
4 999 及以下	5 032	82.5	3.4	5.2
总计	7 926	100.0[a]	65.8	100.0[a]
频道容量				
125 及以上	74	1.2	1.4	2.1
91～124	129	2.1	5.2	7.9
54～90	1 186	19.4	13.2	20.1
53 及以下[b]	4 712	77.2	45.9	69.8
总计	6 101	100.0[a]	65.8	100.0[a]

[a] 由于四舍五入，计的是总量而非精确的统计数字。

[b] 包括不可得的数据。

资料来源：Television & Cable Factbook，No. 77. Washington，DC：Warren Publishing Inc.，2009.

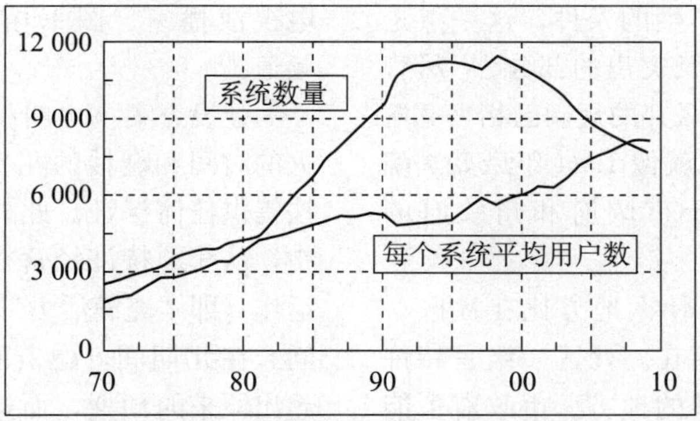

图 8—3　有线电视系统的集中趋势，1970—2009 年。

表 8—3　　有线网络和其他节目传输服务：选择的是 2008 年运营收入和支出数据[a] 335

项目	总量（百万美元）	占总量的百分比[c]
总的运营收入[b]	115 184	
无线时间（广告）	4 338	3.8
互联网接入服务	18 361	15.9
基本的节目服务	51 022	44.3
高级有线电视节目包	13 411	11.6
计次付费服务	3 951	3.4
设备销售和租赁	4 338	3.8
互联网电话	5 448	4.7
电话（本地的和长途的）	2 846	2.5
其他全部	10 367	9.0
		100.0
总的运营费用	95 426	

续前表

项目	总量（百万美元）	占总量的百分比[c]
年度工资总额	14 413	15.1
雇主的福利成本	3 565	3.7
广告和宣传服务	3 541	3.7
节目和产品成本	29 809	31.2
折旧和摊销	19 049	20.0
其他	17 311	18.1

[a] 基于北美产业分类系统。

[b] 包括其他未单独列出的款项。

[c] 由于四舍五入，合计的是总额而非准确的数据统计。

资料来源：U. S. Bureau of the Census，2008 Annual Survey of Communication Services，Table 3. 6. 5.

特许经营层面

有线电视系统，由于自身的性质，其运作方式比较接近经济学者所定义的自然垄断：在一个市场上，其空间只能容纳一家公司实现规模经济（随着规模的增大，平均成本在不断下降）。它们也会将传输服务与其他节目服务进行捆绑提供。因此毫不奇怪，政府规制更多的是一个政治过程，而不是去有效地矫正垄断产生的条件，这一点是
336 有线产业经济格局的一个非常突出的部分。[11]尽管自20世纪70年代初以来，联邦的规制已相当宽松了，FCC还是保留了权力（就像1984年最高法院的裁定那样），甚至优先于市政府和州政府的控制。[12]

然而，在历史上，没有什么地方比在社区一级更能观察到规制特征的存在。社区一级是特许经营权的起源地和实施管理的地方。市政府可能征收系统收入的5%（通常以3%为基数），并且会通过协商，对于地方性的垄断强烈要求其他的特殊回报。[13]此外，直到最近，市政当局还控制了基 337
本服务费率的增长。[14]

另外，成功竞标特许经营权之后，还要进行建设。典型的特许经营期是15年，有线电视公司必须仔细地预测潜在的收入和运营成本。特许经营权的投标方还会经常向社区承诺，为社区配备电视演播室、图书馆，以及“免费”接入本地频道。[15]

建设方案（也叫征询方案）很明显地涉及巨大的时间和金钱的花费，而对于竞标的成功则无法提供任何保证。此外，在竞标取得成功的项目中，从获颁特许经营权的时间到新系统全面投入运作（即“充满活力”）及产生利润，会有几年时间。在此期间，融资和建设费用可能大幅上升，超出原来的预期，而这块市场大蛋糕的精华，很可能被其他可以更迅速地实施的技术所掠取（详见第8.4节）。

收入层面

以在全美国进行传输基础上推出的付费有线服务，对于推动产业进行高速增长的轨道是十分重要的，有线电视产业确实依赖订阅收入，大约占到总收入的70%（30%来自广告）。基本服务频道（例如CNN和MTV）的收入来自商业广告，以及有线服务商根据可到达家庭户的数量而支付的固定的月费。然而，优化型的服务则极少播出广告或者没有广告，而是向订户另外收取每个频道的月费，或按次收费（pay-per-view）。

无线广播电视的盈利模式，或者说作为一个大众媒体的联播网的收入可能接近于，比如说，每1 000名观众每15分钟是10美元。与此形成鲜明对比的是，一个优化型的有线网络，观众规模更小，盈利能力却更强，每个订户每月的收入流仅为5美元（亦即每1 000订户收取5 000美元）。假设有线电视网络的节目成本占收入的65%左右，

由于比无线广播电视运营商所需要的受众数量更少，在经济上也是可行的。[16]当然，消费者愿意以这样的价格继续订阅优化型服务，最终依赖于所提供的节目的数量和质量。

可以肯定的是，多系统运营商完全有能力制作满足本地兴趣的低预算节目。但总的来说，这不是付费的客户希望看到的节目。对于多系统运营商来说，从 HBO 和时代秀这样的批发商手中购买播放电影的权利，或者与其他多系统运营商联合起来获得特殊兴趣的节目，要便利得多。这样，对于电影和体育节目，无需让每一个多系统运营商低效率地与很多的好莱坞工作室就每一部电影，或者与各个联盟就每一个赛季的比赛转播进行洽谈。因此，在多系统运营商中的有线网络及其对应的传输方，就构成了现代有线电视产业中已经形成的两大支柱。

不过，对于提供以电影娱乐为主的优化型节目的批发商（例如 HBO 和时代秀）而言，一边是多系统运营商，另一边是节目提供商，其间的关系是复杂的。由于在正常情况下一个频道每年至少需要 500 部影片（HBO 是 1 000 部）才能填满它的时间表，批发商将承诺在三至五年的期限内投入成百上千万美元，提前支付给工作室，以获得（有时候是排他性地）该片商的一定数量的或全部的版权。

这种安排为工作室的制片提供了坚实的资金基础，同时确保批发商能够留住他们的直接客户的忠诚，让多系统运营商的节目时间表正常运转。不过，与工作室协商而成的许可费通常会根据这些一揽子协议中的电影票房的表现进行调整。例如，整批的新影片可能平均收购成本为每部影片每单个频道的订户不到 20 美分，当然，也可能基于所包含影片的受欢迎程度以及排他性安排的情况而更高一些。

338 反过来，多系统运营商从优化型批发商手里进行购买也要遵守费率牌价（ratio card）。这一牌价设定了每月每订户的最低标准，也确定了一定范围的浮动的附加费，这一附加费被批发商用做一种刺激手段，促使多系统运营商尽可能与更多的订户签约。

以下是一个代表性的在大量折扣之前的费率牌价，它可以显著降低多系统运营商的总成本，如下所示：

> 如果一个系统收费每月超过 12.00 美元，批发商会收取 6.25 美元加上超过 12.00 美元的部分的 50%；如果系统收费为 11～12 美元，批发商收取 6.5 美元。那些低于这个规模的，系统每降低 1 美元，批发商降低 0.25 美元。系统收取不足 6.5 美元，则批发商收取 5 美元的底价。

因而，批发商正常收取的费用略高于零售商（多系统运营商）向订阅户收取的付费频道服务的平均费用。那么，平均而言，批发商收取的大约一半（或零售价格的 25%左右）付给节目供应商，它们是电影工作室或其他制作和/或发行实体。[17]

幸运的是，对基本的网络之间的收入分成关系的描述可以很简单。在多系统运营商和这些网络之间的关系的安排的具体类型因情况而异，相差很大。常见的是，每一个多系统运营商向有线网络提供的节目补偿的基础至少是 5 美分或 10 美分，有时候，比如 ESPN 或地区性体育网络，每月每个订户的补偿远远超过 1 美元。[18]因而，基本网络目前总体上获得至少一半的多系统运营商收取的费用，而不到一半的收入来自全国或地区性的广告销售（平均 40%左右）。[19]但是，就如图 8—2（b）所示的一样，在基本服务的价格上升的时候，有线电视观众究竟能容忍多少广告，这仍然是一个悬而未决的问题。[20]

在图 8—4 中，对有线服务广告支出和联播网电视广告支出的增长做了比较，2009 年，联播网电视广告支出每月约 160 亿美元，全国性和地方性广告支出分别约 110 亿美元和 140 亿美元。可以推断，随着无线电视广播网络的观众增长趋缓（如果有的话），以及有线电视观众的人口及其收入水平的提高，商业赞助的有线电视节目对广告商的吸引力确实已经变得越来越大。

因此，与通过空中传播的无线广播电视不同，有线电视节目可以直接从观众、广告主、有线电视运营商，或者这三种来源的结合中，直接获得财政支持。而且，就像与无线广播电视网比较的那样，大多数有线电视网络也不是背负着加盟关系、节目开发和新闻部门的成本。

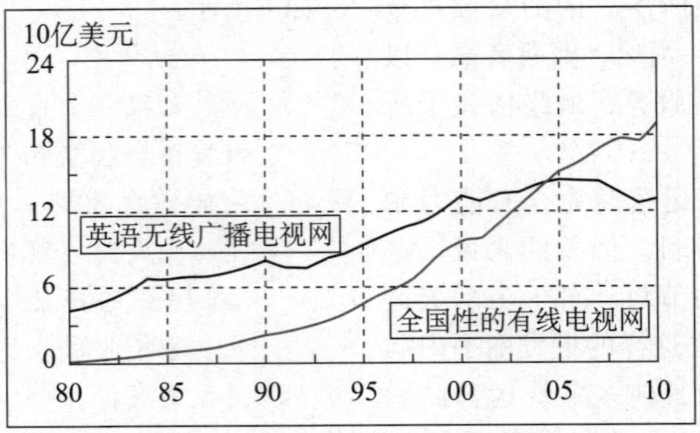

图 8—4　1980—2010 年有线网络的广告收入。

资料来源：Magna Global.

339 所有这一切都让有线网络成为娱乐产业领域中最可靠和最赚钱的部门。这样的网络（ESPN，Nickelodeon，TNT，USA，MTV，CNN），在 21 世纪初期年收入的增长率超过 10%，从多系统运营商获得的每月许可费的收入平均占比 54%左右（广告收入占 42%），毫不困难地、稳定地以现金流产生的平均利润率至少达 35%。有线网因此成为所有大型媒体集团的利润中心。其风险在于，过分的市场区隔，通常会使它们保持对未来的附属费用价格的上升变得更为困难。[21]

显然，在 20 世纪 90 年代早期，有线电视行业的总营收就超过 220 亿美元，运营现金流超过 70 亿美元，已经在很多方面达到并超过了商业无线广播电视行业的财务表现。

8.3　有线电视的财务特性

资金面

有线电视行业由于要升级旧系统和建造新系统［用行业的术语来说是“新建造”（new builds）］而产生的对资金的巨大渴求，导致所有权集中到了数量更少但经济上更强大的实体。就如从表 8—4 中可以看到的数据，现在公众持有的大型公司控制了最大的用户群。

由于系统扩张的资金成本已经如此之高，直到 20 世纪 80 年代末，在利息开支扣除后，产业才开始出现真正的营业利润。然而，正如在无线广播电视行业中一样，对于有线电视公司的财务业绩的更相关的（传统的）测量，不是营业利润，而是营业现金流（operating cash flows），定义为税、息、折旧和摊销费用之前的利润（EBITDA）。也 340
像在无线行业一样，这一对现金流的定义，通常用于避免就不同的财务和税收标准进行比较而可能出现的扭曲（然而，最近几年来，原初的 EBITDA 计量不再受人欢迎，许多分析师现在宁愿得出一个估计值，而这估计值更接近实际的自由现金流，亦即可用于建设新系统之外的目的的现金）。

表 8—4　2010 年五大多系统有线电视运营商和其他顶级视频节目分销商，数据以百万计

排位	系统运营者	订户数量	通过有线电视接入的家庭
有线			
1	康卡斯特公司	23.5	42.0

续前表

排位	系统运营者	订户数量	通过有线电视接入的家庭
2	时代华纳有线	12.8	26.0
3	考克斯通信	5.1	9.4
4	查特（Charter）通信公司	4.8	12.5
5	有线电视系统	3.1	4.8
其他			
1	直接电视	18.7	
2	碟（Dish）网络公司	14.3	
3	威讯（Verizon）通信公司	3.0	
4	AT&T	2.3	

资料来源：www. NCTA. com.

有线电视的运营利润率，即计算营业现金流占收入的百分比，也为比较不同的运营系统提供了一个简便的方法。经济实力最雄厚的公司，这样的利润率通常会处于35％～50％的范围之内。[22]

不过，出于诸多分析目的，了解一个系统的盈利能力和现金流量的潜力的最便捷的方式，是使用人口密度和渗透率的数据。在一个系统的运行成本中，大部分是固定的，独立于订户数量，在某些情况下，无论在线路上有一个用户还是有上万个用户，每英里的建设成本可能基本上是相同的。[23]“接入”费（把一个家庭户联结到有线系统主干线上的成本）和安装转换器（用于令普通电视调谐器显示出更多的信号）是唯一与订户密度有关的主要变量。[24]

用一个简单例子来说明，假如：

建造一个1 000英里的新系统，平均每英里15 000美元，总共1 500万美元；

基本型及优化型两种情况下每月收取的服务费都是10美元；

沿着1 000英里的线路有10 000户，渗透率是50％，优化型与基本型订户的比率是50％；

341 有线系统的营业利润率为40％；

那么，来自于基本服务的年收入将是600 000美元（10美元/订户/月×12个月×5 000户），优化型的计费服务收入是30万美元，总收入是90万美元。应用40％的营业利润率，获得的利润是360 000美元，年度总资本回报率是2.4％（360/15 000），这是在折旧前、利息和税金之前的账目。

在这个例子中，资本回报率（return on capital，ROC）的不足似乎令人吃惊，其原因有两个。首先，沿线每英里安置的家庭数量（即密度）太低，这样的密度不足以支持建设一个新系统。上述例子中的密度是10，也就是每英里只有10家，而与此相对照的是，在美国的所有系统中，每英里平均有约80家。如果所有其他的情况都相同，而这个假设的系统中每英里包含的户数达到美国的平均水平的话，资本回报率将是19.2％（同样，在大多数情况下，股票投资者的回报将明显比这个例子中的要高，因为建立新系统所需的大部分资本是要靠借贷的）。

此外，在一个现代的有线系统中，计费型订户与基本型用户的比率几乎肯定会超过50％。而任何增量的计费收入（更高的普及率水平也是如此）都将显著地提高回报；一旦一个系统已经到位，在基本服务之外，增加订户或层级的成本是微不足道的。

将每个用户所需要的总投资，与系统从长期来看永续运营所需要的最低的月费联系起来，揭示了这个产业有趣的另一面。举个例子，假设一个可接触54个频道的系统于1995年开始建设，典型地，在这个产业中，用于每个订户的投资额估计可能在1 300美元左右，70％用于固定投资，比如说管线、前端①、演播室和其他设备，30％用于

① 有线电视系统的中央控制地，在这里从卫星和其他节目源接收视频信号，将其转换成相应的电视频道，同时将本地制作的电视节目结合进去，然后再向当地的有线电视HFC网络发送出去。——译者注

可变投资，如接入和转换器（机顶盒）。如果年利率为10%左右，而系统一般在15年特许专营期内，平均每年折旧率为6%，那么，仅仅是收回利息和折旧费，每个用户家庭平均每月的租费，最低需要交纳17.33美元［（0.10＋0.06）×1 300美元/12］。

对有线电视公司而言，资本杠杆为EBITDA的6～7倍极为常见，有时还包括未列入资产负债表的额外的债务，后者与为了特殊目的的实体捆绑在一起。因此，到21世纪初，有线行业的借贷总额已经增长到了大约800亿美元，这意味着按每个订户计的平均债务约为1 250美元，以及大约950美元（按每个订户计）的股权。新建造的系统，每个订户分摊的成本至少是1 100美元，所以很容易看到，数十亿美元的资金要来自银行贷款、发行股票和债券，以及有限的合作伙伴，以维护、升级和扩展有线系统，采用新的光纤和数字交换技术。近期产业运行的数据可见表8—5。

342 **表8—5　有线电视系统（视频订阅服务）经营者的经营产业表现：2005—2009年13家公司的综合统计**

	收入	运营收益	运营利润[a]	资产	运营现金流
CAGR（%）[b]	7.8	11.7	2.9	NM[c]	NM[c]

[a] 平均利润率，2005—2009年＝20.7%。
[b] 复合年均增长率。
[c] 无意义。

会计惯例

在有线电视公司的生命周期内，有三个不同的阶段。首先是1979年3月，美国注册会计师协会（AICPA）发布了意见书，然后是1981年美国财务会计准则委员会（FASB）发表了51号声明，发展和编纂出了特定的会计处理方法。三个不同阶段如下：

（1）导入期（Start-up）：从建设启动到第一个订户接收服务之间的阶段。

（2）成长期（Prematurity）：通常不到两年系统即建设完成；它是第一个订户激活系统到系统成熟之间的阶段。

（3）成熟期（Maturity）：系统成熟了。

在美国注册会计师协会意见书出现之前，一般来说，主要的有线系统专营商会将导入期的全部费用资本化。但根据美国财务会计准则委员会51号声明，通常只有在第一阶段，才将建设、劳动、利息以及其他启动费用资本化。实际上，在系统成长期，要承担大量的成本，而建设费用收入的自然增长不如财务会计准则委员会51号声明实施之前那么高。具体解释如下。

（1）第二阶段，尽管管线等成本可能会继续进行资本化，但多数与用户相关的营业费用，并没有资本化。整个系统的成本，比如说地方性节目的编排与制作、线杆租金、资产税等等，可能部分资本化，部分费用化，其数量根据当前订户数与期望中的成长期最后订户数之间的比值而定。这个公式也可用于折旧及摊销，折旧和摊销必须是在同一期间，且不长于专营权的有效期限。

（2）此外，在成长期，利息成本的资本化金额是按照美国财务会计准则委员会34号声明而确 343
定的，这一准则表明，利息费用资本化的数额，不得超过在此期间系统产生的利息成本的总金额。

（3）当然，在系统使用期间，订户的最初安装成本也会被资本化和计算折旧。同样地，成功获得特许经营权的成本的资本化和摊销，主要根据的是无形资产的标准，就像美国会计原则委员会（APB）17号意见书中描述的那样。

（4）除了安装费，来自订户的每月收入是作为营业收入而记录下来的，而安装费用只有在累积到能够抵消直接销售成本的程度上才可以作为收入记录。如果安装费超过营销成本，其差额可以资本化，并作为订户呈活跃状态的阶段的收入记录下来。

在这些指导意见中，区分营业现金流（operating cash flow，等同于EBITDA）和运营活动的现金流（cash flow from operations）是很重要的，后者出现在提交给监管者的现金流量表上。对于发生的部分或全部实付费用，包括争取客户、工程车辆的部署、购买机顶盒等进行资本化，这些非常重要的 EBITDA 数字，用于投资比较的目的，可能不会受到太大的影响，但是，资产负债表上的现金仍然会被耗尽，如果到了耗尽的程度，融资风险就上升了。[25]

此外，会计处理的差异，有时可能会扭曲使用 EBITDA 在不同公司之间进行的比较，比如针对广告收入认定、用户数量计算、有线电视网络摊销分期等领域，计算的结果会有差异。[26]现在，随着有线电视产业对收益产生单位（RGUs，revenue generating units）、客户关系、资本性支出的财务定义已经标准化（例如，2003 年），这些扭曲不太可能发生了。[27]

应进一步指出的是，正在被洽购的有线电视系统，由购买方支付的超过账面价值或者公平价格的部分，现在的摊销期限是 15 年。直到 1993 年美国税务章程第 197 节修改之前，这类商誉（支付价格超出账面价值部分）是否摊销，以及无形的特许经营权是否减税，还是不确定的。[28]

8.4　未来发展方向

按次计费

如果不是由于 20 世纪 70 年代开始引入付费电影和体育频道，有线电视产业的规模将比现在小得多。不过很清楚，随着光纤替代同轴电缆，以及高清图像技术的导入，下一步蓬勃发展的将是
344 按次计费（pay-per-view，PPV）服务。20 世纪 80 年代的大部分时间内，平均大约有不到 15%的有线转换器能够从一个有线系统的前端直接寻址。通过订阅的付费频道而不是特定的节目产品，是把付费信号发送到家庭的唯一实用的技术手段。

不过，随着可寻址的家庭数量的快速增长，以及计算能力成本的下降，这种按次计费服务正在成为有线产业收入的重要来源。像视频点播产品，包括订阅的视频点播产品，即在特定的时间内，按单一费率提供多元订阅服务，它们是否最终蚕食更为传统的收费频道的服务（也会对 DVD 的租售形成负面影响），仍然是一个悬而未决的问题。[29]但是随着绝大多数的有线电视系统使用数字的而非模拟的传输协议，视频点播服务已经成为按次计费服务的主要方式。

尽管如此，按次计费/视频点播仍有可能是有线电视运营商的一个非常有利可图的服务，即便多系统运营商的收入中，也有一半或超过一半要转拨给节目的原创者或经销商，这可以从下面这个简单的例子中看出来。假如：

> 总体是 2 500 万个可寻址的家庭户；
> 响应率（购买）是 4%，即 100 万家庭户；
> 按次计费的价格是 10 美元；
> 电影公司或其他节目供应商保留观众按次计费价格的 40%；
> 节目批发商/分销商保留 10%来作为营销及分销成本，而多系统运营商保留的是 50%；
> 那么，节目供应商将一个晚上获得 400 万美元的收入，多系统运营商获得 500 万美元的收入。[30]

在这个假设的情况下，与通过付费频道的特许经营或通过影院展演相比，电影公司的获利更为可观。对于有线电视公司来说，如果订户一个月使用不止一种按次计费的服务，或者如果响应率高于 4%，则更具有大幅提高盈利的潜力。[31]

有线电视的竞争者

有线电视一直是，而且将长期持续成为无线广播电视系统传输的主要替代方式。事实上，在

与广播电视相关的所有媒体中，有线电视的巨大优势就是，它不受电磁频谱可用性的限制。此外，有线电视运营商很长一段时间以来一直能够抵御价格竞争，维持了它作为节目把关人的作用。因为直到最近为止，用客厅中的电视机来下载完整的电影和传播互联网上的节目仍然相当地昂贵而且困难。

345 然而现在，互联网流媒体和/或下载完整的电影和流行的电视节目，从技术上说正变得越来越划算，订户似乎对放弃订阅的兴趣越来越上升。[32]节目发行的新竞争对手已经包括了苹果、谷歌、亚马逊、Netflix和葫芦等公司在内。有线电视也持续遭遇到垂直的由字母组成的一组竞争对手（或潜在竞争对手）的名副其实的挑战，包括MMDS（多频多点信号传输）、SMATV（卫星主电线电视）、DBS（直播卫星）以及一些较小的变种。其中，采用数字技术的DBS历来是最重要的挑战。

DBS/DTH DBS（直播卫星，direct broadcast satellites）可以把付费的和基本型的频道信号直接发送到观众所拥有或所租用的小的碟形天线中，因此就可以绕过对有线系统的信号传输服务的需求。随着技术的进步，卫星直播系统已经发展到了直接入户式（direct-to-home）的数字化服务，相比于其他视频发行系统，这种服务具有更经济的优势，因为订户数量的增加不会迅速增加传输成本。直接入户系统也不会增加地方对价格、服务，或支付特许经营费的规制带来的负担。在美国和其他地方，直接入户已经成为有线电视系统重要的竞争对手。[33]美国卫星直播用户数量的增长已经显示在图8—2（a）中。

MMDS/LMDS 多频多点信号传输（Multi-channel multipoint distribution of signals，MMDS），有时也叫本地多点信号传输（local multipoint distribution of signals，LMDS），通过微波传输，具有一个巨大的优势，那就是无需挖开街道，无需租用电线杆。用于这种“无线的有线”（wireless cable）系统的视距调幅信号，可以通过特殊的天线发送给当地的公寓或办公楼群。[34]

SMATV 卫星主电线电视（satellite master antenna television，SMATV）是前述概念的一种扩展，其中社区主天线实际上是一个接收信号的“碟”，能将付费频道信号从卫星转发器中抽取出来并发送到当地的家庭和附近的公寓之中。在人口稠密的居民区，卫星主天线电视经常可以规避伴随着有线电视的专营权招标的大量的且昂贵的政治活动，在有线电视系统建成之前，获取大量利润。

STV 在美国，订阅电视（subscription television，STV）采用品质不佳的特高频（UHF）无线广播电视信号，是有线电视的早期竞争者。不过从长期来看，在节目和视觉效果上它无法与有线电视并驾齐驱。[35]

346

电信公司

电信行业和有线电视业长期以来一直都是敌对关系，技术进步过程中出现的数字信号处理和发送，似乎更加剧了它们的竞争。计算能力越来越强，成本又在不断下降，使得采用同样的电子或光学管道发送数据、声音和视频信号，在经济上越来越可行，从而让这两个行业之间的技术甚至企业战略差别正在变得模糊不清。

在监管领域内出现了一些诸如1996年电信法案的变化之后，虽然差别仍然存在明显存在，但随之而来的自然就是两大产业的汇流（例如，1999年AT&T收购了TCI，以及2002年AT&T收购康卡斯特的有线电视资产）。举例来说，有线电视系统架构，最初设计的是用于单向传输，从一个点（前端）发送到其他已经指定的点。然而，IP电话的问世，通过数字电缆调制解调器运作，已经让有线电视公司可以与传统的电话交换线路系统进行竞争。[36]

有线电视公司拥有传递视听内容的专业知识和获取节目的完善的协议管道，而电信公司则是刚刚才有。结果则是，有线电视公司现在超过一半的总收入，来自于数字互联网和电话服务，它们所建立的电视和电影业务正在变成一项副业。

毕竟，在节目传输方面，支付给媒介公司的费用继续上涨，占到利润的 35%～40%；在宽带方面，占到利润的 90%。从另一面来看，电信公司在无线/移动传输服务中也有相对优势，同时来自内容传输的收入已经是总收入中增长率很高的部分。[37]

电信公司和有线公司由此而变成了羽翼渐丰的多渠道视频节目发行商（MVPDs），它们传统上负责宽带，但是为传输内容而额外收费的能力渐渐被来自新的装置和服务平台（包括亚马逊、苹果、Xbox 和 Netflix）所侵蚀。[38]

既然建设全国性无线/手机传输能力的成本抑制了有线公司的进入，因为这是电信公司的核心优势，因此毫不奇怪，双方开始交换频谱资源、营销和许可协议。结果，电信—有线合资企业可以向消费者提供一揽子“四打”服务：电视、手机移动终端、互联网和电话服务。[39]

就像图 3—10 中展示的（主要以电影发行商为中心视角来看），有线电视、电信、互联网和内容提供商之间的关系正变得越来越复杂。[40]

8.5　有线系统的资产评估

虽然有线系统的转让价格通常按照每个订户的价格进行衡量（2000 年顶峰时价格是每户 5 000 美元左右，后来跌了 50%），但这一测量方法可能会有误导作用。基于每个订户的价格均值进行比较时，应该把如下这些因素考虑在内：

> 长期利润率——它会影响到项目的现金流、建设成本，也许还有消费者购买额外付费服务的意愿。
>
> 347 新家庭户形成的预期以及人口与收入组合——取决于系统的位置。
>
> 特许经营协议——可能有许多不同的条款。
>
> 有线信号的质量和数量——影响到消费者购买电视节目的意愿。
>
> 系统的物理设备条件——其中包括尚未建成的线路长度、目前频道的容量和以前的保养及维修政策。
>
> 政府监管变化的前景——特别是与订户有关的定价政策。[41]
>
> 从技术的不断发展中出现的潜在的新竞争者的可能性——新的竞争者会让用户增长缓慢，并且会削弱定价权。

一个有线系统的潜在买家会对所有这些因素做出权衡，并根据系统的 EBITDA 以及资产基础的适当倍数做出估值决定。这种私募市场的倍数范围，通常介于规划用于次年的现金流的 8～15 倍之间（见表 8—6）。通过与类似的最近交易的系统的现金流倍数做比较，以及与根据已投入的大量资金对生成潜在的新收入流——经济增加值（economic value added，EVA）——的估计做比较，倍数会更加精确。在这种 EVA 模型的评估方式中，股价可以调整债务和权益的加权平均成本（weighted-average cost of debt and equity capital，WACC）与超出 WACC 的回报之间的差异。

$$\text{WACC} = \text{债务}/（\text{债务}+\text{权益}）\times r_d + \text{权益}/（\text{债务}+\text{权益}）\times r_e$$

其中，r_d 是用利息率表示的债务成本，r_e 是使用风险溢价和风险调整因素（称为 β 系数）估计的权益成本。[42]

在各种情况下，现金流量都是关键因素，它能使有线系统得以维护和扩张，支付债务和实现多样化经营。常见的对有线电视公司的财务实力的测量相应包括：现金流对利息成本的覆盖率（coverage ratio，即 EBITDA /净利息），以及负债对现金流的杠杆率（leverage ratio，即扣除现金之后的长期负债/ EBITDA）。通常，覆盖率低于 2:1 将是一个迹象，公司运行存在违约风险；而杠杆率大于 5:1，将表示资产负债表结构不稳定。基本型的有线电视网络也会使用这些比率进行比较。[43]

当然，正如无线广播电视一样，有线系统的私募市场价值，其中包括一个隐含的控制权溢价，通常远远高于公开市场交易的价格（详见第7.4节）。

为了估计每个订户对于公开上市股票的隐含意义，可以将公司的股份数量乘以每股价格，加上负债，再除以订户数[44]：

$$每个订户的价值=\frac{(每股价格\times 售出的股份+负债)}{订户数}$$

使用相同的概念，也可得出整个有线电视（或无线电视）产业部分的估算值。

348

表 8—6 公共和私募市场的估值方法：示例

公开市场价值	
每股价格	11.50 美元
售出的股份	60
股票的总市值[a]	690 美元
加上	
总的长期债务	1 200 美元
总计	1 890 美元
少	
现金	150
其他资产负债表外资产	250
调整后的企业价值（AEV）	1 490
EBITDA	165
现金流的倍数（AEV/ EBITDA）	9.0
私募市场价值	
EBITDA	165
估计的倍数[b]	10
未经调整的价值	1 650
加上	
现金	150
其他资产负债表外资产	250
少	
长期债务	1 200
资产净值	850
售出的股份	60
私募市场的每股净资产价值	14.17 美元

[a] 如果优先股是资本化的（capitalization），那么其市场价值也应该纳入进来。

[b] 通过与近期相似资产的转让价格倍数比较得出。

8.6 结论

有线电视公司——最初仅仅是节目购买、批发和零售业——已成为各种数字传播服务的中心，现在它们来自视频节目服务的收入占比不足一半。在过去的50年间，信号传输的重大进步，以及资
349
本市场的大量创新，政府管制的数波松动，已经让有线电视产业成长为一个年规模800亿美元的巨型产业。现在，有线电视进入了超过65%的美国家庭，不过，它也显示出成熟的迹象：为升级光纤、无线传输，以更新数字信号处理软硬件而对资金的渴求仍然存在，但是，以净增新用户和净增付费服务作为度量手段，增长率已经放缓。年轻的一代用户常常不觉得需要订阅，其他一些家

庭则取消订阅，减少开支，因为体育、电视剧和电影等内容通过互联网来传输，在技术上已可以与电视机和手机兼容。[45]

在这一方面，对有线服务提供商最大的威胁也许是被手机应用所超越，手机用户直接向内容供应商订阅，将减少多系统运营商（MSOs）的宽带商品供给：在技术上，将不再需要打包的有线频道，因为大多数节目都将是按需点播式的。这意味着有线电视服务的价格可能停止上涨，给利润和现金流带来压力。[46]

的确，新的服务的发展，将推动产业的现金流达到新的高度，有线产业在很大程度上成为基础结构服务提供业。[47]使用光纤和适当的数字交换设备，电话和视频服务技术彼此就变得很相似了。长期以来，阻隔电信运营商提供视频服务和有线电视系统提供电话服务方面的监管之围墙，连同政治上的各种考量已经坍塌。[48]

尽管电信业和有线电视业之间的立法和监管之争很有可能会延伸到未来，但似乎这种宏大的政治和经济权力争斗将由于科技的发展促进每个产业都能双向进入彼此拥有的服务而消融。

【注释】

[1] 有线电视简明史见帕森斯和弗雷登（Parsons and Frieden，1998）著作的第 2 章。

[2] 对启动 HBO 也有帮助作用的一个关键决定是在 1977 年，华盛顿特区联邦上诉法院推翻了 FCC 对收费电视的限制。参见怀赛德（Whiteside，1985）。

[3] 通过把频道捆绑打包成各种级，而不是把每个频道分开销售，精明的多系统运营商（MSO）采用了首先由斯蒂格勒（Stigler，1963）分析的关于电影包场的定价策略。捆绑提高了盈利能力，这是多系统运营商长期以来一直抵制“点播服务”的原因。霍斯金斯等人（Hoskins et al.，2004，pp. 230－234）也对其中的经济意义进行了评论。从本质上讲，如果两人采取的是所谓的保留价格，也就是说，他们愿意为一个频道支付 10 美元，为另一个频道支付 2 美元，而他们的偏好刚好相反，可收取两个 12 美元，或 24 美元，支付总额超过 20 美元，他们就没有使用捆绑式付费。津巴利斯特（Zimbalist，2003）提供了另外的背景。当 2005 年 FCC 改变其立场后，“点播”问题变得严重了。如果无线电视联播网中运行“点播”服务，有线电视公司担心他们向多系统运营商收取的每月订户费，以及基于收视规模的广告量会显著下降，许多较小的频道难以生存。参见沙茨等（Schatz et al.，2005）和斯克劳斯（Siklos，2006）的论述。

[4] 这一问题在本书第 2.4 节的注释中也有讨论。

[5] 1983 年，电影频道和时代秀（Showtime）为了与 HBO 竞争而进行了合并。当时 HBO 的用户数达 1 200 万，大大高于另外两家合并之后的用户数。

[6] 例如，联合拥有的美泰/通用仪器游戏有线频道（Mattel/General Instruments Playcablechannel），为家庭户提供了合适装备的有线互动游戏，这个频道是第一个标新立异的实验频道。实验于 1984 年停止。

[7] 事实上，竞争和成本的压力是如此之高，例如，哥伦比亚广播公司在 1982 年终止了广告商赞助的有线冒险，减低账面价值约 3 000 万美元。

[8] 1992 年有线电视法再度管制了费率，表明该行业已失去政治影响力，部分原因是傲慢的态度以及缺乏对消费者满意度的关注。正如克兰德尔和法齐戈特-罗斯（Crandall and Furchtgott-Roth，1996，p. 37）指出的，该法还讨论了这些问题，诸如转播同意和消费者权益的保护和服务，对多系统运营商关于其他形式的视频发行的所有权施加了限制。到 1999 年，除了基本层级服务，其他所有费率都减免了，然而，在 1996 年的电信法中再一次有所管制。

根据联邦法律，广播电视公司存在两种安排类型，让有线系统传输节目。“必须传输”的规定可以要求当地有线电视公司传输本地广播电视的信号。较小的超高频或公共电视台利用这一规定，不必为其节目付费，不存在现金的转手。但是在替代安排下，有线运营商要为信号传输权利付费（即通过协商谈价格、频道布局和其他因素）而获得信号传播的同意。大型联播网络和广播公司这时候通常有优势，但如果没有协议，有线电视公司则没有信号传输的义务。

[9] 该行业已花费数十亿美元，只是为了用数字模式取代上一代的模拟机顶盒转换器（可以与有线低频相兼容，这样他们可以通过普通电视接收器看到有线高频传输节目）。

[10] 相比之下，电话网络使用一个星型体系结构，其中的每个呼叫信号都经由中央控制开关。所有电话线都必须通过交换机。

[11] 对整个行业范围的监管效果的调查参见温斯顿（Winston，1993）。专门的有线电视监管效果参见哈佐特和斯皮策（Hazlett and Spitzer，1997），他们发现，1984 年有线电视法案之后的放松管制，导致了价格的上涨，而这是由于提供给观

众的有线电视节目包的升级带来的。1992 年对行业重新加强监管之后，限制了价格，但也伴随着基本服务的收视率大幅下降，这意味着质量的损失。也参见注释［34］。

［12］参见《公告牌》，1984 年 6 月 25 日。

［13］在 1985 年的一个重要决定涉及首选通信公司（Preferred Communications，Inc.）起诉洛杉矶案，判决结果要求一个城市不可产生一种人为垄断（Kelley1985）。

［14］在 1983 年和 1984 年，国会提出法案以限制城市的权力。这类立法通过让城市难以拒绝专营权续期，允许公司在环境显著变化的情况下修改繁重的合约，把市政费限制在全年总收入的 5%（Cohen，1983）。1985 年，达成了一项折中协议，基本上包括所有这些元素，但是，最重要的是终止了（到 1987 年）一个城市当局规范基本的有线电视服务价格的权利。截至 1985 年，也不再要求有线电视系统传输当地广播电视的信号，尽管在这个问题上的法律斗争已经拖延了数年。

［15］在 20 世纪 80 年代初，专营权的招标程序充满了政治的考量。这往往意味着投标人必须执行聘请所谓的租用公民计划，借此有线电视公司将为地方领导人以低于市场的价格提供公司的股份，为的是回报他们对该公司竞标的支持。《有线电视》杂志（*Cable vision*）1989 年 5 月 22 日也讨论了从 20 世纪 80 年代末的角度来看的观点。

［16］对于 HBO 的新订户来说，有线和卫星渠道商之间常常是 50/50 平分。其他付费网络，更可能采用固定费用的安排，渠道商在支付了许可费之后，保留其余收入。见 2011 年 8 月 20 日《经济学人》的文章《HBO 以及付费电视的未来》（HBO and the future of Pay-TV）。

［17］25%这个近似数，可通过假设主要电影出租费为每个订户平均 25 美分，每月平均有 10 部这样的电影，一个月共收费 2.50 美元。这占总月度零售的大约 25%。

［18］截至 2010 年，多系统运营商每月平均向 TNT 和 USA 收费 0.96 美元，向尼克（Nickelodeon）收费 0.50 美元，向 CNN 收费 0.50 美元，见弗林特（Flint，2006，2002a）和斯泰尔特（Stelter，2010 年）。到 2010 年，ESPN 的月租费已上升到 4.50 美元左右，例如，康卡斯特在这一年由于传输服务，大约向迪士尼支付了 1 亿美元。时代华纳有线电视公司和维亚康姆之间对于结算费用的争议在 2009 年第一天得到了解决。维亚康姆公司认为鉴于其频道，包括 MTV 和尼克，吸引的观众多达 20%，但收到时代华纳有线电视公司（TWC）所支付的费用的比例太低了（2.5%）。在大多数这样的情况下，有线电视公司首先闪烁其词，因为大多数看不到他们最喜欢的节目的用户投诉首先指向它们。有线电视公司一般把其上升的成本，通过节目直接转嫁给了订户。但是，双方都是脆弱的，因为维亚康姆会损失广告收入，而 TWC 会失去用户。也参见李特顿（Littleton，2010）。

新闻集团不同寻常的一点是，在 1996 年，为了寻求对其羽翼未丰的 24 小时新闻频道迅速建立其所需的 1 500 万～2 000万用户，该集团向传输信号的多系统运营商为每个订户“提供”10 美元。然而，到了 2006 年，福克斯新闻频道续签服务的要求是每月每个订户“收取”1.00 美元（从 0.30 美元起）。这种双层结构已经发展到了这种局面，其中重要的有线网络品牌，如 CNN/简明新闻，可以要求向每个订户收费 35 美分（在费率卡之外有订户数折扣），而更新的网络必须从提供免费节目或每个订户收费几美分起步。还请注意，在 2002 年棒球赛季，一个重要争端涉及扬基娱乐和体育网络（Yankees Entertainment & Sports Network）要求有线电视系统中要包括一个基本层，每月每订户收费 2.00 美元。有线电视公司是纽约大都会区最大的多系统运营商，想把 130 个扬基的游戏放进一个优先型服务节目包中。正如格兰特（Grant，2004）显示的，一个仲裁小组最终支持了扬基的立场。参见《福布斯》，2002 年 4 月 15 日，圣多米尔（Sandomir，2002）和 J. D. 所罗门（J. D. Solomon，2002）。

随着 20 世纪 90 年代模拟系统的转换，启动一个有线电视网络一般需要 3 500 万有线电视家庭和 1.5 亿美元的投资，以达到盈利能力的阈值（即有一个足够大的观众基础，以吸引大型广告）。但是通过循环利用节目内容，推出数字广告支持的网络可能只需要 1 000 万美元，或许不到 400 万观众。见《广播电视与有线电视》（*Broadcasting & Cable*），1999 年 8 月 23 日。正如在 2002 年传输最广泛最成熟的网络估值高达每个用户 20 美元，但只达到总订户数的 40%的那些数字，层级估值比较低。已建立的网络通常产生 30%～40%的利润率。

［19］当然，商业广告播出经常化后，风险是有线电视很可能出现商业电视中发生的情况，其中最受欢迎的节目（节目吸引最大量的观众）理论上占据统治地位，但现在由于长尾效应正在快速变化。总体而言，最大的有线电视网络的总营业利润范围往往在 30%～40%之间。

［20］据推测，服务价格越高，能够容忍的广告越少。在“免费”无线广播电视的情况下，预计人们将容忍大多数的广告。

格兰特 Grant（2003）曾讨论过用户流失的问题，即使在数字化时代也仍然是一个很大的问题。问题的凸显是因为“接触到 41～50 个频道的电视观众平均只收看其中的 15 个……对于可接触到 121 个以上渠道的观众，平均收看的频道数量仅上升到18个”。《华尔街日报》2010年2月8日援引尼尔森的研究后估计，在2008年，在提供的130个频道中，家庭平均只观看了其中的18个。因此，自1983年以来这个情况没有太大的改变，因为1983年本顿暨鲍尔斯（Benton & Bowles）广告公司的调查表明，除了住所变化原因之外，当前的或以前的有线电视用户中的17%取消了至少一个付费服务：51%的表示，节目反复重播过于频繁；42%的人说，不值得花这笔钱。只有10%的用户一次购买了三个付费频道，7%一次购买了四个或更多的付费频道（Landro，1983）。据估计，平均而言，每个月约有3.5%（有时比例高达8%）的系统用户停止付费服务（断开连接）。这至少是由于家庭变动断开其他公用事业（电话、天然气等）的比例的两倍。

［21］有线网络在2000年和2008年产生的现金流量总额分别为56亿美元、156亿美元，现金流量利润率上升跨度相同，即从33%上升到了37%。就是说，2000年的收入170亿美元，2008年的收入422亿美元。同时，不寻常的主要网络（Nikelodeon，Discovery，Disney Channel，Food Network，AMC）显示的现金流量利润率超过了50%。

［22］在总经营成本方面，对于一个典型的系统，工资可能占总开支成本约三分之一，节目成本（付费购买有线电视节目）约占系统的40%。特许经营费可能达到基本服务收入的4%左右，但不一定包括较新的宽带互联网服务的收入。

［23］当然，在实践中，建立一个农村或郊区系统，可能每英里至少花费20 000美元，而建立一个城市的专营权，每英里花费175 000美元。

［24］一般来说，早期老式的12频道系统可能是当前提供边际利润最高的（每用户高达65%），因为它们不必负担投资现代化设备的成本。然而，这种旧系统的增长潜力为零。在新的系统中，现在最多有超过55个频道，每个用户的收入可能高于12个频道系统收入的两倍。但由于劳动力管理成本以及对于急速上升的节目选择数量的维护而增加了工资支出，新系统中可能的平均利润率为40%或者更少一些。见《广播电视》，1983年12月19日。

［25］参见J. D. 所罗门（J. D. Solomon，2002）。

［26］AOL时代华纳2002年第四季度收益报告是一个著名的例子。就像法布利康特和托马斯（Fabrikant and Thomas，2003）指出的，像康卡斯特和考克斯传播这类公司，从新的有线频道中收取费用的方式不同于AOL时代华纳。当新的网络开始运营的时候，他们通常向有线电视公司承诺最少的广告量。时代华纳公司在第一年确定了大多数这样的收入，虽然许多其他有线电视公司把那些费用分摊在合同的有效期中，通常涉及5～10年的期限。相比之下，康卡斯特没有给有线电视服务提供这种广告时间，而将这种收费用于抵消开支，且分散在合同的有效期中。

［27］有线电视公司对于收益产生单位（RGUs）、客户关系和资本性支出有广泛而不同的定义，这阻碍了不同公司之间的比较，并导致了权力滥用现象。作为回应，全美有线电视协会（National Cable Television Association）制定了标准化的定义。收益产生单位是运营模拟、视频、数字视频、高速数据以及电话客户的总和，不包括其他的媒介平台。客户关系的定义是一些服务类型中至少收到某个级别服务的客户的数量。资本支出类目被报告为以客户为前提的设备、商用设备、基础设施、线路扩展、升级/重建以及支持资本。

［28］根据美国国内税收法典第1253节，特许经营权一般都是分期摊销的。1969年制定了税收改革法案。然而，美国国税局认为1253节并未涵盖有线电视的特许经营问题［1978年涉及电信股份有限公司（Tele-Communications，Inc）的有线系统收购案］。1990年的法院裁决以及1993年税法的变化（即第197节无形资产部分），以有利于有线电视公司的方式解决了这个问题。因此，有线电视公司现在可以分期摊销特许经营权和商誉。然而，第197节不认为体育专营权是无形资产。也参见第7章的注释［47］以及史密斯和帕尔（Smith and Parr，1994）。

［29］例如，一个视频点播单位可以赚取4美元，购买价格介于45%和75%之间，而DVD的销售收入可以很容易地比之高一倍，从而给工作室提供了促进DVD销售的激励，而不是视频点播服务。在按次计价模型之中，每笔计价分割方式是：工作室45%，有线电视运营商45%，分销商10%。此外，截至2001年，工作室得到直播电视（DirecTV）中按次计费的每笔交易中的1.90美元保证金。

［30］第一个著名的进行按次计费的电影实验是在1983年年初。大约有200万可寻址转换器就位，版权方（MCA）向多系统运营商提供了《潘赞斯的海盗》（*Pirates of Penzance*）首轮故事片，每个家庭至少收费6美元。在有权收看这部电影的付费观众中，平均收费10美元，多系统运营商在这一晚就获利达400万美元。1993年，在电信股份有限公司向一个几近破产的电影公司（Carolco）投资9 000万美元之后，表示将在影院上映之前，试图以按次计费方式发布一部高预算电影。1977年年末，华纳通信（Warner Communications）率先在俄亥俄州哥伦布市尝试双向有线服务，这个双向有线电视系统名字叫做QUBE，后来这一服务在经济上失败了。

［31］接入到按次计费服务的寻址家庭，对于按次计费的回应率一般都在2%～5%的范围内。“需求电视”服务公司［Request Television，当时由瑞思媒体（Reiss Media）和Group W Satellite Communications共同拥有］和观众选择公司［Viewer's Choice，由包括考克斯有线电视、维康亚姆、时代—镜报公司、沃尔特·迪士尼公司以及华纳兄弟等多系统运营

商所有］成为领先的按次计费的批发商/分销商，截至 1992 年，共拥有超过 10 万可寻址家庭。1985 年 11 月，瑞思媒体（Reiss）开始运营，对自己的每个工作室供应商有效地采用了"时间共享共管"的概念。第一个 Request 的频道每周提供的电影在 2～4 部之间，增加了特别的运动和音乐会内容。然而，"需求电视"在 1998 年停止了，使得《观众选择公司》主导了按次计费服务提供商。也参见 1991 年 7 月 22 日、1992 年 4 月 6 日的《综艺》，1998 年 4 月 27 日的《广播电视与有线电视》。

［32］参见里克特尔（Richtel，2008）以及劳顿（Lawton，2009），他们讨论了家庭断开与有线电视的联系。

［33］卫星直播的信号，通过高功率卫星传输，从屋顶或窗口安装的碟形（或平面）天线接收，零售最多 200 美元。在欧洲，鲁珀特·默多克的阿斯特拉（Astra）与英国卫星广播公司（British Satellite Broadcasting）是两家早期进入者。然而，美国几大通信公司，包括康卡斯特、RCA 和通用设备（General Instruments），在 20 世纪 80 年代早期，最先向 FCC 赞助了卫星直播信号服务。在很多次启动失败以及重大损失之后，大多数的早期进入者都从这个领域退出了。

直到 1994 年，随着通用汽车公司休斯数字电视卫星（GM Hughes digital-TV satellite）发射，卫星直播信号终于开始在美国推出。卫星信号传输 175 个付费电视频道，不到 300 万户订阅者维持盈亏平衡，有直播电视公司（DirecTV）和美国卫星广播两家服务商运营。1990 年，由包括电讯传播公司（Tele-Communications Inc.）（占 22%）和时代华纳公司在内的六家有线电视公司合作的首星公司（PrimeStar），缓慢地开始使用模拟信号。该服务最初被认为最有可能在农村地区繁荣起来，因为在农村地区定期提供有线电视服务在经济上不合算。对于全面的历史讨论，参见 1989 年 3 月 19 日、1993 年 12 月 6 日的《广播电视》，1995 年 3 月 13 日的《商业周刊》（*BusinessWeek*）。直播电视公司和 DISH 目前仍幸存，2003 年新闻集团收购了直播电视公司，然后在 2006 年变成了自由媒体集团（Liberty Media）。虽然有线电视有优势，卫星服务公司仍然在继续扩大业务，在美国拥有了超过 2 000 万用户（家庭份额的 20%强）。参见拉什斯基（Lashinsky，2004）。

［34］本地多点分布（LMDS）是微波系统的近亲。微波系统上有 33 个调幅信号的频道，LMDS 可携带 49 个使用调频信号的频道，而调频信号可以用一个较小的碟形天线接收。对于"无线的有线电视"的描述，请见 1989 年 12 月 4 日《广播电视》的 86 页。

［35］在 20 世纪 80 年代早期的洛杉矶，点播电视（On-TV）和选播电视（SelecTV）很流行。全美国范围内，点播服务在最高峰的时候数量达到 200 万。然而，点播电视在法国稍好一些，法国的加密台自 1984 年以来，签约的订阅户超过 400 万。多年以来，许多其他信号分配方式要么只是被提出来，要么经过了检验，但是没有一种得以繁荣起来。例如美国广播公司开始实行后又退出了可寻址的系统，在这个系统中，加密的甚高频信号被发送到夜间时段没有使用的网络之中，这个网络接入到配有解码器和录像机的家庭。此外，在 20 世纪 90 年代初，电话公司在远程电视（Tele-TV）中投入了 500 万美元，远程电视是失败的互动节目和视频点播企业（2003 年 10 月 27 日《综艺》做了历史综述）。更现代且成功的信号分布以及存储软硬件，使得变换时间观看电视在商业上成为现实，这些服务由提香（TiVo）、捷播电视（ReplayTV，2003 年由日本的 D&M 控股收购）、来自微软的极限电视（UltimateTV），以及来自回声之星通信公司（EchoStar Communications）的 Dish Network 推出。奥威尔（Orwall，2003）描述过的电影光束（MovieBeam）服务，可以把最近通过广播电波发送的电影存储到硬盘驱动器中。也参见 2004 年 4 月 26 日的《华尔街日报》上的《拥抱数字录像机，有线电视公司大冒风险》。萨维茨（Savitz，2009）讨论了有线电视、网络电视以及电影公司转到有线电视公司控制的 DVR 服务功能的重要性。

［36］大约在 2004 年，多系统运营商通过"三合一"的一揽子服务提供有线电视、电话和互联网接入，通常每个月 99 美元，开始有效地与电信公司和卫星公司展开了竞争。直到最近，通过数字用户线（DSL）技术，电话公司已经能够充分使用它们的铜线基础设施，这种设施最初设计是用于点对点双向传输信息，现在可以提供相对高速的互联网服务。有线电视调制解调器遵循数据电缆服务接口规范。有线调制解调器和 DSL 之间竞争的简短历史，参见扬和格兰特（Young and Grant，2003）。截至 2007 年，有线行业通过一个开放有线应用平台（OCAP），也开始对其机顶盒软件进行规范。

［37］就如拉图尔（Latour，2005）指出的，按照管制要求，有线在视频业务中是不利的，因为电信和卫星公司不用向地方政府支付特定的特许费用（2004 年为 20 亿美元），电信公司也不需要向所有的家庭扩展网络。但是，电信运营商在电话服务方面也处于不利地位，因为有线电视公司不须承担定期向电话公司征收的税收和费用。也参见美赫塔（Mehta，2005）。

［38］FCC 到 2013 年仍然实施的不现实的和过时的规则，禁止 Apple TV 或柔酷（Roku）这样的平台传输特定的频道，因为它们不是 MVPDs。

［39］见阿美德（Ahmed，2011）和特罗安诺夫斯基等（Troianovski et al.，2011）。

［40］电信公司和有线电视公司也都可能停止与宽带电力线（BPL）服务的竞争，宽带电力线可以通过目前在所有家庭

和办公室中存在的电线提供同类产品。

[41] 例如，在回应消费者对价格和服务的投诉时，美国国会在20世纪90年代初决定修改之前1984年有线通信政策法对于基本有线电视服务定价的放松管制，如果在一个城市至少提供三个空中广播信号，那么就存在“有效的竞争”。那个时候，价格管制的幽灵对多系统运营商企业的估值很不利。

1992年有线电视法案提出重新管制，其中包括了一节，要求1993年间广播公司就信号的转播或由多系统运营商自动传输的费用进行谈判。许多小的广播电视台，与多系统运营商之间没有优势，立即选择“必须传输”。然而，大型独立广播公司和网络附属台选择要求多系统运营商支付信号转播费，因为没有这样的信号，多系统运营商的服务价值将大为减损。反过来，主要的多系统运营商，像电信股份有限公司和时代华纳，摆出姿态反对任何要求付费的想法。

有线产业有着与广播电视在立法和监管方面进行斗争的长期历史。此外，该行业发现“必须传输”的规则非常难处理，因为许多老系统的频道容量很有限。政治考虑也集中在所谓的强制许可问题上，参见注释[8]。

其他FCC的监管，如著名的有线电视集中度上限，限制了多系统运营商只能服务30%的家庭户，并规定来自于附属公司的节目最多占40%。2001年，美国法院否决了这一规定。见拉伯顿（Labaton，2001）。

[42] 位于纽约市的斯特恩·斯图尔特咨询公司因其发展EVA和MVA（市场附加值）的理论和实践而闻名。权益资本的成本和估计WACC及β值的方法参看标准的金融学课本。

[43] 已建立的有线电视网络产生的现金流利润率至少在20%。这种网络如果没有重要的附属台合作，可能每个订户的价值就是几元钱而已，而其他有附属台的每个订户可能价值40美元甚至更多。见1991年8月12日的《广播电视》和布尔斯廷（Boorstin，2003），其中描述了迪士尼的高利润率。对于有线电视以及其他娱乐等领域，任何时候的风险程度，都可以显示如下：

经营杠杆的弹性＝营业利润（或EBITDA）变化率/销售变化率

[44] 见1983年5月20日《华尔街日报》中的“倾听华尔街”。

[45] Apple TV将于2013年开播，将带来以电视应用为基础的市场结构，它也将破坏广告业的旧格局。因为它能精确地瞄准，同时虹吸无线和有线广播电视运营商的广告费。见温菲尔德（Wingfield，2008a），也见希尔赛（Searcey，2005）和詹金斯（Jenkins，2012）。

[46] 为了应对诸如宝赛（Boxee）和柔酷这样的有办法绕过有线订阅费的科技新贵，时代华纳在2009年开发了一个多频道视频传输系统（MVPD）“电视无处不在”（TV Everywhere）（包括康卡斯特），让用户可以在输入有线用户身份验证代码后，通过任何设备观看任何节目。截至2012年，人们还无法得知这样的系统长期来看是否有效。谢克纳和拉玛钱德朗（Schechner and Ramachandran，2012）讨论了设立“电视无处不在”中的问题。也有试图绕过“电视无处不在”的限制的，如艾雷（Aereo）对广播电视频道重新打包，每月12美元；灵动电视（Nimble TV）每月收费20美元。斯泰尔特（Stelter，2012）讨论了灵动电视，斯图亚特和玛尔（Stewart and Marr，2012）讨论了艾雷，格鲁维尔等（Grover et al.，2010）以及谢克纳和瓦斯拉洛（Schechner and Vascellaro，2011）讨论了Hulu的演化。

[47] 宽带速度是带宽（传输管道、电线、电缆能承载的频率范围）以及那种媒介的信噪比的函数。1948年，香农-哈特利定理（Shannon-Hartley theorem）描述了最大容量，即$C = B \times \log_2(s/n + 1)$，其中$C$是每秒数位容量，$B$是频率带宽，$s/n$是信噪比。参见《科学美国人》（*Scientific American*），1999年10月。

[48] 例如，截至1992年7月，美国联邦通信委员会开始了一项计划，允许电话公司通过电话线（即提供“视频拨号音”）传送宽泛的电视节目菜单，包括电影频道和家庭购物。然而，FCC改变了不让电信运营商制作节目的政策，虽然允许电话公司可购买节目供应商的高达5%的节目。更重要的是，1993年8月24日，联邦（弗吉尼亚州）地区法院（在贝尔大西洋案中）的裁决，成为分水岭，推翻了1984年有线电视法对电信运营商在他们的电话服务区域内创造、拥有或包装发行视频节目的限制。第四巡回上诉法院维持了1994年11月的裁决。到1994年年底，美国西部和南方贝尔公司在联邦法院赢得了这一权利。1995年3月，联邦地区法院的法官格林在华盛顿裁定，贝尔大西洋可以在全国的任何地方，与有线电视运营商和广播公司就节目传输进行直接竞争。见1995年3月18日的《纽约时报》以及格兰特（2005）。格兰特指出，康卡斯特“感到很惊讶，相比于有线电视，电话业务是多么复杂和危险……当客户不支付他们的账单时，有线电视公司承担了相对较少的额外费用。当电话用户不支付他们的账单时，他们可以留下数百美元的长途电话费”。也参见格兰特和拉图尔（Grant and Latour，2005）和柯西克（Chozick，2012b）。

【阅读材料精选】

Angwin, J. (2004). “For Fox News, Ad-Sales Market Isn't Fair, Balanced,” *Wall street Journal*, May 20.

Angwin, J., and Pasztor, A. (2006). "Satellite TV Growth Is Losing Altitude as Cable Takes Off," *Wall Street Journal*, August 5.

Arango, T. (2009). "Cable TV's Big Goal: Web Profits," *New York Times*, June 24.

(2008). "Cable Firms Join Forces to Attract Focused Ads," *New York Times*, March 10.

Beatty, S. (2001). "What Are Space Aliens and Lingerie Doing on Learning Channel?," *Wall Street Journal*, March 27.

(2000). "Unconventional HBO Finds Its Own Success Is a Hard Act to Follow," *Wall Street Journal*, September 29.

Bibb, P. (1993). *It Ain't as Easy as It Looks: Ted Turner's Amazing Story*. New York: Crown.

Brauchli, M. W. (1993). "A Satellite TV System Is Quickly Moving Asia into the Global Village," *Wall Street Journal*, May 10.

Brown, K., and Latour, A. (2004). "Phone Industry Faces Upheaval as Ways of Calling Change Fast," *Wall Street Journal*, August 25.

Button, G. (1991). "Stan Hubbard's Giant Footprint," *Forbes*, 148 (1 l) (November 11).

Cairncross, F. (1997). *The Death of Distance: How the Communications Revolution Will Change Our Lives*. Boston: Harvard Business School Press.

"Captain Comeback: Ted Turner Is Back from the Brink," *Business Week*, No. 3115 (July 17, 1989).

Carnevale, M. L. (1993). "Telephone Service Seems on the Brink of Huge Innovations," *Wall Street Journal*, February 10.

Carvell. T (1998). "Prime-Time Player (ESPN)," *Fortune*, 137 (4) (March 2).

Cauley, L. (1995). "Phone Giants Discover the Interactive Path Is Full of Obstacles," *Wall Street Journal*, July 24.

Chippindale, P., and Franks, S. (1991). *Dished! The Rise and Fall of British Satellite Broadcasting*. London: Simon & Schuster.

Cooney, J. (1983). "Cable TV's Costly Trip to the Big Cities," *Fortune*, 107 (18) (April 18).

Crandall, R. W., and Waverman, L. (1995). *Talk Is Cheap: The Promise of Regulatory.*
Reform in North American Telecommunications. Washington, DC: The Brookings Institution.

Creswell, J. (2004). "Verizon Bets Big on Cable," *Fortune*, 149 (1l) (May 31).

Donlan, T. G. (1991). "Blurry Picture: Threat of Regulation, Competition Dims Outlook for Cable TV," *Barron*'s, April 29.

Emshwiller, J. R. (1989). "Prying Open the Cable-TV Monopolies," *Wall Street Journal*, August 10.

Fabrikant, G. (2007). "Once Given Up for Dead, Comcast Defies Its Obits," *New York Times*, January 21.

Fabrikant, G., and Carter, B. (2003). "Cable's New Giant Flexes His Muscles," *New York Times*, October 20.

Flint, J. (2003). "ESPN's Risky New Game Plan," *Wall Street Journal*, October 24.

Gleick, J. (1993). "The Telephone Transformed - Into Almost Everything," *New York Times*, May 16.

Grant, P., and Schatz, A. (2006). "For Cable Giants, AT&T Deal Is One More Reason to Worry," *Wall Street Journal*, March 7.

Grant, P., and Thompson, A. (2007). "NFL Network Gets Blocked As Cable Takes Tough Stance," *Wall Street Journal*, August 20.

Gunther. M. (2004). "Comcast Wants to Change the World... But Can It Learn to Answer the Phone?," *Fortune*, 150 (8) (October 18).

(2003). "Murdoch's Prime Time," *Fortune*, 147 (3) (February 17).

(1999). "There's No Business Like Business Show Business," *Fortune*, 139 (10) (May 24).

(1996). "The Cable Guys'Big Bet on the Net," *Fortune*, 134 (10) (November 25).

Hazlett, T. W, (2000a). "TV Smackdown! (Cable vs. Broadcast)," *Wall Street Journal*, May 5.

(2000b). "Surprise, Surprise: Cable Rates Fall after Deregulation," *Barron*'s, February 28.

(1993). "Why Your Cable Bill Is So High," *Wall Street Journal*, September 24.

"The HBO Story: 10 Years That Changed the World of Telecommunications," *Broadcasting*, November 15, 1982.

Keating, S. (1999). *Cutthroat: High Stakes and Killer Moves on the Electronic Frontier*. Boulder, CO: Johnson Books.

Kupfer, A. (1995). "Can Cable Win Its Phone Bet?," *Fortune*, 132 (6) (September 18).

Hazlett, T. W (1994a). "The Future of the Phone Companies," *Fortune*, 130 (7) (October 3). (1994b). "Set-Top Box Wars," Fortune, 130 (4) (August 22). (1994c). "The Baby Bells Butt Heads," *Fortune*, 129 (6) (March 21). (1993a). "Hughes Gambles on High-Tech TV," *Fortune*, 128 (4) (August 23). (1993b). "he No. 1 in Cable TV Has Big Plans," *Fortune*, 127 (13) (June 28). (1993c). "The Race to Rewire America, *Fortune*, 127 (8) (April 19).

Labaton, S. (1999). "Ownership Rules in Cable Industry Loosened by F. C. C. ," *New York Times*, October 9.

Laing, J. R. (2001). "King Cable: Why Cable Will Beat the Bells in the Race to Wire Your Home," *Barron*'s, August 20.

Laitour, A. (2005). "After a Year of Frenzied Deals, Two Telecom Giants Emerge," *Wall Street Journal*, February 15.

(2004). "Bells Join Race to Offer TV," *Wall Street Journal*, April 29.

Lee, W. E. (1984). "A Regulatory Lock Box on Cable TV," *Wall Street Journal*, October 15.

Leonard, D. (2002). "The Most Valuable Square Foot in America," *Fortune*, 145 (7) (April 1).

Lowenstein, R. (2004). "The Company They Kept," *New York Times*, February 1.

Mahar, M. (1988). "Captain Courageous and the Albatross," *Barron*'s, July 11, and "The Baby Bells vs. the Big Gorilla?," Barron's, August 1.

Mahon, G. (1984). "Fine-Tuning Cable TV," *Barron's*, July 16.

Mehta, S. N. (2003). "King Comcast," Fortune, 148 (2) (July 21).

Miller, I. R. (1997). "Models for Determining the Economic Value of Cable Television Systems," *Journal of Media Economics*, 10 (2).

Mullen, M. (2003). *The Rise of Cable Programming in the United States*. Austin: University of Texas Press.

O'Connor, J. J. (1984). "Where's That Promised New World of Cable?," *New York Times*, November 24.

O'Donnell, T. , and Gissen, J. (1982). "A Vaster Wasteland," *Forbes*, 129 (11) (May 24).

O'Reilly, B. (1996). "First Blood in the Telecom Wars," *Fortune*, 133 (4) (March 4).

Orwall, B. , Solomon, D. , and Beatty, S. (2001). "Why the Possible Sale of AT&T Broadband Spooks 'Content' Firms," *Wall Street Journal*, August 27.

Park, R. E. (1971). "The Growth of Cable TV and Its Probable Impact on Over-the-Air Broadcasting," *American Economic Review*, 61 (May).

Pasztor, A. , and Lippman, J. (2002). "How a Dream Deal in Satellite TV Ran into Static" *Wall Street Journal*, October 9.

Peers, M. (2003). "How Media Giants Are Reassembling the Old Oligopoly," *Wall Street Journal*, September 15.

Peers, M. and Grant, P. (2005). "Comcast, TV Program Owners Clash over Video-on-Demand," *Wall Street Journal*, January 27.

Richtel, M. , and Belson, K. (2006). "Internet Calling Pressures Bells to Lower Rates," *New York Times*, July 3.

Roberts, J. L. (1992). "How Giant TCI Uses Self-Dealing, Hardball to Dominate Market," *Wall Street Journal*, January 27.

Robichaux, M. (2002). *Cable Cowboy: John Malone and the Rise of the Modern Cable Business. Hoboken, NJ: John Wiley & Sons.*

(1997). "Malone Says TCI Push into Phones, Internet Isn't Working for Now," *Wall Street Journal*, January 2.

(1996a) . "Once a Laughingstock, Direct-Broadcast TV Gives Cable a Scare," *Wall Street Journal*, November 7.

(1996b). "As Satellite TV Soars, Big Firms Crowd the Skies," *Wall Street Journal*, March 11.

(1993). "How Cable-TV Firms Raised Rates in Wake of Law to Curb Them," *Wall Street Journal*, September 28.

(1992a). "Cable Firms Say They Welcome Competition but Behave Otherwise," *Wall Street Journal*, September 24.

(1992b). "Cable-TV Finns' Higher-Priced 'Tiers' Bring Cries of Outrage from Consumers," *Wall Street Journal*, January 15.

Robichaux, M., and Gruley, B. (1997). "Direct-Satellite TV Comes under Attack by Networks, Affiliates," *Wall Street Journal*, January 30.

Sandberg, J. (2000). "After 50 Years of Effort, Interactive TV May Be Here," *Wall Street Journal*, December 7.

Schiesel, S. (2004). "For Comcast, It's About Bundling Services," *New York Times*, February 16.

(2002). "Video on Demand Is Finally Taking Hold," *New York Times*, November 25.

(1999). "Local Signals May Be Costly for Satellite TV Providers," *Wall Street Journal*, December 13.

Searcey, D. (2007). "Verizon's Network Bet Relies on Games, TV," *Well Street Journal*, March 7.

Sherman, S. (1994). "Will the Information Superhighway Be the Death of Retailing?" *Fortune*, 129 (5) (AprilI 18).

Sloan Commission (1971). *On the Cable: The Television of Abundance, Report of the Sloan Commission on Cable Communications. New York: McGraw-Hill.*

Smith, R. L. (1972). *The Wired Nation. New York: Harper & Row.*

Solomon, D., and Frank, R. (2001). "Comcast-AT&T Broadband Deal Cements Rise of Cable Oligopoly," *Wall Street Journal*, December 21.

"Subscription Television," *Broadcasting*, August 16, 1982.

U. S. Department of Commerce (1988). *Video Program Distribution and Cable Television: Current Policy Issues and Recommendations*, NTIA Report 88-233, June.

Waldman, P. (1990). "New Fees Alter 'Basic' Idea of Cable TV," *Wall Street Journal*, January 23.

Whittemore, H. (1990). CNN: *The Inside Story*, Boston: Little, Brown.

Williams, M. J. (1984). "Slow Liftoff for Satellite-to-Home TV," *Fortune*, 109 (5) (March5).

Yoder, S. K., and Zachary, G. P. (1993). "Digital Media Business Takes Form as a Battle of Complex Alliances," *Wall Street Journal*, July 14.

第9章

出版

出版或出局。

这是给大学教授们的一个指南。从广义上讲，它也适用于各大媒体和娱乐公司，在讲究比特和字节 360
的数字时代，这些公司准确地说是在“出版”（publish）电影、电视节目、录制音乐、游戏，就像它们可能在出版图书或杂志一样。如今，所有的信息，或内容，无论原来是什么样的形式，都是可还原的，可复制的，可传送到由比特和字节构成的同种原材料上的。

9.1 古腾堡的礼物

最早的字

最早的出版作品是刻凿在石头上，并由摩西从西奈山（Mount Sinai）上取得的，由于它的著作权、内容和递送形式具有十分重要的意义。有人可能会嘲弄说，出版行业在《摩西十诫》传递之后每况愈下。

尽管如此，从早期的洞穴岩画、古埃及人的象形文字，然后到第一部印刷图书，很明显，人们需要通过印刷出版来交流他们的思想、计划以
及历史。在公元前 6 世纪，中国已经发明了印刷 361
术，但是，直到 1455 年，一位德国的先锋者名叫约翰·古腾堡（Johann Gutenberg），以及他的搭档约翰·福斯特（Johann Fust），发明了一个移动式的金属印刷机来印制拉丁文《圣经》，现代印刷时代才开始发端。今天，全世界花在图书上的钱

估计有1 000亿美元，其中大约有35%的消费在美国，美国一年出版的新书超过15万种（英国的规模大体相似）。

表9—1提供了美国出版业的一个概况。图9—1提供了一个基于时间轴视角的观察。正如表中说明的，现在美国出版产业每年收入达1 500亿美元，略超过美国国内生产总值的1%。收入中最大的组成部分来自报纸，约占一半。另一半被杂志和图书几乎二等分了。同样明显的是，总收入中图书的比重正在增加，不过在很大程度上是以报纸的牺牲为代价的。

362 **表9—1 1980—2009年[a]，出版产业部分**

	1980	%	1990	%	2000	%	2009	%
图书（PCEs）								
休闲性的	4.7	12.2	10.9	13.5	24.4	18.4	33.8	25.9
教育性的	1.7	4.4	5.3	6.6	9.0	6.8	10.1	7.7
报纸和期刊								
PCEs，联合的	12.0	31.2	21.6	26.7	34.4	25.9	46.4	35.5
报纸广告	14.8	38.4	32.3	40.0	46.1	34.7	24.8	19.0
期刊广告	5.3	13.8	10.7	13.2	19.0	14.3	15.6	11.9
总计	38.5	100.0	80.8	100.0	132.9	100.0	130.7$	100.0

[a]计算单位为10亿美元。

资料来源：U. S. Dept. of Commerce，Magna Global.

363 运营特色

在广播电视、有线电视等大众传播领域和软件部门中看到的许多运营特色，也可以在出版业中见到。正如在其他部门中一样，内容创造的成本在一开始就沉淀下来，而后续的制作及分销费用等支出相对较小。产业的目标是，让需求更具价格弹性（具体描述见第1章），并刺激单品种的销售量，这是因为在边际利润中，每个额外单位的销售量对利润的贡献都很高。

发行量（circulation）——描述通过报摊销售或邮政订阅对报纸杂志的需求量的一个术语——通常与广告空间销售（大多数图书除外）联系在一起。广告与内容在战略上是相互穿插的，无线广播电视、报纸、杂志、电话黄页和互联网站点都采用这种方式。

事实上，对于广告的需求几乎是所有出版企业成功的核心。因此，正如对广告需求的变化所反映的，利润有时候对全国性的或地方性的经济条件很敏感（见图9—2）。[1]不过，原材料及分销成本也可能出现周期性波动，并显著地影响着盈利能力，尤其是在传统出版部门。

创造要出版的有知识产权的内容的成本，往往仍然是最难以预测和控制的变量。就像在其他创造性领域一样，一流的人才，如小说、杂志、报纸辛迪加专栏以及计算机游戏的“明星”作者，可以为他们的服务要求相当可观的溢价。偶尔，其成本还会高于出版商可以承受的范围。表9—2提供了主要出版公司的财务运营特色的一个样本。

363

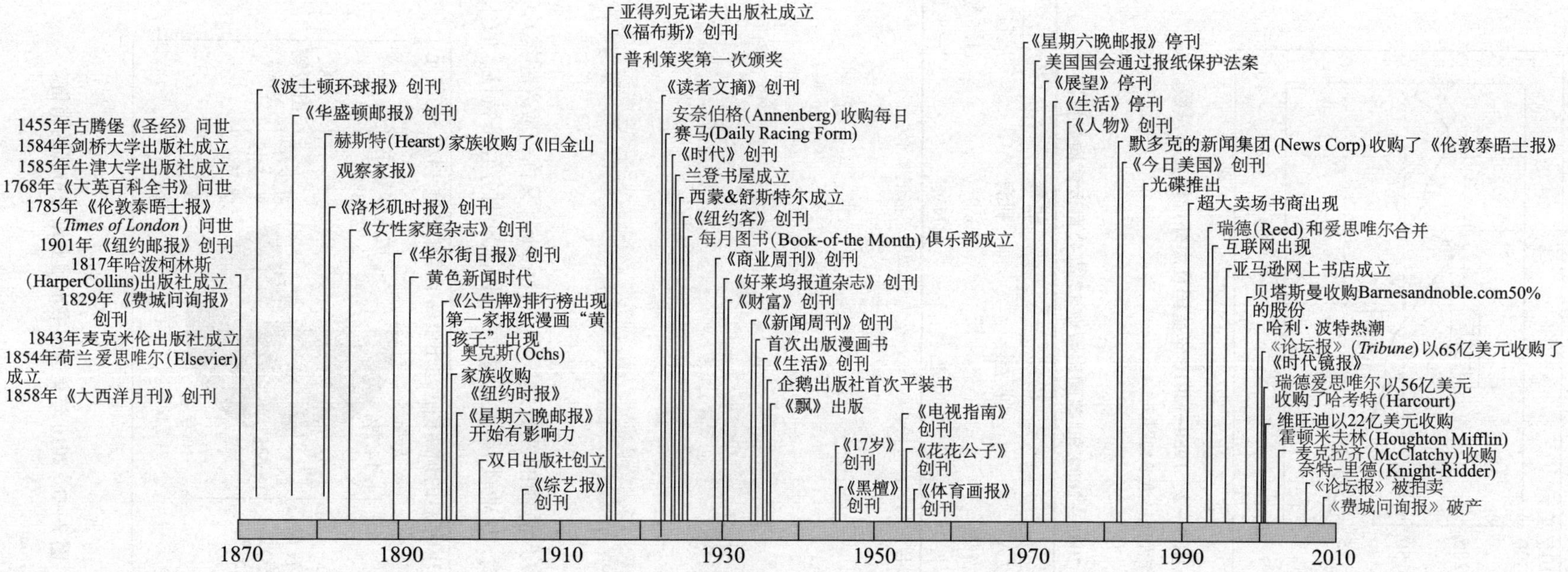

图9—1 1455—2010年出版业大事记。

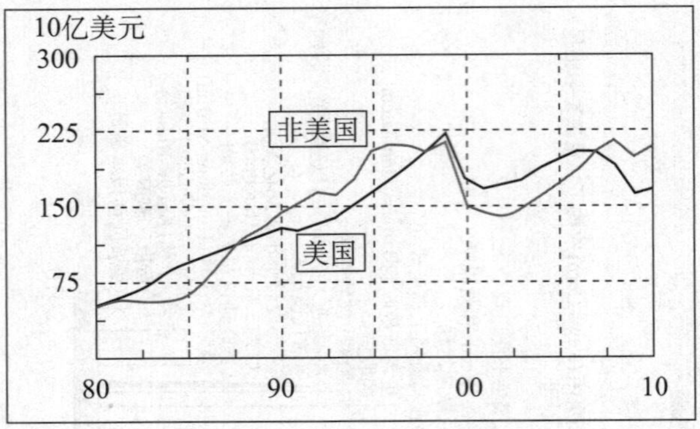

图 9—2　1980—2010 年美国及海外广告支出总额。

资料来源：根据 MagnaGlobal 制作而成。也参见图 7—4。

表 9—2　2005—2009 年[a]美国出版业 17 家公司运营构成情况

		运营	运营		运营
CAGR（%）[b]	收入	收益	利润	资产	现金流
图书，总量	4.4%	8.5%	3.9%	1.5%	7.2%
报纸	−7.9	NM[c]	NM[c]	−8.9	−18.7

[a] 2005—2009 年平均边际利润：图书 14.3%，包括 2008 年，杂志 15.7%，报纸 9.4%。

[b] 复合年均增长率。

[c] 无意义。

364

9.2　产业细分

图书

图书出版约占总出版产业收入总额的四分之一，由两个主要的领域构成：教育/专业类和大众类（trade，又称一般兴趣类）。每个领域都有独特的消费需求和财务经济特性。收入构成比例如图 9—3 所示。

365

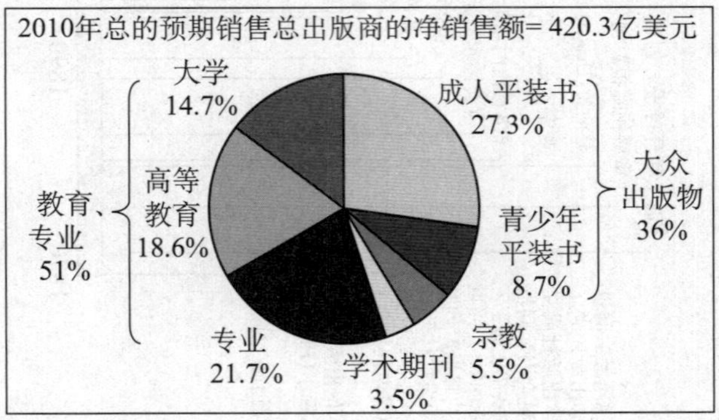

图 9—3　2010 年美国图书出版业细分市场的销售。

资料来源：Book Industry Study Group.

所有类型的图书出版商基本上都是管弦乐队，发挥着许多不同的功能，如接受作者和代理商的书稿、雇用编辑、设计版式和封面、安排印刷和发行，并配合营销代表进行推销等。[2]总之，出版商处在一个复杂的生产系统的中心，做出每一个决定，从事的是高度冒险性的经营活动，与电影、电视和音乐领域有着十分相似的运营特色。

教育和专业图书 相对而言，营业利润较高，进入壁垒较高是教育/专业领域的特色。[3]此外，对收入的预测往往与人口统计学趋势相关联，内容通常可以轻松地重新包装制作，交付于电子媒体或其他的分销渠道。它与流行—驱动的，因而本质上也更不稳定的大众/一般兴趣出版，构成了鲜明的对比。在教育方面，销售到大学的部分约占收入的一半，销售给中小学（elementary and high schools，ElHi）的部分，占收入的另一半。

当然，人口结构的变化可以影响入学率，这种变化可以作为坚实可靠的数据，对未来长达10年的教育图书以及相关资料的需求进行预测。不过在美国，也有大约一半的州，主要是南部和西部的州，主要是在州的（而不是地区的或学校的）层次上，有一个周期性的教科书采用计划，会影响到教育材料的购买。在这些过程中，州的教育和教材遴选委员会来筛选、确定出版商提供的产品，并批准哪些书可以购买，哪些书应替换掉。[4]因此，中小学（ElHi）的需求进一步受到州和地方的教育支出环境的影响，分配给学校的金额，多少依赖于当地的经济条件，偶尔，在联邦政府层面也会做一些政治上的考量和调节。

在测量高校教材和专业书籍的需求方面，人口统计学数据是决定性的，但是，在技术方面和主题方面的变化的速率，也在调节着人口统计学趋势的影响（亦即变化越快速，对销售量的刺激越大）。不过，中小学、大学或专业领域图书的定价通常不是重要的问题，因为与学费和其他的教育费用相比，教科书的费用通常是很小的。[5]

大众图书 大众消费者领域呈现的需求和成本状况与在教育/专业领域所呈现的有很大不同。制作精装大众类书籍的成本，一本很少超过2～3美元（平装版是1美元，电子书是10美分），随着销售量的上升，盈利率的增加不是等比例的。[6]而且，正如前面提到的，这一领域在性质上与录制音乐和视频游戏的业务相似，主要是靠流行驱动的。在这些领域，通常要对一流的内容创造者进行意义重大的洽购及支付版税，然后再斥巨资促销，以刺激需求。[7]

对于规模较大的公司来说，与音乐、电影、游戏行业还有更为相似的地方，因为收入中有一个重要的部分（>35%），可能来自于旧的产品；在大约70%的产品中，支付给一流创作者的费用（往往是出版商最大的支出）都赚不回来。如同所有的这类企业一样，年复一年，利润很容易波动，并受到对一流创作者展开激烈追逐的成本的影响。

一份典型的大众类图书各个环节的财务模型可能包含以下主要特征[8]：

书的零售价＝26美元/本

每本书的收入当中，从零售商手中得到的大约是零售价格的一半＝13美元/本

作者的版税税率＝封面标价的15%
＝3.90美元/本

给作者的预付款（从将来的销售中抽回）＝700万美元

60万册的印刷制作和管理费用（4美元/本）＝240万美元 366

将版权卖给20个国家以及把连载版权卖给大型杂志＝300万美元

卖出60万册（每本获得的收入是13美元）＝780万美元

总收入＝780万美元销售额＋300万美元附属版权收益＝1 080万美元

总成本＝预付款700万美元＋240万印制成本＝940万美元

出版商的税前利润＝1 080万美元－940万美元＝140万美元

作者的收入＝700万美元

在美国，这一行业已经达到了垄断竞争阶段，六家主要的大众图书出版商至少占销售量的60%，尽管如此，零售商具有强大的影响力，而且已经逐渐减低了出版商的经营利润率，逼近浮动范围的下限。这个浮动范围取决于图书类别，通常在销售额的8%～17%之间。营销成本以及吸收迅速增加的滞销库存图书的成本，近年来显著地上升

了（见表9—3）。零售商为了信用可能把滞销图书发回，也可能通过“分担”的方式以某一个折扣少付钱。这种方式导致出版商最近专注于使用快速增长的第三方发行业务。

表9—3　封面价格为25美元的大众出版物的成本是怎么分配的

	美元	%
制造业	2.50	10.0
发行	2.00	8.0
营销	1.75	7.5
出版商的开销	2.00	8.0
作者的份额（平均）	2.50	10.0
零售商店折扣（平均）	11.75	47.0
退货成本	0.88	3.5
出版商可获得的利润	1.63	6.0

资料来源：Auletta（1997）.

对出版商的利润的压力，已经在一定程度上成为大型零售商那儿的市场权力。大型零售商包括沃尔玛、塔吉特、好市多（Costco）以及一些大型连锁书店。这些零售商在成年人阅读的大众图书的销售中至少占45%（相比而言在线占15%），因此可以对封面价格提出更多的折扣要求。即便是在回报率攀升的时期，这个行业相信的格言依然是“今天已逝，明天已来临”[9]。

367 当然，现在的互联网已经可以很容易将内容下载到电子图书阅读器中，这很可能极大地改变传统的经济模式，这会令回报率问题明显地减少，取而代之的则是更大的问题，即未经授权的下载（就如音乐业务），既没有给出版商、分销商、零售商以补偿，也没有补偿作者。[10]在数字化营销模式中，出版商在很大程度上左右着消费价格，下载零售商如苹果、亚马逊，作为代理，每销售一笔就获得30%的佣金收入（见表9—4）。不过，作者的特许权使用费可能会有所不同，一些大型出版商支付其总收入的25%，而另一些可能根据销售价格来计算。

然而这一产业已经发现，即使价格更低，相比于精装本，电子图书都能盈利，因为印制、运输、目录广告和退货等成本很大程度上被消除了。新的成本是数字化、计算机服务、网站开发、防止盗版等，因此电子图书的制作和发行的利润增加，也是有限的。

表9—4　一本典型的电子书封面价格可能采取的分配形式

零售价格	12.99美元	9.99美元
出版商接收	9.09	6.99
作者的版税	2.75	～2.10
编辑、排版等	0.50	0.40
营销	0.80	0.60
日常开支前的利润	5.04	3.89

资料来源：根据Rich（2010）整理而成。

多媒体图书　多媒体产品——将各种数字文本、声音、图片数据用CD-ROM、DVD或存储卡形式来传输——是图书、音乐、视频及其商业模式的混合。典型的情况是，一小部分品种会产生大部分的利润，覆盖大多数的亏损。零售商也可以要求将没有卖完的部分退货。[11]

定期出版物

报纸。我们今天称之为报纸的出版物，它的最早版本是张贴在古罗马的公共场所的手写的告示。现代报纸的其他早期样式，还包括 16、17 世纪出现在德国和其他欧洲国家，以及 1690 年出现在北美殖民地的印刷出版物。今天在美国，有大约 1 500 种日报，总共拥有 6 000 万读者，另外还有 8 000 种非日报，联合发行量超过 500 万以上。不过，也是几家大公司在行业中占据主导地位。[12]

报业公司的功能就是编辑部内容的自主制造商和分销商，同时也是一种服务供应商，为那些寻求到达它们的读者的广告主提供服务。像杂志一样，报纸是从广告、订阅和报摊销售等多种方式的结合中获得收入。不过，在美国，定期报纸内容的大约三分之二是广告，约 80%的收入（超过在其他国家）来自于广告。因此，报纸和杂志的收入通常都对宏观的经济状况比较敏感。就报纸而言，特别容易受到地方性的广告需求的影响；就杂志而言，容易受到目标市场明确的广告需求的影响。

368 报纸与杂志还有其他差别，报纸往往在自己的市场中处于垄断地位，而且出版频率要高得多（通常是每天）。由于内容的易逝性，以及注重提供最新的报道，报纸的制造和分销成本，相对于那些出版和发行频率较低的出版物的对应成本，要成比例地上升。

平均而言，报纸和杂志的运营收入和成本的分配情况，大约可见表 9—4。从表中可以看到，新闻纸大约占报纸总成本的 20%。报纸业务的另一个显著特点是，广告一直占收入的大约 80%，发行占其余的 20%。

2010 年，美国报纸广告经营总额约 250 亿美元。在广告经营额中，最大的也最令人担心的部分，是与零售业相关的广告，可占总额的一半。近年来，零售商已经将促销开支从印刷媒体向电子媒体转移，与此同时，零售行业的并购整合也在进行。这使得报纸出版商很难提高广告价格，以至于跟不上自己的原材料、分销成本上升以及通货膨胀增长的步伐。

相对而言，占报纸广告经营总额约 37%的分类广告，历来是报纸广告收入中最赚钱的部分。不过，分类广告——其中包括招聘、汽车、房地产广告——与经济活动和利率（成反比）也是高度相关的，而这些广告类别已经以最快的速度迁移到互联网上了。

在经济强劲时，出版商的利润就呈明显上升趋势，而在经济疲软时，则明显下降。在这方面，全国性广告，约占报纸广告总额的 15%，主要与季节性的旅游业及金融服务业有关，通常不能冲抵分类广告的下降。[13]这种全国性广告也不能抵消分类广告加速进入互联网而带来的损失。当然，由于读者渴望在电子阅读器上而不是在纸上阅读新闻，新闻纸原料以及油墨和物流配送成本也会在一定程度上下降。

传统上，报纸利润的最重要的决定性因素是人工和新闻纸成本（每一种通常占所有营运成本的大约 15%～18%），以及对招聘广告的市场需求。正如图 9—4 说明的，近年来，通过增加资本品的投资和提高生产率，劳动力成本已得到控制，不过新闻纸的成本一直不稳定。鉴于报纸行业每年生产约 200 亿份，即便新闻纸的成本变化微不足道，都会对盈利造成显著的影响。

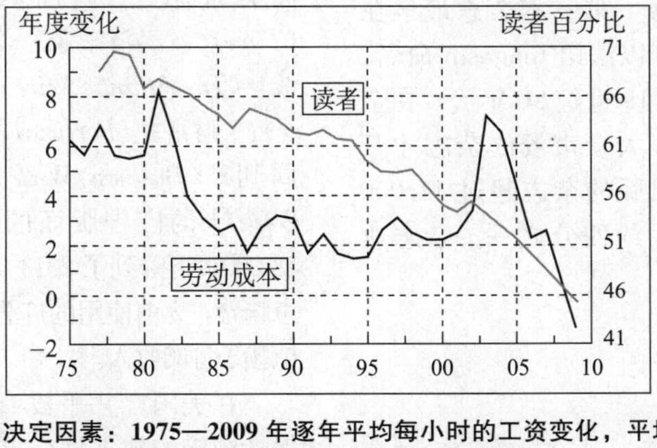

图 9—4　报纸利润决定因素：1975—2009 年逐年平均每小时的工资变化，平均每周成人读者数。2008 年和 2009 年读者数据是估计值。

369 从长远来看，从发行和分类广告中获得收益将不太可能，因为越来越多的家庭从电子媒体中获取信息。[14]博客（网络日志）现在将大众媒体变成了大众拥有的媒体，大众掌握的媒体。免费的早报以更大的比较优势吸引着年轻读者，也在美国以及欧洲人口稠密的交通渠道赢得了一席之地。[15]其结果是，在美国各地，报纸的家庭普及率已经从1970年的近100%跌至今天的不足50%。尽管刘易斯（Lewis，1995）指出，发行量不怎么具有价格弹性，但是周报纸自20世纪80年代后期以来一直在下降，星期日报纸发行量则已经停滞（大约6 200万份）。[16]

更糟的是，互联网不仅抽取了大量的分类广告，而且汲取了消费者大量的时间。因此，出版商运用其强大的信息采集和现金流资源，去开发和投资组合管理电子化提供的宝贵的产品和服务，这种产品和服务仍然对大量观众有吸引力，同时能够做到目标定位更精准。然而，巨大的悖论是，虽然公众对信息的胃口从来不曾如此贪婪，互联网却在继续吸走读者和广告客户（在线版的每千人成本估计是印刷版的十分之一）。举例来说，1990年，18～34岁的美国人中有55%阅读报纸印刷版，现在只有不到25%。

即便如此，报纸（和杂志）仍以独特的风格在替代品难以企及的地方市场运营。通过实施付费墙（paywall，亦即对接近数字版的读者收费），收入流稳定下来。它们的风险是，一些新闻聚合网站可以同这些内容来卖广告。像其他一些旧媒体一样，报纸在广告市场和内容生产方面，不再占据黄金的位置，但是仍将长期存在。

杂志和其他定期出版物 第一本杂志最早在17世纪后期，出现在欧洲（以法语magasin命名，意思为“储存库”），但直到19世纪90年代，在全国性广告主出现并支持下，大众市场的杂志才开始在美国出现。今天美国出版的杂志超过11 000种，占美国出版业收入的大约四分之一。杂志业

370 主要类别包括如下：

消费者和一般兴趣
贸易和技术
农业
非商业性文学
漫画

杂志经营的特点在很多方面都类似于报纸。然而，对于消费者杂志而言，收入更依赖于发行量，而总的发行成本因此更加紧密地与获得这种发行量的成本和邮递的成本相关（见表9—5）。[17]对于一本典型的流行周刊（如《时代》、《新闻周刊》、《人物》），其来自报摊和超市配送的发行量收入的分配情况显示在表9—6中。

2010年，杂志收入约55%来自广告，报纸则80%来自于广告。杂志还从订阅中获得35%的收入，而报纸的这一块收入只有5%。杂志大约有150亿美元的广告收入（见表9—1），相当于报纸广告总额的三分之二左右。

尽管杂志出版商常常夸耀斩获的广告页数每年都在上涨，表象可能带有欺骗性。事实上，不知道每一页实际收取了多少费用，就不可能衡量出一份杂志的财务健康状况。通常，来自于广泛的不断增加的且针对相同的利基读者的杂志的竞争给广告主提供了工具，可以以名义上的费率价目表，就获得较大的折扣进行讨价还价。[18]鉴于这种打折现象的普遍存在，每个页面能变现的净收益，比起广告刊出的总页数，就大多数财务分析目的而言，是一个更好的度量指标。但是就像其他的由广告支持的内容行业一样，要与其他媒体做比较，这个行业采用的标准指标是每千人成本（CPM）。[19]

像报纸一样，杂志正处于转型的过程中，读者愈加偏好使用移动装置进行数字传送。这充分反映在美国出版署（Publishers Information Bureau）对各种新闻类杂志［《新闻周刊》（*Newsweek*）、《时代》（*Time*）、《经济学家》（*The Economist*）、《大西洋连线》（*The Atlantic Wire*）、《纽约客》（*The New Yorker*）、《财富》（*Fortune*）、《福布斯》（*Forbes*）、《商业周刊》（*Business Week*）以及《周刊报道》（*The Week*）］的广告版面的测量中，它已从2006年的18 000页下降到了2013年的10 000页。所有这一切都意味着，先前使用的广告版面指标不再重要，将更加依赖于订阅收入。[20]

在美国，几乎没有大规模的杂志出版商一直保持纯粹的独立性，出现这种状况的部分原因是，即便是杂志成功然后转向盈利，通常也需要至少5

年时间。绝大多数出版商因而被较大的媒体和娱乐公司兼并。[21]类似的并购浪潮也发生在批发分销业务的终端，其中的利润率已经收窄了。[22]

表 9—5　报纸与杂志收入和成本构成估计值：2010 年　371

	报纸	杂志
收入来源（%）		
广告		
零售	42	9
分类	25	9
全国	8	36
报摊	20	10
订阅	5	36
总计	100%	100%
收入占成本的百分比		
广告、销售和宣传	13	14
编辑的（editorial）	15	13
生产	20	21
配送	13	6
邮资	1	5
原材料（例如纸、印墨）	18	25
行政和其他	9	9
总计	89%	93%
运营利润率（占收入的百分比）	11%	7%

表 9—6　每本封面价格 3 美元周刊的发行收入分配及出版商的毛利率

	封面价格的百分比	美元
出版商	60	1.80
配送员/批发商[a]	15～20	0.45～0.60
零售商	20～25	0.60～0.75
总收入	100	3.00
出版商印刷及运输成本	12	0.36
假设平均每期售出 40%，印刷了 200 万份		
每周总出版商发行收益（广告之前的），144 万美元		
在内容、货架成本等之前的出版商成本：720 000 美元		
毛利润＝720 000 美元		
毛利润率＝50%		

[a] 一些经销商是全国性的并且可能收取佣金，因此比例范围不确定。不过，近年来普遍地利用大型连锁零售商的情况越来越突出。

9.3　会计与估值　372

会计

出版企业的会计一般不要求特别的处理，事实上，特别是图书行业，有许多特征也可以在音乐行业中发现。一个公司投资印制设备，通过提前支付版税以及最低的保证金，从创作者那里获得特许权，而且提供返利优惠。因此，类似在音乐领域的税务和会计处理方法也同样适用。

例如，美国财务会计标准委员会（FASB）第50号声明："这种最低限度的保证金，应该由获得许可方作为一种资产进行报告，并随后根据许可协议条款列为费用。如果最低保证金的全部或部分随后出现的情况是，通过获得授权使用下无法收回，则不可收回的部分应该列为费用。"

这一原则除适用于冲销印版费和其他生产要素，也适用于版税的处理。由内容创作者赚取的版税，根据收益进行调整（根据FASB第48号声明），在版权售卖期间记为费用。[23]如果根据过去的表现和创作者面前的受欢迎程度，表明提前预支的版权费可以从未来的特许权使用中收回，那么提前支付的版权使用费可以按年度资产进行报告，否则，支付给作者的版权使用费估计无法收回，将记为期间费用。

然而，软件产品的销售，也受到FASB第86号声明所约束，这条声明明确提出，在编写计算机软件时发生的内部成本，将作为研究和开发费用，直到建立了可行的技术为止。

此后，所有的软件制作成本都予以资本化，而摊销则以对每个产品当前和未来的收入的预测为基础，在产品估计的余下的生命周期中，以每年最低值等额直线摊销。

373 估值

出版业，像其他那些与媒体相关的行业一样，主要通过对现金流量的产生能力进行比较而估值。正如在无线电视、有线电视中一样，预计现金流量——经常用税、息、折旧和摊销前利润（EBITDA）这个财务分析术语进行描述——的倍数取决于应加以考虑的最近交易的那些相似的财产的现金流倍数，也要考虑以下这些基本要素：

- 利率和所处经济周期的阶段
- 人口、技术、社会和成本趋势的变化
- 当地垄断/特许经营权力的大小
- 提高广告价格的潜力
- 提高发行和订阅数量的潜力以及提高它们的价格的潜力削减成本和/或提高编辑标准的机会

价值就是这么得出的（就如在第8章有线电视中所阐述的）。除此之外，还会根据净债务以及资产负债表之外的项目的价值做进一步的调整，以便得出财产的私人市场价值。[24]这是一个合理的价格，会让私人投资者可能出资购买，以便控制其所有权以及它的现金流。

此外，这种对价格的估计也可用做衡量公开交易股票的相对投资吸引力的基础，公开交易股票通常以私人市场估计值的大幅度折扣进行出售。[25]在图书出版领域，资产转让往往是假设一次销售而进行估值的。

9.4 结论

从广义上讲，我们看到的和听到的这种或那种形式的一切娱乐都是"出版了的"。只不过是，新的数字产品和发送技术，已经让几乎任何人，以相对较低的成本，可以在任何地方进行出版，并且可能送达每个人，无论他们身在何处。因而，对传统出版企业的影响很可能十分深远，因为它们是如此具有破坏性。[26]文本、数据、图形、动画和声音现在混合在一起，汇入了新的"出版了的"产品和相关服务的无缝网络，传统出版行业范式正在迅速落伍。

【注释】

[1] 批评者指出，今天的许多广告浪费金钱。例如，如果两家公司生产类似的软饮料，都花费大量的钱来提高品牌知名度和市场占有率，则竞争对手的支出相互抵消，没有一家有收益。

[2] 丹尼斯和德弗勒（Dennis and DeFleur，2010）著作第3至第5章包含一个简明的历史描述以及图书出版、报纸和杂志运营方面的说明。

[3] 截至2004年，据估计，教育出版社，减去作者版税、印刷、配送、零售成本后，通常从售卖100美元的书籍中，可赚15～20美元的利润。参见2004年4月23日《华尔街日报》上的《大学图书移动在线》。

[4] 在开放的州，地方学区决定如何开销他们在教科书方面的资金。在指定教材的州，材料必须被“采纳”才能获得州资金资助。当阅读、数学或科学等主要科目的采用周期与几个稠密的州（尤其是得克萨斯州和加利福尼亚州）保持一致的时候，教材中选的出版商的利润当然会显著地提高。参见史蒂（Stille，2002）。

[5] 随着需求对价格的变化相对不敏感，教育出版商利润将取决于公司如何在采纳教材方案的竞争中获得成功。创建一个新的数学方案，这可能需要花费三年30万美元的投资，也许是阅读的两倍。进入的门槛是，在产生收入之前的数年内，必须承担这些前期成本。产品通常在市场中保持五年，在这段时间内，开发的资本化成本被分摊到了收入当中。截至2002年，最大的教科书出版公司，包括总部设在英国的培生（Pearson），加拿大的汤姆森（Thomson）、麦格劳-希尔（McGraw-Hill），共控制了市场份额的62%。

[6] 正如奥莱塔（Auletta，1997）指出的，25美元的精装书，制造耗资2.50美元，分销2.00美元，市场营销1.75美元。出版公司日常开销是每本2.00美元，作者可能每本收取2.50美元。然而，出版商卖给商店的书只是封面价格的一半，留下每本1.75美元的利润。因此，出版商每本书的净利润可能只有6%。然而，销售良好的精装书的利润率都很高。特拉奇滕伯格（Trachtenberg，2004）指出，现在认为售出5万本就是一部畅销书了，在这个水平上，出版商将产生50亿美元左右的收入，营业利润在15亿美元。处于500万册销售量的是哈利·波特系列书。丹·布朗的《达·芬奇密码》在全世界范围内销售超过8 100万册，北美销售了2 200万册。截至2010年，最大的大众读物出版商包括兰登书屋（母公司是贝塔斯曼）、企鹅（培生）、哈泼柯林斯（新闻集团）以及西蒙舒斯特（CBS）等。

[7] 大型商业出版商往往会拨出每本印刷书籍的1美元用于营销。为了预测一本书的潜在利润，也有必要：(1) 估计平均每本书的纸张、印刷以及装订成本（PPB）；(2) 提供出版社的日常开销，比如说大众读物总销售额的25%；(3) 出版商考虑给书商和其他经销商的折扣，通常为52%；(4) 事先扣除作者的成本。参见斯图尔特（Stewart，1994）和格列柯（Greco，1997，p. 160）。

[8] 类似的协议元素特拉奇滕伯格（Trachtenberg，2003）曾有概述。给作者版权费的另一种替代方法是，采用所谓联合出版的办法，即偶尔提前给作者很少一点版权使用费，但之后给付占利润很大的份额（50%）。例如，怀亚特（Wyatt，2006a）表明，1997年斯蒂芬·金（Stephen King）与西蒙舒斯特签订了《尸骨袋》（*Bag of Bones*）的相关合同，提前付给作者200万美元，外加利润的50%。波士（Boss，2007）进一步提供了预先支付的背景和图书出版的不确定性。埃尔贝斯（Elberse，2009）讨论了为什么出版商竞投这么多潜在的轰动畅销产品。就如福勒和特拉奇滕伯格（Fowler and Trachtenberg，2010）指出的，作者越来越多地受到激励，通过网上渠道自行发布，从而完全绕过了出版商。

[9] 就像卡瓦哈尔（Carvajal，1996）指出的：“退货是一本书是否成功的最显著的晴雨表，是一种比畅销书排行榜上的排名更重要的测量方式，因为退回将直接削弱利润。”里奇（Rich，2008）谈到哈泼柯林斯的一本新书的销售情况，出版方不再提前以现金的方式与作者分享利润，并且减掉未售卖的退货数，它大约占大众消费者图书的35%。大多数退货（俗称“腐烂的水果”）在三至九个月内被运回。独立商店一般售出所订书的80%，大型超市售出低于70%，而折扣店比如沃尔玛销售约60%——这种情况已经导致图书退回的比例不断上升，而所谓的好莱坞风格则强调对于少量重点促销的图书追求尽可能广泛的渠道分布。也参见特拉奇滕伯格（Trachtenberg，2005）。

大型批发经销商，像英格拉姆（Ingram）或贝克与泰勒（Baker & Taylor）是出版商和零售网点之间的缓冲器。为了减少退回成本，出版商往往给书店支付存放“剩余物”，这是另一种“共享”降价促销的称呼方式。参见柯派翠克（Kirkpatrick，2001）。截至2000年年初，四个最大的连锁书店——伯恩斯诺布尔公司（Barnes & Noble、伯德斯公司（Borders）、皇冠图书公司（Crown Books）以及亿万图书（Books-A-Million）——共同占据的市场份额超过45%。这些零售商的税后利润在2%～3.5%不等。也参见怀亚特（Wyatt，2006b）。与此同时，根据美国书商协会的资料，1999—2009年间，独立书商的数量从3 250家下降到了1 400家。欧来塔（Auletta，2010）叙述了这个行业的一个插科打诨的说法，“古腾堡出版社的第二本书就是关于出版业死亡的书”。

[10] 截至2011年，电子书已经占大众读物销售的超过10%的份额。亚马逊推出的电子书阅读器金德（Kindle），在

2007年后，与所有主要的出版商都达成了协议。根据汉赛尔（Hansell，2007）的说法，行业惯例是一本精装书卖27美元，电子书版本售价大约是20美元，批发价格是10美元，给有些零售商的定价是16美元。然而，亚马逊开始按成本把畅销书零售价定为9.99美元。哈波柯林斯的政策是以低于现行的实体书价格的20%出售电子书。因此一本13美元的平装书会以5.50美元出售给亚马逊，以11美元零售给购买者。也参见曼格林丹和特拉奇滕伯格（Mangalindan and Trachtenberg，2007）。2010年年初，亚马逊同意麦克米伦的要求，成人通俗小说和非小说电子书版本的出售价格在12.99～14.99美元，亚马逊担任代理并收取30%的佣金。对于零售商，代理定价的关键问题是零售商可以不经出版商的同意打折。另一个代理案例是，出版商设定11.99美元的价格，收回70%或8.39美元，不管零售商怎么定价（但零售商不能亏损）。对于出版商来说，每单位电子书与印刷书的利润可能如下，且还会因成本而减少。这两种类型的利润数字不包括提前支付和营销费用。

	电子图书（美元）	印刷图书（美元）
零售价	12.99	26.00
零售商收入	−3.90	−13.00
作者版税	−2.27	−3.90
数字版权管理	−0.90	—
印制、包装、运输	—	−3.25
出版商每单位利润	5.92	5.85

资料来源：Trachtenberg（2011a，b）and Association of American Publishers. 参见博斯曼（Bosman，2010）、奎特纳（Quittner，2010）、里奇（Rich，2010）、里奇和斯通（Rich and Stone，2010），特别是欧来塔（Auletta，2010），后者讨论了2010年苹果公司推出iPad的影响，以及亚马逊和谷歌的战略关系。关于盗版和下载软件（RapidShare，即免费下载），见斯特劳斯（Stross，2009）。2012年，美国司法部起诉苹果和其他几家大公司的电子书定价，这些公司试图削减亚马逊的主导地位。参见博斯曼（Bosman，2012a，b）、卡尔（Carr，2012）以及史崔特菲德（Streitfeld，2012a，b）。

[11] 大约75%～85%的批发价格要返回给出版商，它承担了开发和营销两方面的投资风险。对于开发者，设计和投资新选题至完成的成本，加上版权协议，通常要100万美元，它的计算依据是：

(1) 工作室或出版商承担开发的直接成本及人工费，保留了版权及大多数收益。作为回报，开发者的利润率为10%～12%。

(2) 出版社为开发者提前支付可以按销量计的版权费。版权费的范围是净批发收入的7%～25%之间。

开发者的发行选择可以包括：(1) 开发者一次性将版权卖给工作室以及/或者出版商；(2) 更常见的是，签一个附属协议，由出版商安排印制。在这样的协议中，附属公司拿到净批发价格的60%～75%作为版权费，具体范围取决于哪一方支付销售成本。或者，发行商拿批发价格的20%～30%，开发者拿10%～25%，出版商拿其余部分。

事实上，这些问题与音乐业相似，其中储备、折扣、回扣、运费等都会影响到版权费。也见斯凯勒（Schuyler，1995，p.88）。

[12] 大型上市公司，包括甘尼特、《纽约时报》、麦克拉奇（McClatchy）和新闻集团。

[13] 艾夫斯（Ives，2005）讨论了电影广告的重要性，全美电影广告收入已经从1995年的8.2%上升到了2004年的14.2%。此外，正如彼得森（Peterson，1997）指出的，《纽约时报》发现，“全国性广告不仅比分类广告或本地广告更具有盈利性，它还可以在全国范围内分散收入来源，更好地将报纸从当地的经济衰退中隔离出来”。这份报纸的情况可能是独一无二的，因为它的全国性广告占据广告版面（column inches，栏英寸）的大约44%，全国性广告从而占到广告收入的53%。相比之下，1996年，《洛杉矶时报》全国性广告只占总广告版面的15%。费勒斯（Fellows，2010）探讨了谷歌同新闻内容的制作和发行的商业模式的变化之间的关系。

[14] 这也使得对每单位发行量的收入增长的测量较之先前更不相关了。

[15] 巴克（Bakker，2002）提供了免费报纸的历史和分析。

[16] 周日报纸可能占了一份日报的收入和利润的一半。也参见2000年11月6日的《纽约时报》。

[17] 就如沃尔夫（Wolff，2000）描述的，存在额外的租用和制造收银台的搁架的费用。制造成本是21美元，每个收银柜台安装费是20美元，达到视线高度的搁架租金是每年40美元。据估计美国有这样的柜台共300 000个。

[18] 这样的折扣可能高达50%，可能采取的形式为有奖彩页（bonus pages），为销售各种产品提供补贴，或共享数据库。参见帕格瑞宾（Pogrebin，1996）。

[19] 每千人成本也可以更精确地根据不同的标准进行定义，这些标准是建立在以下基础上的：

（1）发行量：广告费用除以以千为单位的发行量。

（2）印象：单一出版物，广告费用除以以千为单位的平均期阅读人数（AIR）。

（3）总体印象：总的广告费用除以一个时间段中传播的广告以千为单位的总体印象。

（4）净覆盖：一个时间段中总的广告费用除以以千为单位的净覆盖（覆盖/到达是指至少达到了一次的读者数量）。

［20］见彼得斯（Peters，2011）关于iPad对杂志业影响的讨论。

［21］细节见皮尤调查中心（Pew Research Center，2012）。

［22］例如，时代华纳是世界上最大的杂志出版商（出版《时代》、《财富》、《体育画报》、《金钱》等）。其他大型杂志出版商是普雷媒体（Primedia）、贝塔斯曼（Bertelsmann）、梅里迪思出版（Meredith Publishing）、读者文摘（Reader's Digest）以及阿歇特（Hachette，法国）。

［23］就如第6章中指出的，《美国财务会计准则第48号声明》的关键因素是，未来回报的金额可以合理地估计。如果是这样的话，为了反映预计的回报，那么在损益表中报告的销售收入和销售成本就减少了。

［24］因为在其他产业中，企业价值（EV）是流通股乘以每股价格，然后加上净债务，再减去资产负债表以外的资产。企业价值除以EBITDA，可以获得一个倍数，以便进行价值比较。

［25］私人企业的价值折扣可能高达40%，在出版业中，EBITDA的倍数通常的预测范围是6～10倍——以一个长期的历史来看，报纸出版总市场价值除以EBITDA的平均比值大约是8.2。其他确切的估值指标可能包括每股收益增长的估计和预计销售的倍数。这些指标通常更适合新行业中的年轻的公司（例如，互联网公司）。

［26］例如，印刷和广播媒体广告供应量目前已经大大地标准化了，在市场中的交易很可能会逐渐类似于股票或债券的方式。

【阅读材料精选】

Alterman，E.(2008). "Out of Print," *The New Yorker*, March 31.

Anderson，C.(1996). "The Software Industry ," *The Economist*, May 25.

Angwin，J.，and Hagan，J.(2006). "As Market Shifts，Newspapers Try to Lure New，Young Readers," *Wall Street Journal*, March 22.

Auletta，K.(2007). "Promises，Promises," *The New Yorker*, July 2.

Barringer F，(2003). "Genteel Changes to Hardscrabble in Publishing," *New York Times*, January 18.

(2001). "Why Newspapers and Newsprint Makers Are at War," *New York Times*, May 14.

(2000). "Fissures in Sunday papers' Pot of Gold," *New York Times*, November 6. (1999). "As Data about Readers Grows，Newspapers Ask：Now What?," *New York Times*. December 20.

Blair，J.(2001). "The Dreams of Webzines Fizzle Out," New York Times，March 9.

Book Industry Study Group (1995). *Book Industry Trends* 1995. New York：Book Industry Study Group. "Book Publishing," *The Economist*, April 7，1990.

Callahan，P.，and Helliker，K.(2001). "Knight Ridder Loses Readers but Charges More to Reach Them," *Wall Street Journal*, *June* 18.

Carvajal，D.(2006). "One Day Soon，Straphangers May Turn Pages with a Button," *New York Times*, April 24.

(1997). "Book Chains' New Role：Soothsayers for Publishers," *New York Times*, August 12.

Cose，E.(1989). *The Press*：*Inside America's Most Powerful Newspaper Empires*. New York：William Morrow.

Cuozzo，S.(1996). *It's Alive! How America's Oldest Newspaper Cheated Death and Why It Matters*. New York：Times Books.

Daly，C.P.，Henry，P.，and Ryder，E.(1997). *The Magazine Publishing Industry*. Boston：Allyn & Bacon.

Dealy，F.X.，Jr.(1993). *The Power and the Money*：*Inside the Wall Street Journal*. Secaucus，NJ：Birch Lane (Carol Publishing).

Delaney，K.J.，and Trachtenberg，J.A.(2005). "Publishers Challenge Google's Book-Scanning Efforts," *Wall Street Journal*, October 20.

Dessauer，J.P.(1996). *Book Publishing*：*The Basic Introduction*. New York：Continuum.

Diamond，E.(1994). *Behind the Times*：*Inside the New York Times*. New York：Villard.

Ellison, S. (2006). "Clash of Cultures Exacerbates Woes for Tribune Co.," *Wall Street Journal*, November 10.

Geiser, E., and Dolin, A., eds. (1985). *The Business of Book Publishing*. New York: Westview.

Glazer, S. (2005). "How to Be Your Own Publisher," *New York Times*, April 24.

Greco, A. N. (2000). "Market Concentration Levels in the U. S. Consumer Book Industry," *Journal of Cultural Economics*, 24 (4) (November).

Hallinan, J. T. (2006). "Unlike Big Dailies, A Paper Prospers in Bismarck, N. D.," *Wall Street Journal*, February 8.

Hechinger, J. (2008). "As Textbooks Go 'Custom,' Students Pay," *Wall Street Journal*, July 10.

Heidenry, J. (1993). Theirs *was the Kingdom: lila and DeWitt Wallace and the Story of the Reader's Digest*. New York: W. W. Norton.

Hirschorn, M. (2009). "End Times," *The Atlantic*, January/February.

Kellner, T. (2004). "Who Needs a Muse?," *Forbes* 174 (10) (November 15).

Kelly, K. (2006). "Scan This Book!," *New York Times*, May 14.

Kirlpatrick, D. D. (2003). "New 'Harry Potter' Book Sells 5 Million on First Day," *New York Times*, June 23.

(2001). "Book Returns Rise, Signaling a Downturn in the Market," *New York Times*, July 2.

(2000a). "Struggles over e-Books Abound," *New York Times*, November 27.

(2000b). "As Publishers Perish Libraries Feel the Pain," *New York Times*, November 3.

(2000c). "Quietly, Booksellers Are Putting an End to the Discount Era," *New York Times*, October 9.

Klebnikov, P. (1995). "The Twain Shall Meet," *Forbes*, 155 (5) (February 27).

Knecht, G. B. (1997a). "Book Superstores Bring Hollywood-Like Risks to Publishing Business," *Wall Street Journal*, May 29.

(1997b). "Magazine Advertisers Demand Prior Notice of 'Offensive' Articles," *Wall Street Journal*, April 30.

(1996a). "Microsoft Puts Newspapers in Highanxiety. com," *Wall Street Journal*, July 15.

(1996b). "How Wall Street Whiz Found a Niche Selling Books on the Internet," *Wall Street Journal*, May 16.

Kuczynski, A. (2000a). "Consolidation Skews Field in Magazine Distribution," *New York Times*, October 23.

(2000b). "Strutting Her Stuff on Newsstands Coast to Coast," *New York Times*, October 2.

Lewin, T. (2003). "When Books Break the Bank," *New York Times*, September 16.

Munk, N. (1999). "Title Fight," *Fortune*, 139 (12) (June 21).

Perez-Pena, R. (2007). "Why Big Newspapers Applaud Some Declines in Circulation," *New York Times*, October 1.

Peterson, I. (1996). "At Times Mirror, What's the Plan?," *New York Times*, June 26.

picard, R. G., and Brody, J. H. (1997). *The Newspaper Publishing Industry*. Needham Heights, MA: Allyn & Bacon.

Pogrebin, R. (1996). "A Magazine Only a Mother Could Love? Reader's Digest Seeks to Change," *New York Times*, July 22.

Reilly, P. M. (1996a). "Where Borders Group and Barnes & Noble Compete, It's a War," *Wall Street Journal*, September 3.

(1996b). "Guccione Sex Empire Falls from Penthouse into the Basement," *Wall Street Journal*, March 22.

(1996c). "Newspaper Company Faces Succession Fight Despite Family Control," *Wall Street Journal*, January 22.

Rich, M. (2009). "Legal Battles Over E-Book Rights to Older Books," *New York Times*, December 13.

Rose, M. (2003a). "In Fight for Ads, Publishers Often Overstate Their Sales," *Wall Street Journal*, August 6.

(2003b). "Times Co. Strikes a Tougher Stance in Business Deals," *Wall Street Journal*, February 4.

(2002). "Wedding 'Church' and 'State' Works at Time Inc. Unit," *Wall Street Journal*, October 1.

(2001). "Recession Transforms Once-Glamorous Job of Magazine Publisher," *Wall Street Journal*, December 4.

(2000). "Smaller Newspapers Are Now Getting Another Look," *Wall Street Journal*, March 14.

Rosse, J. N. (1967). "Daily Newspaper Monopoly, Competition, and Economies of Scale," *American Economic Review*, 57.

Seelye, K. Q. (2006). "What-Ifs of a Media Eclipse," *New York Times*, August 21.

(2005a). "At Newspapers, Some Clipping," *New York Times*, October 10.

(2005b). "Can Papers End the Free Ride?," *New York Times*, March 14.

Shawcross, W. (1992). Murdoch. New York: Simon & Schuster.

Sokolove, M. (2009). "What's a Big City without a Newspaper?," *New York Times*, August 9.

Stecklow, S. (2007). "Despite Woes, McClatchy Banks on Newspapers," *Wall Street Journal*, December 26.

Steiger, P. (2007). "Read All About It: How Newspapers Got into Such a Fix and Where They Go from Here," *Wall Street Journal*, December 29.

Steinberg, J., and Carr, D. (2004). "The Troubling Case of the Phantom Readers," *New York Times*, June 28.

Stone, B., and Rich, M. (2008). "Turning Page, E-Books Start to Take Hold," *New York Times*, December 24.

Stross, R. (2008). "Freed from the Page, but a Book Nonetheless," *New York Times*, January 27.

Tebbel, J. W. (1987). *Between Covers: The Rise and Transformation of Book Publishing in America*. New York: Oxford University Press.

Tebbel, J. W., and Zuckerman, M. E. (1991). *The Magazine in America, 1741-1990* New York: Oxford University Press.

Tedeschi, B. (2004). "Online Battle of Low-Cost Books," *New York Times*, July 12.

Trachtenberg, J. A (2007). "From Hardcover to Paper, How a Blockbuster Was Born," *Wall Street Journal*, September 14.

(2004). "To Compete with Book Chains, Some Think Big," *Wall Street Journal*, August 24.

(2003). "Barnes & Noble Pushes Books from Ambitious Publisher: Itself," *Wall Street Journal*, June 18.

(2002). "Fresh Marketing Tactics Help Writer Push His Thrillers to Mass Audience," *Wall Street Journal*, May 14.

Wilke, J. R. (2000). "Tribune Co. Deal Puts Cross-Ownership Rule in the Cross Hairs," *Wall Street Journal*, March 14.

Wyatt, E. (2005). "Michael Crichton? He's Just the Author," *New York Times*, February 6.

第 10 章 玩具和游戏

381

你赢了还是输了并不重要，你如何玩这个游戏才重要。

在电脑时代，这个说法有了全新的意义：世界上只有少数人可以击败最好的电脑化的下国际象棋的机器。真正的视频游戏不会被打败，因为无论玩游戏的人拿到的分数是多么高，永远是首先厌倦了或者犯了致命的错误的人被击败。

本章主要探讨玩具和电脑游戏，会显示微电子芯片技术是怎样让游戏设计师可以方便而廉价地将普通电视屏幕转换成具有非凡能力的游戏场。人们将会看到，它是如何从一个小小的内核开始，快速发展成一种业务，而这种业务在全球范围内，可以同电影或音乐相匹敌，还比其中的任何一种都要更生机盎然。

当然，通过首先检视传统玩具和游戏部分，可以获得一种重要的视角。

10.1 对象不只是儿童

古往今来，玩具总是反映着技术的能力以及社会文化传统，正是在这些社会文化传统中，它们得以发展起来。例如，考古学家发现了一些早期的原始玩具，是由黏土或木头或布做成的，时间最远可以追溯到 5 000 年前。在古希腊，人们可以看到旋转木马和玩具宠物。中世纪时期的儿童，玩的是缩微的骑士和大炮以及打扮成洋娃娃的僧侣。在中世纪，法国贵族最喜欢的是时尚娃娃。 382

18 世纪，荷兰和德国的富裕商人用玩偶橱柜做家里的装饰物。到 19 世纪，钣金、瓷器、橡胶制成的玩具的引进，让可得到的玩具更为广泛，且价格也更为实惠。

到 1900 年，德国已成为世界的制造中心，而美国玩具制造商也开始占据一席之地，且更为现代化，在迅速改善批量生产和配送方法的同时新引入了塑料材料。后来，在设计、营销、广告、配送等方面的创新进一步增强了美国的表现，即便制造业转移到了亚洲。

当然，无论玩具是在哪里制造的以及在哪里销售的，很明显，玩具类型的流行会随着时间的变化而变化，并且反映着社会的文化价值观以及对待孩子的态度。例如，就像 Cross（1997，p. 9）记录的，在 20 世纪初，美国中产阶级给自己的孩子购买那些可以进行类似成年人的职业训练的玩具，而现代玩具"邀请孩子进入一个没有成年人的幻想世界"。图 10—1 提供了一个历史的视角。

玩具是典型的娱乐产品。确实，它有很强的娱乐潜力——在游戏这一层面，如果你愿意，它是可以构造出某种东西的玩具，而不只是由塑料、木材、纤维或金属制成的杂乱的组合物。当然，关键的附加成分是游戏者的想象力。根据定义，玩具就像（正如在第 1 章中所指出的）所有的娱乐产品和服务的作用一样，事实上可以改变一个人的心理，转移其注意力。因此，玩具行业是娱乐产业不可或缺的组成部分：它不仅仅是为了给孩子玩的。

财务特征

事实上，玩具行业已经演变成一项相当可观的商业活动。在 21 世纪初，美国在批发这一块，每年超过 200 亿美元，而在零售这一块，大约是 300 亿美元。而且，美国占全球总需求的大约 36%，西欧、亚洲和日本分别占大约 28%、13% 和 10%（自 20 世纪 90 年代初以来）。全球成千上万的公司参与到玩具和游戏产品的生产和配送中。[1]

尽管玩具制造业仍高度分散，大公司之间已经出现重大整合，甚至扩展到了中国内地和香港地区的公司。中国内地和香港地区的玩具制造大约占全球的 70%：在全球范围内竞争的
383 公司，需要大量的资本以及来自制造、营销、分销和广告方面的规模经济优势。就这一点而言，玩具产业同样遵循着在其他娱乐领域中建立起来的商业模式。

大型娱乐公司经常对玩具的开发表现出积极的兴趣，它们通过授权和建立合资企业，可以延续一部电影（或电视节目）的专营权的价值。例如，与电影、电视节目、图书相关的玩具，在美国 2009 年的玩具销售总量中占据大约 25%（54 亿美元）。偶尔，品牌建构工作采用相反的路径，用很强势的玩具概念来提高一部电影的盈利前景。

20 世纪 90 年代末，美国三大制造商/分销商占据了玩具业的主导地位，估计占总销量的一半左右。这些公司是美泰［Mattel，产品包括费雪（Fisher-Price），泰科（Tyco），美国女孩（American Girl）］、孩之宝［Hasbro，产品包括米尔顿·布莱德利（Milton Bradley），通卡（Tonka），肯纳（Kenner），帕卡兄弟（Parker Bros.），高乐宝（Galoob），老虎电子（Tiger Electronics），奥恩（OddzOn）］和丹麦的乐高。在零售层面上，业务由沃尔玛（2009 年份额大约 25%）、塔吉特百货（Target）以及其他较大的折扣商店主导。[2]尽管如此，非耐用品的玩具在美国个人休闲娱乐消费方面的支出总额中占据的份额仍逐渐下滑（见图 10—2）。

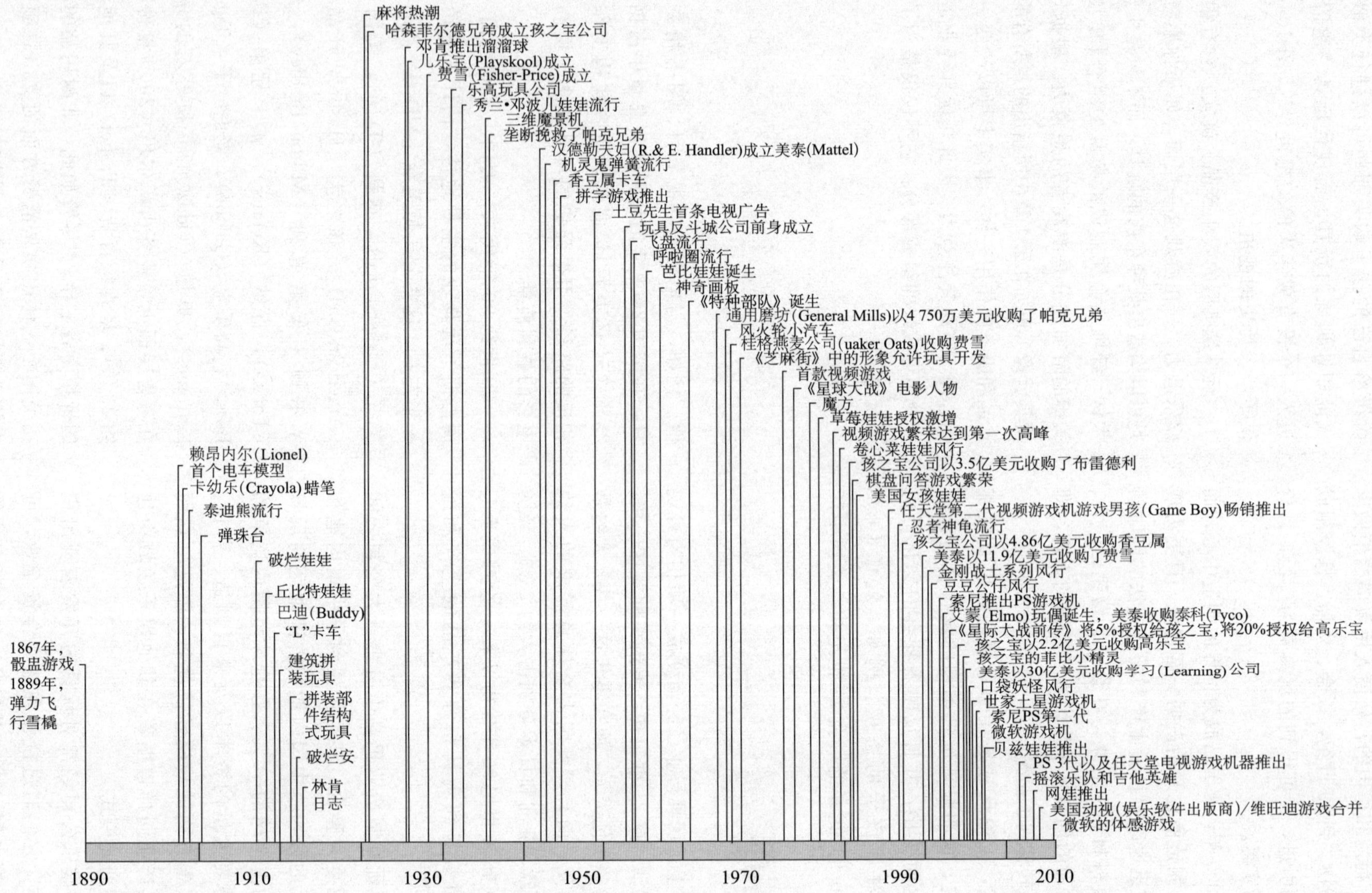

图10—1　1867—2010年玩具产业大事记。

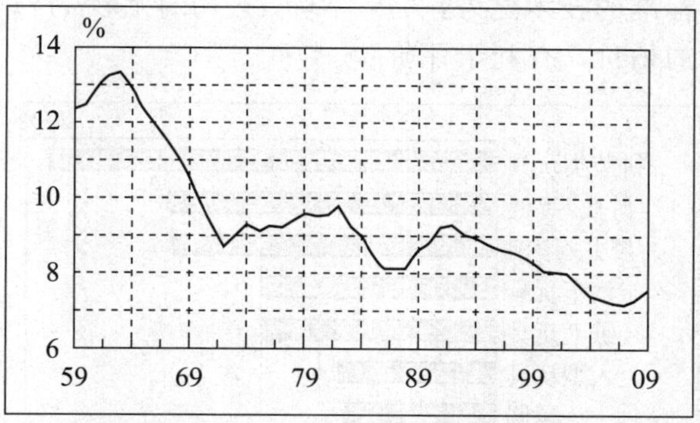

图 10—2　1959—2009 年玩具（非耐用品）作为个人消费在休闲娱乐支出总额中占的比例。

表 10—1 显示的玩具制造商的收入，表明它常常呈现出很高的财务和经营绩效的差异，对于制造商和零售商而言，这是常见而持续的特性。这种差异在图 10—3 中可以看得更清楚，在图中可以看到主要产品类别的销售增长率以及出货量的变化。这个行业的需求具有波动性和很大的季节性，年度销售额的三分之二通常来自一年的最后 12 个星期，自然增加了运营的不确定性和风险。据 2009 年的销售额排名，五个最大的玩具类别是婴儿/学前（30 亿美元）、玩偶（26 亿美元）、游戏和字谜（24 亿美元）、运输工具（18 亿美元）以及人物（16 亿美元）。

表 10—1　　2005—2009 年玩具产业财务构成（8 家公司）[a] 385

	收入	运营收益	运营利润％	资产	运营现金流
CAGR（％）：					
2005—2009[b]	6.1	n. m.	n. m.	14.6	0.7

[a] 2005—2009 年平均利润＝4.3％。

[b] 复合年均增长率。

搭建积木

正如欧文（Owen，1986）提及的，庞大的美国玩具公司的根基事实上是很卑微的。即使在今天可以随时使用各种复杂的市场研究手段，这些公司的特定玩具产品线的成败原因通常也难以弄得很清楚。有时，一个玩具可以成功地凭空创造出来，比如 20 世纪 80 年代早期广受欢迎的草莓娃娃（Strawberry Shortcake），以及 20 世纪 90 年代后期的口袋妖怪（Pokémon）。而有时，即使全部都预先计划了，并在全世界做了广告——尽管与影视节目一起搭售——但还是不能成功地推广出去。[3] 总之，经验表明，好的故事题材和值得收藏是建立一个长期持久的玩具热潮的两个重要因素。[4]

大家耳熟能详的知名商标如棋盘游戏大富翁、
386 乐高积木、土豆先生或芭比娃娃似乎有着无穷的吸引力。可以预期，这些产品为制作它们的公司带来了非同寻常的丰厚利润。不过，大宗产品之于玩具产业，就如电影图书馆之于工作室之间的关系一样，它们通常都不具备足够的增长空间。为此，玩具公司需要运气、勇气，还要投入大量的资金，用于产品研发和日益全球化的电视营销。在这方面，开发新玩具的过程与电影和音乐相类似。在电影和音乐领域，常常是异乎寻常地盈利的部分流行作品，为其他许多失败的新产品买单。

然而，将玩具和其他娱乐产业进行类比，不应该过度。零售需求方面高度收缩的季节性模式，导致制造商和零售商要保持大量的实物库存，借此服务于这种需求，增加了短期交货的压力。[5] 更多的时候还不止于此，这些压力导致库存失衡（太多的未售出的产品），这种失衡在零售商为下个季节进行“开放购买”（亦即订购，在财政和实物两个意义上）之前，必须得到及时改正。

玩具公司的估值方法也各不相同，因为品牌名称对电影娱乐的影响甚微，对玩具的影响则意义非凡。除了用于分析项目的现金流量和现金流量倍数（如在媒体行业中）标准的技术之外，另外，对股票和企业借贷能力的估价，有利于评价玩具公司的无形资产。[6]

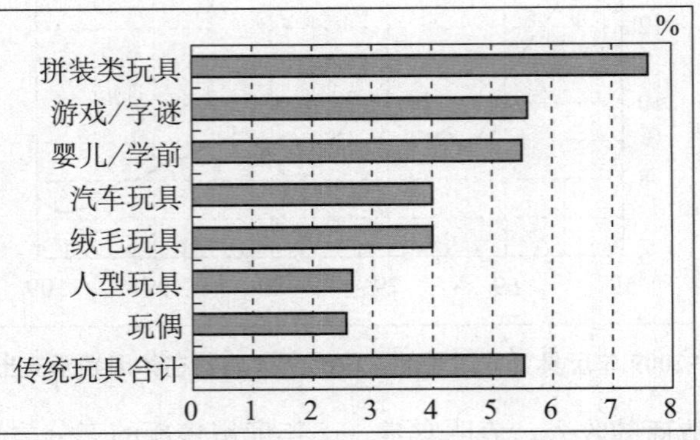

图 10—3 对 1983—2009 年主要玩具类别年均销售额增长率的比较。

资料来源：Toy Manufacturers' Association.

此外，尽管人口统计学变量经常被援用，以描述产业的增长潜力，但大多数这样的应用必须审慎。例如，在预测总需求的变化时，与了解人口中儿童的人数相比，了解第一胎（first births）的数量通常要更为重要。但是，在营销活动的目标群体设计时，可能更为重要的是，了解期待生第一胎夫妇的收入水平以及人口分布状况。图 10—4 说明了个人消费支出（PCE）与生育数量之间的关系，而图 10—5 显示了按年龄划分的人均玩具开支情况。[7]

387

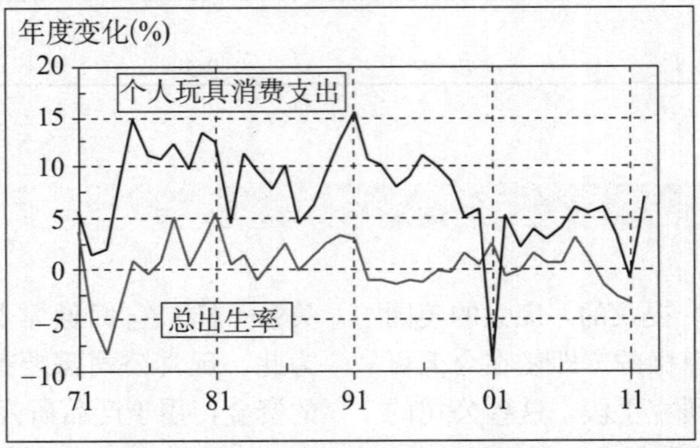

图 10—4 1970—2012 年间美国出生率与玩具占总的休闲娱乐支出的年度比例变化（落后一年）。

资料来源：U. S. Department of Commerce，U. S. Census Bureau，National Center for Health Statistics，Mattel.

一项对人均儿童消费作为人均国内生产总值（未显示）的函数的国际比较进一步指出，正如可以预期的，人均国内生产总值越高，儿童人均玩具消费越高。若全年人均国内生产总值达到大约 40 000 美元，则每个孩子的平均支出上升到 300 元左右。当人均国内生产总值大约 20 000 美元时，每个孩子的平均支出只有 100 美元。

10. 2 芯片来了

玩具不同于其他细分的娱乐行业市场，与其说因为它的需求往往是波动性的及周期性的，倒不如说因为在它的成本构成中，有相对较高的比例（增加值）被束缚在大量的库存的物理制造和运输上。

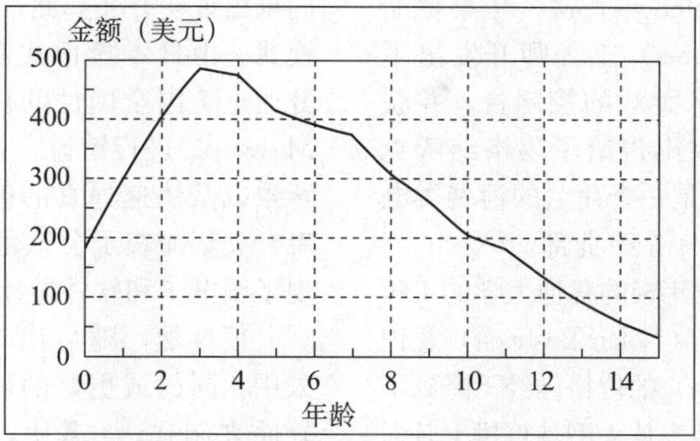

图 10—5　根据不同年龄范畴，2009 年人均在传统玩具中的支出费用估计值。

资料来源：U. S. Department of Commerce，U. S. Census Bureau，National Center for Health Statistics，Mattel.

与此相反，大多数的娱乐产品和服务，其最大量的附加值存在于有组织的信息之中，这种有组织的数字化信息，我们称之为节目或软件。那些数字信息存储在光盘或其他半导体材料中，并通过互联网、有线或无线广播电视信号进行传播。

由于视频游戏也真正是有组织的信息，可储存在惰性媒体上，可通过电子方式传送，它们确实是许多其他娱乐产品的技术上的近亲。可以这么说，视频游戏与其他娱乐产品的唯一的区别是，你需要有一台电脑来玩。视频游戏产业的两个分支——电子元件和软件设计——同根同源，共享未来，其未来由它们的创新速度所控制。[8]

388 ## 老虎机与弹珠台

投币式游戏机（coin-ops）的历史可以上溯到 19 世纪 80 年代晚期，当时，旧金山的赌场第一次引进了吃角子老虎机（slots）。费（Fey，1989）曾记录道，投币式游戏机在美国的传奇多变而丰富多彩的发展和使用，与整个博彩产业的发展联系在一起。这是下一章探讨的话题，现在提到如下这一点就足够了，即 20 世纪 30 年代的大萧条期间，开始出现了专门用于娱乐的机器——当今复杂的三维弹珠台和其他视频小玩意的先行者。

早期，最重要的弹珠台游戏的牌子之一是巴利虎（Ballyhoo），是由总部位于芝加哥的一个垂死挣扎的狮子公司（Lion Manufacturing）推出的。狮子公司是巴利（Bally）制造公司的前身，巴利制造公司与芝加哥的其他几个公司，包括戈特利布（Gottlieb）、威廉姆斯（Williams）以及斯特恩（Stern），在 20 世纪 70 年代初，就成为全球领先的游戏机的生产商。[9]

20 世纪 70 年代中期出现了两个重要事件：一是 Bally 用新的电子电路取代了机电式组件，二是洛杉矶、芝加哥和纽约等大城市将在一般公共场所安置弹珠台游戏机合法化了。这样一来，巴利公司突然上升到行业的领导地位，而且急剧地推动了对最先进的电子技术的应用，以增强游戏机的特性。此后，随着对弹珠台的需求下降，到 2000 年，只有一家小型私有公司依然存在。[10]

碰碰弹珠台：前世今生

正如我们现在知道的，投币式游戏机的市场并不局限于三维弹珠台，20 世纪 60 年代末，视频游戏已曙光初现。事实上，其技术可以追溯到 1962 年，当时，麻省理工学院的研究生展示了一款模仿科幻小说的幻想游戏《太空大战》（*Spacewar*），使用了 PDP-1 大型主机和大屏幕阴极射线管。那款游戏在电脑爱好者中引起了广泛而狂热的追捧。

下一个重要进展是在1968年，这一年桑德斯联营公司（Sanders Associates）工程师开发出了一种可在普通电视机上显示游戏的控制台，并获得了专利，桑德斯把专利权出售给了玛格纳沃克斯（Magnavox），现在，它是一个荷兰的消费类电子企业大集团飞利浦公司的一个事业部。[11]

20世纪70年代初，一位年轻的犹他大学的工程专业毕业生诺兰·布什内尔（Nolan Bushnell）意识到，电子计算能力（集成电路）的价格已经下降到了这样一个节点，将《太空大战》从大型计算机上转而应用到投币式机器上，在经济上是可行的。布什内尔和他的同事开始在由卧室改装的车间中研发这样的机器。他们最终开发出来的是像网球一样的简单的游戏，他们将其命名为碰碰弹珠台（Pong）。[12]

碰碰弹珠台在行业中掀起一场风暴，并迅速成为第一种流行的投币式的视频游戏机。此后不久，具有
389 碰碰弹珠台风格的家用视频游戏也开始出现。[13]然而，尽管初期有着火一般的热情，消费者对这一领域的兴趣，变化多端，稍纵即逝，其变动之快，超过了行业的预期。由于价格竞争以及累积的亏损，大多数的早期厂家被迫退出了这个领域。

此外，事实证明，布什内尔的公司——雅达利（Atari）对于利润也是难以把握的，要占有迅速增长的投币式和家庭视频游戏机市场，需要注入大笔的资金和大量的专业化管理，这超出了该公司的资源配置能力。到1976年年底，雅达利公司的创始人向华纳通信（Warner Communications）出售了大约2 800万美元的所持股份，其价值大约接近于它在那一年的销售额。[14]

在这一点上，投币式视频游戏机似乎只是昙花一现。不过，《太空侵略者》（*Space Invaders*）的推出证明并非如此，《太空侵略者》是一种街机模式，由日本投币式制造商台东（Taito）生产，并通过美国全国性的代理商巴利-美德威（Bally-Midway）进行销售。凭借其更加丰富多彩的图形背景以及快速逼真的射击枪战功能，《太空侵略者》立刻捕获了公众的爱好，成为第一款突出体现了微电子和软件设计的潜力的畅销游戏机。[15]

很自然，随后出现了一波热门的视频游戏，采用相同的或更好的硬件，以及更富有想象力的软件来制作。[16]其中，《小精灵》（*Pac-Man*，1980）特别重要，因为它是第一款吸引大量的女性玩家（player）的视频游戏。

到20世纪70年代后期，同样的软件改进和技术的发展（更快的微处理器和更大的记忆），使得设计师可以制作出具有壮观的视听效果的投币式机器，而家用视频设备也应用了类似的效果。因而，由于缺乏软件而一度停滞不前的可编程的游戏机，仿佛在片刻之间，突然开始批量出售：消费者最终发现，他们可以在家里玩自己喜爱的街机游戏。这一戏剧性变化对于雅达利的影响也是吓人的。在母公司华纳通信的麾下，前三年竟无利可图，到1979年年底，雅达利迎来了自己的辉煌。不论是自行设计，还是对最流行的街机概念的游戏卡进行授权，该公司获得了全世界家庭视频游戏80%的市场份额。[17]

游戏机和卡盒的行业销售，从1977年的几乎为零猛升到1982年的批发超过20亿美元（零售约30亿美元）。[18]那时，正如图10—6所显示的，视频游戏软硬件的销售占美国玩具制造商出货量的近三分之一。

碰碰弹珠台视频游戏确实将市场搞得乒乓作响。

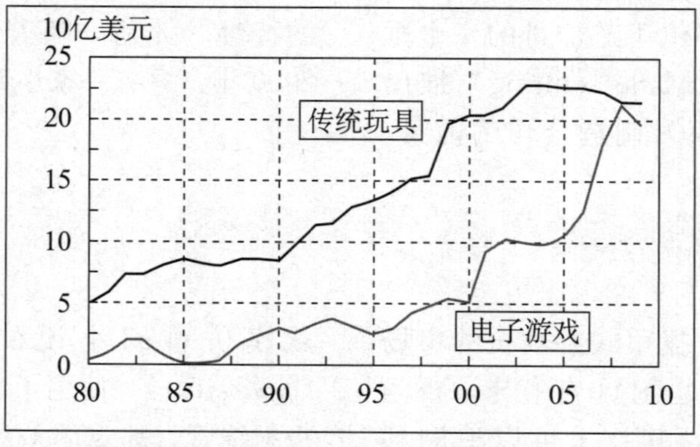

图10—6　1980—2009年以美元计的家庭视频游戏和玩具销售的美国制造商的出货量。

资料来源：Nintendo of America，Inc.，and TMA.

10.3　产业结构报告

家用式游戏机

然而，所有这些情况都太好了，以至于难以为继。到 1982 年年底，公众对于街机游戏的迷恋已开始减弱，畅销的游戏卡盒越来越少。与此同时，市场上充斥着各种类型的模仿软
390 件。[19]因而，直到 20 世纪 80 年代末，该行业原先还没有定型的结构，至少在软件这一块，才稳定下来，呈现出音乐录制业和图书出版业的同类特征。

直到 1986 年，当时日本的任天堂（Nintendo，日文意为“留在天堂”）推出了技术上更先进、用户界面更友好的游戏机，不过市场上硬件方面仍然无序。[20]但是，通过严格控制软件开发和市场营销，任天堂成功崛起，并且获取了再次勃兴的市场高达 80%的份额，在这期间，一直没有重大的竞争的出现，直到 20 世纪 90 年代初。[21]此时，任天堂每年的经营利润已经增长到超过 10 亿美元——这个数字超过了好莱坞各大电影公司 1991 年利润的总和。

20 世纪 90 年代后期，以索尼公司的 PlayStation 为领跑者的游戏机软硬件的销售，其规模（约 70 亿美元）已成长为与美国国内的票房收入不相上下。此后，在索尼的 PlayStation2、任天堂的 GameCube 和微软的 Xbox 之间激烈的竞争，刺激全球游戏机、游戏及其配件的销售额迅速增长到超过 200 亿美元。事实上，在 1995 年推出游戏机之后的六年，索尼就售出了超过 1.1 亿台游戏机和 8.8 亿盒游戏。到 2007 年，一半以上的美国家庭（60%）拥有现代游戏机（包括最新的 PlayStation3，Xbox 和任天堂的 Wii）。不过，或许是由于如此高的市场渗透率的原因，游戏硬软件的销售证明它很容易受到不利的宏观经济条件的影响，在 2009 年经济衰退之下，游戏产业的收入下降了 9%，估计只有 202 亿美元。

只有变动不居才是永恒的。游戏行业在朝着这样的标准向前发展（在 1980 年左右由雅达利开始，呈现一个明显的五年左右的升级周期），即利用更强大的接入互联网的计算机平台，并允许实现大型多人在线游戏［MMOG，massively multi-player online games，例如《魔兽世界》（*World of Warcraft*）、《无尽的任务》（*EverQuest*）、《第二人生》（*Second Life*）和《网络创世纪》（*Ulti-
ma Online*）］的世界。这种在线游戏（有时也被 391
称为大型多人在线角色扮演游戏，MMORPG，突出其中的角色扮演）的玩家，已经能够创造虚拟世界和生活，甚至可以将这些虚拟生活在现实世界进行货币化。例如在 2014 年，这种虚拟商品在美国估计达 30 亿美元，在全球达 70 亿美元。[22]

微软的无控制器的动作感应系统 Kinect 的推出，可以让玩家以纯粹的手势和声音命令来控制显示屏显示，甚至也有思维控制的游戏（脑计算机接口技术，使用个人脑波定制电脑上的替身），代表了现阶段游戏的创新。然而，以云技术为基础的在线和手机游戏，并不昂贵。对游戏手柄的需求可能将渐渐消失，纯粹的游戏专用机的黄金时代可能也结束了。[23]

实际上，随着处理能力的成本的降低，游戏变成了互动电影。[24]但是，与传统电影的主要区别是，这些玩家成了演员，在他们自己独特的离奇曲折的过程中展开故事情节。难怪，电影工作室已经发现，向游戏开发者出售概念和角色的许可权是有利可图的，通常可以获得游戏出版商利润的 10%～20%。[25]

利润动态

对于制造商来说，流行的游戏就像卖座电影或录制唱片一样，可以带来非凡的回报，特别是家用版游戏机，其盈利能力可以远远超过投币式游戏机。确实，到20世纪90年代后期，像任天堂的《黄金眼》（*GoldenEye*）或者《塞尔达传说》（*Legend of Zelda*）这类游戏，尽管每一款游戏的开发和制作成本不超过600万美元，但是带来的总收入超过2亿多美元。这样的成本—收益率给人留下十分深刻的印象，比如说远超过电影，对于大多数能够产生超过2亿美元收益的影片来说，生产成本通常要比游戏行业高出许多倍。[26]

然而，最初有利的成本—收益结构并不总是可持续的，现在，产业重心已经转移到了诸如微软的Xbox和索尼的PlayStation 3等硬件上来。这种更复杂的技术所要求的游戏研发资金额更高，现在每一款经常高达4 000万美元，还不包括营销费用。由于研发成本如此之高，游戏制造商在充分地提价和大量地销售方面遇到了很大的困难，因为大多数游戏的销售量通常在15万份以下，难以获得补偿。[27]这个产业的成本—收益结构已越发类似于电影业了。例如，据估计《使命召唤：现代战争2》（*Call of Duty*：*Modern Warfare* 2）的制作成本大约是4 000万～5 000万美元，到2009年年底该游戏发布的时候，包括营销及分销开支在内，总开支达2亿美元。[28]

幸运的是，像《魔兽世界》（*World of Warcraft*）这种大型多人在线游戏（MMOG）的出现，只计算每个月的月费，也具有更持久和更高的盈利潜力，何况还有虚拟商品的销售，在软件的销售之 392
外，能再次提供现金流。当然，在手机上和其他移动设备上的游戏，现在也是额外的收入来源。[29]

虽然大多数游戏不像前面提到的这些游戏那样有利可图，像索尼或任天堂等游戏制造商通过向本公司以外的游戏开发者收取许可费用/版税，通常一份收取5～10美元，还是能获致大量的收入。就像在其他娱乐产业门类一样，都是依靠少数几款赢家通吃的产品，来抵消大多数公开上市产品的不太高的回报或亏损。[30]出现这种情况的唯一的重要先决条件是，市场上需要存在大量兼容的游戏机或电脑。[31]

作为游戏的商标授权商，处于一个相对低风险的地位；作为游戏的出版商，所承担的风险更高，但是回报也更高。它们之间的差异在表10—2中有所说明。商标授权商只收到2美元，而出版商留住了19美元。

一款流行的游戏可能带来高额的利润，因而可能继续吸引服务消费者的电子企业和软件开发商进入到游戏行业中来，激发了技术的进步，令家庭、娱乐场和室内主题公园的多媒体游戏机得以蓬勃发展。[32]

表10—2　假设40美元游戏在零售方面收入的分割情况

零售价格	40美元
配送	5
发布者	19
开发者	6
授权商	2
零售商	8

投币式游戏机

与家用游戏机相比，在投币式游戏机（coin-op）市场上看到的产业结构更为刚性一些。不过，自从20世纪90年代以来，由于需求的波动相当大，在考虑了通胀因素后，其行业趋势并没有显示出多大的增长。投币式游戏机的收入，包括各种视频游戏、弹珠台，以及其他设置了抽奖的自动售货机和娱乐装置，目前每年大约产生60亿美元，平均每周从视频游戏［据《游戏咪表》

（*Play Meter*）年度调查中的估计］中获得的收入不高于 110 美元左右。结果，该产业中占主导地位的公司，开始垂直整合了。根据如下四种功能，
393
可以定义一个企业是否属于投币式游戏机行业。这四种功能是：

（1）游戏的设计：每一款游戏的设计往往耗资超过 200 万美元。

（1）制造和装配：在这一过程中，参与的有显示器组件生产商、印制电路板（printed circuit boards）、内存和微处理器芯片。[33]

（3）发行：在这一阶段，对来自不同制造商的游戏机加以批发、保养，有时进行交换。分销商为较小的运营商提供信贷资金购买机器，普遍支持以旧换新的需求。也可能提供设备升级，主要是新的电路板，使得现有的机箱和显示器能够适应新的游戏。

（4）营业场所的经营权或所有权：无论是娱乐场，还是放置机器的小型区域。经营者和场所的所有者通常会以 50∶50 的比例进行收入分配，或者在经营者支付了一定的最低额或保证金之后，以类似的比例进行分配。[34]

尽管投币式游戏机行业不会完全消失，按照性价比来说，家庭视频游戏技术的发展似乎如此迅速（例如，快速的处理器，大屏幕高清晰度），以至于街机和非赌博的投币式游戏机的供应商已不再处于游戏开发、消费者兴趣以及行业增长的最前沿了。

10.4　结论

本章讲述了许多有趣的内容，包括繁荣与萧条，将电视屏幕改造成一片宏伟幻境的喜悦，以及发现有时亏损更容易而收获更难带来的绝望。对于具体的玩具或游戏机行业的需求曲线，就像对于具体的电影的需求一样，常常是不稳定的、流行易逝的和难以预测的。因而，玩具很像时装行业。不过，公司之间的并购，尤其是将制作、营销和发行环节整合为全球性的巨头，伴随着将多样化的玩具品牌组合到了一起，导致与先前相比，产业收益的趋势越来越少地依赖在少数促销项目上的成功。技术现在也发展得如此迅速，仿真的玩具和现实生活之间越来越难以区分。

在 21 世纪初，美国的消费者单单在游戏软件上的支出（即不包括硬件支出），再一次地与不管是电影还是音乐领域的支出属于同一量级。事实上，游戏软件在技术上的复杂性已达到了这样的阶段，即研发过程、故事情节、视觉呈现品质，以及对情绪的影响，都可以与电影娱乐中的相关
394
部分相媲美。电影和游戏这两种高度协作的艺术形式正变得越来越一体化，现在往往很难分清何处是一种艺术形式的结束，何处是另一种形式的开始。这同样适用于网络游戏，在这里，真实和虚拟生活的边界越来越模糊。

此外，电信的最新进展，很可能让家用视频游戏机和投币式游戏机部门的产业结构发生重要的改变。通过使用光纤和无线实现互联网接入，使用高度压缩的数字信号进行传输，以及付出相对较低的成本获得强大的计算能力，可以让这两种视频游戏传送到具有闪电般速度和效率的 3D 游戏机上。投币式游戏机不再需要将笨重的橱柜和电路板频繁地搬来搬去。家用游戏机的玩家在挑选游戏类型或玩伴的时候，也不再有什么限制。[35]

此外，电脑游戏将越来越多地纳入人工智能和所谓的虚拟现实能力（包括基于手势的移动应用）。游戏的演变将远离那些只需要简单的手眼协调技巧，而发展成那种思维策略和抽象推理成为决定性因素的模式，因而，将能提供具有挑战性的交互式角色扮演“体验”，而这很有可能会逐步地把用户的时间和开支从更传统的媒体行业中抢夺过来。[36]

然而，不管什么技术或格式，成功游戏的本质始终是相同的：理解起来很简单，在初级水平上很容易玩，但它是会让人成瘾，让人抓狂，似乎永远不可能完全掌握它。[37]无论是一款游戏还是一种玩具，其基本元素将永远是产品的吸引玩家幻想的能力。玩具和游戏最终只是手段，通过这

种手段，应该能够刺激、放大并传达各种故事。

无疑，我们将继续以我们可以想象到的方式而沉迷其中。就如弗鲁德（Frude，1983）在提到另一种计算机化的娱乐形式，即关于个人化机器人的最终发展时指出的：

人类仿真的维度可以是全新的。未来，“私人朋友”可以从架子上买得到这一荒谬的看法，现在需要认真地对待了……不过，让一台机器给出笑脸是容易的，要让它对一个笑话做出嘲笑仍然是相当地、相当地困难的。[38]

【注释】

[1] 根据美国玩具制造商（TMA）的数据，1998年美国玩具制造业出货33.7亿玩具，估计有125 000到150 000种产品（入库单位，SKU）。据估计，2010年，这一数字上升了10%左右。

[2] 玩具制造商和零售商之间的关系，像电影发行商和放映商之间的关系，有时会紧张。然而，玩具制造商拒绝帮助一位库存不足的重要的零售商的情况很罕见。制造商通常提供优厚的奖励（即降价），需要清货的时候，有时会以回扣或降价的形式给予奖励。这样的激励措施范围可能高达产品销售的3%。因此，玩具行业的投资者，对于制造商应收账款，或零售商放置在库房的库存，不会仅仅视为严格的财务会计意义上的最终销售。就像已经被再三证明了的，投资者可能对圣诞季后的惊喜满怀期待，而这些投资者没有意识到来自零售商的应付账款并不实在，直到玩具真正被消费者买走。

[3] 例如，对于玩具开发的过程的讨论：请见沃特金斯（Watkins，1986），特别是斯特恩和舒恩浩斯（Stern and Schoenhaus，1990）。

[4] 就如赖曼（Lyman，1999）指出的：“金刚战士（Power Rangers）没有收藏就有了剧情，而豆豆宝宝（Beanie Babies）收藏了却没有剧情。口袋妖怪（Pokémon）两种情况都有。”

[5] 例如，通常很容易做出足够多的招贴画，让一部受欢迎的电影可以在更多的影院展映。在圣诞节前一周，制造并交付出一种受欢迎的玩具的更多的复制品，这几乎是不可能的。

[6] 在确定品牌名称的价值的时候，大多数方法会采取品牌总销售然后减去产品成本、销售、一般和行政开支以及折旧，得出一个营业利润数字。由此，减去的数量可能等于一种产品的基本版或通用版能赚到的数量，然后，对调整后的数字计税，以便估计可能的品牌净利润是多少。最后，确定一个品牌是如何强大，根据消费者的认可、稳定性、领导力、国际性、支持和保护等多种措施，来对品牌的价值做最后的评估。在1996年7月8日《金融世界》（*Financial World*）的分析中，芭比（Barbie）和费雪的价值已经分别增长到了25亿美元和11亿美元。更近期的数据请见2001年8月6日《商业周刊》上的“全球最佳品牌”。艾克（Aaker，1991）对品牌资产做了广泛的介绍。

[7] 相比于其他的孩子，家长往往给第一胎孩子买更多的玩具。

[8] 软件是控制机器功能的指令集。

[9] 那时，全球市场已变得相当成熟并可以预测，戈特利布［Gottlieb，最终改名为米星（Mylstar）］被其所有者（可口可乐）中止，威廉姆斯拥有市场支配地位。在20世纪80年代末，巴利将其接口和视频业务出售给了威廉姆斯的继任者WMS实业公司。

[10] 伊利诺伊州的梅尔罗斯公园（Melrose Park）的斯特恩弹球（Stern Pinball）是仍然存在的公司，这个公司一年销售10 000个机器，从1992年全球行业销售100 000的高峰上降下来了。参见2000年3月11日的《经济学人》。

[11] 桑德斯的工程师是拉尔夫·贝尔（Ralph Baer），而桑德斯的专利最终许可给所有主要的家庭视频游戏制造商使用。上面提到的麻省理工学院的研究生的名字是史蒂夫·罗素（Steve Russell）。

[12] 布什内尔和他的同事制作了《太空大战》的一个版本称为《电脑空间》，但只销售了1 500个单位，在商业上不太成功，并将版权出售给了纳丁联合公司（Nutting Associates）——一家同意生产它的小公司。

尽管如此，在此之后，布什内尔希望他的设计公司——“会合”（Syzygy）继续开发赛车游戏。然而，仅凭微不足道的资源和经验，这是一个相当雄心勃勃的目标。为了获得必要的技能，布什内尔公司开始建设原型，这个原型可以模拟他能想到的最简单的游戏：网球。让其设计者惊喜多多的是，游戏玩起来很有趣。但由于制造商对生产不感兴趣，“会合”只好自己组装产品。碰碰弹珠台，就像熟知的一样，立刻风靡一时，在酒吧和餐馆中弹球很受欢迎。

总之，“会合”——1973年年初改名为雅达利（Atari）——这个术语来自日本游戏（意思是准备吞没），卖出了约10 000个单位，以及90 000左右的复制品或其他制造商改编产品，充斥了市场。布什内尔后来从他的同事手中买了该公司的控股权，然后把 Syzygy（即雅达利）卖给了华纳通信（Warner Communications）。也参见库贝（Kubey，1982）、欧文（Owen，1983）、马尔科夫（Markoff，2002）、肯特（Kent，2001）以及查普林和鲁比（Chaplin and Ruby，2005）。

[13] 1972 年，专门用于玩一两种游戏的马格纳沃克斯奥德赛（Magnavox Odyssey）控制台问世。其他数家公司与马格纳沃克斯（Magnavox）公司一起做控制台。除了雅达利，其他制造商包括克莱柯（Coleco）、仙童仪器公司（Fairchild Instrument）、国家半导体公司（National Semiconductor）以及 RCA。

[14] 仙童（Fairchild）和华纳的新部门雅达利的亏损一直持续到 1977 年，当时这两家公司都推出了盒式加载可编程序控制台，它们希望能力挽狂澜。尽管这些模型是对先前一代专用机器的明显改善，但是并没有激发起普通消费者的兴趣。游戏设计能力处于一种原始的阶段，控制台使用的半导体芯片以及盒子的内存小而昂贵，缺乏软件。

在这段时间，百丽制作和 RCA 也做出了重大努力进入可编程的市场，但两家公司很快就发现它们参与的收效甚微。百丽将其亏损的部门出售给了星凯（Astrocade）——一家私人公司——最终关门大吉，而 RCA 也停止了生产。长期遭受苦难的仙童也放弃了这一业务。

[15]《太空侵略者》同时也有助于提高投币式行业的期望，数量远远超出了 20 000 个单位，那个时候被认为是弹球的特殊的全盛时期。2003 年台东（Taito）再次开始销售街机游戏机。

[16] 在排行榜上位居前列的包括《行星游戏》和《导弹指挥官》，由雅达利开发，来自于威廉姆斯电子（Williams Electronics）的《防御者》（*Defender*）以及无处不在的《吃豆人》（*Pac-Man*）及其变种，由日本私人公司南梦宫（Namco）设计，分布在百丽的投币机以及雅达利的盒式机内。

[17] 1976 年雅达利的收入是 2 800 万美元，1982 年扩大到超过 20 亿美元，而年度营业利润超过了 3.2 亿美元。

到 1980 年，对于美泰（Mattel）来说，该行业的潜力看起来足够美好，然后美国最大的玩具公司推出了其因特利视（Intellivision）牌的游戏机。因特利视的关键的卖点是图像分辨率（图形）优于雅达利 1977 年产的过时的视频计算机系统（VCS）和较为年久的奥德赛。在短期内，美泰公司获得了约 16%的市场份额，仅次于雅达利。

然而，因特利视有两个软肋：其一，相比于 VCS 的售价（零售价 200 多美元对雅达利的 150 美元），它的价格是比较高的，其二，在很大程度上它依赖于通用的与体育相关的软件库，而不是热门街机游戏。这给了比较晚（1982）的进入者克莱柯公司用插卡式电视游戏机克莱可视（ColecoVision）超过了美泰公司的销售量的机会。克莱可视是一款物美价廉的产品，这个产品成功地将高分辨率图形与街机游戏的顶级授权结合了起来。

尽管雅达利和美泰最初对于自己的暗盒格式具有完全的商标控制，到 1981 年年底，控制台出货量的增长还是吸引了其他几家兼容插件软件设计和制造商，包括动视（Activision）、帕克兄弟（Parker Bros，General Mills 的一个部门）、克莱柯（Coleco）、哥伦比亚广播公司和梦想家（Imagic）。

[18] 那一年控制台（console）的销量最高时估计达 830 万，而游戏盒（cartridge）达 7 700 万。

[19] 最初的廉价家用电脑也开始进入市场。这些家用电脑包括得州仪器（TI）模型 99/4A 和海军准将模型维克-20。这两款机器在市场上销售的承诺都是将教育和游戏娱乐相结合。

[20] 在这段时间里，对于所有的参与者而言，市场更加明显地饱和了，削价和批发倾销过剩的硬件和软件库存也加速了，因此产生的行业损失单单在 1983 年就相当于 15 亿美元。最大的损失是雅达利（5.39 亿美元）、美泰（3.61 亿美元）和得州仪器（6.6 亿美元）。

[21] 任天堂也加入了这个复苏的领域，雅达利和另一家日本公司世嘉在收缩。任天堂的软件，特别是诸如《超级马里奥兄弟 2》和《塞尔达传说》等商标，每一款都售出了 300 万套，在维持市场份额的领先方面特别重要（1987 年推出的《超级马里奥兄弟》，已售出 910 万台，到 2002 年共带来了 70 亿美元的收益）。事实上，该公司在 1988 年交付了 700 万硬件单位和 3 250 万软件单位，在 1990 年售出了近 900 万游戏集和 6 000 万软件单位（《超级马里奥兄弟 3》销售了 800 万单位）。

从 1986 年秋天到 1989 年年底，该公司估计，售出了 1 900 万任天堂硬件单位和 1.015 亿任天堂及任天堂授权许可的软件单位。同期产业总量估计为 2 450 万硬件单位和 1.25 亿的软件单位。虽然日本一家很大的电子产品公司 NEC，还推出了可以潜在地严重挑战任天堂的主导地位的另一个品牌，1990 年，最终证明世嘉是更为厉害的竞争对手。也参见波拉克（Pollack，1986），对于具体的历史可特别参见谢夫（Sheff，1993）。

到 1999 年，最畅销的是任天堂的便携式 8 位掌上游戏，自 1989 年推出以来，销量 8 000 万部。1985 年推出的 8 位任天堂娱乐系统，已售出 3 500 万台，16 位世嘉五代和 20 世纪 90 年代初推出的任天堂超级系统，每一款都卖出约 2 000 万台，而 1995 年的 64 位索尼 PlayStation 已经卖出了大约 2 300 万台。就如温菲尔德（Wingfield，2006b）重新统计的，像《模拟人生》（*The Sims*）游戏，都属于空前的最畅销的计算机视频游戏，最初面世在 20 世纪 80 年代初，自那时开始，已经售出了6 000万套（10亿美元）。更新的游戏像《孢子》（*Spore*）（大约在2008年）据报道开发费用超过5 000万美元。也参见查普林和鲁比（Chaplin and Ruby，2005），西布鲁克（Seabrook，2006），劳顿（Lawton，2008），以及查特菲尔（Chatfield，2011）。

[22] 参见霍夫（Hof，2006）以及黑塞和贝勒（Hessel and Beller，2009），据估计，2008年《魔兽世界》的收入为11亿美元，产生的息税折旧摊销前利润是4.40亿美元。参见米勒和斯通（Miller and Stone，2009）以及2009年11月2号《商业周刊》中的“应用程序经济”。根据2010年4月26日的《彭博商业周刊》（*Bloomberg BusinessWeek*），截至2010年，仅有三年历史的辛加（Zynga）的公司，预计将在脸谱（Facebook）和其他社交网站虚拟平台产生的销售收入是4.5亿美元。也参见海耶夫特（Helft，2010a，b）。这个领域另一个年轻的公司社交城市（Playdom），在2010年以大约5.63亿美元的价格（再加上或然价值2亿美元的履约附加奖励）被迪士尼收购。在2009年，电子艺界（Electronic Arts）向游鱼（Playfish）支付了2.75亿美元。相比于每月有4.2亿的活跃玩家的社交城市，游鱼每月活跃的玩家有6 000万。

[23] 见海（Hay，2012）和温菲尔德（Wingfield，2012a）。

[24] 马里奥特（Marriott，2003）讨论了重要且花费不菲的电影和游戏整合的一个最早的例子《黑客帝国》（*Enter the Matrix*），马里奥特（Marriott，2004）还讨论了电影和游戏之间区别的日益模糊问题。克拉克（Clark，2004）显示了新的视频芯片技术是如何加速了这一过程。弗里茨和格雷瑟（Fritz and Graser，2004）表明，游戏开发和市场推广费用与电影中的那些方式开始变得相似了。施瑟尔（Schiesel，2004）指出，流行的电影片名往往没有很好地转化为流行的游戏概念。就像华莱士（M. Wallace，2005）描述的，大型多人在线游戏（MMPG）平台成为一个世界，其中的虚拟资产可以在专门的网站（例如 www.gamingopenmarket.com orwww.ige.com），或者在eBay上兑换成真正的现金。汤普森（Thompson，2005）涉及了玩游戏的专家是如何开始制作被称为“机造”（machinima）的短片，直接使用游戏本身所产生的场景和人物。与电影相联系的游戏单位的销量，与国内票房相关，其向上弯曲的曲线，类似于图4—7（a）。

[25] 到21世纪初，此类游戏的开发成本一般在300万～500万美元之间，但也可能高得多。全部游戏中，只有约5%的销售量达到100万套，这一水平被人们视为一个值得关注的成功，或者就像一部电影票房总收入在1亿美元那样的“流行”。视频游戏公司向电影制片厂支付前期许可费用，获得创建、开发和生产游戏的权利，在游戏公司扣除了游戏的生产成本之后，电影公司也将获得版税收入。额外付款可能会进一步扩展到与电影表现相关的票房。莱文（Levine，2005）指出，与电影相联系的游戏的开发可能需要1 000万美元，18～24个月，出版商预付未来特许权使用费的15%。一个典型的交易似乎是电影工作室预先获得版权许可费用在300万～500万美元之间，也就是游戏制造商版权收入的9%。也参见《综艺》2000年12月18日的文章。

[26] 系列游戏《疯狂橄榄球》（*Madden NFL*）是一个重磅炸弹，流行程度一如电影《泰坦尼克号》。到2005年，这一款1989年的游戏已经卖出了超过4 300万套，总计超过11亿美元，成为空前的最畅销的视频游戏。为了升级，游戏开发者Electric Arts一年花费在500万～1 000万美元之间。此外，自2001年以来，发售厂商（Take-Two）卖出的《侠盗猎车手》（*Grand Theft Auto III*）超过1 000万套。微软的X-Box由于《光环》（*Halo*）、《光环2》、《光环3》而成为重要的特许经营者，到2010年销售超过3 400万套。20世纪80年代后期，任天堂的《超级马里奥兄弟2》取得了巨大的成功，提供了另一个潜在的盈利能力例子。如果任天堂的1 500万台游戏机的所有者中至少有三分之一买了一套，可估计到的直接毛利已超过4 500万美元，这是基于下列假设：实际制造和运输费用可以很好地控制在每单位不到5美元；开发和/或许可成本是100万美元；广告和推广费400万美元；平均批发价格约为15美元。参见弗里茨（Fritz，2007），其中以列表的形式显示了《超级马里奥兄弟》开始于1985年，销售1.98亿单位（7款游戏）；《疯狂橄榄球》从1989年开始，销售6 300万套（19款游戏）；《光环》2001年开始，销量2 200万套（3款游戏）；《吉他英雄》（*Guitar Hero*）从2005年开始，销量700万套（3款游戏）。同时，《侠盗猎车手》系列，现在安装的是第4款，自2001年以来已售出超过6 000万套。2007年，微软的《光环3》估计第一天销售额就达1.7亿美元（第一个星期销售额是3亿美元），超过了最近的任何重要电影最大的首映周票房的总收入。《光环3》的销量超过170万套，《战争机器》（*Gears of War*）销量超过300万套，而《孢子》销售了100万套。也参见温菲尔德（Wingfield，2008b），贝克（Baker，2010）以及苏伦特罗普（Suellentrop，2010）。

[27] 幸运的是，《使命召唤：现代战争2》在全球范围内的头五天，销量估计在800万套，创造了5.5亿美元的收入，最终预期是销量在1 500万～2 000万套，将产生10亿美元收入。虽然出版商仟游软件（Take-Two Interactive）的《侠盗猎车手IV》在2008年发行第一周的销售额超过5亿美元（全球600万台），它需要1 000人超过3年时间花费大约1亿美元来开发。到21世纪初期，像PlayStation2、Xbox、游戏方糖（GameCube）已经变得如此复杂，以至于开发新游戏可能需要两年的努力以及1 000万美元成本，市场营销和转换为不同的格式，还要增加另外4 000万美元的费用。特朗（Tran，2002）指出，索尼和微软采用了不同的策略，微软采用的是一个“封闭”系统，在这个系统中，微软管理游戏服务器，并

且从开单到匹配玩家它都实行控制，而索尼采用的是一个开放系统，开发人员管理自己的在线游戏，并且决定是否向用户收费以及向用户收费多少。弗里茨和格雷瑟（Fritz and Graser，2004）说明了游戏业务是如何已经开始与电影业在财务上相似的，主要的游戏生产成本达到1 500万美元，还要再增加1 000万美元的营销费用。截至2010年，游戏开发的复杂性推动了重要游戏的价格，已经高达4 000万美元，这意味着出版商需要出售至少100万套才能赚取巨额利润。凡·赛尔登（Van Zelfden，2009）指出，行业标准对于主要开发商的成本是每月每人1万美元。施瑟尔（Schiesel，2005a）指出摇滚巨星（Rockstar）的《勇士》（*The Warriors*）的开发，从程序员到服装指导需要50个人超过四年的时间。就如巴恩斯（Barnes，2010）所指出的，不断增长的复杂性已经让诸如数字化发展与管理的这类人才代理机构形成了影响力。也参见2002年8月7日的《金融时报》，2005年2月26日、2007年1月8日的《商业周刊》中有关PS2的长寿的销售期。也参见弗里茨（Fritz，2009）、里切特（Richtel，2009）以及田渕（Tabuchi，2010）。

[28] 就如施瑟尔（Schiesel，2005c）指出的，除了49.99美元的软件费之外，《魔兽世界》一个月的订阅费用是14.99美元。第一年（2004年11月之后），这款游戏在订阅收入方面产生的收入至少是2亿美元，此外零售收入是5 000万美元。在2009年年初，暴雪娱乐公司的《魔兽世界》，基于30～50美元的游戏软件价格以及另外每月15美元的订阅费，与世界各地的超过1 150万个付费用户签约，每年产生的收入超过10亿美元。施瑟尔（Schiesel，2006）还写道："自从《吃豆人》开始，它已经成为第一个真正全球成功的视频游戏。"关于大型多人在线游戏《江湖》（*RuneScape*）的流行情况，参见施瑟尔（Schiesel，2005b）、温菲尔德（*Wingfield*，2006a）以及温菲尔德（Wingfield，2006c）。温菲尔德（Wingfield，2010）描述了现在的趋势是放弃这类订阅费用，而利润来自玩家购买虚拟物品。

[29] 见沃桑（Wortham，2010），他描述了芬兰罗维奥（Rovio）公司开发的手机流行游戏《愤怒的小鸟》（*Angry Birds*）。该游戏设计费10万美元，2010年下载5 000万次，iPhone在美国卖99美分，收入超过800万美元，是当年最畅销的手机应用。谷歌的安卓软件版每月广告收入100万美元。也见佩尔罗斯（Perlroth，2011）以及若林和大泽（Wakabayashi and Osawa，2011）。在中国，有着上亿用户的游戏，由腾讯公司提供，对以企鹅为吉祥物的QQ服务的介绍，见艾因霍和斯通（Einhorn and Stone，2011）。

[30] 一个独立的游戏工作室开发商向大出版商销售其营销和分销权利的一种典型的交易是，截至2007年，15%的版权费及预先支付500万美元。这意味着即使批发价格是30美元，销售100万单位也没有多少额外的付费。值得注意的是，相比于热门的《古墓丽影》或者《细胞分裂》，很少有游戏有可能做到这么好。1990年后半年三个最畅销的电脑游戏是《神秘岛》（*Myst*）及其续集《神秘岛Ⅱ》，销售额2.03亿美元（560万套），《毁灭战士》及其续集，销售额为1.09亿美元（430万套）和微软模拟飞行游戏，销售额为1.74亿美元（400万套）。然而，如果游戏在设计、编程、生产和销售方面的预算有500万美元或更多，很可能售出超过15万套，那么假设批发价格只有约30美元一套，才能达到所需要的盈亏平衡。参见1999年10月18日的《福布斯》和1999年12月27日《福布斯》的288页。

[31] 在20世纪80年代早期，雅达利的VCS安装了超过1 000万，而流行的诸如《行星游戏》、《太空侵略者》、《吃豆人》的控制台所有者购买的至少有50%，也许多达75%。

[32] 游戏的利润情况显然非常类似于其他娱乐产业部门。在20世纪90年代，售价40美元的一个游戏盒，批发价格通常大约是24美元。软件制造商的销售代表也会收到这样的任务，给玩具商店营销服务提供5%左右的佣金。版税可能相当于每单位1美元或2美元，生产成本高达10美元，取决于使用的介质材料。此外，软件出版商支付给游戏开发者的特许权使用费通常每套介于1～1.5美元之间。开发者可能还接受按比例预付的版税，正如在音乐业务中一样。切斯（Chace，1983）讨论了这样的安排，因为它们在20世纪80年代早期就出现了。

硅谷的软件开发交易结构不同于好莱坞，好莱坞的大约65%的项目收入（总收入减去占比35%的发行费用）通常可以用于支付给参与者补偿成本和支出。在游戏开发中，典型的是更低的百分比（大约15%）可以用于这样的成本和开支补偿。根据定义，这是与销售有关，而不是与盈利能力（好莱坞模型）有关。正如莫里斯（Morris，2010年）指出的，电影制片厂现在越来越多地参与到游戏开发的融资当中。

[33] 例如，在1982年高峰时期，据估计，视频游戏吸收了16K的ROM（只读存储器）产品中的25%，以及32K的ROM产品中的50%。很少会有这样超过30 000套的需求。

[34] 对于位置，每平方英尺的收入很重要。例如，20世纪80年代初，在《行星游戏》和《吃豆人》最狂热的时候，在成本为2 400美元的一台机器上，有些地方每周收入400美元甚至更多。然而，在较为正常的环境下，有一段时间，从一台机器上收集到的远远低于平均每周100美元。服务是运营商的责任，他们往往是间接地得到当地批发商/经销商在零件、劳动力和资金方面的支持。运营商和位置所有者在定价和游戏的频率方面行使控制权，如果不执行严格的会计制度，他们具有轻而易举地转移现金的机会。因此按照年度投币额来估计，估计的基础是使用的机器数量以及每台机器平均游戏

的次数。街道游戏机经营者通过将机器“轮流”到不同地点的办法尽力扩展机器的使用寿命。商场运营商也将在价签上使用可变定价，以便需求高峰期收集到更多的资费，并在需求比较低的时候鼓励使用更多一些。对于一台典型的机器而言，通常在第一年后，每周的收入和转售价值会迅速下降。一旦机器的吸引力开始衰退，所有者会基于预期的现金流、税收和挽救价值而做出金融决策。为了提供一个视角，根据1982年对于游戏的计量，考虑了租金、税收和许可证费的经营成本之后，一个视频机需要在超过10.5个月的期间内，平均每星期收入117美元，才能达到盈亏相抵。

[35]《魔兽世界》已经证明，最成功的主流游戏一般是公众很容易接触到，并且允许玩家在自己的社区中做各种各样不同的事情。

[36] 刘易斯（Lewis，2003）对于游戏玩家花在游戏上的时间与看电视的时间提供了一个非常恰当的比较。美国电子世界（Electronic Arts）游戏《疯狂橄榄球2004》很可能是400万人玩游戏100小时，或总数为4亿人/小时（person-hours）。然而，最流行的电视节目之一《黑道家族》（*The Sopranos*），一个小时一集，共有13集，节目吸引了1 100万观众，共有1.43亿人/小时。平均而言，据估计，2003年美国人一年在玩游戏上投入了75小时。

[37] 当一个新的街机游戏推出后，对于具体的游戏，玩家技能明显没有得到很好的磨炼，而每个单位时间内会投币很多次。但是当对机器的功能的熟悉度增加后，玩家投币一次玩更长的时间，从而减少了运营者（对机器）的恢复游戏次数。认识到这一点后，运营商有时会使用“加速”工具包，这使得游戏对熟练的玩家更具挑战性。

[38] 也参见赫妮格（Henig，2007）和凯丽（Kelly，2013）。

【阅读材料精选】

Asakura, R. (2000). *Revolutionaries at Sony: The Making of the Sony PlayStation and the Visionaries Who Conquered the World of Video Games*. New York: McGraw-Hill Professional Publishing.

Bannon, L. (2001). "Taking Cues from GE, Mattel's CEO Wants Toy Maker to Grow Up," *Wall Street Journal*, November 14.

(1999). "Mattel Tries to Adjust as 'Holiday Barbie' Leaves under a Cloud," *Wall Street Journal*, June 7.

Bannon, L., and Vitzhum, C. (2003). "One-Toy-Fits All: How Industry Learned to Love the Global Kid," *Wall Street Journal*, April 29.

Barnes, J. E. (2001). "Dragons and Flying Brooms," *New York Times*, March 1.

Beller, P. C. (2009). "Activision's Unlikely Hero," *Forbes*, 183 (2) (February 2).

Belson, K. (2002). "Rival to Pokemon Keeps Market Hot," *New York Times*, October 6.

Blocker, K. (1999). "Toys Were Us," Fortune, 140 (6) (September 27).

Bylinsky, G. (1991). "The Marvels of 'Virtual Reality,'" Fortune, 123 (1l) (June 3).

Canedy, D. (1999). "Takeovers Are Part of the Game," *New York Times*, February 9.

Carlton, J. (1995). "Nintendo, Gambling with Its Technology, Faces a Crucial Delay," *Wall Street Journal*, May 5.

Carlton, J., and Hamilton, D. P (1999). "Can a New Machine Called the Dreamcast End Sega's Nightmare?," *Wall Street Jourrnal*, September 7.

Casey, N. (2008). "Brawl Over Doll Is Heading to Trial," *Wall Street Journal*, May 23.

Chua-Eoan, H., and Larimer, T. (1999). "Beware of the Pokemania," *Time*, November 22.

Churbuck, D. (1990). "The Ultimate Computer Came," Forbes, 145 (3) (February 5).

Clark, D. (1995). "Multimedia's Hype Hides Virtual Reality: An Industry Shakeout," *Wall Street Journal*, March 1.

Clark, E. (2007). *The Real Toy Story: Inside the Ruthless Battle for America's Youngest Consumers*. *New York*: Free Press.

Cohen, S. (1984). *Zap: The Rise and Fall of Atari*. New York: McGraw-Hill.

Dee, J. (2003). "Playing Mogul," *New York Times*, December 21.

Delaney, K. J. (2004). "Ads in Videogames Pose a New Threat to Media Industry," *Wall Street Journal*, July 28.

Deutsch, C. H. (1989). "A Toy Company Finds Life after Pictionary," *New York Times*, July 9.

Diamond, D. (1987). "Is the Toy Business Taking Over Kids' TV?," *TV Guide*, 35 (14) (June 13).

Flax, S. (1983). "The Christmas Zing in Zapless Toys," *Fortune*, 108 (13) (December 26).

Fowler, G. A. (2003). "Copies 'R' Us," *Wall Street Journal*, January 31.

Gaither, C. (2001a). "Video Game Field Becomes Crowded and Highly Profitable," *New York Times*, December 17.

(2001b). "Microsoft Explores a New Territory: Fun," *New York Times*, November 4.

Graser, M. (2007). "Now Playing: Hollywood's Toy Ploy," *Variety*, June 11.

Gunther, M. (1999). "The Newest Addiction," *Fortune*, 140 (3) (August 2).

Guth, R. A. (2003). "Videogame Giant Links with Sony, Snubbing Microsoft," *Wall Street Journal*, May 12.

Guth, R. A., and Khanh, T. I. (2002). "Microsoft Must Woo Game Makers from Japan If Its Xbox Is to Thrive," *Wall Street Journal*, March 26.

Hays, C. L. (2000). "The Road to Toyland Is Paved with Chips," *New York Times*, February 17.

Hector, G. (1984). "The Big Shrink Is On at Atari," *Fortune*, 110 (1) (July 9).

Herz, J. C. (1997). *Joystick Nation*. Boston: Little, Brown.

Hubner, J., and Kistner, W. F., Jr. (1983). "What Went Wrong at Atari," InfoWorld, November 28 and December 5.

Hutsko, J. (2000). "88 Million and Counting: Nintendo Remains King of the Handheld Game Players," *New York Times*, March 25.

Juul, J. (2009). *A Casual Revolution: Reinventing Video Games and Their Players*. Cambridge, MA: MIT Press.

Kane, Y. L, and Wakabayashi, A. D. (2008). "A Way for Gamers to Get a Life," *Wall Street Journal*, December 17.

Kent, S. L. (2000). *The First Quarter: A 25-year History of Video Games*. Marietta, OH: BWD Press.

King, S. R. (1999). "Mania for 'Pocket Monsters' Tields Billions for Nintendo," *New York Times*, April 26.

Landler, M., and Ekman, I. (2007). "In Europe, Some Toy Makers Shun the China Label," *New York Times*, September 18.

Losee, S. (1994). "Watch Out for the CD-ROM Hype," *Fortune*, 130 (6) (September 19).

Markoff, J. (1994). "For 3DO, a Make-or-Break Season," New *York Times*, December 11.

Marr, M., and Wingfield, N. (2008). "Big Media Companies Want Back in the Game," *Wall Street Journal*, February 19.

McLean, B. (2005). "Sex, Lies, and VideoGames," Fortune, 152 (4) (August 22).

Miller, G. W. (1997). *Toy Wars: The Epic Struggle between G I. Joe, Barbie, and the Companies That Make Them*. *New* York: Times Books.

Moffat, S. (1990). "Can Nintendo Keep Winning?," Fortune, 122 (12) (November 5).

Morris, B. (1996). "The Brand's the Thing," Fortune, 133 (4) (March 4).

Nocera, J. (1984). "Death of a Computer: How Texas *Instruments* Botched the 99/4A," InfoWorld, June 4 and June 11; see also *Texas Monthly*, April.

Nulty, P (1982). "Why the Craze Won't Quit," *Fortune*, 106 (10) (November 15).

Orbanes, R E. (2004). *The Game Makers: The Story of Parker Brothers*. *Boston*: Harvard Business School.

O'Brien, J. M. (2007). "Wii Will Rock You," Fortune, 155 (11) (June 11).

Palmer, J. (1989). " 'Joy Toy' Nintendo's Future Not All Fun and Games," *Barron's*, June 26.

Patrick, A. O. (2006). "In Tots' TV Shows, a Booming Market, Toys Get Top Billing," *Wall Street Journal*, January 27.

Pereira, J. (1996a). "If You Can't Locate That Special Plaything, Call, or Blame, a Scalper," *Wall Street Journal*, June 24.

(1996b). "Toy Business Focuses More on Marketing and Less on New Ideas," *Wall Street Journal*, February 29.

(1994). "The Toy Industry, Too, Is Merging like Crazy to Win Selling Power," *Wall Street Journal*, October 28.

(1993). "Toy Industry Finds It's Harder and Harder to Pick the Winners," *Wall Street Journal*, December 21.

(1991). "Nintendo Is Counting on New Super Game to Rescue U. S. Sales," *Wall Street Journal*, May 10.

(1989). "As Ghosts of Yules Past Haunt the Toy Shelves, 'Gottahaves' Are Gone," *Wall Street Journal*, December 12.

Pereira, J., and Bannon, L. (1995). "Toy Makers' Addiction to Hollywood Figures Reshapes Kids' Play," *Wall Street Journal*, July 13.

Pereira, J. and Bulkeley, W. M. (1998). "Toy-Buying Patterns Are Changing and That Is Shaking the Industry," *Wall*

Street Journal, June 16.

Pereira, J., and Rohwedder, C. (1998). "Block by Block, Lego Is Building a Strategy for the Interactive Age," *Wall Street Journal*, February 9.

pham, A. (2005). "Cellphone Industry Is Poised to Ring Up Big Sales," *Los Angeles Times*, May 30.

Pollack, A. (1995). " 'Morphing' into the Toy World's Top Ranks," *New York Times*, March 12.

(1993). "Sega Takes Aim at Disney's World," *New York Times*, July 4.

Ressner, J. (1982). "Atari Celebrates First Decade of Record-Breaking Growth," *Cash Box*, November 20.

Rheingold, H. (1991). *Virtual Reality: The Revolutionary Technology of Computer-Generated Artificial Worlds*. New York: Summit Books (Simon & Schuster).

Richtel, M. (2005). "At This Restaurant, the Video Games Come with the Meal," *New York Times*, May 30.

Schiesel, S. (2006). "The Video Game Goes Minimalist: Nintendo Comes Full Circle," *New York Times*, June 4.

Schuker, L. A. E. (2009). "The Cry Goes Out in Hollywood: 'Get Me Mr. Potato Head's Agent!,'" *Wall Street Journal*, November 5.

"Sega!," Business Week, No. 3359 (February 21, 1994).

Sella, M. (1994). "Will a Flying Doll... Fly?," *New York Times*, December 25.

Sheff, D. (2005). "New Babes in Toyland: Trollz," *New York Times*, January 4.

Shippy, D., and Phipps, M. (2010). *The Race for a New Game Machine: Creating the Chips Insinde the XBOX* 360 *and the Play Station* 3. New York: Citadel Press [paperback].

Spiers, J. (1992). "The Baby Boomlet Is for Real," *Fortune*, 125 (3) (February 10).

Tagliabue, J. (2001). "Lego Tinkered with Success, and Is Now Paying a Price," *New York Times*, December 25.

Takahashi, D. (2002). *Opening the X-Box: Inside Microsoft's Plan to Unleash an Entertainment Revolution*. Sacramento, CA: Prima (Random House).

Tanzer, A. (1991). "Heroes in a Half Shell," *Forbes*, 148 (10) (October 23).

Taub, E. (2004). "In Video Games, Sequels Are Winners," *New York Times*, September 20.

Thompson, C. (2006). "Saving the World, One Video Game at a Time," *New York Times*, July 23.

Tkacik, M. (2003a). "To Lure Older Girls, Mattel Brings In a Hip-Hop Crowd," *Wall Street Journal*, July 18.

(2003b). "Care Bears' Second Act," *Wall Street Journal*, June 11.

Trachtenberg, J. A. (1996). "How Philips Flubbed Its U. S. Introduction of Electronic Product," *Wall Street Journal*, June 28.

Turner, R. (1993) "Video-Game Innovator Lures Corporate Giants to 'Interactive' Media," *Wall Street Journal*, January 7.

U. S. International Trade Commission (1984). *A Competitive Assessment of the U. S. Video Game Industry*. Washington, DC: USITC Publication 1501.

Wojahn, E. (1988). Playing by Different Rules: *The General Mills/Parker Brothers Merger*. New York: American Management Association.

Zachary, G. R (1990). "Computer Simulations One Day May Provide Surreal Experiences," *Wall Street Journal*, January 23.

Zimmerman, A. (2009). "Mattel Hopes Barbie Facelift Will Show Up Younger Rivals," *Wall Street Journal*, October 21.

第三部分

现场娱乐产业

第11章 博彩

生于富贵，不如活得幸运。

关于赌博和投注，也许没有什么比前面这句话表达的情绪更恰当的了。在博彩的历史上，古代国王和王后玩的是蛇眼追踪、扑克和赛马。确实，据说“无论何人，要想知道地球人的心理和思维，都需要了解赌博”[1]。本章探讨这个令人着迷的业务的重要经济特点，因为它的服务让消费者所花的钱超过了其他任何娱乐形式的总和。 407

11.1 从古代的历史说起

起初

对不确定性事件的结果下注的兴趣并不是近来人们习得的一个特性。就如伯杰和布鲁林（Berger and Bruning，1979，p. 10）观察到的：“考古学家相信，穴居人不仅殴打他们的妻子，还会把她们作为赌注。”在下面取自历史的例子中，可以发现人类对于赌博的兴趣始终浓厚的证据。

在《圣经》时代，选择扫罗（Saul）统治希伯来王国是由抽签决定的。 408

在图坦卡蒙的埃及法老墓中，发现了一个象牙制的赌盘（gaming board）。

根据希腊神话，帕拉米迪斯（Palamedes）在围攻特洛伊城期间，发明了骰子，并教会士兵们如何玩这个游戏。古希腊的拜神者也用骰子进行赌博，并给赛马下注。

罗马人发明了彩票，他们对战车比赛的结果下注。据说尼禄（Nero）就沉迷于竞赛赌博。

最早的扑克牌游戏产于中国，是源自韩国人的柴棒游戏。类似今天扑克牌的是由 14 世纪的法国用于算命的塔罗牌（tarot decks）改造而来的。法国的路易十五有银制的塔罗牌，而英格兰的亨利八世是一个臭名昭著的赌徒。

“五月花”号帆船在新大陆拓殖的经费依仗的就是彩票。一些伟大的教育机构，包括哈佛、耶鲁、达特茅斯，也是如此。帮助创造了美利坚合众国的北美殖民地军队，同样如此。

美国的赌博

初期准备 在美国立国之前，赌博已经有了数千年的漫长而丰富多彩的历史。不过，就像芬德利（Findlay，1986）描述的，在赌博发展的过程中，美国增加了一些自己的精彩章节。尽管在将这种活动合法化的时候，美国公众的态度往往是自相矛盾的。

即使在殖民地时代，美国也出现了一些快速的动作：考虑一下，“五月花”号登陆四年后，弗吉尼亚州议会通过了反对赌博的法律。1630 年，波士顿立法并予以颁布：“所有人，无论是谁在家里拥有扑克牌、骰子或赌桌，在下次法院惩处之前必须清除掉。”[2]

后来美国出现了首个大肆挥霍的赌场，被称为“高级豪华夜总会”（rug joint），1827 年在新奥尔良这个年轻国家的博彩之都开业并全天候地运转了。到 1832 年，在华盛顿特区的宾夕法尼亚大道上，出现了一家相似的场所（毫无疑问许多赌客是初出茅庐的政治人物）。

1850 年，旧金山由于淘金热，以及成立了各种组织达 1 000 家，而成为美国西部的赌博之都。与此同时，在中西部堪萨斯州的道奇市出现了牛仔光顾的同类场所。当然，各种赌博和纸牌游戏在密西西比河的船舶上，在新奥尔良的港口码头，以及在纽约和芝加哥也都很流行。例如，纽约在 1850 年，估计大约有 6 000 个赌博地点，在 20 世纪 20 年代，迈阿密已成为吸引赌徒的一个重要的投注中心。

虽然赌博肯定不是美国人所独有的特点，不过，这个国家已经为扑克和骰子的发展做出了贡献，对于现代赌场和彩票中使用的营销和操作程序的合理化亦扮演了重要的角色。事实上，截至 2009 年，行业的总收入超过 900 亿美元（见表 11—1），赌博和投注活动成为所有收入水平的人以及所有族群的生活中的常规部分。除了犹他州和夏威夷州没有任何形式的合法赌博，11 个州有商业化的赌场，28 个州有印第安赌场。赌场的类型千差万别，有陆地上的，也有船舶上的，还有被称做赛马赌场（racino，有老虎机的赛道，有时候是桌上赌博）等各种形式。[3]

此外，赌场可根据在其中运作的竞争地盘 409
进行区分。比如说，内华达州和密西西比州可以归类为自由市场，因为几乎任何地方都对新的自由竞争者开放。可是，新泽西州和底特律州则是有管理的竞争模式的例子，在这些州，竞争者的数量和运营地点的数量都有限制。其他地区（例如，加拿大的魁北克省）遵循的是垄断模式，即经营许可证只授予一家赌场。此外，还有一些部落赌场，往往实行区域寡头垄断的运营方式。

内华达州的经验 内华达州成为投注中心的历史可追溯到 19 世纪中叶。在那里，正如在旧金山一样，开采贵金属盛极一时，吸引了很多赌客、酒鬼和好色之徒等粗犷的消费者。然而，这个地区对博彩合法化的态度是飘忽不定的——取决于公众感知到的腐败和作弊的程度——这样的状况持续了大概半个多世纪，到 1931 年，内华达州终于将赌博合法化，实际上也停止不下来了。

410 **表 11—1　　1985—2009 年美国的总投注额（gross handle）、收入、利润率**

年份	总的合法下注（买卖），10 亿美元	总收益（赢），10 亿美元 毛利润（保留率或赢率，%）	复合年均增长率：1985—2009
2009	[a]	89.27	[a]
2008	[a]	92.16	[a]
2007	[a]	92.27	[a]
2006	[a]	90.31	[a]
2005	1 058.30	84.43	8.0
2004	949.80	78.84	8.3
2003	894.30	73.02	8.2
2002	901.79	69.04	7.7
2001	861.15	65.06	7.6
2000	832.47	62.15	7.5
1999	768.95	58.38	7.6
1998	681.57	54.10	7.9
1997	638.85	50.97	8.0
1996	587.37	47.90	8.2
1995	557.48	44.39	8.0
1994	482.10	39.79	8.3
1993	394.11	34.70	8.8
1992	336.66	30.39	9.0
1991	304.30	26.68	8.8
1990	303.09	26.20	8.6
1985	159.16	15.34	9.6
GAGR：1985—2009[b]	[a]	7.6	[a]

[a] 没有数据而做出的估计。

[b] 复合年均增长率（%）。

资料来源：Adapted from E. M. Christiansen data（Christiansen Capital Advisors，New York）originally published in *Gaming Business*（April，May，June，and August 1984）and *Gaming & Wagering Business*（July and August）1985—2000，见表 11—3。

令人奇怪的是，在第二次世界大战之前，里诺市（Reno）的博彩活动远远比拉斯维加斯要发达得多。1905 年，由于一些联合太平洋铁路枢纽的地产售卖给私人，拉斯维加斯奠基，1911 年建市，直到 20 世纪 30 年代才兴起。巨变的催化剂是在大约 30 英里远的博尔德城胡佛（别名博尔德）大坝的建设，这是美国内政部垦务局的一项重要工程。大坝的竣工为这个地区带来了水和电力，并刺激了商业发展。此外，许多流动的建筑工人，这些人购买他们的日用品，并将他们的自由时间耗在了拉斯维加斯的赌博活动上，最终永久地定居在那里。

不过，拉斯维加斯在第二次世界大战之后才开始成为世界闻名的娱乐之都。邻近的洛杉矶市人口的蓬勃增长，以及低成本航空旅行的日渐普及，对拉斯维加斯赌博业的成功做出了显著的贡献。此外，本杰明·“巴格西”·西格尔（Benjamin“Bugsy”Siegel）亦居功至伟。正如斯科尔尼克（Skolnick，1978，p. 111）指出的：

> 西格尔的野心一直是建立一个豪华的综合设施，提供赌博、休闲、娱乐和其他服务，以满足这个地区日渐增多的旅游者……西格尔说服了黑社会组织，他可以将拉斯维加斯从有组织犯罪之地转变成合法的赌博绿洲。1943 年，西格尔获得支持，开始忙于他最初的合资企业——真正第一家大型赌场街豪华酒店——火烈鸟酒店。[4]

1946—1947 年，内华达州决定建立并资助监管和执法机构——通过对所有的赌场赢得的金额征税，将确保博彩以及赌场运营的公平和诚信，这相当重要。[5] 当然，具有讽刺意味的是，在内华达州对现代赌博开始合法化的时候，仅有的有足够的专业知识公平地运行赌博游戏的运营商们，以前却与非法组织有瓜葛。

正如人们预料的，那些运营商与非法组织的某些“联系”引起了法律实施的麻烦，在 20 世纪 50 年代，这个问题明显地浮出水面，由于州政府颁发特许并尝试控制赌博，与令人敬畏的黑帮的利益产生了冲突，而赌博已经是黑帮的一个利润丰厚且发展快速的业务。事实上，直到 20 世纪 60 年代中后期，由于司法部和其他联邦政府调查机构的压力，以及亿万富翁霍华德·休斯（Howard Hughes）的大规模投资，有组织犯罪人员掌握赌博业财政状况的现象才有所缓和，并走向开放。

1969 年，允许在内华达州公开上市的公司拥有赌场的股份及经营赌场的《公司赌博法》（the Corporate Gaming Act）获得通过，进一步加快了赌博业发展的进程。大型企业拥有所有权，为赌场型酒店的扩张提供了融资的重要手段，也吸引了中产阶级和会议客户，并发展了纯粹的职业经理人队伍。因此而为拉斯维加斯演变成世界级的旅游目的度假胜地打下了长远的基础。例如，在 20 世纪 80 年代后期，首个拥有 3 000 间客房的大规模企业 Mirage 酒店正式投入营运。

进入新泽西州　新泽西州开始参与赌博业，与内华达州的情况大为不同。在 20 世纪初，新泽西州的大西洋城就已经是一个受欢迎的海洋度假地。然而，由于受到忽视，也由于低成本航空旅行的日益普及，它逐渐地衰变成了经济不景气的海边贫民窟。不过，由于接近费城和纽约的人口密集区，这个城镇对于成为赌徒的天堂一直有着非凡的吸引力。因此，利用推动城市改造和为老年人提供额外的资助的承诺，开发商开始努力让赌博合法化。1974 年，在全州范围内的第一次选民公投拒绝了赌博合法化，但是在 1976 年，他们批准了在大西洋城限制赌场数量的新方案。

公众对新泽西州赌博合法化的反应是令人难忘的。1978 年，大西洋城的首家赌场开放了，国际度假村（Resorts International）被庞大的人群的巨大押注潮所淹没。多年来，早期的势头一直持续不断，尽管一流酒店房间数（1984 年为 5 000 间）只有内华达州的十分之一，然而大西洋城已经开始作为一个主要的娱乐和赌博中心，与拉斯维加斯展开了竞争（见图 11—1 和表 11—2）。例如，1984 年，新泽西州的桌上赌博和老虎机的收入已经达到了拉斯维加斯总额约为 20 亿美元的 3%以内，与拉斯维加斯的年度访客 1 280 万相比，大西洋城的年度入境游客已达到 2 850 万。[6]

412

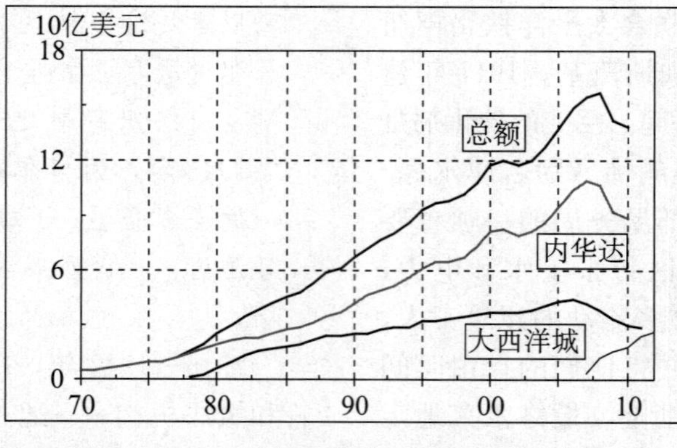

图 11—1　1970—2012 年内华达州和大西洋城的赌场收入。

尽管如此，大西洋城和内华达州的赌场业务运作仍然有相当大的差异。在内华达州，分散在整个州的数百家赌场被授权提供各种各样的赌场服务（从简单的老虎机到赛马和体育彩票），根据 2010 年《内华达州博彩摘要》的数据，60 家最大的赌场占到总收入的 80%以上。相比之下，21 世纪初，在大西洋城运营的大型赌场酒店只有 13 个，彼此全都相距 5 英里之内。然而，由于新泽西州早期法令以及对房地产的监管和限制，新泽西州的较老的赌场，无论在规模方面还是在提供的产品范围方面，都要比内华达州的赌场单薄得多。[7] 总体上，大西洋城的运营收入 90%左右依赖于赌博，而与之形成对比的内华达州来自非赌博资源的比例，如客房、餐饮、娱乐（像 2010 年）是 50%左右，而且还在上升之中。[8]

因此，虽然拉斯维加斯真正成了一个全球性的娱乐中心——整个城市本身就是一个主题公园，大西洋城赌场在很大程度上仍然是老虎机的聚集地，吸引的主要是一日游的访客。为了改善这种状况，大西洋城开始建造一部分拉斯维加斯式的赌场饭店［如伯格塔（Borgata）］。

另外，尽管基于社会福利和其他考量，对于赌场的反对意见时有耳闻，但是赌场的就业和税收等潜在收益，已经不可避免地激发了其他没落城市和老化的海滨景点试图模仿。其中，最突出的是美国的底特律，在 20 世纪 90 年代中后期，部分赌场开始运作。各国政府的提议和新的法规允许类似的大型赌场在海边开始萌芽，如布莱克浦（Blackpool），相当于英国的大西洋城。在中国南部沿海的澳门地区，以及新加坡，也有赌场。[9]

表 11—2　　1975—2009 年在大西洋城和内华达州的博彩毛盈利 413

年份	大西洋城和内华达州赌场收入（10 亿美元）	内华达州财政年度内 6 月份赌博征税总收入	拉斯维加斯（克拉克县）		大西洋城	
			盈利总额（10 亿美元）	游客人数（百万）	盈利总额（10 亿美元）	游客人数（百万）复合年均增长率[a]
1975	1.066	1.066	0.770	9.2		
1980	2.917	2.274	1.617	11.9	0.643	13.8
1981	3.563	2.463	1.676	11.8	1.100	19.1
1982	4.093	2.600	1.751	11.6	1.493	23.0
1983	4.454	2.683	1.887	12.3	1.771	26.4
1984	4.943	2.991	2.008	12.8	1.952	28.5
1985	5.367	3.228	2.233	14.2	2.139	29.3
1986	5.647	3.366	2.393	15.2	2.281	29.9
1987	6.205	3.710	2.738	16.2	2.496	31.8
1988	6.809	4.074	3.003	17.2	2.735	33.1
1989	7.119	4.312	3.290	18.1	2.807	32.0
1990	7.864	4.912	3.870	21.0	2.952	31.8
1991	8.403	5.411	4.152	21.3	2.992	30.8
1992	8.913	5.697	4.378	21.9	3.216	30.7
1993	9.319	6.018	4.727	23.5	3.301	30.2
1994	10.069	6.647	5.431	28.2	3.423	31.3
1995	10.900	7.153	5.718	29.0	3.748	33.3
1996	11.338	7.522	5.784	29.6	3.814	34.0
1997	11.479	7.573	6.152	30.5	3.906	34.1
1998	11.908	7.874	6.347	30.6	4.033	34.3
1999	12.663	8.498	7.211	33.8	4.164	33.7
2000	13.756	9.456	7.671	35.8	4.301	33.2
2001	13.965	9.662	7.637	35.0	4.303	33.4
2002	13.682	9.300	7.631	35.1	4.382	33.2
2003	14.052	9.564	7.831	35.5	4.488	32.2
2004	14.856	10.049	8.711	37.4	4.807	33.3
2005	16.024	11.006	9.717	38.6	5.018	34.9

续前表

年份	大西洋城和内华达州赌场收入（10 亿美元）	内华达州财政年度内 6 月份赌博征税总收入	拉斯维加斯（克拉克县）		大西洋城	
			盈利总额（10 亿美元）	游客人数（百万）	盈利总额（10 亿美元）	游客人数（百万）复合年均增长率[a]
2006	17.411	12.194	10.643	38.9	5.218	34.5
2007	17.607	12.686	10.868	39.2	4.921	33.3
2008	16.991	12.446	9.797	37.5	4.545	31.8
2009	14.730	10.787	8.834	36.4	3.943	30.4
CAGR[a]：						
1970—2005	10.1	−8.9	9.8	5.1	—	—
1980—2005	7.1	6.5	7.4	4.8	8.6	3.8
1990—2009	3.4	4.2	4.1	2.9	1.5	−0.2

[a] 复合年均增长率（%）。

资料来源：Las Vegas Convention/Visitors Authority and Atlantic City Casino Association.

赛马 赛马也有一段特别有趣的历史，美国的经验可以溯源到英国。1174 年，伦敦建成了史密斯菲尔德（Smithfield）公共赛马场。经过 18 世纪，赛马已经发展成为英国一项重要的体育运动（由成立于 1750 年的赛马骑师俱乐部掌管），马匹繁殖和比赛结果的记录（*Racing Calendar*）陆续出版。

414 1665 年，美国第一个定期举行比赛的赛马场，设在纽约长岛的 Hempstead，其他几个殖民地很快出现了比赛场地。然而，直到 1821 年，第一个纯种赛马场才建立起来。接着在内战之后，由于按注分彩（pari-mutuel）赌法的发展，这项体育运动才开始广受欢迎。在此之前，下注由庄家操纵，庄家会张贴出任意的赔率。有了按注分彩法，可以汇集投注，放在同一个彩池，并根据投注人的意见决定彩金比率，即以对每匹马的下注金额来计算。

如表 11—3 所示，虽然美国赛马部分产生的年总收入约 30 亿美元，并且已经通过州际同步广播（simulcasting）而得到了宣传，但这个总量现在仍然远低于来自赌场赌桌的收入。无论如何，近年来赛马呈现小幅增长，这项赛事（包括纯种赛马、1/4 英里赛马及其他各种赛马活动）在超过 40 个州仍然是合法的。[10]

彩票 与赛马相比，人们对彩票的兴趣一直是爆炸性地增长。彩票开始于 2000 多年前的罗马，在整个美国历史上一直很常见。根据斯卡耐（Scarne，1974，pp. 150-152）的观察，在美国革命之前，13 个殖民地中的每一个都有五六家彩票运营机构。到 1831 年，在纽约市一地，平均每周就有一次大型开奖（drawing）。然而，当时的许多彩票由私人所有，受到少许控制或者根本未受控制，滥用职权和违规的行为开始出现，公众舆论逐步转向反对彩票。1890 年，美国国会终于立法禁止通过邮件发送彩票。1894 年，路易斯安那州立法淘汰了 19 世纪最后的合法彩票。

大约 70 年之后，新罕布什尔州恢复了彩票（1964）作为筹资机制。这种平衡州财政预算方法受到欢迎。1995 年，彩票在 37 个司法管辖区（以及在加拿大的所有省）已经合法化，销售总值超过 250 亿美元，或者说大约人均 100 美元（见图 11—2）。[11]自 1826 年以来，英国议会就已经禁止了彩票业务，1994 年，类似的融资方面的考虑，让英国也恢复了彩票。（截至 2010 年在美国 42 个州和华盛顿特区）将彩票作为一个公共预算筹资的手段，继续蔓延到许多其他国家，据估计，2010 年全球彩票及其服务的销售总额超过了 2 200 亿美元。

印第安人保留区、江轮以及其他投注区域。20 世纪 90 年代初，赌场活动的最显著的发展，是扩展到了印第安人保留区和江轮上。1988 年，联邦政府的《印第安博彩管理法》（IGRA），开放了印第安部落保留区经营赌博业的闸门，而且对于先前经州政府批准的所有形式的赌博都没有限制。[12]

表 11—3　　1985—2009 年[a]美国赌博业（赢取）的总收入（10 亿美元）

年份	总额	赌场，老虎机内华达州/新泽西州	赌桌游戏	常规的	视频的	赛马总计	赛狗	回力球	合法签注总额	扑克牌室(不含内华达州)	宾果游戏	公益博彩[c](不含宾果游戏)	印第安保留区	非赌场博彩设施	游轮	江轮	其他商业性的博彩
2009	89.27			25.70		2.83			0.14			2.07	26.48				
2008	92.16			25.14		3.14			0.14			2.13	26.74				
2007	92.27	11.92	5.86	21.05	3.73	3.18			0.17			1.45	26.02	1.70	0.86	11.78	
2006	90.93	12.11	5.41	21.04	3.59	3.24			0.19			1.45	25.08	1.78	0.82	11.74	
2005	84.43	11.44	5.00	19.51	3.39	3.33			0.13			1.51	22.58	1.51	0.79	10.87	
2004	78.84	10.65	4.71	18.62	3.03	3.35			0.12			1.48	19.41	1.42	0.75	10.95	
2003[b]	73.03	9.80	4.31	17.80	2.84	3.40			0.13			1.49	16.83	1.36	0.73	10.44	
2002	69.04	9.54	4.10	16.50	2.30	3.52	0.43	0.04	0.12	0.88	1.12	1.51	14.48	1.32	0.68	10.44	2.07
2001	65.06	9.34	4.22	15.51	1.97	3.42	0.43	0.04	0.13	0.97	1.12	1.47	12.74	1.23	0.65	9.97	1.86
2000	62.15	9.29	4.41	15.56	1.71	3.44	0.45	0.04	0.13	0.95	1.03	1.43	10.94	1.56	0.62	9.01	1.57
1999	58.38	8.74	4.24	15.10	1.42	3.38	0.49	0.04	0.12	0.91	1.04	1.38	9.61	2.00	0.59	8.34	0.97
1998	54.10	8.09	3.83	15.37	1.26	3.36	0.48	0.03	0.07	0.74	0.97	1.64	7.89	1.83	0.54	7.29	0.69
1997	50.97	7.61	3.91	15.39	1.10	3.25	0.51	0.06	0.10	0.70	0.96	1.56	6.83	1.74	0.46	6.17	0.63
1996	47.90	7.29	3.78	15.31	0.89	3.18	3.18	0.06	0.09	0.68	0.96	1.47	5.61	1.48	0.43	5.54	0.62
1995	44.39	7.09	3.86	14.62	0.62	3.07	0.61	0.06	0.10	0.76	0.98	1.51	4.04	1.41	0.41	4.65	0.60
1994	39.79	6.61	3.57	13.67	0.46	2.90	0.63	0.07	0.16	0.73	0.99	1.39	3.42	1.08	0.36	3.26	0.49
1993	34.70	6.16	3.23	12.82		2.86	0.70	0.08	0.12	0.66	1.04	1.29	2.59	0.92	0.32	1.46	0.45
1992	30.39	5.83	3.12	11.43		2.93	0.69	0.08	1.10	0.66	1.03	1.24	1.63	0.57	0.31	0.42	0.35
1991	26.68	5.24	3.20	10.23		2.84	0.70	0.10	0.11	0.66	1.05	1.23	0.72	0.16	0.29	0.08	0.06
1990	26.20	4.89	3.41	10.29		2.90	0.69	0.11	0.13	0.66	1.02	1.19	0.49	0.13	0.26		0.03
1985	15.34	2.91	2.54	5.21		2.39	0.53	0.13	0.06	0.05	0.91	0.53	0.09				
CAGR (%)[d]：1985—2009	7.6			6.9		0.7						5.9	26.9				NM[e]

[a] 由于四舍五入，有些数据不是准确的数字。

[b] 2003 年之后，部分投注额数据无法获得。

[c] 1985 年之前，公益博彩总收入金额预估的是 5.82 亿美元，之后缩减为 5.25 亿美元。

[d] 复合年均增长率。

[e] 无意义。

资料来源：Adapted from E. M. Christiansen data originally published in Gaming Business (April, May, June, and August 1984), and *Gaming Wagering Business* (July and August) 1985—2000，见表 11—1。

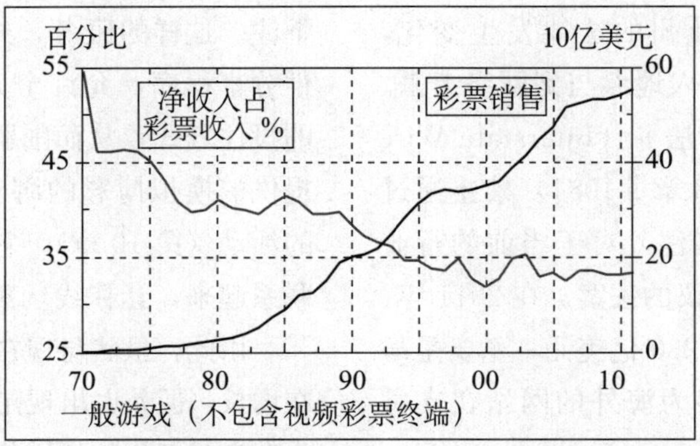

图 11—2　1970—2011 年美国的彩票销售以及净收益占销售额的百分比。

资料来源：Gaming and Wagering Business and La Fleur World Lottery Almanacs.

事实上，有许多这样的州政府和部落之间的契约，在巨大的争议之下经由协商产生，由于州政府自己很难找到税收来源，而希望把赌博看做一个潜在的新收入来源。1989 年，南达科他州采用低赌注赌场来振兴旅游业。1991 年，科罗拉多州为布莱克霍克（Black Hawk）、中心城（Central City）和克里普尔溪（Cripple Creek）等城镇的旅游业做了同样的事情。也在 1991 年，艾奥瓦州和伊利诺伊州推出了它们的第一个江轮赌场。到 90 年代中期，多个州的立法机构，包括密西西比州（1992 年）、路易斯安那州（1993 年）、密苏里州（1994 年）、印第安纳州（1996 年），已经朝着将江轮或其他形式的赌场经营合法化的方向转变。与拉斯维加斯赌场的标准相比，大多数这种江轮相当小，但是它们整体而言，大到足以影响内华达州和大西洋城赌博业的增长（见表 11—4）。事实上，在 21 世纪初，在美国 33 个州中有超过 750 个商业的和印第安人的赌场在运营。

旅游一般是博彩赌场经营的一部分，虽然赌场周边有那么多的替代品相竞争，但是目的地没必要离家很远。例如，视频彩票终端（video lottery terminals，VLTs）——实际上，它是把老虎机与彩票绑定在一起——在 20 世纪 90 年代初被广泛合法化。视频彩票终端基本上将当地的餐馆和酒馆（还有赛马场）转变成了迷你小赌场，与已有的视频娱乐设备以及在线彩票系统展开了收入争夺。[13]

宾果（Bingo，又译宾戈）也已发展成为一个重要的合法赌场活动，在美国 46 个州中有这种赌博活动，它产生的投注总额每年约为 10 亿美元。[14]事实上，宾果游戏吸引了大约 4 000 万的参与者，是所有合法赌博游戏中分布最广的。在某 416
些加利福尼亚州人口稠密的郡县，早已合法化的公共扑克俱乐部仍然在扩展中，因为赌博已成为慈善事业新的收入来源。

表 11—4 **2009 年美国各类赌场面积估计值**

	平方英尺（千）
大西洋城	1 350
内华达州	
拉斯维加斯大道	3 500
劳克林	550
里诺/斯帕克斯	950
其他	1 000
内华达州总面积	6 000
江轮	1 600
印第安部落的场地	2 200
总计	11 150

资料来源：*Nevada Gaming* Abstract，2009，New Jersey Casino Control Commission Annual Report，and industry estimates.

不过，互联网上的赌博活动已经成为赌博业的一个主要来源，其在美国的法律地位仍然含糊不清。一旦什么时候联邦及州的法律发生变化，主要的赌场经营者将更加深入地参与到网络上来。在这方面，《美国州际电信法》（Interstate Wire Act，《成文法法典》，第 18 章 § 1084）禁止通过网络进行跨州或跨国界下赌注，对于当前的行业来说，是一部突出的也有争议的法案。在 2011 年，全球基于互联网的博彩超过 230 亿美元，主要是与体育运动相关的收益，且多为海外的网站在支付了奖金之后斩获。[15]

基于网络的赌博的重要性也延伸到改变下注地点以及决定赔率的方式当中。尤其是在体育运动中，投注者不再对庄家下注，他们现在可能直接对彼此使用点对点（peer-to-peer）的方式进行下注。这样的服务，经营模式类似于音乐中的文件分享程序，允许个人轻松而高效地来安排自己的投注方式，从而削弱了赌场的角色。[16]游戏公司提供的模拟博彩的游戏，其根源在于与玩具相关的活动（第 10 章），它们也开始与赌博公司运营商联系起来，让在线玩家一试他们的运气。[17]

由此，虽然与现在的整体经济相比，博彩业还在增长，但是也出现赌博和投注的馅饼被继续分解为越来越细化的领域的趋势。类似的模式也出现在美国之外，尤其是在加拿大、西欧和澳大利亚。[18]图 11—3 描绘了美国博彩行业历史上的重大事件。

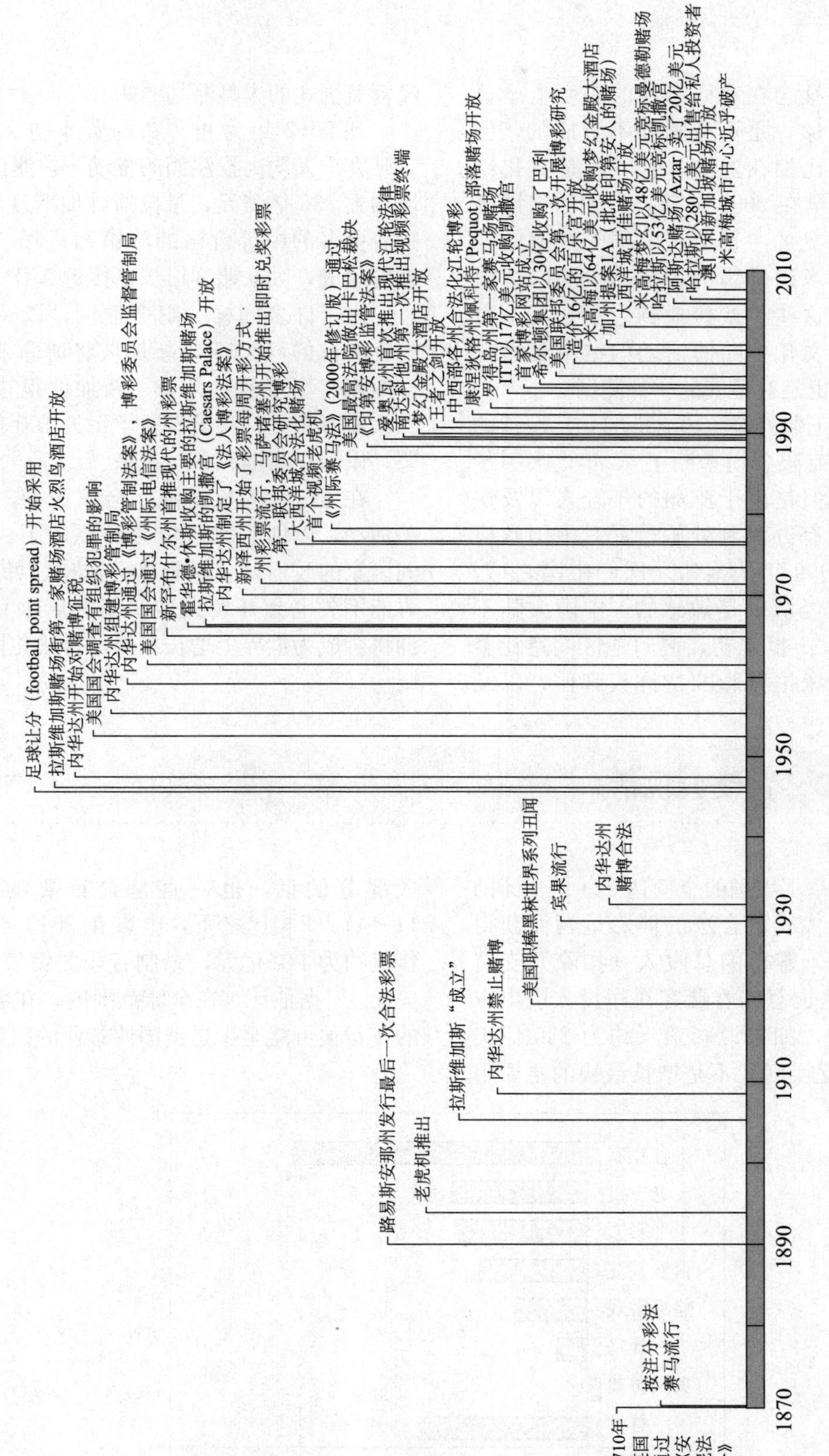

图11—3　1710—2010年博彩产业大事记。

亚洲的赌博

不同的文化和社会在对待赌博的态度上十分多样化。在一些国家，是不鼓励和不赞成的，但是在另一些国家，比如在亚洲，它一直是文化结构内在的一部分。早在2000年前，中国的赌博已成为日常生活中常见的一部分。中国人发明的长方形的骨牌，是多米诺骨牌的先驱。中国的规模和影响力，导致了这些游戏传播到它的邻国，最为重要的是，亚洲文化把赌博活动的结果看做是命运的安排，同时也是对运气的一种测试。

在近期，由赌王何鸿燊（Stanley Ho）运营的澳门旅游娱乐股份有限公司垄断了42年，吸引了来自各地的赌客。但是由于亚洲的年轻人以及快速增长的富裕人口有办法到处旅行，对中国政府来说，澳门地区1999年从葡萄牙回归中国之后，结束其垄断状态在经济上是敏感的。中国大陆不允许经营赌场。在21世纪初，澳门地区同意让美国公司参与进来，竞拍博彩的特许权牌照，以及经营美国式的大型赌场酒店。

到2012年为止，新的资本进入八年后，在VIP客户人均高投注额的推动下，澳门市场的规模增加到335亿美元，是拉斯维加斯规模的5倍。[19]随着更多的中等价格的旅馆和机场、公路基础设施的建成，大众赌客市场已接近VIP客户的规模。

出于许多同样的财务原因，以及吸引旅游观光客的目的，2005年新加坡将博彩业合法化，允许两家赌场度假村开张。新加坡很快成为亚洲第二大博彩市场，甚至设置了每天100美元的赌场门票，以阻止当地人参与进来。

在通过壮大旅游业、会议产业，以及娱乐相关活动，以创造就业机会的驱动下，其他几个亚洲国家的政府，包括日本、越南、韩国和菲律宾，可能不久也会开发大型赌场酒店项目。结果，亚洲将会成为世界上增长最快的合法化博彩市场。

11.2 金钱会说话

表11—1中列举了美国的金额达923亿美元的赌博和投注活动，代表着合法的博彩运营商获得的，或者换句话说，赚得的总收入（扣除开支费用之前），相反，这也意味着赌客在净投入产出方面是亏损的。其中，如果说彩票（约为230亿美元）和赌场（380亿美元）不是增长最快的主要组成部分的话，也一直是最重要的部分（见图11—4）。[20]相比之下，电影在2010年美国票房销售仅约为110亿元，录制音乐的销售额约为80亿美元。[21]据估计，在全球范围内，在赌博和投注上的花费很可能至少是美国博彩业的四到五倍。

418

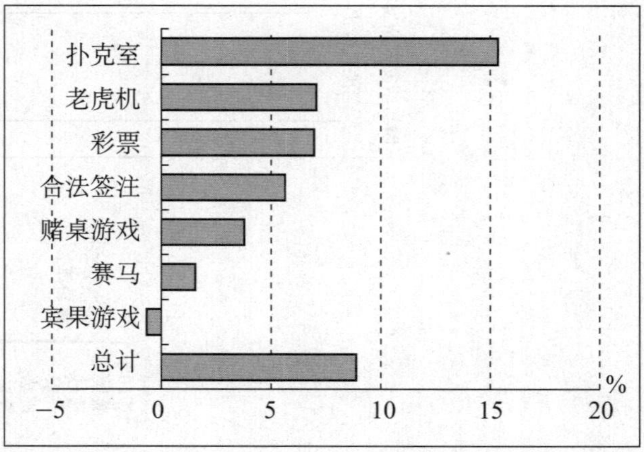

图11—4 1982—2009年美国各类博彩收益的复合年均增长率比较。

资料来源：*Gaming and Wagering Business*，见表11—3。

宏观经济问题

直到 2007 年年底经济开始衰退之前至少 50 年，合法化赌博的增长速度一直远高于总体经济增长。非法赌博的增长率也同步增长，很可能至少在合法赌博增长率再加上它的 15%（不容易衡量）。在最近的 30 多年里，在某种程度上，博彩业的年均复合增长率平均超过 10%，它已经成为向玩家提供更广泛的更易于接触到的服务的函数。当然，如果公众对于博彩游戏和娱乐支出的偏好没有变化的话，这一切都不可能发生。在 1960 年，公众的（输给赌场经营者、赛马赌博以及宾果游戏）支出净额占可支配收入的 0.2%左右，而当前的份额大约翻了四倍（见图 11—5）。 419

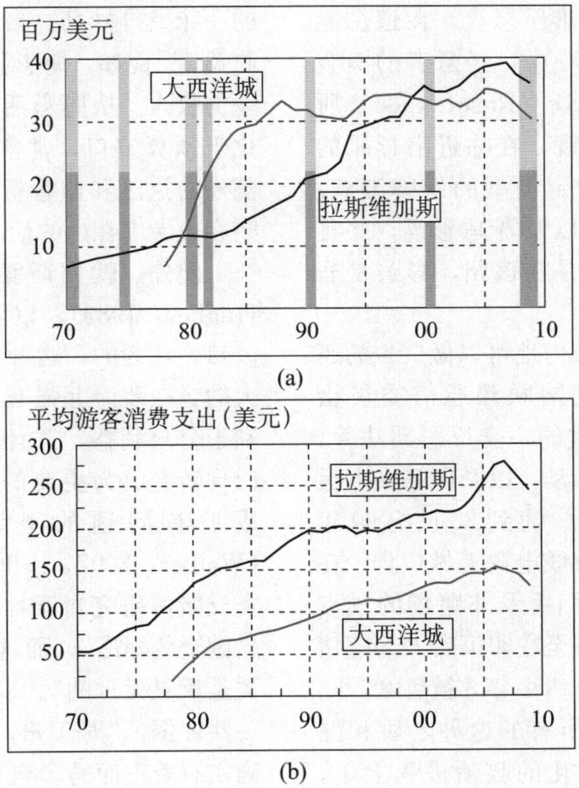

图 11—5　1970—2009 年的拉斯维加斯与大西洋城：(a) 游客人数和 (b) 每位旅客的消费。

420 不过，尽管赌博运营商常常采用财务杠杆方式，该行业对恶劣的商业周期波动的敏感性是相当高的。事实上，在先前的衰退期间的消费结构表明，博彩收入可能对地区性的和全国性的经济条件都比较敏感。[22] 例如，在经济不景气的情况下，家庭和企业会削减休闲和一般旅游方面的费用，以减少开支；结果之一就是，每个游客的平均消费在减少（见图 11—5）。

还有许多其他因素可能对一个地区的收入增长趋势产生决定性影响。其中最重要的因素如下：

机票价格与汽油的成本及其可获得性 421

最近的客房数量和附加营业面积在行业总量中的比例

美元与亚洲和欧洲的主要币种兑换汇率

来自本地区之外的赌客的百分比

预期的通胀和就业率

融资功能

在21世纪初期，自治市和州从征收的赌博和投注方面的税收和牌照费金额超过220亿美元。美国的州和地方政府的法规对赌博的监管是个大杂烩，这反映了人们对这些活动的矛盾心理。大多数司法管辖地区已经几乎没有什么顾忌，允许教会或社会玩宾果游戏，就如库克（Cook，1979）指出的，玩家付出的花费很多。似乎也没有人反对彩票，玩家在这种博彩游戏中花费的开支甚至高过宾果。然而，人们往往难压怒火，在道德上批判赌场和赛马场，在这两项中，经营者的资金投入比例要低得多。就如罗斯（Rose，1986）所说的，其他反常现象也会出现，在临近洛杉矶的社区，只可以进行某一种指定类型的纸牌游戏。在内华达州，虽然承认体育以及赛马彩票，并且是世界闻名的赌博之都，但是在该州，彩票是非法的。

关于博彩设施在何时以及何地可以做广告的逻辑也一直很特别。例如，美国联邦通信委员会（FCC）遵循1900年之前通过的一套反彩票法律，然而，州资助的彩票、慈善活动，以及印第安人运营的赌场，则不受法规的制约。直到20世纪90年代末期，私有赌场才可以在有线电视上做广告：在无线广播电视中，只允许他们提及非赌场的景点（例如高尔夫球场和餐厅），甚至在印第安人部落赌场经营的竞争中，这类限制在1988年才被免除。[23]

这并不让人惊讶，因为所有的这种矛盾和混乱都蔓延到关于监管和合法化的政治进程上了。如果由于历史和文化原因，主导人群青睐这样的活动的话，那么州或城市对这类活动的合法化是比较容易实现的。但是，通常加速向合法化转变，需要资助更多的社会福利，这比直接征税要让人容易接受一些。

不幸的是，市民可能因此有时被蒙蔽，认为合法化是一个筹集额外收入的不花钱的方式。但是，数项研究表明，赌博合法化并非总是纳税人的一味灵丹妙药。事实上，总成本有时可能超过收益。[24]例如，博彩业可能转移了本可支持零售商业的收入。从博彩活动合法化得到的净收入，相比于预算缺口，常常比较少——特别是，如果将额外的执法和监管费用，以及需要治疗上瘾的新赌客也考虑在内的话。 422

此外，就如斯滕利布和休斯（Sternlieb and Hughes，1983），以及古德曼（Goodman，1995，p. 11）认为的，这种合法化往往倾向于产生出巨大的、在政治上强有力的官僚机构，最终可能不利于公众利益，并且将政府的角色从赌博业的看门狗转变成为主要的推动者。确实，有些州已经成了有问题的上瘾的赌徒。[25]不过，沃克（Walker，2007，p. 86）进行了反驳，认为许多这类反赌博研究对于社会成本的确定没有“使用概念健全的标准”，而这“导致对某些行为后果的分类是反复无常的”。事实上，他的经验研究提供了一些证据，“对于州一级的经济增长，赌博合法化确实有着正面的影响”[26]。

监管

政府对于博彩行业的监管要比对其他任何娱乐行业领域更明确。这是从历史经验中发展起来的，因为现金业务常常滋润着有组织犯罪的金库，剥夺政府的税收，公然地欺诈普通的赌客。

监管能力依赖于州立法机关，它们能让博彩活动，比如说彩票、赛马以及赌场合法化。立法机关也建立机构进行监管，以便让博彩活动都能诚实而合理地进行，并且符合各州的税务上的会计要求。[27]

为了实现这些目标，监管执法、调查和颁发特许牌照机构根据当地社区的利益紧密合作，一起公布具体标准和行为准则。颁发牌照不仅应用于正在进行博彩业务的经营者，也应用于那些希望进入博彩业务的实体和个人。不过，法规的实施要遵循所在市场的历史发展轮廓。例如，在内华达州，各个赌场的大小和位置以及经营风格有很大的不同，而在新泽西州和其他州，地理上更为集中，经营风格更有统一性，监管也就更具体、严格且缺乏弹性。

最广为人知的是内华达州和新泽西州的博彩委员会，它们监督这些州的博彩牌照发放、监管赌场活动以及老虎机的运营。新泽西州的监管机构很大程度模仿了内华达州早期发展的模式，内华达州实行双重结构：赌博控制理事会（the Gaming Control Board）主要从事人员级别的调查和审计，博彩委员会（the Gaming Commission）充当一个准司法主体，即审议牌照发放、撤销，及其他有关事项。

监管设计的难度在于，平衡那些将博彩业务看做最佳的服务公众利益的各种需求，而这从新泽西州的例子中可以看到。这个州热衷于确保赌场不会被有组织犯罪的影响所渗透，州的立法机关在合法化大西洋城博彩游戏的条款中，使用的说明特别的详细。所有员工都必须获得特许，早期还包括了远离赌博交易区域的餐厅勤杂工、酒店侍者和泊车服务员。[28]

在大西洋城赌博业成熟的时候，许多事实证明，如果说实际上不是无益于行业增长和盈利能力的话，这些早期严格的规定也不必大费周章。当委员会及其执法部门开始集中颁发特许给高级执行主管，以及直接监督博彩活动和核拨信贷的从业人员（发牌员、赌区领班、值班经理及场员）时，这些标准有所放宽。另外，向经营老虎机以及提供行业商品和服务（床单、酒类、食品等）的公司核发牌照，也受到了优先的关注。

423 美国联邦调查局（FBI）的探员和美国国税局（IRS）的调查人员，对于州委员会的角色进一步发挥了辅助的作用。不过，任何州的部门证明是无效的话，很可能联邦政府就会立即变得更积极地和明显地介入行业的事务。最能直接感受到的影响很可能是增加纳税申报的要求。[29]

如果没有对财务会计和日常业务做密切而详细的审查，很可能会出现非法活动。偶尔地，仍然会发现在彩票（例如，不合法地印制彩票）、赛马（例如，替换“发枪声”，对动物使用非法毒品，操纵比赛）和赌场（如前，在向州报告之前搜刮钱币）中存在欺诈和逃税现象。有了强大的监管能力，执法和发放牌照人员有了充足的资金，就可以在很大程度上减轻这些问题，向公众确保博彩公平地进行，政府也能妥善地获取应得的收益。

法规的提出和设计通常是为了支持公益。合法化的博彩行业，即便不是由州直接拥有或运营，将会出于这个原因，与已经建立起来的由民选官员所控制的监管机构有一种密切而持久的关系。因此，斯科尔尼克（Skolnick，1978）指出，如果法律没有明文规定，博彩的利益在政治上会变得很强大。政策的悖论在于，监管越严格，对监管者的诱惑及贪腐的可能性越大。[30]

财务绩效和评价

从所有合法的赌博和投注活动中获取收益的公司出奇地广泛，多样。[31]除了相当知名的赌场酒店外，其他还有用于彩票系统管理的电脑组件制造商和软件设计商、复杂的老虎机和扑克机器生产商、用于制造骰子和扑克的塑料和纸业公司，以及参与赛马的育种和地产实业公司等。然而，在所有这些类别中，最容易定义和最便于投资的是赌场酒店运营商。

直至 2007 年年末开始的经济衰退之前，美国的博彩业总体上是繁荣的。[32]确实，在收入、资产和营业收入方面（见表 11—5）的有利可图的长期趋势，使行业可以以相对较小的资产基数借到巨资。

表 11—5　2005—2009 年美国 18 家博彩公司复合财务经营绩效 424

	收入	运营收益	运营利润（%）[a]	资产	运营现金流
CAGR（%）[b]	−1.0	n. m.[c]	n. m.[c]	4.0	−16.0

[a] 2009—2009 年平均利润（不含 2008 年的记录）= 6.9%。

[b] 复合年均增长率。

[c] 无意义（前文无下圆点，原书如此。——译者注）。

大多数投资者或贷款人将因此通过分析博彩企业的税、息、折旧及摊销前利润（EBITDA）能力而得出估值。这个将应用到预期现金流量数字中的倍数，是利率、本地市场增长和竞争考量、房地产的机会成本价值，以及总体经济状况的一个函数。[33]

同样，对企业价值（enterprise value，EV）可做如下估计：

企业价值＝（股数×价格）＋负债净额－账外资产

其中，

负债净额＝长期负债－现金

这些概念和方法，与对媒体财产（第7.4节和第8.5节）的估值使用的方法相类似。为了估计私募市场价值，通常对公开市场交易价值打上一个折扣。

11.3 获利原则和术语

成千上万的扑克、骰子和数目字游戏，历史有上千年，变种不计其数。不过，其中只有为数不多的几种在今天进行了标准化，并在合法赌场中使用。本节提出一个框架，以了解博彩在交易中是如何产生利润的。

原则

人们很容易有这样的印象，即赌场的利润来自一堆失败的输家。不过，令人惊讶的是，每一个牟利的投注行为背后的指导原则是，向赢家支付的费用要少于真实的赔率。事实上，正是支付给赢家的费用比真正的赔率少得多，给赌场提供了"获利"（edge）（见表11—6），这在赛马中称
425 为"拿走"（take），在彩票中称为"切出"（cut）。换句话说，输家的钱是用来补偿赢家的，但并不够，没有达到博彩数学要求的那么多。因此，在某种意义上可以说，利润来自输家和赢家。按注分彩法提供了一个这样的例子，在这一博彩活动中，各种租、税、费（见附录B），都是从由赢家和输家共同向资金池中提供的金额中扣除出来的。

表11—6 赌场游戏特色

游戏	获利率[a]（%）	游戏频率（分钟）
美国轮盘赌	2.7	0.75
法国轮盘赌	1.4～2.7	1.5～2
21点	至少0.6	2～3
美式百家乐	1.25	2～3
掷骰子赌博	1.4～5.6	1.5～2
法式百家乐	0.9～1.5	2～3

[a] 从理性世界角度思考，游戏获利率可能与所玩的游戏频率成反比。不过，在真实的赌场世界中，结果并非如此。无论如何，许多赌客有着赌得越多赢得越多的错觉。

资料来源：Royal Commission on Gambling（1978，p. 451）. Final Report，London，July 1978，Vol. 2，p. 451.

有了这样一个统计优势，运营利润因此也受到单位时间内投注数及投注项目的影响。于是有了第二条指导原则：是有这样一个压力，提高或尽可能高地保持投注决策的速度，这样随着时间的推移，统计优势很可能综合显现出来。通过故意给赢家不足真正的赔率，即便比例很小，积累起来，然后博彩运营商（机构）拿到的数量就很大了。[34]

在概率性的博彩运营中使用的第三个原则是，采用投注限制策略（对每笔投注设立最大限额）。墨菲（Murphy，1976）注意到，在一场比赛中赔率为 50∶50（例如掷硬币，或玩要么加倍要么一笔勾销），通常的假设是，过了很长一段时间，结果不赚不赔。然而，这是不正确的，如果一个赌客拥有有限的资金，另一个赌客拥有无限的资金：可预期的结果就是，资金有限的玩家最后是输家。限制投注额（实际上人为地限制了赌客的资金少于赌场运营商）本身，即使赌场没有获利率，也切实保证了在较长时间内运营商将赢得所有的彩金。[35]在这种情况下，不是获利率，而是投注限额击败了赌徒们。

426 在实践中，玩家如果不是把赌注分割成许多更小的单位并反复投注，而是一次下很大的赌注，获胜的概率最高；这时候，赌场蚕食掉玩家资金而获利的机会降到最低。然而，由于大多数人都不会在来到赌场或赛道的时候，只下一注而已，相反，人们以付出获胜概率为代价，从通过延长赌博时间获得了娱乐享受：赌博时长是赌场的赚钱利器。

《赌博时报》（*Gambling Times*）中的一段摘录可以说明[36]：

> 若以 100 美元玩轮盘赌红色或黑色，赌场获利率是 5.26%（有 18 红色，18 黑色，2 绿色，这样赔率是 20 对 18)，可预期的赌注获胜的概率是 47.37%，几乎机会各半。现在假设每次投注额 5 美元，不管是赢了 100 美元还是输了 100 美元，投注结束。在 1 000 次试验中，平均有 873 次会输，赢的机会只有 127 次。若要达到预期的概率，平均下注须达到 1 451美元。

至于体育博彩，摩尔（Moore，1996，p. 5）指出了一条重要原则：“是公众集体的感觉控制了赔率。”一个博彩公司制作的赔率报酬表——标的（line）——重点不在于就热门和冷门将如何表现给出一个意见，而在于用什么数字来诱使一半的赌客下注于冷门，另一半的赌客下注于热门。

术语和绩效标准

对于博彩运营商来说，正的预期回报是需要透过许多投注活动来实现的，不管是骰子、纸牌、老虎机、赛马还是彩票。投注的总金额被称为下注金额（handle)，在投注活动结束之后，留给赌场庄家的数量才是赢得金额（win)。因而，赢得金额，或者说赌博的总收入，相当于其他业务的会计中的销售额。

在赌桌游戏中，现金或现金等价物，如凭单，被称为借据（markers，又译预支现金单)，被集中收放到桌子底下的盒子中。在盒子里美元的等价物因此都通称为代币（drop)，这个术语也用于指投入到老虎机中的硬币。[37]赢得概率（win rate）以百分比表示，是（一段时间内）总赢得金额除以总的代币额。这一比例通常被称为保有（hold)。[38]相比之下，在赌马博彩中，州对于下注金额收取固定的百分比，作为一笔参与费用。

虽然运营商透过多次投注而产生的正的预期回报率，一般来说是比较小的，21 点扑克游戏几乎为零，在骰子、轮盘、彩票、宾果游戏以及赌马中，有时超过 15%。赌场的赢得概率通常介于 10%～25%之间，赛马大约是下注金额的 17%或更多，彩票中的赢得概率则是 50%左右。那么，实际上，赢得概率通常可以看做所有赌客集体彩金被赌场收走的平均比率。不过，需要注意，赌场桌上游戏的获利率（edge，每笔投注的期望值，赌场行话叫做 house p. c.）以下注总额的百分比表示，而不是以代币的百分比表示（即使有时可能相同）。

此外，赛马场上的现金转换成彩票，以及赌场现金转换成筹码（chip）相类似，但并不意味着赛马场和彩票的下注金额可以与赌场中的代币进行比较。在赌场，下注总额通常不等于代币，可能变成代币的数倍，这是因为：（1）购买所有筹码（支票）并计数后放到代币额中，然后旋即“投资”下去是很罕见的；（2）赢得的筹码或者在赌博的过程中保留的数量，可能增加投注总额，而没有额外地购买筹码而增加代币。而在按注分彩中是另一种情况，这里的票面值没有小数，每次投注都用的是全部票面金额。

假设有这么一场骰子游戏，可以帮助说明上述术语。比如说，赌场的获利率是2%，有5个投注人，每次掷骰子投注10美元。那么下注金额是50美元。进一步假设，玩家们使用的不是现金，而是赌场发行的筹码，并且是用现金当场购买的。那么，本次游戏的代币也是从50美元开始的。从理论上讲，赌场理当期望在每一次的投注中，都能赢得下注金额的2%，或者说1美元。当然，这种情况在短期内可能出现，也可能不会出现，但从长期来看，通常是会出现的（亦即通过多次下注）。

现在假设第一轮中玩家集体没有输赢，然后他们在第二轮中投注与第一轮相同。现在那张桌子的下注金额，已经上升到了100美元，而代币数一直停留在50美元，没有人去买更多的筹码。[39]

可以假设另一种情形，来说明即便赌场的获利率只有1%，保有是怎么超过10%的。假设一个玩家开始有100美元赌资，买了价值100美元的筹码，长期来说，损失是每一次投注的1%。以纸牌游戏为例，第一轮，赌场赢得1美元，而玩家剩下99美元。在第二轮，赌场赢得0.99美元，玩家还剩余98.01美元，依此推断，在下注11次之后，玩家还有不足90元，赌场则赢得超过10美元；眼下，赢得金额占代币总额（保有）的比例超过了10%（下注金额超过1 000美元）。

大多数赌场都随着时间的推移而存在赢得概率，它可以成为测量特定赌场（或一家赌场的一张赌桌）绩效的统计基准点。例如，内华达州的赢得概率的平均值可以从图11—6、表11—7中显示出来。从中可以看出，就总赢得（gross win）的波动而言，百家乐（baccarat）在所有游戏中可以认为是最不稳定的（变化幅度最大）。事实上，变化的幅度是如此之大，以至于赌场偶尔会在百家乐上遇到亏损。[40]

表 11—7　　1975—2009年[a]内华达保有量（赢得金额代币的百分比） 428

	主要的桌面游戏				
	21点	掷骰子赌博	轮盘赌	百家乐	总量
内华达州（由资源中赢取的总数%）[b]平均值	17.5	8.7	2.6	6.2	35.0
持有（从代币额赢得的%）的平均值	15.7	15.7	25.1	18.2	16.1
变异	8.8	5.5	11.6	21.8	

[a] 从1984年起财政年度的截止日为每年6月30日。

[b] 包括老虎机。

资料来源：Nevada Gaming Control Board data.

对赌场绩效的分析，也可以从刚刚提到的基本原则引申出去。需要用每次博彩下注结果的概率（以及最后下注的平均数）的详细的知识，来计算成本与赌资的百分比。这些知识还可以用于确定赌场为赌客提供食宿招待的真实成本（以百家乐为例，往往占赢得金额的30%～40%）。[41]例如，基尔比（Kilby，1985）提到的一个有趣的经验法则是，一个赌场潜在地每小时可以赢得大约一个平均下注额。[42]也就是说，如果平均下注25美元，那么赌场可以期望每小时平均赢得25美元。[43]

由于老虎机通常占据赌场超过三分之二的收入总额和经营面积，经理也会积极地比较各台机器的投资报酬率。[44]

虽然投资报酬率是建立在平均每单位赢得金额基础上的一种比较，一台机器吸引到的投币或下注金额（即硬币和票据的总数）是另一个经常分析的方面，因为它是一种特定游戏相对受欢迎程度的指标。[45]现在的新技术也让管理者很容易地迅速改变游戏的主题、根据当天的不同时间以及预计的玩家喜好设定报酬，以获得最大化的回报。[46]

429

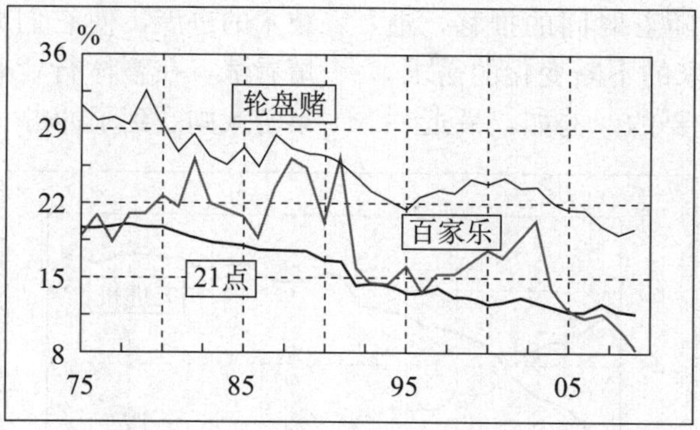

(a)

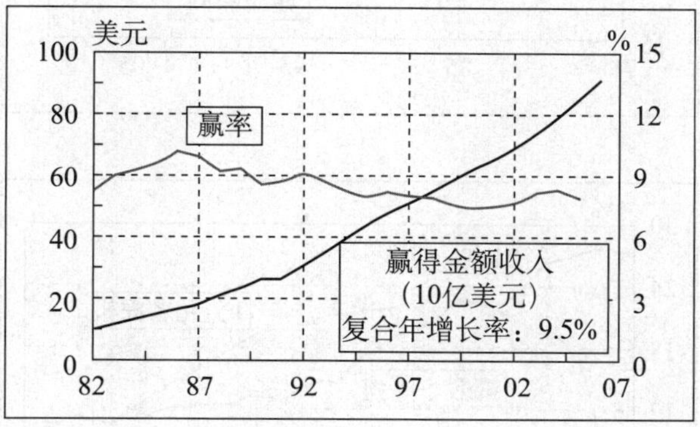

(b)

图 11—6 1975—2009 年内华达州赌博游戏中赢率的特点：(1) 通过赌博；(2) 所有博彩游戏的平均值。

11.4 赌场管理和会计政策

营销事宜

理解赌场业务（或任何其他投注设施）的一种方式是可以将它视为一个零售商，表面上，它提供的是投注机会，不过实际上，赌场的体验是刺激、兴奋和娱乐。一次又一次的事实证明，这
430 样的体验对于客户有内在的价值——虽然消费者所花的钱并没有收到切实的回报，他们往往会再次光顾。另外，在大多数情况下，玩家对价格不太敏感。市场营销的挑战是，通过广告、营销和公关，让顾客走进商店，然后在可能的条件下，让他们购物的时间尽可能地长久，在这一过程中，“顾客设定价格……决定什么时候开始表演以及表演将持续多久”[47]。

值得一提的是，赌场发现有必要创建营销形象，这种形象对于他们最喜欢的核心客户应有着最大的吸引力。最大的连锁饭店根据统计实验来确定对于每一类目标客户来说最有诱惑力的因素，然后进一步细分市场。例如，许多哈拉斯（Harrah's）赌场酒店长期地且非常卖力地迎合中低预算的顾客，也就是那些不需要广泛的授信设施或豪华的餐饮及娱乐服务的人们。相比之下，梦幻度假村（Mirage Resorts）（米高梅公司的物业）迎合广大的中上等收入的玩家群体，卖力地开发利用所谓的狂赌者这个有利可图的市场，沉迷于其中的几乎任何突发奇想的挥霍无度的玩家。[48]此外，一些赌场仍然通过发展旅游以及给旅游中介人以折扣优惠来吸引玩家。[49]

但是，即使使用了一切手段，个别企业的市场份额仍不是固定不变的，随着时间的推移，透过改变游戏组合，以适应玩家的不断变化的需求，对于管理部门来说是至关重要的。例如，最近一些年，电子老虎机（包括电动扑克和21点）设计技术的进展，使它们如此受欢迎，以至于它们行情看涨，在整体行业收入中的份额稳步上升，赌桌游戏则受到了冲击（见图11—7）。

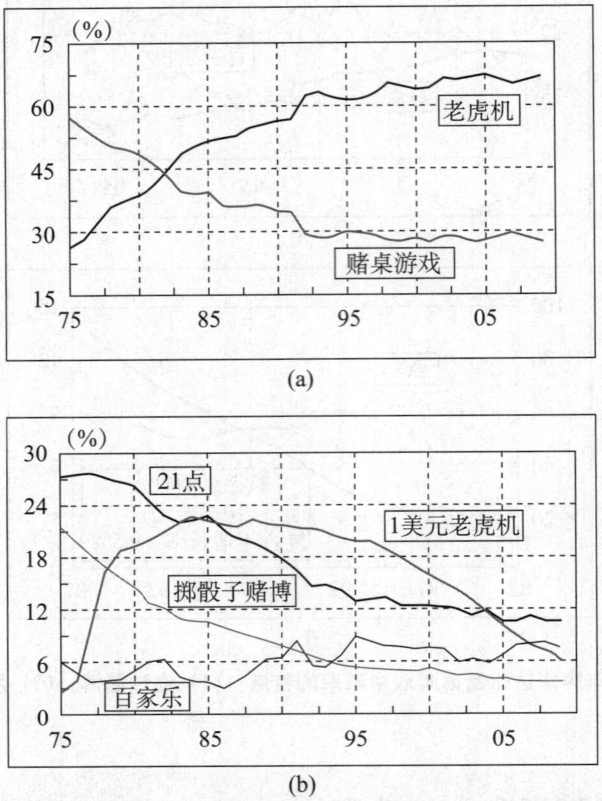

图11—7　1975—2009年内华达赌桌游戏对老虎机的市场份额：(a) 总类别和 (b) 细分游戏类别。

资料来源：Nevada Gaming Control Board.

不过，老虎机与赌桌游戏的最佳组合，就如格瑞恩里斯［Greenlees，1988，p.12（2008，pp.24-25)］所指出的，也可能从一个地区到另一个差异甚大。在成熟的市场，例如拉斯维加斯的赌桌，很可能相比在部落或江轮上的老虎机所占的比重要大。就如图11—5已经表明的，到拉斯维加斯的游客所花费的金钱和时间的平均数量，与到大西洋城的很多游客所花费的差异很大。并且，由于一个地方的人口分布和文化的影响，每单位的赌桌游戏与老虎机赢得的平均额也会不同。

总之，当地人口的规模——在更小的程度上，人均实际收入——似乎是一个市场潜在的产生赌场收入的最重要指标。这是因为，每次光顾的支出以及每年的光顾次数，对于赌场到顾客家中的距离，在经济上是敏感的。尽管光顾频率和每年的支出与距离成反比，但是每次访问的支出又与距离直接相关。[50]

431 现金和信贷

无论是在玩还是在准备玩赌桌和老虎机，大型赌场经常有数百万美元的现金和现金等价物。为了吸引和保留业务，大多数赌场也往往会给其优质客户扩大信贷和额外的招待（comps，免费货物和服务）。那么，短期内的管理问题是监督和控制现金流、信贷、额外的招待，以防止由于经常和密切地接触大量的金钱，而被员工和客户所滥用。

实现这种控制，要求对行为规则执行得非常详细，并严加管理。不过，规则的执行也必须伴随着来自高层管理人员的坚定承诺，将任何偏差
432 和违规行为置于密切的监察之下。在实践中，这意味着操作程序被分解成许多细小而明确的步骤：对于授信和额外的招待，以及在现金从玩家的口袋里转移到赌桌和老虎机，进入计数室，然后终于进入银行金库期间，都必须有多人监视。这同样适用于筹码、现金和信贷借据作为“种子资金”被回收到赌桌及收银员窗口的过程。

然而，在所有此类活动中，赌场的授信很可能是其与客户的关系中最为敏感和重要的。信贷延长，然后迅速地下注，会非常有利可图，因为赌场的获利在于赌客越玩越大，而不是它马上收回信贷。[51]事实上，由于这个盈利，赌场甚至会给最重要的大玩家们预先安排好为可能的损失提供打折。[52]

但是，信贷还有另一个阴暗面。正如弗里德曼（Friedman，1974，1982）指出的，赌场要两次赢回他们的钱，第一次是击败赌桌边的借款玩家，第二次是收回被拖欠的金额。如果一个客户在赌博后，其信贷在合理的时间内无法全部回收的话，赌场将因注销（Write-off）坏账而减损利润。因此，在内华达和新泽西两个州内都建立了严格的信贷手续。[53]例如，管理者可以使用内华达州中央信用公司，根据银行资料及其他信息，确认客户在银行和其他酒店赌场有良好的信誉。

信贷政策也通常反映出赌场的营销策略，其中的效果一般都可以通过资产负债表上的坏账准备金占应收账款的百分比而加以观察。例如，在拉斯维加斯的马戏团赌场酒店（Circus Circus casino），有许多现金客户，因此几乎没有必要有坏账准备金。相反，凯撒宫大酒店［Caesars Palace，现在为哈拉斯（Harrah's）拥有］将自身主要定位为大赌客的圣地，其准备金的绝对数或占应收账款的百分比一直比较大。先前的准备金百分比基准的重要变化，经常是营销政策或会计程序变化的信号，这些会计程序可能会显著地影响公布的财报收益。

此外，与总赢得的增长相比，应收账款准备金的快速增长往往是一个早期预警指标，即当前的绩效，很可能是无节制地“借”了未来的绩效。实际上，向赌客们授予更多的信贷，超过了他们可以在一个相当短的时间内的偿还能力，可能正是要将他们榨干。[54]

流程范例

筹码补充单（fill slips）用于记录从筹码箱（cage）中发出到赌桌的票据、硬币及筹码的价值，筹码超额单（credit slips，信用签单）用于记录回到筹码箱中的这些物品的价值。内华达州博彩委员会的规定［编号 6.040（5）］具体说明了将现金从筹码箱转移到赌桌的过程中必须使用的方法。[55]

433 根据规例［援用弗里德曼（1974，1982）的报告］，“所有筹码补充单和筹码超额单必须以理事会规定的形式进行编号”，序号必须包括字母，“以便赌博设施不会使用重复的号码……赌博设施编列的所有系列数字必须有人负责。所有空单应当标明‘无效’，并应要求两个人对空单进行签名”。

此外，还有一些详细的规定，如何用两组不同的钥匙打开代币箱子的锁，一组由场员，一组由会计部门，在相同的清点时间打开。一旦打开箱子，法规具体规定，每个箱子或袋子的数量必须予以清点，由三位清点人员进行核实，然后对取出的数目、信贷借据、筹码补充单达成一致并签名。

清点小组要记下轮班赢得金额，轮班货币代币，轮班筹码补充单，筹码超额单和借据，交给场员，小组通常会将箱子中的内容进行分类：（1）货币，（2）筹码，（3）筹码补充单，（4）筹码超额单，（5）记名超额单。赌桌的轮班记录（stiff sheets）将包括作为筹码补充单的开桌筹码库存，以及作为筹码超额单的关桌筹码库存。然后轮班可以进行如下计算：

货币＋筹码＋记名超额单＋筹码超额单＋关桌库存＝赌桌收入

开桌庄家筹码＋筹码补充单＝赌桌筹码补充单

赌桌收入－赌桌筹码补充单＝赌桌赢得金额

更具体地说，每个班次在每个赌桌的盈亏情况，就如美国会计师协会（1984，p.7）说明的，可用如下例子计算：

代币箱内现金		6 000 美元
发出及在外流通信贷		3 000
代币总额		9 000
开桌库存	14 000 美元	
轮班筹码		
补充单	5 000	
信贷	(1 000)	
	18 000	
扣除：关桌库存	11 000	
赢得		7 000
		2 000 美元

当然，所有账目，包括现金和借据（赌场同意在未来一段时间内不会处理的客户的支票）都得到确认，并根据日记账程序结清。此外，赌桌游戏及老虎机的结果，可以通过轮班计算方式定期分析，用来自先前的数据的平均值，来检验在赢得和代币方面的可能的显著偏差。这样，赌场经理可以检查哪里可能存在由员工或客户造成的任何欺诈行为。

当积累一段较长的时间后，也许一个星期或一个月，可以对这些统计进行分析，以表明每平方英尺赢得金额的走势。这样的数据可以跟往期的情况，以及其他赌场的相对效率进行比较，与零售业中计算每平方英尺销售额很相似。例如，表 11—8 显示的是内华达州的博彩收入，以及各类游戏中的平均每平方英尺的赢得数据。[56]

434 **表 11—8　　2009 财年内华达州博彩收益分析**

类目	全州	拉斯维加斯大道
每平方英尺收入[a]		
赌区[b]	2 198 美元	3 838 美元
投币式设备[c]	1 105	1 411
扑克和盘子	995	1 345
竞赛和体育	457	563
收入总额	1 242 美元	1 840 美元
博彩收入来源%		
赌区[b]	27.7%	41.1%
投币式设备[c]	68.7	55.0
扑克和盘子	1.7	2.1

续前表

类目	全州	拉斯维加斯大道
比赛图书	0.8	0.7
体育池子	1.1	1.1
总收入	100.0%	100.0%

[a] 全州包括260个地点，拉斯维加斯达到38个地点。
[b] 包括金路和宾果。
[c] 主要是老虎机。
资料来源：Nevada Gaming Abstract，State Gaming Control Board.

11.5 博彩与经济学

赌博欲望的心理根源很复杂，尚未被完全了解。一些心理学家（Halliday and Fuller，1974）确实把赌博看做神经官能症，而不是一种娱乐形式。但是，施瓦茨（Schwartz，2006，p. xix）写道，赌博“永远是人类的文化的一部分，其演变从来没有停止过，在每一个历史的节点……好赌之徒都近在咫尺”。当然，经济学者通过效用函数模型来说明对于赌博服务的需求。在这种模型中，消费者根据他们期望从所购买的货物或服务中获得的效用，通过购买决策来表达偏好。

435 为了理解这种思路的发展过程，我们必须回溯到200年前。那时，一些数学家都关心如何解决所谓的圣彼得堡悖论（St. Petersburg paradox），这是以抛硬币游戏形式提出来的。从理论上讲，由于游戏的预期价值（或回报）是无限的，玩家（player）愿意付出的参与量应该是无限的。然而，却没有人愿意这样做。

数学家伯努利（Daniel Bernoulli）和克拉默（Gabriel Cramer）用期望效用概念，替代了预期收益最大化原则，解开了这个谜团。由于认识到货币的边际效用递减（在奖励金额的价值增加时，额外的单位带来的额外效用在降低），他们这么解释这个悖论：圣彼得堡游戏的参与者们是根据游戏的期望效用，而不是期望的货币回报，来决定他们愿意玩的数量的。

20世纪30年代，对效用函数的本质所做的工作取得了重大进展，当时已经证明，除非函数是有限的，否则可以构造出新的悖论。这些问题开启了冯·诺依曼和摩根斯坦（von Neumann and Morgenstern，1944）在20世纪40年代经典的博弈论研究，亦即在不确定性条件下期望效用假设是如何导致最优决策的。

后来，弗里德曼和萨维奇（Friedman and Savage，1948）发表了一项重要研究成果，讨论了期望效用概念在个人选择中的应用。他们提出这样的问题：为什么很多人购买保险（支付保费以避免风险），也参赌（承担风险）？对于答案，他们推测（如图11—8所示），财富的边际效用的增加有一定的范围，这时个人的效用函数既包含凹状部分（代表规避风险，曲线图形从原点向外弯曲），又包含凸状部分（代表喜好风险）。就像耶理（Yaari，1965）也暗示的，玩家经常用他们自己主观相信的概率，来替换游戏的客观的或真正的概率。

然而，相比于刚才援引的理论家，其他经济学者通过各种标准计量经济学建模方法检验了博彩业。例如，艾丁顿（Eadington，1976）估计，内华达州经济活动的生产函数（Production function）是 $Q=f(K, L, M)$，其中，Q 代表成品量，K 是资本设备，L 是劳动，M 为原料的数量。从这个函数中，他可以得出有关各种赌博活动及其设备的规模经济、最佳组合及边际生产力方面的结论。此外，还有一些人（例如 Asch et al.，1984）指出，在有些赌博情境下，赌场中的下注 436

行为与证券市场中的行为具有可比性，因此也适用市场效率理论（market-efficiency theories）。

对于以前没有赌场的地区，在决定是否引入赌场，以便为该地区的人民带来净收益的时候，经济分析同样重要。为了证明适合这样的发展，一个地区必须证明，吸引到的来自社区之外的游客所产生的收入总额（以及随之而来的倍数效应）大到足以抵消所增加的社会和政府方面的运行成本（监管、警务、健康护理等），一旦赌场开业，这些成本是必须承担的。

总之，关于博彩和经济学方面的文献发展很快，这是因为赌博和投注活动有很多可量化的信息，而且从博彩品类到决定赌场的最佳免费服务，以及信贷政策，经济分析可以很容易地应用到每一件事情上。[57]

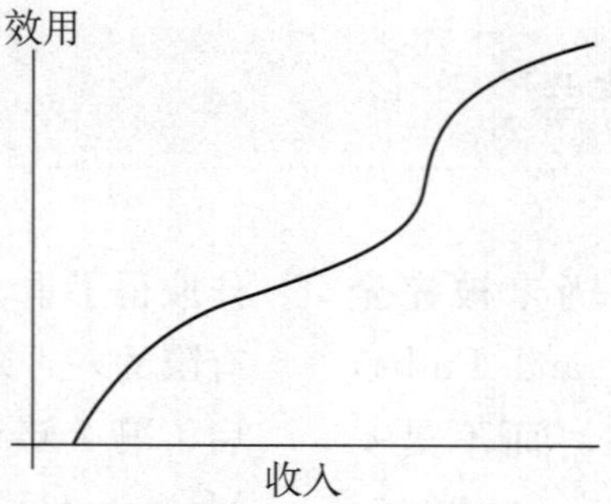

图 11—8 个人效用函数。

资料来源：Friedman and Savage (1948).

11.6 结论

总体上，人们在赌博和投注上的花费，要比在电影和音乐方面花费的总和还要多。这种不寻常的情况部分地反映了20世纪50年代初以来全球中产阶级生活方式的变化，同时也反映了彩票、赛马、通信以及老虎机技术的发展。[58]然而，该行业的增长潜力要取决于异常宽泛的各种各样的社会、政治和经济因素。

正如经济学者伊格那廷和史密斯（Ignatin and Smith，1976）所指出的，贯串其中不变的是，博彩同时具有消费和投资的特点：它的直接效用是向人们提供财务收益的希望，换句话说，人们不只是为了金钱而参与博彩，还因为博彩是一种娱乐。

【注释】

[1] 这引自詹姆斯·麦克曼努斯（James McManus）在施瓦茨（Schwartz，2006，p. xi）著作前言中的话。

[2] 贝格和布鲁宁（Berger and Bruning，1979，p. 17）。布雷纳（Brenner et al.，2008）也讨论了赌博的历史以及与宗教和华尔街的关系。

[3] 见巴格利（Bagli，2012）。

[4] 由西格尔设计的佛莱明戈（Flamingo）酒店，意在吸引富人和名人到沙漠中去。开始建设酒店的热潮较缓慢，直到20世纪80年代早期，这个时候超过50 000间客房，可以容纳举办世界上规模最大的商业会议。也参见普佐（Puzo，1976）。伯班克（Burbank，2000）也对内华达州的赌博历史做了很好的回顾。

[5] 目前，在内华达税率是总金额的6.75%（从2003年6.25%上调），在新泽西是8%，这个州在超过25年来，一直将总收益的1.25%的附加费投资到郊区发展上。在底特律，对总收益征税18%，底特律是55%，密歇根州是45%。密苏里州、艾奥瓦州和路易斯安那州的税收范围在20%～22%之间，而伊利诺伊州则更高一点。正如桑德斯（Sanders，2005）

指出的，一旦赌博业建立起来，州就倾向于提高税率。

[6] 然而，游客停留在大西洋城的平均时间可能略少于一天，对于许多游客来说，只需几个小时。在拉斯维加斯，停留的平均时间大约是3.8天。

[7] 不同的司法管辖区，条例有很大差别，并随时间的变化而变化。参见卡博特（Cabot，1995）、布劳恩里奇（Braunlich et al.，1999）和网站www.CasinoLaw.com。

[8] 见施瓦茨（Schwartz，2003）和索尔金（Sorkin，2004）。

[9] 例如，阿尔瓦雷兹（Alvarez，2004）讨论了布莱克浦（Blackpool），同时，随着连接香港地区到澳门地区的基础设施的改善，以及美国现代赌场的到来，到2010年，澳门地区的收入估计已经达到120亿美元，成为亚洲赌博的主要目的地。此时，新加坡应该也产生了至少30亿美元的收入。到2006年，澳门地区有2 200万的访问者，收入有69.5亿美元，这超过了拉斯维加斯大道的收入，与拉斯维加斯相比，主要是因为那里平均一台挣得的是拉斯维加斯的3倍。然而，就如奥迪和斯坦利（Audi and Stanley，2008）讨论的，主导着到赌场的大玩家的本地中间商的实力日益强大，降低了盈利能力。克勒斯尼科夫-杰瑟普Kolesnikov-Jessop，2010）表明，在澳门地区的经济中，旅游约占70%，满足挥金如土的客户的独立的赌场运营商，获得的佣金比例在0.6%～1.8%之间。参见桑德斯和斯坦利（Sanders and Stanley，2006），巴尔博扎（Barboza，2007），谭（Tan，2007），诺顿（Norton，2010），王（Wong，2012）以及欧基夫（O' Keefe，2012）。

[10] 根据《博彩业务》(*Gaming Business*)，1983年有92个纯种马比赛协会，这吸引了5 110万名顾客，下注金额约72亿美元；还有62个标准竞赛用马（马具）赛马协会，该协会报告说，一年下注金额达28.1亿美元和2 330万人的总入场数。最近几年，这些数字还没有明显变化。但是许多工作程序都在试图保住或扩大客户基础，成功地将老虎机和视频彩票终端添加到他们的设施中，同时将赛马联播到本州之外（信号费大约占总费用的3%）。谷斯和沙甘（Guth and Shagan，2001）认为，在这个行业中看到的沉重的政府监管应大大纾缓。也参见麦克莱恩（McLean，2001）。

纯种马的比赛可以追溯到至少一个世纪前，并且有三种类型的赛马：可买马、让步马和锦标赛（claiming，allowance，and stakes）。纯种马的商业市场是由供给和需求的因素支配的，供需因素与投资的预期回报相关，首先是通过赛马，其次是通过育种。周岁的销售，也就是在马生下来一年后进行销售，是行业的经济活力的一个重要指标。这种销售上升和下降的长期循环情况，可以很容易地在赛马俱乐部在线以及全国纯种赛马协会处获得。

[11] 2007年，随之增长到42个州和600亿美元。净营收由各州保留，通常大约占一半。剩下的在扣除了行政和销售费用之后，就以奖品返回给公众。克劳特菲尔特和库克（Clotfelter and Cook，1990，1991）概括了州的彩票经济情况。也参见斯陶德希尔和尼克松（Stodghill and Nixon，2007）。

[12] 正如哈登和斯旺森（Harden and Swardson，1996）说明的，印第安人的博彩开始于1975年，当年纽约的温奈达斯（Oneidas）开始使用宾果游戏作为筹资机制，用于支付消防部门的费用。温奈达斯人认为，他们是一个印第安国家，其主权赋予他们运行自己的博彩活动。佛罗里达的塞米诺族印第安人很快开始了自己的高风险的宾果游戏，并且在塞米诺尔部落对巴特沃斯的博彩游戏中遇到挑战，这是在1981年一个具有里程碑意义的案例。本尼迪克特（Benedict，2000）和艾斯勒（Eisler，2001）提供了对康涅狄格州的佩科特（Pequot）部落进入博彩的详细回顾。

1988年的印第安博彩监管法（IGRA），其根源在于美国最高法院的两次裁决。在麦克拉纳罕对亚利桑那州税务委员会（1973）裁决中，法院宣判印第安部落"有权利制定自己的法律，并受它们支配"，这就在本质上将某些部落认定为有主权的民族。在明尼苏达州布莱恩对艾塔斯卡县（1976）的裁决中，法院认为，州对于印第安部落范围和其保留地，缺乏民事监管管辖权。

在以后的加州对印第安人的卡巴松群体（1987）的裁决中，法院裁定，如果一个州没有一个针对博彩活动的公共政策，并且允许各种形式的博彩活动，那么州既不能禁止部落领土中的博彩活动，也不能对之进行监管。国会在认识到印第安部落的主权后，通过了印第安博彩监管法。该法案建立了一个独立的联邦监管机构（全国印第安人博彩委员会）以及对于保留地中博彩活动的联邦监管的标准运作方式。

对博彩活动的三种类别进行了界定：

类别Ⅰ：对于传统的小额奖励的社交博彩活动，部落政府负有监管职责。

类别Ⅱ：主要是宾果游戏，但也包括乐透（lotto）、拉片（pull-tabs）以及纸牌游戏。全国印第安人博彩委员会（NIGC）管理这些博彩活动。

类别Ⅲ：所有不属于上述分类的游戏活动，也就是意指赌场式活动。这样的活动必须经部落条例批准，并且执行的时候遵守部落和州之间的条约。条约必须是被NIGC认可的。

截至2010年，200个美国土著部落已经在30个州成立了350个赌场，并且创造的收入一年超过250亿美元。古德曼

(Goodman，1995，pp. 111-113）更为详细地描述了卡巴松裁决的背景。巴莱特和斯笛尔（Barlett and Steele，2002）讨论了严重的漏洞和缺陷，而这些已经导致了广泛的资源不合理分配以及腐败，艾姆许维勒和宾克利（Emshwiller and Binkley，2004）讨论了其他相似的问题。伯金和斯派克特（Berzon and Spector，2010）注意到了由于印第安自治的法律意味着债权人在违约问题出现时不能夺走财产或股权，一般的赌场规则不适用，而导致债务重构。也参见巴特菲尔德（Butterfield，2005a），桑德斯和艾姆许维勒（Sanders and Emshwiller，2005），来特和兰德（Light and Rand，2005），勃德威契（Bordewich，2006），斯派克特 Spector，2011）以及索科洛夫（Sokolove，2012）。威廉姆斯（Williams，2012）讨论了印第安赌场的增长潜力，米尔曼（Millman，2012）讨论了部落之间的竞争。

[13] 在北达科他州，低风险的慈善博彩活动是合法的，州收取赌场博彩总收益的5%，慈善机构获得65%，赌场的地方所有者获得30%。类似的慈善机构指定的博彩活动在加拿大各省也有举行。例如，在阿尔伯塔省，慈善机构将博彩利润的10%分给省级政府，而运营商有权获得40%。

[14] 据调查，斯卡耐（Scarne，1974）估计一个宾果游戏下注金额约30亿美元。然而，奥博特（Abt et at.，1985）估计1982年也一样。也参见库克 Cook，1979）和克里斯坦森 Christiansen，1989）。

[15] 然而，美国国会（1999）的全国赌博影响研究表明，《州际电报法》(The Interstate Wire Act）充满了歧义，其历史在施瓦茨（Schwartz，2005）中有探讨。例如，短语“有线通信”包括互联网吗？什么类型的赌博和投注是许可的？司法管辖区权威驻留在哪里？有些人认为，由于制定法律时互联网还不存在，法律仅适用于电话通信。关于美国的“刑法典”的解释也多种多样。例如，其第47.05节说：“(a）如果目的是为了进一步赌博，一个人故意地传达作为押注，赌博赔率，或者改变投注赔率的信息，或者故意提供安装，或者维护传输设备，以便接收这类信息，那么就是犯罪。”第47.06节关于拥有赌博设施、设备，或用具，如果一个人的目的是为了进一步赌博，故意持有、制造、转移或者拥有所知道的专为赌博目的，或者知道所拥有的设备是作为赌博设施中一个组件或不可或缺的部分而设计出来的，那么就是犯罪。

正如美国国会（1999）注意到的，将法律延伸到互联网赌博许可证的国家和地区包括澳大利亚、安提瓜岛、奥地利、比利时、哥斯达黎加、库拉索岛、多米尼加共和国、芬兰、德国、洪都拉斯、英国以及委内瑞拉。许可证更新信息可在www. igamingnews. com上获知。关于扑克，也参见库克耶（Cukier，2000），普凡内尔（Pfanner，2009），梅尔（Meier，2010）和威尔第（Verdi，2010）。截至2004年，世界范围内大约有1 800个互联网赌博网站，约有一半的美元押注量源自美国。

[16] 博彩服务公司，如贝博（Betbug）允许任何人下载他们的软件，提出一个赌注，然后浏览网站，意在找到在网站另一边的一个赌徒。贝博从获胜的金额中提取5%的费用。Betfair的押注来自80多个国家，其中来自英国的占80%。必发(Betfair）列出了成百上千的体育赛事，并且根据赌注的大小，从赢家获得的数额中提取的比例在2%～5%之间。参见里切特（Richtel，2004）。

[17] 安特和伯金（Ante and Berzon，2012）写道，模拟在线玩家登陆时一般获得免费的代币，然后用真正的钱购买更多的代币，但估计只有2%的玩家确实去购买，模拟赌场游戏的手机应用更受欢迎。

[18] 例如，在1969年，加拿大赌场游戏就已经合法了，当时加拿大联邦政府的刑法允许省或慈善机构建立使用轮盘赌和21点的赌场。最近，已经批准了视频彩票终端和老虎机。赌场牌照或者由省级政府持有，或者由非营利组织持有。就如在美国，印第安部落（或在加拿大的联合体）已经处于制定一部专门的法律框架的过程中，为的是在他们的保留地中提供博彩服务。参见1993年4月的《博彩投注业务》(*Gaming and Wagering Business*)。1994年5月，加拿大最大的赌场之一在安大略省的温莎开业。截至2012年，巴塞罗那和马德里在考虑建设“欧洲维加斯”(Euro Vegas)，模仿拉斯维加斯的大型赌博度假村。见2012年3月17日《经济学人》的文章《把你的赌注放在欧洲维加斯》。

[19] 欧斯诺斯（Osnos，2012）描述了澳门地区赌场产业的机会和问题。截至2011年，澳门地区赌博业总收入335亿美元；拉斯维加斯61亿美元；新加坡60亿美元；澳大利亚35亿美元。也参见贝尔托尼（Bertoni，2012a）。

[20] 不要将这些数字同赌注的总金额，或下注金额（handle）相混淆。也参见斯卡耐（Scarne，1978）和克里斯坦森(Christiansen，1998)。

[21] 有证据显示，大多数的玩家认为赌博是一种娱乐形式。美国国会（1976）的一项调查显示，81%的受访者表示，他们在赌场下注的原因之一是玩得高兴。见附录表 S. 11—1。

[22] 从历史上看，该行业在战后只经历了两个重要的挫折期——1981年和1991年，这两次都正值经济衰退。然而，新的竞争和市场饱和已经加剧了该行业对整体经济变化的灵敏度。见乌尔维纳（Urbina，2009），他谈到在2007年12月开始的衰退中，赌场和彩票收入都有下降。2001年的放缓，部分是与“9·11”恐怖袭击有关。参见里夫林（Rivlin，2007），奥迪和迈奎肯（Audi and McCracken，2008），以及那格尼（Nagourney，2010）。

[23] 1997 年 9 月，第九巡回上诉法庭裁定联邦法律禁止播放博彩活动的广告属于违宪。这最终导致了 1999 年 6 月最高法院的判决，推翻了禁止在电视和广播中播放赌场赌博活动广告的联邦法律。也参见格林豪斯（Greenhouse，1999）和丽特（Ritter，1999）。

[24] 例如，参见斯科尔尼克（Skolnick，1978，1979），马亳（Mahon，1980），奥博特等人（Abt et al.，1985），古德曼（Goodman，1994，1995），格里诺尔斯（Grinols，2004），怀特豪斯（Whitehouse，2007）以及考德威尔（Caldwell，2008）。然而，华克（Walker，2007）对这些问题采取了负面评价。盖瑞特（Garrett，2003）、2011 年 1 月 9 日 CBS《60 分钟》节目《大博彩》（*The Big Gamble*）与此也相关。

[25] 特别参见巴特菲尔德（Butterfield，2005b），他展示了许多州从赌博中抽取了相当大的收入百分比。总之，内华达、俄勒冈、路易斯安那、罗德岛以及南达科他州，对在赌场以及赛马场的老虎机、彩票中产生的税收超过了总收入的 10%。例如，在罗得岛，赌博收入在 2004 年成为第三大收入来源。

[26] 华克（Walker，2007，p. 86）写道，许多反赌博的研究并不"使用有说服力的标准概念来识别社会成本"，这"导致对一些行为后果的反复无常的分类"。事实上，他的实证研究提供了证据："合法化赌博对州一级的经济增长有正面的作用。" Walker（2007，p. 56）对大量的实证研究做了总结回顾。

[27] 例如，在赛马方面，是纽约州赛马和赌博委员会，该机构衡量保护赛马的完整性，编撰统计以及与纽约赛马协会有关的场内和场外投注赌馆的其他信息。

[28] 根据立法机关的意愿，委员会详细说明了以下内容：

(1) 赌台下注的最小规模；

(2) 在每个赌场中允许的赌台、老虎机的数量以及不同的名目和类型；

(3) 运营时间；

(4) 与房间数有关的公共空间的平方英尺数；

(5) 所需保安的数量；

(6) 每周必须提供的生活娱乐的天数（在第一个非高峰季节，那些日子里在舞台上的表演者比观众还要多）；

(7) 酒店赌场业务等各个方面，包括市场营销限制，这通常被认为属于经营管理范畴。

[29] 例如，1985 年，超过 1 万美元的现金交易必须向财政部报告。

[30] 斯科尔尼克（Skolnick，1978）提出了这种政治扭曲可能的后果。另一位同名的斯科尔尼克（Skolnik，2011）认为州政府对赌博上了瘾。

[31] 2007 年，主要的公共赌场公司包括哈拉斯娱乐（拥有以前的恺撒和巴利）、米高梅梦幻（MGM Mirage）和波伊德（Boyd）。赛马公司包括好莱坞公园和圣塔安尼塔联合公司。吉泰克（Gtech）在彩票领域很著名，占主导地位的老虎机制造商是国际游戏技术（International Game Technology）。

[32] 不过，也有例外：1989 年 5 月，大西洋城会议中心旁边的亚特兰蒂斯（原花花公子）酒店赌场就破产了。它失败的原因有很多，但主要是因为它从来没有能够克服最初的设计缺陷，就是把赌场分布在三个楼层。此外，正如克雷斯威尔（Creswell，2009a）指出的，2007 年的经济衰退，其他赌场地点的增加以及主要项目的扩展，在同一时间并发，进一步抑制了经营绩效，并导致更多的破产申请。

[33] 最近几年倍数一般介于 5～9 之间。另外，为了合并或收购的目的，在评估各个赌场的性质时，相比于 EBITDA 本身，采用"赌场"的现金流倍数，可能会被认为是一种更适当的方式，而赌场的现金流实际就是企业支出前的 EBITDA。

[34] 由于这个原因，当管理方如"赌场中介人"（赌场支付了旅游、酒店和其他费用，作为回报，承诺在几天时间内，赌博一定超过最低的数额要求）试图评估盈利能力时，应该使用一个公式，包括赌场优势（赌场预期胜率），每小时内做决定的平均数目，以及投注单位的平均规模的估计值。在决定一位投注人是否具有免费资格的时候，应该采用类似的标准。所谓"免费"可能包括任意的，或者全部的免费饮料和食品、表演、房间以及交通。正德尔（Zender，2009）讨论了玩的速度。赌场中介人在澳门地区比在美国更重要，见欧斯诺斯（Osnos，2012）以及伯金（Berzon，2012）等。

[35] 然而，在拉斯维加斯市中心的比尼恩马蹄铁（Binion's Horseshoe）有一个独特的政策，此处对于玩家的限制一直像其第一次下注那样。此外，一组非常高风险的玩家可以"联合"起来玩。

[36] 见爱普斯坦（Epstein，1977，p. 131）中的"赌徒破产"公式以及默勒（de Méré）的骰子掷点问题。

[37] 对于老虎机来说，投币机或投注设备的数量显然是已知的，而且与代币（drop）呈高度相关关系（在支付了赌客赢取的金额之后，落进老虎机的吊桶的部分）。然而，就像下文中要解释的，在桌面赌博活动中，在真实的赌博情境下，下注金额（handle）是很难计算的，并且可能与代币有很大不同。根据内华达州博彩委员会的规定，统计的代币的定义是：

现金加上外币的筹码和令牌，再加上赌区信用单（pit credit）以及少量现金形式的赌区信用单。

［38］保有比例的定义，在内华达州和在新泽西州有所不同。新泽西州的定义包括所有现金和借据（marker），但内华达州的定义不包括可以在生成筹码超额单的赌台处赎回的借据。在其他所有条件相同的情况下，新泽西州的保有数据，通常要比内华达州的低3%～4%。对于赌桌游戏来说，保有比例当然应该不会与表达赌场优势（期望值）的百分比数据相混淆。这种赌场优势可以表达为下注的百分比，而不是代币的百分比。

［39］不过，更可能出现的是，如果玩家最初购买的筹码比他们每次下赌决定（有些人输掉了，而有些人往往没有将当初买的筹码全部投下去，就离开了赌台）要多，下注对代币的比率就不会像这个例子中一样快速增长。

［40］当然，赢得的速率也取决于赌博规则，由于管理的灵活性，赌博规则可能会有所不同（尤其是在内华达州）。

［41］鲍登（Bowden，2012）写道，鲸鱼不会遵循什么标准的规则。当生意处于低潮时，赌场更珍视这一类赌客，愿意减少它们的获利，提供折扣，也叫“loss rebates”。如果给予赌客比如说10%的折扣，这意味着赌客每输掉10万美元，只要偿付9万美元，赌场也可能协商提供免费的代币，或者修订某些规则。

［42］基尔比（Kilby，1985）提到过。

［43］考虑另一种情形：以掷骰子为例，在“过线投注”（pass line）区，每掷一次骰子的平均成本是赌资的0.42%。这由提取了赌场优势的1.41%，再除以每次投掷的平均数（就是3.38）决定。每次掷骰子玩家的平均成本，或者反过来，每次掷骰子赌场的赢得，就可以用于确定赌场要产生一定数量的收入，平均要花费多长时间，或者说，要赢得所需要的一个特定的数额，在赌台上过线投注区的最低数是多少。如果赌一个小时，平均掷骰子60次，那么每小时60次乘以每次成本0.004 2，结果等于0.252。对于赌场来说，在这一小时内，从过线投注区要赢得500美元，整个赌台过线投注区的投注额必须是500/0.252美元或者是1 984.13美元。

［44］约翰逊（Johnson，1984，p. 62）提出的一个模型，可用于描述上述目的。如下文所示，它包含的变量有硬币面额、保有、平均硬币使用次数以及循环时间。

约翰逊的模型使用了三个方程：

1. 面额×保有×平均硬币使用次数＝平均每场赢得金额

2. 平均每日代币 ÷ 平均每场赢得金额＝游戏次数

3. 游戏次数 × 循环时间 ÷每日营业时间＝使用率

然后，计算出一个范例：

1. 0.05美元（面额）×0.15（保有率）× 2.2（平均硬币使用次数）＝ 0.016 5美元。

2. 为了赢得25美元，这台机器必须被使用1 515次（25美元/0.016 5美元）。

3. 如果平均循环时间是10秒钟，要在24小时达到这些获利，就要使用15 152秒（4.21小时），或使用率超过17.5%。

机器使用时间（time on device，TOD）因而是一个关键变量。

［45］里夫林（Rivlin，2004）指出，在现代的机器上，典型的赌博的时间周期大约是六秒，这意味着在一个小时内，玩家每场下注2美元，投注价值就是1 200美元。2004年，美国的老虎机赌博（下注）每天很容易就达到10亿美元。

［46］请注意，在老虎机上使用硬币和纸币是不合时宜的。在现代的机器上，不再需要处理很重的硬币和令牌，信用卡和印制票据能让玩家选择每次投注的信用价值。这有助于降低运营成本，提高营销机会。也参见里切特（Richtel，2006）。

［47］普罗沃斯特（Provost，1994，p. 5）。然而，就如宾克利（Binkley，2004）注意到的，赌场的营销策略和所应用的技术能够影响客户的行为。

［48］据估计，20%的玩家可能占到高端业务的80%。也参见宾克利（Binkley，2000）和格林费德（Greenfeld，2010），这些作品描述了哈拉斯赌场酒店基于统计的市场营销。

［49］赌场可能会赠送郊游中的客房、餐饮、旅游成本，但它的流行度在下降，因为赌场发现郊游并不如当初设想的那样具有盈利能力。例如，一个赌场想赚100美元以上，则应该了解，如果把郊游的玩家带进赌场花费的成本是400美元，假设保有（赢得/代币）为20%，最低的代币值平均应为2 500美元。正如史蒂芬利和纳泽雷库（Stefanelli and Nazarechuk，1996，p. 135）指出的，赌场通常“愿意将预计从顾客中赢得的一半安排给客人”。玩家被按照以下指标进行排序：(1) 对赌博产品的买入量，(2) 平均赌注，(3) 最大的赌注，以及 (4) 参赌的持续时间。不过，下注买入比（bet-to-buy-in ratio）的平均值，通常用做一位参赌者所玩强度的一个简单的代表，从而也是这一类赌博的“赠送”水平的一个代表。一个较低的下注买入比将人为地抬高代币额，从而降低保有比例。见前面的注释［8］。

对于赌台游戏，额外赠送的等级评定，等于玩家理论上的损失乘以回报的百分比，它将是下式的一个函数：

平均赌注×所玩时间×赌博速度×赌场优势

一般来说，每小时所做决定的数量处于下面这些区间中：

百家乐	50～110
21 点	60～100
双骰子	75～145
轮盘赌	25～35

[50] 有迹象表明，当距离增加一倍时，需求就下降 30%～35%。

[51] 越玩越大是信贷延长本身的直接函数，也可能受到环绕着高风险的赌台的激动人心的气氛的间接影响，在那里，较小的非信贷的投注者可能会觉得，对于他们的资金，他们应该变得不要那么保守。

[52] 伯金（Berzon，2009）做过描述，他写到，对于一个特别大的赌徒，“赌场运营商常常竭力来管理豪赌行为……对于赌台上损失超过 500 000 美元的，哈拉斯提供 15%的现金返还，它还提供设立上限的赌博以及其他激励措施”。

[53] 然而，在大多数江轮以及印第安保留区的赌场中，信用赌博不那么重要。另外请注意，1983 年 6 月之前，在内华达州，赌博债务并不依法强制执行。参见罗斯（Rose，1986）。

[54] 例如，在 1983 年，在大西洋城赌场，相对于赢得率，应收账款上涨了约两倍，并且预示 1984 年潜在的收入（赢得）增长明显地放缓了。也参见 AICPA（1984）。

[55] 就如 Eade（1996，p. 157）说明的，筹码箱是赌场的运作的神经中枢，它负责保管赌场的资金，对赌场的资金承担会计责任，为赌区提供至关重要的链接，处理客户交易，接触赌场每一个部门，并负责准备和维护内部的控制形式。

[56] 见格林利斯（Greenlees，2008，Chapter 12）。

[57] 例子请见威廉姆斯（Williams，2003）和华克（Walker，2007）。

[58] 如果不是由于 1956 年的《州际电报法》，互联网博彩下注可能会更大。罗斯（Rose，2006）对 2006 年《互联网赌博执行法案》进行了分析。陈（Chan，2010）表明，这可能很快就会逆转。

【阅读材料精选】

Alchian，A. A. (1953). “The Meaning of Utility Measurement，” *American Economic Review*，March.

“All Bets Are On，” *The Economist*，September 30，2004.

Audi，T. (2009). “As Boom Times Sour in Vegas，Upward Mobility Goes Bust，” *Wall Street Journal*，July 20.

Audi，T.，and Thompson，A. (2007). “Oddsmakers In Vegas Play New Sports Role，” *Wall Street Journal*，October 3.

Auerbach，A. H. (1994). *Wild Ride：The Rise and Tragic Fall of Calumet Farm Inc.，America's Premier Racing Dynasty*. New York：Henry Holt.

Barron，J. (1989a). “Has the Growth of Legal Gambling Made Society the Loser in the Long Run?，” *New York Times*，May 31.

(1989b). “States Sell Chances for Gold as a Rush Turns to a Stampede，” *New York Times*，May 28.

Bary，A. (2003). “Rolling the Dice：Will Borgata Rejuvenate Atlantic City?，” *Barron's*，July 21.

Bass，T. A. (1985). *The Eudaemonic Pie*. Boston：Houghton Mifflin.

Bassett，G. W.，Jr. (1981). “Point Spreads versus Odds，” *Journal of Political Economy*，89 (4).

Berenson，A. (2003). “The States Bet More on Betting，” *New York Times*，May 18.

Berzon，A. (2010). “How Odds of Success Got Longer For Morgan Stanley's Casino Plan，” *Wall Street Journal*，April 4.

Binkley，C. (2008). *Winner Takes All：Steve Wynn，Kirk Kerkorian，Gary Loveman，and the Race to Own Las Vegas*. New York：Hyperion.

(2003). “As Casinos Face a Slowdown，Steve Wynn Plots a Comeback，” *Wall Street Journal*，January 22.

(2001a). “Las Vegas Casinos Take a Big Gamble on Highest Rollers，” *Wall Street Journal*，September 7.

(2001b). “In Drive to Unionize，Casino Dealers Defy a Las Vegas Tradition，” *Wall Street Journal*，March 6.

(2000a). “MGM's Mirage Deal May Close a Chapter in Gambling Business，” *Wall Street Journal*，March 7.

(2000b). " 'The Finest Casino That Could Be Built, 'That Was the Goalm" *Wall Street Journal*, February 2.

Blum, H., and Gerth, J. (1978). "The Mob Gambles on Atlantic City," *New York Times*, February 5.

Bradsher, K. (2007). "Bigger Than Las Vegas? That's Macao's Bet," *New York Times*, August 28.

Brenner, R., and Brenner, G. A. (1990). *Gambling and Speculation: A Theory, a History, and a Future of Human Decisions*. New York: Cambridge University Press.

Brisman, A. (1999). *American Mensa Guide to Casino Gambling*. New York: Sterling.

Bulkeley, W. M. (1995). "Electronics Is Bringing Gambling into Homes, Restaurants and Planes," *Wall Street Journal*, August 16.

Bulkeley, W. M., and Stecklow, S. (1996). "Long a Winner, Gtech Faces Resistance Based on Ethical Concerns," *Wall Street Journal*, January 16.

Cabot, A. N., and Balestra, M., eds. (2006). *Internet Gambling Report IX*. Newton, MA: Casino City Press.

Calonius, E. (1991). "The Big Payoff from Lotteries," *Fortune*, 123 (6) (March 25).

Camerer, C. (1989). "Does the Basketball Market Believe in the Hot Hand?," *American Economic Review*, 79 (December); and comment by Brown, W. O., and Sauer, R. D. (1993). *American Economic Review*, 83 (December).

Charlier, M. (1992). "Casino Gambling Saves Three Colorado Towns but the Price Is High," *Wall Street Journal*, September 23.

Clark, K. (2005). "Against the Odds," *U. S. News & World Report*, May 23.

Clark, T. L. (1987). *The Dictionary of Gambling and Gaming*. Cold Spring, NY: Lexik House.

Clotfelter, C. T., and Cook, P. J. (1989). *Selling Hope: State Lotteries in America*. Boston: Harvard University Press.

Collins, P. D. (2003). *Gambling and the Public Interest*. Westport, CT: Praeger.

Cook, J. (1980). "The Most Abused, Misused Pension Fund in America," *Forbes*, 126 (10) (November 10).

Cook, J., and Carmichael, J. (1980). "Casino Gambling: Changing Character or Changing Fronts," *Forbes*, 126 (9) (October 27).

Cordtz, D. (1990). "Betting the Country," *Financial World*, 159 (4) (February 20).

Crist, S. (1989). "Race Tracks Step Lively to Keep Up with Bettors," *New York Times*, May 29.

Curry, B. (1984). "State Lotteries: Roses and Thorns," *State Legislatures*, March.

"Cutting Off the Arms: Slot Machines Are Becoming Mobile," *The Economist*, July 8, 2010.

Demaris, O. (1986). *The Boardwalk Jungle*. New York: Bantam.

Dombrink, J., and Thompson, W. N. (1990). *The Last Resort: Success and Failure in Campaigns for Casinos*. Reno and Las Vegas: University of Nevada Press.

Drape, J. (2010). "Gamble Sours For Many Kentucky Horse Breeders," *New York Times*, April 28.

Durso, J. (1991). "On Horse Farms, a Season of Distress Lingers," *New York Times*, April 23.

Eadington, W. R. (1999). "The Economics of Casino Gambling," *Journal of Economic Perspectives*", 13 (3) (Summer).

Eaton, L. (2008). "State Lotteries Show Big Declines," *Wall Street Journal*, December 26.

Earley, P. (2000). *Super Casino: Inside the "New" Las Vegas*. New York: Bantam.

Eisler, K. I. (2001). *Revenge of the Pequots: How a Small Native American Tribe. Created the Worlds Most Profitable Casino*. New York: Simon & Schuster.

Elkind, P. (1997). "The Big Easy's Bad Bet," *Fortune*, 136 (11) (December 8).

(1996). "The Number Crunchers," *Fortune*, 134 (9) (November 11).

Emshwiller, J. R. (1992). "California Card Casinos Are Suspected as Fronts for Rising Asian Mafia," *Wall Street Journal* June 1.

Evans, R. L., and Hance, M. (1998). *Legalized Gambling: For and Against*. Chicago: Carus Publishing.

Friess, S. (2003). "A Whopper Joins Las Vegas's Convention Lineup," *New York Times*, January 5.

Furnham, A., and Argyle, M. (1998). *The Psychology of Money*. New York: Routledge.

Gay lord, B. (2001). "Australia. Balks at New Online Casinos," *New York Times*, January 9.

Hamer, T. P. (1982). "The Casino Industry in Atlantic City: What Has It Done for the Local Economy?," *Business Review, Federal Reserve Bank of Philadelphia*, January/February.

Harris, R. J., Jr. (1984). "Circus Circus Succeeds in Pitching Las Vegas to People on Budgets," *Wall Street Journal*, July 31.

Hirshey, G. (1994). "Gambling: America's Real National Pastime," *New York Times Magazine*, July 17.

Horwitz, T. (1997). "In a Bible Belt State, Video Poker Mutates into an Unholy Mess," *Wall Street Journal*, December 2.

Johnston, D. (1992). *Temples of Chance: How America Inc. Bought Out Murder Inc. to Win Control of the Casino Business*. New York: Doubleday.

Kilby, J., Fox, J., and Lucas, A. F. (1998). *Casino Operations Management*, 2nd ed. Hoboken, NJ: Wiley.

Klein, F. C. (1983). "Horse Racing Gives Bush-League Owner Thrills, Little Profit," *Wall Street Journal*, August 31.

Krauss, C. (2008). "Not Recession-Proof After All," *New York Times*, May 6.

Lancaster, H. (1985). "Investing in Horses Is a Lot Like Betting: Some Luck, Some Skill, Maybe a Payoff," *Wall Street Journal*, March 15.

(1980). "Casino 'Hosts' Pamper High-Rolling Bettors to Keep Them Rolling," *Wall Street Journal*, September 3.

Lehne, R. (1986). *Casino Policy*. New Brunswick, NJ: Rutgers University Press.

Levine, L. (1995). "Requiem for a Thoroughbred?," *Forbes*, 156 (14) (December 18).

Liebau, J. (1983). "Tearing Up the Turf," *Barron's*, August 8.

Longstreet, S. (1977). *Win or Lose: A Social History of Gambling in America*. Indianapolis: Bobbs-Merrill.

Mason, J. L., and Nelson, M. (2001). *Governing Gambling*. New York: Century Foundation.

Meier, B. (1994). "Behind the Glow of Jackpots, Scrutiny for a Lottery Giant," *New York Times*, December 19.

Messick, H., and Goldblatt, B. (1976). *The Only Game in Town: An Illustrated History of Gambling*. New York: Crowell.

Millman, J. (2002). "Burgeoning Indian Casinos Get Ahead in Part by Dodging Labor Regulations," *Wall Street Journal*, May 7.

Morehead, A. H., and Mott-Smith, G., eds. (1963). *Hoyle's Rules of Games*. New York: Signet Books, New American Library.

Morrison, M. (2001). "Casino Royale: The Foxwoods Story," *Wall Street Journal*, August 21.

Myerson, A. R. (1996). "A Big Casino Wager That Hasn't Paid Off," *New York Times*, June 2.

Newman, A. (2008). "Raising the Ante in Connecticut," *New York Times*, April 18.

O'Brien, T. L. (1998). *Bad Bet: The Inside Story of the Glamour, Glitz, and Danger of America's Gambling Industry*. New York: Times Books.

O'Donnell, J. R., and Rutherford, J. (1991). *Trumped! The Inside Story of the Real Donald Trump*. New York: Simon & Schuster.

Orwall, B. (1996a). "The Federal Regulator of Indian Gambling Is Also Part Advocate," *Wall Street Journal*, July 22.

(1996b). "Gambling Industry Hopes to Hit Jackpot through Consolidation," *Wall Street Journal*, June 10.

(1995). "Casinos Aren't for Kids, Many Gambling Firms in Las Vegas Now Say," *Wall Street Journal*, December 7.

Orwall, B., Rundle, R. L., and Rose, F. (1997). "Hilton and ITT Took Two Different Paths to This Confrontation," *Wall Street Journal*, January 29.

Paher, S., ed. (1976). *Nevada Official Bicentennial Book*. Las Vegas: Nevada Publications.

Painton, P. (1989). "Boardwalk of Broken Dreams," *Time*, 134 (13) (September 25).

Passell, P. (1994a). "Foxwoods, a Casino Success Story," *New York Times*, August 8.

(1994b). "The False Promise of Development by Casino," *New York Times*, June 12.

Peterson, I. (1995). "After 20 Years, Atlantic City Starts to Reap Casinos' Benefits," *New York Times*, December 26.

Pileggi, N. (1995). *Casino: Love and Honor in Las Vegas*. New York: Simon and Schuster.

Pollack，A.(2000). "Las Vegas Glitz Is Set to Go West，" *New York Times*，March 10.

Pollock，M.(1987). *Hostage to Fortune：Atlantic City and Casino Gambling*. Princeton，NJ：Center for Analysis of Public Issues.

Pulley，B.(1999). "Living Off the Daily Dream of Winning a Lottery Prize，" *New York Times*，May 22.

(1998a). "Regulators Find Easy Path to Gambling Industry Jobs，" *New York Times*，October 28.

(1998b). "Casino Changes the Fortune of a Hard-Luck Illinois City，" *New York Times*，July 21.

(1998c). "Casinos Paying Top Dollar to Coddle Elite Gamblers，" *New York Times*，January 12.

Reinhold，R.(1989). "Las Vegas Transformation：From Sin City to Family City，" *New York Times*，May 30.

Richtel，M.(2006). "No More Cheap Shrimp Cocktail，" *New York Times*，May 6.

(2002). "A Credit Crisis for Web Casinos，" *New York Times*，January 21.

Rivlin，G.(2007a). "Casinos Boom in Katrina's Wake as Cash Pours In，" *New York Times*，July 16.

(2007b). "Las Vegas Caters to Asia's High Rollers，" *New York Times*，June 13.

(2007c). "In Las Vegas，Too Many Hotels Are Never Enough，" *New York Times*，April 24.

(2007d). "Atlantic City Aiming Higher as Casinos Slip，" *New York Times*，March 19.

Roemer，W. F.，Jr.(1994). *The Enforcer：The Chicago Mob's Man over Las Vegas*. New York：Ivy Books (Ballantine).

(1990). *War of the Godfathers：The Bloody Confrontation between the Chicago and New York Families for Control of Las Vegas*. New York：Donald I. Fine.

Rose，I. N.(2006). "Casinos on Cruise Ships，Why Not on Airplanes?，" *Gaming Law Review*，10 (6) (December).

Ross，I.(1984). "Corporate Winners in the Lottery Boom，" *Fortune*，110 (5) (September 3).

Rudoren，J.(2006). "Seeking New Sources of Money，Charities Get In on Poker Craze，" *New York Times*，February 6.

Sack，K.(1995). "Gambling Owners Spend Lavishly to Gain a Voice in Many States，" *New York Times*，December 18.

Sanders，P.(2006). "Casinos Emerge as Winners in Wake of Hurricane Katrina，" *Wall Street Journal*，August 3.

Scheibla，S. H.(1984). "Good Horse Sense?，" *Barron's*，December 31.

Schwartz，D. G.(2006). *Roll the Bones：The History of Gambling*. New York：Gotham Books.

(2005). *Cutting the Wire：Gambling Prohibition and the Internet*. Reno，NV：University of Nevada Press.

Schwartz，E. I.(1995). "Wanna Bet?，" *Wired*，October.

schiwartz，N. D.，and Nixon，R.(2007). "Some States Consider Leasing Their Lotteries，" *New York Times*，October 14.

Seligman，D.(1987). "Turmoil Time in the Casino Business，" *Fortune*，115 (5) (March 2).

(1975). "A Thinking Man's Guide to Losing at the Track，" *Fortune*，92 (3) (September).

Sheehan，J.，ed.(1997). *The Players：The Men Who Made Las Vegas*. Reno：University of Nevada Press.

Simon，B.(2004). *Boardwalk of Dreams：Atlantic City and the Fate of Urban America*. New York：Oxford University Press.

Spanier，D.(1992). *Welcome to the Pleasuredome：Inside Las Vegas*. Reno：University of Nevada Press.

Stodghill，R.(2007). "The Lottery Industry's Own Powerball，" *New York Times*，November 18.

Swartz，S.(1985). "New Jersey Casino Commission Stirs Controversy with Rulings，" *Wall Street Journal*，March 11.

Thalheimer，R.，and Muktar，M. A.(1995). "The Demand for Parimutuel Horse Race Wagering and Attendance，" *Management Science*，41 (l) (January).

Thompson，W. N.(2001). *Gambling in America：An Encyclopedia of History，Issues，and Society*. Santa Barbara，CA：ABC-CLIO.

Thorp，E. O.(1962). *Beat the Dealer*. New York：Random House (Vintage Books paperback，1966).

Treaster，J. B.(1982). "Mob Alliance to Share Casino Riches Reported，" *New York Times*，September 1.

Turnstall，J.，and Turnstall，C.(1985). "Mare's Nest：The Market in Thoroughbreds Is a Mess，" *Barron's*，July 15.

Useem，J.(2000). "The Big Gamble：Have American Indians Found Their New Buffalo?，" *Fortune*，142 (7) (October 2).

Ventura, M. (1995). "The Psychology of Money," *Psychology Today*, March /April.

Vinson, B. (1986). *Las Vegas behind the Tables*! Grand Rapids, MI: Gollehon.

Wartzman, P. (1995). "Gambling Is Proving to Be a Poor Wager for State of Louisiana," *Wall Street Journal*, September 11.

Wells, K. (1988). "Philip Anderson Has a Feeling He Knows What's in the Cards," *Wall Street Journal*, January 13.

Wilgoren, J. (2002). "Midwest Towns Feel Gambling Is a Sure Thing," *New York Times*, May 20.

Wong, A. (2001). "Perfectas by Personal Computer," *Wall Street Journal*, August 27.

Yoshihashi, P. (1990). "More States Like Odds on Sports Betting Despite Fierce Opposition to Legalization," *Wall Street Journal*, February 1.

Zezima, K. (2008). "Sweet Dreams in Hard Times Add to Lottery Sales," *New York Times*, September 12.

Ziemba, W. T., and Hausch, D. B. (1984). *Beat the Racetrack*. New York: Harcourt Brace Jovanovich.

第12章 体育运动

没赛到最后，就不算结束。

——约吉·贝拉（Yogi Berra）

448 当代的体育运动十分发达，在电视上，如果不是有下一支广告的出现，比赛似乎不会结束。

本章集中讨论体育运动，它像我们已经讨论过的很多话题一样，是娱乐性的活动。下文将阐述它与无线广播电视、有线电视和博彩领域之间的联系的重要性，说明税法方面的考虑为何成为许多体育业务决策的核心。同时，职业体育运动也表明，它可能是唯一的这样一种业务："老板想要规制，而劳动者，即运动员却想要自由的市场。"[1]

12.1 有趣味的就是好的

开端

爱好寻根问底的人可能非常高兴地了解到，有记载的第一次奥林匹克运动会在公元前776年举行。[2]然而，体育活动到那时也已发展了数千年，可上溯到早期的历史，以至标枪、棍棒、弓和箭被用于获取食物和住所的时代。

从早期原始时代发展到今天的组织化的职业联赛，也就是电视向全球的观众实况转播，确实是一个漫长的旅程。但实际上，直到19世纪中期，现代化的组织才演化出现，主要是在美国和英国。工业革命作为一种催化剂，扩大了中产阶 449

层，相应地，也有了可用于休闲的时间。随着公路和汽车，以及其他现代形式的交通和旅游的发明且渐次完善，经济增长的速度也提升了。即便如此，运动规则本身的改变并不是很多。篮球至少可以追溯到 1891 年。棒球的原型概念可以追溯到 1744 年。类似橄榄球（美式足球）和曲棍球比赛的概念，分别可以追溯到 1609 年和公元前 2000 年。

自 1929 年以来，相关的经济序列数据得到了明确的定义，此后可以看出，观看体育比赛的个人消费支出变化很大。在第二次世界大战和朝鲜战争期间，这方面的开支很自然地下降了。与休闲服务相关的个人消费支出（近 8%）的高峰出现在 1968 年。然而，体育消费的时间序列对于常规商业周期的波动性并没有显示出任何明显的敏感性。

主要职业体育竞赛的门票收入（admissions）似乎也对经济衰退有一定的抵抗能力，在经济繁荣时期更如虎添翼。[3] 如表 12—1 显示，1980—2009 年，橄榄球（NFL）、棒球（NL，全国联盟；AL，美洲联赛）、篮球（NBA）、曲棍球（NHL）的入场人数以平均每年大约 1.3% 的速度扩张。其中，篮球年均复合增长率最高（2.7%），橄榄球最低（0.7%）。不过，从 1990 年开始，棒球和冰球运动的入场门票收入已经大于其他运动。

这些都没有对运动队的专营权（作为联盟会员）的价值产生任何重要的影响，特许经营权本质上是由地方垄断力量创建并被业主协会所控制的。这些专营权得益于对运动员个人服务合约分期摊销的税收优惠，而这在其他产业中是没有的；也得益于事实上的市政补贴，这类补贴经常出现在运动场的融资协议中。因此，短期竞争压力甚至没有影响：可以连年报告专营权的亏损，但是在转手时，仍然能保持较高的估值或提升其估值。[4]

不过，专营权价值对如下一些变化也是敏感的，那就是运动员合约标准的变化，税收和反托拉斯法的变化，豪华体育场座位需求的变化，也许最重要的是，无线广播电视和有线电视转播权的需求变化。[5] 这些转播权的价值也深受如图 12—1 所示的事件的影响。

表 12—1　　1960—2009 年[a] 观众入场观看运动比赛情况　*450*

入场（百万）					
年份	棒球	篮球	橄榄球[b]	曲棍球[c]	总计
2009	73.4	21.4	16.4	20.9	137.0
2005	74.9	21.3	17.0	20.2	134.1
2000	71.4	20.1	16.4	20.3	128.2
1995	51.3	19.9	15.8	17.1	104.1
1990	55.5	18.6	17.7	13.7	105.4
1985	47.7	11.5	14.1	12.8	86.1
1980	43.7	10.7	14.1	12.8	81.3
1970	29.2	7.1	10.0	6.5	52.8
1960	20.3	2.0	4.2	2.6	29.0
CAGR[d] 1980—2009	1.9	2.7	0.7	2.3	1.3

[a] 包括常规赛、季后赛、冠军争夺战的观众入场人数。2010 年运动队伍是，棒球 30 支，篮球 30 支，橄榄球 32 支，曲棍球 30 支。1988 年篮球增加了 2 支新队伍，1989 年增加的还多于 2 支队伍。1961 年，有 16 支棒球队，9 支篮球队，14 支橄榄球队，6 支曲棍球队。

[b] 全国橄榄球联赛。

[c] 全国曲棍球联赛。

[d] 复合年均增长率（%）。

资料来源：Statistical Abstract of the United States，U. S. Department of Commerce Bureau of the Census.

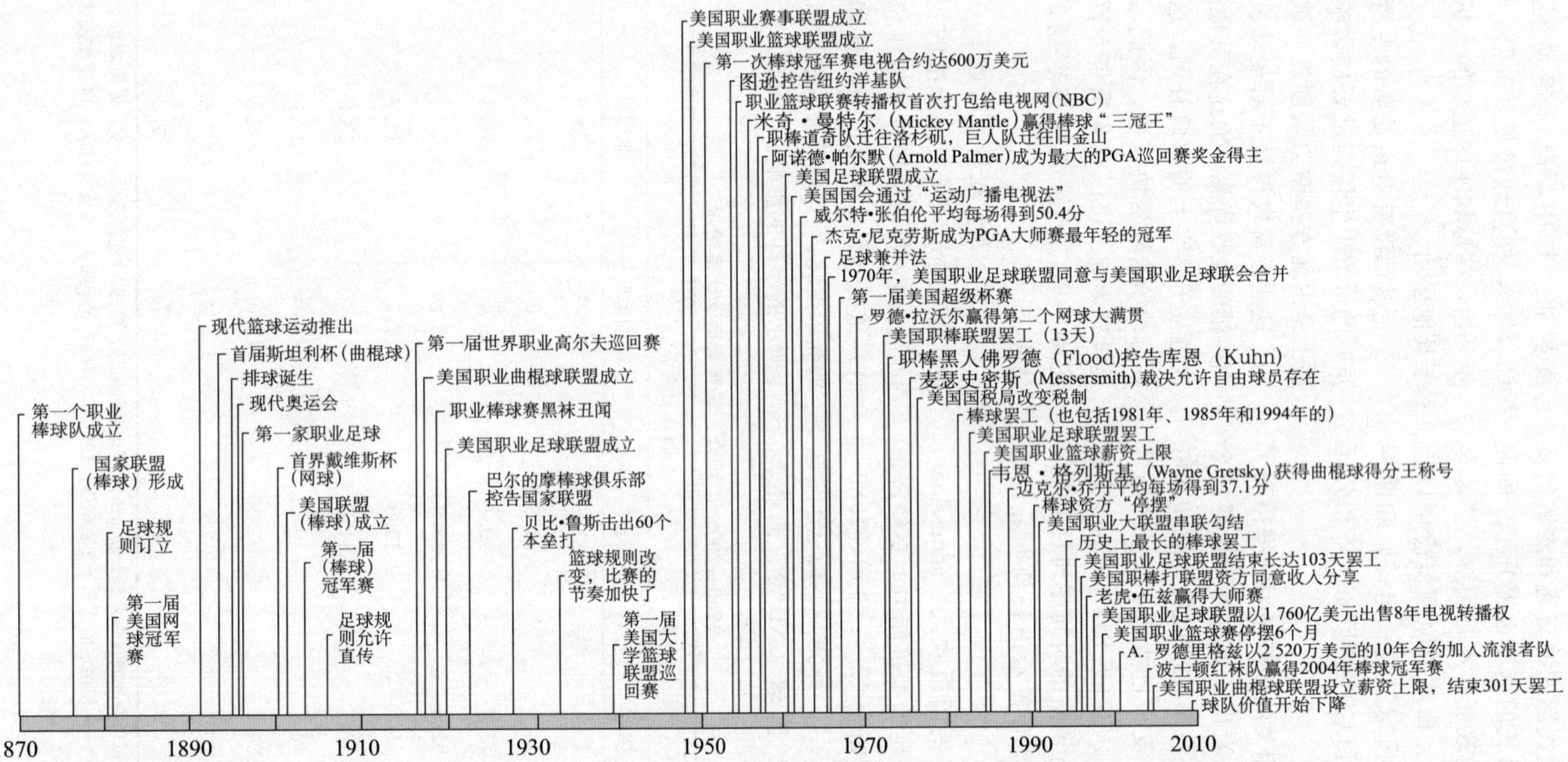

图12—1　1870—2010年体育运动产业大事记。

与媒体的联系

现代体育业务最突出的特点是，它是多么依赖于无线广播电视和有线电视行业的收入增长。在电子媒体不做报道并且带来的费用不足时，职业运动队就会少很多，很可能粉丝也少很多。1960 年，有 42 个职业体育专营权，主要集中在美国东北部地区。2000 年，有超过 110 多个专营权，扩展到了美国的所有地区。此外，自 1980 年以来，由主要的无线广播电视网络和有线电视系统播出的体育节目，每年的小时数已翻了一倍还多，大约是 10 000 小时。

这一切增长都肇始于，也受限于 1961 年美国国会通过的《体育广播电视法》（Sports Broadcasting Act）。这一法案给予各类体育联盟在与电视网讨价还价时作为一个卡特尔（即不受任何反托拉斯法制裁）的权利，对美国职业体育运动的发展施加了最有益的影响。

对于体育赛事转播权的售卖，无线广播电视所占的权重仍然很高，但是由于有线电视的订户基础已经扩展到三分之二的收视家庭，有线电视变成了运动队的一种越来越重要的收入来源：到 20 世纪 80 年代中期，重要的拳击项目已经变成有线电视按次计费的节目主力，其他体育运动也已成为主要依靠广告商赞助的有线电视网络的支柱。452 因此，对于重大体育赛事如世界杯和超级杯（Super Bowl，又译“超级碗”）来说，有线电视可能逐渐成为最重要的特许专营方。[6]

因而，在很大程度上，由于对无线广播电视和有线电视特许权的价格在地方、全美和国际市场上总体稳定增长的预期，大型媒体和娱乐公司、富裕的私人投资者把投资职业体育运动看做吸引力非凡的领域，能够利用优惠的税收待遇。[7] 比较而言，无线广播电视对于大学赛事和其他业余体育赛事的转播权的胃口似乎很有限。[8]

当然，其他媒体，包括大多数日报和许多专业杂志及网站，也受益于体育运动的传播。在这一领域内，制作新鲜的故事和文章的成本相对较低，而这些故事所吸引的读者也是很多广告商想要接触的受众。这些报道反过来又进一步增强了读者对当地体育运动队的兴趣和消费。

表 12—2 标明了联播网分配给体育运动的时间数量。现在这一比例与 2005 年大致相同。

表 12—2　2005 年广播电视联播网和有线网络报道体育赛事的小时数

运动	广播（小时）	总的百分比（%）	有线电视（小时）	总的百分比（%）
赛车	182	9	5 429	18
棒球（MLB）	118	6	1 416	5
篮球（NBA，NCAA，etc.）	278	14	2 346	8
橄榄球（NFL，NCAA，etc.）	612	32	3 074	10
曲棍球（NHL）	—	0	211	1
网球	101	5	745	2
高尔夫	386	20	819	3
其他	241	13	15 918	53
合计	1 918	100[a]	29 958	100[a]

[a] 由于四舍五入，总数不准确。

资料来源：Nielsen Media Research and B. Zidovsky estimates.

与赌博的联系

赌博永远是体育比赛不可分割的一部分，因为当观众亲自参与到结果之中的时候，一场比赛总是更为刺激。在内华达州（在英国也是这样），对几乎任何类型的比赛，从拳击到棒球进行投注，453 都是合法的，且非常发达。然而，在美国其他地方，对赛道运动（赛马和赛狗）的博彩在法律上限制很大。然而，在法律制裁缺位的情况下，没能阻止住人们每年将数百亿美元投入到对橄榄球、棒球、篮球、曲棍球、拳击和赛车结果的赌博中。由于媒体的大量关注和每年产生的赌博活动的热度，让橄榄球超级碗和大学篮球的“疯狂三月”，成了值得一提的赛事。[9]

此外，赌博给观赏性运动增加了调料，这也反映在对于电子和印刷媒体报道需求的增加上。具有高收视率的潜力导致赞助商为广告时间支付高昂的价格，然后导致电台电视台、联播网和有线电视系统积极争夺节目转播权。因为从销售这些转播权中产生的收入，对于观赏性运动企业的运营至关重要；赌博也为体育信息需求间接提供了重要的金融基础，否则这些信息的价值以及人们的兴趣就不大了。

12.2 运营特色

收入来源和分类

正如斯卡利（Scully，1995，p.19）指出的：“所有的职业体育联盟对准入进行，分配特许转播区域，形成收入分享机制。”虽然各职业运动或运动队可能有其自己的特殊问题和情况，他们都关心这些问题：（1）特许权拥有者在避税、场馆租赁以及转让价格方面的潜力；（2）无线和有线电视转播权价格；（3）运动员的薪资成本。然而，三大运动（橄榄球、棒球、篮球）对这些共同关心的问题已经在朝着不同的方向发展。

比如说，橄榄球一直高度依赖联播网电视台的收入，在 20 世纪 80 年代早期，这是一个特别明显的事实，当时美国橄榄球联盟与全国性的广播电视网签署了一份为期五年价值 20 亿美元的合约，这一举措第一次给每个俱乐部在计入门票收入之前（到 20 世纪 90 年代后期，门票已经增加到了 180 亿美元）提供了足够多的利润。[10]

这一资金规模可以很容易地在全部球队中分享收入。虽然豪华包间和场馆赞助商的收入是不共享的，最近以来它在总收入中占很大的比例，但是每支队伍可以平等地获得一份媒体和许可收入、任何比赛中门票收入的 40%。联播网垫付的资金也掩盖了运动队长期的管理不善、不称职，或竞争导致的不良财政后果。[11]结果就是，尽管在场上的表现有着不小的差距，但是最富有的橄榄球队的总收入通常只比最穷的球队多出约 20%（不像棒球比赛，地方性电视台没有获得橄榄球转播合约）。

此外，直到最近，橄榄球的分配协议——其中包含反托拉斯法豁免权，在棒球中也有——倾向于削减对明星运动员的疯狂竞标，以及减少自由球员身份的一般权益（每队必须遵守对球员薪资的限制）。[12]这与棒球和篮球的情况相反，在这些领域，自由球员身份长期有效，并导致每年都要签署许多上千万美元的合约。[13] 454

棒球和篮球的运营结构也与橄榄球明显不同，棒球和篮球总收入中被球队共享的比例要比橄榄球更小，当地的市场规模和门票收入对于盈利能力，历来都是更重要的决定因素。[14]美国橄榄球联盟（NHL）一年只有 8 场（很快就变成 9 场）比赛在主场进行，相比之下，美国职业棒球大联盟（MLB）的 81 场比赛在主场，赛季球票数以百万计。

如图 12—2 所示，棒球和篮球的门票销售通常占总收入的约 40%，其他则是停车费、广告、食品和饮料销售，与入场观看相关的额外收入贡献。[15]相比之下，橄榄球采取的是社会主义式的收入分享结构，对于一支球队来说，每个星期天填满体育场没有那么重要：联盟门票销售的大约三分之一（2004 年是 60 亿美元收入中的 22%）投放到观众盘子中，在各队间均匀分配。[16]

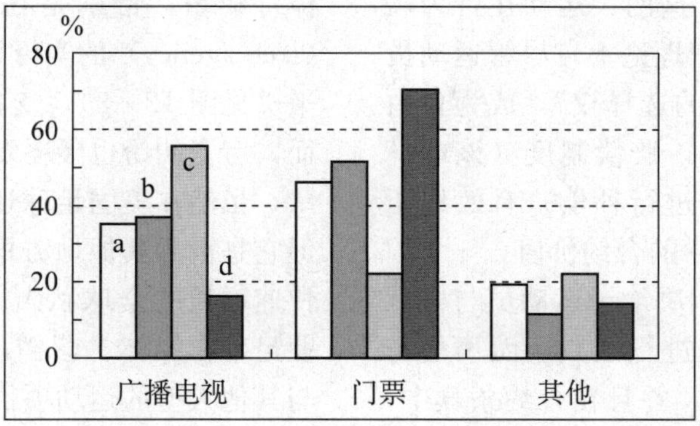

图 12—2　部分运动联盟和球队类别占总收入来源的百分比：(a) 棒球，纽约大都会队，1986 年；(b) 篮球，波士顿凯尔特人队，1998 年；(c) 橄榄球，绿湾包装工人队，2000 年；(d) 曲棍球，佛罗里达美洲豹队，1996 年。

资料来源：Durso (1986) and Celtics and Panthers.

但是，即便如此，自 20 世纪 90 年代后期以来，工资成本压力和媒体转播权价格的增长放缓，逐渐开始推动所有主要体育运动的收入分享以及
455 薪酬协议更加一致起来。[17] 在美国职业足球联盟和美国职业篮球联赛中的集体谈判协议已经把劳动力成本与财政收入联系在一起，也将更多的盈利分到各个球队，而在美国职业棒球大联盟中，这样的联系尚未进一步协商。

劳工问题

在职业体育运动中，近年来球员薪金成本经常占整个运动队总营运开支的 60%（2004 年之前，在美国橄榄球联盟中占总收入的 76%）。因此，毫不奇怪，许多球员和老板之间的冲突涉及薪资问题。

塑造现代职业体育运动的劳资关系的众所周知的激烈事件，或许在几个具有里程碑意义的法律判决情境中，可以更好地理解。其中最著名的是巴尔的摩联邦棒球俱乐部控告全国棒球联盟（Federal Baseball Club of Baltimore v National League），这是美国最高法院在 1922 年讨论的。当时，棒球大联盟本质上是一个卡特尔，也就是运动队同意不雇佣对方的球员。这个例子给棒球俱乐部继续提供了反托拉斯法豁免权，以及因此有能力留住年轻的运动员，把他们的运动生涯作为球队的财产。在这种情况下，球员别无选择，只能接受球队老板认为公平的任何工资。

1953 年，图尔森控告纽约洋基队（Toolson v New York Yankees），在法庭上提出了另一个机会来纠正明显的经济失衡问题，但是，法官再次决定，棒球享有特殊的地位，他们把改变的责任抛给了不情愿的国会，而国会直到最近，对现状都感到满意。[18]

不过，球员对业主的法律挑战终于在 20 世纪 70 年代开始成功。虽然美国职业棒球大联盟保留条款（起源于 1887 年）在 1972 年科特·弗勒德控告鲍维·库恩（Curt Flood v Bowie Kuhn，1971）的案子中仍然维持着，1975 年年底，由于梅瑟史密斯判决（the Messersmith Decision），自由球员终于允许存在。[19]

在这一判例之前，球队与球员签署短期合约通常是一个赛季，并根据所谓的保留制度（reserve system），通过留住球员较长的时间，谈判合约条款，有效地消除竞争，并压低球员的工资。这也给俱乐部的老板创造了宝贵的财产权利。但是在梅瑟史密斯判决之后，棒球运动员可以在更宽松的条件下成为自由球员，一旦球员的合约到期后，还可以同其他俱乐部讨价还价。

虽然橄榄球和篮球从未被授予棒球的特殊的反托拉斯法豁免权，恰如米切纳（Michener，

1976，p. 482）指出的，关于这两大运动在行为表现上似乎他们也有豁免权。[20]理论上，尽管运动员在薪资缩减后可以“使用他的选择权”，成为自由球员，但是在这两项运动中，赔偿制度（该球员的新球队必须向先前的球队进行补偿）有效地压低了球员在潜在的新东家手中的合约价值。[21]

456 20 世纪 70 年代的法院判决给予运动员与愿意支付更高赔偿额的其他球队进行谈判，而不是与自己的球队进行谈判的权利，并且在合约条款中，最初的合约期不再需要延长。因此，在所有大型体育赛事，特别是在棒球赛中，自由球员制度（free agency）的实行显著地提高了球员的补偿水平（见图 12—3），支撑了球员工会的发展。[22]然而，劳资纠纷也屡屡发生（见表 12—3）。

虽然在美国足球还没有取得重要运动的地位，但它是世界其他地方的重要运动项目。可以预料，快速增长的全球私人广播电视权益将导致美国职业足球在媒体、营销，以及球员的薪酬结构方面与其他大型的运动项目越来越相似。[23]

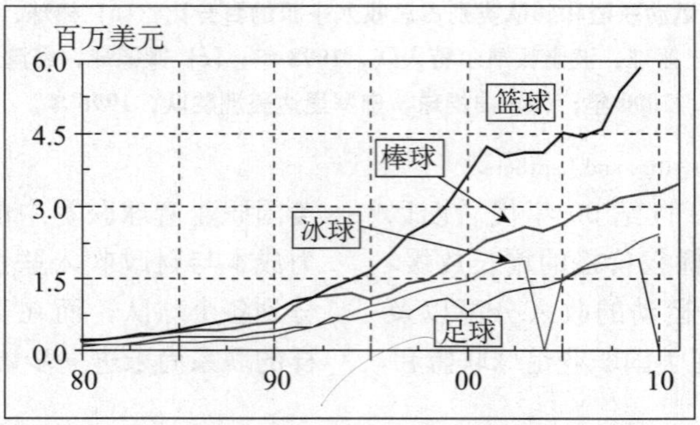

图 12—3　1980—2011 年大型体育运动中球员的平均薪资水平。

457 **表 12—3　　1969—2012 年体育运动管理中劳资纠纷的重要历史**

联盟	年份	背景
美国职业棒球大联盟	1969	资方下令春训停工到 2 月底。
	1972	4 月份上半月球员罢工。当年完整的常规赛季比赛进行。
	1976	资方从 2 月底到 3 月中停工。
	1981	从 6 月中旬到 8 月的第一个星期，球员罢工。资方终止罢工保险。分赛季形式用于确定赛季冠军。
	1985	球员罢工 2 天。
	1990	资方从 2 月中旬到 3 月中旬停工（32 天）。
	1994	球员从 8 月初罢工导致 1994 赛季季后赛、世界杯期间少了 52 天，还有 1995 年赛季少了 25 天。罢工持续了 232 天。
	2002	赛季开始前球员为收入分成而罢工。
美国职业篮球联赛	1995	联盟要求球员在淡季停工。
	1998	资方停工 191 天，导致部分常规赛取消。
	2011	资方停工 149 天，双方对 40 亿美元的联赛收入分配存在争议。资方说亏损，要求更大的份额。
美国橄榄球联盟	1982	球员从 9 月罢工一直到 11 月结束。减少了常规赛的时间，延长了季后赛。
	1987	球员罢工从 9 月底到 10 月底。更换了三场比赛的球员，比赛安排减少了一场。
	2001	橄榄球联盟在赛季前让裁判停工。
	2011	联盟停工 136 天，运动员停止承认联盟，发起反托拉斯诉讼。
美国曲棍球联盟	1992	4 月 1 日球员罢工。
	1994	资方让常规赛停工 103 天。
	2004	由于薪资上限问题，资方让整个赛季停工。
	2012	资方为支付运动员收入比例问题停工。

资料来源：Quirk and Fort（1999，p. 69），New York Times，ESPN.

12.3 税务会计与估价

税收议题

从经济角度来看，税收漏洞给职业球队老板带来的福利没多少。津巴利斯特（Zimbalist，1992，p. 35）注意到：（1）运动队专营权价值的绝大部分，不是来自球员的合约，而是从垄断租金中派生出来的。各个体育联盟享有垄断租金，把各个地区的独占权利授予加盟的运动队。这些权利的价值不会随着时间的变化而降低。（2）运动员的价值通常并不随着时间贬值。大多数运动员的表现在职业生涯的中期之后达到了巅峰。

然而，尽管有这样的经济优势，在许多情况下，高收入的运动队所有者也很难去证明，他们在职业体育专营权方面的投资不是为了税收方面的好处。因而，值得勾勒一下主要的税收概念。[24]

458 历史发展。在 1954 年之前，有一个统一的做法，即与球员签订一年期合约，并在当年摊销收购球员的成本。然而，在 1954 年之后，美国国税局（Internal Revenue Service）对同一时间购买单个球员的合约，与大幅度购买棒球俱乐部的整个名单的合约进行了区分。在前一种情况下，在一年内摊销依然保持；在后一种情况下，则是将总额分配给球员，然后予以资本化，根据资产的可用年限进行摊销。

这些裁决直到 1967 年仍然有效，这一年美国国税局根据棒球的保留条款，重新考虑了个别球员的合约待遇问题。尽管球员的合约只有一年，但是棒球的保留条款可以把球员的整个职业生涯与球队联系在一起。根据美国国税局的说法，球队对运动员的长期有效控制意味着，个别球员的合约成本也应当予以资本化，然后根据可用年限摊销费用。

在 20 世纪 70 年代早期，有关职业橄榄球扩大协议的指导方针，给专营权所有者提供了优惠的税收待遇。其中最重要的是美国国税局允许新球队支付给原来球队的费用，可以在专营权成本以及遴选资深球员的合约成本之间进行分配。由于分配给专营权成本的部分将作为资本利得处理，而分配给球员合约的部分可能导致（美国国税局税收的）重新分配，因而，这自然地给老板们提供了一种激励，要尽可能多地把资金分配到专营权成本中。[25]

大多数俱乐部曾经是（现在依然是）个人或一批合作伙伴所有，如果特许专营权是以独资、合伙，或所谓的 S 型公司①（subchapter S corporation）或者一个盈利的私营公司的附属机构的形式进行，俱乐部所有者的其他收入就可以得到保护。购买了专营权，然后将其中一个很大的比例（比如说 80%～90%）用于购买球员的合约，可以降低资产账面价值，列支运营亏损，从而获得大量的税金节约，数年之后，专营权又可售出而获利（Horvitz and Hoffman，1976，p. 178）。

实际上，在 20 世纪 70 年代中期之前，由于卖家大多数会将购买价格的绝大部分转列为资产，买家会对购买价格的一个很大比例转列为可折旧的球员合约。

当前做法 1976 年，美国国会担心职业专营权的租税优惠可能被大大滥用，认为有必要对夸大的折旧基础采取纠正措施，因为运动队可能尽管有正现金流，但还是会报列很大的租税损失。另外，也要避免对已退休的球员或其他原因从名册中除名的球员的合约继续进行折旧。新法律规定，专营权的买卖双方必须就分配方式达成一致，即将不超过 50%的购买价格列为球员合约，以防止运动队在专营权销售前未将球员合约列入折旧。

自 1976 年以来，一些重要的法院判例进一步明确了在这方面的税收和会计办法，不过，涉及广播电视和有线电视转播权利摊销的税收减免问
题直到最近还没有解决。[26] 2004 年，美国国会通 459

① 相对于普通 C 型公司而言，是可避免公司和个人的双重扣税的一种小微企业组织。——译者注

过一项法案，允许加盟运动队在 15 年内摊销特许专营权成本，而以前的法律一般只限于运动队在 3～5 年中摊销球员合约。迄今关于摊销的最大的问题仍然在广播电视合约方面。[27]

资产估值因素

本书第 7 章和第 8 章描述了媒体企业的现金流估值方法，在此也适用于分析体育运动产业。此外，《福布斯》杂志的评估，不仅使用球员成本获胜率和每个粉丝的收入，而且使用全国性电视的收视率排名和负债价值比进行比较。不过，要对职业运动的专营权价值进行评估，进一步需要以下知识的细节：

当地的人口构成和潜在市场规模

影响门票定价及当地广播电视/有线电视收入潜力的职业体育运动竞争程度

体育场馆所有权安排及房地产发展潜力

球员合约和工会合约规定

联播网、区域有线电视和国际收入潜力

美国国税局对于球员合约和广播电视/有线电视转播权利费用摊销的规定

当前和预测的利率

现金流量波动性（波动性越低，价值越高）[28]

在这些元素中，体育场馆所有权安排近年来越发重要，鉴于球队老板面临着控制成本快速上升的压力，体育场馆成为辅助的收入来源。[29] 另外，地方和国家的政治考虑也很重要。[30] 与此同时，直到 2007—2009 年的经济衰退和信贷紧缩，专营权价值和球员薪金都在迅速上涨，显著地增加了产业对于融资的依赖，这些融资的主要成分是债务融资。[31] 表 12—4 提供了最近的职业运动队交易的一个样本。大多数运动队的估值，都从预期收益（包括门票、商品、无线/有线转播权等）的倍数开始计算。对于全美职业棒球大联盟球队，大约是 2.5 倍。相关的效率指标是每赢一场付出的工资额。美国职业足球联盟的平均水平是 1 470 万美元，美国职业篮球联赛是 170 万美元，美国橄榄球联盟是 120 万美元，全美职业棒球大联盟是 110 万美元。[32]

460 **表 12—4　近期职业团队交易的部分样本**

联盟	球队	价格（百万美元）	年份	买主
美国职业棒球大联盟	洛杉矶道奇队	2 150	2012	魔术师约翰逊集团（Magic Johnson Group）
	休斯敦太空队	615	2011	J. 克兰（J. Crane）
	得州游骑兵队	590	2010	N. 赖安，C. 格林伯格（N. Ryan, C. Greenberg）
	芝加哥小熊队＋瑞格利球场	845	2009	瑞克兹家族（Ricketts family）
	亚特兰大勇士	450	2006	自由媒体集团
	华盛顿国民队	450	2006	勒纳企业（Lerner Enterprises）
	密尔瓦基酿酒人	220	2005	
	洛杉矶道奇队	375	2003	
	安纳汉天使队	180	2003	
	纽约大都会队	391	2002	弗莱德·威尔彭
	波士顿红袜队＋芬威球场＋80%的东北体育网	660	2003	《纽约时报》＋私营及个体
	克里夫兰印第安人	323	2000	
	佛罗里达马林鱼	150	1999	
	洛杉矶道奇队	311	1998	新闻集团
	巴尔的摩金莺队	174	1993	
美国橄榄球联盟	杰克逊维尔美洲虎队	750	2011	沙希德·可汗（Shahid Khan）

续前表

联盟	球队	价格（百万美元）	年份	买主
	圣路易斯公羊队	750	2010	斯坦利·克伦克
	迈阿密海豚队	550（的 50%）	2008	斯蒂夫·罗斯
	明尼苏达州维京	600	2005	
	亚特兰大猎鹰	545	2002	
	纽约喷气机队	635	2000	R. W. 约翰逊四世
	克里夫兰布朗队	530	1998	
	华盛顿红人队＋新体育场	800	1998	
美国职业篮球联赛	新奥尔良黄蜂队	338	2012	T. 本森（T. Benson）
	夏洛特山猫	275	2010	迈克尔·乔丹
	新泽西网队＋45%的竞技场	200（80%）	2009	米哈伊尔·普罗霍洛夫
	西雅图超音速队	350	2006	俄克拉荷马城投资者
	新泽西网队	300	2004	布鲁斯·拉特纳
	波士顿凯尔特人队	360	2002	
	丹佛掘金队＋科罗拉多雪崩队＋百事中心球馆	400	2000	
	费城 76 人队＋费城飞人队	430	1996	康卡斯特
全国曲棍球联合会	坦帕湾闪电队	～125	2010	杰弗里·维尼克
	凤凰城土狼	140	2009	全国曲棍球联合会
	埃德蒙顿油人队	188	2008	
	明尼苏达荒野队	260	2008	
	纳什维尔掠夺者队	193	2007	
	洛杉矶国王队	113	1995	安舒茨娱乐集团
足球	利物浦队	～800（50%）	2010	芬威体育集团（Fenway Sports Group）
	曼联队	1 400	2005	格雷泽家族

12.4　体育运动经济学

职业体育经济的核心特点体现在三个方面：联盟具有卡特尔结构；相对于运动员，运动队处于独家买方（单一的买家或雇主）的地位；竞争对手们需要共谋，对赛事安排、场上表现的规则设定，以及球员选择进行协调。买方垄断权力是从对选拔的球员的不流动以及这种球员拥有的特殊技能在其他地方应用的有限性而衍生出来的。随着时间的推移，买方垄断权力已经被自由球员所削弱。不过，卡特尔结构大致上维持不变。[33]

461 特许专营者认为，需要利用阻止竞争的卡特尔协议来维护特许专营的价值。虽然这种论调的法律基础很薄弱，但是它们具有经济意义，因为限制俱乐部的数量，以及维护领域的排他性，往往有利于维持体育表现的相对和绝对的品质。换句话说，如果职业体育的竞争性很低，比赛的质量低，比赛结果的不确定性也会减小，只能吸引到很少很少的体育迷。在这方面，相互竞争的体育企业会乐见其竞争对手保持活力。

早期，由奎克和豪迪瑞（Quirk and Hodiri，1974）提出的一个有趣的数学模型对于说明职业联赛的目的很有用。[34]该模型使用了这些概念，比如球队的表现技能（playing skills），以及取得表现技能的单位成本。模型假设，联盟最初处于稳定的均衡状态，特许专营者的动机是追求运营利润，这个模型可获得下列结论：

(1) 相对于处于低度市场潜力的地区，位于高度市场潜力的专营权地区可吸引更强的球队。

(2) 总的来说，处于低度潜力地区的运动队向处于高度潜力地区出售球员。

(3) 如果忽略当地电视台的收入，运动队实力的分布与门票收入分享协议不相关。

(4) 主队从电台电视台获得收入所占份额越高，球员的成本越高，则低度市场潜力地区的运动队生存下来的可能性越小。[35]

对体育经济学的另一项重要研究来自罗滕伯格（Rottenberg，1956），他提出，在劳动力市场上的自由球员不一定会导致最好的球员都集中到最富有的球队中。言外之意就是，保留条款不一定保证竞争的平衡，而保留条款的主要作用是，球员收到的薪金低于他们给球队带来的价值。罗滕伯格提出的利润共同基金和薪水上限等措施，是最早一批关于保留条款的替代方案之一。[36]接着，尼尔（Neale，1964）指出职业运动队如何通过独特的经营和结构特性形成自然垄断。[37]举例来说，在职业体育市场中，对于产出缺乏明确的定义：得分总数、比赛获胜率、门票销售额，还是其他指标？

最后要提到的但并非最不重要的是斯库利（Scully，1974）的工作，他第一次经验性地展示了棒球队支付给球员的金额，如何与那些球员的边际收益产品（MRPs）相关。这两个估计方程的理念是：获胜率是运动队生产力的函数［$pctwin=f$（生产力）］；收入是获胜率的函数［$revenue=g(pctwin)$］。

经济分析也证明，它对于在同一个联赛中球队的竞争性的平衡、联盟规定的工资上限、奢侈品税、利润分享、逆序选秀，以及其他类似的在所有职业体育运动中常见的计划和概念进行分析是有用的。[38]就这一点而言，科斯定理（Coase Theorem）有广泛的适用领域，比如说，体育运动中的权利和义务是合约绑定了的。[39]这个定理表明，一个自由球员拥有他/她自己的权利，一个球队老板有保持球员合约的权利（在保留条款中），这并没有什么差异。在这两种情况下，理论上球员应该为出价最高的球队服务。[40]

其他的研究进一步认为，当比赛结果的不确定性很大时，现场观看和通过其他媒体观看比赛的人数达到最大化。[41]总体上，从这些早期的大量研究中可得出如下结论：

> 经济报偿和运动员表现之间，存在一个很强的正相关关系。
>
> 劳动力市场的限制性做法，比如保留条款，已经被俱乐部用于从球员的服务中提取垄断租金。[42]
>
> 在自由球员中，球员的补偿率通常反映了预期的边际收益产品。
>
> 在单项体育中的收入分配，要比运动队体育的收入分配更扭曲一些。
>
> 运动员和运动队会对激励做出反应，就如一般经济理论可以预测的那样。[43]
>
> 在总体经济增长和额外的体育设施或特许权之间，几乎没有相关性。[44]

12.5 结论

有人说过，在最基本的层次上，体育运动是本地性的、部落性的。[45]职业体育运动专营权是“私人企业性质，对待其消费者（粉丝）却像是一个公共机构”[46]。因此，这是一个独特的行业，在该行业中“没有对手就不会有业务。体育业务销售的就是体育竞争”[47]。

体育将继续成为一个非常明显和重要的娱乐领域，并与无线广播电视、有线电视和博彩行业紧密相连。目前的主要趋势包括：

职业棒球、篮球和曲棍球队享有更多的联网广播电视和有线电视的收入来源。[48]

出现了支持大学和个人运动员项目的大型地方性或地区性有线电视网。

更加注重球员的流动性以及球员权利，被业

主控制的保留条款在减弱。

在获取重大体育赛事的传播权利中，相对于无线联网广播电视，付费的有线电视网络和按次付费的促销商的讨价还价能力显著增强。

【注释】

[1] 见奥扎尼安和塔伯（Ozanian and Taub，1992）。

[2] 见杜兰特（Durant，1969）。

[3] 更多细节见贝尔森（Belson，2009）。

[4] 事实上，夸克和福特（Quirk and Fort，1992，p.62）指出："平均而言，在职业联赛的历史上，专营权的价格一直呈上升趋势，棒球每年以 8%左右的速度上涨，NBA 篮球特许经营上涨的速度，每年在 16%左右，NFL 的专营权，每年上涨大约20%……有关 NHL 特许经营价格的信息则不够充分。" 席安（Sheehan，1996，p.45）对它的估计甚至高于美国职业棒球大联盟（MLB）。

[5] 见卡梭曼（Casselman，2009）。

[6] 从广播向有线电视转移的一个迹象是 2002 年 NBA 合约的续期。NBA 的六年价值 46 亿美元的合约给了时代华纳和沃尔特·迪士尼公司，留下了为数不多的几场比赛给了免费电视（先前已经与全国广播公司和特纳广播公司确定了四年价值 24.6 亿美元的 NBA 转播权）。就如法提西司（Fatsis，2002b）注意到的，广播电视网越来越多地喜欢这样的体育节目编排，俗称为"时间购买"，也就是广播电视网把播出时间出售给独立制作公司，价格是每小时约 25 万美元。外部的制作人，寻找广告商并支付所有的制作成本，联播网提供播出人才并进行协调。在这些情况下，广播电视网不必向广告商保证观众数，收视率变得次要了，广播电视网播出当前体育赛事却没有什么花费。例子包括女子职业高尔夫协会（LPGA）锦标赛、国际长途赛车比赛，以及环法自行车赛。

[7] 例如，就像庞特（La Pointe，1989）指出的，有线电视和广播电视网络之间的体育赛事招标争夺战爆发于 1989 年。CBS 斥资 11 亿美元购买了四年的棒球大联盟比赛转播权。NBC 斥资 6 亿美元购买了 NBA 四年的比赛转播权。然而，即便拥有如此高昂的转播权收益，每年还是平均有大约三分之一的联盟运动队可能报告亏损。当然，如果对会计方法细节关注不够，对这样的损益表，外人很难知道该给予多大程度的信任。举个例子，对于职业球队而言，拖欠球员的工资是一个重要的潜在法律责任，在会计处理中也是存在差别的一个领域。此外，业主经常给他们自己支付丰厚的薪水，与他们拥有的其他企业签订关联交易合约，并从折旧税保护中节省税赋。华克（Walker，2002）指出，最近以更高的价格出售市场规模较小的运动队已变得更加困难了。

[8] 鉴于职业运动队在适用反托拉斯法方面存在一定程度的豁免权，1984 年美国最高法院裁定，全国大学生体育协会（NCAA）与三大电视网签订的排他性协议违反了联邦反托拉斯法规。这一裁决让 NCAA 学院可以自由地同商业广播电视和有线网络谈判单独的合约，并且宣告 NCAA 作为大学生足球比赛转播权的独家谈判者的传统角色是无效的。法提西司（Fatsis，2003）讨论了大学足球的反垄断问题。

尽管最高法院的裁决为有线电视、地区性体育网和独立的广播商等对具有地方色彩的赛事节目的竞买转播权增加了机会，但一段时间内的结果证明，由这些新的竞标者支付的总额低于由 NCAA 谈判得来的常规合约中支付的总额。不过，在 1994 年，CBS 通过把 NCAA 比赛转播权以 17.3 亿美元打包，将它的报道期限扩展到了 2002 年（这么做，平均一年 2.16 亿美元比 CBS 在 1989 年谈判的年度转播权支付 1.43 亿美元增长了 50%）。在 1999 年，CBS 进一步将其合约扩展了 11 年，出价 62 亿美元。参见 1999 年 11 月 19 日《华尔街日报》。

克劳特菲尔特（Clotfelter，2011）认为，美国的大学已经成为一项重要的娱乐事业。2010 年，前十名大学为体育项目支出大约 10 亿美元。他指出，对于广播电视和有线电视网来说，大学体育运动很有吸引力，因为它们的制作成本低廉，比赛享有广泛的知名度。对于学校而言，主要目的是产生获胜球队。大学橄榄球和男子篮球队，每年带来 60 亿美元的收入。也见艾诺夫（Einolf，2006）、桑迪（Sandy，2006）、瓦塞拉罗和埃沃森（Vascellaro and Everson，2011）、诺切拉（Nocera，2012）、2012 年 11 月 18 日《60 分钟》的"大学体育"节目。巴赫曼和福特曼（Bachman and Futterman，2012）讨论了大学体育经济学。维诺尼卡（Vranica，2012）指出，2013 年，全美国最大的大学橄榄球联会的电视转播权如下：太平洋十二区（PAC12）3 000 万美元；大东区（BIG），2.71 亿美元；大西洋海岸区（Atlantic Coast），2.45 亿美元；东南区（SEC），2.05 亿美元；大十二区（Big12），1.92 亿美元。

[9] 例如，根据克里斯坦森（Christiansen，1989），1988 年，这种活动的非法总下注额可能超过 260 亿美元，最大的部分押注于橄榄球。在与体育相关的互联网投注方面，点对点博彩服务越来越重要。也参见卡普（Karp，2009）关于 NFL

和赌博的分析。波珀（Popper，2010）探讨了总部设在英国的对冲基金，通过统计战略，专门致力于体育博彩。

[10] 主队和客队之间门票收入分配是 65：35。1980 年，NFL 球队的净利润率为 5.2%，净收入为 69.4 万美元。这与 1963 年 NFL 比赛电视支付总额仅有 92.6 万美元形成了对比（Michener，1976，p. 360）。按照 1982 年的电视转播合约，球队每年从电视获得的平均费用是 1 420 万美元。斯克劳斯（Siklos，2007a）估计，尽管 NFL 一个赛季只有 16 场常规赛，而与之形成对比的是，篮球有 82 场，曲棍球有 84 场，棒球有 162 场，2007 年 NFL 的营业利润大约 10 亿美元，这比 MLB、NBA 以及 NHL 的利润之和还要多。

[11] 例如，请见由法兰克（Frank，1984）对美国橄榄球大联盟的讨论。其他失败的联赛，包括全国保龄球联赛、世界橄榄球联赛，以及 XFL。见泰斯（E. Trex）发表在 2009 年 6 月 24 日《华尔街日报》（以及网站 entalfloss. com）上的《五大联赛没能成功》。

[12] 就如摩地亚（Moldea，1989，p. 82）注意到的，1957 年美国最高法院规定，“与美国职业棒球大联盟不同，NFL 要服从联邦反托拉斯法”。但是对反托拉斯法限制的放宽，使得橄榄球联赛可以作为一个单位与联播网进行讨价还价。在这方面，体育产业具有其他娱乐领域不具备的优势。也参见里夫金（Rivkin，1974）。

[13] 费希尔和奥扎尼安（Fisher and Ozanian，1999）注意到，到 20 世纪 90 年代后期，橄榄球的收益分享安排已开始改变了。NFL 收益分享安排要求将电视网络转播权以及全联盟的许可费，在各队伍中平分。比赛门票收入（1998 年全额为 7.5 亿美元）在主客队之间按照 66：34 分配。

NFL 球员薪水工资上限规则，将球员工资限定为联赛总收入的 48%，但这个限制由于一个漏洞而被绕过了，那就是允许将球员签下的奖金摊销到球员合约的有效期中。这使以高收入的体育馆为主场的球队（例如牛仔或红皮体育场）有一个很大的优势，可以签下最好的球员。位于富裕的市场的球队可以从豪华的配套设施、企业赞助，以及那些不需要分享的租金中获得额外的收入，并用它们来摊销签约奖金。就像法提西司（Fatsis，2004，2005）解释的，当球队开发不须分享的本地的收入来源，以及当球队通过摊销签约奖金的成本，少计了奖金，而超出了工资上限时，NFL 长期的社会主义式的收入分享安排也开始出现失灵。布朗（Brown，2006）注意到，2007 年工资上限提高到了一年 1.09 亿美元，球员们有权利获得总收入的 59.5%。

[14] 就如劳里（Lowry，2003）显示的，2002 年的收入是 48 亿美元，NFL 球队平分了其中的 63%，与之形成对比的是，MLB 球队平分了 35 亿美元的 20%（2003 年是 34%），NBA 球队平分了 30 亿美元的 35%，NHL 平分了 20 亿美元的 9%。事实上，在篮球和棒球方面，当地市场的规模和展示的竞争程度，与能够吸引到的电视、有线电视，和球场门票收入的总量高度相关，相关度超过了橄榄球。在 NBA 和 NHL 中，主队获得门票收入的 100%，不与客队分享。在棒球比赛中，共享门票（门票及租金）收入是有限的，远远不及美国橄榄球联盟中的程度。希利亚尔（Helyar，1995）注意到：“联盟的经济基础，长久以来一直是慷慨的收入分享安排：平等分享电视网的金钱，而门票收入主客队实行 6：4 分成。”也参见瓦格纳（Waggoner，1982）。

据卢保夫（Lubove，1995）介绍，足球大联盟（MLS）采用的是一种合作组织模型，在这种模型中，来自门票销售，当地的电视以及赞助的所有收入，大约有一半实行所有球队平分的策略。所有全国性电视转播权和商业合作项目也都平分。英格兰足球的债务问题帕特里克和希米卢加（Patrick and Cimilluca，2009）做了描述。也参见福特曼和温菲尔德（Futterman and Wingfield，2009）。

[15] 来自地方广播电视/有线电视许可权费用，平均相当于一个球队总收入的 25%，如果遇到全国性广播电视网络的支付增长不那么迅速，可能在收入来源中占更重要的比例。因此而导致的球队收入差距的上升可能会让棒球和篮球的业主产生压力——要比他们当前所做的那样分享更多的来自本地的收入。事实上，市场规模大的球队，从地方许可权销售中获得的收入，要比市场规模小的同行获得的多得多。例如，在 1990 年，纽约洋基队从地方转播权中获得了 5 560 万美元的收入，而西雅图水手队只有 300 万美元。有线和付费电视的收入分成方式是主队俱乐部占 75%，客队占 25%。

当然，销售联播网电视转播权利的许可证费用被分享了，还是很重要的。20 世纪 80 年代中期，来自联播网的棒球专营权收入开始进行分割，每个大联盟球队每年可从这个来源中获得约 700 万美元（在其他可能的扣除额之前）。到 1990 年，这一数额翻了一倍，每队获得 1 400 万美元。从历史的角度看，电台、电视台、有线电视支付给棒球大联盟球队转播权的费用，1975 年仅为 4 450 万美元，1984 年上升到了近 2.68 亿美元。

至于曲棍球，NHL1994 年同意其若干场比赛通过福克斯体育频道和 ESPN 进行直播；1998—1999 年赛季结束后，这五年的合约保证 NHL 收到约 1.5 亿美元的广告销售或转播权费。1999 年，NHL 的五年合约协议额是 6 亿美元。但是在收视率下降了 20%之后，ABC 于 2004 年终止了曲棍球比赛转播。关于奢侈品税和工资上限的建议的详细信息见麦克卡夫蒂（McCafferty，2004）。2012 年停工争斗的焦点是，所有者在六年的协议中将支付给球员的数量从收入的 57%减少到了

47%。见克莱因（Klein，2012a，b）。

［16］通常，NFL 球队的球场租金所花费用大约是比赛收入的 10%。也存在薪资上限，即总收入的 65%。2004 年，价值 26 亿美元的电视转播费由 32 个球队平均分割。圣多米尔（Sandomir，2008）对所谓的个人专属座位价格的快速上涨有所讨论。

［17］例如，1993 年，NBA 和 NBC 广播电视网宣布了一个新的四年 7.5 亿美元的协议。一旦 NBC 在四年间销售达到了一定的水平（约 10.6 亿美元），各方就同意分享广告收入。在前三年中，该协议的年度支付费用大幅上涨。后来，NBA 四年的转播协议被 NBC/特纳以 26.4 亿美元赢得。然而，就如圣多米尔（Sandomir，2001a）注意到的，从 2002 赛季开始，随后与 NBA 签订合约的权力就转移到了有线电视，ESPN 和 ABC 体育频道四年支付了 16 亿美元，时代华纳所拥有的 TNT，支付费用在 8 亿～10 亿美元之间。

1993 年的棒球协议规定，美国职业棒球大联盟不要比赛转播权费，取而代之的是，保留了从转播中获得的收入的 87.5%，ABC 和 NBC 广播网分割其余份额以收回联合投资。然后，收入分割的比例是 80：10：10。见 1993 年 5 月 31 日的《广播电视与有线电视》(*Broadcasting & Cable*)。

1995 年，美国职业棒球大联盟达成了一个价值 17 亿美元的合约，由 Fox、NBC、ESPN 和 Fox 体育/自由有线电视网联合转播 1996—2000 年比赛。见 1995 年 11 月 7 日的《综艺日报》(*Daily Variety*)。

1998 年，NFL 将 1998—2005 年的转播权费用谈判确定为 176 亿美元。NFL 之前的转播权交易费（以 10 亿美元计）如下：1994—1997 年，4.39；1990—1993 年，3.65；1987—1989 年，1.43；1982—1986 年，2.07。2003—2007 年与 DirecTV 的合约是 20 亿美元，与之形成对比的是，1998—2002 年的费用是 10 亿美元。在 2004 年年底，完成了下一轮为期六年（2006—2011 年）的合约延展谈判，DirecTV 公司从 NFL 获得了周日区外比赛（out-of-market games）转播节目的独家权利，费用是一年 7 亿美元；福克斯为全国橄榄球协会的周日比赛一年支付 7.13 亿美元，而 CBS 为美式橄榄球协会的比赛支付 6.21 亿美元。到 2005 年 4 月，NBC 为周日晚上的比赛和两场超级碗比赛每年支付 6 亿美元，而 ESPN 为《周一足球之夜》(*Monday Night Football*) 已经支付了 11 亿美元。CBS 和 FOX 的组合转播协议费用达 80 亿美元，增幅超过 25%。见 2005 年 4 月 19 日的《华尔街日报》；1998 年 1 月 14 日的《纽约时报》以及 Sandomir（1998，2001b）。

1993 年年底，FOX 电视网出价 15.8 亿美元，获得了全国橄榄球协会比赛四年的转播权利。NBC 也斥资 8.8 亿美元收购了其他 NFL 的比赛，包括两场超级碗，而 ABC 出资 9.5 亿美元，保留了周一橄榄球晚间节目，以及获得一场超级碗的转播权。1994—1997 年，常规的联播网的转播权费用总计是 34.1 亿美元。相比较而言，1999 年，全美运动汽车竞赛协会（NASCAR）与 Fox/NBC/TBS 协议的六年转播费为 24 亿美元。关于 NASCAR，参见欧基夫和斯克拉斯（O' Keefe and Schlosser，2005），哈姆纳（Hamner，2008）以及盖吉（Gage，2009）。

1990 年，因为棒球冠军赛（World Series）以及一个春天的停摆，CBS 注销了其 10.6 亿美元棒球合约中的 1.15 亿美元，一年之后它又注销了 2.82 亿美元。1995 年，FOX 在其与 NFL 的 15.8 亿美元合约中注销了 3.5 亿美元，以反映未来的亏损，并于 2002 年 2 月减记合约中的 9.09 亿美元（其中 NFL3.87 亿美元，NASCAR2.97 亿美元，以及 MLB 的 2.25 亿美元）。所有这一切都不断地表明竞购这种转播权利已达到不可持续的水平。

［18］就如布拉德舍（Bradsher，1994）指出的："其他体育联盟没有共享的反托拉斯豁免，让棒球业主们可以实施全行业的薪酬限制，运动员提交的任何法律诉讼，都可能被不公平地隔离掉了。而此举也让大多数的业主能够阻止其他业主将其专营权转到新的城市，并且阻止替补球员向上提升的自由。"1997 年年初，业主承诺部分地结束反垄断豁免权。

［19］弗勒德诉库恩（Flood vs. Kuhn）的案例有助于推动一些最终导致自由球员制度的问题，其中老球员在六个赛季后就可以成为自由球员，而那些有了三个赛季经验的球员则可以寻求仲裁。原来的球员保留制度是在 1879 年秘密地采用，并在 1880 年全美联赛中首次实行。它旨在最大限度地减少球员的议价能力，并防止少数富裕的业主通过购买所有最优秀的人才，会破坏联赛的竞争性平衡问题。西曼斯基（Szymanski，2009，p.79）写道："正是在与工会集体谈判的过程中，以及业主满怀委屈地接受仲裁决定，摧毁了球员保留条款。"也参见德莫特（Demmert，1973），他从 20 世纪 70 年代初的角度来看，认为一般不会获得竞争性的平衡：身处最赚钱的市场中最富有的球队，不管有什么新的人才政策方案，从长期来看，都为俱乐部提供了整体最高的的运动质量。不过，麦卡特尼（McCartney，2004）解释了较富裕的球队现在通过收入分享，给比较差的球队补贴球员薪水，使位于较小市场的球队成为有竞争力的队伍。球员合约期更为简短，也让自由球员能实现更大程度的流动。

在自由球员制度前，棒球的所谓的豁免规则（waiver rules）限制向联赛球队之外的球队出售球员，而且希望做出这样一次销售的球队业主，必须首先确保在联赛中的每个球队老板都同意，放弃以固定价格购买球员合约的权利。工会合约通常仍然要求球员尝试自由球员身份，以便给他的老东家一个机会，提出与新东家一样的邀约。失去有价值球员的运动队，可能有权得到一些补偿。这些问题米勒（Miller，1991）有过讨论。1990 年 12 月，MLB 业主们针对球员合谋串通的指控，用了联赛总成本的 2.8 亿美元才得以解决。也参见 Korr（2002）。

［20］在 20 世纪 60 年代和 70 年代，NFL 几次试图从 1890 年的《谢尔曼反托拉斯法》中获得豁免权。这部法律宣布“为了限制交易或商业的每一个合约、联合……或阴谋，都是非法的”。其中一个关键的案例是约翰·麦基等人诉全国橄榄球联盟（John Mackey et al. v National Football League），这一诉讼是球员工会抗争所谓的罗泽尔规则（Rozelle Rule），1972 年宣判。就如哈里斯（Harris，1986，p. 71）注意到的，这个规则由联赛的专员命名，提出“一个球员合约到期后，任何有专营权的球队都可以从球员的新雇主那里获得应得的赔偿，随后该球员就为另一专营权球队效力。补偿与球员的口碑相等，由专员做出抉择”。这样做的结果，麦基认为，这是通过减少专营权之间的竞争而压低球员的工资。麦基赢得了初审，但是，1976 年 10 月，上诉法院的裁决说，实际上，用工问题应通过集体谈判解决。1977 年 2 月，双方达成了一致。1957 年最高法院的拉多维奇（Radovich）裁决，判定与棒球几乎是相同的 NFL 的保留条款，违反了“谢尔曼法”。棒球仍然是唯一不受反托拉斯法限制的体育运动。21 世纪初，NFL 被认为是主要职业体育联赛中劳工关系最有利也最和平的。在持续到 2007 年的一份合约中，NFL 球员同意薪金上限，但与此同时，所有分享收入的 65%～70%归球员。

在马卡姆和特普利茨（Markhamt and Teplitz，1981）的作品中，对源于棒球的反托拉斯法豁免的公共政策意义以及此前严重限制球员的经济流动性的保留制度做了彻底的回顾。需要注意的是，1998 年美国国会解除了美国职业棒球大联盟与集体谈判有关的豁免权。利兹和冯·爱尔曼（Leeds and von Allmen，2004，第 4 章）对于体育运动的反托拉斯的历史和问题做了简明但很全面的概述。也参见 Liptak 和 Belson（2010），他们讨论了 NFL 最近的反垄断豁免权的请求。

［21］1988 年，NBA 业主和球员达成一致，经过四年之后可以成为自由球员。在 NFL，对于具有五年经验，并且合约在 1993 年到期的球员，可成为自由球员。然而，在所谓的鲁尼规则（Rooney Rule）之下，除非顶级俱乐部已经失去了自由球员，否则它们是不能进入自由球员市场的。此外，工资成本达到 NFL 指定收入的 67%，自由球员的资格下降至四年。见斯库利（Scully，1995，pp. 37-40）。

［22］不过，就如艾布拉姆斯（Abrams，2000，p. 39）展示的，在棒球中，中等的薪资没有接近薪资的平均值水平。此外，1987 年，自由球员制度的有效性受到了挑战，球队老板显然是停止了互相挖角（亦即串通）。例子可见施皮茨（Spitz，1987）和米勒（Miller，1991）。然而，就如每项运动中为球员提供的巨额合约承诺所证明的，竞标很快就得以恢复。2000 年，收入最高的运动员如下：

运动	球员	球队	总合约额（百万美元计）	年数
MLB	亚历克斯·罗德里格斯	流浪者	252.0	10
NBA	凯文·加内特	森林狼	126.0	6
NFL	特洛·伊艾克曼	牛仔	85.5	9
NHL	亚罗米尔·雅格	企鹅	48.0	6

资料来源：Chass（2000）.

不过，正如法提西司（Fatsis，2002a）指出的，作为限制美国职业棒球大联盟球队债务的一个新结果，2002 年对顶级俱乐部超过 1.17 亿美元的薪资单，还有激增的开支，比如球员保险开始征税，对球员的竞买再次受到了考验。莫雷尔（Morell，2003）指出，作为一种此消彼长，球队开始检验需求的价格弹性，对主要的比赛制定更高的价格。但是，2008 年，投手约翰·桑塔纳（Johan Santana）与纽约大都会队签订了一份标志性的六年 1.375 亿美元的合约。

就如表 12—3 中显示的，在职业运动中，已经有不少的罢工或威胁罢工以及停工。1972 年（13 天）、1981 年（50 天）、1985 年（2 天）、1994 年（34 天），棒球队员举行了罢工。1982 年、1987 年，橄榄球运动员举行了罢工。棒球队业主停工发生在 1976 年和 1990 年（在春训期间）。NBA 业主停工发生在 1998 年，历时 191 天。曲棍球球员在 1992 年季后赛罢赛 10 天，在 1994—1995 年赛季有一半时间没有工作，在整个 2004—2005 年赛季（La Pointe，2005）都停工了。棒球中，1972 年的最终仲裁（FOA，final offer arbitration）是对球员的一种“让步”，它对工资的影响可能至少与对球员的自由流动的影响一样地巨大（Leeds and von Allmen，2004，p. 270）。

1982 年，全国橄榄球联赛运动员协会的罢工，是试图确立总收入的一个固定比例的补偿额，以及创建一份基于资历和表现的薪级表。球员并没有实现其最初的从电视网中按比例分享总收入的主要目标，因此没有显著地改变雇主与运动员的力量平衡关系。但是他们的集体工资的“池子”，在五年期内总计 16 亿美元，差不多达到总收入的 50%，罢工之前则在 35%～44%之间。此外，适度的薪级表确立起来了，薪水谈判权也确立起来了，每一年新秀的最低收入起点是 3 万美元，富有经验的球员则上升到了每年 20 万美元。

1992年9月，明尼阿波利斯市的陪审团达成了一项重要的判决。在一项指控NFL有限自由球员制度的诉讼中，陪审团裁决，NFL的自由球员制度B计划（于1989年推出）违反了联邦反托拉斯法。不过，1992年，相比于橄榄球，职业的棒球和篮球拥有更多的自由球员。例子请见1992年9月12日的《纽约时报》。

不过，橄榄球领域的情况，与1981年棒球大联盟运动员协会的罢工类似，其主要问题是对由于自由球员转会失去球员的俱乐部进行补偿。在球员转会的情况下，对于球员的等级和表现，有着复杂的划定。

NBA中的篮球运动员协会，以及全国曲棍球联盟的球员协会，就类似于橄榄球和棒球中的问题，与球队老板进行了谈判。但是在1983年，NBA开发了一个新的收入分享协议。该协议旨在防止处于富裕地区的特许经营权所有者主导比赛，以在球队之间创造出更大程度的竞争性，并阻止由自由球员所造成的成本急剧上升。从1984—1985年赛季起，NBA保证球员获得联赛总收入的53%，其中包括来自销售快速增长的地区性付费电视转播权利中获得的金钱。53%在23支球队中分配，既对最富有的球队实行“上限”，也对最贫穷的球队实行“浮动的下限”。见1983年10月31日《商业周刊》中的《NBA巧妙转向限制球员薪水》，以及巴拉（Barra，1995）对全国橄榄球联盟中的旧金山49人队是怎么规避薪资上限的说明。

1996年11月，不情愿的美国职棒大联盟的老板们批准了与运动员达成的一项协议，该协议同意从1996年开始，至少适用五年。该协议要求对1997年工资超过5 100万美元的部分，计算35%的“奢侈品”税，它迫使收入最高的13家俱乐部，为13家收入最低的球队的分配“池子”做贡献。见1996年11月27日的《纽约时报》。同时，2002年美国职业棒球大联盟的合约协议规定，球队将当地的净收入的34%放到一个“池子”中，而这个“池子”在所有球队中等分。取自于棒球的中央基金的额外的钱，在根据收入排名处于底部的球队中分配。参见2002年8月31《纽约时报》、斯特多赫（Staudohar，2002）以及法提西司（Fatsis，2006b）。

[23] 直到1995年，欧洲法院的一项具有里程碑意义的判决打破了卡特尔安排，球队在场上只能有三个外籍球员。当然，欧盟球员现在不再被算做外国人；一份合约结束时，球员就成为自由球员。足球俱乐部过去可以阻止球员交易，或因为许可他们转会而坚持要求大笔费用。在美国，MLS现在是控制了足球运动的职业组织。它的前身是北美足球联盟（1967—1985年）。从1996年成立以来至2004年，联盟的损失估计达3.5亿美元。也参见卢波（Lubove，1995），弗里德曼（Freedman，2004），盖吉（Gage，2005）和1996年9月23日的《商业周刊》，1998年3月23日的《商业周刊》；2004年7月19日的《商业周刊》中的《足球可以得救吗?》，以及2004年11月22日《商业周刊》，这期杂志描述了业主如何平摊损失，以及联盟如何控制着分配到球队的球员。就如西曼斯基和津巴利斯特（Szymanski and Zimbalist，2005）所做的一样，法提西司（Fatsis，2006A）提供了最近的综述。福特曼和帕特里克（Futterman and Patrick，2009）讨论了职业足球的债务负担以及较高的球员成本问题。

[24] 近年来，税收法律的修订和法院的解释，使之成为一个非常复杂的问题，而对此讨论很大程度上超出了本书的范围。更多的细节霍维兹和霍夫曼（Horvitz and Hoffman，1976）、拉贝（Raabe，1977）、安布罗斯（Ambrose，1981）以及汉莫林克和威格尼斯（Harmelink and Vignes，1981）都有介绍。

[25] 其他美国国税局的规定进一步表明，橄榄球运动员合约中的选择权条款将被视为类似于棒球的保留条款；电视转播收入没有构成“被动投资收入”（因此反过来不会影响到S型公司的处置）；放弃独家区域权利的特许经营得到的弥补将获得良好的资本利得处理。

1974年，另外两个涉及无形资产摊销的法规，以及对不可摊销的商誉与可摊销的无形资产之间的区分，也有助于将体育特许经营权作为避税手段提供条件。

[26] 重要案件包括莱尔德（Laird）诉合众国（Laird v United States）；美国第一西北工业有限公司、休斯敦纪事出版公司诉合众国（First Northwest Industries of America，Inc.，Houston Chronicle Publishing Co. v United States），以及KFOX有限公司诉合众国等。然而，现在无形资产摊销的税收减免，在大多数情况下遵循的是1993年修订的税法，该修订对所谓的197条无形资产部分虽然提供了15年期的债务减记期，但是，又将职业体育特许经营权从这一类目中明确地排除了。也参见史密斯和帕尔（Smith and Parr，1994）。

斯库利（Scully，1995，p.137）指出，体育球队老板不像那些其他行业中的特许经营者，不能摊销业务的商誉。此外，“转播权［莱尔德（Laird）；麦卡锡诉美国（McCarthy v. United States）（1986）］、区域性的独家权利、停车场和租金被认为是特许权价值的一部分，不计入折旧”。这意味着，随着转播权价值的上升，专营权的可折旧部分在销售的时候就下降了。

[27] 见威尔逊（Wilson，2004）对特许权价值的积极影响所做的详尽解释。

[28] 对1991年职业球队的估值参见巴尔多（Baldo，1991）。大致来说，橄榄球和篮球队的倍数是收入的2.5倍，棒

球是2倍，曲棍球是1.8倍。相比于橄榄球，棒球的倍数更低，因为棒球的收入流更依赖于门票收入，可预测性更低。曲棍球的倍数甚至更低，因为曲棍球没有一个全国性的电视转播合约，是最依赖于门票收入的运动。在这一项研究中，最有价值的球队是纽约洋基队，当时的估值约2.25亿美元。NFL球队平均价值估计为1.32亿美元，而美国职业棒球大联盟球队的平均价值为1.21亿美元，NBA和NHL的球队价值分别为7 000万美元和4 400万美元。奥扎尼安和托布（Ozanian and Taub，1992，1993）延伸了此项研究，现在每年《福布斯》杂志的调查中有公布，见伯克（2006）。体育专营权估值使用现金流贴现方法，达摩达兰（Damodaran，1996，pp. 488-493）做过说明。表12—4显示了近期的主要交易。也参见圣多米尔（Sandomir，1999）。

[29] 巴德（Baade，1994）对1958年和1987年之间美国的48个城市做了分析，包括设立职业球队的城市，并发现职业运动场馆和球队对一个地区的经济增长没有显著的影响，"……体育开支简单地为其他形式的休闲支出所替代了"。赫里克（Herrick，2007）表明，只有当一个新的体育场馆与其他新的商业地产结合发展的时候，才能促进经济增长。拉帕波特和威尔克森（Rappaport and Wilkerson，2001）做了全面的回顾。也参见福赛斯（Forsyth，1995）、科茨和汉弗莱（Coates and Humphreys，2000）、齐格弗里德和津巴利斯特（Siegfried and Zimbalist，2000）、弗朗格斯（Frangos，2004）、贝尔森（Belson，2010）、2000年11月20日的《商业周刊》以及2002年1月10日的《纽约时报》。

[30] 例子见韦恩（Wayne，1996）以及莱恩（Laing，1996），后者指出，在20世纪90年代，美国已建成30种职业体育设施，总开支达40亿美元。

[31] 见加里蒂（Garrity，2000）以及圣多米尔和贝尔森（Sandomir and Belson，2010）。

[32] 见2011年10月20日《布隆伯格商业周刊》（*Bloomberg BusinessWeek*）体育专辑，其中获胜的平均成本被称为效率指数。

[33] 卡特尔的特点是它有能力：(1) 阻止新的竞争者进入市场，把新的竞争者整合到卡特尔内；(2) 生产可替代其他企业产品的产品（例如同质化产品）；(3) 将市场划分为成员控制的区域并建立起生产配额；(4) 实施结构性规则并打击"欺骗"动机。

[34] 夸克和福特（Quirkand and Fort，1992）以及在斯库利（Scully，1989）、G. W. 斯库利（Scully，G. W.，1989）对此有过探讨。

[35] 诺尔（Noll，1974）做了另一项早期的有关体育运动竞赛需求的调查。在各种因素中，一个先验的、可以预期影响需求的因素是，技巧高明的球员对技术很差的球员的比率、与主场失利球队相反的一支主场获胜的球队、比赛举办地的人口规模和城市的特点、可获得的竞争性娱乐的数量，以及比赛的票价（例如每个座位的平均价格）。诺尔对于1970和1971赛季中棒球入场人数的回归分析结果显示如下：

(1) 入场率与收入呈负相关，给人的印象是棒球属于工人阶级的运动。

(2) 赢得锦旗对入场率有强大的正面影响。

(3) 如果一支球队有明星球员，棒球的吸引力会大幅提高。

(4) 对棒球的需求出现相对价格无弹性，这意味着球队可以提高门票价格，而不会出现观众的重大流失。

[36] 福特（Fort，2005，p. 348）认为罗滕伯格是体育经济学之父。罗滕伯格基本上赞成自由转会的权利属于球员而非俱乐部。

[37] 尼尔（Neale，1964，p. 3）也指出，一个赛季的比赛是一个"奇特的混合物：它由可分割的部分组成，每一个部分都可以单独出售，但它也是一个可分割但却联合的和多元的产品"。这在利兹和冯·爱尔曼（Leeds adn von Allmen，2004，p. 105）的论述中也有体现。戈登·塔洛克（Gordon Tullock）在20世纪60年代的文章《高效的寻租》提出了一个较早期的赢家通吃竞争模型，这篇文章收录在《寻租社会理论》（*Toward a Theory of Rent-Seeking Society*，Texas A&M Press，1980）一书中。

[38] 竞争性平衡的测量可以用术语标准差和第1章注［35］中讨论过的赫芬德尔-赫希曼指数表示。标准差是以获胜的平均数为基础计算，比方说，可以计算一个联赛的一部分，然后用于同联赛的其他部分、整个联赛，或其他联赛的标准差进行比较。任意一年，一个联赛中的所有球队或者联赛的一部分的平均胜率是0.500；通过对所有球队获胜百分比减去0.500后平方，求和再除以球队的数量N，然后取平方根，就可以得到标准差。就如利兹和冯·爱尔曼（Leeds and von Allmen，2004，第5章）进一步解释的，测量竞争性平衡的另外两个方式是计算统计学中熟知的洛伦兹曲线和马尔可夫链。

[39] 用诺贝尔经济学奖得主罗纳德·科斯的名字命名。

[40] 在基于成本—收益分析的福利经济学中，科斯的方法经常与经济学家庇古（Arthur Pigou）的方法相比较。庇古在先期曾提出补偿负外部性（如增加交通拥堵、空气污染等）的市场失灵，要求政府干预，增收相对于损害的价值的

税费。

[41] 西蒙斯（Simmons，2006）讨论过一项同类的调查，西曼斯基（Szymanski，2006）做过综述。

[42] 就如德莫特（Demmert，1973，p. 96）已经指出的，“制度对于职业运动员经济流动性的限制……作为租金转移机制，以运动员为代价，却保证了联盟的经济可行性”。斯库利（Scully，1989，p. 191）也已指出：“在联赛中比赛强度的均等化，只有通过俱乐部之间收入的均等化实现，否则，缺乏那样的发展，可以通过运动员保留制度，调换选秀次序，以及禁止以现金出售球员合约来实现。”

[43] 全面的调查和文献的更新见唐沃德和道森（Downward and Dawson，2000）和杜布森和戈达德（Dobson and Goddard，2002）。

[44] 见马西森（Matheson，2006），他解释道，在最好的情况下，这种假定的对当地居民的经济利益也是微不足道的。巴德（Baade，2006）同样总结道，大型体育赛事的经济影响常常被夸大。汉弗莱（Humphreys，2006）也质疑过在体育设施开支方面的经济效果。

[45] 这种想法见福特曼和温菲尔德（Futterman and Wingfield，2009）。

[46] 这句话引自希利亚尔（Helyar，2003）。

[47] 西曼斯基（Szymanski，2009，p. xiv）继续说：“体育业务不仅需要竞争对手，而且需要棋逢对手。”

[48] 尽管如此，公开上市的职业运动队股票基本上未必是不错的投资，因为扩大获利的机会通常极小，由于存在着薪资上涨的压力、频繁的劳工纠纷以及对一些关键球员表现的依赖。就像20世纪70年代的克利夫兰骑士队、密尔沃基雄鹿队、新英格兰爱国者队、巴尔的摩金莺队一样，波士顿凯尔特人队和佛罗里达黑豹队的股票已公开上市。在20世纪90年代后期，克利夫兰印第安人队的股票曾短暂地公开交易。截至2006年，NFL已经禁止企业拥有运动队的所有权，但在MLB中，罗杰斯通信拥有多伦多蓝鸟队，任天堂拥有西雅图水手队。

【阅读材料精选】

Abrams, B. (1984). “How Networks Vied in Grueling Bidding for’ 88 Winter Games,” *Wall Street Journal*, February 22.

Abrams, R. I. (2000). *The Money Pitch: Baseball Free Agency and Salary Arbitration. Philadelphia*: Temple University Press.

Alster, N. (1991). “Major League Socialism,” *Forbes*, 147 (11) (May 27).

(1990). “Hoops Go Global,” *Forbes*, 146 (8) (October 15).

Arango, T. (2007). “LeBron Inc.: The Building of a Billion-Dollar Athlete,” *Fortune*, 156 (12) (December 10).

“A Survey of Football (Soccer),” *The Economist*, June 1, 2002.

Badenhausen, K. (2004). “LeBron James: The NBA’s $2 Billion Man,” *Forbes*, 173 (3) (February 16).

Badenhausen, K., and Kump, L. (2001). “Cashing In,” *Forbes*, 168 (7) (September 17).

Badenhausen, K., and Sicheri, W. (1999). “Baseball Games,” *Forbes*, 163 (11) (May 31).

“Baseball Strike Issues,” *New York Times*, August 1, 1981.

Bates, J. (2002). “ The Dodgers’ Team Color Is Now a Deep Shade of Red,” *Los Angeles Times*, August 19.

Behar, R. (1987). “Spreading the Wealth,” *Forbes*, 140 (3) (August 10).

Belson, K., and Klein, J. Z. (2009). “Canada’s Pro Hockey Teams Are No Longer a Dollar Short,” *New York Times*, December 2.

Birger, J., and Arango, T. (2007). “The Yankees Face Life after George,” *Fortune*, 156 (4) (August 20).

Blustein, P. (1983). “Are Baltimore Orioles Best Team in Baseball, or Just the Best Run?” *Wall Street Journal*, October 5.

Bulkeley, W. M. (1985). “Sports Agents Help Athletes Win - And Keep Those Super Salaries,” *Wall Street Journal*, March 25.

Burck, C. G. (1977). “Why the Sports Business Ain’t What It Used to Be,” *Fortune*, 95 (5) (May).

Burke, M. (2010). “How the Chicago Bears Fumbled Away a Fortune,” *Forbes*, 186 (4) (September 13).

Byrne, J. (1986). *The $1 League: The Rise and Fall of the USFL*. New YoriC: Prentice-Hall.

Chass, M. (2002). “Baseball Negotiators Shift Their Sights to Next Off-Season,” *New York Times*, March 27.

(2001). "Back to Business: Baseball Votes to Drop 2 Teams," *New York Times*, November 7.

(1996). "Reluctant Baseball Owners Approve Pact with Players," *New York Times*, November 27.

(1988). "7 in Baseball Collusion Case Win Free Agency," *New York Times*, January 23.

(1985). "Baseball Strike Is Settled; Games to Resume Today" *New York Times*, August 8.

Comte, E., and Chakravarty, S. N. (1993). "How High Can David Stern Jump?" *Forbes*, 151 (12) (June 7).

Crist, S. (1998). "All Bets Are Off," *Sports Illustrated*, January 26.

DeMause, N., and Cagan, J. (2008). *How the Great Stadium Swindle Turns Public Money into Private Profit*, rev. ed. Lincoln, NE: Bison Books, University of Nebraska Press.

El-Bashir, T. (1999). "NHL Seeks Aid to Keep Canada's Sport in Canada," *New York Times*, September 25.

Euchner, C. C. (1993). *Playing the Field*. Baltimore: Johns Hopkins University Press.

Everson, D. (2009). " Yankee Stadium's Ugly Start," *Wall Street Journal*, May 15.

(2008). "The Decline of the National League," *Wall Street Journal*, July 11.

Fabrikant, G. (1999). "Remote Control of Cable Sports," *New York Times*, April 1.

Fatsis, S. (2004). "It's Time for Money, Uh, March Madness," *Wall Street Journal*, March 15.

(2003a). "Sports Teams for Sale," *Wall Street Journal*, February 13.

(2003b). "NBC Sports Maps a Future without the Big Leagues," *Wall Street Journal*, January 31.

(2003c). "What Price Touchdowns?," *New York Times*, January 3.

Fatsis, S., and Flint, J. (2001). "How the XFL Became One of the Biggest Flops in Television History," *Wall Street Journal*, April 23.

Fatsis, S., and Orwall, B. (2002). "For Disney, Owning Teams Conflicts with Bottom Line," *Wall Street Journal*, August 29.

Ferguson, D. G., Stewart, K. G., Jones, J. C. H., and Le Dressay, A. (1991). "The Pricing of Sports Events: Do Teams Maximize Profit?" *Journal of Industrial Economics*, 3 (March).

Fishof, D., and Shapiro, E. (1983). *Putting It on the Line: The Negotiating Secrets, Tactics & Techniques of a Top Sports and Entertainment Agent*. New York: William Morrow.

Fort, R. D. (2006). *Sports Economics*, 2nd ed. Upper Saddle River, NJ: Prentice-Hall.

Friedman, R. (1985a). "They Get Little Ink. But 15 Other People Also Own Yankees" *Wall Street Journal*, April 16.

(1985b). "Playing Basketball in the Minors Offers Only Minor Rewards," *Wall Street Journal*, February 26.

(1984). "Holmes-Coetzee Bout, a Promoter's Dream, Becomes a Nightmare" *Wall Street Journal*, May 22.

Futterman, M. (2010). "Texas Rangers Make Bankruptcy Play," *Wall Street Journal*, May 25.

(2008). "Jets to Auction Seats on eBay," *Wall Street Journal*, September 17.

Futterman, M., and Blackmon, D. A. (2010). "PGA Tour Begins to Pay a Price for Tiger Woods's Transgressions," *Wall Street Journal*, January 25.

Galarza, P. (1995). " The Mighty Bucks: Companies Are Learning How to Make Money with the Sports Teams They Own," *Financial World*, 164 (25) (December 5).

Goff, B. L., and Tollison, R. D., eds. (1990). *Sportometrics*. College Station, TX: Texas A & M University Press.

Gorman, J., and Calhoun, K. (with Rozin, S.). (1994). *The Name of the Game: The Business of Sports*. New York: Wiley.

Gorn, E. J., and Goldstein, W. (1993). *A Brief History of American Sports*. New York: Farrar, Straus & Giroux (Hill and Wang).

Grant, P. (2003). "Yankees' Push for TV Profits Sparks Clash of Heavy Hitters," *Wall Street Journal*, June 12.

Grant, P., and Thompson, A. (2007). "NFL Network Gets Blocked As Cable Takes Tough Stance," *Wall Street Journal* August 20.

Gratton, C. and Solberg, H. A. (2006). *The Economics of Sports Broadcasting*. New York: Routledge.

Gunther, M. (1997). "They All Want to Be like Mike," *Fortune*, 136 (2) (July 21).

Hamburger, T., and Binkley, C. (2001). "Bid to Outlaw Betting on College Sports Faces Very Long Odds," *Wall*

Street Journal, April 3.

Harris, D. (1986). "New Troubles in the N. F. L.," *New York Times Magazine*, September 7.

Hart-Nibbrig, N., and Cottingham, C. (1986). *The Political Economy of College Sports*. Lexington, MA: Heath.

Harwood, S. J. (1983). "Valuation of Player Contracts When Acquiring a Professional Baseball Team - An Analysis of Selig v. United States," *Taxes*, 61 (10).

Hausman, J. A., and Leonard, G. K. (1997). "Superstars in the National Basketball Association: Economic Value and Policy," *Journal of Labor Economics*, 15 (4).

Helyar, J. (2001). " A Team of Their Own," *Fortune*, 143 (10) (May 14).

(1997). "Free Agency Proves to Be the Cat's Meow for Jags and Panthers," *Wall Street Journal*, January 10.

(1996a). "How Atlanta Went from Baseball Clowns to Kings of Diamond," *Wall Street Journal*, October 1.

(1996b). "A City's Self-Image Confronts Tax Revolt in Battle on Stadiums," *Wall Street Journal*, March 19.

(1995a). "How Nashville Seeks, at High Cost, to Win Oilers from Houston," *Wall Street Journal*, November 21.

(1995b). "Baseball Players' Agent Offers Bargains on Stars in a Buyer's Market," *Wall Street Journal*, April 14.

(1994a). "Canadian Clubs Appear to Skate on Thin Ice amid Hockey Lockout," *Wall Street Journal*, November 15.

(1994b). "How Fear and Loathing in Baseball Standoff Wrecked the Season," *Wall Street Journal*, September 15.

(1994c). "NFL Story: New Man Takes Over the Eagles That Laid Golden Eggs," *Wall Street Journal*, August 18.

(1994d). "Baseball's Journeymen Face a New Challenge: The Low-Ball Salary," *Wall Street Journal*, April 4.

(1994e). "The Inflated Riches of NBA Are Pulling at the League's Seams," *Wall Street Journal*, February 11.

(1991a). "How Peter Ueberroth Led the Major Leagues in the Collusion Era," *Wall Street Journal*, May 20.

(1991b). "Play Ball! The Price Fans Pay Is Going, Going, Gone Up," Wall Street Journal, April 8.

(1991c). "Game? What Game? Arenas Emphasize Ambiance and Amenities to Entice Fans," Wall Street Journal, March 20.

(1990a). "Baseball's Expansion Is a High-Stakes Game of Money and Politics," Wall Street Journal, December 21.

(1990b). "Lure of TV Loot Loosens Old College Ties," *Wall Street Journal*, November 14.

(1984a). "Green Bay Packers Are Threatened by Football's Changing Economics," *Wall Street Journal*, December 14.

(1984b). "More Cities Plan Domed. Stadiums, but Returns May Prove to Be Small," *Wall Street Journal*, May 17.

Hofmeister, S. (2002). "Baseball Owners, Players Balk at a Level Playing Field," *Los Angeles Times*, August 16.

Home, J. (2006). *Sport in Consumer Culture*. Houdmills, Basingstoke, Hampshire, UK: Palgrave/Macmillan.

Jennings, K. M. (1990). *Balls & Strikes: The Money Game in Professional Baseball*. New York: Praeger.

Johnson, R. S. (1999a). "How One College Program Runs the Business: Inside Longhorn Inc.," *Fortune*, 140 (12) (December 20).

(1999b). "Speed," *Fortune*, 139 (7) (April 12).

(1998). "The Jordan Effect," *Fortune*, 137 (12) (June 22).

(1997a). "Take Me Out to the Boardroom," *Fortune*, 136 (2) (July 21).

(1997b). "Tiger! Now the Sky's the Limit for Golf - The Game and the Business," *Fortune*, 135 (9) (May 12).

Jordan, P. (1994). "Buddy's Boys and Their $100 Million Toys," *New York Times*, September 18.

Kirkpatrick, D. D., and Fabrikant, G. (2003). "A Cable Network of Their Own," *New York Times*, November 2.

Klatell, D. A., and Marcus, N. (1988). *Sports for Sale: Television, Money, and the Fans*. New York: Oxford University Press.

Klein, F. C. (1985). "Sports Teams Are Losing Their Bet That Fans Will Pay for TV Events," *Wall Street Journal*, February 19.

Krise, S. A. (1975). "Certain Tax Implications of Professional Sports," *CPA Journal*, April.

La Franco, R. (1997). "Profits on Ice," *Forbes*, 159 (9) (May 5).

Laing, J. R. (2003). "Golf Glut," *Barron's*, July 26.

Lancaster, H. (1988). "Baseball Owners Found in Collusion in Free-Agent Case," *Wall Street Journal*, September 1.

(1987). "Timeout: Despite Success of Celtics Sale, Doubts Remain about Sports Offerings," *Wall Street Journal*,

May 8.

(1985). "USFL Facing a Fourth-and-Long as It Staggers into Third Season," *Wall Street Journal*, February 26.

Lane, R. (1995). "Pugilism's Lopsided Economics," *Forbes*, 156 (14) (December 18).

Leifer, E. (1996). *Making the Majors: The Transformation of Team Sports in America*. Cambridge, MA: Harvard.

Leonhardt, D. (2001). "How to Re-energize Baseball and Win New Fans," *New York Times*, August 12.

Lewis, M. (2003a). *Moneyball: The Art of Winning an Unfair Game*. New York: W. W. Norton & Co.

(2003b). "The Trading Desk," *New York Times*, March 30.

Linden, D. W. (1991). "Bases Loaded, Nobody Out," *Forbes*, 147 (7) (April 1).

Lineberry, W. P., ed. (1973). *The Business of Sports*. New York: H. W. Wilson.

Lueck, T. J. (1987). "Baseball Entrepreneurs Score in Bush Leagues," *New York Times*, August 24.

MacCambridge, M. (2004). *America's Game: The Epic Story of How Pro Football Captured a Nation*. New York: Random House.

MacCambridge, M., and Billick, B. (2009). *More Than a Game: The Glorious Present and Uncertain Future of the NFL*. New York: Scribner.

Mahler, J. (2010). "The Tiger Bubble," *New York Times*, March 28.

Mallios, W. S. (2000). *The Analysis of Sports Forecasting: Modeling Parallels between Sports Gambling and Financial Markets*. Dordrecht, The Netherlands and Norwell, MA: Kluwer Academic Publishers.

McCartney, S. (2000). "Why a Baseball Superstar's Megacontract Can Be Less Than It Seems," *Wall Street Journal*, December 27.

Merwin, J. (1984). "It's Show Time," *Forbes*, 133 (4) (February 13).

(1983). "Big League Baseball's New Cash Lineup," *Forbes*, 131 (7) (March 28).

(1982). "The Most Valuable Executive in Either League," *Forbes*, 129 (8) (April 12).

Miller, J. E. (1990). *The Baseball Business: Pursuing Pennants and Profits in Baltimore*. Chapel Hill, NC: University of North Carolina Press.

Moore, T. (1986). "It's 4th & 10 - The NFL Needs the Long Bomb," *Fortune*, 114 (3) (August 4).

(1985). "Baseball's New Game Plan," *Fortune*, 111 (8) (April 15).

Moores, J. (2002). "Damn Yankees," *Wall Street Journal*, May 14.

(1999). "Bring Competition Back to Baseball," *Wall Street Journal*, April 5.

Morgenson, G. (1992). "Where the Fans Still Come First," *Forbes*, 149 (10) (April 27).

Newport, J. P. (2007). "How Golf Went Off Course," *Wall Street Journal*, April 2.

Nocera, J., and Useem, J. (2004). "How the Curse Was Really Reversed," *Fortune*, 150 (10) (November 15).

Noll, R. G. (1999). "The Business of College Sports," *Milken Institute Review*, Third Quarter.

Noll, R. G., and Zimbalist, A., eds. (1997). *Sports, Jobs & Taxes: The Economic Impact of Sports Teams and Stadiums*. Washington, DC: Brookings Institution Press.

Norton, E. (1993). "Football at Any Cost: One City's Mad Chase for an NFL Franchise," *Wall Street Journal*, October 13.

Ozanian, M. K. (2004). "Ice Capades," *Forbes*, 174 (11) (November 29).

(2000). "Too Much to Lose," *Forbes*, 165 (14) (June 12).

(1998). "Selective Accounting," *Forbes*, 162 (13) (December 14).

(1997). "Fields of Debt," *Forbes*, 160 (13) (December 15).

Phillips, M. M. (1997). "Top Sports Pros Find a New Way to Score: Getting Equity Stakes," *Wall Street Journal*, April 18.

Postrel, V. (2002). "Strategies on Fourth Down, from a Mathematical Point of View," *New York Times*, September 12.

"Professor Hardball," *Business WeeK*, no. 3098, April 3, 1989.

Pulley, B. (2006). "The King and His Sport, at Twilight," *Forbes*, 177 (9) (April 24).

(2004). "The $1 Billion Football Team," *Forbes*, 174 (5) (September 20).

Queenan, J. (1991). "Squeeze Play: Plutocrat Players, Balky Payers May End Baseball's Big Boom," *Barwn's*, April 29.

Rader, B. G. (1984). *In Its Own Image: How Television Has Transformed Sports*. New York: The Free Press.

Rhoden, W. C. (1999). "A Lockout, Not Love-In for Players," *New York Times*, January 7.

Robichaux, M. (1990). "If Baseball Hurls Shutout, Many Will Be Losers," *Wall Street Journal*, January 23.

(1989). "Dallas Cowboys Face Financial Predicament Spreading in the NFL," *Wall Street Journal*, October 23.

Robinson, E. (1997). "It's Where You Play That Counts," *Fortune*, 136 (2) (July 21).

Rosen, S. (1981). "Economics of Superstars," *American Economic Review*, 71 (5) (December).

Rosentraub, M. S. (1997). *Major League Losers. New York*: Basic Books.

Roth, D. (2000). "The NBA's Next Shot," *Fortune*, 141 (4) (February 21).

Rottenberg, S. (1956). "The Baseball Players' Labor Market," *Journal of Political Economy*, 64 (June).

Sandomir, R. (1996). "America's Small-Town Team," *New York Times*, January 13.

Saporito, B. (1991). "The Owners'New Game Is Managing," *Fortune*, 124 (1) (July 1).

(1987). "The Life of a $725, 000 Scab," *Fortune*, 116 (9) (October 26).

Schaaf, P. (2004). *Sports, Inc.: 100 Years of Sports Business*. Amherst, NY: Prometheus Books.

Sharp, A. M., Register, C. A., and Grimes, P. W. (1999). "The Economics of Professional Sports," *in Economics of Social Issues*, 14th ed. Burr Ridge, IL: Irwin.

Shropshire, K. L. (1995). *The Sports Franchise Game*. Philadelphia: University of Pennsylvania Press.

(1990). *Agents of Opportunity: Sports Agents and Corruption in Collegiate Sports*. Philadelphia: University of Pennsylvania Press.

Shropshire, K. L., and Davis, T. (2002). *The Business of Sports Agents*. Philadelphia: University of Pennsylvania Press.

Sims, C. (1993) "It's Not Just How Well You Play the Game...," *New York Times*, January 31.

Smith, A. F. (2009). *ESPN: The Company Story*. Hoboken, NJ: John Wiley & Sons.

Smith, T. K. (1992). "Players Charge NFL with Trying End Run on Disability Benefits," *Wall Street Journal*, December 7.

Smith, T. K, and Norton, E. (1993). "One Baseball Statistic Remains a Mystery: The Real Bottom Line," *Wall Street Journal*, April 2.

Spiers, J. (1996). "Are Pro Sports Teams Worth It?," *Fortune*, 133 (1) (January 15).

Staudohar, P. D. (2005). "The Hockey Lockout of 2004-05," *Monthly Labor Review* (December), U. S. Department of Labor.

(2002). "Baseball Negotiations: A New Agreement," *Monthly Labor Review* (December), U. S. Department of Labor.

(1999). "Labor Relations in Basketball: The Lockout of 1998-99," *Monthly Labor Review* (April), U. S. Department of Labor.

(1997). "The Baseball Strike of 1994-95," *Monthly Labor Review* (March), U. S. Department of Labor.

(1996). *Playing for Dollars: Labor Relations and the Sports Business*. Ithaca, NY: Cornell University Press.

(1990). "The Baseball Strike of 1990," *Monthly Labor Review*, 113 (10) (october), U. S. Department of Labor.

(1988). "The Football Strike of 1987: The Question of Free Agency," *Monthly Labor Review* (August), U. S. Department of Labor.

Stevenson, R. (1990). "Pony Up $95 Million? Sure, for a Baseball Team." *New York Times*, September 23.

Stewart, B. (2007). *Sport Funding and Finance*. Oxford, UK: Elsevier.

Sullivan, N. J. (1992). *The Diamond Revolution: The Prospects for Baseball after the Collapse of Its Ruling Class*. New York: St. Martin's.

Symonds, W. C. (2004). "Breaking the Curse," *Business Week*, no. 3880 (April 26).

Tagliabue, J. (2000). "Hoop Dreams, Fiscal Realities," *New York Times*, March 4.

Thurow, R. (1997). "Women's NBA Pins Hopes on Clean Play and Hard Marketing," *Wall Street Journal*, June 12.

Thurow, R., and Helyar, J. (1995). "Jerry Jones Thinks NFL Revenue Sharing Is a Bit Socialistic," *Wall Street Journal*, September 28.

Vardi, N. (2007). "Winning Isn't Everything: The Toronto Maple Leafs," *Forbes*, 180 (11) (November 26).

(2004). "Hardball," *Forbes*, 173 (9) (April 26).

Walker, S. (2002). "How *Not* to Fix Baseball," *Wall Street Journal*, August 23.

(1999a). "Full Count and Empty Seats," *Wall Street Journal*, October 12.

(1999b). "Why Softer Ratings Could Mean the NFL Is Fumbling Away Its Fun," *Wall Street Journal*, January 29.

Weber, B. (1986). "The Man Who Built the Mets," *New York Times Magazine*, August 3.

Weinbach, J. (2007). "Inside College Sports' Biggest Money Machine," *Wall Street Journal*, October 19.

Wermiel, S. (1984). "NCAA Pacts to Televise College Football Violate Antitrust Law, High Court Rules," *Wall Street Journal*, June 28.

White, G. E. (1996). *Creating the National Pastime: Baseball Transforms Itself, 1903-1953*. Princeton, NJ: Princeton University Press.

Whitford, D. (2010). "The King of the Sports Deal," *Fortune*, 161 (7) (May 24).

"Who Says Baseball Is Like Ballet?," *Forbes*, 107 (7) (April 1, 1971).

Wilke, J. R. (2008). "Pittsburgh's Rooneys Quietly Shop the Steelers," *Wall Street Journal*, July 8.

Wise, M. (1999). "With Little Time on Clock, N. B. A. and Players Settle," *New York Times*, January 7.

Wise, M., and Roberts, S. (1999). "N. B. A., Once a Dream Team, Is Torn by Fight for Control," *New York Times*, January 10.

Yost, M. (2006). *Tailgating, Sacks and Salary Caps: How the N. F. L. Became the Most Successful Sports League in History*. Chicago: Kaplan Publishing.

Zimbalist, A. (2001). "Competitive Balance in Major League Baseball," *Milken Institute Review*, First Quarter.

(1999). *Unpaid Professionals: Commercialism and Conflict in Big-Time College Sports*. Princeton, NJ: Princeton University Press.

第13章 表演艺术和文化

祝你演出顺利！

曾有人说，所有的艺术都是一种训练有素的精湛的产品，欣赏者能够感知到它的价值。[1]正因为如此， 479
特别需要指出的是，表演艺术生产了精神上的愉悦，甚至超过了它带来的金钱，它的运营方式与上文讨论过的其他娱乐行业的经济假设也有所不同。事实上，在这一领域的许多组织是非营利性的，其生存所需要的资金来源于政府的大量补贴、私人基金会的资助，以及个人出资。

几个世纪以来，尽管表演艺术中基本的创造性过程都保持不变，但是科技的发展在减缓成本无情上涨的破坏性影响方面一直很重要。幸运的是，告诉表演者“祝你演出顺利”这句话，不费什么成本！

13.1 观众与产品

尽管现场表演有潜在而广泛的吸引力，但是时间和金钱方面的限制还是制约了观众的规模和
480 范围。这一很明显的现象甚至可以追溯到18世纪，当时一张剧院的门票甚至超过整整一天的工资。正如鲍莫尔和鲍恩（Baumol and Bowen, 1968）在其开创性的研究中提到的，高雅文化的观众主要是由受过高等教育的高收入阶层组成的，最近观察到的数据支持了这一观点（见图13—1）。

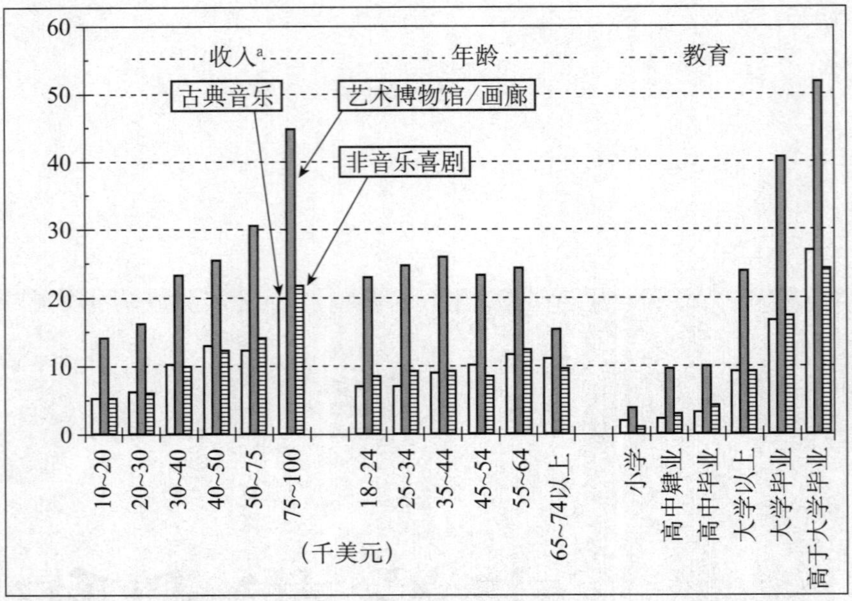

图 13—1　在部分表演类别中，根据收入分配、教育素养、年龄等得出的文化观众的特征。柱形显示的是受访者参与的比例。

[a] 收入基于 2002 年的调查。

资料来源：U. S. National Endowment for the Arts (2008).

尽管教育程度似乎比收入的影响更大，但对于为什么现场表演观众似乎变得不那么大众化，林德（Linder，1970）提供了另一种假说。他指出，随着经济增长增加了消费者的收入以及可用的消费品数量，消费更多商品的代价是花在文化活动上的时间。消费商品的时间并不相应地增加消费商品的数量。出席观看现场表演通常要求安排更多的时间，以及承担门票和其他杂费上的大量支出（见图 13—2）。

从表 13—1 中选定的数据可以推断出主要表演艺术类别的需求趋势，在图 13—3 中用时间轴表示了重要事件。

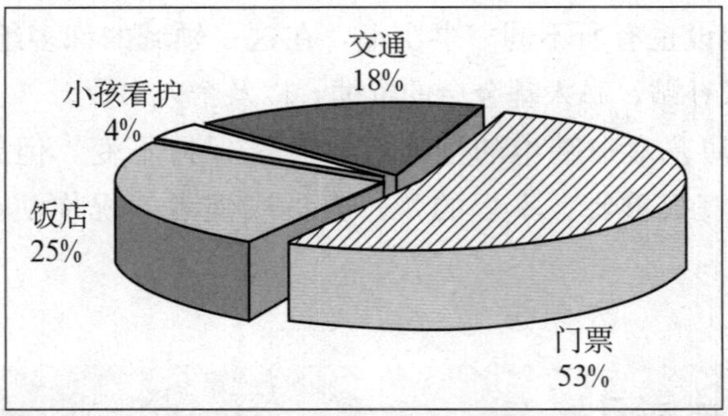

图 13—2　到纽约市观看现场表演的出行成本：门票费用和相关的成本（总费用类型的百分比分布）。

资料来源：William J. Baumol and William G. Bowen, *Performing Arts: The Economic Dilemma*. A Twentieth Century Fund Study, © 1966, Twentieth Century Fund, New York.

481
商业剧院

百老汇以及外百老汇　在北美殖民时期，专业戏剧表演成为一个重要的娱乐媒介。直到 19 世纪，当地居民将剧院组建为驻演剧团，长期在特定的场所演出。然而，不久之后，知名的表演者开始形成巡演剧团，到 19 世纪后期，这类剧团大多取代了驻演剧团。

20 世纪初，辛迪加集团拥有连锁剧院，控制预订及价格，占据主导地位。例如，著名的舒伯特连锁（Shubert chain）就是在这个阶段形成的。但是，在很大程度上这是一个过渡形态，因为商业剧场进一步演变成了当前的结构，其中制作人选择剧本，筹集资金，雇用导演和演员阵容；剧院所有者雇用票房人员，承担舞台管理、广告及销售功能，有时还负责音乐家遴选。正如波吉（Poggi，1968，p. xv）指出的：

> 很像我们许多的社会和经济机构，商业剧院已经高度集中……在 20 世纪初，在每个演出季最旺的时候，通常有 250～300 部作品在全国巡演，现在大约有 20 部。在 20 世纪 20 年代后期的百老汇，在单个演出季通常有超过 250 部作品开演；现在就很少会超过 60 部。

尽管如此，恰恰是百老汇——本质上是纽约市的剧院区——仍然吸引了美国大部分的商业剧团。百老汇定义了一个产业，而这正是它最大的历史意义。[2]百老汇的上座率（估计有 45%～50% 来自游客）和门票价格趋势说明见图 13—4（a），从中可以看出，出售的门票数量（需求）只在最近才超过 20 世纪 70 年代的高峰。[3]图 13—4（b） 482
的线条代表每季的演出周数（剧团数量乘以表演周数），同时提供了一个演出的供应量。举例来说，在经济衰退中，演出周会普遍下降。[4]

表 13—1　1980—2007 年，美国正统的剧院、歌剧公司和交响乐团选定的数据，收入及支出（以百万美元计；在一年演季结束，除非另有说明）

项目	1980	1990	2000	2007
正统的戏剧院[a]				
百老汇歌舞剧				
新产品	67	35	37	35
上演周数[b,c]	1 541	1 070	1 484	1 509
售票数量（百万）	9.38	8.04	11.94	12.27
总票房收入（百万）	143	283	666	939
巡回演出				
售票数量（百万）		11.1	11.7	16.7
上演周数[b]	1 351	944	888	1 400
总票房收入	181	367	572	950
歌剧公司[d]				
公司数目	79	98	98	97
开支[e]	122.4	321.2	636.7	872.0
演出[f]	1 312	2 336	2 153	1 961
总人次（百万）[g,h]	5.5	7.5	6.7	5.3
主要演季出席人次（百万）[f,h]	(NA)[j]	4.1	4.3	3.6
交响乐团[i]				
音乐会	(NA)	18 931	33 154	37 196
出席（百万）	(NA)	24.7	31.7	28.8
总收入（百万）	(NA)	378	734	1 052

[a] 资料来源：*Variety*，New York，NY，various June issues.

[b] 所有节目（新产品和前几个演季保留下来的）。

[c] 八个表演构成一个演出周。

[d] 资料来源：OPERA America，Washington，DC.

[e] 美国公司。

[f] 1993 年之前，美国和加拿大公司，从 1993 年开始，只有美国公司。

[g] 包括演出、宣传、教育等。

[h] 付费演出。

[i] 资料来源：American Symphony Orchestra League，Inc.，Washington，DC. For years ending Aug. 31. Data represent all U.S. orchestras，excluding college/university and youth orchestras.

[j] NA = 没有可用的数据。

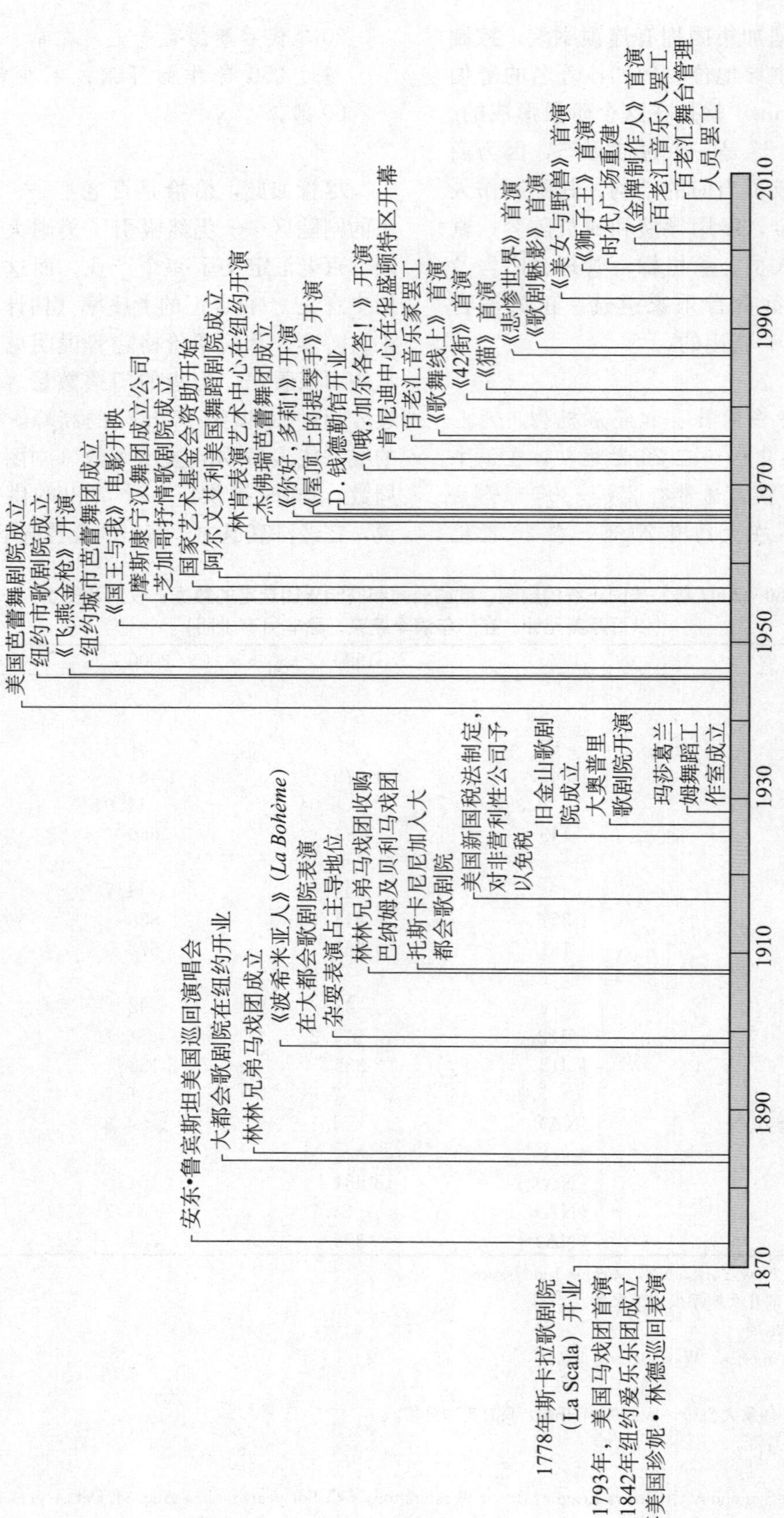

图13—3 1778—2010年表演艺术大事记。

484

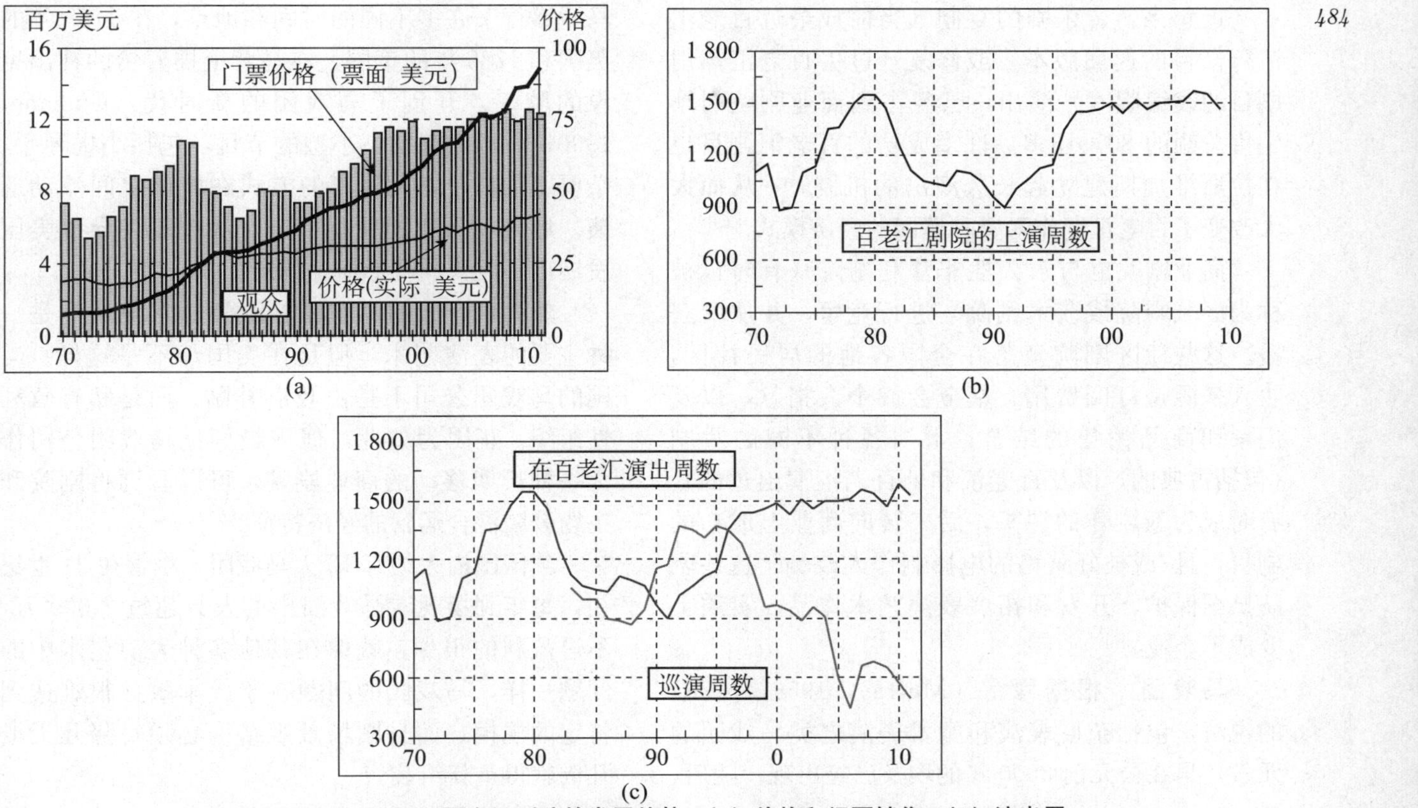

图 13—4　1970—2011 百老汇剧院的发展趋势：(a) 价格和门票销售。(b) 演出周。(c) 在百老汇与巡演的总销售额，1970—2011 年演出季。

资料来源：Broadway League (formerly League of American Theatres and Producers).

此外，从图 13—4（c）还可以看出，有时候商业剧院巡演的总收入超过了百老汇演出的总收益。这一经济平衡的转变也导致了专门从事外百
485 老汇制作和舞台设计的股份公司的发展。如表 13—2 所示，在重要的音乐剧中的投资回报可以很高且持久，即便是与流行影片的潜在回报相比也是不遑多让。[5]表 13—3 介绍了百老汇 10 个演出时间最长的剧目。

表 13—2　　一部重要大型音乐剧与一部卖座电影特点对比

	音乐：《歌剧魅影》	电影：《侏罗纪公园》
全球票房	20 亿美元	9.13 亿美元
平均制作 & 预巡演成本	900 万美元	7 000 万美元
运行时长	10 多年	20 周

表 13—3　　2012 年百老汇 10 大长期演出剧目

节目	名称	开幕演出季	演出数量
《歌剧魅影》[a]	音乐剧	1987—1988	7 283
《猫》	音乐剧	1982—1983	7 485
《悲惨世界》	音乐剧	1986—1987	6 680
《芝加哥》[a]	音乐评论	1996—1997	6 448
《平步青云》	音乐剧	1975—1976	6 137
《狮子王》[a]	音乐剧	1997—1998	6 035
《哦，加尔各答!》	音乐评论	1976—1977	5 959
《美女与野兽》	音乐剧	1993—1994	5 389
《吉屋出租》	音乐剧	1995—1996	5 123
《西贡小姐》[a]	音乐剧	1990—1991	4 400

[a] 仍然在上演的。

资料来源：League of American Theatres and Producers，LiveBroadway.com.

近年来，音乐剧的复制（当前或最近百老汇流行剧目的巡回版本）或修复（过去百老汇热门剧目的改编版本）演出，已经占到商业剧院门票销售总额的80%还多。许多成功的百老汇剧目也在拉斯维加斯建立起长久演出的机制——从而大大改变了百老汇制作融资和巡回的经济模式。[6]

商业剧院也与永久性非营利剧院（有时也被称为区域剧院或艺术剧院）进行竞争，并从中获益。这些社区剧院坐落在全国各地的居民社区，收入来源是订阅费用、基金会或个人捐款，以及门票和商品销售的结合，上演各种不同的戏剧（包括古典的，以及百老汇和外百老汇演出过的），
486 有时成为新剧作的源头，后来转向商业上成功的剧目，且/或被好莱坞的电影制作人改编。这些剧院试图保护、开发和拓展表演艺术作品，实质上变成了企业。[7]

马戏团 根据穆雷（Murray，1956，p. 26）的说法，包括杂耍表演和魔术表演之类马戏团的元素，早在公元前2500年的埃及已经出现。随后，马戏盛行于许多不同的时间和地点，在1768年的英国和1785年的美国，在马背上摇着铃的神出鬼没的骑手，开创了马戏团的新时代（Culhane，1990，p. 2）。起初，小型的节目，包括小提琴手、杂耍、杂技，以大篷车的方式在城市之间流动巡演。后来，马戏团驻扎下来，从而最终导致美国发展出了巨大的环形演出场所。

然而，今天的马戏团在欧洲通常被认为是一种主要的表演艺术，但是在美国却不是这样。美国的马戏团公司不是由政府补贴，而是私有营利性组织。正因为如此，似乎最好把马戏团公司作为一种长期移动的商业剧院，可以看到将剧院和主题公园混合运营的经济特征。

美国国内大约有10大马戏团，尽管在21世纪初，每年到场观看马戏演出的人数超过2 000万，不过盈利的很少。就像在其他多种表演艺术中的问题一样，马戏团的问题在于成本效益很难达到特定的规模，而且剧场景观结构必须每隔几天或几周就得重新组装。[8]

交响乐

交响乐的历史也可追溯到殖民时代，直到1842年纽约爱乐乐团成立，才正式开始蓬勃发展。在早些年，乐团依靠几个富裕的资助人支持：J. P. 摩根、安德鲁·卡内基、约瑟夫·普利策是纽约爱乐乐团的重要贡献者；亨利·希金森是波士顿交响乐团的担保人。

今天，美国交响乐团联盟估计，根据各自的预算规模，可归类为交响乐团的大约有1 600个。那些在波士顿、芝加哥、克利夫兰、洛杉矶、纽约和费城的大型乐团，很自然地吸引到了专业团体举办的演唱会中的大部分管弦乐经费。

487

歌剧

歌剧是戏剧和音乐的结合，它的发展紧紧跟随在戏剧之后。歌剧的根源可以追溯到古希腊的剧院演讲和中世纪以动作和音乐来阐释《圣经》故事的宗教表演。直到17世纪，使用了复杂的情节和更多样的管弦乐编曲，歌剧才演变成一个独特的形式。在随后的200年中，这种形式风靡了欧洲。

在美国，歌剧似乎是诞生在1883年的纽约市，后来被称为大都会歌剧院。目前，全美国主要有四个歌剧公司：大都会（2010年的预算为3亿美元）、旧金山歌剧院（2009年预算为6 800万美元）、芝加哥抒情歌剧院（2011年预算5 200万美元），以及纽约市歌剧院（2009年预算为2 500万美元），它们反映了举办盛大的歌剧的复杂性和高昂成本。最近，在洛杉矶和休斯敦的歌剧公司也变得越来越突出。

歌剧本身所固有的经济问题是，当所有主唱和支持歌手、合唱、舞者、乐团、指挥家，以及演员都包括在内的时候，工资单上需要持续支付工资的有200个或更多的专业人士，而每场表演的

剧场顶多容纳 4 000 个座位。因此，很容易理解，甚至在一些相当大的城市，都没有永久性的很出色的歌剧公司。

舞蹈

在第二次世界大战爆发之前，美国很少出现专业芭蕾舞这种欧洲的艺术形式。直至 20 世纪 60 年代末，大型的慈善赠款才开始扶植舞蹈。现在，专业舞蹈公司主要包括纽约城市芭蕾舞团、旧金山芭蕾舞团和美国芭蕾舞剧院。

相比之下，现代舞在本质上更具有美国味。现在至少有五六家重要的现代舞团体，绝大多数依赖于一个编舞家和一小群捐助者，在舞台上大放光彩。

13.2 融资渠道和经济困境

正如鲍莫尔和鲍恩（Baumol and Bowen, 1968）所述，表演艺术的经济困境的核心就是它几乎不可能大幅提高现场表演的生产力。今天，演奏勃拉姆斯协奏曲的时间就像 100 年前一样；现场演出莎士比亚的一部巨作的时间就如 350 年前一样。同时，从长远来看，几乎在其他经济领域的
488 每一个部门，生产力都在（每人每小时产出）稳步增长。碰巧的是，现场表演是独一无二的，它本身是一个最终产品，并且在生产的时候就被消费掉了。

这种经济困境——艺术生产力的滞后——正变得越来越明显，因为其他领域的生产力在增加，实际收入在增长，使社会更加倾向于劳动密集型的商品，同时，由于营运成本随着整体通货膨胀而上升，票价上涨相对也更快，以努力掩盖“收入之沟”[9]。当然，这样的鸿沟也在窄化艺术表演的可行经济区间，对那些需要更少的表演者和/或需要更少的排练时间的歌剧、芭蕾舞、音乐会有利。

实证研究确实表明，现场表演的门票价格上升幅度始终高于居民消费价格指数。如鲍莫尔和鲍恩的研究所证实，在所有其他的因素不变的情况下，门票价格越高，需求量越减少，特别是人口中那些不太富裕的人群和年轻人群会减少。此外，在经济衰退期间，即便是高收入的消费者，也可能会减少在现场表演的支出。

然而，受过教育的人很少会争辩说，应该允许现场表演艺术枯萎凋零。从一个纯粹实际的角度来看，传统的戏剧、歌剧、舞蹈为大众娱乐媒体时代的表演者提供了一个训练场所。此外，这些训练场地不可否认地丰富了周边的世界，使之更有趣，使精神更加振奋，更加“人性化”。尽管如此，在世界陷入泥泞而预算处于危机的时候，文化活动面临的一个重大问题仍然是资金的不足。这个问题的解决方案，无论是在美国国内还是国外，一直都是通过慈善基金事业和补贴实现的。[10]但是在美国，来自于政府的总收入很长一段时期内一般不超过 10%～15%，而门票收入则为 30%～50%不等。

与预想的一样，向艺术活动定期捐助的可能性基本上与收入有关。来自个人和不动产的捐助估计是自愿捐助中最大的来源；公司和基金会一起贡献的仅占 10%左右，私人慈善的支持也差不多是这个情况。大型乐团和歌剧院接收到的捐款比剧院或舞蹈团体接收到的更频繁一些。[11]

表演及视觉艺术，通过州和地方的艺术理事会，以及通过联邦艺术基金会（National Endowment for the Arts）而获得政府资助（见表 13—4）。联邦国税局也规定了非营利组织的税收减免。相比于美国，欧洲的政府对于艺术的支持有着更长远更深入的传统，欧洲的建设重点往往放在文化中心建设和市区重建项目上，而不是在减少经营赤字上。显然，艺术需要不同类型的捐助者的支持。

489 表 13—4 1970—2008 年联邦艺术基金会对艺术的资金资助（百万美元）[a]

资金类型和计划	1970	1980	1990	2000	2008
可用资金[b]	15.7	188.1	170.8	97.6	157.7
计划方案划款	6.3	97.0	152.3	79.6	119.6
经费拨付（数量）	556	5 505	4 252	1 487	2 200
资金义务	12.9	166.4	141.0	100.0	151.5

[a] 1970 年和 1995 年 6 月 30 日结束；其他财政年 9 月 30 日结束。

[b] 包括的其他资金没有单独列出。不含行政经费。1980 年包含礼品费用，此后都不含礼品费用。

资料来源：NEA，www.arts.endow.gov.，NEA annual reports.

虽然在纯粹的经济层面上，纳税人资助的艺术是少数精英享受的节目，可以认为是资源浪费，最好把资金用在别处。政府补贴的理由通常根据以下假设：

> 对艺术的资助给那些背景不富裕的有天赋的个人打开了发展机遇之门。
>
> 这样的支持有一种教育效益，让年轻人接触到文化活动，否则他们可能没有这样的机会。
>
> 支持鼓励了艺术创新，它同时是经济增长的一个动力。
>
> 艺术是公共物品，当提供给个体的时候，社区的其他成员可以集体获益。

因此，艺术商品就如教育一样，既有公共性也有私人性。大多数经济学者认为，他们可以证明结合公共和私人捐款支持艺术是正当的。[12]

但是，理由还不限于此。对于私营机构而言，支持文化活动经常刺激当地的商业活动，并提供新的商机，对就业前景和利润具有正反馈效应。对于个人来说，特别是在北美，纯粹的审美快乐往往还辅以大量的税收优惠。把社会作为一个整体来看，就如弗雷和波默瑞恩（Frey and Pommerehne，1989，p.19）指出的，还有下面的正外部性：

> （1）虽然个人暂时并不需要，也可以拥有文化供给的选择价值（option value）。
>
> （2）虽然对目前现有的市场无法表达喜好，但是给后代留下了遗产价值（bequest value）。
>
> （3）一个历史性的标志建筑一旦破坏，无法重建，因而具有存在价值（existence value）。490
>
> （4）即使对艺术根本不感兴趣，艺术还是有其声望价值（prestige value）。[13]

13.3 戏剧事务

融资和参与

对艺术的资金支持，无论是来自公共还是私人资源，通常致力于开发特定的设施，或赞助固定的舞蹈、交响乐以及歌剧团体。一般没有直接的财务投资回报预期。但是，比起任何其他的艺术，当涉及给剧院出资的时候，赞助的动机往往更具投机性和创业精神。实际上，新的商业剧院作品的融资和发展过程与电影非常相似。

开始，制作人通常通过签署期权合同，取得戏剧演出或将改编其他文学作品的权利。[14]这类合同通常会对未来版权提供预付费，约定版权的有效期限。在版权期间，演出所需要的各种艺术和资金元素都要聚集起来。[15]

获得了选择权后，制作人有时寻求个人投资者，俗称“天使”（angels），进行融资。“天使”必须确实喜欢戏剧，因为相比于百老汇，对石油、房地产以及职业体育专营权的税收减免更有吸引力。[16]因而，一个“天使”也必须有足够的收入来负担税收的损失，因为从历史上看，投资报酬率远低于二分之一。[17]一种估计是，80%的演出从来都没有完全收回成本。

事实上，由于今天的制作成本很高（2010 年的一出戏 300 万美元，一部大型音乐剧 2 000 万美元），在百老汇演出的作品越来越可能由一家大型娱乐公司资助，而不是由对于总费用的贡献量相对较小的一群个人投资者资助。大型公司可以更容易地承担风险，而且经常把百老汇的运作作为在其他媒体，或在其他地方实施项目的一种手段，而不会要求一个剧目即刻变成利润。[18]现在的机会也包括海外市场，它们可以返回数倍于国内赚到的收入。[19]

偶尔，融资的形式是出售为了制作剧目而成立的公司的股票，还可能由电影制片厂用电影版权的方式进行战略性的投资。百老汇重要的大剧院业主（Shubert Organization，the Nederlander Organization，and Jujamcyn Theaters）也可能承
491 担一部分制作人的性质和功能。[20]不过，更典型的情况是，向预期的有兴趣的个人投资者发放一个戏剧项目的招股说明书。提供给投资者的说明包括，通过有限合伙企业，或者自 1994 年以来的有限责任公司（LLC）的安排，进行潜在利润的分享（通常是剧作赚到的利润的一半份额）。[21]

其他投资者可能包括该剧的导演、主要表演者或演员，以及个别影院业主（见表 13—5）。导演和主要表演者，除了工资或费用之外，通常会拿到演出收入的一个较小的百分比（如 5%），而影院业主（根据季节、影院质量、制作人的信誉），可能拿到票房总额的 20%～30%。然而，正如鲍莫尔和鲍恩指出的：

> 制作人和剧场所有者之间，对戏剧的制作控制权划分很明确。
>
> 制作人选择剧本，控制生产的艺术水准，提高投资额，聘请导演和演员，设定工资，决定服装和布景支出，不过还有其他事项制作人是不能完全控制的。一位强大的制作人能够获得给予他对营销有大量话语权的合同，但通常大部分营销决策留在剧院老板手中，他决定票房人员和引座员、舞台管理人员，并在合适的情况下，还决定一些音乐家。剧院老板承担部分广告费用，考虑门票价格的设定，给经纪机构提供门票。他对票房有完全的控制权，其中深入到制作人无法涉足的领域……
>
> 剧院老板通常拿到一出戏的每周总收入
> 的一个百分比，除了决定上演时间长度，一 492
> 部戏剧的成功演出其实全靠他的喜好。因为合同通常有这样的规定，当一出戏剧每周总收入低于预先设定的数字时，他可以把戏剧从其剧院中驱逐出去。据说，票房工作人员有时会声称，所有门票已售光，而拒绝向潜在的顾客出售门票。（Baumol and Bowen，1968，pp. 20-21）

表 13—5　参与剧院制作的典型资金来源

参与总值的（%）	
剧作家	10
主演	5
导演	2
剧院经理	25
获利比例（%）	
剧作家	5～10
导演	5
主演	5～10
其他演员和节目经理	10
制作人	15
投资者	50～60

正如电影合同那样，根据参与者的相对议价能力，利润分配可能呈现各种变化。参演一部小型戏剧的一个大明星，每周都有收入保证，在票房收入达到特定水平之后，还要加上在总收入增量中的一定比例。导演可能拿到相当大笔的加盟费用和每周票房收入的较小的百分比。剧作家通

常赚取至少每周版权费最低的 10%（不过，在外百老汇演出的非音乐剧，每周收益为 5%）。[22]剧目的总经理将收取一笔费用加上周薪，也许还可拿到净利润的一个小额百分比。[23]

经营特色

对一出正在上演的戏剧的私募备忘录，将对每周盈亏和每周净利润做出估计。但是，即使相对适度的制作，都需要广泛而详细的预算和预测，因为许多小项目加总起来会达到很大的金额。

表 13—6 中的估计值说明了在百老汇的制作中，每 200 万美元的投资通常是如何分摊的，其中不含可能支付给明星的百分比。[24]从中可以看出，广告费用构成了总运行成本的重要部分。在这个例子中，每周的盈亏平衡，包括所有的特许权使用费，大约是每周 50 万美元，以及最大限度上的每周收入和净利润的估计值，分别是 64 万美元和 14 万美元。

高固定成本的运作自然会对利润产生一个较大的杠杆效应，往往是要么实现一次真正的命中，获得潜在的利润，要么是彻底的失败；一般处于这两个极端之间的可能性很少很少。不过剧院的座位容量总是决定演出成败的重要因素：空座位太多，反过来会影响观众情绪，付出租金也更多；座位不足，受欢迎的剧目又很难实现利润潜力。

为了实现收入的最大化，百老汇制作人们开始实施了复杂的常常用于旅馆和航空业的管理系统，亦即动态定价模型。在这一类系统中，演出和表演的价格是可变的，以可用的座位容量为基础，推断长期的票房走势，在演出日期临近时，调节价格和人数。[25]

图 13—5 说明了一部戏剧的利润对于票房收入变化的敏感性，该戏剧的平均票价是 30 美元，有 500 个座位，每周运行成本是 10 万美元。这里假定作品没有从有线电视或电影发行或其他渠道获得额外的收入，而版权使用费和其他付款也未被剥削（通常会这样）。如果每周表演八场，收支平衡要求平均上座率是 83.3%（417 个座位）；持续低于这个水平的数字将会快速地导致亏损。[26]然而 70%的上座率甚至更低也并不少见。[27]

493 **表 13—6　2010 年[a]的一出百老汇舞台剧模拟的例子，预算估计为 200 万美元**

舞台布景	120 000 美元
道具	34 000 美元
戏服	60 000 美元
电力和声音	80 000 美元
费用	200 000 美元
排练	160 000 美元
广告	520 000 美元
其他费用	200 000 美元
合计制作费用	1 374 000 美元
纽约演出之前（排练，运输）	216 000 美元
盟约（演员协会、舞台演员国际联盟、剧院代理和经理人联盟、剧院）	140 000 美元
应急和预损失储备金	270 000 美元
总计资金	2 000 000 美元

[a] 在 20 世纪 80 年代初，一部类似剧作的成本约为 2010 年成本的四分之一。

此外，为剧目做预算时，准投资者应扎实地掌握工会的合同规定。与美国演员权益协会、剧作家协会、舞台导演和编舞家协会，以及戏剧舞台员工国际联盟之间的关系，可能对表演艺术作品有重要的财务影响。[28]

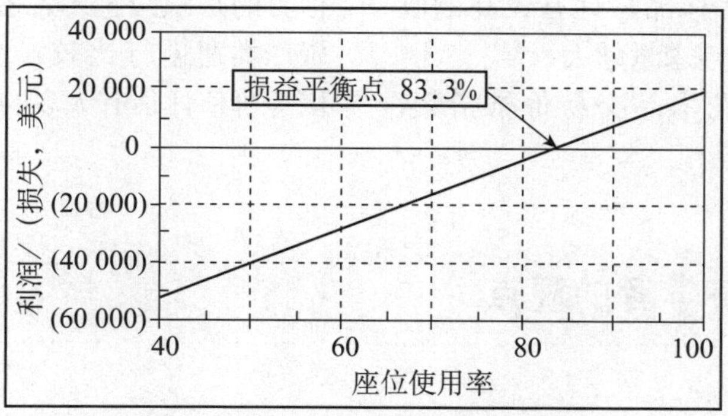

图 13—5　盈亏平衡点的座位容量利用率：一个说明。

13.4　艺术市场

在涉及文化议题的所有领域中，艺术品贸易一直是很活跃的、常见的、可以进行经济分析的一个子领域。这一类贸易历史很长，数据丰富，也有大量的研究。

举个例子，在 11—13 世纪中国的宋代，据推测出现过早期的市场交易。这是一个艺术创作充满激情的时代，对收集和研究古代文物也有着激情和狂热。类似的投机活动也出现在 15 世纪意大利的美第奇时代。一个涉及绘画、蚀刻版画和雕版图书的繁荣的艺术市场，也出现在 17 世纪的佛兰德斯和荷兰，最终蔓延到欧洲的大部分。[29]

18 世纪，英国、法国和意大利成为重要的贸易中心，但是在 20 世纪初期，大量的全球活动已经开始转向美国。[30] 虽然纽约和伦敦在 20 世纪初期保持了主导地位，毫无疑问，香港地区等亚洲的一些艺术市场变得越来越重要，至少占据了全球艺术拍卖品销售的三分之一。全球年度艺术市场贸易总额，包括绘画雕塑装饰品以及古董的经销拍卖，估计已增至大约 650 亿美元。

当然，这一数字只是一个粗略估计，包含了私人的经销和拍卖。它不是一个同质化的市场数据的汇总，而是一组独特的且独立进化的各个子市场的集合，包括了当代绘画和雕塑、古董、工艺制品，以及仿古的作品和风格。正如其他领域一样，幂律函数法则也在起作用，大部分市场交易价值是由相对较少的项目和经销商完成的。

艺术市场的特别之处是，它更像金融资产市场，其价格的上涨通常不会像食品、燃料或衣服价格的上涨一样抑制需求。这个特性很早就被凡勃伦（Veblen，1899）认识到了，正如本书第 1 章提到过的，凡勃伦提出了财富的“炫耀性消费”理论，在他看来，购买价格明显高昂的奢侈品，是在把财富用做社会地位的指示器。稀缺性也是一个变量，因为许多艺术品的供给受限于艺术家一生当中的产出量。在一个人口稠密的世界，毕竟现在只有这么多的毕加索真品了。

第二个不寻常的特性是初级市场的转手价格常常低于二级市场。初级市场流动性不强，服务于新的和不知名的艺术家，经验不够丰富，风险高；二级市场的产品，时间已经证明了它们的稀缺性、质量、名声，或历史重要性。这样的作品与大多数机械或电子产品相反，时间的流逝导致价格的增值而不是贬值。当代艺术品的价格通常是最不稳定的。 494

第三个重要特征是，不像许多其他市场，每件原始的艺术品是独特的，没有或很少有相近的替代品。因而，艺术品在估值方面，相比于其他金融资产如股票和债券等，通常主观性更强。[31]

艺术品交易参与的范围很广，包括个人收藏家、公司和私营机构、画廊、博物馆、图书馆和经销商。拥有和展示这些艺术品，除了内在的审美享受，它也可以理解为是一种资本资产，随着时间的推移而呈现出收藏保值的价值，以及与其独特性和持久性有关的作为资本收益潜在来源的价值。因此，这些产品是奢侈品，具有较高的收入需求弹性——收入越高，需求量越大。[32]

虽然人们已编制出了艺术品交易价格指数，但目的是跟踪艺术品投资绩效的特征，并与其他资产类别进行比较。然而这项工作也困难重重，因为价值评估有太多的主观性，可比性也不强。[33]

13.5 经济学者的观点

经济学者对表演艺术的研究是近期的事情，基础文献仍在发展中。[34]在第 4.5 节中描述的电影行业的统计方法也非常适合这个领域。通过几个重要的概念，如组织特性、弹性、价格歧视和外部性，可以获得整体的看法。

组织特性

就如卡弗斯（Caves，2000，p. 2）指出的，在娱乐和文化相关的商品和服务中，常常可以看到在制作、发行和营销合约以及业务结构中都具有的多个“共同特性”（bedrock properties）。创意活动的基本经济属性如下（卡弗斯的观点用斜体标示）：

（1）需求是高度不确定的，在这个意义上，没有人事先知道消费者如何评估新产品和服务（没有人知道）。

（2）创意工作者，与那些机械的标准化的工人不同，极大地关心他们的产品（为艺术而艺术）。

（3）许多创意企业（如百老汇音乐剧或电影）需要多种多样垂直专业化的技能和专才（多样化的专业人才）。

（4）创意产品（以及艺术家）通常既可以垂直划分（产品 A 好于产品 B），也可以水平划分（产品 A 与产品 B 在特征上很相似，但是品质不相同）（清单 A/清单 B）

（5）最有创意的产品（例如绘画），通过（无限多种）微小的差异，可以在许多方面有所不同。

（6）在许多创意的性质中，时间是本质性的东西（例如电影和音乐会），要求各种构成元素与时间紧密协作（时光飞逝）。

（7）版权费以及租金，通常聚少成多，然后再行付款（艺术久长）。

这些有助于解释常见的问题，例如，为什么几大电影制片厂都需要很多小的、独立的创意公司的服务，以及为什么文化和表演艺术领域使用它们所选择的合约的类型和所有权结构。事实上，选择权契约形式在创意产业中盛行，因为许多成本是固定的，而且存在（不可复原的）沉没成本。[35]

索斯比（Throsby，2001，p. 46）引入了文化资本（cultural capital）的概念，提供了进一步考察创意产业组织特性的视角。这种资本以有形方式存在（如建筑物、印刷品、雕塑），也以无形的方式存在（如想法、信仰、实践），文化资本增加了文化服务的流动性。[36]

495 ### 弹性

海布伦和格雷（Heilbrun and Gray，2001，p. 102）指出：“大多数研究表明，观看现场表演艺术的需求缺乏价格弹性。”这意味着，此类服务的消费者对价格的变化并不特别敏感：价格上涨不会导致相应比例的需求下降，用每个单位时间内出售门票的数量可以衡量这一点。[37]

不过，实证研究表明，表演艺术需求的收入弹性在 1.0 左右。[38]看来，随着收入的上升，在文化活动上花费的时间的机会成本更大，可能抵消掉了从更高的购买力中衍生而来的正的收入效应。

从长远来看，这意味着对表演艺术和文化活动的整体需求很可能与国内经济同步增长。

价格歧视

潜在的观众成员之间存在的需求弹性的差异很可能被有识别能力的垄断者加以利用，这是描述一场特定的演出或事件的制作人的经济学方式。在这种情况下，对不同位置的观众可能执行不同的价格（见第 1 章），价格歧视战略可以实现垄断者的收入最大化。[39]制作人可以因此提取出所谓的消费者剩余，也就是消费者实际上支付和他们愿意支付的价格之间的差额。

图 13—6［也见图 1—9（c）］做了说明，其中剧院的座位卖给商务客人的数量是 q_1，以折扣方式卖给观光客的门票数量是 q_2，剧院的总收入就是 $p_2 q_2 + (p_1 - p_2) q_1$。若所有的座位都以较低的价格 p_2 卖出的话，可能提供的收入是 $p_2 q_2$，若全部以 p_1 卖出，提供的收入是 $p_1 q_1$。但是，价格歧视得到的收入比单一价格得到的收入高。[40]

496

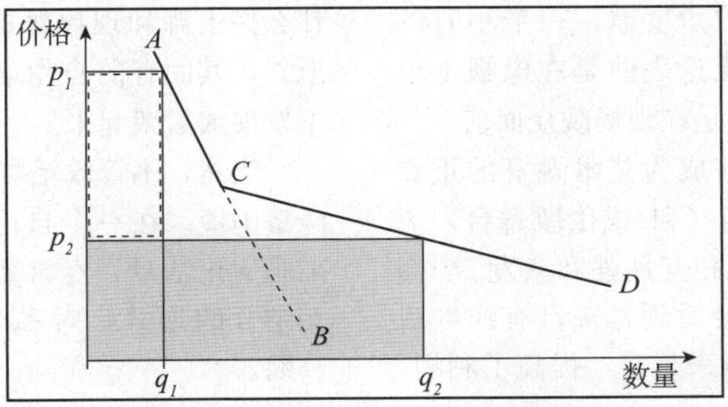

图 13—6　价格歧视和消费者剩余。

外部性

根据经济学理论，亨顿等（Hendon et al.，1980，p. 21）指出："艺术商品本身不是公共物品……一种纯粹的公共物品的必要但并非充分条件是，它能够完全地被共同消费。排他原则指的是，尽管共同消费了，还是能够以不可分割的单位提供给不同的消费者。例如，出席一项艺术活动（或有权使用）可以分别提供给不同的消费者，在艺术中排他原则是切实可行的。"但是除此之外，"艺术所产生的更加确切的外部性，通常都流向了特殊利益团体"[41]。

文化经济学与创意产业经济学

在这一领域（文化经济学）的经济分析，绝大部分长期以来被静态均衡分析视角所主导，主要基于新古典主义和凯恩斯主义的观念，假定预设了一组资源、技术、偏好和机会。然而，最新的研究视角（综述见 Potts，2011）是动态的、复杂的、以市场为基础的。在这一视角下，宽泛定义的系统对于新奇、实验和创新保持开放的态度。创意产业经济学者不像文化经济学者在封闭系统中的存在主义式的思考那样，不再专注于保护、遗产、补助、市场失灵和分配问题。

文化经济学者一般也不调查和提出基于市场的结构，只会建议支持国家主义的政府文化补贴激励政策，以及正式的程序。在以市场为基础的视角下，"商业财富来哺育艺术，艺术的财富来哺育商业。文化和经济共同演化"[42]。精英专家不是市场味道的最后仲裁者。

13.6 结论

表演艺术团体似乎一直生活在资金困境之边缘。当然，这种情形随着现场观众人数所受的限制，协调一次有效制作的巨额费用，以及居高不下的风险投资的成本而变化。现场表演的经济效率低下，因为它不同于制成品，表演是在生产的时候就被“消费”了。

然而，从一个经济学者的观点来看，最重要的且不可避免的元素是，表演艺术难以显著地提高生产力：从剧目—成本的角度看，一个小时的表演仍然需要一个小时，无论表演是在电视上录播，通过有线电视播出，还是在现场观众面前。[43]

来自新媒体的收入正在成为艺术融资的重要考量。故事线经常从百老汇（和/或伦敦舞台）流向好莱坞，再反过来，彼此相互加强和激发。[44]商业戏剧作品的支持者可能会看到，来自有线电视的牌照费或家庭视频播出越来越多，提高了利润，降低了亏损的风险。似乎也有这样的可能性，即选择在家观看的这种便利而又成本相对较低的方式，会鼓励那些其实没有什么兴趣观看现场演出活动的人们，更频繁地去观看这些活动。通过技术进步，越来越多的人比以往任何时候都能享受到更多的表演。[45]

文化成就反映了个体的风貌、热忱和智慧，也反映了最基本的社会价值观。例如，这就是为什么爵士舞和现代舞这两种截然不同的美国艺术 497
形式，其固有的自由表达，不可能在专制的环境下发展或繁荣起来。

当然，不管政治如何，表演艺术都不能绕过经济困境。在一个自由社会中，为了维持或扩大高雅文化活动，经常要求用政府支持和税收激励相结合的形式，对私营的个人或公司进行某种补贴。

【注释】

[1] 这一段释义材料取自对艺术性质的一篇评论，一位专家型的音乐教练瑞·伊文思·哈雷尔（Ray Evans Harrell）把这篇评论私下发给了纽约市 MCORE 成员。

[2] 如图 13—4（c）显示，直到 1989 年，舞台剧获得的绝大部分收入是“在百老汇”（on Broadway）——在法律上的定义是，一部作品在纽约州百老汇地区的座位超过 499 人的城市剧院上演。与此相反，“外百老汇”（off-Broadway）的定义是纽约市的一部新作品在座位不超过 499 人，但不少于 99 人的剧院上演。但是，就如波格瑞宾（Pogrebin，1999）指出的，百老汇已不再仅仅是舞台剧的领域。

[3] 这样的问题，鲍莫尔和鲍莫尔（Baumol and Baumol，1984）指出，大萧条之后超过 50 年，顶级的百老汇剧价格上涨了约 14 倍，而电影票价格同比增长了 35 倍。不那么昂贵的外百老汇演出的入场率趋势很可能颇为相似，不过数据是不太可靠的。参见迪施（Disch，1991）。

[4] 见霍夫勒（Hofler，2009b）。

[5] 休斯（Hughes，2005 a）指出，在 2005 年，推出百老汇音乐剧的成本大约是 800 万美元到 900 万美元，百老汇现在使用街头表演来收回成本，就像电影行业使用的 DVD 收回成本的方式一样。但是，就如莱昂哈特（Leonhardt，2006a）指出的，街头表演遇到了一系列自己的问题。

[6] 举个例子，希利（Healy，2011f）对百老汇和外百老汇《可爱大道》（*Avenue Q*）的数据进行了如下比较：

	百老汇	外百老汇
投资	350 万美元	80 万美元
每周演出成本	30 万美元	9.6 万美元
营销广告成本	400 万美元	70 万美元
收回投资时间	42 周	13 周
每场买票观演人数	796 人	492 人

在 2009—2010 年演出季，外百老汇产生了大约 3 000 万美元的票房，百老汇则是 10 亿美元。正如格林（Green，2005）详述的，拉斯维加斯利润数字大大高于百老汇。一个 1 800 座的拉斯维加斯表演场，一个星期上演 10 部戏，持续共 48 周，上座率是 85%，每张票 100 美元，则收获 7 300 万美元，这是 300 座的百老汇剧院可以产生的收益的数倍。

[7] 下表介绍了不以营利为目的的剧院（2009 年）：

剧院数量	1 825 座
到场观众	3 000 万人
捐助者	150 万人
演出	187 000 美元
作品	17 000 美元
收入（挣到收入）	8.108 亿美元
捐赠	9.685 亿美元
总收入	17.793 亿美元
支出	18.92 亿美元
挣到占总收入的百分比	46%
捐赠占总收入的百分比	54%

资料来源：剧院通信集团，《剧院事实》（*Theatre Facts*，2009，www.tcg.org）。

还请注意社区剧院音乐的版权主要由四家公司控制：音乐剧院国际（Music Theatre International）、罗杰斯和海莫斯坦剧院图书馆（Rodgers & Hammerstein Theatre Library）、塔玛斯惠特马克音乐图书馆公司（TamsWitmark Music Library Inc.）以及萨缪尔弗罗奇公司（Samuel French Inc.）等。这些公司已经拥有超过 500 个脚本和总谱，购买百老汇演出的许可权，为作者们提供担保及垫款（25 000 美元到 200 万美元不等），并且对当地的剧院票房收入收取 15%。参见 1998 年 6 月 5 日的《华尔街日报》和赖希（Reich，1996）。

[8] 根据赫希（Hirsch，1987）的说法，1987 年，美国马戏团林林家族（Ringling）在 89 个城市演出，观众 1 100 万人，票价在 6～11.5 美元之间。当年收入为 2.5 亿美元，但是根据吉尔平（Gilpin，1993）的说法，到 1993 年，收入可能翻了一倍。柯林斯（Collins，2009）引用的 2008 年收入总额超过 6 亿美元，包括公司的所有活动，利润范围为 5 000 万～6 000万美元。劳动成本占预算的 50%；广告和推广消耗另外的 25%；培训成本、舞台租赁、道具和设备以及保险费用吸收了预算的剩余部分。即使为美泰（Mattel）拥有，美泰在 1970 年 12 月花费 4 700 万美元收购，巨大的林林兄弟公司以及巴纳姆与贝利（Barnum & Bailey）公司（RB&BB，红与蓝，各有 350 名员工）在财务上并不令人印象深刻。

大多数马戏团用门票覆盖它们的成本，通过特许经营权获得利润。根据 1983 年 12 月 12 日的《广告时代》杂志，RB&BB 每年的广告和促销预算范围在 1 000 万～1 200 万美元之间，其中总数的一半流向了电视广告，25%流向了报纸。对 RB&BB 的 100 年历史的回顾出现在 1984 年 1 月 11 日的《综艺》上，后续出现在 1995 年 7 月 24 日的《综艺》上。也参见 1970 年 5 月 4 日的《时代》杂志以及 1970 年 8 月 15 日的《娱乐业务》（*Amusement Business*）。最近其他的巡回演出团体包括大苹果马戏团、卡森和巴恩斯马戏团、克莱德·贝蒂-科尔兄弟马戏团、皮克尔家庭马戏团、卡尔佩珀和梅里韦瑟大联合马戏团、皇家翰福德马戏团，以及加拿大太阳马戏团（the Big Apple Circus，the Carson & Barnes Circus，the Clyde Beatty-Cole Bros. Circus，the Pickle Family Circus，the Culpepper & Merriweather Great Combined Circus，the Royal Hanneford Circus，and the Canadian Cirque du Soleil），加拿大太阳马戏团及其永久性场馆（例如，拉斯维加斯）现在几乎与林林马戏团持平，2005 年产生的收入超过 5 亿美元（与林林班的估计收入 6 亿美元相比）。参见 G. 柯林斯（G. Collins，2005）和波格瑞宾（Pogrebin，2001）。

[9] 然而，正如海布伦和格雷（Heilbrun and Gray，2001，1993，p.133）注意到的，实际收入上升来自整体经济的生产率的提高，让更多的人承受得起更高的票价，而减轻了一些生产率滞后的不利影响。同样，柯文（Cowen，1998，p.21）也把技术进步视为对艺术生产方面具有重要的积极影响（例如，法国印象派画家受益于新的绘画颜料，而绘画颜料由于化学的进步才成为可能）。

[10] 巴尔夫（Balfe，1993 年）讨论了各种资金来源的特性。

[11] 当然，一些私人机构（来自基金会、公司和工会）的补助金，定期直接为其他组织以及博物馆、音乐、建筑和文学等项目提供具体的支持。还要注意的是，近年来，交响乐团和戏院、歌剧院、舞蹈团的挣得收入稳步上升，占总收入的大约 55%～60%，而私人和公共资金的支持分别占收入的 35%～40%，以及 5%～10%。

[12] 这些以及其他一些用于支持艺术的假设，受到了格兰普（Grampp，1989，pp.233 - 269）的挑战，他认为艺术应

该实现自我支持。

[13] 索斯比（Throsby，2001，p.28）遵循类似的想法，注意到了艺术作品就像建筑和旅游景点一样，存在审美的、精神的、社会的、历史的、符号的以及实在性的价值。索斯比还介绍了情境估值方法（contingent valuation methods，CVMs），这种方法试图获取如下相关的信息，即个人放弃公共品的消费，所需补偿的最低水平，或者个人为了获得非市场化的福利设施而愿意支付的最大金额。关于这方面内容，也可参见范库滕和布尔特（Van Kooten and Bulte，2000，p.113）。

[14] 在实践中，在较小的外外百老汇（off-off-Broadway）或地区性的制作中，版权考虑通常被不合法地忽略了。当然，在任何重要的商业制作中，版权都被强制执行。

[15] 在获得演出权利时，制作人坚持戏剧家协会的期权合约规定，如果在一年之内或更短一些的时间内，戏剧没有制作出来，提供给剧作家的不予退还的押金将被没收。此外，剧作家有权按比例，也就是票房总收入的5%～10%获取版税，以及获取来自辅助权利，包括电影、有线电视以及外文作品的大部分的收入。

一个突出的例子就是罗杰斯与汉默斯坦公司的音乐剧《俄克拉何马！》。此剧的大型演出的版权费用习惯上是票房总收入的8%，提前支付的许可权费是18 000美元或更多。参见1993年3月29日的《综艺》。

[16] 不过，就如弗雷和波姆瑞恩（Frey and Pommerehne，1989，p.35）所指出的，如果观众规模较大，固定成本很小，存在价格歧视（例如，一个更好的座位的价格更高），还有附属品（例如视频、电影）收入，那么舞台制作是有利可图的。

[17] 纽约州总检察长办公室曾经对百老汇和外百老汇演出提供的说明书进行汇编统计。例如，在1972—1973年和1982—1983年的11个演出季中，有948场演出（包括从未公开的表演，但也排除了一些非常著名的其资金是私人筹集的成功表演）投资总额2.675亿美元，损失了总计6 660万美元。在这些演出中，没有一个演出季总体上是盈利的。希利（Healy，2010d）写道，只有大约30%的百老汇演出出现盈利。也参见奥康奈尔（O' Connell，1997）。

罗森伯格和哈尔堡（Rosenberg and Harburg，1993，p.14）详述了1945—1990年推出的未能给投资者的基金带来回报的百老汇音乐剧（包括重演的）演出项目，“失败”的百分比一直在平均76%左右。这个数字与1925—1935年的平均失败水平相接近。罗森斯坦（Rothstein，1988）还指出，在《星光快车》（*Starlight Express*）开演（1987年3月）17个月后，这个剧目花费了3 500万美元，观看人数超过92.5万人，但它还没有收回投资。截至1995年，最昂贵的财务上失败的非音乐剧是《码头风云》（*On the Waterfront*），经过八场表演后，总共损失了260万美元。但是在2003年年初，《吸血鬼之舞》（*Dance of the Vampires*）在损失了1 200万美元（56场表演）后停演，这部剧以及《海角人》（*Capeman*）和《凯莉》（*Carrie*）都是百老汇历史上代价最高的失败范例。近年来其他失败的音乐剧Berfield（2005）做了列举，包括2005年的《曼波歌王》（The Mambo Kings）、2004年表演了80场的《孟买之梦》（*Bombay Dreams*）以及2000年表演了198场的《苏式狂想曲》（*Seussical*）。参见曼德尔伯姆（Mandelbaum，1991）和麦金利（McKinley，2003）。

鉴于损失的可能性相当高，以及需要更多资本，近年来制作商有了更多的结构化交易，以让投资者能够更迅速地收回投资。在传统的方法中，每周票房首先支付给创意团队、演员、影院老板，之后再扣除剧院费用和其他成本。就如休斯（Hughes，2006）指出的，然后，投资者才收到回报。这一方式的另一种变化是，建立起一个利润或版权使用费的“池子”，不过，在支付给投资者之前，剧目必须实现盈利。新的尤其用于昂贵的音乐剧制作的方式是，每周在运营预算上加上一个数额——实际上，就是摊销费用。在《婚礼歌手》（*The Wedding Singer*）的例子中，2006年投资达1 175万美元，投资者每周收回资本的2%左右，直到他们收回了110%的投资。

[18] 尽管成功者寥寥可数，但是天使基金，以及大型娱乐公司还是被吸引到了百老汇：时常会有剧目（例如，2001年亮相的《制作人》）给投资带来巨大的回报，在最终的收入，如销售给有线电视、电影、唱片以及其他版权，以及作品巡回演出的利润包括进来后，更是如此。也参见布鲁门罗（Blumenthal，2001）和希利（Healy，2009）。希利（2010c）指出，百老汇音乐剧《亚当斯一家人》（*The Addams Family*）门票销售一开始也很强劲。

当演出很成功时，它们总是如此令人难以置信。根据1989年2月15日的《综艺》，《猫》（*Cats*）已成为至今最赚钱（按绝对美元计）的剧场产品，在北美（美国和加拿大）获得的利润大约4 400万美元（另外还有来自伦敦和其他国外版本的1 450万美元）。在1982年的投资是390万美元，由舒伯特集团、ABC娱乐、都市媒介集团以及格芬唱片公司（Shubert Organization，ABC Entertainment，Metromedia Corp.，and Geffen Records）投资，安德鲁·劳埃德·韦伯（Andrew Lloyd Webber）制作，单单在北美就获得了11倍的投资回报。作为创作者的韦伯和其他版权参与者，拿到的许可费用加上版税大约是25%，《猫》的总利润是5 800万美元。截至1997年6月，它成为当时百老汇历史上演出时间最长的剧目，每周票房收入超过35万美元，在百老汇的收入超过3.29亿元，在世界其他地方的收入超过22亿美元。不过，实际上《歌剧魅影》(*Phantom of the Opera*)到 1998 年年初的票房收入更多，在百老汇收入 3.35 亿美元，在全世界其他地区收入 26 亿美元。到 2003 年，继《悲惨世界》之后，《歌剧魅影》成为上演时间第三长的剧目。《悲惨世界》开演于 1987 年，耗资 450 万美元，停演于 2003 年，是上演时间第二长的剧目，在百老汇演出 6 612 场，票房收入超过 3.9 亿美元，在世界各地的票房收入是 18 亿美元。到 2009 年年底，《歌剧魅影》成为上演时间最长的剧目，在百老汇表演超过 9 000 场，全球票房收入 50 亿美元，在 25 个国家超过 1 亿人观看过。正如麦金利(McKinley，2004)报告的，《魔法坏女巫》(*Wicked*)也是投资回报最快的剧目，在 14 个月内收回了其 1 400 万美元投资，《Q 大道》(*Avenue Q*)在 10 个月内收回了 350 万美元投资。参见格兰姆斯(Grimes，1997)；1998 年 1 月 26 日的《综艺》；2002 年 10 月 3 日的《纽约时报》。

其他大赢家包括《你好，多莉》(*Hello，Dolly*)，这部剧作投资 42 万美元，净赚 900 万美元(回报率为 21：1，投资人与制作人 David Merrick 均分利润)。《屋顶上的提琴手》(*Fiddler on the Roof*)投资 37.5 万美元，获得了 1 240 万美元的收入。迪士尼的《美女与野兽》，最初投资是 1 190 万美元，尽管其成本高昂，但也是一个巨大的成功。参见威切尔(Witchel，1994)和莱曼(Lyman，1997)。迪士尼的《狮子王》被认为是最昂贵的，耗资 2 000 万美元(《纽约时报》2003 年 11 月 29 日)。正如巴恩斯(Barnes，2005 年)指出的，到 2005 年《狮子王》从各种来源获得的收入已超过 20 亿美元。2008 年，《妈妈咪呀!》(*Mamma Mia*!)全球产生的收入是 20 亿美元。2008 年，由梦工厂投资 2 600 万美元的音乐剧《怪物史莱克》开局很好。但是霍夫勒(Hofler，2009a)后来有讨论，认为这个节目尽管最终由于亏本而在百老汇停演，一旦将全国的旅游、股票以及业余的学院制作的版权费用得以计入的话，它完全可能会收回成本。在第一个 10 年中，创作者获得的是 60：40，在随后的八年里，创作者获得的通常是一个更高的比例。

希利(Healy，2010a)描述了音乐剧《蜘蛛侠：关闭黑暗》(*Spider-Man：Turn off the Dark*)，它以 6 000 万美元的投资在 2010 年年末创下新高。每周运营成本几乎达 100 万美元，该剧目制作人希望从辅助市场来源收回成本。可资比较的是，1988 年《歌剧魅影》的成本是 800 万美元，2003 年《魔法坏女巫》的成本是 1 400 万美元。

鲁宾斯坦(Reibstein，1986)认为，要获得成功，一般正统剧目每周的成本应该是剧院票房容量的一半或更低，音乐剧的成本范围通常会更高一些。韦伯(Weber，1993)认为，一部音乐剧现在应该能够在一年之内偿还投资。参见帕塞尔(Passell，1989)和阿德勒(Adler，2004)。

恰如希利(Healy，2010b)重新计算过的，《异想天开》(*The Fantasticks*)这部剧若以回报率来衡量是最高的。投资者或他们的继承人从所有演出中赚钱，包括在 2002 年的重新上演，这是在原始的剧目最后一次上演的 18 年之后了。这部剧在 1960 年开演，演出达到了创纪录的 17 162 场，它的支出如果再投资于国库券超过 50 年，年平均回报率是 15.4%。

[19] 例如，加默曼(Gamerman，2010)写道，影片《狮子王》国外票房已经达到 22 亿美元，迪士尼说，这几乎是该剧目在百老汇上演收入的三倍。

[20] 罗森伯格和哈尔堡(Rosenberg and Harburg，1993，p. 8)注意到，截至 1991 年，舒伯特集团拥有或经营的剧院有 17 家，纳德兰德(Nederlander)拥有或经营 10 家，裘亚辛(Jujamcyn)拥有或经营 5 家，每个集团从百老汇分得的比例分别大约是 53%、28%和 19%。罗克韦尔(Rockwell，2002)对于非营利性的制作人和(从税收减免中受益的)剧院所有者，与各大型剧院业主之间的相互协调的作用，有所分析。希利(Healy，2010c)描述了 2010 年百老汇可用剧院短缺的问题。

[21] 1994 年 10 月生效的《纽约有限责任公司法》激起了争论，即有限责任公司的结构，是否比传统的有限合伙经营具有显著的优势。参见法伯(Farber，1995)和瓦瑟(Wasser，1995)。

就电影而言，如果投资人数量较少，且资金低于 500 万美元，符合美国证券交易委员会法令 A 或规则 D，融资就可以免除全面登记要求。参见法伯(Farber，1997)。

此外，直到 1990 年，纽约州的戏剧法律并不允许为超过一项演出的融资提供资金池子。1990 年，安德鲁·劳埃德·韦伯的真正有用集团(RUG，Really Useful Group)是第一家试图为不止一项演出以及没有具体明确的演出征集资金的公司。该公司曾打算从一家私募方征集《爱情面面观》(*Aspects of Love*)和一家《歌剧魅影》巡回演出公司的投资。但是，募集的资金没有像计划的规模那么大。参见 1990 年 10 月 1 日的《综艺》。

[22] 对于外百老汇演出的剧目，法伯(Farber，1993，p. 6)注意到，如果创作者不出名，通常支付的版权费的比例，非音乐剧是每周总票房的 5%，音乐剧是 6%。但是给予著名创作者的比例是 10%。外百老汇制作人的费用通常在每周总票房收入的 1%～2%，在收回成本后，还会获得更高的数额。此外，如果一项演出的投资者是有限责任合伙人，通常会获得制作公司利润的 50%。

[23] 票房的现金流也会从制作中转移，或以不利于制作人的方式被收走。例如，就像柯林斯(Collins，1992)注意到的，门票经纪人有时给票房工作人员为一个热门剧目的座位票支付费用，称为"开后门"(ice——美国俚语，意指贿赂)。

然后这些掮客转卖门票获得溢价。这么做就减少了可以卖给公众的座位，压低了制作人的总收入，否则他们可以斩获更多。

[24] 见休斯（Hughes，2005b）。

[25] 考克斯（Cox，2013）写道，迪士尼的百老汇作品《狮子王》有效地利用了动态定价策略，甚至让黄牛无利可图。

[26] 如果 X = 利用率，那么公式是 X = 100 000 美元/（500 座位× 30 美元门票价格 × 8 场演出）。

[27] 见劳森（Lawson，1983）。

[28] 虽然所有的百老汇音乐剧都遵循合同规定的最低规模的指导方针，表演艺术工会会员的失业比例长期都比较高，而较小的作品往往会被工会规范所忽视或抛弃。例如，为了鼓励能够为表演新手提供良好经验的低预算作品（例如外百老汇），演员工会（Equity）放弃了许多座位数少于 100 的小剧院。不过，麦金利（McKinley，2005）指出，外百老汇制作最近一直面临着财政问题，因为平均制作成本的范围都高于 50 万美元。这篇文章演示了外百老汇商业音乐剧 2002 年开演的《小汉姆》（*Little Ham*）的成本，具体是：

制作物品（风景、道具、服装等）。	69 500 美元
酬金（用于设计、编排、化妆和经理）	71 834
彩排薪水（演员、预备演员等）	79 400
彩排费用（大厅出租、试听觉钢琴家等等）。	5 000
广告和宣传	86 000
一般行政与管理（费用、保险、工资税等）。	78 548
开发性制作成本	150 000
总制作成本	540 282 美元

[29] 加斯科因（Gascoigne，2003，p. 124）描述了宋代的情况，帕克斯（Parks，2005，p. 390）描述了美第奇时代的情况。

[30] 麦克安德鲁（McAndrew，2010）对艺术市场历史做了详细的回顾。

[31] 参见鲍莫尔（Baumol，1986）对艺术价格的讨论，以及布伦斯和金斯伯格（Buelens and Ginsburgh，1993）的延伸讨论。

[32] 参见第 1 章注 [23]。

[33] 克罗斯（Kräussl，2010，pp. 64 - 84）解释了艺术品价格指数常常使用重复销售数据，使用由不同的属性和特征因子合成的效用估价法（hedonic），以及两种方法的结合来设计。他写道，艺术品随着时间推移的回报，"依据流派、时期而变化，无论艺术品与股票市场的表现孰优孰劣。艺术品价值将取决于艺术市场的研究、所关注的时期以及所用方法……对艺术投资回报的研究结果，混合不一"。另一项有趣的研究是松田等人（Takato et al.，2009）做的，研究表明，20 世纪 80 年代日本艺术的需求，与艺术和股票市场价格都呈正相关。参见克劳（Crow，2011，2012）关于中国艺术市场的讨论。

一项常被引用的研究（及年度指数）是梅和莫塞斯（Mei and Moses，2002）做的，他们分析了一个 1875—2000 年的重复销售数据集，发现"艺术品作为投资，盖过了固定收益证券，尽管在美国艺术品明显不如股票。也发现艺术品的波动率较低，与其他资产的相关性也低"。高特兹曼等人（Goetzmann et al.，2010）考察了艺术与股票市场指数的关系进行，发现了"艺术品价格和富人收入的长期关系"的证据。参见贝格斯和格拉迪（Beggs and Graddy，2009）关于艺术拍卖的锚定效应和曼德尔（Mandel，2009）关于艺术作为奢侈品的讨论。

[34] 一些重要的著作可以引用，其中包括鲍莫尔和波文（Baumol and Bowen，1968），布劳格（Blaug，1976），内策尔（Netzer，1978），以及索斯比和威瑟斯（Throsby and Withers，1979）的作品。经济学家可能感兴趣的主题，包括一个支持艺术的数学模型（Seaman，1980），运用信息理论分析艺术创新（Owen and Owen，1980），开发一个作曲家供给函数（Felton，1980），以及对一个百老汇剧院门票需求函数的估计（Kelejian and Lawrence，1980），在亨顿（Hendon et al.，1980）编著的书中都有讨论。此外，摩尔（Moore，1968）开发了一个剧院需求作为收入、演出供给情况以及实际的门票价格的函数的公式。《文化经济学》期刊也是最近对于这一领域研究的一个重要来源。

[35] 索斯比（Throsby，2001，p. 107）采用了类似的分析，提出了一个艺术生产（创造）的模型，包括文化价值生产水平、经济价值生产水平、艺术劳动时间、挣得收入等变量和其他几个因素。

[36] 更宽泛地说，文化产业经济学分析正在越来越多地置于政治、社会和心理影响的范围内，其中包括由海斯莫汗（Hesmondhalgh，2002）和施泰纳特（Steinert，2003）的著作。

[37] 这样的价格弹性估计在0.4～0.9范围之内。参见加平斯基（Gapinski，1986）。

[38] 海布伦和格雷（Heilbrun and Gray，2001，p.99）比较了一些实证研究。

[39] 经济学者将价格歧视分为三类。最常见的第三级的形式是，垄断者在两个不同的市场中，剥削需求弹性的差异，为的是通过获得可能的最高金额，增加总营收。第二级歧视是，即使单位成本相同，相比于较大的需求量，首先对较小的需求量收取更高的费用。第一级歧视是，卖方向买方收取后者愿意为一个单位商品支付更高的价格，并且卖方对每一单位都收取不同的价格，从而完全消除了消费者剩余。法兰克（Frank，2006）还指出，如果卖方向每个人都收取相同的价格，这种价格歧视却可能让消费者"同时享受较低的价格和较高的质量"。

[40] 另一种形式的价格歧视是在重大事件的时候倒买倒卖门票，那就是第三方转售的价格远远高于票房的价格。这个问题哈伯尔和詹宁斯（Happel and Jennings，1995）有过探讨。

[41] 弗雷和波姆瑞恩（Frey and Pommerehne，1989，p.46）注意到，"剧院、歌剧、芭蕾和管弦乐队在关于输出、输入和制作过程方面的行为不同，取决于他们是否协作运营，利润导向并私有；还是非营利导向并公共化"。而且在这种情况下，汉斯曼（Hansmann，1981）探讨了非营利机构参与高雅文化艺术表演的优势的原因，并且指出，如果它们在没有补贴的情况下能够活下来，相对于边际成本来说，较高的固定制作成本和总体需求状况迫使表演艺术团体参与价格歧视。但是由于有效的门票价格歧视的机会是有限的，非营利性机构似乎最适合鼓励自愿捐款。此外，在检视非营利性方面，迪马乔（DiMaggio，1984，p.57）建议，"由于非营利组织不需要实现净收益的最大化，公共政策假设它们将最大化别的东西……即服务和审美品质的一种组合"。

[42] 见波茨（Potts，2011，p.21）。

[43] 例如，关于网络电视业务方面，鲍莫尔和鲍莫尔（Baumol and Baumol，1984，p.36）指出：初期总成本的下降（以不变美元计算）之后是这样一个阶段，其中……成本表现的方式越来越类似于现场表演艺术。其原因是，高科技组件的成本（传输成本）将会下降，或至少不会跟经济的通货膨胀率上涨得一样快。与此同时，节目编排增加的成本上涨的速度超过了通胀率。

如果每一年传输成本下降，连线（over-the-line）或节目编排费用上升，最终节目编排成本将开始主导整个预算……主要的电视网之一报告说……10年前，连线是播出成本的30%～35%。它们现在占预算的50%。

结果是，财政拮据表演艺术公司越来越愿意被合并。参见拉塞尔（Russell，2006）和奥登（Orden，2010）。

[44] 例子参见艾森伯格（Isenberg，2005）。

[45] 例如，主要的歌剧公司大都会和旧金山（The Met and San Francisco）的演出，现在被发送到数字化电影院屏幕上，也通过DVD、互联网流媒体和下载，以及按需点播的有线电视节目发送。参见华金（Wakin，2007）。

【阅读材料精选】

Albrecht, E. (1995). *The New American Circus*. Gainesville, FL: University Press of Florida.

Andresky, J. (1983). "So You Want to Be an Angel?," *Forbes*, 131 (3) (January 31).

Atkinson, B. (1990). Broadway, rev. ed. New York: Limelight Editions (reprint) and (1974) Macmillan.

Barnes, B. (2005). "To Push Musicals, Producer Shakes Up Broadway Tactics," *Wall Street Journal*, March 10.

Baumol, H., and Baumol, W. J., eds. (1984). *Inflation and the Performing Arts*. New York: New York University Press.

Benedict, S., ed. (1991). *Public Money and the Muse: Essays on Government Funding for the Arts*. New York: The American Assembly (Columbia University).

Bianco, A. (2004). *Ghosts of 42nd Street*. New York: HarperCollins (William Morrow).

Biddle, L. (1988). *Our Government and the Arts: A Perspective from the Inside*. New York: American Council for the Arts.

Blackmon, D. A. (1998). "Forget the Stereotype: America Is Becoming a Nation of Culture," *Wall Street Journal*, September 17.

Blau, J. R. (1989). *The Shape of Culture: A Study of Contemporary Cultural Patterns in the United States*. New York: Cambridge University Press.

Blumenthal, R. (1997). "On Broadway, Serious Plays Are Headed for Serious Trouble," *New York Times*, January 9.

Brockett, O. G. (1979). *The Theater: An Introduction*, 4th ed. New York: Holt, Rinehart and Winston.

Cherbo, J. M. , Wyszomirski, M. J. , and Stewart, R. A. , eds. (2007). *Understanding the Arts and Creative Sector in America*. New Brunswick, NJ: Rutgers University Press.

Clark, L. H. , Jr. (1985). "Why Can't the Arts Be More Businesslike?," *Wall Street Journal*, June 11.

Collins, G. (2000). "Three Circuses, a Ring at a Time," *New York Times*, December 26.

Cornes, R and Sandler, T. (1996). *The Theory of Externalities, Public Goods and Club Goods*, 2nd ed. New York: Cambridge University Press.

Cowen, T. (2006). *Good & Plenty: The Creative Successes of American Arts Funding*. Princeton, NJ: Princeton University Press.

Cox, M. (1984). "Orchestra Thrives by Playing the Music People Didn't Want," *Wall Street Journal*, July 19.

Croft-Cooke, R. , and Cotes, P. (1976). *Circus: A World History*. New York: Macmillan.

Dunning, J. (1986). "Dance as Big Business May Pose a Threat to Dance as Art," *New York Times*, March 30.

Feld, A. , O'Hare, J. , and Schuster, J. M. D. (1983). *Patrons despite Themselves. Taxpayers and Arts Policy. A Twentieth Century Fund Report*. New York: New York University Press.

Frey, B. (2003). *Arts & Economics: Analysis & Cultural Policy*, 2nd ed. Berlin: Springer Verlag.

Gapinsky, J. H. (1984). "The Economics of Performing Shakespeare," *American Economic Review*, 74 (3) (June).

Godley, W. (1977). "The Economics of the Arts," *Economic Journal*, 87 (September).

Goldstein, M. (1995). "Re-inventing Broadway," *New York*, May 29.

Goodman, W. (1984). "Scholars Debate Need to Aid Arts," *New York Times*, May 2.

Greenhouse, S. (2003). "The Sound of Disharmony in Theater World," *New York Times*, March 9.

Gunther, M. (1999). "The Greatest Business on Earth," *Fortune*, 140 (9) (November 8).

Haithman, D. (1997). "Opera to Die For," *Los Angeles Times*, February 2.

Healy, P. (2009a) " A Few Star-Studded Acts Obscure Broadway's Problems," *New York Times*, October 21.

(2009b). "Broadway Banks on West End Pedigree," *New York Times*, August 23.

(2009c). "Broadway Holds On, for Now," *New York Times*, March 11.

Hoelterhoff, M. (1987). "New York City (Opera) on $112, 452 a Day," *Wall Street Journal*, August 18.

Hoge, W. (2000). "A Major New Role as Theater Mogul for Lloyd Webber," *New York Times*, January 10.

Holland, B. (2003). "How to Kill Orchestras," *New York Times*, June 29.

(1999). "The Metropolitan Opera: Where Opera, for Good or I11, Is Grand," *New York Times*, May 2.

Honan, W. H. (1989). "Arts Dollars: Pinched as Never Before," *New York Times*, May 28.

Hughes, R. J. (2002). "As Funds Fade, Symphonies Cut Their Programs," *Wall Street Journal*, October 9.

Hummler, R. (1990). "Expenses Take Off for Off-Broadway Shows," *Variety*, September 24.

Kinzer, S. (2003). "As Funds Disappear, So Do Orchestras," *New York Times*, May 14.

(2002). "An Orchestra That Won't Give Up," *New York Times*, March 20.

Kleinfield, N. R. (1994). "How Shubert Fund Produces and Directs," *New York Times*, July 10.

Kozinn, A. (2006). "Check the Numbers: Rumors of Classical Music's Demise Are Dead Wrong," *New York Times*, May 28.

(1993). "City Opera Turns 50, but Who's Counting?," *New York Times*, July 25.

Kroeger, B. (1987). "Raising a Million for 'Les Mis,'" *New York Times*, July 19.

La Franco, R. (1996). "Popera," *Forbes*, 158 (1) (July 1).

Langley, S. (1990). *Theatre Management and Production in America*. New York: Drama Book Publishers.

Larson, G. O. (1983). *The Reluctant Patron*. Philadelphia: University of Pennsylvania Press.

Leslie, P. (2004). "Price Discrimination in Broadway Theatre," *RAND Journal of Economics*, 35 (3).

Lowry, W. M. , ed. (1978). *The Performing Arts and American Society*. New York: The American Assembly (Columbia University).

Lyman, R. (1997). "Two Powerhouses of the Theater Meld Broadway and the Road," *New York Times*, June 9.

Lynes, R. (1985). *The Lively Audience: A Social History of the Visual and Performing Arts in America*, 1890-

1950. New York: Harper & Row.

Malitz, N. (1995). "A Hardy Survivor Rides the Wave of the Future," *New York Times*, March 19.

Marks, P. (2002a). "If It's a Musical, It Was Probably a Movie," *New York Times*, April 14.

(2002b). "For Little Musical That Could, a 42-Year Run," *New York Times*, January 9.

(1996). "Broadway's Producers: A Struggling, Changing, Breed," *New York Times*, April 7.

Marsh, B. (1992). "Bunting & Red Tape: The Modern Circus Walks a High Wire," *Wall Street Journal*, August 31.

Martin, F. (1994). "Determining the Size of Museum Subsidies," *Journal of Cultural Economics*, 18.

Mayer, M. (1983). "The Big Business of Grand Opera," *Fortune*, 108 (8) (0ctober 17).

McCarthy, K. F., Brooks, A., Lowell, J., and Zakaras, L. (2001). *The Performing Arts in a New Era*. Santa Monica, CA: Rand Institution and Pew Charitable Trusts.

McCarthy, K. F., Ondaatje, E. H., and Zakaras, L. (2004). *Gifts of the Muse: Reframing the Debate about the Benefits of the Arts*. Santa Monica, CA: Rand Corporation.

McElroy, S. (2006). "Now, for the Accounting of the Opera," *New York Times*, January 8.

McKinley, J. (2005). "Drawn to Broadway from Near and, Mostly, Far," *New York Times*, January 13.

(2004). "Close Call on Broadway Had Its Roots on the Road," *New York Times*, July 15.

(2003a). "The Case of the Incredible Shrinking Blockbuster," *New York Times*, November 2.

(2003b). "Heavy Losses Expected as Theaters Go Dark," *New York Times*, March 8.

(2003c). "Rising Costs Alter Rules for Shows on Tour," *New York Times*, February 10.

(2001). "For the Asking, a $480 Seat," *New York Times*, October 26.

Miller, J. (1996). "As Patrons Age, Future of Arts Is Uncertain," *New York Times*, February 12.

Moore, T. G. (1966). "The Demand for Broadway Theatre Tickets," *Review of Economics and Statistics*, 48 (1) (February).

Mulcahy, K. V., and Swain, C. R., eds. (1982). *Public Policy and the Arts. Boulder*, CO: Westview Press.

Murray, M. (1956). *Circus*! New York: Appleton-Century-Crofts.

National Endowment for the Arts (1997). *American Canvas*. Washington, DC: NEA.

(1981). *Conditions and Needs of the Professional American Theater*. Washington, DC: NEA.

Oestreich, J. R. (1997). "Opera Enjoys Its Charmed Life," *New York Times*, April 28.

Olson, E. (2000). "Keeping the Show Going in a Circus-Saturated Land," *New York Times*, December 28.

Osborne, C. L. (1991). "Opera's Fabulous Vanishing Act," *New York Times*, February 17.

Peacock, A., and Rizzo, I., eds. (1994). *Cultural Economics and Cultural Policies*. Dordrecht and Boston: Kluwer Academic Publishers.

Pedersen, L. (1996). "The Risks of Buying into Broadway," *New York Times*, December 8.

Pogrebin, R. (2004). "Deficit Threatens Dance Troupe in Harlem," *New York Times*, May 26.

Pope, K., and King, T. R. (1995). "Andrew Lloyd Webber Is Planning an Empire Built on His Musicals," *Wall Street Journal*, May 4.

Revzin, P., and Patner, A. (1989). "Conductor Barenboim Survives Tough World of Orchestral Music," *Wall Street Journal*, May 2.

Robertson, C. (2007). "As Stagehands Striike, Broadway Shows Don't Go On," *New York Times*, November 11.

(2006). "Nielsen Brings a New Marketing Strategy to Broadway," *New York Times*, August 1.

Rose-Ackerman, S., ed. (1986). *The Economics of Nonprofit Institutions*. New York: Oxford University Press.

Rosen, S. (1981). "The Economics of Superstars," *American Economic Review*, 71 (5) (December).

Rosen, S., and Rosenfield, A. (1997). "Ticket Pricing," *Journal of Law & Economics*, 40 (2) (october).

Ross, A. (1994). "Easy Does It: The Met Edges into the Future," *New York Times*, May 15.

Russell, J. H. (2005). "The Great Green Way," *Wall Street Journal*, October 22.

Sang-Hun, C. (2009). "For 'Dreamgirls,' Pacific Overtures," *New York Times*, March 14.

Shapiro, E. (1998). "From the Hinterlands, an Upstart Producer Barrels up Broadway," *Wall Street Journal*, April 28.

Silk, L. (1978). "The Metropolitan Opera - The High Price of Being Best: The Books Reveal the Cost Squeeze," *New*

York Times, February 12.

Smith, P. J. (1998). "A New Birth for American Opera," *New York Times*, September 27.

Snyder, L. (1977). "How to Lose Less on Broadway," *Fortune*, 45 (5) (May).

Taylor, F., and Barresi, A. L. (1984). *The Arts at a New Frontier: The National Endowment for the Arts*. New York: Plenum.

Throsby, D. (1994). "The Production and Consumption of the Arts: A View of Cultural Economics," *Journal of Economic Literature*, 23 (1). Tindall, B. (2004). "The Plight of the White-Tie Worker," *New York Times*, July 4.

Tommasini, A. (2008). "New Era Brings Buzz (and Big Budgets) to the Met," *New York Times*, May 21.

(2003). "Fewer Nights for San Francisco Opera," *New York Times*, January 30.

(1998). "A Crowd of Old Musicals Squeezes the New," *New York Times*, August 16. Towse, R. (2003) ed. *A Handbook of Cultural Economics*. Cheltenham, UK: Edward Elgar.

(1997). *Cultural Economics: The Arts, the Heritage and the Media Industry*. Cheltenham, UK: Edward Elgar.

Trachtenberg, J. A. (1996). "How to Tum $4, 000 into Many Millions: The Story of 'Rent,'" *Wall Street Journal*, May 23.

Vogel, H. L. (2008). "Capital, Commerce, and the Creative Industries," in *Understanding the Arts and Creative Sector in America*, edited by J. M. Cherbo, M. J. Wyszomirski, and R. A. Stewart. New Brunswick, NJ: Rutgers University Press.

Wakin, D. J. (2010). "Strike at Cleveland Orchestra Points to Classical Music Woes," *New York Times*, January 19.

(2006). "In Cities across the United States, It's Raining Concert Halls," *New York Times*, September 3.

(2004). "American Ballet Theater Trims Costs, Trying to Keep the Cuts Offstage," *New York Times*, October 27.

Weber, B. (2003). "Theater's Promise? Look Off Broadway," *New York Times*, July 2.

(1999). "Making a New Opera Fly Financially," *New York Times*, August 11.

(1998). "Gambling on a Trip from 'Ragtime' to Riches," *New York Times*, February 19.

Wickham, G. (1985). *A History of the Theatre*. New York and Cambridge: Cambridge University Press.

Yee, B., and Inverne, J. (2005). "Give My Regards to Shanghai," *Wall Street Journal*, April 29.

第14章

游乐园和主题公园

米奇是一只咆哮的老鼠。

——本书作者

1955年7月，从著名的卡通人物米老鼠开始，美国的主题游乐园产业诞生，并发展成一个数百亿美元产值的娱乐领域，吸引着世界各地的游客，还催生了许多仿制品。本章试对游乐/主题公园运营的经济轮廓做一勾勒。 508

14.1 花的魔力

花园和树林

这项业务的源头可以追溯到中世纪由教会发起的展览会，以及17世纪的法国，其有着喷泉和鲜花的令人愉悦的花园概念逐渐传遍欧洲。例如，伦敦的沃克斯豪尔花园（Vauxhall）建立于1661年。[1]到18世纪，就如奎瑞尔兹（Kyriazi，1976）指出的，加入了娱乐性马戏节目，包括飞人、走钢丝、气球升空，还有音乐。与此同时，在英国，作为酒馆或旅馆的配套项目也变得很常见。

1873年，普拉特（Prater）举行的维也纳世界博览会引进了机动骑行游戏和奇幻屋。正如曼格尔斯（Mangels，1952，p.4）所描述的那样： 509

> 欧洲几个国家精心制作的户外游乐中心已存在300多年。通常俗称为“愉悦花

> 园”，这些花园与今天游乐园的总体布局和娱乐项目都非常类似。一些较大的公园提供的活动和设备对其访客的刺激，一如今日游乐园般有强烈的吸引力。软钢丝上的美女以及惊险吊环上勇敢的演员的表演令人神魂颠倒，惊骇屏息，如同当下这些人在马戏棚下所做的一样……自由升空的气球、高空跳伞，让游客仿佛回到了摄魂夺魄的18世纪90年代。

在美国，游乐区一直没有出现，直到19世纪后期，电车公司为了吸引周末的乘客，才开始建立野餐园。但是，亚当斯（Adams，1991，p.19）指出，1893年在芝加哥举办的哥伦比亚世界博览会，“引入了美国游乐园的最重要元素”。不久之后，美国开始强调食品和游乐设施，纽约的康尼岛一跃成为全国令人瞩目的地方。[2]到20世纪20年代，美国约建有1 500个这样的公园，经济大萧条、内城区的衰落、电影、电视和汽车的发展，最终导致其中的绝大多数停业了。

现代

沃尔特·迪士尼（Walt Disney）开始时是一个为谋生而苦苦奋斗的漫画家，后来成为一个飞黄腾达的电影制片人，乐意与自己的孩子共度时光。令人不爽的是，那时候很少有可以让全家人都玩得开心的明亮而洁净的公园。因此，作为一个非常富有想象力和创业能力的人，在看过哥本哈根的著名的蒂沃利花园（Tivoli Gardens，1843年建立）之后，他就想创建一个这样的花园。[3]

随着想法的诞生，迪士尼为其公园制订了一个包含主题区的计划，并将计划带到了怀疑而不情愿的银行家们面前。凭着坚韧不屈的毅力，他通过向自己的寿险保单借款，辅以银行贷款，出售特许经营权以及年轻的美国广播公司占34%的股权，在1955年，使在加利福尼亚州的阿纳海姆中部的迪士尼乐园，成功地开放了。[4]其他的一切，已成为人们熟知的历史。

迪士尼乐园的成功导致了继续扩张。不过，直到20世纪60年代后期，其他大型上市公司才开始在这项业务中投入巨资。[5]迪士尼公司本身并没有这么做，1971年，迪士尼扩展到了佛罗里达州的沼泽地区，估计建设资金达3亿美元，成为迪士尼世界的核心。[6]

截至21世纪初，在美国的主题公园中，大约有30座大型公园和一大批规模较小的公园，每年从超过1.5亿人次的访客中产生的收入超过150亿美元（见表14—1）。[7]截至2005年，据估计，在全球范围内，约5.5亿人到访了这些乐园，该行业创造的收入约为250亿美元。[8]

事实上，定点娱乐（location-based entertain- *510*
ment，LBE）概念已被广泛地使用，以更准确地描述各种旅游景点对远离家园的诱惑，其中最大的例子是大型主题公园。[9]不足为奇，鉴于先进的技术、设计和营销手段，在20世纪晚期，美国式的LBE概念出口到了欧洲以及其他世界各地。[10]表14—2反映的是这种大型主题公园及其年度参观人数估计值，图14—1展示的是其历史发展过程。

表 14—1　1984—2009 年[a]到访美国重要的主题公园设施的估计值（百万美元）

年份	入场券	年份	入场券
2009	142.3	2005	149.7
2008	146.7	2004	144.5
2007	147.3	2003	142.9
2006	145.1	2002	130.5

续前表

年份	入场券	年份	入场券
2001	135.6	1992	120.7
2000	147.9	1991	110.9
1999	139.4	1990	113.1
1998	137.0	1989	110.3
1997	136.9	1988	104.0
1996	133.5	1987	102.3
1995	129.0	1986	95.3
1994	120.3	1985	83.3
1993	122.2	1984	78.3
CAGR[b]			
1980—2005	2.6		
1990—2005	1.9		
1995—2009	0.7		

[a] 财政年度。

[b] 复合年均增长率（%）。

表 14—2　　游客选择游玩的大型主题公园　　*511*

设施	开放年份	每年游客的近似数
2009 年（百万）		
北美洲		
迪士尼世界，佛罗里达州[a]	1971	43.0
迪士尼乐园，加利福尼亚州[b]	1955	20.4
环球影城，佛罗里达州[c]	1990	10.4
环球影城之旅，加利福尼亚州	1964	4.6
海洋世界，佛罗里达州	1973	5.6
布希乐园，佛罗里达州	1959	4.3
海洋世界，加利福尼亚州	1963	4.1
纳氏草莓乐园，加利福尼亚州	1940	3.5
六旗游乐园，新泽西州	1973	3.0
国王岛，俄亥俄州	1972	3.3
杉点乐园，俄亥俄州	1870	3.1
六旗/魔山	1971	2.8
六旗/伟大美国，伊利诺伊州	1976	2.9
加拿大仙境，多伦多市	1981	3.7
六旗，得克萨斯州	1961	2.3

续前表

设施	开放年份	每年游客的近似数
六旗，佐治亚州	1967	2.1
好时公园，宾夕法尼亚州	1907	2.7
布希乐园，弗吉尼亚州	1975	2.6
帝王之城，弗吉尼亚州	1975	2.2
欧洲		
迪士尼乐园，巴黎	1992	5.5
蒂沃利乐园，丹麦	1843	3.3
艾夫特琳乐园，荷兰	1951	3.7
冒险港，西班牙	1995	3.0
奥尔顿塔，英国	1924	2.5
欧罗巴公园，德国	1975	3.5
里瑟本游乐园，瑞典	1923	2.7
阿斯特里克斯，法国	1989	1.3
索普公园，英国	1979	1.3
杜恩瑞尔乐园，荷兰	1935	1.2
隆德格罗纳乐园，瑞典	1983	1.1
其他		
中国香港迪士尼乐园	2005	4.6
东京迪士尼乐园[d]	1983	25.8
环球影城，大阪	2001	8.8
乐天世界，韩国	1989	8.5

[a]包括魔幻王国，迪士尼—米高梅影城、未来世界、动物王国。

[b]包括迪士尼乐园和迪士尼的加州冒险乐园。

[c]包括环球影城和冒险岛。

[d]包括东京迪士尼乐园和迪士尼海洋公园。

资料来源：Amusement Business，AECOM. Global Attractions Attendance Report.

14.2 财务运营特色

经营主题公园非常像经营一座小城市：街头应经常打扫干净，偶尔重铺一下；下水道和卫生系统应该无形但富有效率；警察、消防、卫生部门应该训练有素，且在片刻的通知后就可联系上。那些元素本身，大多数城市很难处理好。除此之外，一座公园还发行自己的货币，只不过是以门票的形式发行而已，而且为游客提供运输系统、现场娱乐服务，有时候，还有大量的购物、酒店和汽车护理设施。

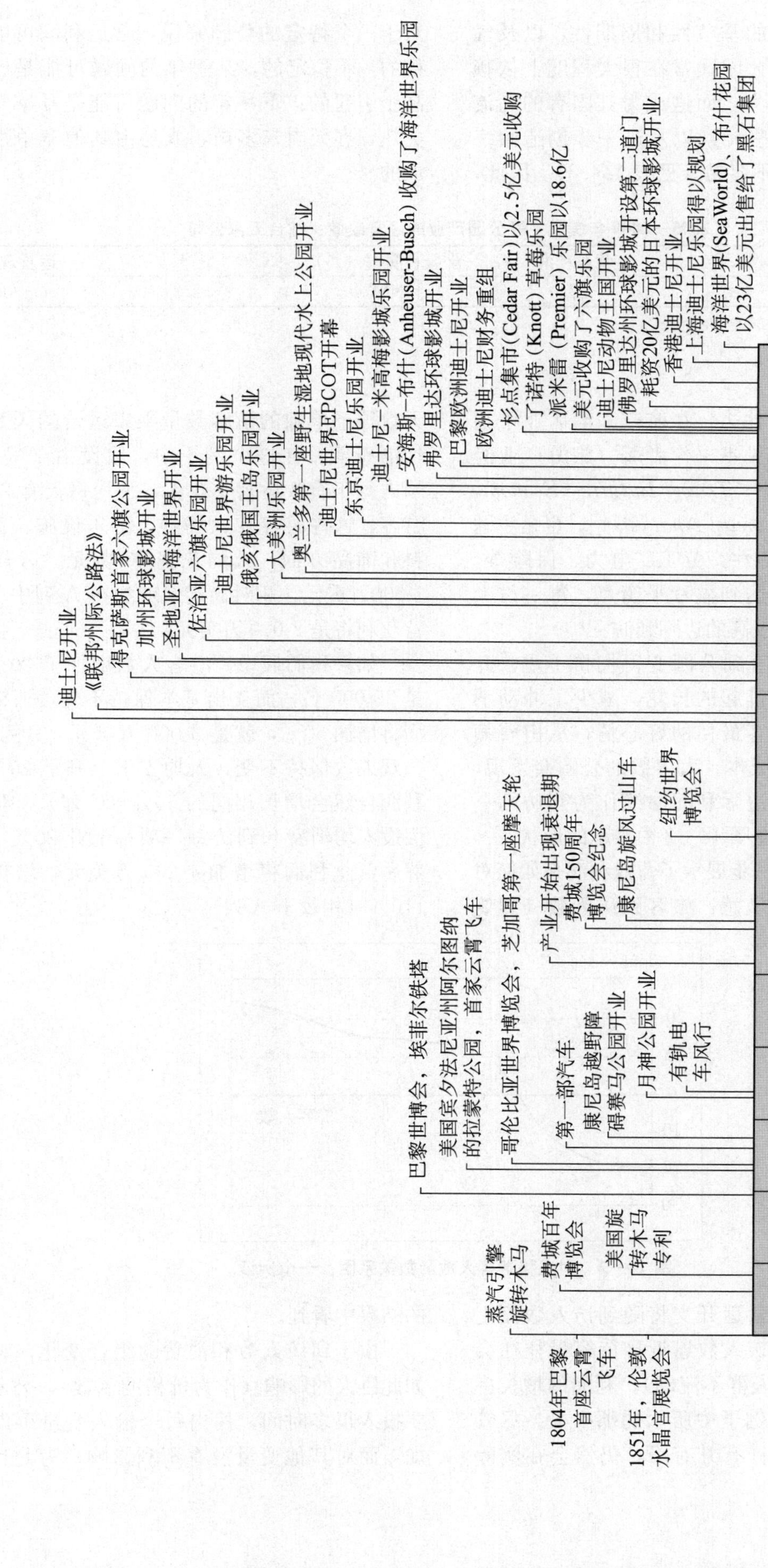

图14—1 1804—2010年游乐/主题公园产业大事记。

513 此外，由于观光的季节性和周期性，以及气候的快速多变，主题公园通常在很大程度上依赖无技能的季节性劳动力，而这成为其固有的高流动率。总之，处理这些元素以及进一步创造始终不断增长的利润，很不容易（见表14—3）。因此，对于一个特定的公园来说，营运利润可能是不平衡的，不稳定的，某一年的问题可能是燃油价格高企引起的；下一年的问题可能是夏季气温异常炎热，春天周末多雨，或是由其他竞争性活动造成的。

表14—3　2005—2009年美国主题公园产业的经营绩效：综合五家公司

	收入	营业利润	营运利润率（%）[a]	资产	运营现金流
CAGR（%）[b]	−1.0	−2.0	NM[c]	−2.3	−0.6

[a] 平均利润率，2005—2009=15.0%。

[b] 复合年均增长率。

[c] NM = 无意义。

无论不确定性是什么，在航空和酒店业中很常见的经营杠杆［详见本书作者著《旅游产业经济学、财务分析指南》（*Travel Industry Economics：A Guide for Financial Analysis*）］，也是主题公园的一个不变的特性。劳工、电力、保险等，成本相对固定，一旦达到盈亏平衡点，每一份额外的门票销售都产生极高的边际利润。[11]

情况就是这样，直到公园变得拥挤不堪。此时，受欢迎的景点前排起的长龙，减少了冲动消费的机会，抑制了游客最初的好心情，承担着额外的劳动力和原材料成本。大多数的公园会发现，在剖析日常结果时，边际利润曲线作为到访的一个函数，可能类似于在图14—2中显示的形状。

此外表14—4进一步展示了营业利润是如何对两个关键变量的变化敏感：旅客到访天数（到访天数等于单独的游客数量乘以运营的天数）和人均消费额。在这个例子中，假设由于气候因素，园内每年有效运营100天，平均每天有25 000名游客，这些游客在入场券、游乐设施、食品、饮料和饰品方面，人均花费20美元。运营费用为3 000万美元，相对稳定，就如在A列中所示，运营获利将是2 000万美元。

如果我们假设，游客人数增加了20%，每天是30 000名，而支出基本保持不变，那么营业利润将增加50%，就是3 000万美元（B列）。如果参观人数保持不变，人均支出上升了20%，营业 514
利润自然会增长相同的50%（C列）。但是最终，假设人均消费和到访每一项都上升20%（D列）。然后营业利润将增加4 200万美元，增长率超过110%（相较于A列）。

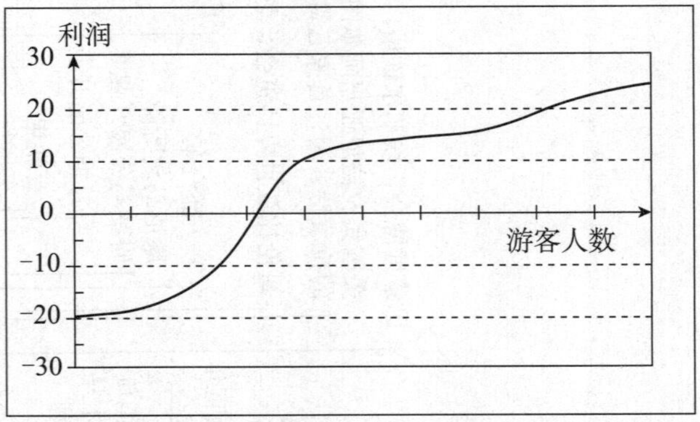

图14—2　利润和游客人数函数关系图：一个例证。

在现实世界中，营运开支将随到访人数而上升，人均消费由于到访人数逼近接待容量往往会减少（假设拥挤导致人群不流动），利润的增长率就不会像这个简单的例子中所示的那么大。尽管如此，大量的经营杠杆有升有降，仍然会在实际的结果中看到。

由于到访人数和消费的组合变化，对利润有如此巨大的影响（作为价格的函数），公园管理者要投入很多时间，找出每个输入变量可以怎么增加，而对其他变量没有不利影响。为此目的，许

多精心设计的数学建模技术（如线性规划、生产函数、排队估计系统）可以用来改善园区运营效
515 率。根据平常的天气、排队时间等，就可以建立起价格弹性，并进行测试，公园仿佛就是工厂的生产线。[12]

表 14—4　　主题公园的经营杠杆：一个例子

	A	B	C	D
游客，平均/天	25 000	30 000	25 000	30 000
参访一天（到访）	2 500 000	3 000 000	2 500 000	3 000 000
人均开支（美元）	20.00	20.00	24.00	24.00
总的年度收入（美元）	50 000 000	60 000 000	60 000 000	72 000 000
运营开支（美元）	30 000 000	30 000 000	30 000 000	30 000 000
营业利润（美元）	20 000 000	30 000 000	30 000 000	42 000 000

主题公园的经营绩效取决于地理区位、天气模式、季节天数、当地人口和收入的特点，以及最近投资的资本额。因此，为典型的公园建立一个具有代表性的复合统计指数（a representative statistical composite）是很难的。每个公园必须开发一套自己的标准。表 14—5 提供了最近的一些行业样本数据。

表 14—5　　北美和欧洲 2009 年[a]大型主题公园的运营比率平均值

	美国和加拿大	欧洲
每年平均运营天数	238.0	188.0
平均每次访问的小时数	4.7	5.8
总收入量中的平均比例		
入场券	48.5	43.1
食物	14.0	22.6
商品	5.8	6.5
游戏	3.9	11.1
平均经营费用为总收入的百分比（%）		
雇员的工资和福利	38.1	28.2
维修及保养	11.3	20.6
广告	7.8	12.3
总到访人数按年龄分组百分比（样本均值）		
3～11	21.0	17.4
12～17	18.0	19.2
18～24	14.8	18.2
25～49	20.4	31.3

a 选择的是非迪士尼公园。

资料来源：International Association of Amusement Parks & Attractions，2009 Season Survey.

14.3　经济的敏感性

与其他经济部门相比较，这个行业的经营绩效是不太轻易获得的。但是，来自北美行业

分类系统（NAICS）以及美国特定服务行业人口普查的就业数据和工资单（见表14—6）表明，总体来说，主题公园已经能够逐渐地减少运营固有的劳动投入密度（即工资占收入额的百分比）。

表14—6 1977—2007年美国游乐园的服务业普查数据比较 516

	收入（1 000美元）	工资（年度）（1 000美元）	雇员（已支付）	每个雇员的收入（美元）	工资占收入的百分比
2007	11 796 203	2 479 786	108 523	108 689	21.0
2002	8 310 328	1 779 737	95 059	87 423	21.4
1997	6 828 719	1 611 090	106 794	63 943	23.6
1992	5 311 781	1 297 545	80 875	65 679	24.4
1987	3 469 836	818 881	60 414	57 434	23.6
1982	1 823 728	603 654	46 464	39 250	33.1
1977	1 172 419	352 898	37 014	31 675	30.1

资料来源：U. S. Census of Selected Service Industries，Economic Census.

不幸的是，在将全部的主题公园的门票收入趋势与时间序列经济数据，如国内生产总值或实际可支配收入相联系的时候，也有困难。尽管可以预期，经济衰退将对知名度高的主题度假村公园的门票增长趋势产生不利的影响，其他更依赖于短途和地区性游客的公园，在这样一个环境下，应该表现相对较好。

然而，总体上，主题公园门票收入似乎确实与消费信贷占个人所得的百分比呈正相关，而与失业率呈负相关。但是，由于存在滞后性，就如图14—3表明的，因此需要考虑一些额外的变量，包括随着时间变化的门票和燃料价格的实际变化，机票价格和外汇汇率的变化，以及人口结构的变化。

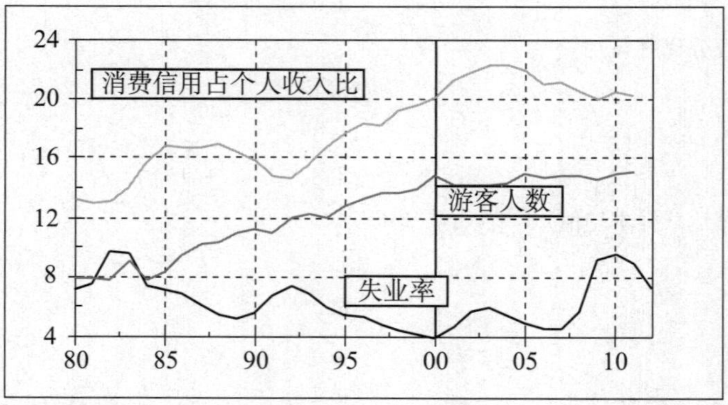

图14—3 1980—2012年部分美国主题公园的游玩人数（包括迪士尼，以百万计），以及失业率（%）、消费者信贷占个人收入的比例数据（2006年以来的游玩人数为估计值）。

517 就像表演艺术一样，主题公园的服务需求很可能对于旅游总支出占收入的比重比其他任何东西更为敏感。油价也因此成为一个关键的变量，它直接影响到旅游消费者的负担能力，它也立即流入到运营成本，以及主题公园、酒店、汽车出租和航空公司服务的价格之中。全球范围内的公园游客趋势见图14—4。

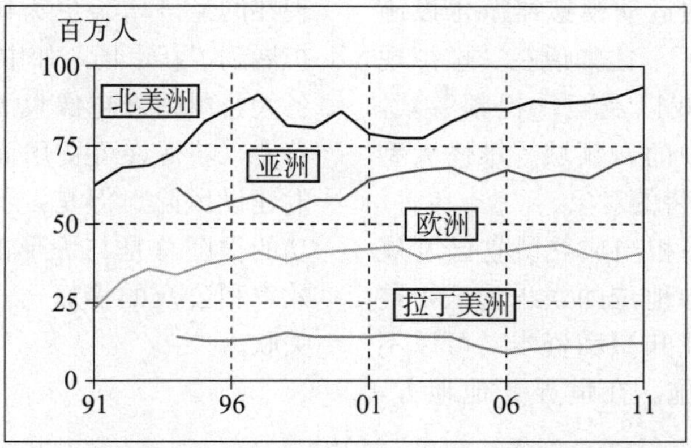

图 14—4　1991—2011 年北美、亚洲、欧洲和拉丁美洲 10 大公园游客总人数。

资料来源：Themed Entertainment Association/Econmics Research Associates.

14.4　主题公园资产评估

不动产——所有主题公园的关键资产——通常有潜力为投资提供长期回报，而这最终可能会超越来自日常运营的平均年收益。不过，不动产通常要开发其他用途（客房、办公室、电影工作室等），与公园的运营相匹配。如果公园碰巧正处于人口膨胀的区域（例如，洛杉矶南部的迪士尼乐园），或者公园通过自身能促进附近的人口增长（例如，奥兰多附近的迪士尼世界），它还可以帮助抑制未来的通胀。[13]

鉴于所有主要公园的长期运营的性质，对其他娱乐资产的估价方法在此处也能适用。例如，就如在广播电视和有线电视（或航空公司和酒店）行业中一样，主题公园资产的价值评估可以用税息折旧及摊销前利润（EBITDA）的倍数来计算。
518 这样的倍数，通常与利率变化成反比。其他影响这种现金流倍数的因素可能包括如下：

主题公园的游乐设施和景点的使用寿命和条件

周边地区的人口和收入趋势

潜在的扩展设施和容纳能力

提升价格的潜力和/或人均消费的潜力

附近交通设施的发展前景

邻近的其他类似的景点

如同其他娱乐领域一样，基于现金流的倍数，公开市场的估值可能往往大大低于私人市场的估值。因此，位置良好的、有着行之有效的运营特色的主题公园，对杠杆收购而言，可能是有吸引力的候选对象，在杠杆收购中，大型机构买断所需要的融资的百分比取决于主题公园现金流的安全保证。[14]

14.5　结论

在美国的大型主题公园，游客的增长趋势保持了很长时间，一直高于国内生产总值的毛额增长率。不过，最近有放缓的迹象。大型主题公园不再是一个新事物，它们要与许多娱乐替代品竞争消费者的时间和精力。

保持领导地位所需要的资本投资数量和技术

复杂性也大大增长了。新的运动模拟器游乐设施和其他计算机控制的“体验”，比如说在“虚拟现实”框架内发展出来的游戏以及互动视频游戏，是主题公园概念进化过程中的新领域。难怪大型媒体公司把主题公园看做搭售的对象。

在北美，这个产业似乎相当成熟。它已发展成为少数几个大公司占主导地位的娱乐形式，这些大公司拥有市场营销专业知识和资本，可以不断地提升和扩大它们的设施。在世界其他地方，现在的经济增长更为快速，有效的主题公园概念扩展到了新市场，如中国、新加坡和韩国。[15]结果各大公司越来越像大酒店品牌的经理人和特许经营者，获得许可费用而无需承担巨额的财政或开发建设风险。但是，不管处于什么地方，最终成功的程度总是与无形的元素——设计质量、服务效率和公众的喜好——以及其他东西有着很大的关联。

【注释】

[1] 最古老的公园是巴肯（Bakken，就在哥本哈根北部，1583 年开始吸引游客入园）。参见 1996 年 3 月 3 日《娱乐业务》(*Amusement Business*)。

[2] 事实上，第一家真正的游乐园是位于康尼岛上的斯帝伯崔斯（Steeplechase）公园，1897 年由乔治·蒂尔留(George Tilyou) 建成开放。同时，就如那撒（Nasaw，1993，p. 85）指出的，月神（Luna）公园在同斯帝伯崔斯和梦幻(Dreamland) 竞争中，1904 年吸引了 400 万游客——当时这是一个了不起的数字。

[3] 参见托马斯（Thomas，1976，Chap. 20)。此外，亚当斯（Adams，1991，p. 435）注意到，基础性的概念已经被蒂尔留（Tilyou）的斯帝伯崔斯的公园所证明。

[4] 迪士尼乐园的 160 英亩土地是由斯坦福研究院选定的。

[5] 试图模仿迪士尼乐园，规模较小的有马里奥特公司（Marriott Corporation)、塔夫脱广播（Taft Broadcasting)，六旗（Six Flags）以及其他机构，掀起了建设热潮且一直贯穿了 20 世纪 70 年代的大部分时间。共有至少 5 亿美元用于游乐园区建设，诸如布希公园古老乡村（Busch Gardens Old Country)、大冒险（Great Adventure)、帝王之城（Kings Dominion)、大美利坚（Great America)，以及加拿大的仙境（Wonderland)。在迪士尼之后，根据总的入园人数，位于前列的公园运营商有黑石集团（Blackstone Group)，拥有佛罗里达州坦帕的海洋世界和布希公园坦普分园（Sea World and Busch Gardens Tampa)，以及弗吉尼亚州的威廉姆斯堡（Williamsburg)、六旗（Six Flags)、派拉蒙［拥有国王岛（Kings Island)、帝王之城（Kings Dominion)、加拿大的仙境、环球影城（位于奥兰多和洛杉矶)］。截至 2011 年，部分地由康卡斯特的环球所有。截至 2007 年，时代华纳和派拉蒙公司不再直接涉足这一行业。2009 年，黑石（Blackstone）以 27 亿美元买下了安海斯（Anheuser）公园。

[6] 当然，之后在 1981 年，投资 11 亿美元开放了未来世界（EPCOT）中心，在 1989 年，投资 5 亿美元用于影城之旅（Studio Tour）项目。

[7] 主题娱乐业务的一个子业务涉及定期性的各州的博览会和地区展览会。这些博览会本质上是可移动的、非永久的主题公园，运营特征类似于那些永久性的设施。根据该行业贸易杂志《娱乐业务》的汇编，1999 年，前 50 大展览会共吸引了 4 550 万人参观。但是，由于所有入园的总人数中只有 60%付了款，该行业在门票方面产生的收入不到 2 亿美元。然而，展销会内开展的活动带来了这一数额几倍的收入。

水上乐园是另一种子业务，也已成为近年流行的项目。根据《娱乐业务》的估计，1999 年，全美国约有 100 座水上乐园，共吸引了 6 300 万人次的访问。参见里昂（Lyon，1987)。

[8] 一家咨询企业经济研究协会的研究表明，2000 年，全球 340 座公园入园人次是 5.45 亿，共产生 135 亿美元的收入，北美占全部收入的 49%。数据包括北美入园高于 50 万的公园，以及其他地方的“重要”公园。在 20 世纪 90 年代，公园数量大约翻了一倍，而入园人次增长了 80%。参见 2000 年 1 月的《娱乐业务》。

[9] 定点娱乐（LBE）是近年来广泛使用的术语，描述的是建造在城市或郊区购物中心内的乘骑模拟器剧场和先进的视频游戏长廊。然而，定点娱乐也是一个可以描述主题公园、电影院、主题餐厅、体育场馆，或赌场的术语。定点娱乐公司依靠销售和/或出租系统和生产设备，许可运营商使用电影软件，或拥有及运营景点获得收入。

[10] 许多欧洲主要公园可追溯到 20 世纪初期。就如布朗和丘奇（Brown and Church，1987）展示的，英国的奥尔顿塔（Alton Towers）开放于 1924 年，荷兰的坎图（杜恩瑞尔）［Kantoor（Duinrell)］开放于 1935 年。

此外，亚洲的公园变得越来越重要，尤其是在日本、印度尼西亚和韩国。例如，迪士尼公司在中国香港有一个公园，在上海还有一个。

[11] 传统的狂欢节类型的游戏以及电子视频游戏都产生了很高的边际利润。

[12] 参见巴恩斯（Barnes，2010a）。

[13] 可以想象的是，特别是在小公园的情况下，尽管有些不太可能，园区的运作最终变成仅仅是参与到其他成熟的高价值用途的一个暂时的行为。在这种情况下，这类公园很可能半死不活。

[14] 1983 年，塔夫脱广播公司（Taft Broadcasting Company）以 1.675 亿美元的价格把包括国王岛（Kings Island）、帝王之城（Kings Dominion）、卡罗之风（Carowinds）和汉娜巴巴拉（Hanna Barbera Land）在内的公园卖给了帝王娱乐公司（Kings Entertainment Company）。1984 年，马里奥特（Marriott）以 1.01 亿美元向圣克拉拉（Santa Clara）城出售了其 195 英亩的物业，以 1.145 亿美元向巴利制造（Bally Mfg）出售了伊利诺伊州的 325 英亩的格尼市（Gurnee）公园。此外，1982 年，巴利制造以 1.47 亿美元收购了六旗的公园（6 个附属项目，入园人数约 1 260 万）外加估计 1 亿美元的债务。1987 年，卫斯瑞投资公司（Wesray Capital Corp.）以大约 3.5 亿美元接手了六旗外加估计 2.5 亿美元的债务。然后，1994 年，时代华纳公司向一个投资财团出售了价值约为 11 亿美元的物业。1998 年 4 月，派米雷公园（Premier Parks）最终以 9.65 亿美元收购了六旗的附属公园。此外，2000 年，国浩集团附属公司（Rank Group Plc）同意将其在奥兰多环球影城（Universal Studios Escape）的 50%权益，以 2.75 亿美元出售给黑石集团（Blackstone Group Partners）。

[15] 参见科莱斯尼可夫-杰索普（Kolesnikov-Jessop，2009）。

【阅读材料精选】

Bannon, L. (1996). "Universal Studios' Plan to Expand in Florida Moves Disney to Battle," *Wall Street Journal*, October 2.

Barnes, B. (2008). "Will Disney Keep Us Amused?," *New York Times*, February 10. Barnes, B., and Skipp, C. (2010). "Hoping Tourists Will Flock to Hogwarts (and Spend a Few Galleons)," *New York Times*, June 19.

Belson, K. (2003). "A Japanese Theme Park Company Fails," *New York Times*, February 27.

Berck, J. (1994) "When Broadway Meets the Midway, It's Big Business," *New York Times*, August 28.

Bianchi, S. (2008). " Dubai's Next Big Plans: Theme-Park Destination," *Wall Street Journal*, June 25.

Braithwaite, D. (1967). *Fairground Architecture: The World of Amusement Parks, Carnivals, & Fairs*. New York: Praeger.

Eisner, M. D. (1998). *Work in Progress*. New York: Random House.

Eliot, M. (1993). *Walt Disney, Hollywood's Dark Prince: A Biography*. New York: Carol Publishing (Birch Lane).

Faison, S. (1999). "Even If You Build Them ...," *New York Times*, August 3.

Finch, C. (1975). *The Art of Walt Disney: From Mickey Mouse to the Magic Kingdoms*. New York: Harry N. Abrams.

Flower, J. (1991). *Prince of the Magic Kingdom: Michael Eisner and the Re-making of Disney*. New York: Wiley.

Fowler, G. A., and Marr, M. (2005). "Disney's China Play," *Wall Street Journal*, June 16.

Gabler, N. (2006). *Walt Disney: The Triumph of the American Imagination*. New York: Knopf.

Grover, R. (1997). *The Disney Touch*, rev. ed. Chicago: Irwin.

Gubernick, L. (1999). "How Safe Is That Theme Park?," *Wall Street Journal*, July 23.

Gumbel, P., and Turner, R. (1994). "Fans Like Euro Disney but Its Parent's Goofs Weigh the Park Down," *Wall Street Journal*, March 10.

Hannon, K. (1987). "All Aboard!," *Forbes*, 140 (3) (August 10).

Jackson, C., and Gamerman, E. (2006). "Rethinking the Thrill Factor," *Wall Street Journal*, April 15.

Lainsbury, A. (2000). *Once upon an American Dream: The Story of Euro Disneyland*. Lawrence, KS: University Press of Kansas.

Lattman, P. and McCracken, J. (2009). "Closing Time for a Rock Theme Park," *Wall Street Journal*, January 7.

Marr, M., and Cutler, K-M. (2005) "Fine Line on Wild Rides," *Wall Street Journal*, July 1.

McCracken, J. (2008). "No Fun For Six Flags As Parks Face Slump," *Wall Street Journal*, August 5.

McDowell, E. (1998). "The New Monster of the Midway," *New York Times*, June 21.

Mosley, L. (1987). *Disney's World: A Biography*. Briarcliff Manor, NY: Stein and Day.

Mrowca, M. (1983). "Amusement Park in Ohio Has Its Ups and Downs but Continues to Draw Crowds after 114 Years," *Wall Street Journal*, July 8.

Ono, Y. (1990). "Theme Parks Boom in Japan as Investors and Consumers Rush to Get on the Ride," *Wall Street Journal*, August 8.

Prada, P. (2001). "Ja, Ja, Americana's Fabulosa," *Wall Street Journal*, June 21.

Rayl, A. J. S. (1990). "Making Fun: Theme Parks of the Future," *Omni* 13 (2) (November).

Ross, I. (1982). "Disney Gambles on Tomorrow," *Fortune*, 106 (0ctober 4).

Schickel, R. (1968). *The Disney Version: The Life, Times, Art and Commerce of Walt Disney*. New York: Simon & Schuster.

Schweizer, P., and Schweizer, R. (1998). *Disney: The Mouse Betrayed*. Washington, DC: Regnery Publishing.

Setoodeh, R. (2004). "Step Right Up!," *Wall Street Journal*, July 12.

Spindle, B. (2001). "Cowboys and Samurai: The Japanizing of Universal," *Wall Street Journal*, March 22.

Tagliabue, J. (2007). "Thrill Rides for Investors," *New York Times*, July 4.

(2000). "Giving Theme Parks a Whirl: Europeans Warm to an American Experience," *New York Times*, September 2.

(1995). "Step Right Up, Monsieur!: Growing Disneyfication of Europe's Theme Parks," *New York Times*, August 23.

Tanikawa, M. (2001). "Japanese Theme Parks Facing Rough Times," *New York Times*, March 2.

Welsh, J. (1999). "Premier Parks Intends to Grow Big by Thinking Small," *Wall Street Journal*, May 12.

Wrighton, J. and Orwall, B. (2005). "Despite Losses and Bailouts, France Stays Devoted to Disney," *Wall Street Journal*, January 26.

Yoshino, K. (2008). "Amusement Parks Playing to International Audiences," *Los Angeles Times*, April 3.

第四部分 综述

第15章

绩效与政策

> 快乐的时光总是稍纵即逝。

娱乐是一项庞大的且变化迅速的国际业务，对于其经济特点的研究仍处于早期阶段。作为此类研究 525
的一个平台，本书试图传递的是与金融和经济有关的行业动态，勾画出娱乐企业的内在特性。本书最后一章要对这些特性提供一个回顾和总结，同时探讨公共政策决策的选择及其意义。

15.1 共同要素

就像在第1章所看到的，休闲时间的宽泛的定义是没有花在工作上的时间。近年来，休闲时间总体上似乎一直在缓慢地增长。长远来看，扩大休闲时间的潜力显而易见地取决于经济生产力中的增长，它又受到科技发展速度的影响。

如果我们从非工作时间中扣除维持生命的活动，用大白话来说，我们所有的就是自由时间。但是，在经济意义上，时间永远不可能是真正的
526 自由，因为总会有机会成本（opportunity costs）。娱乐可定义为可以愉悦身心的东西，因此，总是要争夺自由时间，并最终受到自由时间的数量的限制。

除了这些一般性的描述，还有以下一些经常出现的行业特点。

范畴很广品类繁多 但成功是其中的少数。也许娱乐业最明显的趋势是在稳定增长阶段（例如一个市场领域达到一定规模之后，几家大公司长期占据统治地位），利润来自少数高度受欢迎的产品，经常用来抵消许多平庸产品的亏损。这在电影、电视制作、玩具和视频游戏以及唱片行业

中十分明显，在这些领域中，新产品的引入似乎总是符合统计分布的幂率法则（power laws，亦即分布不稳定，方差无限大）。然而，就表演艺术类而言，即使一些偶然巨大的成功能弥补长期的运营亏损，创造佳绩也甚为不易。

单位营销支出比例大 许多娱乐产品或服务有一个特点，就是必须不断地引起潜在消费者的关注。此外，娱乐产品的生命周期可能会很短。因此，无论拉斯维加斯的赌场、佛罗里达州的主题公园，还是一款新的视频游戏，每单位营销支出，相对于运营或制作的总单位成本，往往是很大的。例如，每部故事大片上映，通常市场营销平均至少增加 50%的发行成本。从经济角度讲，这样的营销支出试图将需求曲线向右移动，并且降低需求的价格弹性。

附属市场带来不成比例的巨大回报 事实上，正是由于存在沉没成本（sunk-cost）的特点，几乎每一美元的收入首先用于冲销直接成本——娱乐产品从附属的或次级市场获得的回报经常占很大比例。这也意味着，可以利用对于存在不同需求弹性的消费者进行价格歧视的机会。例如，现在电影平均获得的一半以上的收入来自于在有线电视和家用视频中的播出，而不是来自于最初的影院上映。将角色授权给流行电视剧，或电影续集以及小说，很可能经常成为重要的额外收入来源。许多文化活动的门票采取差别定价，电影则在一系列展播窗口循环放映。

资本成本相对较高，寡头垄断趋势很普遍。就像在许多其他行业中发生的一样，一旦过了早期阶段，资本成本和运营所需的资金，就成为新的竞争者的一个无法避免的进入壁垒。大多数娱乐行业的细分市场被相对容易获得大量资本的大
527 公司所统治。例如，在音乐和电影发行行业，以及博彩、主题公园、有线电视、视频游戏和广播电视产业中，可以发现这种寡头垄断趋势。

公共物品特征经常存在 纯公共物品的生产成本独立于消费者的数量，即一个人的消费不会减少可供另一个人消费的数量。尽管交付给消费者的商品形式是私人化的，许多娱乐产品和服务，包括电影、音乐录制、电视节目、体育竞赛，都有公共品特征。

许多产品和服务是非标准化的（这对企业是好事，但是不利于相对生产率的增长）。这种非标准化有四个重要的后果：

（1）尽管存在这种寡头垄断市场结构，对于企业家精神的茁壮成长还是有相当大的空间。就是说，歌剧、话剧、电影、芭蕾、歌曲和视频游戏的生产制作都是独一无二的，并且不是通过大公司的委员会，而通常是由个人的独立工作或由小群体创作出来的。作为自己富有创造性的努力的直接结果，一个人能名利双收。

（2）企业家精神以及个人对于生产过程的重要性要适应各种不同的手段，独特的配套技巧，以及财务安排。这在电影、音乐、和体育中特别明显。有选择权的合约是其中很重要的部分。

（3）那些产品是生产过程本身（例如音乐或舞蹈的现场表演）的情况，很难提高生产力。从某种程度上说，这也出现在影片制作、体育、赌场投注等多种领域。

（4）基于上述因素，创造和营销娱乐产品的成本，比如电影和电视节目，其增幅往往高于平均水平。

技术进步带来节约 幸运的是，持续的技术进步使得娱乐产品和服务的生产、发行、接收变得更为容易也更便宜。从长远来看，这将导致大众市场的娱乐活动更多样化，更实惠。与此同时，一旦创作、生产和发行融入网络经济，技术也使得娱乐产品和服务更容易依客户要求而定制化。

新的娱乐媒体兴起，往往不会令旧媒体灭绝。提供娱乐产品和服务的新方式一直在不断地演变。虽然推出新的娱乐媒体可能会削弱现有形式的重要性，但宣布旧的媒体形式灭绝很罕见。广播电视或家庭影院的推出并没有阻止人们希望到剧院看电影，或到百老汇去看演出，或收听电台的节目。无线广播电视和有线电视共存。即使在互联网时代，人们还是会买实物形式的报纸、书籍和杂志。

娱乐产品和服务具有普遍的吸引力 对娱乐
的需求可以跨越不同的文化和国家边界，而许多 528
欲望（对于笑声、音乐，或者博彩的欲望）具有深层的心理根源。这意味着，许多娱乐产品在世界市场上都具有吸引力，而来自国外的增量收入可以对盈利能力起到重要的作用。

15.2　公共政策议题

娱乐和媒体业务一般总是为自由市场环境所吸引，并的确在这样的环境中枝繁叶茂。然而娱乐和媒体业务的主要领域被政府的规定和零星的措施包围、遏制，并彼此犬牙交错。人们立刻能想到无线广播电视、有线电视和博彩业中的情形，但是从一开始，对于电影放映商和分销商来说，反托拉斯始终是一个问题，反垄断豁免也是职业体育的一个特点。

对于管制、干预与支持、补贴之间的权衡，需要进行政治、文化、社会方面的考量，就像要进行技术和经济方面的考量一样。但是，无论是在美国还是在其他地区，主要关注的议题包括：

- 监管程度和从严立法
- 自由市场（自由放任）还是干预
- 所有权集中还是多元化
- 补贴和税收减免
- 运营效率和产业结构

所有这些问题可能而且经常混合在政治角斗场之中，然而，公共政策的出现有时会拖累企业的利润、管理的有效性，或产业的前景。在其他时候，各种补贴推动了这样的政治议程，即帮助一个产业，却牺牲另外一个对于公众没有明显好处的产业。然而，此消彼长和放弃最优替代方案的机会成本永远存在，在政策制定过程中不应该被忽略。

对于电影业来说，存在着很多不同形式的税收抵免或税收补贴。对于博彩公司来说，当地的税率会影响是进入或留在某一个市场的决策。配额也很常见，比如欧盟要求所传播的节目，至少一半是由欧洲原创的。同样，包括美国在内的大多数国家，广播电视公司的所有权，要么不允许为外资所拥有，要么限定在很小的比例内。在有线电视和电话方面，政府政策影响到竞争者对传输系统的进入。这样的政策常常减少守门人的权利 529
和拥有传输线路的公司的潜在盈利能力。在同一市场中，对报纸、有线电视和广播电视资产的交叉持股限制有同样的效果，这种限制在维护政治观点的多样性方面的考虑与在对于经济力量的集中的考虑一样多。

文化或非营利的情况也会极大地受到政策决策的影响。例如，为什么我们决定把用公共资金或减税用于对文化中心提供支持，富人去这些地方看电影、歌剧，或者用于资助体育场馆，而不是去资助摆脱贫困，提供更多的医疗保健和教育服务？如果不提供这样的补贴，一个社会又如何培养和维持它的艺术和文化？国家应该为电影制作而不是为学校和公路的建设提供税收抵免吗？或者政府应该鼓励博彩业并加以合法化吗？也许要以牺牲附近其他的企业为代价呢？

当提供服务边际成本为零时，就会产生搭便车现象。就像为额外的新观众提供广播电视服务，增量成本为零。在音乐和视频方面，在技术上的担心是“盗版”，但这个术语常常具有误导性：当大多数人从网络上下载内容而不支付费用，并且只是为自己使用（非商业性）时，他们的行为通常更像是搭便车，而不是盗版。在这些领域以及其他许多媒体和娱乐领域，公共决策影响到技术变化的速度和最终可能会从这种变化中赚取的利润。如果政策支持的是软件（内容）而不是硬件，或反之，从长期看，公共利益是增加了还是减少了呢？如何对内容的创作者或艺术家进行补偿？

在每一种情况下，出现的公共政策对利润和增长前景，经常有着巨大而持久的影响。但是，不存在简单易行的答案。

15.3 娱乐和媒体证券评估指南

前面的章节提供了一个分析娱乐和媒体行业投资的背景。然而，这里没有明确说明的许多因素（美联储的货币政策、整体经济趋势，以及投资者心理）也影响着投资绩效（见图 15—1）。

令人高兴的是，没必要深入研究这些议题，就能提炼出下面要讨论的一些基本的投资决策指导原则。但重要的是应认识到，就如在其他行业和投资一样，投资分析过程中始终包含着艺术与科学两种元素，不存在保证成功的神奇公式。在短期内，任何事情都可以发生。例如，金融市场泡沫和崩溃将明显地大量扭曲许多资产类别的估值。从长远来看，高于平均水平的风险调整报酬率通常直接关系到公司产生自由现金流，以及挣得超过资本成本的报酬的能力。

531 投资媒体和娱乐领域最有利的条件通常是，在经济走出衰退（广告支出加速上升），在新技术能够显著地降低制作和发行系统中的成本，以及在政府监管和税收对媒体和娱乐产业的态度是相对良性的时候。

现金流量和私募市场价值 大部分的娱乐和媒体公司，首先从私人买家或上市公司收购方预估该企业的现金流（通常用 EBITDA 表示）而可能提出的支付意愿来分析。公开市场估值往往在私募估值的二分之一到四分之三的范围之内，估值用近期私募交易中预期现金流量（减去负债）的倍数来衡量。任何投资分析的焦点和要害，应始终放在自由现金流的可获得性方面，或者说资本支出以及其他运营所需投资之外的现金，而不是每股收益增长本身。这种自由现金流可用于回购股票，减少企业的负债，支付现金股利，收购其他公司，或投资于前景看好的内部项目。

负债/股东权益比 娱乐公司之间偿还债务的能力差别很大，但它永远是预期现金流量波动性的函
532 数。现金流的波动越小，相对于资产负债表上的股东权益的负债水平越高。例如，相比于玩具和游戏公司，人们对于博彩业公司的现金流波动的预期更低。总的来说，大型电影和唱片公司依赖于它们的资料库和歌曲目录，其波动性通常介于中间。

价格/收益比 对于娱乐业股票来说，价格/收益比似乎在很大程度上已经失去了作为一个投资分析工具的作用。例如，在电影和电视方面，由于会计惯例要求管理部门对预期的收入进行预测，以及当出现系列续集时要判断一连串的收益，这时可以很容易地扭曲收益的趋势。虽然如此，如果将价格/收益比用于对娱乐股票与其他投资进行比较，那么，显然必须对会计实务进行调整。

价格/销售比 由于价格/销售比不会受到在计算收益时常常出现的会计扭曲的影响，在普通股评价中，这一比率已变得越来越流行。然而，对于娱乐证券而言，价格/销售比（每股价格除以每股收入）也许是最有用的"现状核实"工具——尤其是，如果对几个时期的销售进行平滑或正常化调整，那么对于当期销售额远高于或远低于趋势的证据，就可以考虑进来。例如，由于发布不同寻常地流行的电影、玩具或唱片，销售可能暂时远高于走势；由于经济衰退，也可能暂时远低于走势。价格/销售比一般与利润率的大小相关。

企业价值 把绩优股的数量乘以股价，然后加上净负债（总负债减去现金），再根据资产负债表账外的资产做些调整，就能得出一个企业的总价值。企业价值（enterprise value，EV）经常与税息前收入（EBIT）、税息折旧摊销前利润（EBITDA）进行比较，或与任何其他衡量现金流的措施进行比较。将它应用到同一个行业中的类似公司的时候，企业价值可以在相同基础上对企业不同的资本结构进行比较。因此，在判定一只股票相对于所在产业群组是如何昂贵时，企业价值比价格/收益比更可靠一些。

账面价值 账面价值是资产负债表上股东权益的数额，它是一把传统的财务分析标尺。但它通常与娱乐公司的股票价格的评估关系不大，就如电影资料库或歌曲目录的例子一样，关键的盈利能力可能存在于已经大部分或全部刻录了下来的资产中。此外，对于不动产（演播室外景场地、

主题公园的设施、输电塔站），历史成本通常远低于它现在的价值。品牌名称和其他无形资产（如知识产权）可能具有相当大的价值，但却没有反映在账面记录上。

530

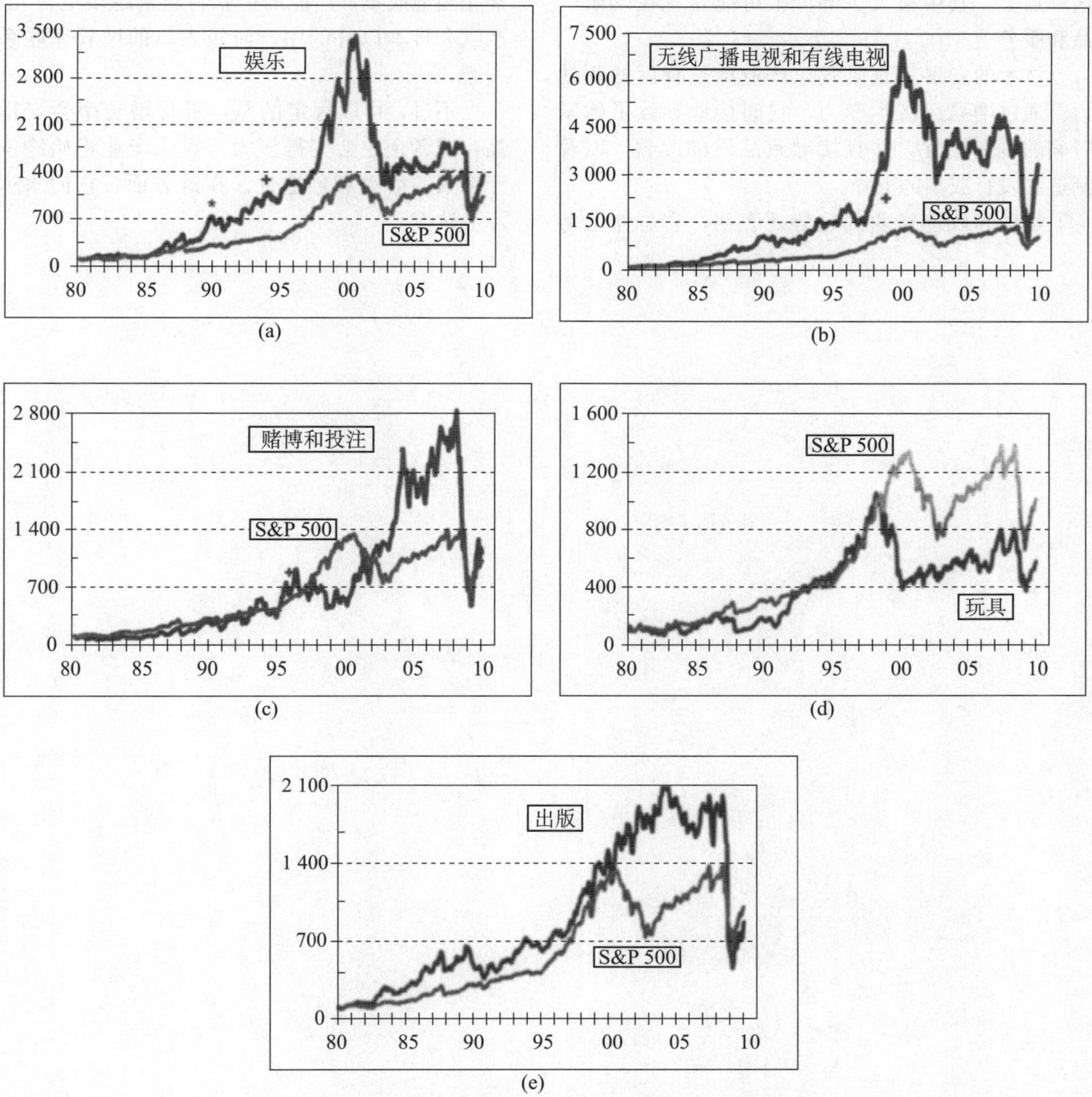

图 15—1　标准普尔股票价格指数对标准普尔 500 综合指数：(a) 娱乐，(b) 广播电视，(c) 赌博和投注，(d) 玩具，(e) 出版，1980—2010 年，基于月末价格。

+表明主要收购事件。

15.4　结束语

对于许多人来说，娱乐很重要，已被证明是生活的一个必需品，排名也许仅次于食品、庇护所和衣物。事实上，一旦社会发展到出现经济学者所谓的可随意支配收入（discretionary income）这一点上，其中很大一部分很可能是花在娱乐产品和服务上。

技术的发展一直是娱乐产业增长背后的驱动力。通过增强经济生产力，它间接地导致了休闲时间的可利用性，并直接导致品质的改善，以及制造和发行成本的下降。

娱乐和媒体产业的趋势还表明，它总体上将继续以高于平均速度向前发展，这让它们得以继续进行垂直整合和全球整合。然而，这个产业已经相当地成熟，产业的扩张将越来越多地与北美、西欧和日本以外的中产阶级人口的增长率联系在一起。

不过，可以肯定的是，不管增长率会变得多高，或者企业会变得多大，娱乐产业将始终依赖于个人的活力和创造性。在这方面，它们永远也不会改变。

附录A

信息来源

娱乐产业研究中使用的最便利的宏观经济数据，包括以下美国商务部定期出版的内容：

(1)《当前商业综览》(*Survey of Current Business*)，包括之前四年的个人消费开支数字。

(2)《商业环境文摘》(*Business Conditions Digest*)，有尤其详细的产业价格数据。

(3) 劳工部的《每月评论》(*Monthly Review*) 以及《劳动力统计手册》(*Handbook of Labor Statistics*)，提供劳动和就业问题的文章和数据。

(4)《工业统计》(*Census of Manufactures*)，特别是《部分服务业统计》(*Census of Selected Services*)，其中包括区域性的收入、就业以及生产力方面的数据。

(5)《统计摘要》(*Statistical Abstract*)，有历史序列数据。

(6)《工业前景》(*Industrial Outlook*)，每年出版，对于未来五年产业前景做出预测。

具体的娱乐经济话题，也可以在以下非政府资助的大量定期出版的杂志、报纸、期刊中获得：

《广告时代》(*Advertising Age*)

《斯垂特与史密斯体育业杂志》(*Street & Smith's Sports Business Journal*)

《公告牌》(*Billboard*)

《电视文摘》(*Television Digest*)

《广播电视与有线电视》(*Broadcasting&Cable*)

《电视周报》(*Television Week*)

《有线电视》(*CableVision*)

《好莱坞报道》(*The Hollywood Reporter*)

《有线世界》(*Cable World*)

《文化产业经济学杂志》(*The Journal of Cultural Economics*)

《多频道新闻》(*Multichannel News*)

《媒介经济学杂志》(*The Journal of Media Economics*)

《游戏测量》(*Play Meter*)

《体育经济学杂志》(*The Journal of Sports Economics*)

《出版人周刊》(*Publisher's Weekly*)

《综艺》(日报与周报) [*Variety* (daily and weekly)]

附录B

概率型博彩简介

在研究博彩的产业经济学时，有必要至少对博彩活动的特征有一个粗略的了解。本附录的目的，就是提供这方面的知识，但它还不是一个完备的指南。其他一些容易看到的书籍，其中包括施瓦茨（Schwartz，2006）对博彩历史的阐述，包含了对博彩策略和资金管理（即每次决策的投注单位数）方面精微之处的更详细的内容。[1]税务方面的知识也是相关的。[2]

21点

黑杰克（blackjack），又称为21点（法语称为vingt-et-un）。玩家的目标是拿到的牌的点数之和，超过庄家手中的点数，但不超过21点。庄家必须展示他手中的牌。一张Ace牌既可以算做1也可以算做11，其他数字计其数字的实际值，图案牌计为10，花色不分大小。对于获胜的玩家的回报是1∶1；在出现黑杰克（前两张牌就是21点，1张Ace加上1张10、J、Q或K）的情况下，赔率是3∶2。

在21点中，博彩运营商的优势是很难计算所玩的任何点数。不过，通常一墩21点游戏牌提供给赌场的获利（edge）略微超出2%。[3]然而，随着比赛的进行，赌场优势（这种情况重要的是取决于在玩家输了之后，庄家亮出了他或她的牌）可能会消失，并且熟练的计牌者可能会趁此机会加大赌注。因此，21点是唯一一种可以被玩家打败的赌场游戏，这是众所周知的事实，而这也让它成为最受欢迎的赌场桌面游戏。

但是，要始终获胜，通常在高速、高压的赌场环境下，算牌的技巧、游戏策略以及资金管理必须同时一起采用。[4]不过，由于这种技能的实现需要天生的数学能力，以及广泛的研究和实践（这样的耐心在大多数玩家那里很难具备），计牌者自称的能够威胁到赌场利润的情况，通常与真实相比，更多的是想象罢了。

然而，计牌者的存在一般趋向于让管理层手足无措，人们建议赌场不要通过设定赌注的上限，而是采用多种切牌（card-cutting）和多墩变化的策略来简单地挫败已确认的计牌者。

掷骰子

掷骰子（craps）是一种典型的美国游戏，长期以来与扑克一样，一直在美国的赌场很流行。它是从英国风险游戏中演化而来的，19 世纪初期在新奥尔良得到了采用和提炼。此后，蔓延到了东海岸移民社区。比较而言，21 点的概率计算特别复杂，而在掷骰子游戏中，赌场优势经常可以很容易地计算出来。

两个立方体骰子——每一个的表面都嵌入了从 1 到 6 作为标记——由玩家（“投掷人”）扔向桌子对面的挡板上。投注结果取决于骰子停止转动后其朝上的表面的点数总和。

结果有 36 种可能性（6×6），可以计算出数字的概率。用两个骰子有六种方式得到 7（即：1∶6，2∶5，3∶4，4∶3，5∶2，6∶1），结果为 7 的机会比任何其他数都要多（见表 B—1），掷骰子利用这一点作为决策的中心主题。

所谓的过线投注（front-line bets，赌子投掷人“过与不过”）在掷骰子中产生的赌场优势为 1.41%，它通过以下的方法可以计算出来。

假设一个完美的骰子投掷人，在每次投掷得出 11 种数字结果时，与通过概率理论预测的长期结果一样准确。

为了避免复杂的算术分数，从中抽取一个最小公倍数 55，乘以 36 种可能的结果，则抛的次数是 1 980。

表 B—1　(a) 用两个骰子抛出一个给定数目的方法以及 (b) 建立的点数以及数目 7 比点数先出现的赔率（odds）

(a)		(b)	
转动	方法	数字	赔率
2	1	4	2∶1
3	2	5	3∶2
4	3	6	6∶5
5	4	8	6∶5
6	5	9	3∶2
7	6	10	2∶1
8	5		
9	4		
10	3		
11	2		
12	1		
总计	36		

那么，在 1 980 次的投掷中，7 出现的次数是 6×36（即 330 次）。同样地，出现 4 的次数是 3×36（或 165 次），依次类推。

将所有获胜的数字加起来后，如表 B—2 所示，可以看出，赢得的次数是 976，输掉的次数是 1 004；因此，在 1 980 次投掷中，相差的 28 次除以 1 980，就是赌场优势，或者说 1.41%。

表 B—2　在掷骰子中的过线投注情况

数字	投掷的次数	获胜的转数
自然 7	330	330
自然 11	110	110
骰子 2，3，12	220	—
点数 4	165	55
点数 10	165	55
点数 5	220	88
点数 9	220	88
点数 6	275	125
点数 8	275	125
总计	1 980	976

资料来源：Scarne's Guide to Casino Gambling. Copyright © 1978 by John Scarne Games，Inc. 复制获得 Simon and Schuster，Inc. 的许可。

轮盘赌

历史学者对于轮盘赌（roulette）的起源持有不同看法。有人说，它是由法国数学家帕斯卡于1655年发明的；其他人则支持更为神秘的理论。不管怎么说，这种游戏已经发展出了欧洲和美国的版本：欧洲的轮盘有一个零，而美国的轮盘有一个零和两个零。

一个标准化格式的轮盘赌，周围混合着的数字是1～36，此外，具体情况取决于版本，可以是一个0，或者0与00。轮子上相邻的数字的背景颜色采用红色和黑色交替，并且将高、低、奇、偶数交替安排，红色和黑色的数字在数学上尽可能地平衡。完美的平衡是无法实现的，因为数字1～36的总和是666，奇数之和为324，偶数的总和为342。

通过把一个或多个筹码放到一个数字、一种颜色，或奇数偶数上，玩家把赌注压在一个象牙制小球上，这个球沿着轮盘的边缘旋转，盼望转动停止后小球落在下赌注的那个数字、颜色或数字类型上。赌奇偶或红黑色的赔率是1∶1，但对于押注单个数字的回报是35∶1。用美国带双零（00）的轮盘，可能共有38个区，投注正确的胜算是37∶1。因此，在美国的轮盘赌中赌场拥有2/38（5.26%）的优势，而在欧洲的轮盘赌中，赌场拥有1/37的（2.70%）。

其他投注变化通常由赌场提供，正常对赌场的优势不会形成显著的影响。例如，特殊的"监闭"（en prison）选项，对于等额赔率赌注（例如，赌红黑、高低、或奇偶数），如果小球落到了0区，可以赢回一半赌金，这就削弱了一些赌的场优势。在这样的情况下，当旋转的轮盘的最后结果是在0或00区的时候，玩家可以赢回原赌金的一半，或让原始赌金"监闭"住。如果选择是让赌金"监闭"，并且在随后的一轮中是一个赢家，上一轮的赌金则原封不动地赢回。

百家乐

百家乐（baccarat）与它的近亲——倍克拉纸牌（punto banco）、十一点（chemin de fer）和"钱庄百家乐"（baccarat en-banque）——在世界各地的赌场中，是很受欢迎的高赌注的游戏。当前所有的版本都起源于意大利的巴卡拉（baccara），首次引入法国大约在 1490 年，后来成为贵族喜爱的赌博。但是直到 20 世纪 50 年代末，现代百家乐才在拉斯维加斯的赌场中得到认真对待。

早期的十一点与百家乐玩的方式相同，除了一条，那就是在十一点游戏中，赌场没有风险，因为玩家彼此对赌，赌场仅仅是作为一个“切割者”对玩家坐庄的赢局收取 5%的标准费用。

在美国式百家乐中，将 8 副标准的 52 张牌洗过之后，放置在一个“发牌盒”（shoe）中。可能有多达 12 人坐在桌旁，每个人通过将筹码押到闲家（Player）、庄家（Banker），或平局上。押闲家或庄家的赌注是等额赌注（后面将讨论佣金），押平局的赔率 8∶1。闲家和庄家都要处理两张牌，人头图案牌和 10 点牌算做 0，数字牌计算其实际数值，如果两张牌总和在两位数（即 10 或更多），那么个位数字计数。如果两张牌的和是 14，则计为 4。

在通常情况下，参赌者的目标在他或她押注的那一方——要么是闲家，要么是庄家——两张牌的计数更接近 9。然而，如果任何一方都不到 8 或 9（一个“自然”点），当有其他的牌可以再发的时候，有相当标准化的规则拿牌或停牌。

通过复杂的算法已经确定，根据斯卡耐（Scarne，1978，p. 266）的说法，闲家这边获胜的机会大约是 49.33%，庄家这边获胜的机会是 50.67%。因此，闲家的劣势或参与成本大约是 1.34%。然而，为了使双方均衡（以及在做出变换庄家时节省时间），赌场在庄家赢钱时保留 5% 的“佣金”（实际上它获得了超额的收益，因为庄家这边，平均而言，赢得投注额的 50.67%，赌场实际收取投注额的 2.53%，即 5%的 0.5067 倍）。这样通过 2.53%，减少了上述的 1.34%的庄家优势，在扣除佣金后，庄家参与的净赚约为 1.19%（2.53 减去 1.34）。因此，赌场获得的介于 1.19% 和 1.34%之间。[5] 但是，如果赌庄家和闲家平局，赌场通常支付 8∶1，其获利是 14.36%。因此，尽管押平局可能通常只占下注总额的 3%，但它们代表着赌场赢得总额的 10%左右。

由于绝大多数这种游戏的玩法主要集中在闲家或庄家，速度大约是一个小时 70 手，利润很微薄。与其他任何游戏相比，赌场经营百家乐，一般来说赢得的结果更为反复无常。

老虎机

老虎机自 1887 年旧金山首先推出以后就稳步发展。对于大多数的赌场，占其收入的 40%以上，在利润中占据的份额甚至更高。

近年来，由于先进的电子微处理器的发展，老虎机的性能已大大地提高了。尽管如此，玩老虎机的基本概念依然是：某些随机生成的符号排列显示在小窗口或视频屏幕上。这样做的回报是，玩家们按概率出现的比例获得各种水平的奖金激励。

举个例子，一个老虎机有三个卷轴，每个卷轴有 20 个不同的符号，并且每个卷轴独立旋转，三个相同的数字的排列概率就是 1/20×1/20×1/20，或 0.000 125，也就是 8 000 次中有 1 次。当然，像其他游戏一样，赌场会通过设置，令实际赔率小于 7 999∶1 而获利。不过，在新的微处理器控制的老虎机里，其“虚拟”卷轴的特征在于，每个卷轴可以表示 256 个不同的数字，赔付的范围和概率可以更小。在美国新泽西州，根据法律规定，老虎机的支付不能少于代币额的 83%，但是在内华达州则没有这样的规定。

今天老虎机有许多不同的版本，包括“累进式”（progressives，与其他机器的投注相链接）、彩色—动作（非卷轴）视频版以及多道式等。但是，不管类型是什么，与赌台游戏相比，对于赌场来说，老虎机的主要优势是运营成本低而有着相对较高的保有比例：一台现代化的老虎机，购买成本是 1 万美元，可以很容易地每天产生 200 美元或更多的收入，一年可达 10 万美元。事实上，由于经营成本较低，赌场还强调经营 21 点和扑克游戏时采用投币式机器。[6] 格林利斯（Greenlees，2008，pp. 122-200）提供了现代老虎机运营和财会的细节。

【注释】

[1] 熟悉有效市场假说的经济学者会认识到与资金管理有关的许多概念（例如马丁格尔策略）。马丁格尔（Martingale）策略就是先前赌输时，通过加倍或其他方式，追加投注总额，直到赢钱为止。金字塔或达朗贝尔（D'Alembert）机制也很受欢迎。对于马丁格尔策略和投资组合管理的凯利准则（Kelly criterion）的重要性，庞德斯通（Poundstone，2005，pp. 190-201）做过探讨。凯利准则是这么说的："当面临着投注或投资选择时，选择结果中的最大几何平均值。"对于投注规模来说，这与凯利公式（即用手中资金的多大百分比去投注）紧密相关，投注占比是获利/赔率，获利（edge）是预期所下赌注，在以相同的概率一次又一次投注后将赢得的数量（Poundstone，2005，p. 72）。

[2] 玩家应该了解，美国国税局要求宾果游戏和老虎机的赢家中超过 1 200 美元的，以及金路赢家超过 1 500 美元的，填写 W-2G 表格。对于彩票和赛道中的赢家，从 1 000 美元开始，联邦税扣缴 20%。

[3] 估计的是近似值，并且假设应用的是基本策略。

[4] 麦兹里奇（Mezrich，2002）介绍了如何在实践中进行复杂的算牌。

[5] 希尔博斯唐（Silberstang，1980，p. 388）提供的数字稍有不同，闲家是－1.36%，庄家是－1.17%。也参见索普（Thorp，1984）。

[6] 关于提供新游戏的收入，对于运营商来说，在赌场大厅里游戏设备放置是没有成本的，运营商支付给设备制造商的费用可以是一个固定的每日收费，或者收入分享，或是两者的结合。通常，在收入分享模式中，每单位每天的收入就在运营商和设备制造商之间按 80/20 的基础进行分割，每日收费大约是 75 美元/天。对于机器租赁的实际收入分成安排的细节，里夫林（Rivlin，2003）有过介绍。

附录C

补充资料

经济学者和投资者对娱乐行业感兴趣的数据卷帙浩繁，各章节中已经相继讨论了一些最重要的材料。以下附加数据，是根据各章话题进行编排的有关的历史数据。

表 S1—1　　与娱乐产品及服务支出相关的总体经济统计数据，1970—2009 年（10 亿美元）

年度	可支配收入	个人消费支出	个人休闲消费支出	休闲消费支出占可支配收入百分比（%）	总休闲服务方面的个人休闲消费支出	休闲服务占个人休闲服务消费支出百分比（%）
1970	735.5	648.301	31.90	4.34	14.001	43.67
1975	1 187.3	1 033.788	54.10	4.56	23.653	43.72
1976	1 302.3	1 151.254	60.70	4.66	29.535	43.71
1977	1 435.0	1 277.823	67.30	4.69	29.562	43.93
1978	1 607.3	1 427.621	74.60	4.64	32.850	44.03
1979	1 790.9	1 591.167	82.50	4.61	36.725	44.52
1980	2 002.7	1 755.826	87.30	4.36	40.837	46.78
1981	2 237.1	1 939.506	97.00	4.34	47.125	48.58
1982	2 412.7	2 075.495	103.80	4.30	52.473	50.55
1983	2 599.8	2 288.576	118.10	4.54	59.430	50.32
1984	2 891.5	2 501.083	133.90	4.63	66.117	49.38
1985	3 079.3	2 717.608	148.10	4.81	73.958	49.94
1986	3 258.8	2 896.746	163.40	5.01	80.369	49.19
1987	3 435.3	3 096.960	179.10	5.21	87.276	48.73
1988	3 726.3	3 350.056	199.10	5.34	99.233	49.84

续前表

年度	可支配收入	个人消费支出	个人休闲消费支出	休闲消费支出占可支配收入百分比（%）	总休闲服务方面的个人休闲消费支出	休闲服务占个人休闲服务消费支出百分比（%）
1989	3 991.4	3 594.490	214.60	5.38	110.665	51.57
1990	4 254.0	3 835.453	227.40	5.35	121.766	53.55
1991	4 444.9	3 980.073	234.90	5.28	127.181	54.14
1992	4 736.7	4 236.891	250.80	5.29	139.799	55.74
1993	4 921.6	4 483.594	276.90	5.63	153.375	55.39
1994	5 184.3	4 750.806	305.00	5.88	164.661	53.99
1995	5 457.0	4 987.280	334.80	6.14	181.092	54.09
1996	5 759.6	5 273.608	360.50	6.26	195.583	54.25
1997	6 074.6	5570.626	382.90	6.30	208.318	54.41
1998	6 498.9	5 918.488	412.70	6.35	220.587	53.45
1999	6 803.3	6 342.784	454.50	6.64	238.788	52.89
2000	7 327.2	6 830.371	489.60	6.68	255.475	52.18
2001	7 648.5	7 148.807	803.40	6.58	263.552	52.35
2002	8 009.7	7 439.191	524.30	6.55	272.833	52.04
2003	8 377.8	7 804.013	552.10	6.59	289.471	52.43
2004	8 889.4	8 285.080	596.30	6.71	311.957	52.32
2005	9 277.3	8 819.002	630.20	6.79	326.787	51.85
2006	9 915.7	9 322.662	672.20	6.78	348.824	51.89
2007	10 403.1	9 806.300	709.60	6.82	371.713	52.38
2008	10 806.4	10 104.500	715.00	6.62	383.101	53.58
2009	10 923.6	10 001.300	696.30	6.37	382.600	54.95
CAGR（%）[a]						
1929—2009	6.3	6.3	7.0	0.7	7.1	0.1
1959—2009	7.1	7.1	8.4	1.2	8.7	0.3
1970—2009	7.2	7.3	8.2	1.0	8.9	0.6
1980—2009	6.0	6.2	7.4	1.3	8.0	0.6

[a] 复合年均增长率。

资料来源：Department of Commerce.

表 S1—1（接前表）

年度	电影	赌场	彩票	体育盛事	有线电视	商业剧院
1970	1.629	0.510	0.061	1.136	0.295	0.454
1975	2.197	1.254	0.531	1.333	0.783	0.668
1976	2.074	1.494	0.634	1.423	0.951	0.800
1977	2.368	1.725	0.803	1.582	1.237	0.918
1978	2.752	2.227	0.967	1.842	1.554	1.126
1979	2.823	2.640	1.104	2.070	1.878	1.296
1980	2.578	3.171	1.240	2.292	2.458	1.520
1981	2.721	4.454	1.465	2.361	3.596	1.746
1982	3.134	5.124	1.964	2.692	4.655	1.828

续前表

年度	电影	赌场	彩票	体育盛事	有线电视	商业剧院
1983	3.188	5.766	2.648	3.062	6.070	2.093
1984	3.421	6.268	3.462	3.472	7.279	2.407
1985	3.244	6.801	4.608	3.279	8.292	2.738
1986	3.338	7.186	5.403	3.283	9.433	3.346
1987	3.443	7.931	6.007	3.365	10.711	3.470
1988	3.884	8.988	7.274	3.738	12.497	3.770
1989	4.572	9.587	8.323	4.504	14.591	3.799
1990	5.136	11.461	8.722	4.808	16.676	4.458
1991	5.231	12.310	8.943	5.293	17.925	4.656
1992	4.939	14.931	9.783	5.633	19.883	5.167
1993	5.056	19.095	10.833	6.357	21.810	6.102
1994	5.308	24.076	12.013	6.790	21.372	6.530
1995	5.612	28.528	13.188	7.433	23.862	7.040
1996	6.099	32.454	13.980	8.851	27.174	7.494
1997	6.608	36.249	14.247	9.202	30.131	7.851
1998	7.220	37.141	14.453	10.092	33.461	8.742
1999	7.931	43.297	14.519	10.675	37.472	9.504
2000	8.587	48.379	14.489	11.642	41.555	10.364
2001	8.991	50.120	15.170	12.213	44.540	10.104
2002	9.597	52.938	16.249	13.541	45.812	11.880
2003	9.883	58.718	17.122	14.490	49.189	12.692
2004	9.867	65.992	18.215	15.467	55.332	13.158
2005	9.083	70.716	19.003	16.345	59.711	13.786
2006	9.413	76.166	21.340	17.766	64.353	14.913
2007	9.562	81.951	22.117	19.511	70.502	14.994
2008	9.653	81.719	23.265	20.535	75.092	15.436
2009	10.388	78.058	24.985	20.699	78.371	14.493
CAGR (%)[a]						
1929—2009	3.4	—		7.4		6.1
1959—2009	4.7	13.5	22.4	8.8	15.3	8.2
1970—2009	4.9	13.8	16.7	7.7	14.1	9.3
1980—2009	4.9	11.7	10.9	7.9	11.7	8.1

[a] 复合年均增长率。

表S3—1　以年龄分组的每年观赏电影所占比例统计，1985—2005年

年龄组	12～15	16～20	21～24	25～29	30～39	40～49	50～59	60＋
1985	14	21	18	14	18	7	4	4
1986	14	21	17	14	20	8	3	3
1987	11	21	15	15	18	10	5	5
1988	12	20	12	13	20	11	5	7

续前表

年龄组	12～15	16～20	21～24	25～29	30～39	40～49	50～59	60＋
1989	11	19	14	16	18	12	4	7
1990	11	20	11	14	20	12	5	7
1991	12	19	12	12	19	13	5	8
1992	13	16	11	11	19	15	7	8
1993	9	17	10	13	19	15	7	11
1994	10	14	11	10	18	16	8	12
1995	9	16	11	12	20	16	7	10
1996	11	16	11	11	18	16	8	8
1997	9	17	11	12	19	15	9	9
1998	10	18	9	10	17	16	11	9
1999	11	20	10	12	18	14	7	8
2000	10	17	11	12	18	14	10	8
2001	12	16	10	9	19	17	9	8
2002	10	17	12	11	17	15	8	9
2003	11	16	12	9	19	14	11	8
2004	11	17	10	9	18	16	10	9
2005	12	16	10	11	17	15	10	10

观赏频率（%）

	总观影人数（12岁以上）		成人（18岁以上）		青少年（12～17岁）	
频率	2005	1981	2005	1981	2005	1981
经常[a]	24	25	21	22	47	50
偶尔[b]	34	29	33	30	41	32
很少[c]	13	10	14	10	8	5

[a] 一个月至少看一次。

[b] 2～6个月至少看一次。

[c] 6个月内不到一次。

资料来源：MPAA study conducted by Opinion Research Corp.

表 S3—2　按部门划分的美国艺术家的总收入和营业收入，1972—1979 年

	总收入（千美元）		营业收入（百万美元）		边际利润（%）	
年度	剧院	电视	剧院	电视	剧院	电视
1979	380 997	57 000	23.2	18.9	6.1	33.2
1978	294 490	76 010	31.8	19.1	10.8	25.1
1977	318 483	59 691	38.7	16.8	12.1	28.1
1976	229 482	55 543	16.6	10.9	7.2	19.6
1975	187 399	29 626	14.2	4.8	7.6	16.2
1974	142 667	40 606	8.0	8.7	5.6	21.4
1973	163 843	51 725	14.8	14.1	9.0	23.3
1972	152 749	50 620	9.1	11.0	6.0	21.7

资料来源：UA-Transamerica corporate reports.

表 S3—3　美国电影票的平均价格，1933—1962 年[a]

年度	门票（美分）	年度	门票（美分）
1933	23	1948	40.1
1934	23	1949	46
1935	24	1950	52.8
1936	25	1951	52.8
1937	23	1952	60
1938	23	1953	60
1939	23	1954	44.7
1940	24.1	1955	49.8
1941	25.2	1956	49.7
1942	27.3	1957	50.5
1943	29.4	1958	50.5
1944	31.7	1959	51
1945	35.2	1960	69
1946	40.3	1961	69
1947	40.4	1962	70

[a] 1942—1953 年，电影票征收娱乐税。1942 年，娱乐税是 2.7 美分；1953 年，10 美分。所提供的年份数据都包含了娱乐税。

资料来源：*Real Facts* © Random House，Inc. 至 1962 年，统计数据由《电影日报年鉴》（*Film Daily Yearbook*）编制。从 1963 年开始，数据来源于美国电影协会（Motion Picture Association of America）的研究部门。

表 S3—4　七个主要发达国家电影院的大致入场人数[a]，1980—2009 年

年度	英国	法国	德国	意大利	日本	荷兰	西班牙
2009	173.5	200.9	144.0	111.2	169.3	27.2	109.5
2008	164.2	189.7	123.6	111.6	160.5	23.6	107.8
2007	162.4	177.5	121.7	116.4	163.2	23.1	116.9
2006	156.6	188.7	136.7	106.1	164.3	23.4	121.7
2005	164.6	175.4	125.3	105.6	160.5	20.6	127.7
2004	171.3	195.3	156.7	116.3	170.1	22.3	143.9
2003	167.3	174.1	149.0	110.5	162.3	24.7	137.4
2002	175.9	183.0	163.9	115.6	160.8	24.1	139.0
2001	157.0	184.4	177.9	110.4	163.3	23.9	146.8
2000	143.6	166.0	152.5	106.5	135.4	21.5	135.4
1999	140.3	153.6	149.0	105.0	144.8	18.6	131.4
1998	136.5	170.1	148.9	118.4	153.1	20.1	112.1
1997	140.4	148.1	143.1	100.4	140.7	18.9	105.0
1996	125.1	136.6	132.9	95.9	119.6	16.8	104.3
1995	116.1	130.2	124.5	90.7	127.0	17.2	94.0
1994	125.1	124.4	132.8	98.2	123.0	16.0	89.1
1993	114.4	132.7	130.5	92.2	130.7	15.9	87.7
1992	102.5	116.7	105.9	83.6	125.6	13.7	83.3
1991	101.5	117.5	119.9	88.6	138.3	14.9	79.1
1990	96.4	121.9	102.5	90.7	145.5	14.6	78.5

续前表

年度	英国	法国	德国	意大利	日本	荷兰	西班牙
1989	91.6	120.9	101.0	94.8	143.6	15.6	78.1
1988	83.5	124.8	108.9	93.1	144.8	14.8	69.6
1987	78.4	136.7	108.1	108.8	143.9	15.5	85.7
1986	74.0	167.8	105.2	124.9	160.8	14.9	87.3
1985	70.2	175.0	104.2	123.1	155.1	15.3	101.1
1984	53.8	190.8	112.1	131.6	150.5	16.5	118.6
1983	65.7	198.8	125.3	162.0	170.4	20.2	141.0
1982	64.0	201.9	124.5	195.4	155.2	22.0	155.9
1981	86.0	189.2	141.3	215.2	149.5	26.7	173.0
1980	101.0	174.8	143.8	241.9	164.4	27.9	176.0

[a] 以百万计。

资料来源：每年各国的统计数据，贸易出版物，以及《银幕文摘》(*Screen Digest*)。

表 S11—1 **赌博的原因**

下注原因[a]	%	不下注原因[a]	%
为了有一段愉悦的时间	81	没法下注	48
兴奋	47	不了解	27
挑战	35	不感兴趣	26
为了赚钱	35	另有事情要做	23
为了打发时间	23	没考虑过	22
期待一些东西	21	赔率不利于自己	22
致富的机会	11	不想输钱	16
纯粹的活动原因	94	没有钱玩	16
纯粹的金钱原因	43	浪费金钱	14
		非法	10
		运气不佳	8
		纯粹金钱原因	53
		纯粹活动原因	55
		纯粹道德原因	8
		纯粹法律原因	12

[a] 从提供的 11 个下注的选项以及 18 个不下注的选项中，受访者可以选择 1 项、2 项或者 3 项。

资料来源：U. S. Congress (1976).

表 S11—2 **内华达州和新泽西州赌场产业统计，1980—2009 年**

	拉斯维加斯			大西洋城	
	酒店/汽车旅馆客房总数	酒店平均入住率 (occ.)	赌场面积(平方英尺)	酒店房间总数	赌场面积(平方英尺)[b]
1980	45 815	82.8		3 257	270.0
1981	49 614	80.5		4 781	412.1
1982	50 270	76.1		4 770	425.8
1983	52 529	77.4		4 779	422.7
1984	54 129	78.1		5 494	510.1

续前表

	拉斯维加斯			大西洋城	
	酒店/汽车旅馆客房总数	酒店平均入住率（occ.）	赌场面积（平方英尺）	酒店房间总数	赌场面积（平方英尺）[b]
1985	53 067	84.7		6 342	577.7
1986	56 494	86.3		6 351	593.6
1987	56 474	87.0		6 835	664.5
1988	61 394	89.3	1 206.6	7 314	696.2
1989	67 391	89.8	1 261.8	7 584	648.6
1990	73 730	89.1	1 557.9	8 828	770.5
1991	76 879	85.2	1 570.2	9 419	775.2
1992	76 523	88.8	1 584.5	8 961	777.7
1993	86 053	92.6	1 539.0	8 946	797.2
1994	88 560	92.6	1 954.0	9 227	839.9
1995	90 046	91.4	2 013.3	9 398	875.2
1996	99 072	93.4	2 203.0	10 531	987.3
1997	105 347	90.3	2 302.8	11 894	1 040.6
1998	109 365	90.3	2 387.0	11 880	1 075.5
1999	120 294	92.1	2 576.8	11 361	1 043.2
2000	124 270	92.5	2 653.5	11 361	1 047.5
2001	126 610	88.9	2 734.3	11 431	1 067.5
2002	126 787	88.8	2 824.9	11 711	1 105.3
2003	130 482	89.6	2 877.3	14 249	1 239.8
2004	131 503	92.0	2 862.0	15 132	1 264.3
2005	133 186	91.8	2 981.3	15 122	1 298.7
2006	132 605	93.2	2 938.2	15 134	1 256.7
2007	132 947	94.0	2 832.4	14 575	1 274.2
2008	140 529	89.8	2 872.4	17 060	1 335.3
2009	148 941	85.3	2 897.2	17 106	1 316.7
CAGR[a] 1980—2009（%）	4.1			5.9	

[a] 复合年均增长率。

[b] 不包含远端即时同步广播（simulcasting）。

资料来源：Nevada Gaming Abstract，New Jersey Casino Control Commission，and www.gaming.unlv.edu.

表 S11—3　　克拉克县（包括拉斯维加斯）旅馆赌场的部分财务数据，2009 财年（149 个地点）

赌场部		
收入（百万）	美元	%
赌区收入（包括金路和宾果）	2 634	29.7
投币式设备	5 902	66.5
扑克和 Pan	164	1.8
赛马赌注	74	0.8

运动赌注	15			1.2
收入总额	8 878			100.0
客房部				
收入	美元			%
客房销售	3 047			78.4
免费客房	840			21.6
收入总额	3 888			100.0
比率				
流动资产总额与流动负债总额之比				179.2%
总资本与总负债之比				69.6
总的免费费用与博彩收入之比				24.2
总收入与平均总资产之比				29.8
投资资本回报率[a]				−7.1%
平均资产回报率[b]				−6.1%
统计平均值				
赌区每房每天平均收入	72.01 美元		每房每天平均饮料销售	31.35 美元
每房每天投币式设备平均收入	161.36 美元		每房每天平均应付工资	28.58 美元
每房每天平均食品销售	75.42 美元		每日平均房价	106.30 美元
赌场每层楼每平方英尺收入				
区域	赌场运营数量		平均面积（单位：平分英尺）	每平方英尺赌场收入
赌区（包括金路和宾果）	102		10 349	2 490
投币式设备	149		33 068	1 198
扑克和 Pan	65		2 288	1 092
赛马和体育	84		4 275	493
赌场总收入	149		43 561	1 368

[a] 等于总的净收入（不含联邦收入税和额外项目）及利息支出，除以减去平均流动负债额的平均总资产。

[b] 等于总的净收入（不含联邦收入税和额外项目）及利息支出，除以平均资产总额。

资料来源：Nevada Gaming Control Board.

表 S13—1　　百老汇剧院统计，1970—2009 年

演季开始年份	观演人数（百万）	每张票平均价格（美元）	演出周数	戏剧		音乐剧		总盈利（百万美元）	
				新剧	重演剧	新剧	重演剧	百老汇	巡演
1970	7.400	7	1 107						
1975	7.182	10	1 136	18	21	16	5	70.8	52.6
1976	8.815	11	1 348	24	9	10	8	93.4	82.6
1977	8.621	12	1 360	20	7	7	5	103.8	106.0
1978	9.116	14	1 472	22	5	17	3	128.1	143.9
1979	3.381	15	1 541	29	7	20	5	143.4	181.2
1980	10.822	18	1 545	25	7	19	7	194.5	218.9
1981	10.694	22	1 461	24	4	12	4	221.2	249.5
1982	8.102	25	1 259	24	9	13	4	203.1	184.3
1983	7.899	29	1 119	14	7	11	4	226.5	206.2

续前表

演季开始年份	观演人数（百万）	每张票平均价格（美元）	演出周数	戏剧		音乐剧		总盈利（百万美元）	
				新剧	重演剧	新剧	重演剧	百老汇	巡演
1984	7.157	29	1 062	14	9	5	2	208.0	226.0
1985	6.527	29	1 049	12	9	11	1	190.6	235.6
1986	6.968	30	1 031	15	11	11	2	207.2	224.3
1987	8.143	32	1 114	11	3	14	3	253.5	223.0
1988	7.968	33	1 097	13	7	7	1	262.1	255.5
1989	8.039	35	1 062	15	5	9	5	283.4	367.1
1990	7.314	37	970	14	1	9	3	267.2	450.2
1991	7.366	40	901	15	10	7	3	292.4	502.7
1992	7.857	42	1 018	8	10	9	0	327.7	620.6
1993	8.116	44	1 062	12	10	6	7	356.0	687.7
1994	9.045	45	1 117	8	11	2	3	406.3	694.6
1995	9.468	46	1 146	8	13	7	4	436.1	762.3
1996	10.318	48	1 440	10	11	7	4	499.4	752.9
1997	11.283	49	1 440	10	9	9	3	557.3	794.1
1998	11.605	51	1 440	11	7	11	5	588.1	711.4
1999	11.365	53	1 452	11	6	10	3	602.6	584.5
2000	11.938	56	1 485	9	7	6	4	665.6	615.6
2001	10.958	59	1 430	10	11	6	3	642.5	630.1
2002	11.389	63	1 501	8	10	7	6	720.6	648.2
2003	11.605	66	1 452	12	10	8	5	771.0	751.3
2004	11.527	67	1 495	11	12	11	3	768.6	649.5
2005	12.003	72	1 500	16	5	13	3	861.6	513.9
2006	12.310	76	1 505	9	8	11	5	938.5	499.4
2007	12.270	76	1 559	10	13	8	5	938.7	696.4
2008	12.542	78	1 539	8	16	10	4	919.9	652.2
2009	11.844	86	1 464	13	9	10	6	1 020.2	626.7

资料来源：*Variety* June issues and League of American Theatres and Producers.

术语表

这份专有名词汇编的资料来源主要有二：唐·德尔森（Don Delson）的《电影产业营销和相关术语词典》（*Dictionary of Marketing and Related Terms in the Motion Picture Industry*），1979年由布拉德森（Bradson）公司出版；以及麦格劳-希尔（McGraw-Hill）公司1974年出版的《麦格劳-希尔经济学词典》（*The McGraw-Hill Dictionary of Economics*）。其他补充材料还包括美国商务部出版的《经济和统计术语词典》（*Dictionary of Economic and Statistical Terms*），以及奥基（Oakey，1983）、科尼斯伯格（Konigsberg，1987）和康斯（Cones，1992）等。

A

Above-the-line costs 线上成本 电影制作期间包括取得故事版权和电影剧本，以及招聘制片、导演和主要演员的相关费用。

ADI（area of dominant influence）主要影响区 美国国家研究局（ARB）所做的一种受众市场分类，载明在特定市场区域内，相较于其他市场区域电台，当地电台所拥有的部分或全面的信号影响力优势，通常泛指电视广播区域，类似尼尔森的指定市场区域（DMA）。

Advance 预付款 放映商在电影首映之前，支付给发行商的部分费用，作为预付的电影租金。与保证金不同，如果电影票房无法达到一定水平，这笔预付款将会退还给放映商，而这一部分并不属于发行商的电影租金收入。

Affiliate 联播会员 在特定期间内，播放联播网节目的独立电视台。美国三大联播网（ABC、NBC、CBS）各自拥有大约200家会员。福克斯则有大约160家会员。

Aggregate 总计 多数统计报表中常见的摘要方式。通常采用总额计算，例如国内生产总值或零售额等。不过有些时候采用平均数，例如工业生产指数或批发价格指数等。

AM（amplitude modulation）调幅 利用电波的振幅变化来传送声音的广播技术。频率介于535～1 705千赫之间的一种广播形式。其信号接收途径有二，一种是通过绕行地球表面的地波，另一种则是通过天波，从电离层折返地面。AM信号易受到大气或地面的干扰，但不易被地形或物质阻碍。

Amortization of debt 债务分期偿 在特定期间内，通过利息支付和部分本金清偿逐步减少债务。一般而言，债务摊销的信用期间往往超过一年。以常见的房屋抵押贷款为例，摊销期间可以长达20年以上。

Amortization of negative costs 负片成本摊销 负片成本被计入电影成本的一种会计流程。

Answer print 校正拷贝 经由原始负片制作出来的第一份拷贝，无论声音还是色调都经过调校。

ARB（American Research Bureau）美国研究局 负责全美国电视和广播研究。历年来，ARB出版了无数的受众调查报告，针对特定地区或全国，评比特定媒体受众的收视和收听习惯。

Aspect ratio 画面比例 电影和电视画面的宽高比例。

Asset 资产 企业或个人所拥有的，具价值的实体或无形财产。资产价值除了作为生产未来服务之用外，也是确保未来获利的关键。

Asset value 资产价值 为了掌握资产的未来获利和现金创造潜力，投资者愿意对于资产付出的隐含价格。资产价值会随着经济情势、利率和预期报酬等因素变动。

Audience，primary or target 主要（或目标）受众 对于某项信息感兴趣和受到吸引，并且最可能优先采取行动的特定受众族群。

Availability 可得性 （1）发行商同意放映商在特定市场进行影片商业放映的日期；（2）可供购买的广播和电视节目商业广告时段。

B

Bandwidth 带宽 一种衡量频道信号传输能力的方法，包括频次和传输内容上下限。例如，电视频道的带宽大约6兆赫（MHz）。

Basic service 基本服务 有线电视初期通常包括12～20个由广告赞助支持的无线和卫星频道。

Below-the-line costs 线下成本 不同于线上成本的相关电影制作费用和支出，包括临时演员、艺术和布景、拍摄、戏服、交通等。

Bicycling（print）跑片 在电影拷贝有限的情况下，为了使几家电影院同时放映一部电影，由跑片员骑车来回穿梭运送拷贝。

Bid 投标 一种书面通知，由电影放映商向发行商提出申请，争取在特定的市场时点，播放经过发行商授权的电影。投标内容包括播放时间、净空权。

Bid request 投标邀请 一种书面通知，由发行商知会所有电影放映商，可以书面向发行商提出投标申请。申请内容通常包括播放时间建议、预付金、影片租金、广告条款及截止日期等。投标邀请会载明在特定时间之前公布结果，一般在10日之内。

Blind bidding 盲目投标 电影发行商惯用的营销手法，将未完成的影片通知有兴趣的放映商，吸引通过投标提出在特定市场播放授权电影的申请。

Block booking 买片花 1948年，派拉蒙案宣告，美国主要发行商不得在特定市场内，采用买片花（也称夹片制）销售更多影片的营销策略。上述判例的基本前提是，每一部影片的授权是各自独立的，不同电影院之间也相互独立，以提供放映商更多公平放映电影的机会。

Bond 债券 （1）一种书面凭证，同意在未来约定的日期，偿还一笔约定金额（本金）并按固定利率支付利息；债券的发行单位包括企业、州政府、海外政府及美国政府等，最长期限可达10年以上。（2）在电影产业中，完工担保债券（completion bonds）带有保险意涵，确保发行商和投资者不会因为电影未完成而造成投资亏损。

Booker 登记员 负责监控实际电影拷贝的流通，并阻止非法交易的人。

Book value 账面价值 根据会计方法评估出来的公司价值。计算方式是将资产减去负债，余额代表公司账面价值。账面价值也称为净资产（net asset）。假设公司资产 30 万美元，负债 10 万美元，则账面价值为 20 万美元。在公司财务报告中，账面价值经常以每股方式表现，也就是账面价值总额除以股份总数。在上述例子中，如果流通在外股数为 1 万股，则账面价值为每股 20 美元。另外，账面价值不同于每股账面价值和市场价值。

Box-office receipts 票房收入 观众购票进场欣赏一部电影所带来的放映收入。

Branch 发行商分点 由电影发行商在特定城市，派遣专人负责影片授权，提供合法拷贝及收取权利金的办公驻点。一般都设在主要放映商附近区域内。目前主要发行商在全美大约有 12～30 个城市分点，驻点人员包括经理、销售代表、布克员、出纳和办事员等。

Break 攻势/插播 （1）电影在特定市场不同阶段的上映攻势（第一轮、第二轮），包含在一系列电影院及特定日期放映。（2）广告插播时间，包括在某个特别节目时段，或是两个电视或广播节目之间。

Breakeven point 盈亏平衡点 对于企业而言，一个“没有获利也没有亏损”的销售数量；高于此点，则企业开始获利，反之则出现亏损。盈亏平衡点分析主要用来计算不同生产水准之下的收益和损失情况，采取这项工具，每项支出都会被区分为固定成本（与产量无关的成本）和变动成本（随产量增加的成本）。

Business cycles 商业周期 景气循环分为四个阶段：扩张，商业活动达到最高点；持平，商业活动达到并维持短期高峰状态；紧缩，商业活动从高峰下滑，持续触到低谷为止；复苏，商业活动持续在低谷盘旋，之后开始反弹。

C

Cable TV 有线电视 通过有线方式传送信号的电视服务，不同于传统电视、广播的电波传输。有线电视服务在偏远地区更为重要，此外也使得受众能够看到免费广播电视所没有的电影、运动竞赛等类型节目。

Capitalized value 资本化价值 根据资产未来潜在收入来换算成当前价值的一种技术。为了计算当前价值，未来的收入必须被折算为现值，也就是用利息来折抵未来收入总额实现的时间成本。假设一项资产具有未来收入流量，其资本化价值就是利用逐年所得折算现值后加总，公式为 $I/(1+r)^t$，其中 I 为年所得，r 为当前利率，t 为年数。在投资者面对两种资产选择时，可以利用上述公式做出比较；不过这种做法并未分析潜在风险。

Cash flow 现金流量 利润和备抵折旧的总额（许多经济学家用保留盈余取代收益，保留盈余是扣除税负和股息支付之后的利润）。其中毛现金流量是总利润和折旧之和，而净现金流量则是保留盈余加上折旧。因此，现金流量代表企业作为内部投资、扩大厂房设备和营运之用的现金总额。对现金流量而言，历年备抵折旧成长比保留盈余更为重要，为使娱乐产业的资产容易比较，企业通常极为重视现金流量。

Clearance 净空 特定电影院要求在特定市场内，拥有授权电影的独占播放权。净空权可能指在整个地区内的独占播放权，也可能是指禁止某些邻近的或互相竞争的电影院播放。

Commercial 商业广告 具备某种收入形式的电视广播节目广告，也称插播广告（spot announcement）。

Common stock 普通股 公司的主要股份形式，凡是公司的普通股持有人，就是公司资产的所有人之一，可以享有包括盈余分配、剩余财产分配、股份转让权，以及选举董事会的权利等。股东具有股东大会的投票权，并领取公司股利。

Competition 竞争 一种普遍的市场状况。经济学上所说的竞争从完全竞争（perfect competition，即许多企业销售完全相同的产品或服务）到寡头垄断（只有少数几家大型企业，彼此的市场行为互相影响）等。早期经济学家认为完全竞争是最有效率的市场，可以让消费者用最低价格买到产品或服务。

Complementary goods 互补商品 两种产品之间必须互相搭配才有用（例如，左脚鞋和右脚鞋就是完全互补商品）。相反，人造黄油和奶油之间是近似替代（close substitutes）的关系。

Compulsory license 强制许可 由美国国会立法允许有线电视系统，在所属地理区域内，无需任何费用就能传送的电视信号。

Contract 合同 发行商和放映商相互授权在特定电影院放映电影的协议，内容包括影片租金、播放时间长度、净空及广告条款等。

Convertible debenture 可转换公司债 一种由公司发行的证券，允许持有人选择转换为公司的其他证券（通常是普通股，偶尔是特别股）。可转换公司债能够在约定期间，以约定价格转换为一定数量的股票。

Correlation 相关 一种统计技术，探讨某项经济因变量和另一项或多项自变量之间的关系。此技术主要用在商业预测，当使用的自变量超过一个时，称为多元相关。

Cost per thousand 每千人成本 将平面或广播电视广告的总成本除以估计的受众数量，其中受众数量以千人为单位。

Cost recovery 成本收回 一种摊销的会计方式，所有的成本认列依据总体收入，直到累积收入等于累积成本后，才开始认列获利。这种财务报告方式不被一般会计准则接受。

Cross-collateralization 交叉担保 在电影和音乐的发行实务中，经常被要求在特定的地区、国家范围内，用某一部影片（或唱片）的收益来抵消另一部影片（或唱片）的亏损。这种做法明显对发行商有利。

Current assets 流动资产 作为企业经营使用的现金，或其他在一年之内能够转换为现金的资产，包括银行存款、应收账款、原料、存货、可变现有价证券以及预付款等。

Current liabilities 流动负债 一年之内必须清偿的债务，包括应付账款、应付工资、利息及应付股利等。

D

Day and date release 同步上映 一部电影在同一区域内两家以上的电影院同步（同一日期、同一时间）上映。也指一部电影在两个或更多市场（例如同时在洛杉矶和纽约）同步首映。

Debenture 公司债券 由公司发行的一种有价证券，发行公司承诺在未来约定日期偿还一笔约定金额（本金），并以固定利率支付利息。

Demand 需求 个人购买一项产品或服务的意愿、欲望和能力。欲望并不等于需求，因为消费者同时必须具备足够的资源和能力，才能将欲望转换为需求。购买者对于特定产品的需求，代表在特定时点下，针对产品的不同价格水平，购买者所愿意且能够购买的数量。上述需求数量和价格之间的关系，可以通过图表来呈现，也就是需求曲线（demand curve）。需求反映的是在其他因素保持不变的前提下，需求数量和价格之间的关系。

Depreciation 折旧 固定资产价值的削减。主要原因包括腐朽和老旧（由于资产使用所造成的价值减损）；随着资产的持续使用，其价值会不断递减，直到价值完全耗尽为止。资产的年折旧金额视其最初购买价格、预期使用年限以及最后的残值而定。资产折旧的处理方法有很多，经常采用的是简单直线折旧法，也就是把折旧视为时间的函数，每年折旧成本等于资产总成本（最初购买价格减去最终残值）除以折旧年限。

Designated market area 指定市场区域 尼尔森所采用的受众市场分类，指当地电台（或电视台）在该市场拥有部分或全面的主导优势。类似阿比创的主要影响区（ADI）。

Direct-distribution expense 直接发行费用 电影发行的相关支出。其中最大的两个支出项目分别是拷贝成本以及广告和宣传成本。其他还包括检核成本、运输费用、联合商会费用、评估费用、市场研究和税负等。

Discount rate 贴现率 （1）美国联邦储备银行会员借入准备金时所负担的利率。（2）银行为制片发行合同提供融资时所折算的报酬率。

Discounted cash flow method 现金流量折现法 一种衡量资本投资收益的方法。某一投资项目的价值依照某一特定利率的未来总收益加以折现，这项方法较其他投资收益衡量方法更为精确，因为它同时把资金的时间价值考虑进去。通过这一方法，投资项目的报酬率可以和公司设定的标准进行比较，以决定要接受或拒绝此投资。

Discretionary spending 可自由支配开支 由美国产业咨询委员会（National Industrial Conference Board）所提出，用来反映消费者支出水平的指标，衡量的是在扣除必要性或强制性支出后，消费者能够自由支配的收入金额。

Distribution fee 发行费用 由电影发行商根据票房收入估算出来的一个合同比例。用以计算发行商获得的额外报酬（也就是利润分红）。

Drop 代币 一种赌博用语，意指等值于现金、借据（IOUs）以及其他存款的一种媒介，可以用在赌桌或吃角子老虎机上。

E

EBITDA 税息折旧及摊销前利润 被用于衡量现金流量的一种指标，适用于媒体和旅游相关行业。不过，近年来EBITDA已经逐渐失去优势，因为它无法涵盖偿还债务利息、购买新项目、服务或设备所需的现金流量。面对快速的技术和产业变革，上述购买行为往往需要大笔现金，金额经常超过折旧和摊销费用。

Econometrics 计量经济学 经济学的一门分支，主要通过数量统计方法，表达及验证经济理论，关注的是以数学模型来对经济变量之间的关系进行实证探讨。计量经济学试图找出各种经济因素之间的因果关系，以对未来的经济情况提出预测，以及作为经济政策选择的参考。经济理论能够提供经济问题的定性分析，但唯有计量经济学能够为这些分析提供定量的证据。

Economic growth 经济增长 一国或一个区域内，生产产品和服务的能力增长的速度。通常经济增长率是用国民生产总值（GNP）的年成长率来衡量的，当然必须针对物价加以调整。

Economic model 经济模式 利用数量模型表示的经济理论。经济模式是一种常见的分析工具，反映的是真实世界的简化样貌。

Economics 经济学 关于生产、分配和财富消费的一种社会研究取向。

Elastic demand 弹性需求 一个特定因素的百分比变动，导致需求发生变动的程度。例如，假设产品价格提高，购买者会倾向减少购买，其中价格变动率和购买量变动率之间的关系，就是需求弹性，表示方式为购买量变动的百分比除以价格变动的百分比。

Elasticity 弹性 一个变量发生微小改变，导致另一个变量变动的程度。

Equilibrium 均衡 代表经济体系的一种状态，所有可能导致改变的力量互相平衡，因此整体的变动倾向为零。当一个经济体系在一段时间内所有重要变量都保持不变时，就被视为均衡状态。

Equity 股东权益 （1）指对某一企业的资本投资总额。它代表公司所有权的结构，会计上的计算方式是将公司的资产减去负债。（2）美国演员的工会——演员权益协会（Actor's Equity Assiciation）的缩写。

Excess reserves 超额准备金 联邦储备银行所属的会员银行，自行拥有的存款或是现金，超过法定存放于联邦储备银行或本身金库的准备部分。超额准备金是衡量银行是否有能力投资政府公债或对消费者融资的重要指标。因此，假设联邦储备银行希望提振低迷的经济，可以从民间经销商大量买入政府公债，借此增加会员银行的储备金，反之亦然。

F

Film rental 影片租金 放映商支付给发行商作为影片授权公开放映的租金费用。通常计算方式以 7 天连续放映为基础（例如本周三到下周二，或是本周五到下周四，取决于电影首映日期）。影片租金的计算方法有很多种，包括 90：10 拆账、弹性制（sliding scale）、固定比率（fixed percentage）、底价制（minimums，floor）、定额制（flat-fee）等。影片租金的收入拆账比例，通常会从首映后每周发生调整，发行商比重逐渐降低，放映商则逐渐提高。

FM（frequency modulation）调频 利用电波的频率变化来传送声音的广播模式。其频率介于 88 兆赫至 108 兆赫之间。FM 信号不受大气干扰，拥有高保真和直线传送的特性，但却很容易受到地形或物质的阻碍。

Foreign exchange 外汇 一国居民可据此要求兑换另一国货币的所有货币工具。外汇是一国和另一国结清交易款项的主要工具。

Four-wall 包租影院 一种发行商和放映商之间的协议形式，无论票房如何，发行商每周支付固定金额的租金给放映商。此外，发行商负责所有的广告活动，并派人于电影院管理和收取每日票房收入。实质上，这意味着对放映商而言没有风险；而发行商虽然承担较大风险，但一旦电影卖座，就可以获得最大票房收益，在扣除广告、管理和租金成本后，所有票房收入都被发行商收入囊中。

Franchise 特许经营权 （1）有线电视系统商和政府之间的协议，定义在特定区域内有线电视建设和营运的权利义务。（2）团队所有权人和区域联盟会员之间的协议。

Free reserves 自由准备金 超额准备金减去银行向联邦储备银行借入款项的部分。相较于超额准备金，自由准备金是衡量银行扩张融资和投资能力的更佳指标。此外，会员银行的自由准备金数量，也是联邦储备银行货币政策的重要指标。

G

Gross domestic product（GDP）国内生产总值 一个国家在一定时期内所生产出的一切产品和服务的总价值，无论产出是由本国居民抑或外国人所创造。GDP 与 GNP 不同，GNP 衡量的是一国居民所创造出来的产出总值，而不论是在何地创造。对美国而言，这两项指标之间的差异很小。参考国内生产总值。

Gross national product（GNP）国民生产总值 衡量一国产出的产品和服务总价值的全面性指标。在美国，GNP 除了包含所有产品和服务的美元价值外，还把许多非市场活动的价值也包含进去；例如自用住宅的租金价值、农民自产自用的农产品价值，以及家庭主妇的家务劳动等。GNP 只衡量最终产品和服务的价值：例如，一双鞋的制造成本 2.5 美元，批发价格 4.5 美元，消费者最终购买的价格是 6 美元，则最后只有 6 美元被计入 GNP（而非 13 美元）。

GRP（gross rating point）总收视率（毛收视率） 衡量家户或目标受众曝露在特定广播电视或杂志广告的总比率（报纸的GRP难以获得）。GRP就是所有时段收视率（或收听率）的总和；需要注意的是，虽然1%的收视率代表有1%的收视人口观看到了广告，但100%的GRP并不意味着涵盖所有受众，因为它并未剔除重复观看的受众。GRP可以用“到达率”（reach）乘以“接触频率”（frequency）来计算。

Gross rentals 租金毛收入 在发行商和放映商协议的分配比例之下，发行商所能获得的票房租金总额，也称收入毛额（gross proceeds）。

Gross win 总赢得 赌场专用术语，等于其他产业所说的收入总额或销售额。总赢得还必须扣除相关的赌场营业费用。

H

Handle 下注金额 博彩业专用术语，形容每次赌博活动中下注的彩金总额。

Head end 首端 有线电视系统的电子信息中心以及信号处理设备。

Hold 保有金额 赌场用语，指赌博中庄家所保有（赢得）的代币数额；也可以用保有的代币百分比来表示，此时称为保有百分比（hold percentage），速记称为win。

Holdover figure 续映票房 足以支撑电影持续再上映一周的最低票房收入，这项指标由发行商和放映商协议商定，作为双方检视电影是否继续上映的标准。达到这一标准，则电影将继续播放，否则就会下片。

Homes passed 涵盖户数 有线电视系统业者足以提供服务的市场家户数目。当然，这并不意味着这些家户都会选择接入有线电视。

Homes using television 开机率 在特定时间内，观赏电视的家庭占所有家庭数量的百分比。这是基于受众衡量技术所作出的推论。

I

Income effect 收入效应 主要用于需求分析，由于价格变化导致消费者的实质购买力发生改变，会对购买数量产生影响。当产品价格下跌时，若消费者所得不变，他将可以买到更多的此产品或其他产品；若产品价格上升，则发生相反的情况。通过无差异曲线分析，我们可以把所得效应从替代效应（substitution effect）中分离出来。

Indifference curve 无差异曲线 一种图形分析工具，反映的是在总满意程度不变的前提下，两种产品的不同组合关系。例如，消费四磅牛肉和消费一磅鸡肉所带来的满足程度可能是一样的。假设两种商品可以彼此替代，则我们可以列出两种商品数量的无数种组合，所有组合都可以带来相同的总效用。若上述不同产品组合被描绘到坐标体系上，X轴代表一种商品，Y轴代表另一种商品，则联结不同产品组合便会形成一条无差异曲线。

Inelastic demand 无弹性需求 表示无论产品的价格如何变化，产品的需求量变动都极其微小。对无弹性需求的产品而言，价格的大幅降低也只会导致购买量的小幅增加。需求弹性的计算方式是购买量的变动百分比（特定期间内）除以价格变动的百分比。

Inflation 通货膨胀 一般物价水平的持续上涨。通货膨胀会导致消费者的实质购买力下降。

Interest 利息 特定期间内使用金钱所必需支付的费用。个人、企业和政府都会通过借贷来使用金钱。对企业而言，会透过借入金钱（并支付利息）来购买有助于提升生产力的厂房、机器设备等资本。

Inventory 存货 企业所储存的各种产品，以满足市场立即性的需求，并确保公司正常营运不受干扰。在制造业，库存不仅包括已经完成等待装运销售的产品，也包括购入的原料，以及生产和配销所需的众多资源项目。

L

Labor force 劳动力 依照美国劳动局及人口统计局的定义，指 16 岁以上，目前已经就业或正在找工作的人口。

Legs 续映潜力 一部电影足以吸引广大观众兴趣，可以在电影院放映更久时间。

Liabilities 负债 无论个人、合伙企业或公司所积欠其他人的债务金额。换一个角度，代表拥有债券的个人或公司具有货币求偿权利。在会计实务上，负债分为短期和长期、担保和无担保，短期负债代表清偿期限在一年之内。

Local Marketing Agreement（LMA）当地营销协议 一种广播产业用语，代表两个在相同区位内各自独立的电台，通过彼此的节目安排和广告交换，达到节约营销成本的目的。

M

Macroeconomics 宏观经济学 经济学的分支之一，主要关注总体经济状况而非个体。它关注总体经济规模、形态以及功能，而非个体的经济行为；关注一般价格水平，而非个别产品价格；关心全国产出或所得，而非个人或企业所得，关心总体就业水平，而非个人就业。

Make-good 补偿广告 媒体承诺重播一次广告并且不额外收费。一般而言，补偿广告的价值大于或等于最初约定金额，以此弥补收视率未达预期所产生的落差。

Marginal cost 边际成本 每增加一单位产出所额外增加的成本。例如，公司每天生产 2 部机器，总成本 1.3 万美元，生产 3 部则需要 1.8 万美元，则第 3 部机器的边际成本为 5 000 美元。边际成本可能保持不变、提高或降低。边际成本在企业决定生产量时，扮演着非常重要的角色。完全竞争市场的企业，面对已知的市场价格水平，会增加产量直到边际成本等于市场价格，此时称为最佳收入产出点。不完全竞争市场的企业，则以边际成本等于边际收益（指每增加一单位产出，可以增加的销售收入）来极大化总收益。对于多数企业而言，边际成本最初下降，然后开始逐步上升，其曲线形态取决于企业的生产函数。

Marginal revenue 边际收益 每增加一单位产出，可以增加的销售收入。

Margins 边际（详见“利润边际”）。

Market share 市场份额 公司销售额占市场总销售额的比例，可以单位或数量计算。计算基础是基于特定时间的实际销售或潜在销售。

Mechanical rights 灌录版权 重制和再发行受版权保护作品的权利，上述版权经常以“每单位”（per copy）计算。

Microeconomics 微观经济学 经济学分支之一，考量的是经济个体而非总体，研究个别企业而非总体经济状况，研究个体消费而非总体人口统计，个别产品而非总体产出。微观经济学处理不同产业、产品以及企业的产出分配，以及不同资源用途间的竞争取舍，它关心的是特定产品的相对价格，以及所得分配的问题。

Model 模型 在计量经济学中，借由一个或一个以上的方程式组合，描绘出观察资料变量之间的因果关系。同样地，理论也是透过数量符号或图示加以表现。

Modern portfolio theory 现代投资组合理论 提供投资管理者有效分析和评估投资组合，以及控制投资风险和报酬的理论。

Monopoly 垄断 只有一个卖方的市场结构，在垄断市场上，唯一的卖方具有掌控设定产品市场价格的能力，因为市场上不存在任何替代产品。卖方可以通过提高价格、减少产出来极大化自身利益。

Monopsony 买方垄断 只有一个买方的市场结构，在买方垄断市场上，唯一的买方具有影响产品价格的能力，通常以低于竞争市场的价格和数量，来极大化本身利益。

MPEG（motion picture experts group）动态影像专家组 一般指该专家组制定的几种视频影像标准格式。其中一种发展于20世纪90年代早期，称为MPEG-1，最初用于CD-ROM系统，传输速率1.56Mbps（每秒1.56百万比特），分辨率为352×240，帧率为每秒30帧。MPEG-2则是最初用于广播电视现场视讯传输服务的标准，速率6Mbps，分辨率720×480或1270×720，帧率每秒60帧，后来用于DVD。MPEG-4则是最新技术，结合苹果电脑Quicktime高压缩档案技术，用于宽带传输。

MSO（multiple-system operator）多系统运营商 经营两个或两个以上有线电视系统的业者。

Multimedia 多媒体 一种用来描述数字电脑、电话及有线电视技术整合的统称，应用范畴涵盖新进的娱乐软件应用，有效结合文字、声音和影像。

N

National income 国民收入 一国生产要素（包括土地、劳动、资本、企业家精神等）所有者在一定时期内，提供生产要素（为了生产产品或服务）所获得的报酬。代表一国所有人民在特定期间内所赚得（但未必真正到手）的收入总额。

Negative cost 拍摄成本 制作一部电影所需的一切费用，包括设备、原料等。一般分为线上制作成本和后期制作成本。

Negotiated deal 谈判交易 假如发行商拒绝所有放映商提出的放映投标申请，发行商分点可以采取重新招标，或是提出不同的交易条件，通知放映商进一步开放协商，以提高电影院再次投标的诱因。

Net profits（contractual）净利润 一般指毛利扣除发行费用、支出、负片成本（包括利息）、递延费用和毛利分享后的剩余。

Nielsen station index（NSI）尼尔森电视台指数 A.C.尼尔森公司提供的一种针对特定收视区域受众收视习惯、受众特征和其他因素的调查服务。

Nonborrowed reserves 非借入准备金 银行的总体准备（包括存放在联邦储备银行的存款以及本身持有的现金）减去借自联邦储备银行金额后所余下的总额。

O

Oligopoly 寡头垄断 一种由少数厂商掌握产业多数供给的市场结构。美国最著名的案例就是汽车产业，三家公司垄断了65%的市场。虽然寡头垄断多半发生在需要较大资本投资的产业，但也出现在诸如烟草、灯泡、口香糖、洗洁剂和刮胡刀等产业，在经济理论中，寡头垄断一词代表同时具有竞争和垄断的特性。

Operating income 营业收入 尚未扣除利息和税金，也不含其他所得的收入。

Opportunity costs 机会成本 机会成本是指当把一定的经济资源用于生产某种产品时，所放弃的其他产品所能产生的最大收益。

Output deal 发行协议 电影公司与发行商（例如海外影院和付费电视等）针对特定数量影片提供发行服务的协议，发行商支付特定数额的权利金，金额随着票房表现和制作成本调整。

Outstandings 未清账款 电影放映商和发行商用来载明积欠他人影片租金和广告费用的条款。

Overage 溢额 在电影和唱片产业，指收入金额已经超过之前的预付金和保证金，以另一种产业术语来讲，就是已经回本。

P

Paretian optimum 帕累托最优 指资源分配的一种理想状态，即假定固有的一群人和可分配的资源，从一种分配状态到另一种状态的变化中，在没有使任何人境况变坏的前提下，也不可能再使某些人的处境变好。换句话说，如果能够在不使任何人情况变坏的前提下，提高某些人的福利，则意味着尚未达到帕累托最优。参考次优理论（second-best theory）。

Partnership 合伙 一种企业组织形态，由两人或两人以上，同意共同投入资源进行企业活动，并共享利润（如果有的话）。合伙企业在零售、会计和法律行业十分常见。

Pay-per-view 按次付费 一种有线电视服务，提供订户观赏电影、运动竞赛或音乐节目，每个节目单独计费。

Pay TV 付费电视 一种由订户付费观赏完整的、不受广告干扰节目的电视服务。

Periodic-table computation method 周期表计算法 一种成本和特定期间收入毛额有关的会计摊销方法。从电影产业角度，可能引用先前电影发行的平均值作为计算基础。

Personal-consumption expenditures 个人消费支出 个人或非营利组织购买产品和服务的市场价值，自用住宅租金也包括在内，但不包括购买住宅的支出。是衡量居民消费支出的重要指标。

Personal income 个人收入 根据美国商务部的定义，代表个人接受各种来源的当期所得，包括政府或企业转账，但不含其他来源的转账。个人收入也包含非企业组织和非营利组织的净所得，以及非货币所得的估值，例如农场自产自用的食物以及自有住宅的租金价值等。

Price/earnings ratio 价格/收益比 在特定时间点，公司股价和每股盈余的比值。

Print 拷贝/印刷广告 （1）基于电影发行目的，从母带复制出来作为电影放映之用的拷贝；一般市面上流通的都是电影拷贝，因为母带被保留作为额外复制之用。拷贝数量从区区几份到超过 1 500 份都有，取决于预期的电影票房和过往经验。（2）投放在报纸上的平面广告，作为整体广告活动的一部分。

Production function 生产函数 为了生产特定数量产品所需的不同要素组合，包括土地、劳动力、原料和设备。生产函数代表不同要素组合下所能创造的最大产出数量。生产函数是在给定的技术水平下组成的，一旦发生技术创新，生产函数也会因此改变。

Production overhead 制作间接费用 在电影制作过程中所产生，但无法直接归属于某一特定影片的相关成本和支出。包括电影制作部门的薪资、行政费用和杂项、故事抛弃成本（story-abandonment cost）、制片厂设备成本和一般制片行政成本等。

Productivity 生产力 每投入一单位劳动力或资本（或者两者同时）所能够生产出来的产品或服务；例如每人每小时劳动投入的汽车产出。产出和所有劳动力和资本投入的比值，就是总体生产力的衡量；而只考虑劳动力或资本投入时，称为部分生产力衡量。任何能使单位劳动力或资本产出增加的行为，都会提升生产力。

Profit margin 边际利润率 营业经理除以净销售收入的百分比，主要用来衡量企业或产业的效率。不同企业与产业间的利润边际差异甚大。

Profits 利润 扣除企业经营所需相关账款之后的剩余。

Public good 公共产品 一种生产成本与消费人数无关的产品，也就是说，一个人的消费并不会影响其他人的消费。例如国防就是公共产品，一个人享受到国防的服务并不会减少其他人享受国防服务的机会。电视节目也具有公共产品特性，无论多少人同时观看，都不会改变节目的内容。相反，私有产品则代表一个人的消费会排挤其他人的消费。

R

Reach 到达率 在特定时间内，家户或目标受众接触某一广告信息至少一次的比例（也称为 cume）。

Reach and frequency 到达率/接触频率 一种用来评估特定期间内，对于特定广告活动累积的受众人数，占所有家户或人口的百分比（到达率），以及平均暴露次数（接触频率）的指标。到达率×接触频率＝毛收视率。

Regression line 回归线 一种表示两个或更多变量之间关系的统计术语。“回归”一词是由弗朗西斯·高尔顿（Francis Galton）在遗传学理论中首先提出的，但目前已经被用于所有科学领域。回归线的计算一般采用最小二乘法，通过数量方式推导出不同经济变量之间的关系。回归线主要用来推定一个变量对另一个变量的效应。

Required reserves 法定准备金 美国商业银行法定的存款准备金百分比，这部分存款必须存放在联邦储备银行或商业银行本身的金库。不同类型银行的法定准备金率也不同。

Returns 收益/退货 （1）因为拥有公司资产或股权而获得的收入或利益报酬；销售收益等于毛利率或利润边际（profit margin）。（2）在唱片产业，代表产品被退回制造商或配销商。

Risk 风险 投资者获得投资收益或亏损的可能概率。利润事实上就是对投资者承担经济不确定性风险（例如消费者品味或生产技术的改变）的报偿。财务风险与自然、人为因素和经济不确定性有关。

S

Scatter market 分散市场 在电视联播网上，广告预售活动结束后尚未售出的广告时段。

Second-best theory 次优理论 在由于某些限制导致无法实现帕累托最优的情况下，用来分析次佳状况的理论。参考帕累托最优。

Secular trend 长期趋势 一种统计术语，指一系列经济数据的长期变化方向。正面向上的长期经济趋势意味着经济成长，趋势曲线的形状则取决于成长率的快慢。

Share of audience 受众占有率 在某一特定时间，广播电视受众家户或人口总数中，观赏某一特定节目的百分比。

Spot TV 电视插播广告 通过当地或全国业务代表，向特定电视台购买的广告时段。

Stripping 带状播出 一般指在一周内播出多次（形成带状播放）的旧片重播节目。

Superstation 超级电视台 通过卫星和有线电视系统，能够把节目播放至全国范围的独立电视台（例如在亚特兰大、波士顿、芝加哥、达拉斯、洛杉矶和纽约的一些独立电视台）。有线电视系统向超级电视台支付权利金，此外还需要为每个订户每月支付数美分给卫星公司，作为信号传输的报酬。

Supply 供给 企业销售产品和服务的能力和意愿。企业的供给代表在特定时间点下不同价格和供给数量的表列。上述表列可以通过图表方式加以呈现，称为供给曲线（supply curve）。这是一种当下即时的概念，意即在其他条件不变时，企业愿意供给的数量和市场价格之间的关系。

Syndication 辛迪加 也成为外制节目市场。出售（授权）先前已经播出过的节目给多个买方，包括独立电视台或广播电台的过程。

T

Tax credit 抵税额 一种合法的美国税负规定，允许纳税人从应缴所得税中扣除特定金额。

Tax deduction 扣税额 一种合法的美国税负规定，允许纳税人从应税所得中扣除特定金额。

Terms 条款 发行商同意放映商和特定电影院播放影片的条件。条款内容包括电影租金收入（按照每周毛票房收入的百分比计算）、播放时段（周数）、选定的电影院数量、联合广告支出分配、净空条款等。

Time buys 时段购买 广播电视时段出售给外部制作人，以取代电视台自制或自购的节目。通常以体育类节目为主，如骑牛比赛、滑板运动、冰上竞技等。

Time series 时间序列 将某一统计指标（例如物价、生产、投资、消费等）在不同时间点上的数值，按时间先后顺序排列而形成的序列。时间序列的取值间隔可能是每月、每季或每年。其中月度和季度时间序列经常被用于短期商业预测。

U

UHF（ultrahigh frequency）超高频 频率范围介于 300～3 000 兆赫的电视信号。在美国指第 14 至第 83 号频道。

Underwriter 承保人 任何通过收取费用代为承担风险的个人、团体或企业，上述费用通常称为保险费（premium）或佣金（commission）。

Unemployment rate 失业率 失业人口占总体劳动人口的百分比。依照美国的计算方式，包括任何年满 16 岁以上、有工作意愿但找不到工作的人。

Unique（Web site）visitors（网站）独立访问者数 在特定月份内访问某网站至少一次的人数，同一个人（无论重复访问多少次）只被计算一次。

Upfront buying 预买时段 预先购买电视联播网特定节目时段的商业广告。

Utility 效用 产品或服务满足人类欲求的程度。人们在消费特定产品或服务时，可以获得愉快的感觉或减少痛苦。产品的效用水平会经常改变，因此，效用水平并不一定和消费产品或服务的数量成正比。

V

VHF（very high frequency）特高频 频率范围介于30～300兆赫的电视信号。在美国指第2至第13号频道。

W

Warrant 认股权证 一种赋予持有人在约定期间内，得以约定价格购入一定数量股票的选择权。

Win 赢得（详见 Gross win）。

Window 放映窗口 在电影和电视产业，指合同允许在特定期间内独家播放的权利。例如，家庭录像带市场通常在电影院首映3～6个月后才开放窗口，随后是付费电视、辛迪加市场以及其他窗口。

Working capital，net 净营运资本 流动资产超过流动负债的部分，这些超额的流动资产可以作为企业营运之用。景气繁荣时，通常需要更多流动资产作为扩张生产之用。

Workweek 工作周 也称每周工时，指每位工厂劳工每周有偿工作的时数，包括带薪假期以及有薪的国定假日和病假等。在美国，工作周适用于全职和兼职员工，由于带薪假期、国定假日和病假天数不断增加，工作周的时数事实上早已超过实际的工作时数。平均工作周数据可以从美国劳工统计局获得，而每周实际工时数据来自美国人口普查局，两项数据差异甚大。两者的差别还包括旷职、兼职、罢工等因素。

Write-off 注销 将一笔资产从公司会计账目中移除。呆账冲销与企业资产价值降低（write-down）有关，不过后者一般是指企业资产的账面价值缩减，而非把整个资产从账目中移除。

Y

Yield 收益率 年度收益除以投资金额的百分比。

参考文献

Aaker, D. A. (1991). *Managing Brand Equity*. New York: Free Press.

Abcarian, R, and Horn, J. (2006). "Underwhelmed by It All," *Los Angeles Times*, August 7.

Abrams, R. I. (2000). *The Money Pitch: Baseball Free Agency and Salary Arbitration*. Philadelphia: Temple University Press.

Abt, V., Smith, J. F., and Christiansen, E. M. (1985). *The Business of Risk: Commercial Gambling in Mainstream America*. Lawrence: University of Kansas Press.

Acheson, K., and Maule, C. J. (2005). "Understanding Hollywood's Organization and Continuing Success," in *An Economic History of Film*, edited by J. Sedgwick and M. Pokomy. London: Routledge.

Adams, J. A. (1991). *The American Amusement Park Industry: A History of Technology and Thrills*. Boston: Twayne Publishers (G. K. Hall & Co.).

Adler, M. (1985). "Stardom and Talent," *American Economic Review*, (75) (March).

Adler, S. (2004). *On Broadway: Art and Commerce on the Great White Way*. Carbondale, IL: Southern Illinois University Press.

Aguiar, M., and Hurst, E. (2006). "Measuring Trends in Leisure: The Allocation of Time over Five Decades," Working Paper 06-2. Boston: Federal Reserve Bank of Boston.

AICPA (1984). *Audits of Casinos*. *New York*: American Institute of Certified Public Accountants.

Akst, D., and Landro, L. (1988). "In Hollywood's Jungle the Predators Are Out and Feasting on Stars," *Wall Street Journal*, June 20.

Albert, S. (1998). "Movie Stars and the Distribution of Financially Successful Films in the Motion-Picture Industry," *Journal of Cultural Economics*, 22, and in Sedgwick and Pokorny (2005), eds., *An Economic History of Film*. London: Routledge.

Alpert, B. (2005). "HDTV: Who Wins, Who Loses," *Barron's*, May 23.

Alvarez, L. (2004). "A Struggling Resort Dreams of a Date With Lady Luck," *New York Times*, May 17.

Ambrose, J. F. (1981). "Recent Tax Developments Regarding Purchases of Sports Franchises - The Game Isn't Over Yet," *Taxes*, 59 (11) (November). Chicago: Commerce Clearing House.

Amdur, M. (2003). "Sharing Pix Is Risky Business," *Variety*, November 17.

Amram, M. (2003). "The Value of Film Studios," *Journal of Applied Corporate Finance*, 15 (2) (Winter).

Anderson, C. (2009). "The Economics of Giving It Away," *Wall Street Journal*, January 31, "Free! Why $0.00 Is the Future of Business," *Wired*, 16 (03), and *Free*, New York: Hyperion.

(2006). *The Long Tail: Why the Future of Business Is Selling Less of More*. New York: Hyperion.

(2004). "The Long Tail," *Wired*, 12.10 (October).

Andersson, A. E., and Andersson, D. E. (2006). *The Economics of Experiences, the Arts and Entertainment*. Cheltenham, UK: Edward Elgar.

Andrews, E. L. (1993). "Top Rivals Agree on Unified System for Advanced TV," *New York Times*, May 25.

Angeli, M. (1991). "My Name Is Bond. Completion Bond," *New York Times*, August 11.

Angwin, J. (2002). "Web Radio Showdown," *Wall Street Journal*, May 15.

Angwin, J., and Vranica, S. (2006). "Marketer's Tactic Signals Big Shift in a TV Ad Ritual," *Wall Street Journal*,

January 4.

Appleton, D., and Yankelevits, D. (2002). *Hollywood Dealmaking: Negotiating Talent Agreements*. New York: Allworth Press.

Arango, T. (2008a). "Satellite Radio Still Reaches for the Payday," *New York Times*, December 26.

(2008b). "Holy Cash Cow, Batman! Content Is Back," *New York Times*, August 10.

(2008c). "A Movie on Your TV at Home, before You Can Rent It," *New York Times*, June 30.

Asch, P., Malkiel, B. G., and Quandt, R. E. (1984). "Market Efficiency in Racetrack Betting," *Journal of Business*, 57 (2) (April).

Audi, T., and McCracken J. (2008). "Debt-Laden Casinos Squeezed by Slowdown," *Wall Street Journal*, July 1.

Audi, T., and Stanley, B. (2008). "U. S. Casinos Stumble Over New Business Model in High-Stakes Macau Market," *Wall Street Journal*, May 22.

Auletta, K. (2010). "Publish or Perish," *The New Yorker*, April 26.

(1997). "The Impossible Business," *The New Yorker*, October 6.

(1991). *Three Blind Mice: How the TV Networks Lost Their Way*. New York: Random House.

Ault, S. (2009). "You Do the Math: DVD Payoff Formulas Are Tricky to Predict," *Variety*, September 7.

Avalon, M. (2002). *Confessions of a Record Producer. San Francisco*: Backbeat Books.

Baade, R. A. (1994). "Stadiums, Professional Sports, and Economic Development: Assessing the Reality," *Heartland Policy Study No*. 62 (April 4). Detroit: The Heartland Institute.

Bagamery, A. (1984). "We Sell Space, Not Fantasy," *Forbes*, 133 (3) (January 30).

Bagwell, K. (2001, 2005). *The Economics of Advertising*. Northampton, MA: Edward Elgar Publishing. See also *The Economic Analysis of Advertising*, 2005, www. columbia. edu/cu/economics/discpapr/DP0506-01 . pdf.

Baker, N. (2010). "Painkiller Deathstreak," *The New Yorker*, August 9.

Bakker, G. (2005). "America's Master," in *An Economic History of Film*, edited by J. Sedgwick and M. Polomy. London: Routledge.

Bakker, P. (2002). "Free Daily Newspapers - Business Models and Strategies," *International Journal on Media Management*, 4 (3) and http: //users. fmg. uva. nl/pbakker/ freedailies/.

Baldo, A. (1991). "Secrets of the Front Office," *Financial World*, 160 (14) (July 9).

Balfe, J. H., ed. (1993). *Paying the Piper: Causes and Consequences of Arts Patronage*. Champaign, IL: University of Illinois Press.

Balio, T., ed. (1976). *The American Film Industry*, rev. ed. Madison: University of Wisconsin Press, 1985.

Banks, J. (1996). *Monopoly Television: MTV's Quest to Control the Music*. Boulder, CO: Westview Press.

Bannon, L., and Lippman, J. (2000). "Mattel and Hasbro Get Licenses for Harry Potter," *Wall Street Journal*, February 11.

Barboza, D. (2007). "It's a Brawl. China's Gamblers Are the Prize," *New York Times*, March 25.

Bardeen, W. T., and Shaw, C. (2004). Tax-Motivated German Financing of the U. S. Film Industry," www. gsb. columbia. edu/chazenjoumal.

Barlett, D. L., and Steele, J. B. (2002). "Wheel of Misfortune: Look Who's Cashing In at Indian Casinos," *Time*, December 16.

Barnes, B. (2010). "Talent Agents a New Force in the Video Game Industry," *New York Times*, March 27.

(2009a). "Starring in Summer's Big Hits, Virtually Nobody," *New York Times*, August 21.

(2009b). "Do Studios Need Help Finding Audiences?," *New York Times*, May 24.

(2008a). "Indie Films, Coming to a Small Screen near You," *New York Times*, May 25.

(2008b). "Direct-to-DVD Releases Shed Their Loser Label," *New York Times*, January 28.

(2007a). "In Hollywood, a Sacred Cow Lands on the Contract Table," *New York Times*, August 5.

(2007b). "NBC Faces Trials Bringing 'Law & Order' to France," *Wall Street Journal*, March 1.

(2006a). "NBC Universal to Slash Costs in News, Prime-Time Programs," *Wall Street Journal*, October 19.

(2006b). "Local Stations Struggle to Adapt as Web Grabs Viewers, Revenue," *Wall Street Journal*, June 12.

(2006c). "Disney Will Offer Many TV Shows Free on the Web," *Wall Street Journal*, April 10.

(2005a). "How 'Wicked' Cast Its Spell," *Wall Street Journal*, October 22.

(2005b). "New Hope on TV's 'Bubble,'" *Wall Street Journal*, February 21.

(2004a). "For Nielsen, Fixing Old Ratings System Causes New Static," *Wall Street Journal*, September 16.

(2004b). "Trusting Gut Instincts, WB Network Stops Testing TV Pilots," *Wall Street Journal*, May 3.

Barnes, B., and Cieply, M. (2009). "William Morris and Endeavor Explore a Merger," *New York Times*, March 11.

Barnhart, R. T. (1983). "Can Trente-et-Quarante Be Beaten?," *Gambling Times*, 3 (8) (December).

Barnouw, E. (1990). *Tube of Plenty: The Evolution of American Television*, rev. 2nd ed. New York: Oxford University Press.

Barra, A. (1995). "How the 49ers Beat the Salary Cap," *New York Times*, January 8.

Barrett, N. S. (1974). *The Theory of Microeconomics Policy*. Lexington, MA: Heath.

Bairionuevo, A. (2004). "Joining Film Fight, Hungary Tries to Go Hollywood," *Wall Street Journal*, August 26.

Bart, P. (2006). *Boffo!: How I Learned to Love the Blockbuster and Fear the Bomb*. New York: Hyperion.

Bart, P. and Guber, P. (2002). *Shoot Out: Surviving Fame and (Mis) Fortune in Hollywood*. New York: Penguin (Berkley).

Bartlett, J. C., and Snelus, P. (1980). "Lifespan Memory for Popular Songs," *American Journal of Psychology*, 53.

Barwise, P., and Ehrenberg, A. (1988). *Television and Its Audience*. London: Sage.

Bary, A. (2005). "Hold'em!," *Barron's*, February 21.

Baskerville, D. (1982). *Music Business Handbook*, 3rd ed. Denver, CO: Sherwood.

Basuroy, S., Chatteijee, S., and Ravid, S. A. (2003). "How Critical Are Critical Reviews? The Box Office Effects of Film Critics, Star Power, and Budgets," *Journal of Marketing*, 67 (October).

Baumgarten, P. A., Farber, D. C., and Fleischer, M. (1992). *Producing, Financing, and Distributing Film*, 2nd ed. New York: Limelight Editions. (First edition by Drama Book Specialists, New York, in 1973.)

Baumol, W., and Baumol, H. (1984). "In Culture, the Cost Disease Is Contagious," *New York Times*, June 3.

Baumol, W. J., and Bowen, W. G. (1968). *Performing Arts - The Economic Dilemma*. New York: Twentieth Century Fund; Cambridge, MA: MIT Press.

Becker, G. S. (1965). "A Theory of the Allocation of Time," *Economic Journal*, 75 (299) (September).

Becker, G. S., and Murphy, K. M. (1993). "A Simple Theory of Advertising as Good or Bad," *Quarterly Journal of Economics*, November.

Bell, L. A., and Freeman, R. B. (2000). "The Incentive for Working Hard: Explaining Hours Worked Differences in the U. S. and Germany," NBER Working Paper 8051 (December). New York: National Bureau of Economic Research (www.nber.org).

Benedict, J. (2000). *Without Reservation: The Making of America's Most Powerful Indian Tribe and Foxwoods, the World's Largest Casino*. New York: HarperCollins.

Belson, K. (2010). "As Stadiums Vanish, Their Debt Lives On," *New York Times*, September 8.

(2009). "Hardball Economics," *New York Times*, January 7.

(2006a). "As DVD Sales Slow, Hollywood Hunts for a New Cash Cow," *New York Times*, June 13.

(2006b). "In Sony's Stumble, the Ghost of Betamax," *New York Time*, February 26.

(2003). "Heavyweights Are Choosing Sides in Battle over Next DVD Format," *New York Times*, December 29.

Berfield, S. (2005). "The Making of *The Color Purple*," *Business Week*, November 21.

Berger. A. J., and Bruning, N. (1979). *Lady Luck's Companion*. New York: Harper & Row.

Berney, R. (2004). "Independent Distribution," *in The Movie Business Book*, edited by J. E. Squire. New York: Simon & Schuster (Fireside).

Bernstein, C. (1990). "The Leisure Empire," *Time*, 136 (27) (December 24).

Berry, E. J. (1984). "Nielsen May Face U. K. Rival in Researching TV Audiences," *Wall Street Journal*, February 2.

Berzon, A. (2009). "The Gambler Who Blew $127 Million," *Wall Street Journal*, December 5.

Bialik, C. (2009). "Spun: The Off-the-Wall Accounting of Record Sales," *Wall Street Journal*, July 15.

Biederman, D., and Phillips, L. (1980). "Negotiating the Recording Agreement," in *Counseling Clients in the Entertainment Industry*, edited by M. Silfen. New York: Practising Law Institute.

Bikhchandani, S. Hirshleifer, D., and Welch, I. (1992). "A Theory of Fads, Fashion, Custom, and Cultural Change as Informational Cascades," *Journal of Political Economy*, 100 (5).

Bilefsky, D. (2010). "Hollywood on the Danube," *New York Times*, July 2.

Binkley, C. (2004). "Taking Retailers Cues, Harrah's Taps into Science of Gambling," *Wall Street Journal*, November 22.

(2000). "Casino Chain Mines Data on Its Gamblers, and Strikes Pay Dirt," *Wall Street Journal*, May 4.

Blaug, M., ed. (1976). *The Economics of the Arts*. Boulder, CO: Westview Press, London: Martin Robertson.

Block, A. B. (2009). "*Tyler Perry, Inc.*," *Hollywood Reporter*, February 18.

Bluem, A. W., and Squire, J. E., eds. (1972). *The Movie Business: American Film Industry Practice*. New York: Hastings House.

Blumenthal, H. J., and Goodenough, O. R. (2006). *This Business of Television*, 3rd ed. New York: Billboard/Watson-Guptill.

Blumenthal, R. (2002). "Charges of Payola over Radio Music," *New York Times*, May 25.

Blumenthal, R. G. (2001). "Bialystock, Bloom, & You," *Barron's*, June 18.

Boldrin, M., and Levine, D. K. (2008). *Against Intellectual Monopoly*. New York: Cambridge University Press.

Boorstin, J. (2003). "Disney's tween Machine," *Fortune*, 148 (6) (September 29).

Bordewich, F. M. (2006). "The Least Transparent Industry in America," *Wall Street Journal*, January 5.

Bosnian, J. (2010). "Quick Change in Strategy for a Bookseller," *New York Times*, August 12.

Boss, S. (2007). "The Greatest Mystery: Making a Best Seller," *New York Times*, May 13.

Boucher, F. C. (1986). "Performing Music Licensing Procedures," *Billboard*, November 24.

Boucher, G. (2005). "Up, Up...and Away," *Los Angeles Times*, December 31.

Bovee, C. L., and Arens, W. F. (1992). *Contemporary Advertising*, 4th ed. Homewood, Il: Irwin.

Boyer, P. J. (1988). "Sony and CBS Records: What a Romance," *New York Times* Magazine, September 18.

Bradsher, K. (1994). "Congressmen Pledge to Revoke Baseball's Antitrust Exemption," *New York Times*, December 24.

Braunlich, C., Cabot, A., Thompson, W., and Tottenham, A. (1999). *International Casino Law*, 3rd ed. Reno, NV: Institute for the Study of Gambling and Commercial Gaming, University of Nevada.

Breglio, J. F., and Schwartz, S. (1980). "Introduction to Motion Picture Production and Distribution and Motion Picture Financing," in *Counseling Clients in the Entertainment Industry*, edited by M. Silfen. New York: Practising Law Institute.

Breimer, S. F. (1995). *Clause by Clause: The Screenwriter's Legal Guide*. New York: Dell Trade Paperback.

Brenner, R., Brenner, G. A., and Brown, A. (2008). *A World of Chance: Betting on Religion, Games, Wall Street*. New York: Cambridge University Press.

Brinkley, J. (1999). "Disk vs. Disk: The Fight for the Ears of America," *New York Times*, August 8.

(1997). *Defining Vision: The Battle for the Future of Television*. New York: Harcourt Brace & Co.

(1996). "Defining TVs and Computers for a Future of High Definition," *New York Times*, December 2.

Brown, A. C. (1984). "Europe Braces for Free-Market TV," *Fortune*, 109 (4) (Febru-ary 20).

Brown, C. (2006). "Owners in N. F. L. Accept Labor Deal," *New York Times*, March 9.

Brown, C. (2002). "Hollywood May Be Saying *auf Wiedersehen* to Funds," *Los Angeles Times*, June 17.

Brown, C. (1991). "Who Lost the Turtles?," *Premiere*, 4 (6) (February).

Brown, J., and Church, A. (1987). "Theme Parks in Europe," *Travel & Tourism Analyst*, London: The Economist, February.

Brack, C. (2003). *When Hollywood Had a King: The Reign of Lew Wasserman*. New York: Random House.

Bryant, J., and Vorderer, P. (2006). *Psychology of Entertainment*. New York: Lawrence Erlbaum Associates.

Bulkeley, W. M. (2006). "To Boost Revenues, State Lotteries Wager on Slots," *Wall Street Journal*, March 30.

Bunn, A. (2002). "The Wasteland," *New York Times*, June 23.

Bunting, G. F. (2007). "$78 Million of Red Ink?," *Los Angeles Times*, April 15.

Burbank, J. (2000). *License to Steal: Nevada's Gaming Control System in the Megaresort Age*. Reno, NV: University of Nevada Press.

Burke, M. (2006). "A New Test for an Old Raider," *Forbes*, 178 (5) (September 18).

Burton, J. S., and Toth, J. R. (1974). "Forecasting Long-Term Interest Rates," *Financial Analysts Journal*, 30 (5) (September/October).

Bustillo, M. (2010). "Wal-Mart Re-enters Digital Downloading of Movies with Purchase of Vudu," *Wall Street Journal*, February 23.

Butterfield, F. (2005a) "Indians' Wish List: Big City Sites for Casinos," *New York Times*, April 8.

(2005b). "As Gambling Grows, States Depend on Their Cut to Bolster Revenues," *New York Times*, March 31.

Byrne, D. (2008). "Survival Strategies for Emerging Artists - And Megastars," *Wired*, January (16: 01).

Cabot, A. N., ed. (1995). *Nevada Gaming Law*, 2nd ed. Las Vegas: Lionel Sawyer & Collins.

Caldwell, C. (2008). "Bad Bet," *New York Times*, April 13.

Campbell, C. J. (2004). *The Coming Oil Crisis*. Geneva: Petrosconsultants, SA.

Caranicas, P. (2010). "Studios at the Brink," *Variety*, May 3.

Carlson, M. B. (1984). "Where MGM, the NCAA, and Jerry Falwell Fight for Cash," *Fortune*, 109 (2) (January 23).

Carr, D. (2008a). "Little Movies, Big Problems," *New York Times*, June 30.

(2008b). "Steve Jobs Stakes Out the TV Den," *New York Times*, May 5.

(2005). "Smartest Guys Well Outside of Hollywood," *New York Times*, May 23.

Carter, B. (2010). "Cable TV, the Home of High Drama," *New York Times*, April 5.

(2009). "DVR, Once a Mortal Foe, Is a Friend After All," *New York Times*, November 2.

(2006). *Desperate Networks*. New York: Doubleday, and "How a Hit Almost Failed Its Own Audition," *New York Times*, April 30.

(2004a). "News Analysis: Why Make Leno a Lame Duck?," *New York Times*, September 29.

(2004b). "Shorten TV Season? Rules Shifting at Networks," *New York Times*, February 8.

(2002a). "New Life for Networks," *New York Times*, February 21.

(2002b). "*Friends* Deal Will Pay Each of Its 6 Stars $22 Million," *New York Times*, February 12.

(2001a). "HBO Bets Pentagon-Style Budget on a World War II Saga," *New York Times*, September 3.

(2001b). "It's Decision Time at Networks on 'Frasier' and 'Dharma,' *New York Times*, February 26.

(2000). "Who Needs the Sweeps?," *New York Times*, April 24.

(1999). "Broadcast Network Executives Struggle to Reinvigorate Their Business," *New York Times*, January 4.

Carter, B., and Elliott, S. (2008). "Ending Tradition, NBC Dismisses Fall Debuts," *New York Times*, February 20.

Carter, B., and Rutenberg, J. (2003). "Shows' Creators Say Television Will Suffer in New Climate," *New York Times*, June 3.

Carvajal, D. (2007). "Music Radio on the Internet Faces Thorny Royalty Issues," *New York Times*, May 14.

(1996). "Many, Many Unhappy Returns," *New York Times*, August 1.

Casselman, B. (2009). "Luxury Strikes Out," *Wall Street Journal*, March 6.

Caves, R. E. (2000). *Creative Industries: Contracts between Art and Commerce*. Cambridge, MA: Harvard University Press.

Chace, S. (1983). "Computer Game: Key Software Writers Double as Media Stars in a Promotional Push," *Wall Street Journal*, December 12.

Chamley, C. P. (2004). *Rational Herds: Economic Models of Social Learning*. New York: Cambridge University Press.

Champion, M., Nelson, E., and Goldsmith, C. (2004). "To BBC's Rivals, 'Auntie' Is Too Big for Its Britches," *Wall Street Journal*, September 28.

Chan, S. (2010). "Congress Rethinks Its Ban on Internet Gambling," *New York Times*, July 29.

Chaplin, H., and Ruby, A. (2005). *Smartbomb: The Quest for Art, Entertainment, and Big Bucks in the Videogame Revolution*. Chapel Hill, NC: Algonquin Books.

Chass, M. (2000). "Alex Rodriguez Strikes It Rich in Texas," *New York Times*, December 12.

Chaffield, T. (2011). *Fun Inc.: Why Gaming Will Dominate the Twenty-First Century*. New York: Pegasus.

Chmielewski, D. C. (2008). "Hollywood Studios Are Editing Their Home-Video Strategy," *Los Angeles Times*, June 16.

Chozick, A. (2010a). "Montown Becomes Movie Town," *Wall Street Journal*, September 17.

(2010b). "Revenge of the TV Writers," *Wall Street Journal*, August 20.

(2010c). "Small Screens, Big Budgets," *Wall Street Journal*, July 23.

(2009). "Deconstructing TV's No. 1 Show," *Wall Street Journal*, December 11.

Christiansen, E. M. (1998). "1997 U. S. Gross Annual Wager," *Gaming and Wagering Business*, July and August issues.

(1989). "1988 U. S. Gross Annual Wager," *Gaming and Wagering Business*, 10 (7) (July) and 10 (8) (August).

Cieply, M. (2010a). "State Backing Films Says Cannibal Is Deal-Breaker," *New York Times*, June 15.

(2010b). "For Movie Stars, the Big Money Is Now Deferred," *New York Times*, March 4.

(2008a). "States' Rim Production Incentives Cause Jitters," *New York Times*, October 12.

(2008b). "Agents Replaying a Hollywood Drama," *New York Times*, July 27.

(2007a). "The Afterlife Is Expensive for Digital Movies," *New York Times*, December 23.

(2007b). "Screenwriters Grab for a Half-Eaten Pie," *New York Times*, November 12.

(2007c). "Tilting Hollywood's Balance of Power to Talent Agency Clients," *New York Times*, March 19.

Cieply, M., and Barnes, B. (2010). " 'Avalar' Faces Traffic Jam at 3-D Screens," *New York Times*, January 30.

Clark, D. (2004). "Videogames Get Real," *Wall Street Journal*, April 14.

Clark, M. M. (2006). "Nielsen's 'People Meters' Go to Top 10," *Wall Street Journal*, June 30.

Clifford, S. (2009). "Never Listen to Celine? Radio Meter Begs to Differ," *New York Times*, December 16.

Clotfelter, C. T. (2011). *Big-Time Sports in American Universities*. New York: Cambridge University Press.

Clotfelter, C. T., and Cook, P. J. (1991). *Selling Hope: State Lotteries in America*. Cambridge, MA: Harvard University Press paperback ed.

(1990). "On the Economics of State Lotteries," *Journal of Economic Perspectives*, 4 (4) (Autumn).

Coates, D. C., and Humphreys, B. R. (2000). "The Stadium Gambit and Local Economic Development," *Regulation*, 23 (2).

Cobb, C., Halstead, T., and Rowe, J. (1995). "If the GDP Is Up, Why Is . America Down?," *The Atlantic Monthly*, 276 (4) (October).

Cohen, L. (1983). "Cable-Television Firms and Cities Haggle over Franchises That Trail Expectations," *Wall Street Journal*, December 28.

Colker, D. (2006). "All-You-Can-Eat Movies Can Leave You Hungry," *Los Angeles Times*, February 5.

Collins, G. (2009). "Circus Flies O'er Troubles with Greatest of Ease," *New York Times*, March 24.

(2005). "In a Daring Leap, Ringling Loses Its Three Rings," *New York Times*, December 31.

(1992). "The Daunting Task of Preventing Theft at Theater Box Offices," *New York Times*, March 25.

Collins, S. (2005). "Some Television Reruns Hit Their Prime on DVD," *Los Angeles Times*, November 13.

Columbia Pictures Industries (1982). *Columbia Pictures Industries Financial Factbook*, 1981. New York: Columbia Pictures Industries.

Colvin, G. (1983). "The Battle for TV's Rerun Dollars," *Fortune*, 107 (7) (May 2).

Cones, J. W. (1998). 43 *Ways to Finance Your Feature Film: A Comprehensive Analysis of Film Finance*, updated ed. Carbondale, IL: Southern Illinois University Press.

(1997). *The Feature Film Distribution Deal: A Critical Analysis*. Carbondale, IL: Southern Illinois University Press.

(1992). *Film Finance & Distribution: A Dictionary of Terms*. Los Angeles: Silman-James.

Consoli, J. (2008). "TV Retains Marketing Dollars in Hard Times," *New York Times*, December 29.

Cook, J. (1979). "Bingo!," *Forbes*, 124 (3) (August6).

Couzens, M. (1986). "Invasion of the People Meters," *Channels* (*June*).

Cowen, T. (2007). "Some Countries Remain Resistant to American Cultural Exports," *New York Times*, February 22.

(2002). *Creative Destruction: How Globalization Is Changing the World's Cultures*. Princeton, NJ: Princeton University Press.

(1998). *In Praise of Commercial Culture*. Cambridge, MA: Harvard University Press.

Cox, M. (1989a). "Networks Overhaul Payouts for Affiliates," *Wall Street Journal*, May 31.

(1989b). "The 'Toxic Avenger' May Not Win Any Prizes, but Fans Don't Care," *Wall Street Journal*, August 18.

Cox, W. M., and Aim, R. (2007). "Opportunity Knocks," 2007 *Annual Report*, Federal Reserve Bank of Dallas.

Crandall, R. W., and Furchtgott-Roth, H. (1996). *Cable TV: Regulation or Competition*. Washington, DC: The Brookings Institution.

Crandall, R. W. (1972). "FCC Regulation, Monopsony, and Network Television Program Costs," *Bell Journal of Economics*, 3 (2) (autumn).

Creswell, J. (2009a). "Can Atlantic City Raise the Stakes?," *New York Times*, October 25.

(2009b). "Turning Music Into Dollars," *New York Times*, August 23. Crockett, R. O. (2005). "iPod Killers?," *BusinessWeek*, April 25.

Cross, G. (1997). *Kids'Stuff: Toys and the Changing World of American Childhood*. Boston: Harvard University Press.

Cukier, K. N. (2000). "The Big Gamble," *Red Herring*, April.

Culhane, J. (1990). *The American Circus: An Illustrated History*. New York: Henry Holt and Company.

Curran, T. (1986). *Financing Your Film: A Guide for Independent Filmmakers and Producers*. New York: Praeger.

Damodaran, A. (1996). *Investment Valuation*. New York: John Wiley & Sons.

Dana, R. (2008). "Law and Disorder," *Wall Street Journal*, July 12.

Daniels, B., Leedy, D., and Sills, S. D. (1998, 2006). *Movie Money: Understanding Hollywood's (Creative) Accounting Practices*. Los Angeles: Silman-James.

Dannen, F. (1990). *Hit Men: Power Brokers and Fast Money inside the Music Business*. New York: Times Books/Random House.

Davis, L. J. (1989). "Hollywood's Most Secret Agent," *New York Times Magazine*, July 9.

Davis, M. D. (1973). *Game Theory: A Nontechnical Approach*. New York: Basic Books.

Deffeyes, K. S. (2005). *Beyond Oil: The View from Hubbert's Peak*. New York: Farrar, Strauss, Geroux.

De Grazia, S. (1962). *Of Time, Work and Leisure*. New York: Twentieth Century Fund.

Deidda, L. G., and Cerina, F. (2002). "Do We Need More Time for Leisure?," Working Paper, CRENoS (Centre for North South Economic Research, University of Cagliari and Sassari, Sardinia).

Dekom, R J. (1984). "Transition in the Motion Picture Industry - Financing and Distribution, 1984," *in Counseling Clients in the Entertainment Industry*, edited by M. Silfen. New York: Practising Law Institute.

Delaney, K. J. (2004). "After IPO, Can Ads Keep Fueling Google?," *Wall Street Journal*, April 29.

Dellarocas, C., Awad, N. F., and Zhang, X. M. (2004). "Exploring the Value of Online Reviews to Organizations: Implications for Revenue Forecasting and Planning," Working Paper, MIT and University of Michigan, http: // ccs. mit. edu/dell/papers/ movieratings. pdf.

Demmert, H. G. (1973). *The Economics of Professional Team Sports*. Lexington, MA: Heath.

Dennis, E. E., and DeFleur, M. L. (2010). *Understanding Media in the Digital Age*. Boston: Allyn & Bacon.

Desai, M. A., Veblen, M. F., and Loeb, G. J. (2002a). "The Strategy and Sources of Motion Picture Finance," Harvard Business School Case 9-203-007. Cambridge, MA: Harvard.

(2002b). "Tax-Motivated Film Financing at Rexford Studios," Harvard Business School Case 9-203-005. Cambridge, MA: Harvard.

DeSerpa, A. C. (1971). "A Theory of the Economics of Time," *Economic Journal*, (December).

De Silva, I. (1998). "Consumer Selection of Motion Pictures," in *The Motion Picture Mega-Industry*, edited by B. R. Litman. Needham Heights, MA: Allyn & Bacon.

De Vany, A. S. (2004a). *Hollywood Economics: How Extreme Uncertainty Shapes the Film Industry*. New York: Routledge.

(2004b). "Motion Picture Directors: Luck, Talent and Rewards," in *Economics of Art and Culture*, edited by V. A. Ginsburgh. Amsterdam: Elsevier.

De Vany, A., and Walls, W. D. (1997). "The Market for Motion Pictures: Rank, Revenue, and Survival," *Economic Inquiry*, 4 (35), October 1997.

(1996). "Bose-Einstein Dynamics and Adaptive Contracting in the Motion Picture Industry," *The Economic Journal* (November).

DiMaggio, P. J. (1984). "The Nonprofit Instrument and the Influence of the Marketplace on Policies in the Arts," *in The Arts and Public Policy in the United States*, edited by W. M. Lowry. New York: The American Assembly (Columbia University).

DiOrio, C. (2007). "Equity Funds Face Tough Times in Hollywood," *Hollywood Reporter*, October 4.

DiOrio, C., and McNary, D. (2002). "Hollywood's Runaway Train," *Variety*, February 4.

Disch, T. M. (1991). "The Death of Broadway," *The Atlantic Monthly*, 267 (3) (March).

Dobson, S., and Goddard, J. (2002). *The Economics of Football (English)*. New York: Cambridge University Press.

Doman, M. (2001). "Regal Tiff Slows 'Rush 2' a Bit," *The Hollywood Reporter*, August 13.

Donahue, S. M. (1987). *American Film Distribution: The Changing Marketplace*. Ann Arbor, MI: UMI Research Press.

Donnelly, W. J. (1986). *The Confetti Generation*. New York: Henry Holt.

Dorfman, R., and Steiner, P. O. (1954). "Optimal Advertising and Optimal Quality," *American Economic Review*, 44 (5) (December).

Downward, P., and Dawson, A. (2000). *The Economics of Professional Team Sports*. New York: Routledge.

Duhigg, C. (2005). "Indies, Major Labels Tune In to a New Act," *Los Angeles Times*, August 14.

Durant, J. (1969). *Highlights of the Olympics: From Ancient Times to the Present*, 3rd ed. New York: Hastings House.

Durso, J. (1986). "Mets a Baseball 'Jewel' in Attendance, Revenue," *New York Times*, August 22.

Eade, R. H. (1996). "Casino Cage Operations," in *The Gaming Industry: Introduction and Perspectives*. Las Vegas: University of Nevada; New York: John Wiley & Sons.

Eadington, W. R., ed. (1976). *Gambling and Society*. Springfield, IL: Thomas.

Eberts, J., and Ilott, T. (1990). *My Indecision Is Final: The Rise and Fall of Goldcrest Films*. London: Faber and Faber [paperback 1992].

Einav, L. (2007). "Seasonality in the U. S. Motion Picture Industry," *Rand Journal of Economics*, 38 (1) (March).

Eisbruck, J. H. (2005). "Blockbuster or Hop? The History and Evolution of Film Receivables Securitization, 1995-2005," *Journal of Structured Finance*, fall.

Eisler, K. I. (2001). *Revenge of the Pequots: How a Small Native American Tribe Created the World's Most Profitable Casino*. New York: Simon & Schuster.

Elberse, A. (2009). "Blockbuster or Bust," *Wall Street Journal*, January 3.

(2008). "Should You Invest in the Long Tail," *Harvard Business Review*, July-August.

(2006). "The Power of Stars in Creative Industries: Do Stars Drive the Success of Movies?," Working Paper Series,

No. 06-002. Cambridge, MA: Harvard Business School.

Eliashberg, J., Elberse, A., and Leenders, M. A. (2006). "The Motion Picture Industry: Critical Issues in Practice, Current Research, and New Research Directions," *Marketing Science*, 25 (6), and Working Paper Series 05-059. Cambridge, MA: Harvard Business School.

Eliashberg, J., Hui, S. K., and Zhang, Z. J. (2007). "From StoryLine to Box-office: A New Approach for Green-Lighting Movie Scripts," *Management Science*, 53 (6) (June).

Eliashberg, J., and Shugan, S. M. (1997). "Film Critics: Influencers or Predictors?," *Journal of Marketing*, 61 (2) (April).

Eliot, M. (1989). *Rockonomics: The Money behind the Music*. New York: Franklin Watts.

Eller, C. (2008). "Ford, Lucas, Spielberg on Risky Quest for Treasure," *Los Angeles Times*, April 21.

(2002). "Jilters Regret Missing 'Wedding'," *Los Angeles Times*, September 14.

Eller, C., and Friedman, J. (2008). "Movie Release Dates Become Tough for Studios to Script," *Los Angeles Times*, June 11.

Elton, E. J., Gruber, M. J., Brown, S. J., and Goetzmann, W. N. (2003). *Modern Portfolio Theory and Investment Analysis*. Hoboken, NJ: John Wiley & Sons.

Emshwiller, J. R., and Binkley, C. (2004). "As Indian Casinos Grow, Regulation Raises Concerns," *Wall Street Journal*, August 23.

Epstein, E. J. (2010). *The Hollywood Economist: The Hidden Financial Reality Behind the Movies*. New York: Melville House.

(2006). "Gross Hysteria: Do the Studios Really Overpay Top Talent like Peter Jackson?," *Slate*, *January* 23.

(2005). *The Big Picture: The New Logic of Money and Power in Hollywood*. New York: Random House.

Epstein, R. A. (1977). *Theory of Gambling and Statistical Logic*, rev. ed. San Diego: Academic Press.

Fabrikant, G., and Thomas, L. Jr. (2003). "One-Two Punch for Investors: AOL and Cable Unit," *New York Times*, January 31.

Farber, D. C. (1997). *Producing Theatre: A Comprehensive Legal and Business Guide*, 2nd rev. ed. New York: Limelight Edition.

(1995). "Theater Lawyers Seem to Be Avoiding LLCs," *New York Law Journal*, January 20.

(1993). *From Option to Opening: A Guide to Producing Plays Off-Broadway*, 4th rev. ed. New York: Limelight Editions.

Fatsis, S. (2006a). "A Longtime Loser, Pro Soccer Begins to Score in the U. S.," *Wall Street Journal*, June 17.

(2006b). "Playing Hardball," *Wall Street Journal*, April 28.

(2005). "The Battle for the NFL's Future," *Wall Street Journal*, August 29.

(2004). "Can Socialism Survive?," *Wall Street Journal*, September 20.

(2003). "In College Football, Also-Rans Fight for Bigger Share of the Pot," *Wall Street Journal*, November 25.

(2002a). "Baseball Stars Discover Owners Now Have the Upper Hand," *Wall Street Journal*, December 23.

(2002b). "The New Game in TV Sports," *Wall Street Journal*, January 21.

Fellows, J. (2010). "How to Save the News," *The Atlantic Magazine*, June.

Felton, M. (1980). "Policy Implications of a Composer Labor Supply," in *Economic Policy for the Arts*, edited by W. S. Hendon, J. L. Shanahan, and A. J. MacDonald, pp. 186-198. Cambridge, MA: Abt Books.

Fey, M. (1989). *Slot Machines*. Reno, NV: Liberty Belle Books.

Fielding, R., ed. (1967). *A Technological History of Motion Pictures and Television: An Anthology from the Journal of the Society of Motion Picture and Television Engineers*. Los Angeles: University of California Press.

Final Report, Vol. 2 (1978). London: Royal Commission on Gambling, July.

Findlay, J. M. (1986). *People of Chance: Gambling in American Society*. New York: Oxford.

Fisher, D., and Ozanian, M. K. (1999). "Cowboy Capitalism," *Forbes*, 164 (7) (September 20).

Fisher, F. M., McGowan, J. J., and Evans, D. S. (1980). "The Audience-Revenue Relationship for Local Television

Stations," *Bell Journal of Economics*, 11 (2) (autumn).

Fleming, M. (2009). "Ryan's Hope: A Pact Overhaul," *Variety*, November 23.

(2008a). "Grossed Out: Studios Trim Gross Players' Payday," *Variety*, June 16.

(2008b). "Tenpercenteries Turmoil: The Shifts Hit the Fan," *Variety*, May 19.

(2007). "Shaking the Money Tree," *Variety*, May 21.

(2006). "CAA: Super-Size Me," *Variety*, August 21.

Flick, R. (1988). "ASCAP's out of Tune with Composers," *Wall Street Journal*, May 27.

Flint, J. (2006). "Fox News Wants $1 per Customer Anniversary Gift," *Wall Street Journal*, April 25.

(2004). "Dearth of Network Sitcoms Hurts Stations Seeking Reruns," *Wall Street Journal*, January 21.

(2002a). "TNT Upsets Cable Operators with a New Bill," *Wall Street Journal*. October 14.

(2002b). "NBC Reaps Profits by Shooting for Viewers with More Money," *Wall Street Journal*, May 20.

(2001). "NBC and Viacom Unit Sign 'Frasier' Deal," *Wall Street Journal*, March 7.

(2000). "How the Top Networks Are Turning the Tables on Their Affiliates," *Wall Street Journal*, June 14.

Foderaro, L W. (2008). "Gone with the Cash: Films Go for the Best Tax Breaks," *New York Times*, March 29.

Forsyth, R. W. (1995). "Stadiums Built with Taxpayer Funds Don't Pay Their Way," *Barron's*, November 13.

Fort, R. (2005). "The Golden Anniversary of The Baseball Players 'Labor Market'," *Journal of Sports Economics* (6) November.

Fowler, G. A. (2006). "Estimates of Copyright Piracy Losses Vary Widely," *Wall Street Journal*, June 2.

Fowler, G. A., and Trachtenberg, J. A. (2010). "Vanity Press Goes Digital," *Wall Street Journal*, June 3.

Frangos, A. (2004). "Bigger and Better," *Wall Street Journal*, September 20.

Frank, A. D. (1984). "The USFL Meets the Sophomore Jinx," *Forbes*, 133 (4) (February 13).

Frank, R. H. (2006). "How Much Is That Laptop?," *New York Times*, July 6.

Frank, R. H., and Cook, P. J. (1995). *The Winner-Take-All Society*. New York: The Free Press (Simon & Schuster).

Frankel, D. (2010). "Box-Office Blindsides: The Trouble with Tracking," *The Wrap*, June 15 available at: http://www.thewrap.com/article/trouble-tracking-18409.

(2009). "TV Role Reversal," *Variety*, January 12.

Frankenfield, W. C. (1994). "What Are the Generally Accepted Accounting Principles in the Broadcasting Industry?," *Broadcast Cable Financial Journal*, June - July.

Frascogna, X. M., and Hetherington, H. L. (1978). *Successful Artist Management*. New York: Billboard/Watson-Guptill.

Freedman, M. (2004). "Madness of Crowds," *Forbes*, 173 (7) (April 12).

Frey, B. S., and Pommerehne, W. W. (1989). *Muses & Markets: Explorations in the Economics of the Arts*. London: Basil Blackwell.

Friedman, B. (1974, 1982). *Casino Management*, rev. and enlarged ed. Secaucus, NJ: Lyle Stuart.

Friedman, M., and Savage, L. J. (1948). "The Utility Analysis of Choices Involving Risk," *Journal of Political Economy*, 56 (4) (August).

Fritz, B. (2009). "Call of Duty: Modem Warfare 2 Video Game Gets Hollywood-Scale Launch," *Los Angeles Times*, November 18.

(2007). "Sequels Hit Geek Peak," *Variety*, December 3.

Fritz, B., and Graser, M. (2004). "Is the Game Getting Lame?," *Variety*, May 10.

Fritz, B., and Snyder, G. (2006). "Hollywood Seeking the Missing Link," *Variety*, April 10.

Frude, N. (1983). *The Intimate Machine: Close Encounters with Computers and Robots*. New York: New American Library.

Futterman, M., and Patrick, A. O. (2009). "Big Money Sweeps through Soccer," *Wall Street Journal*, June 12.

Futterman, M., and Wingfield, N. (2009). "Are Americans Becoming Soccer Fans?," *Wall Street Journal*, July 29.

Gage, J. (2009). "Pileup," *Forbes*, 183 (4) (March 2).

(2005). "Russian Roulette," *Forbes*, 175 (8) (April 18).

Gaither, C. (2006). "TV's Path to Web Remains Unclear," *Los Angeles Times*, April 23.

Gamerman, E. (2010). "Exporting Broadway," *Wall Street Journal*, July 16.

Gapinski, J. H. (1986). "The Lively Arts as Substitutes for the Lively Arts," *American Economic Review*, 76 (2) (May).

Garey, N. H. (1983). "Elements of Feature Financing," in *The Movie Business Book*, edited by J. E. Squire. New York: Simon & Schuster (Fireside).

Garrity, B. (2000). "Coming Up Short," *Investment Dealers' Digest*, June 5.

Gelatt, R. (1977). *The Fabulous Phonograph*, 1877-1977, 2nd rev. ed. New York: Mac-millan.

Gerse, S. (2004). "Overseas Tax Incentives and Government Subsidies," in *The Movie Business Book*, edited by J. E. Squire. New York: Simon & Schuster (Fireside).

Gertner, J. (2005). "Our Ratings, Ourselves," *New York Times*, April 10.

Ghez, G. R., and Becker, G. S. (1975). *The Allocation of Time and Goods over the Life Cycle*. New York: National Bureau of Economic Research.

Gibbs, N. (1989). "How America Has Run out of Time," *Time*, 133 (17) (April 24).

Gil, R. and Haitmann, W. R. (2007). "The Role and Determinants of Concession Sales in Movie Theaters: Evidence from the Spanish Exhibition Industry," *Review of Industrial Organization*, 30 (4) (June).

Gilder, G. (2000). *Telecosm: How Infinite Bandwidth Will Revolutionize Our World*. New York: The Free Press (Simon & Schuster) and www. forbes. com.

Gilpin, K. (1993). "The Circus Is Just One of His Acts," *New York Times*, March 24.

Gimbel, B. (2007). "CAA: Hollywood Heavy," *Fortune*, 156 (8) (October 15).

Ginsburgh, V. A. (2004), ed. *Economics of Art and Culture*. Amsterdam: Elsevier.

Gladwell, M. (2006a). "The Formula," *The New Yorker*, October 10.

(2006b). "The Risk Pool," *The New Yorker*, August 28.

Goettler, R. L., and Leslie, P. (2003). "Cofinancing to Manage Risk in the Motion Picture Industry," Working Paper, Stanford University and Carnegie Mellon University, www. stanford. edu/~pleslie/cofinancing. pdf and www. gsia. cmu. edu/amdrew/ goettler/public/papers/movies.

Gold, R., and Davis, A. (2007). "Oil Officials See Limit Looming on Production," *Wall Street Journal*, November 19.

Goldberg, M. (1988). "Inside the Payola Scandal," *Rolling Stone*, January 14.

Goldman, K. (1992). "The One-Hour Drama Stages a Comeback on TV after Being Preempted by Sitcoms," *Wall Street Journal*, September 1.

Goldsmith, J. (2004). *Hollywood Plexed by Plex Success*, *Variety*, May 17.

Goldstein, P (2006a). "Too Much of a Good Thing," *Los Angeles Times*, October 24.

(2006b). "Make Way for Studio Outsiders on the Red Carpet," *Los Angeles Times*, February 1.

(2005). "This Year, the Safe Bets Are Off," *Los Angeles Times*, January 26.

Gollehon, J. (1986). *All about Sports Betting*. Grand Rapids, MI: Gollehon.

Gomes, L. (2006). "It May Be a Long Tune before the Long Tail Is Wagging the Web," *Wall Street Journal*, July 26.

Goodell, G. (1998). *Independent Feature Film Production: A Complete Guide from Concept through Distribution*. New York: St Martin's Griffin.

Goodell, J. (1999). "World War MP3," *Rolling Stone*, July 8.

Goodman, R. (1995). *The Luck Business: The Devastating Consequences and Broken Promises of America's Gambling Explosion*. New York: The Free Press (Simon & Schuster).

(1994). *Legalized Gambling as a Strategy for Economic Development*. Northampton, MA: Broadside Books.

Goodstein, D. (2004). *Out of Gas: The End of the Age of Oil*. New York: W. W. Norton & Co.

Gorham, J. (2002). "Teutonic Tinsel," *Forbes*, 169 (3) (February 4).

Gottman, J. M. (1981). *Time Series Analysis: A Comprehensive Introduction for Social Scientists*. New York: Cambridge University Press.

Graham, M. B. W. (1986). *RCA and the VideoDisc: The Business of Research*. New York: Cambridge University Press.

Grampp, W. D. (1989). *Pricing the Priceless: Art, Artists, and Economics*. New York: Basic Books.

Grant, P. (2006). "Online Video Goes Mainstream, Sparking an Industry Land Grab," *Wall Street Journal*, February 21.

(2005). "Comcast Plans Major Rollout of Phone Service over Cable," *Wall Street Journal*, January 10.

(2004). "It's Yankees 1, Cablevision 0, in TV-Fee Fight," *Wall Street Journal*, March 25.

(2003). "Digital World Churns as Cable Homes Ignore Many Channels," *Wall Street Journal*, September 24.

Grant, P., and Barnes, B. (2007). "Television's Power Shift: Cable Pays for 'Free' Shows," *Wall Street Journal*, February 5.

Grant, P., and Latour, A. (2005). "In Risky Move, a New AT&T Bets on Internet Technology," *Wall Street Journal*, November 21.

Grant, P., and Orwall, B. (2003). "After Web Blow-Up Shift to Broadband Quietly Went On," *Wall Street Journal*, January 8.

Graser, M. (2008). "P & A Pay to Play," *Variety*, October 27.

Graser, M., and Ault, S. (2010). "Bringing Any to the Many," *Variety*, March 15.

Greco, A. N. (1997). *The Book Publishing Industry*. Boston: Allyn and Bacon.

Green, J. (2005). "Live on the Strip: Broadway's Second City," *New York Times*, October 2.

Greenfeld, K. T. (2010). "How To Survive in Vegas," *Bloomberg Businessweek*, August 15.

Greenhouse, L. (1999). "Justices Strike Down Ban on Casino Gambling Ads," *New York Times*, June 15.

Greenlees, E. M. (1988, 2008). *Casino Accounting and Financial Management*. Reno and Las Vegas: University of Nevada Press.

Greenwald, B. C. N., Kahn, J., Sonkin, P. D., and van Biema, M. (2001). *Value Investing: From Graham to Buffett and Beyond*, paperback ed. New York: John Wiley & Sons.

Grimes, W. (1997). "With 6, 138 Lives, 'Cats' Sets Broadway Mark," *New York Times*, June 19.

Grinols, E. L. (2004). Gambling in America: *Costs and Benefits*. New York: Cambridge University Press.

Gross, D. (2004). "Does a Free Download Equal a Lost Sale?," *New York Times*, November 21.

Grover, R., and Green, H. (2003). "Hollywood Heist: Will Tinseltown Let Techies Steal the Show?," *BusinessWeek*, no. 3841, July 14.

Grover, R., Lowry, T., and Edwards, C. (2010). "Revenge of the Cable Guys," *Business Week*, March 22.

Gubernick, L. (1999). "A Night at the Previews," *Wall Street Journal*, October 1.

(1989a). "Last Laugh," *Forbes*, 143 (4) (May 15).

(1989b). "Living off the Past," *Forbes*, 143 (12) (June 12).

Gustines, G. G. (2010). "Hey, Archie! Want to Build an Empire," *New York Times*, August 15.

Guth, L. A., and Shagan, M. D. (2001). "Revisiting Regulation: Why the Reins Should Be Loosenefd on Thoroughbred Horse Racing," *Milken Institute Review*, Third Quarter.

Halbfinger, D. M. (2008a). "MGM: A Lion or a Lamb?," *New York Times*, June 8.

(2008b). "With Theaters Barely Digital, Studios Push 3-D," *New York Times*, March 13.

Halliday, J., and Fuller, P., eds. (1974). *The Psychology of Gambling*. New York: Harper & Row.

Hameroff, E. J. (1998). *The Advertising Agency Business: The Complete Manual for Management Operations*, 3rd ed. Chicago: NTC Business Books (Contemporary Publishing).

Hamilton, J. D. (1994). *Time Series Analysis*. Princeton, NJ: Princeton University Press.

Hamlen, W. A., Jr. (1991). "Superstardom in Popular Music: Empirical Evidence," *Review of Economics and Statistics*, 73 (4) (November).

Hamner, S. (2008). "Nascar's Sponsors, Hit by Sticker Shock," *New York Times*, December 13.

Handel, J. (2009). "Uneasy Lies the Head That Wears the Crown: Why Content's Kingdom Is Slipping Away," *Vanderbilt Journal of Technology and Law*, 11 (3).

Hansell, S. (2007). "Amazon Reading Device Doesn't Need Computer," *New York Times*, November 20.

(2004). "Selling 'Nemo' Online, Trying to Repel Pirates," *New York Times*, June 14.

(2003). "E-Music Sites Settle on Prices: It's a Start," *New York Times*, March 3.

Hanssen, F. A. (2005). "Revenue Sharing and the Coming of Sound," in *An Economic History of Film*, edited by J. Sedgwick and M. Pokorny. London: Routledge.

Hansmann, H. (1981). "Nonprofit Enterprise in the Performing Arts," *Bell Journal of Economics*, 12 (2) (autumn).

Happel, S. M., and Jennings, M. M. (1995). "The Folly of Anti-scalping Laws," *The Cato Journal*, 15 (1) (spring/summer).

Harden, B., and Swardson, A. (1996). "America's Gamble," *Washington Post*, March 3-6.

Harmelink, P. J., and Vignes, D. W. (1981). "Tax Aspects of Baseball Player Contracts and Planning Opportunities," Taxes, 59 (8) (August). Chicago: Commerce Clearing House.

Harmon, A. (2003). "Studios Using Digital Armor," *New York Times*, January 4.

(2002a). "Copyright Hurdles Confront Selling of Music on the Internet," *New York Times*, September 23.

(2002b). "Grudgingly, Music Labels Sell Their Songs Online," *New York Times*, July 1.

(2002c). "CD Technology Stops Copies, But It Starts a Controversy," *New York Times*, March 1.

(2000). "Potent Software Escalates Music Industry's Jitters," *New York Times*, March 7.

Hanis, D. (1986). *The League: The Rise and Decline of the NFL*. New York: Bantam.

Harris, L. (1995). *The Harris Poll* 1995, 68. New York: Louis Harris & Associates, Inc.

Harris, W. (1981). "Someday They'll Build a Town Here, Kate," *Forbes*, 128 (October 26).

Hayes, D., and Thielman, S. (2009). "States of Anxiety: Tax Incentives Squeezed as Economy Tanks," *Variety*, January 19.

Hazelton, J. (1998). "Goodwill Hunting," *Screen International*, March 13.

Hazlett, T. W., and Spitzer, M. L. (1997). *Public Policy toward Cable Television: The Economics of Rate Controls*. Cambridge, MA: The MIT Press, and Washington, DC: The AEI Press.

Healey, J., and Phillips, C. (2005). "Piracy Spins a Global Web," *Los Angles Times*, October 9

(2010a). "A Rock Impresario Gambles on 'Spider-Man'," *New York Times*, September 10.

(2010b). " '*Fantasticks*' Pays Back for 50 Years," *New York Times*, May 3.

(2010c). "In Broadway Lights, No Vacancy," *New York Times*, May 2.

(2010c). "Critics May Rant, but 'Addams Family' Rakes It In," *New York Times*, April 14.

(2009). "On Broadway, Shows With Biggest Names Get Fullest Houses," *New York Times*, December 2.

Hearn, G. (1989). "Active and Passive Conception of the Television Audience: Effects of a Change in Viewing Routine," *Human Relations*, 42.

Hedges, J. N., and Taylor, D. E. (1980). "Recent Trends in Worktime: Hours Edge Downward," *Monthly Labor Review*, 103 (3) (March).

Heilbrun, J., and Gray, C. M. (2001). *The Economics of Art and Culture*, 2nd ed. (1st ed. 1993). New York: Cambridge University Press.

Helft, M. (2010a). "New Money Online Only," *New York Times*, September 23.

(2010b). "Will Zynga Become the Google of Games?," *New York Times*, July 25.

Helyar, J. (2003). "Rideem Cowboy," *Fortune*, 148 (6) (September 29).

(1995). "Losers on the Field, L. A. Rams Win Big in Move to Missouri," *Wall Street Journal*, "January 27.

Henderson, J. M., and Quandt, R. E. (1971). *Micmeconomic Theory: A Mathematical Approach*, 2nd ed. New York: McGraw-Hill.

Hendon, W. S., Shanahan, J. L., and MacDonald, A. J., eds. (1980). *Economic Policy for the Arts*. Cambridge,

MA：Abt Books.

Henig，R. M. (2008). "Taking Play Seriously," *New York Times*，February 17.

(2007). "The Real Transformers," *New York Times*，July 29.

Hennessee，J. A. (1978). "Gross Behavior：How to Get Your Percentage Back," Action (Directors Guild)，January/February.

Henick，T. (2007). "A New Ballgame," *Wall Street Journal*，June 11.

Hesmondhalgh (2002). *The Cultural Industries*. London：Sage.

Hessel，E.，and Beller，P. C. (2009). "Gaming Gold Mines," *Forbes*，184 (1) (July 13).

Hiltzik，M. A.，and Friedman，J. (2008). "Hollywood's Hedged Bets," *Los Angeles Times*，February 16.

Hirsch，J. (1987). "Big Business under the Big Top," New York Tunes，October 4.

Hirschberg，L. (2004). "What Is an American Movie Now?," *New York Times*，November 14.

Hochman，O.，and Luski，I. (1988). "Advertising and Economic Welfare：Comment," *American Economic Review*，78 (1) (March).

Hof，R. D. (2006). "My Virtual Life," *Business Week*，May 1.

Hoffman，C. (2006a). "Talent Agents Get into Film Fundraising," *Los Angeles Times*，November 3.

(2006b). "Talent Firms May Merge to Keep Pace," *Los Angeles Times*，March 13.

Hofler，R. (2009a). "Life after Death on Broadway," *Variety*，November 23.

(2009b). "Silver Linings? It's a Myth that Showbiz is Recession-Proof," *Variety*，August 10.

Hofmeister，S. (1994). "Appeal of 'Direct-to-Video' Grows among Film Studios," *New York Times*，November 8.

Holland，B. (2002). "Copyright Arbitration Royal Panel Takes Middle Ground on Digital Licensing Rates," *Billboard*，March 2.

Holloway，L. (2002). "BMG Plans to Simplify Royalty Deductions," *New York Times*，November 21.

Holson，L. M. (2006a). "Hollywood Puts the Squeeze on Talent," *New York Times*，November 6.

(2006b). "Wall St. Woos Film Producers，Skirting Studios," *New York Times*，October 14.

(2005a). "Before You Buy a Ticket，Why Not Buy the DVD?," *New York Times*，December 19.

(2005b). "Can Hollywood Avoid the Death Eaters?," *New York Times*，November 6.

(2002). "Big Hollywood Hits Don't Ensure Big Profits," *New York Times*，September 2.

Horn，J. (2007). "Hollywood's Latest Promotional Stunt? A Ferrari Crash Draws Eyeballs," *Los Angeles Times*，April 13.

(2006a). "Far Removed from the Multiplex," *Los Angeles Times*，August 8.

(2006b). "Investors Hope to Cruise but Sometimes Sink," *Los Angeles Times*，May 16.

(2006c). "Hollywood Studios Rewriting Pay System for Their Talent," *Los Angeles Times*，January 13.

(2005a). "Agency's Talent Pool Is Fast Becoming an Ocean," *Los Angeles Times*，October 14.

(2005b). "DVD Sales Figures Turn Every Movie into a Mystery," *Los Angeles Times*，April 17.

(2005c). "How the Moguls Came to Love Retail," *Los Angeles Times*，April 17.

Horvitz，J. S.，and Hoffman，T. E. (1976). "New Tax Developments in the Syndication of Sports Franchises," *Taxes*，54 (3) (March). Chicago：Commerce Clearing House.

Hoskins，C.，McFadyen，S.，and Finn，A. (2004). *Media Economics*. Thousand Oaks，CA：Sage.

(1997). *Global Television and Film*. Oxford，UK：Oxford University Press.

Hoskins，C.，and Mirus，R. (1988). "Reasons for the U. S. Dominance of the International Trade in Television Programmes," *Media，Culture and Society*，10.

Hotelling，H. (1929). "Stability in Competition," *Economic Journal*，March.

Huberman，B. A. (2001). *The Laws of the Web：Patterns in the Ecology of Information*. Cambridge，MA：MIT Press.

Hughes，R. J. (2006). "Les Biz：Broadway's New Investors," *Wall Street Journal*，January 20.

(2005a). "Give Me Discards from Broadway," *Wall Street Journal*，June 17.

(2005b). "Broadway's New Deal," *Wall Street Journal*, March 11.

Huizinga, J. (1955). *Homo Ludens: A Study of the Play-Element in Culture*. Boston: Beacon Press.

Hull, J. B. (1984). "Music Charts Move against False 'Hits,'" *Wall Street Journal*, February 16.

Ignatin, G., and Smith, R. (1976). "The Economics of Gambling," in *Gambling and Society*, edited by W. R. Eadington, pp. 69-91. Springfield, IL: Thomas.

Ip, G. (1999). "Analyst Discovers Order in the Chaos of Huge Valuations for Internet Stocks," *Wall Street Journal*, December 27.

Isenberg, B. (2005). "Doing the Broadway Shuffle," *Los Angeles Times*, April 24.

Ives, N. (2005). "Will Box-Office Blues Put Newspapers in Red?," *New York Times*, May 16.

Iyengar, R. (2009). "Optimal Pricing for a Menu of Service Plans - An Application to the Digital Music Industry," Wharton, University of Pennsylvania, available at knowl edge. wharton. upenn. edu/papers.

Jacobs, J. A., and Gerson, K. (1998). "Who Are the Overworked Americans?," *Review of Social Economy*, 56 (4) (Winter).

Jayakar, K. P., 4nd Waterman, D. (2000). "The Economics of American Theatrical Movie Exports: An Empirical A-nalysis," *Journal of Media Economics*, 13 (3).

Jensen, E. (1996). "Networks Blast Nielsen, Blame Faulty Ratings for Drop in Viewership," *Wall Street Journal*, November 22.

Johnson, I. (2010). "China's Homegrown Movies Flourish," *Wall Street Journal*, January 20.

Johnson, R. (2005a). "The Lawsuit of the Rings," *New York Times*, June 27.

(2005b). "Good News in Hollywood. Shhh," *New York Times*, January 31.

Johnson, R. (1984). "Applying the Utilization Theory to Slot Decisions," *Gaming Business*, April.

Johnson, W. (1985). "The Economics of Copying," *Journal of Political Economy*, 93 (11).

Jones, C. (2009). "Ryan Kavanaugh Uses Math to Make Movies," *Esquire*, November.

Jurgensen, J. (2010a). "The End of the Road?," *Wall Street Journal*, July 9.

(2010b). "A Maestro for the Masses," *Wall Street Journal*, June 4.

(2010c) "The Lessons of Lady Gaga," *Wall Street Journal*, January 29.

(2007). "Life of Danja," *Wall Street Journal*, October 13.

Juster, F. T., and Stafford, F. P. (1991). "The Allocation of Time: Empirical Findings, Behavioral Models, and Problems of Measurement," *Journal of Economic Literature*, 29 (June).

Kafka, P. (2003). "The Road to Riches," *Forbes*, 172 (l) (July 7).

Kagan, P. (1995). *Motion Picture Investor*, no. 145 (January).

Kahn, J. (2000). "Presto Chango! Sales Are Huge!," *Fortune*, 141 (6) (March 20).

Kane, Y. I., and McBride, S. (2008). "Toshiba Set to Cede DVD-Format Fight," *Wall Street Journal*, February 18.

Kang, S. (2008). "TNS Aims to Take Bite Out of Nielsen," *Wall Street Journal*, January 31.

Kapner, S. (2003). "U. S. TV Shows Losing Potency around World," *New York Times*, January 2.

Karp, H. (2009). "The NFL Doesn't Want Your Bets," *Wall Street Journal*, June 16.

Kaufman, A. (2010). "States Debate Rebate Fate," *Variety*, September 27.

Kelejian, H., and Lawrence, W. (1980). "Estimating the Demand for Broadway Theater: A Preliminary Inquiry," in *Economic Policy for the Arts*, edited by W. S. Hendon, J. L. Shanahan, and A. J. MacDonald. Cambridge, MA: Abt Books.

Kelley, D. (1985). "Cable Television Unshackled? The Courts Have Just Struck a Blow for Freedom of Speech," *Barron's*, April 22.

Kelly, K. (2006a). "Defecting Staff and Stars, Doldrums in Hollywood Spur Changes at ICM," *Wall Street Journal*, October 25.

(2006b). "Defying the Odds: Hedge Funds Bet Billions on Movies," *Wall Street Journal*, April 29.

(2005). "Can New Ownership and Capital Infusion Fuel ICM Comeback?," *Wall Street Journal*, November 2.

Kelly, K. (2002). "Where Music Will Be Coming From," *New York Times*, March 17.

(1998). *New Rules for the New Economy*. London and New York: Penguin Books.

Kelly, K., and Marr, M. (2006). "*Sweetheart Star Deals Go Sour*," *Wall Street Journal*, January 13.

Kent, S. L. (2001). *The Ultimate History of Video Games*. New York: Three Rivers Press (Crown/Random House).

Kiger, P. J. (2004). "Chew Spit Repeat and Great Moments in Mogul Handling," *Los Angeles' Times*, February 29.

Kilby, J. (1985). "Estimating Revenue through Bet Criteria," *Gaming and Wagering Business*, 6 (3) (March).

Kindem, G., ed. (1982). *The American Movie Industry: The Business of Motion Pictures*. Carbondale: Southern Illinois University Press.

King, N., Jr. (2008). "Saudis Face Hurdle in New Oil Drilling," *Wall Street Journal*, April 22.

King, T. (2002). "The 'Gosford Park' Goof," *Wall Street Journal*, March 1.

Kirkland, K. (2000). "On the Decline in Average Weekly Hours Worked," *Monthly Labor Review* 123 (7) (July).

Kirkpatrick, D. D. (2003). "Action-Hungry DVD Fans Sway Hollywood," *New York Times*, August 17.

(2001). "Slow Sales Add Pressure to Cut Prices of Books," *New York Times*, January 1.

Kirsner, S. (2008). *Inventing the Movies: Hollywood's Epic Battle between Innovation and the Status Quo, from Thomas Edison to Steve Jobs*. Scotts Valley, CA: CreateSpace (Amazon).

(2007). "Studios' Digital Dilemma," *Variety*, November 5.

Kneale, D. (1988). "How Wouk Epic Became a Sure Loser," *Wall Street Journal*, November 11.

Kneale, D., and Camevale, M. L. (1991). "In TV Rerun Ruling, Hollywood Interests Prove Special Indeed," *Wall Street Journal*, April 10.

Knecht, G. B. (1998). "How Magazines Arrive on Shelves, and Why Some Soon May Not," *Wall Street Journal*, February 26.

Knee, J., Greenwald, B., and Seave, A. (2009). *The Curse of the Mogul: What's Wrong With the World's Leading Media Companies*. New York: Penguin (Portfolio).

Knight, A. (1978). *The Liveliest Art: A Panoramic History of the Movies*. New York: Macmillan.

Knoblock, S., and Zillman, D. (2002). "Mood Management Via the Digital Jukebox," *Journal of Communications*, 52.

Knoedelseder, W. (1993). *Stiffed: A True Story of MCA, The Music Business, and the Mafia*. New York: HarpeiCollins.

Kolesnikov-Jessop, S. (2010). "Optimism for the Debut of 2 Singapore Casinos," *New York Times*, February 16.

(2009). "Theme Parks See Potential in Asia," *New York Times*, December 19.

Konigsberg, I. (1987). *The Complete Film Dictionary*. New York: New American Library.

Koopmans, L. H. (1974). *The Spectral Analysis of Time Series*. New York: Academic Press.

Korr, C. P. (2002). *The End of Baseball as We Knew It: The Players Union*, 1960-81. Champaign, EL: University of Illinois Press.

Krantz, M. (2005). "Television That Leaps off the Screen," *New York Times*, July 3.

Krasilovsky, M. W., and Shemel, S. (1994). *More about This Business of Music*.
New York: Billboard (Watson-Guptill).

Kraus, R. (1978). *Recreation and Leisure in Modern Society*, 2nd ed. Santa Monica, CA: Goodyear Publishing.

Kronemyer, D. E., and Sidak, J. G. (1986). "The Structure and Performance of the U. S. Record Industry," 1986 *Entertainment and the Arts Handbook*. New York: Clark Boardman.

Kronholz, J. (1984). "Pop and Rock Tours like Michael Jackson's Grow More Complex," *Wall Street Journal*, July 9.

Kubey, C. (1982). *The Winners' Book of Video Games*. New York: Warner Books.

Kyriazi, G. (1976). *The Great American Amusement Parks: A Pictorial History*. Secaucus, NJ: Citadel Press.

Labaton, S. (2007). "Plan Would Ease Limits on Media Owners," *New York Times*, October 18.

(2004). "Court Orders Rethinking of Rules Allowing Large Media to Expand," *New York Times*, June 25.

(2003). "Regulators Ease Rules Governing Media Ownership," *New York Times*, June 3.

(2001). "U. S. Court Ruling Lets Cable Giants Widen Their Reach," *New York Times*, March 3.

Laing, J. R. (1996). "Foul Play?," *Barmn's*, August 19.

Lake, M. (2002). "Cram Session: The Evolution of an Ever Deeper Disc," *New York Times*, January 31.

Landler, M. (2008). "Sony and Bertelsmann End Their Partnership in Music," *New York Times*, August 5.

(2004). "Europe Reluctantly Deciding It Has Less Time for Time Off," *New York Times*, July 7.

Landro, L. (1990). "Warner Bros. Success at Box Office Feeds Its Global Ambitions," *Wall Street Journal*, June 1.

(1983). "Pay-TV Industry Facing Problems after Misjudging Market Demand," *Wall Street Journal*, June 29.

Landro, L., and Saddler, J. (1983). "Network, Film Moguls Blitz Capital in Battle for TV Rerun Profits," *Wall Street Journal*, November 8.

Lane, F. S. (2001). *Obscene Profits: Entrepreneurs of Pornography in the Cyber Age*. New York: Routledge.

Lane, R. (1994). "I Want Gross," *Forbes*, 154 (7) (September 26).

La Pointe, J. (2005). "N. H. L. Cancels Hockey Season in Labor Battle," *New York Times*, February 17.

(1989). "Television Lavishes Money on Sports, But Does It Pay?," *New York Times*, December 3.

LaPorte, N. (2010). *The Men Who Would Be King: An Epic Tale of Moguls, Movies, and a Company Called DreamWorks*. New York: Houghton Mifflin Harcourt.

Lardner, J. (1987). *Fast Forward: Hollywood, the Japanese, and the VCR Wars*. New York: W. W. Norton.

Lashinsky, A. (2004). "Murdoch's Air War," *Fortune*, 150 (12) (December 13).

Latour, A. (2005). "To Meet the Threat from Cable, SBC Rushes to Offer TV Service," *Wall Street Journal*, February 16.

Lawson, C. (1983). "Broadway Is in Its Worst Slump in a Decade," *New York Times*, January 3.

Lawton, C. (2009). "More Households Cut the Cord on Cable," *Wall Street Journal*, May 28.

(2008). "Electronic Arts Bets Big on a New Game," *Wall Street Journal*, September 2.

Leeds, J. (2008). "In Rapper's Deal, a New Model for Music Business," *New York Times*, April 3.

(2006). "Squeezing Money from the Music," *New York Times*, December 11.

(2005). "Wipe Egg off Face, Try Again," *New York Times*, April 17.

(2004). "Music Industry Is Trying Out New Releases as Digital Only," *New York Times*, November 22.

(2002). "Rkdio Industry's Discomfort Grows over Payola-like Practice," *Los Angeles Times*, October 21.

Leeds, M. A., and von Allmen, P. (2004). *The Economics of Sports*, 2nd ed. Boston: Addison Wesley.

Leedy, D. J. (1980). *Motion Picture Distribution: An Accountant's Perspective*. Los Angeles: David Leedy, C. P. A., P. O. Box 27845.

Leipzig, A. (2005). "The Sundance Odds Get Even Longer," *New York Times*, January 16.

Leonard, D. (2003). "Songs in the Key of Steve," *Fortune* 147 (9) (May 12).

Leonhardt, D. (2006a). "Broadway's Touring Shows Find Tickets Harder to Sell," *New York Times*, August 20.

(2006b). "Changes Ahead for a Theater near You," *New York Times*, February 15.

Lessing, L. (1971). "Stand By for the Cartridge TV Explosion," *Fortune*, April, 83 (4).

Lev, B. (2001). Intangibles: *Management, Measurement and Reporting*. Washington, DC: Brookings Institute.

(2000a). "The New Math," *Barron's*, November 20.

(2000b). "New Math for a New Economy," *Fast Company*, January-February.

Levine, R. (2008). "For Some Music, It Has to Be Wal-Mart and Nowhere Else," *New York Times*, June 9.

(2005). "Story Line Is Changing for Game Makers and Their Movie Deals," *New York Times*, February 21.

Levinson, P. (1999). *Digital McLuhan: A Guide to the Information Millennium*. New York: Routledge.

Levy, H., and Sarnat, M. (1972). *Investment and Portfolio Analysis*. New York: Wiley.

Lewis, P. (2003). "The Biggest Game in Town," *Fortune*, 148 (5) (September 15).

Lewis, R. (1995). "Relation between Newspaper Subscription Price and Circulation, 1971—1992," *Journal of Media Economics*, 8 (1).

Lieberman, D. (2005). "TVs Turn into Vending Machines for Programs," *USA Today*, November 30.

Light, S. A., and Rand, K. R. L. (2005). *Indian Gaming and Tribal Sovereignty: The Casino Compromise*. Lawrence, KS: University Press of Kaansas.

Linder, S. B. (1970). *The Harried Leisure Class*. New York: Columbia University Press.

Linfield, S. (1987). "The Color of Money," *American Film*, 12 (4).

Lipman, J. (1990) "Movie Merchandising Takes Off, Bat-Style," *Wall Street Journal*, January 5.

Lippman, J. (2005). "The Rights Stuff," *Wall Street Journal*, July 15.

(2004). "Thinking outside the Box Office," *Wall Street Journal*, May 21.

(2002a). "Record Debut for 'Spider-Man' Signals Hollywood's New Rules," *Wall Street Journal*, May 6.

(2002b). "TV, Movie Actors Reject SAG Plan for Investments," *Wall Street Journal*, April 22.

(1999). "Stop Action," *Wall Street Journal*, March 22.

(1995). "Talent Agents Now Often Share Billing," *Wall Street Journal*, August 17.

Liptak, A, and Belson, K. (2010). "N. F. L. Fails in Its Request for Antitrust Immunity," *New York Times*, May 25.

Litman, B. R. (1998). *The Motion Picture Mega-Industry*. Needham Heights, MA: Allyn & Bacon.

Littleton, C. (2010). "Free TV's Found Money," *Variety*, February 22.

Lohr, S. (2007). "Slow Down, Multitaskers, and Don't Read in Traffic," *New York Times*, March 25.

Lowe, P. M. (1983). "Refreshment Sales and Theater Profits," in *The Movie Business Book*, edited by J. E. Squire, pp. 344-349. New York: Simon & Schuster/Fireside.

Lowry, B. (2010). "Shattered Windows," *Variety*, August 23.

Lowry, T. (2003). "The NFL Machine," *Business Week*, no. 3817, January 27.

Lubove, S. (2004). "Shootout in Hollywood," *Forbes*, 173 (12) (June 7).

(1999). "Conspiracy Theory," *Forbes*, 164 (13) (November 29).

(1995). "Major League Soccer: Can It Work?," *Forbes*, 156 (14) (December 18).

Lyman, R. (2002). "Summer of the Spinoff," *New York Times*, April 17.

(2001). "Even Blockbusters Find Fame Fleeting in a Multiplex Age," *New York Times*, August 13.

(1999). "Pokémon Is Catching, and Keeping, Them," *New York Times*, November 13.

(1997). "An Endangered Species: The Angels of Broadway," *New York Times*, May 27.

Lyon, R. (1987). "Theme Parks in the USA," *Travel & Tourism Analyst*, London: The Economist Publications, January.

Maass, P. (2005). "The Breaking Point," *New York Times*, August 21.

MacDonald, G. (1988). "The Economics of Rising Stars," *American Economic Review*, 78 (March).

Mahon, G. (1980). *The Company That Bought the Boardwalk*. New York: Random House.

Mair, G. (1988). *Inside HBO: The Billion Dollar War between HBO, Hollywood and the Home Video Revolution*. New York: Dodd, Mead.

Mandelbaum, K. (1991). *Not since Carrie: Forty Years of Broadway Musical Flops*. New York: St. Martin's Griffin.

Mangalindan, M., and Trachtenberg, J. A. (2007). "Ipod of E-Book Readers? Amazon Taps Apple Strategy," *Wall Street Journal*, November 20.

Mangels, W. F. (1952). *The Outdoor Amusement Industry: From Earliest Times to the Present*. New York: Vantage Press.

Manly, L. (2005a). "Networks and the Outside Producer: Can They Co-Exist?," *New York Times*, June 20.

(2005b). "Satellite Radio Takes Off, Altering the Airwaves," *New York Times*, April 5.

Manly, L., and Markoff, J. (2005). "Steal This Show," *New York Times*, January 30.

Manteris, A., and Talley, R. (1991). *SuperBookie: Inside Las Vegas Sports Gambling*. Chicago: Contemporary Books.

Margolies, J., and Gwathmey, E. (1991). *Tickets to Paradise: American Movie Theaters and How We Had Fun*. Boston: Little, Brown and Company (Bulfinch Press).

Marich, R. (2009). *Marketing to Moviegoers: A Handbook of Strategies and Tactics*, 2nd ed. Carbondale, IL: Southern Illinois University Press.

(2005). *Marketing to Moviegoers*. Oxford, UK: Elsevier (Focal Press).

Markham, J. W., and Teplitz, P. V. (1981). *Baseball Economics and Public Policy*. Lexington, MA: Heath.

Markoff, J. (2004). "Internet Use Said to Cut into TV Viewing and Socializing," *New York Times*, December 30.

(2002). "A Long Time Ago, in a Lab Far Away..." *New York Times*, February 28.

(2000). "A Newer, Lonelier Crowd Emerges in Internet Study," *New York Times*, February 16.

Marks, P. (2002). "If It's a Musical, It Was Probably a Movie," *New York Times*, April 14.

Marr, M. (2007) "L. A. Firm Bets on Hollywood Ending for Profit Deals," *Wall Street Journal*, June 27.

(2005). "How DreamWorks Misjudged DVD Sales of Its Monster Hit," *Wall Street Journal*, May 31.

(2004). "Screenwriters Press for Bigger DVD Payday," *Wall Street Journal*, April 5.

Marr, M., and Kelly, K. (2006). "With Special Effects the Star, Hollywood Faces New Reality," *Wall Street Journal*, May 12.

Marr, M., and Peers, M. (2004). "To See Why MGM Is in Play, Just Take a Look in Its Vault," *Wall Street Journal*, July 7.

Marr, M., and Sanders, P. (2007). "Wall Street Rethinks Its Role in the Movies," *Wall Street Journal*, August 17.

Marriott, M. (2004). "Movie or Game: The Joystick Is a Tipoff," *New York Times*, March 25.

(2003). "A Thin Line between Films and Joysticks," *New York Times*, February 20.

Martin, D. (2004). "Cablers' Bland Ambition," *Variety*, January 19.

Martin, R. (2009). *The Reel Truth: Everything You Didn't Know You Need to Know About Making an Independent Film*. *New Yoric*: Faber and Faber.

Marx, S. (1975). *Mayer and Thalberg: The Make-Believe Saints*. New York: Random House. Los Angeles: Samuel French (1988).

Masters, K. (1999). "Star Wars," *Vanity Fair*, (464) (April).

Mathews, A. W., and Ordonez, J. (2002). "Music Labels Say It Costs Too Much to Get Songs on Radio," *Wall Street Journal*, June 10.

Mathews, A. W., Peers, M., and Wmgfield, N. (2002). "Music Industry Is Finally Online, but There Aren't Many Listeners," *Wall Street Journal*, May 7.

Maxwell, C. T. (2004). "The Gathering Storm," *Barron's*, November 15.

McBride, S. (2008a). "Universal Challenges Video Kiosks," *Wall Street Journal*, December 11.

(2008b). "Universal to Join Move Backing Digital Cinema Equipment," *Wall Street Journal*, September 8.

(2007). "Internet Radio Races to Break Free of the PC," *Wall Street Journal*, June 18.

(2006a). "Until Recently Full of Promise, Satellite Radio Runs into Static," *Wall Street Journal*, August 15.

(2006b). "Movie Debut: Films for Sale by Download," *Wall Street Journal*, April 3.

(2005a). "Hollywood's Digital Delay," *Wall Street Journal*, October 27.

(2005b). "Two Upstarts Vie for Dominance in Satellite Radio," *Wall Street Journal*, March 30.

McBride, S., and Fowler, G. A. (2006). "Studios See Big Rise in Estimates of Losses to Movie Piracy," *Wall Street Journal*, May 3.

McBride, S., Vascellaro, J. E., and Schechner, S. (2009). "Movie Studios Discuss Ways to Rent Films over YouTbbe," *Wall Street Journal*, September 3.

McCafferty, J. (2004). "Hockey Fight," CFO, September.

McCartney, S. (2004). "Leveling the Field," *Wall Street Journal*, October 18.

McDougal, D. (1998). *The Last Mogul*. New York: Crown.

(1991). "A Blockbuster Deficit; 'Batman' Accounts Show a $35. 8-Million Deficit: The Film May Never Show Profit," *Los Angeles Times*, March 21.

McGrattan, E. R., and Rogerson, R. (2004). "Changes in Hours Worked, 1950-2000," *Quarterly Review*, Federal Reserve Bank of Minneapolis, 28 (1) (July).

McKenzie, R. B. (2008). *Why Popcorn Costs So Much at the Movies and Other Pricing Puzzles*. New York: Springer (Science-Business Media).

McKinky, J. (2005). "Off Broadway, Success Grows Costly and Rare," *New York Times*, February 1.

(2004). " 'Wicked' Reaches Financial Nirvana," *New York Times*, December 21.

(2003). "Dance of the Vampires', a $12 million Broadway Failure, Is Closing," *New York Times*, January 16.

McLean, B. (2001). "Billion-Dollar Horse Play," *Fortune*, 144 (8) (October 29).

McLuhan, M. (1964, 2001). *Understanding Media: The Extension of Man*. New York: McGraw-Hill, Cambridge, MA: MIT Press (1994), and New York: Routledge Classics.

McLuhan, M., and McLuhan, E. (1988). *Laws of Media: The New Science*. Toronto: University of Toronto Press.

McNamara, M. (2006). "When the 'Yes' Becomes a 'No'," *Los Angeles Times*, July 9.

McNary, D. (2008). "States' Great Debate: Tax Rebates," *Variety*, October 20.

(2003). "Return of the Runaways," *Variety*, February 17.

McTague, J. (2005). "Going Underground," *Barron's*, January 3.

Mehta, S. N. (2006). "Money Men," *Fortune*, 153 (10) (May 29).

(2005). "One Big Baby Bell," *Fortune*, 151 (6) (March 21).

Meier, B. (2010). "Casinos Weigh an Online Bet," *New York Times*, October 4.

Meza, A. (2005). "Hollywood's Bankers," *Variety*, February 7.

Mezrich, B. (2002). *Bringing Down the House: The Inside Story of Six M. I. T. Students Who Took Vegas for Millions*. New York: Simon & Schuster (Free Press).

Michener, J. A. (1976). *Sports in America*. New York: Random House; paperback, Fawcett Crest/Ballantine Books (1983).

Miller, C. C., and Stone, B. (2009). "Virtual Goods Start Bringing Real Paydays," *New York Times*, November 6.

Miller, M. (1991). *A Whole Different Ball Game: The Sport and Business of Baseball*. New York: Birch Lane Press (Carol Publishing Co.); paperback (Fireside), Simon & Schuster (1992).

Mlodinow, L. (2006). "Meet Hollywood's Latest Genius," *Los Angeles Times*, July 2.

Moldea, D. E. (1989). *Interference: How Organized Crime Influences Professional Football*. New York: Morrow.

Moore, J. (1996). *The Complete Book of Sports Betting*. New York: Carol Publishing (Lyle Stuart).

Moore, S. M. (2002). *The BivThe Basic Business, Legal and Financial Aspects of the Film Industry*, 2nd ed. Los Angeles: Silman-James.

Moore, T. G. (1968). *The Economics of the American Theater. Durham*, NC: Duke University Press.

Moran, A., ed. (1996). *Film Policy: International, National and Regional Perspectives*. London: Routledge.

Morell, J. (2003). "How Much for Tickets? You Need a Scorecard," *New York Times*, June 8.

Morris, C. (2010). "How to Be a Player," *Variety*, May 24.

Mortimer, J. H. (2008). "Vertical Contracts in the Video Rental Industry," *Review of Economic Studies*, 75 (1) (January).

(2000). "The Effects of Revenue-Sharing Contracts on Welfare in Vertically-Separated Markets: Evidence from the Video Rental Industry," Los Angeles: UCLA Department of Economics, available at hollandj@ucla. edu.

Moul, C., ed. (2005). *A Concise Handbook of Movie Industry Economics*. New York: Cambridge University Press.

Mullaney, T. J., and Grover, R. (2003). "The Web Mogul," *Business Week*, October 13.

Muller, P. (1991). *Show Business Law: Motion Pictures, Television, Video. Westport*, CT: Quorum.

Munoz, L. (2006). "For Lions Gate, Cable Has Become a Reliable Profit-Making Machine," *Los Angeles Times*, July 9.

(2004). "Coming Soon: A Hard Sell," *Los Angeles Times*, November 24.

Murphy, A. D. (1983). "Distribution and Exhibition: An Overview," *in The Movie Business Book*, edited by J. E. Squire, New York: Simon & Schuster/Fireside.

(1982). "21 Fundamental Aspects of U. S. Theatrical Film Biz," *Daily Variety*, October 26.

Murphy, J. M. (1976). "Why You Can't Win," *Journal of Portfolio Management*, fall.

Murray, M. (1956). *Circus! From Rome to Ringling*. New York: Appleton-Century-Crofts.

Naggar, D., and Brandstetter, J. D. (1997). *The Music Business (Explained in Plain English)*. San Francisco: DaJé Publishing.

Nagourney, A. (2010). "Las Vegas Faces Its Deepest Slide Since the 1940s," *New York Times*, October 3.

Nardone, J. M. (1982). "Is the Movie Industry Contracyclical," *Cycles*, 33 (3) (April).

Nasaw, D. (1993). *Going Out: The Rise and Fall of Public Amusements*. New York: HarperCollins (Basic Books).

Nash, C., and Oakey, V. (1974). *The Screenwriter's Handbook*. New York: Barnes & Noble (Harper & Row).

National Gambling Impact Study Commission Report (1999). Washington, DC: U. S. Government Printing Office and www. ngisc. gov.

Neale, W. C. (1964). "The Peculiar Economics of Professional Sports," *Quarterly Journal of Economics*, 78 (February).

Nelson, E., and Flint, J. (2002). "Deal for 'Friends' Offers NBC Tune to Seek New Hit," *Wall Street Journal*, December 23.

Netessine, S., and Tan, T. F. (2009). "Rethinking the Long Tail Theory: How to Define 'Hits' and 'Niches,'" Wharton School Working paper, available at http://knowledge. wharton. upenn. edu/article. cfm? articleid=2338.

Netzer, D. (1978). *The Subsidized Muse: Public Support for the Arts in the United States*. New York: Cambridge University Press.

Neulinger, J. (1981). *To Leisure: An Introduction*. Boston: Allyn and Bacon.

Newcomb, P. (1989). "Welcome Back, Grace Slick," *Forbes*, 143 (10) (May 15).

Newman, A. D. (2009). "With Ads, Music Downloads Sing a Different Tune," *New York Times*, December 30.

Noam, E. M. (2009). *Media Ownership and Concentration in America*. New York: Oxford University Press.

Nochimson, D., and Brachman, L. (2003). "Contingent Compensation for Theatrical Motion Pictures," *UCLA 27th Annual Entertainment Law Symposium*. Los Angeles: UCLA School of Law.

Noll, R., ed. (1974). *Government and the Sports Business*. Washington DC: Brookings Institution.

Noll, R. G., Peck, M. J., and McGowan, J. J. (1973). *Economic Aspects of Television Regulation*. Washington, DC: Brookings Institution.

Norton, L. (2010). "Las Vegas, Singapore-Style," *Barron's*, October 23.

Nussenbaum, E. (2003). "Coming Soon to a Theater near You: The Moviemercial," *New York Times*, September 21.

Oakey, V. (1983). *Dictionary of Film and Television Terms*. New York: Barnes & Noble.

O'Brien, T. L. (2006). "Is Poker Losing Its First Flush?," *New York Times*, April 16.

O'Connell, V. (1997). "Why the 'Angels' Invest in Broadway," *Wall Street Journal*, October 17.

O'Donnell, P., and McDougal, D. (1992). *Fatal Subtraction: The Inside Story of Buchwald v. Paramount*. New York: Doubleday.

Oh, J. (2001). "International Trade in Film and the Self-Sufficiency Ratio," *Journal of Media Economics*, 14 (1).

O'Keefe, B., and Schlosser, J. (2005). "America's Fastest Growing Sport," *Fortune* 152 (5) (September 5).

Orbach, B. (2011). *Reel Law: A Legal History of the American Motion Picture Industry*. New Haven, CT: Yale University Press.

Orbach, B. Y., and Einav, L. (2007). "Uniform Prices for Differentiated Goods: The Case of the Movie-Theater Industry," *International Review of Law and Economics*, 27 (2) (June). Also an earlier version at www. law. harvard. edu/programs/olin-center/ papers/pdf/337. pdf.

Orden, E. (2010). "Met Opera Moved Millions from Endowment in 2009," *Wall Street Journal*, April 28.

Ordonez, J. (2002). "Pop Singer Fails to Strike a Chord Despite the Millions Spent by MCA," *Wall Street Journal*, February 26.

Orwall, B. (2003). "No Late Fees: Disney Will 'Beam' Rental Movies Directly into Homes," *Wall Street Journal*, September 29.

Orwall, B., and Peers, M. (2002). "The Message of Media Mergers: So Far, They Haven't Been Hits," *Wall Street Journal*, May 10.

Orwall, B., Peers, M., and Zimmerman, A. (2002). "DVD Gains on Tape, but Economics Have Hollywood in a

Tizzy," *Wall Street Journal*, February 5.

Ovadia, A. (2004). "Consumer Products," in *The Movie Business Book*, edited by J. E. Squire. New York: Simon & Schuster (Fireside).

Owen, B. M., Beebe, J. H., and Manning, W. G., Jr. (1974). *Television Economics*. Lexington, MA: Heath.

Owen, B. M., and Wildman, S. S. (1992). *Video Economics*. Cambridge, MA: Harvard University Press.

Owen, D. (1986). "Where Toys Come From," *The Atlantic Monthly*, October.

(1983). "The Second Coming of Nolan Bushnell," *Playboy*, 30 (6) (June).

Owen, J. D. (1988). "Work-Time Reduction in the U. S. and Western Europe," *Monthly Labor Review*, 111 (12) (December).

(1976). "Workweeks and Leisure: An Analysis of Trends, 1948-75," *Monthly Labor Review*, 99 (8) (August).

(1970). *The Price of Leisure*. Montreal: McGill-Queen's University Press.

Owen, V., and Owen, P. (1980). "An Economic Approach to Art Innovations," in *Economic Policy for the Arts*, edited by W. S. Hendon, J. L. Shanahan, and A. J. MacDonald. Cambridge, MA: Abt Books.

Ozanian, M. K., and Taub, S. (1993). "Foul Ball," *Financial World*, 162 (11) (May 25).

(1992). "Big Leagues, Bad Business," *Financial World*, 161 (14) (July 7).

Palmer, S. (2008). *Television Disrupted: The Transition from Network to Networked TV*, 2nd ed. White Plains, NY: York House Press.

Paris, E. (1984). "Ronald Reagan Is Not the Only Actor Who Made Good," *Forbes*, 133 (5) (February 27).

Parsons, P. R., and Frieden, R. M. (1998). *The Cable and Satellite Television Industries*. Needham Heights, MA: Allyn and Bacon.

Passell, P. (1989). "Broadway and the Bottom Line," *New York Times*, December 10.

Passman, D. S. (2000). *All You Need to Know about the Music Business*, rev. ed. New York: Prentice-Hall.

Patrick, A. O., and Cimilluca, D. (2009). "English Soccer's Morning After," *Wall Street Journal*, May 28.

Pautz, M. (2002). "The Decline in Average Weekly Cinema Attendance: 1930-2000," *Issues in Political Economy*, 11.

Peers, M. (2005). "Stock Gambit Strains Relations between Two Media Titans," *Wall Street Journal*, March 3.

(2003). "After Living on Rented Time, Blockbuster Plunges into Sales," *Wall Street Journal*, February 13.

Peterman, J. L., and Carney, M. (1978). "A Comment on Television Network Price Discrimination," *Journal of Business*, 51 (2) (April).

Peterson, I. (1997). "Times Expanding Nationwide Distribution," *New York Times*, January 22.

Pfanner, E. (2009). "A New Chance for Online Gambling in the U. S.," *New York Times*, April 26.

Philips, C. (2002). "BMG to Roll Out Royalty Plan," *Los Angeles Times*, November 20.

(2001). "Music Data Being Altered, Some Say," *Los Angeles Times*, July 13.

Picard, R. G. (2001). "Effects of Recessions on Advertising Expenditures: An Exploratory Study of Economic Downturns in Nine Developed Nations," *Journal of Media Economics*, 14 (1).

Pieper, J. (2009). Leisure: *The Basis of Culture*. San Francisco: Ignatius Press (original ed. Random House 1963).

Pierce, J. R. (1980). *An Introduction to Information Theory: Symbols, Signals and Noise*, 2nd rev. ed. New York: Dover.

Plambeck, J. (2010a). "In Era of Dwindling Sales, a Megadeal for Jackson's Estate," *New York Times*, March 22.

(2010b). "A Place to Bet Real Money on Movies," *New York Times*, March 11.

Poggi, J. (1968). *Theater in America: The Impact of Economic Forces*, 1870-1967. Ithaca, NY: Cornell University Press.

Pogrebin, R. (2001). "Along the Hudson, a Tent of Dreams," *New York Times*, April 6.

(1999). "Nary a Drama on Broadway," *New York Times*, December 28.

(1996). "The Number of Ad Pages Does Not Make the Magazine," *New York Times*, August 26.

Pogue, D. (2007). "A Stream of Movies, Sort of Free," *New York Times*, January 25.

(2006). "Renting Movies with a Box and a Beam," *New York Times*, June 1.

Pokorny, M. (2005). "Hollywood and the Risk Environment of Movie Production in the 1990s," in *An Economic History of Film*, J. Sedgwick and M. Pokorny, eds. London: Routledge.

Pollack, A. (1986). "Video Games, Once Zapped, in Comeback," *New York Times*, September 27.

Pomerantz, D. (2010). "A Star Is Reborn," *Forbes*, 185 (4) (March 15).

Popper, N. (2010). "New Hedge Fund Bets on Sports, Literally," *Los Angeles Times*, April 17.

Porter, M. E. (2001). "Strategy and the Internet," *Harvard Business Review*, March.

Postrel, V. (2000). "The Golden Formula for Hollywood Success," *New York Times*, March 23.

Poundstone, W, (2005). *Fortune's Formula: The Untold Story of the Scientific Betting System That Beat the Casinos and Wall Street*. New York: Hill and Wang (Farrar, Straus and Giroux).

Prag, J., and Cassavant, J. (1994). "An Empirical Study of Determinants of Revenues and Marketing Expenditures in the Motion Picture Industry," *Journal of Cultural Economics*, 18 (3).

Provost, G. (1994). *High Stakes: Inside the New Las Vegas*. New York: Dutton (Truman Talley).

Putnam, David (1997). *The Undeclared War: The Struggle for Control of the World's Film Industry*. London: HarperCollins. (U. S. title [1998], *Movies and Money*. New York: Knopf.)

Puzo, M. (1976). *Inside Las Vegas*. New York: Grosset & Dunlap.

Quigley, M., Jr. (1969). *Magic Shadows: The Story of the Origin of Motion Pictures*. New York: Biblo & Tannen, and Washington, DC: Geogetown University Press (1960 printing).

Quirk, J., and Fort, R. (1999). *Hard Ball: The Uses and Abuses of Market Power in Professional Sports*. Princeton, NJ: Princeton University Press.

(1992). *Pay Dirt: The Business of Professional Team Sports*. Princeton, NJ: Princeton University Press.

Quirk, J., and Hodiri, M. (1974). "The Economic Theory of a Professional Sports League," in *Government and the Sports Business*, edited by R. Noll, pp. 33-80. Washington, DC: Brookings Institution.

Quittner, J. (2010). "The Future of Reading," *Fortune*, 161 (3) (March 1).

Raabe, W. (1977). "Professional Sports Franchises and the Treatment of League Expansion Proceeds," *Taxes*, July. Chicago: Commerce Clearing House.

Ramstad, E. (1999). "Circuit City Pulls the Plug on Its DIVX Videodisk Venture," *Wall Street Journal*, June 17.

Raney, A. (2006). "The Psychology of Disposition-Based Theories of Media Enjoyment," in *Psychology of Entertainment*, edited by J. Bryant and P. Vorderer. New York: Lawrence Erlbaum Associates.

Rappaport, J., and Wilkerson, C. (2001). "What Are the Benefits of Hosting a Major League Sports Franchise?," *Economic Review*, Federal Reserve Bank of Kansas City, First Quarter.

Ravid, S. A. (2004). "Are They All Crazy or Just Risk Averse?," in V. A. Ginsburgh, ed., *Economics of Art and Culture*. Amsterdam: Elsevier.

(1999). "Information, Blockbusters and Stars: A Study of the Rim Industry," *Journal of Business*, 72 (4) (October).

Read, O., and Welch, W. L. (1976). *From Tut Foil to Stereo: Evolution of the Phonograph*. Indianapolis: Bobbs-Merrill and Howard W. Sams.

Reibstein, L. (1986). "Broadway 'Angels' Often Settle for Glitz, but the Prospects for Profit Are Improving," *Wall Street Journal*˄ January 28.

Reich, H. (1996). "Why Can't the Arts Survive on Their Own?," *Chicago Tribune*, August 26.

Rhodes, J. (2006). " 'Scrubs': To Find an Audience, Let It All Hang Out," *New York Times*, April 9.

Rich, F. (2001). "Naked Capitalists," *New York Times*, May 20.

Rich, M. (2010). "Math of Publishing Meets the E-Book," *New York Times*, March 1.

(2008). "New HarperCollins Unit to Try to Cut Writer Advances," *New York Times*, April 4.

Rich, M., and Stone, B. (2010). "Publisher Wins Fight with Amazon over E-Books," *New York Times*, February 1.

Richtel, M. (2009). "Video Game Makers Challenged by the Next Wave of Media," *New York Times*, March 30.

(2008). "Cable Prices Keep Rising and Customers Keep Paying," *New York Times*, May 24.

(2006). "From the Back Office, a Casino Can Change the Slot Machine in Seconds," *New York Times*, April 12.

(2004). "Gambling Sites Offering Ways to Let Any User Be the Bookie," *New York Times*, July 6.

(2003). "Entertainment Industry Loses in Web Case," *New York Times*, April 26.

Riding, A. (2003). "Filmmakers Seek Protection from U. S. Dominance," *New York Times*, February 5.

Rinzler, J. W. (2007). *The Making of Star Wars: The Definitive Story behind the Original Film*. New York: Ballantine Books.

Ritter, S. (1999). "Supreme Court to Review Ban on Casino Ads," *Wall Street Journal*, January 18.

Rivkin, G. (2008). "Lights, Camera, Tax Credit: Massachusetts Lures Filmmakers With Generous Rebate," *New York Times*, June 5.

Rivkin, S. (1974). "Sports Leagues and the Federal Antitrust Laws," in *Government and the Sports Business*, edited by R. Noll. Washington, DC: Brookings Institution.

Rivlin, G. (2007). "Las Vegas Wins Big," *New York Times*, December 27.

(2004). "The Tug of the Newfangled Slot Machines," *New York Times*, May 9.

(2003). "I Dream of Royalties," *New York Times*, September 28.

Robb, D. (1992). "Net Profits No Myth, but Hard to Get Hands On," *The Hollywood Reporter*, August 17, August 24, and August 31.

(1990a). "Paramount Says 'America' $17-18 Mil below Break Even," *Daily Variety*, March 21.

(1990b). "Buchwald, Par Experts Wrestle in Profits Bout," *Variety*, June 27.

Roberts, K., and Rupert, P. (1995). "The Myth of the Overworked American," *Economic Commentary*. Cleveland: Federal Reserve Bank of Cleveland, January 15.

Roberts, P. (1995). "The Art of Goofing Off," *Psychology Today*, 28 (4) (July/August).

Robinson, J. P. (1989). "Time's Up," *American Demographics*, 1 1 (7) (July).

Robinson, J. P., and Godbey, G. (1997). Time for Life: *The Surprising Ways Americans Use Their Time*. University Park, PA: Penn State Press.

Rockwell, J. (2002). "Profit or Not, It's All Showbiz," *New York Times*, September 22.

Rones, RL., Ilg, R. E., and Gardner, J. M. (1997). "Trends in Hours of Work since the Mid-1970s," *Monthly Labor Review* (April).

Root, W. (1979). *Writing the Script: A Practical Guide for Films and Television*. New York: Holt, Rinehart & Winston.

Rose, I. N. (2006). "The Unlawful Internet Gambling Enforcement Act of 2006 Analyzed," *Gaming Law Review*, 10 (6) (December).

(1986). *Gambling and the Law*. Los Angeles: Gambling Times.

Rose, M. (2001). "Magazine Wholesaler Pressures Publishers, Adding to Their Woes," *Wall Street Journal*, March 5.

Rosen, D., and Hamilton, P. (1987). *Off-Hollywood: The Making and Marketing of American Specialty Films*. New York and Colorado: The Independent Feature Project and The Sundance Institute.

Rosen, J. (2008). "Researchers Play Tune Recorded before Edison," *New York Times*, March 27.

Rosen, S. (1981) "The Economics of Superstars," *American Economic Review*, 71 (December).

Rosenberg, B., and Harburg, E. (1993). *The Broadway Musical: Collaboration in Commerce and Art*. New York: New York University Press.

Rothenberg, R. (1996). "Planet of the Apers," *Esquire*, 126 (l) (July).

Rothman, W. (2003). "Beyond the CD: A Bid to Burnish Records' Sheen," *New York Times*, March 13.

Rothstein, M. (1988). "Starlight Express' out of the Tunnel?," *New York Times*, August 20.

Rottenberg, S. (1956). "The Baseball Players' Labor Market," *Journal of Political Economy*, 64.

Rusco, F. A., and Walls, W. D. (2004). "Independent Film Finance Pre-sale Agreements and the Distribution of Film Earnings," *in Economics of Art and Culture*, edited by V. A. Ginsburgh. Amsterdam: Elsevier.

Roud, R. (1983). *A Passion for Films*. New York: Viking Press.

Rousek, L (2010). "Czech Film Industry Hits a Bump," *Wall Street Journal*, July 27.

Rudman, N. G., and Ephraim, L. A. (2004). "The Finishing Touch: The Completion Guarantee," in *The Movie Business Book*, edited by J. E. Squire. New York: Simon & Schuster (Fireside).

Rusco, F. A., and Walls, W. D. (2004). "Independent Film Finance, Pre-Sale Agreements, and the Distribution of Film Earnings," in *Economics of Art and Culture*, edited by V. A. Ginsburgh. Amsterdam: Elsevier.

Russell, J. H. (2006). "Music's Merger Mania," *Wall Street Journal*, May 6.

Rybczynski, W. (1991). "Waiting for the Weekend," *The Atlantic Monthly*, 268 (2) (August), and *Waiting for the Weekend* (1991). New York: Viking.

Salamon, J. (1984). "Blue Dots: Selling U. S. Films Abroad," *Wall Street Journal*, May 22.

Salemson, H. J., and Zolotow, M. (1978). "It Didn't Begin with Begelman: A Concise History of Film Business Finagling," *Action*, 11 (7) (July/August). Los Angeles: Directors Guild of America.

Sanders, P. (2008a). "Digital Cinema Gains Support," *Wall Street Journal*, October 2.

(2008b). "States Race to Woo TV and Film," *Wall Street Journal*, May 22.

(2005). "Across Crawfish Country, Casino Operators Fear State's Bid for Taxes," *Wall Street Journal*, March 21.

Sanders, P., and Emshwiller, J. R. (2005). "At Indian Casinos, Odds Grow Longer for Some Tribes," *Wall Street Journal*, September 27.

Sanders, P., and Stanley, B. (2006). "Casino Giants Take Their Vegas Battle to Tables of Macau," *Wall Street Journal*, September 6.

Sandomir, R. (2008). "New Stadiums: Prices, and Outrage, Escalate," *New York Times*, August 25.

(2002). "YES-Cablevision Feud Has No End in Sight," New York Tunes, April 16.

(2001a). "Cable Said to Muscle Out NBC for N. B. A. Rights," *New York Times*, December 15.

(2001b). "Networks May Seek Relief from N. F. L.," *New York Times*, October 19.

(1999). "How Green Is Your Gridiron?," *New York Times*, March 13.

(1998). "How One Network's Urgency Spelled Riches for the N. F. L.," *New York Times*, January 17.

Sandomir, R., and Belson, K. (2010). "Hoping to Sell, Team Owners Face a New Opponent: Recession," *New York Times*, March 17.

Sansweet, S. (1983). "As New Studio Starts Work, It Seeks Credibility," *Wall Street Journal*, May 23.

Savitz, E. J. (2009). "The DVR Business Is Poised for a Sudden Fast-Forward," *Barron's*, June 8.

Scarne, J. (1978). *Scarne's Complete Guide to Gambling. New York*: Simon & Schuster.

(1974). *Scarne's New Complete Guide to Gambling. New York*: Simon & Schuster.

Schatz, A., Grant, P., and Karnitschnig, M. (2005). "Cable Companies See New Threat in FCC Shift on a la Carte Srvice," *Wall Street Journal*, November 30.

Schechner, S. (2010). "Netflix Adds to Web Films," *Wall Street Journal*, August 11.

Schechner, S., and Smith, E. (2010a). "Apple Close to Deal with Disney to Rent ABC Shows Via iTunes," Wall Street Journal, August 25.

(2010b). "Cablevision, Disney End Dispute," *Wall Street Journal*, March 8.

Schechner, S., and Ovide, S. (2009). "Broadcasters Seek Cable-TV Fees," *Wall Street Journal*, October 28.

Schiesel, S. (2006). "Online Game, Made in U. S., Seizes the Globe," *New York Times*, September 5.

(2005a). "Gangs of New York," *New York Times*, October 16.

(2005b). "Conqueror in a War of Virtual Worlds," *New York Times*, September 6.

(2005c). "World of Warcraft Keeps Growing, Even as Players Test Its Limits," *New York Times*, February 10.

(2004). "Aiming for Hit Games, Films Come Up Short," *New York Times*, May 27.

Scholl, J. (1992). "Lights! Camera! Money! Hollywood's Bonding Companies Are Feeling the Pinch," *Barron's*, June 8.

(1989a). "No Rockford Trials," *Barron's*, April 3.

(1989b). "The Rockford File," *Barron's*, February 6.

Schor, J. B. (1991). *The Overworked American: The Unexpected Decline of Leisure*. New York: Basic Books.

Schuker, L. A. E. (2009a). "Local Incentives Play Bigger Role in Creative Decisions for Movies," *Wall Street Journal*, October 27.

(2009b). "Indie Films Suffer Drop-Off in Rights Sales," *Wall Street Journal*, April 20.

(2009c). "Hollywood Squeezes Stars' Pay in Slump," *Wall Street Journal*, April 2.

(2009d). "Can 3-D Save Hollywood?," *Wall Street Journal*, March 20.

Schuker, L. A. E., and Sanders, P. (2008). "Glut of Films Hits Hollywood," *Wall Street Journal*, September 3.

Schuker, L. A. E., and Smith, E. (2010). "Hollywood Eyes Shortcut to TV," *Wall Street Journal*, May 23.

Schumer, F. R. (1982). "More Than Merely Colossal," *Barron's*, June 21.

Schuyler, N. (1995). *The Business of Multimedia*. New York: Allworth Press.

Schwartz, D. G. (2006). *The History of Gambling: Roll the Bones*. New York: Gotham Books (Penguin Group).

(2005). *Cutting the Wire: Gambling Prohibition and the Internet*. *Reno*, NV: University of Nevada Press.

(2003). *Suburban Xanadu: The Casino Resort on the Las Vegas Strip and Beyond*. New York: Routledge.

Schwartz, N. D. (2008). "American Energy Policy, Asleep at the Spigot," *New York Times*, July 6.

Scott, A. O. (2004). "What Is a Foreign Movie Now?," *New York Times*, November 14.

Scully, G. W. (1995). *The Market Structure of Sports*. Chicago: University of Chicago Press.

(1989). *The Business of Major League Baseball*. Chicago: University of Chicago Press.

(1974). "Pay and Performance in Major League Baseball," *American Economic Review*, 64 (December).

Seabrook, J. (2006). "Game Master," *The New Yorker*, November 6.

Seaman, B. (1980). "Economic Models and Support for the Arts," in *Economic Policy for the Arts*, edited by W. S. Hendon, J. L. Shanahan, and A. J. MacDonald. Cambridge, MA: Abt Books.

Searcey, D. (2005). "As Verizon Enters Cable Business, It Faces Local Static," *Wall Street Journal*, October 28.

Sedgwick, J., and Pokorny, M., eds. (2005). *An Economic History of Film*. London: Rout-ledge.

Segal, D. (2010). "They're Calling Almost Everyone's Tune," *New York Times*, April 24.

Seligman, D. (1982). "Who Needs Unions?," *Fortune*, 106 (1) (July 12).

Shannon, C. E., and Weaver, W. (1949). *Mathematical Theory of Communications*. Urbana-Champaign, IL: University of Illinois Press.

Sharp, C. H. (1981). *The Economics of Time*. Oxford: Martin Robertson.

Sheehan, R. G. (1996). *Keeping Score: The Economics of Big-Time Sports*. South Bend, IN: Diamond Communications.

Sheff, D. (1993). *Game Over: How Nintendo Zapped an American Industry*. New York: Random House.

Shelley, K. J. (2005). "Developing the American Time Use Survey Activity Classification System," *Monthly Labor Review* 128 (6) (June).

Shemel, S., and Krasilovsky, M. W. (1985). *This Business of Music* (5th rev. ed., 1988). New York: Billboard.

Shone, T. (2004). Blockbuster: *How Hollywood Learned to Stop Worrying and Love the Summer*. New York: Free Press.

Shy, O. (2001). *The Economics of Network Industries*. New York: Cambridge University Press.

Siegal, T. (2010). "Seeking the Suite Spot," *Variety*, March 1.

(2007). "Hollywood Classics in Need of Facelifts," *Variety*, December 3.

Siegfried, J., and Zimbalist, A. (2000). "The Economics of Sports Facilities and Their Communities," *Journal of Economic Perspectives*, summer.

Siklos, R. (2007a). "Beyond the X's and O's, a Lesson in How to Be Big," *New York Times*, February 4.

(2007b). "New Disc May Sway DVD Wars," *New York Times*, January 4.

(2006). "Why Can't I Just Have the Cable Channels I Want?," *New York Times*, April 16.

Silberstang, E. (1980). *Playboy's Guide to Casino Gambling*. New York: Playboy Press.

Simmons, M. R. (2005). *Twilight in the Desert: The Coming Saudi Oil Shock*. Hoboken, NJ: John Wiley & Sons.

Sisario, B. (2010). "U2 and Aguilera Postpone Summer Tours," *New York Times*, May 26.
(2004). "Old Songs Generate New Cash for Artists," *New York Times*, December 28.
Skolnick, J. H. (1979). "The Social Risks of Casino Gambling," *Psychology Today*, 13 (2) (July).
(1978). *House of Cards*. Boston: Little, Brown.
Smith, E. (2010). "Bet on a Fallen 'King,'" *Wall Street Journal*, March 16.
(2009). "Can He Save Rock 'n' Roll?," *Wall Street Journal*, February 21.
(2008a). "Music Royalties to Hold Steady," *Wall Street Journal*, October 3.
(2008b). "As CDs Decline, Wal-Mart Spins Its Strategy," *Wall Street Journal*, June 9.
(2007a). "Music Test: Can a Firm Profit from Free Tunes?," *Wall Street Journal*, November 15.
(2007b). "Sales of Music, Long in Decline, Plunge Sharply," *Wall Street Journal*, March 21.
(2006). "Music You Can See: Warner Plans to Sell Albums on DVDs," *Wall Street Journal*, August 4.
(2004a). "Music Industry Struggles to Get Cellphone's Number," *Wall Street Journal*, September 13.
(2004b). "Why a Grand Plan to Cut CD Prices Went off the Track," *Wall Street Journal*, June 4.
Smith, E., and Kane, Y. I. (2009). "Apple Changes Tune on Music Pricing," *Wall Street Journal*, January 7.
Smith, E., and Schuker, L. A. E. (2010). "Unlocking DVD Release Dates," *Wall Street Journal*, February 12.
Smith, G. V., and Parr, R. L. (1994). *Valuation of Intellectual Property and Intangible Assets*, 2nd ed. New York: John Wiley.
Smith, S. J. (1986). "The Growing Diversity of Work Schedules," *Monthly Labor Review*, 109 (11) (November).
Snyder, G. (2006). "Other People's Money," *Variety*, January 23.
(2005). "Hollywood Gets Grossed Out," *Variety*, June 13.
Sochay, S. (1994). "Predicting the Performance of Motion Pictures," *Journal of Media Economics*, 7 (4).
Solomon, D. (2002). "Investors' Faith in Cable Industry Declines," *Wall Street Journal*, April 11.
Solomon, J. D. (2002). "The Sports Market Is Looking Soggy," *New York Times*, April 21.
Sorkin, A. R. (2004). "Is There Life after Blackjack? Ask MGM," New York Tunes, December 26.
(1997). "Soundscan Makes Business of Counting Hits," *New York Times*, August 11.
Spector, M. and Berzon, A. (2010). "Tribe's Roll of the Dice Rattles Lenders," *Wall Street Journal*, September 17.
Spitz, B. (1987). "Is Collusion the Name of the Game?," *New York Times* Magazine, July 12.
Sporich, B. (2003). "Laser-Sharp Profit: Television to DVD," *The Hollywood Reporter*, June 12.
Spring, J. (1993). "Seven Days of Play," *American Demographics*, 15 (3) March.
Squire, J. E., ed. (1983). *The Movie Business Book* (2nd ed., 1992; 3rd ed., 2004). New York: Simon & Schuster/Fireside.
Stanley, R. (1978). *The Celluloid Empire: A History of the American Motion Picture Industry*. New York: Hastings House.
Staudohar, P. D. (2002). "Baseball Negotiations: A New Agreement," *Monthly Labor Review*, 126 (12) (December).
Stefanelli, J. M., and Nazarechuk, A. (1996). "Hotel/Casino Food and Beverage Operations," in *The Gaming Industry: Introduction and Perspectives*. New York: John Wiley & Sons.
Steinberg, B. (2004). "TV Networks May Not Be 'Upfront,'" *Wall Street Journal*, June 18.
Steinberg, B., and Barnes, B. (2006). "Nielsen Plans to Track Viewership of TV Commercials for First Time," *Wall Street Journal*, July 11.
Steinberg, J. (2006). "Digital Media Brings Profits (and Tensions) to TV Studios," *New York Times*, May 14.
(2005). "A TV Duel at Sunrise," *New York Times*, May 30.
Steiner, C. (2009). *$20 per Gallon: How the Inevitable Rise in the Price of Gasoline Will Change Our Lives for the Better*. New York: Grand Central Publishing.
Steinert, H. (2003). *Culture Industry*. London: Polity Press (Blackwell).
Stelter, B. (2010a). "As Unknown Faces Become Stars, Reality Shows Fight Pay Escalation," *New York Times*,

July 27.

(201 Ob) "Next Up on Cable TV, Higher Bill for Consumers," *New York Times*, January 4.

(2009). "Broadcasters Battling for Cable Fees," *New York Times*, December 29.

(2008). "In the Age of TiVo and Web Video, What is Prime Time?," *New York Times*, May 12.

Stern, S., and Schoenhaus, T. (1990). *Toyland: The High-Stakes Game of the Toy Industry*. Chicago: Contemporary Books.

Sternlieb, G., and Hughes, J. W. (1983). *The Atlantic City Gamble*. New York: Twentieth Century Fund, and Cambridge, MA: Harvard University Press.

Stevenson, R. W. (1990). "The Magic of Hollywood's Math," *New York Times*, April 13.

Stewart, J. B. (1994). "Moby Dick in Manhattan," The New Yorker, June 27 and July 4.

Stigler, G. J. (1963). "United States v. Loew's Inc.: A Note on Block-Booking," in *The Supreme Court Review*, edited by P. Kurland. Chicago: University of Chicago Press.

Stigler, G. J., and Becker, G. S. (1977). "De gustibus non est disputandum," *American Economic Review*, 67 (March).

Stiglitz, J. E., A. Sen, and J.-P. Fitoussi (2010). *Mis-meauring Our Lives: Why GDP Doesn't Add Up*. New York: The New Press.

Stille, A. (2002). "Textbook Publishers Leam: Avoid Messing with Texas," *New York Times*, June 29.

Stodghill, R., and Nixon, R. (2007). "Divide and Conquer: Meet the Lottery Titans," *New York Times*, October 21.

Stone, B. (2010). "Trying to Add Portability to Movie Files," *New York Times*, January 4.

(2009a). "The Music Streams That Soothe an Industry," *New York Times*, July 26.

(2009b). "Music Labels Cut Friendlier Deals with Start-Ups," *New York Times*, May 28.

(2007). "Vudu Casts Its Spell on Hollywood," *New York Times*, April 29.

Stone, B., and Miller, C. C. (2009). "Music Forecast: In a Cloud," *New York Times*, December 16.

Strauss, N. (2002). "Record Labels' Answer to Napster Still Has Artists Feeling Bypassed," New York Times, February 18.

Strogatz, S. (2003). *Sync: The Emerging Science of Spontaneous Order*. New York: Hyperion.

Stress, R. (2009). "Will Books Be Napsterized?," *New York Tunes*, October 4.

Suellentrop, C. (2010). "War Games," *New York Tunes*, September 12.

Sweeting, P. (2004). "Hie Video Retailer," in *The Movie Business Book*, edited by J. E. Squire. New York: Simon & Schuster (Fireside).

Swertlow, F. (1982). "How Hollywood Studios Flimflam Their Stars," *TV Guide*, 30 (18) (May 1).

Szymanski, S. (2009). *Playbooks and Checkbooks: An Introduction to the Economics of Modern Sports*. Princeton, NJ: Princeton University Press.

Szymanski, S., and Zimbalist, A. (2005). *National Pastime: How Americans Play Baseball and the Rest of the World Plays Soccer*. Washington, D. C.: Brookings Institute Press.

Tabuchi, H. (2010). "Playing a New Game: Catch-Up," *New York Times*, September 20.

Tan, K. (2007). "Fold 'Em," *Barron's*, November 19.

Taub, E. A. (2003). "DVDs Meant for Buying but Not for Keeping," *New York Times*, July 21.

Taylor, J., Johnson, M. R., and Crawford, C. G. (2006). *DVD Demystified*, 3rd ed. New York: McGraw-Hill.

Thaler, R. H. (1992). *The Winner's Curse: Paradoxes and Anomalies of Economic Life*. Princeton, NJ: Princeton University Press.

Thomas, B. (1976). *Walt Disney: An American Original*. New York: Simon & Schuster. (Pocket Books, 1980.)

Thompson, A. (2008). "Stars' Paydays Due for Redo," *Variety*, October 20.

Thompson, C. (2005). "The Xbox Auteurs," *New York Times*, August 7.

Thorp, E. O. (1984). *The Mathematics of Gambling*. Secaucus, NJ: Lyle Stuart.

Throsby, D. (2001). *Economics and Culture*. New York: Cambridge University Press.

Throsby, D., and Withers, G. A. (1979). *The Economics of the Performing Arts*. New York: St. Martin's Press.

Thurm, S., and Delaney, K. J. (2004). "Yahoo, Google and Internet Math," *Wall Street Journal*, May 10.

Timmons, H. (2008). "Bollywood Goes to Hollywood, Seeking Bargains," *New York Times*, June 23.

Torkildsen, G. (1999). *Leisure and Recreation Management*, 4th ed. London: SPON Press and Routledge.

Trachtenberg, J. A. (2005). "Quest for Best Seller Creates a Pileup of Returned Books," *Wall Street Journal*, June 3.

(2004). "To Publishers, Megahits Mean Very Big Numbers," *Wall Street Journal*, November 2.

(2003). "Out Just a Week, Clinton's Book Is in the Black," *Wall Street Journal*, June 16.

(1984). "Low Budget," *Forbes*, 133 (7) (March 26).

Tran, K. T. L. (2002). "Sony, Microsoft: The Online Games Begin," *Wall Street Journal*, April 10.

Trost, C. (1986). "All Work and No Play? New Study Shows How Americans View Jobs," *Wall Street Journal*, December 30.

Trumpbour, J. (2002). *Selling Hollywood to the World: U. S. and European Struggles for Mastery of the Global Film Industry*, 1920-1950. New York: Cambridge University Press.

Tucker, W. (1982). "Public Radio Comes to Market," *Fortune*, 106 (8) (October 18).

Tunick, B. (2002). "Due for a Facelift," *Investment Dealers'* Digest, November 11.

Turman, L. (2006). *So You Want to Be a Producer*. London: Methuen Drama (A & C Publishers) and New York: Three Rivers Press.

Uichitelle, L. (2006). "Seizing Intangibles for the G. D. P.," *New York Times*, April 9.

Ulin, J. C. (2010). *The Business of Media Distribution*. Burlington, MA: Focal Press (Elsevier).

U. S. Congress (1999). *National Gambling Impact Study Commission Report*.

(1989). *Survey of Home Taping and Copying*. Washington, DC: Office of Technology Assessment.

(1976). *Gambling in America*. Washington, DC: Commission on the Review of the National Policy toward Gambling.

U. S. Department of Commerce (1993). *Globalization of the Mass Media*. Washington, DC: National Telecommunications and Information Administration, NTIA Special Publication 93-290.

U. S. National Endowment for the Arts (2008). *Survey of Public Participation in the Arts*.

Urbina, I. (2009). "States Face Drop in Gambling Revenues," *New York Times*, September 10.

Van Kooten, G. C., and Bulte, E. H. (2000). *The Economics of Nature: Managing Biological Assets*. Oxford, UK: Blackwell.

Van Zelfden, N. E. (2009). "What's Killing the Video-Game Business?," *Slate. com*, February 16. (http://www. slate. eom/id/2210732/pagenum/all/#p2).

Varian, H. R. (2000). "The Internet Carries Profound Implications for Providers of Information," *New York Times*, July 27.

Veblen, T. (1899). *The Theory of the Leisure Class*. New York: Macmillan. (Paperback, New American Library, 1953.)

Verdi, N. (2010). "Poker Face," *Forbes*, 185 (3) (March 1).

Verrier, R. (2006a). "Cinema Chains Seek Investors to Finance Digital Projectors," *Los Angeles Times*, July 9.

(2006b). "Hollywood Unions Reach Contracts for Cellphone Shows," *Los Angeles Times*, April 25.

Vogel, H. L. (2005). "Movie Accounting," in *A Brief Handbook of Movie Economics*, edited by C. Moul. New York: Cambridge University Press.

von Neumann, J., and Morgenstern, O. (1944). *Theory of Games and Economic Behavior*. New York: Wiley.

Vorderer, P., Klimmt, C., and Ritterfeld, U. (2004). "Enjoyment: At the Heart of Media Entertainment," *Communications* Theory, 4.

Vorderer, P., Steen, F. F., and Chan, E. (2006). "Motivation," in *Psychology of Entertainment*, edited by J. Bryant and P. Vorderer. Mahwah, NJ: Lawrence Erlbaum Associates.

Vranica, S. (2006). "Advertisers Tum to eBay to Buy TV Time," *Wall Street Journal*, August 4.

Wadhams, W. (1990). *Sound Advice: The Musician's Guide to the Recording Industry*. New York: Schirmer Books (Macmillan).

Waggoner, G. (1982). "Money Games," *Esquire*, 97 (6) (June).

Wakin, D. J. (2007). "Met Has New Rival in Operas at Movies," *New York Times*, December 19.

Walker, D. M. (2007). *The Economics of Casino Gambling*. Berlin: Springer-Verlag.

Walker, S. (2002). "As Strike Looms, Few New Baseball Buyers Step up to Plate," *Wall Street Journal*, August 29.

Wallace, B. (2005). "Crouching U. S. Studios, Hidden Chinese Market," *Los Angeles Times*, December 30.

Wallace, M. (2005). "The Game Is Virtual. The Profit Is Real," *New York Times*, May 29.

Ward, S. (2004). "Losing the Signal," *Barron's*, August 30.

Warner, M. (2004). "How a Meek Comic Book Company Became a Hollywood Superpower," *New York Times*, July 19.

Wasser, D. M. (1995). "Theater: Limited Partnerships Preferred over LLC," *New York Law Journal*, September 8.

Wasser; F. (2002). *Veni, Vidi, Video: The Hollywood Empire and the VCR*. Austin, TX: University of Texas.

Watkins, L. M. (1986). "A Look at Hasbro's 'Moondreamer' Dolls Shows Creating a Toy Isn't Child's Play," *Wall Street Journal*, December 29.

Waxman, S. (2003). "Rings'Shows Trend toward Global Premieres," *New York Times*, December 22.

Wayne, L. (1996). "Picking Up the Tab for Fields of Dreams," *New York Times*, July 27.

Weber, B. (1993). "Make Money on Broadway? Break a Leg," *New York Times*, June 3.

Wechsler, D. (1990). "Profits? What Profits?," *Forbes*, 145 (4) (February 19).

(1989). "Every Trick in the Books," *Forbes*, 143 (11) (May 29).

Weinberg, C. B. (2005). "Profits out of the Picture," in *A Concise Handbook of Movie Industry Economics*, edited by C. Moul. New York: Cambridge University Press.

Weinraub, B., and Carter, B. (2002). "TV Networks Favor Pilots They've Made," *New York Times*, April 1.

Weinstein, M. (1998). "Profit Sharing Contracts in Hollywood: Evolution and Analysis," *Journal of Legal Studies*, January, and abridged version (2005), "Movie Contracts: Is 'Net' 'Gross'?," in *An Economic History of Film*, edited by J. Sedgwick and M. Pokorny. London: Routledge.

Weiss, P. (2007). "When the Producer Came to Town," *New York Times*, November 11.

Welch, W. L., and Burt, L. B. S. (1994). *From Tinfoil to Stereo: The Acoustic Years of the Recording Industry*, 1877-1929. Gainesville, FL: University Press of Florida.

Welles, C. (1983). "How Accountants Helped Orion Pictures Launch Its Financial Comeback," *Los Angeles Times*, May 15.

Werner, R. A. (2005). *New Paradigm in Macroeconomics: Solving the Riddle of Japanese Macroeconomic Performance*. Houndmills, UK: Palgrave Macmillan.

Whitaker, B. (2002). "Screen Actors Guild Agrees to New Rules for Talent Agencies," *New York Times*, February 26.

White, A., ed. (1988). *Inside the Recording Industry: An Introduction to America's Music Business*. Washington, DC: Recording Industry Association of America.

Whitehouse, M. (2007). "Bad Odds," *Wall Street Journal*, June 11.

Whiteside, T. (1985). "Onward and Upward with the Arts, Cable Television," The New Yorker, 61 (13) (May 20); 61 (14) (May 27); 61 (15) (June 3).

Wildman, S. S., and Siwek, S. E. (1988). *International Trade in Films and Television Programs*. Cambridge, MA: Ballinger.

Williams, L. V., ed. (2003). *The Economics of Gambling*. London: Roudedge.

Wilson, D. (2004). "Bill Would Raise Franchise Value of Sports Teams," *New York Times*, August 2.

Wingfield, N. (2010). "First, Give Away the Game," *Wall Street Journal*, July 30.

(2008a). "Turn On, Tune Out, Click Here," *Wall Street Journal*, October 3.

(2008b). "Studio Is Prize in Takeover Duel," *Wall Street Journal*, May 12.

(2006a). "The Knights of Networking," *Wall Street Journal*, October 5.

(2006b). "Master of the Universe," *Wall Street Journal*, May 27.

(2006c). "The Power Players," *Wall Street Journal*, February 18.

(1999). "The Tricky Task of Tracking Web Users," *Wall Street Journal*, November 22.

Wingfield, N., and Smith, E. (2007). "Jobs's New Tune Raises Pressure on Music Firms," *Wall Street Journal*, February 7.

(2003). "With the Web Shaking Up Music, A Free-for-All in Online Songs," *Wall Street Journal*, November 19.

Winston, C. (1993). "Economic Deregulation: Days of Reckoning for Microeconomists," *Journal of Economic Literature*, September.

Witchel, A. (1994). "Is Disney the Newest Broadway Baby?," *New York Times*, April 17.

Wolff, M. (2000). "Checkout Clout," *New York*, March 27.

Woolley, S. (2004a). "The Television Will Be Revolutionized," *Forbes*, 174 (11) (November 29).

(2004b). "Broadcast Bullies," *Forbes*, 174 (4) (September6).

(2003). "Zapped to Death?," *Forbes*, 172 (6) (September 29).

Wyatt, E. (2006a). "Religious Broadcaster Gets Rich Contract for Next Book," *New York Times*, March 15.

(2006b). "Publishers Find Growth in Comics," *New York Times*, February 13.

Wyatt, J. (1994). *High Concept: Movies and Marketing in Hollywood*. Austin, TX: University of Texas Press.

Wyche, M. C., and Wirth, M. O. (1984). "How Economic and Competitive Factors Affect Station Results," *Television/Radio Age*, January 9.

Yaari, M. E. (1965). "Convexity in the Theory of Choice under Risk," *Quarterly Journal of Economics*, May.

Young, S., and Grant, P. (2003). "How Phone Firms Lost to Cable in Consumer Broadband Battle," *Wall Street Journal*, March 13.

Zeisel, J. S. (1958). "The Workweek in American Industry 1850-1956," in *Mass Leisure*, edited by E. Larrabee and R. Meyerson. Glencoe, IL: The Free Press.

Zencey, E. (2009). "G. D. P. R. I. P.," *New York Times*, August 10.

Ziegler, B. (1996). "Slow Crawl on the Internet," *Wall Street Journal*, August 23.

Zimbalist, A. (2003). "Sports and Cable Television," *Milken Institute Review*, December.

(1992). *Baseball and Billions*. New York: Basic Books.

Zollo, P. (1989). "The Per-Program License: Broadcaster's New Cost-Cutting Initiative," *The Hollywood Reporter*, August 29.

索　引

（所注页码为英文原书第 8 版页码，即本书边码）

B

C

D

E

F

G

H

K

L

M

N

O

P

S

T

U

V

X

Y

Z

译后记

在翻译本书第8版的过程中，作者哈罗德·L·沃格尔先生给予了充分的支持和肯定，并且他希望本书内容尽可能地更新，与第9版接轨。尽管第9版英文底稿尚未杀青，但是一位精益求精的娱乐产业咨询专家兼学者提出的要求，无疑是很难拒绝的，何况这也给我们提供了一次将本书最新成果与国内读者分享的难得机会。

著名的“媒介军师”、中国人民大学喻国明教授听说了本书的翻译出版情况，慨然应允作序推荐。

我的同事陈致中博士非常负责地承担了第1至第7章，以及术语表和索引的翻译工作。其余章节、前言、附录以及作者最新修订的部分，由我译出。限于时间和精力，书中难免有错漏及不当之处，希读者不吝批评指正。

国家级精品课程“新闻事业经营管理”的主持人林如鹏教授，核心成员范以锦教授、曾建雄教授、张晋升教授、谭天教授、申启武教授、曾凡斌讲师等人，对于翻译进程也都多次给予了关心和鼓励。

此外还要感谢东北师范大学的吴文汐博士，她为本书中文版的出版穿针引线。感谢中国人民大学出版社翟江虹编辑，她下达的各项“严苛”的翻译指标，让译者不敢懈怠。

“文章合为时而著，歌诗合为事而作”。最后要特别感谢我们所处的时代——没有改革开放，则没有“娱乐至死”的无穷想象；没有文化产业的繁荣发展，则引进娱乐产业经济学的意义，也就不会如此的彰显。

支庭荣

2013年2月于广州

Entertainment Industry Economics: A Guide for Financial Analysis, 8th updated edition, 9781107003095 by Harold L. Vogel, published by Cambridge University Press 2011

图书在版编目（CIP）数据

娱乐产业经济学：财务分析指南（第 8 版最新版）/（美）沃格尔著；支庭荣，陈致中译. —北京：中国人民大学出版社，2013. 7

（新闻与传播学译丛 · 国外经典教材系列）

ISBN 978-7-300-17787-8

Ⅰ. ①娱… Ⅱ. ①沃…②支…③陈… Ⅲ. ①文娱活动-产业经济-会计分析-美国-指南 Ⅳ. ①G249. 712-62

中国版本图书馆 CIP 数据核字（2013）第 153382 号

新闻与传播学译丛 · 国外经典教材系列

娱乐产业经济学

财务分析指南

（第 8 版最新版）

［美］哈罗德 · L · 沃格尔　著

支庭荣　陈致中　译

Yule Chanye Jingjixue

出版发行	中国人民大学出版社		
社　　址	北京中关村大街 31 号	**邮政编码**	100080
电　　话	010－62511242（总编室）		010－62511770（质管部）
	010－82501766（邮购部）		010－62514148（门市部）
	010－62515195（发行公司）		010－62515275（盗版举报）
网　　址	http://www. crup. com. cn		
	http://www. ttrnet. com(人大教研网)		
经　　销	新华书店		
印　　刷	涿州市星河印刷有限公司		
规　　格	215 mm×275 mm　16 开本	**版　　次**	2013 年 10 月第 1 版
印　　张	30 插页 2	**印　　次**	2019 年 1 月第 2 次印刷
字　　数	813 000	**定　　价**	88. 00 元

新闻与传播学译丛·国外经典教材系列

- 大众传播效果研究的里程碑（第3版）
- 大众传媒革命
- 大众传播动力学：转型中的媒介（第12版）
- 大众传播概论：媒介素养与文化（第8版）
- 美国新闻史：大众传播媒介解释史（第9版）
- 跨文化传播（第6版）
- 大众传媒法（第13版）
- 媒介伦理学：问题与案例（第8版）
- 媒介伦理：案例与道德推理（第9版）
- 全能记者必备：新闻采集、写作和编辑的基本技能（第7版）
- 创造性的采访（第3版）
- 新闻写作与报道训练教程（第6版）
- 当代媒体新闻写作与报道（第7版）
- 精确新闻报道：记者应掌握的社会科学研究方法（第4版）
- 新闻价值
- 国际新闻报道：前线与时限
- 编辑的艺术（第8版）
- 创造性的编辑（第3版）
- 克莱普纳广告教程（第15版）
- 广告调查：理论与实务（第2版）
- 传播！（第11版）
- 传播理论导引：分析与应用（第2版）
- 传播学
- 媒介效果研究概论（第4版）
- 传播研究方法导论（第3版）
- 人际传播教程（第12版）
- 广播电视管理（第3版）
- 美国电视史
- 视频基础（第6版）
- 电视现场制作与报道（第5版）
- **娱乐产业经济学：财务分析指南（第8版 最新版）**
- 媒介心理学：记者思维模式与新闻文本生成

出教材学术精品　育人文社科英才

中国人民大学出版社读者信息反馈表

尊敬的读者：

感谢您购买和使用中国人民大学出版社的________________一书，我们希望通过这张小小的反馈卡来获得您更多的建议和意见，以改进我们的工作，加强我们双方的沟通和联系。我们期待着能为更多的读者提供更多的好书。

请您填妥本表后，寄回或传真回复我们，对您的支持我们不胜感激！

1. 您是从何种途径得知本书的：

❑书店　❑网上　❑报刊　❑朋友推荐

2. 您为什么决定购买本书：

❑工作需要　❑学习参考　❑对本书主题感兴趣

❑随便翻翻

3. 您对本书内容的评价是：

❑很好　❑好　❑一般　❑差　❑很差

4. 您在阅读本书的过程中有没有发现明显的专业及编校错误，如果有，它们是：__________

5. 您对哪些专业的图书信息比较感兴趣：__________

6. 如果方便，请提供您的个人信息，以便于我们和您联系（您的个人资料我们将严格保密）：

您供职的单位：__________

您教授的课程（教师填写）：__________

您的通信地址：__________

您的电子邮箱：__________

请联系我们：

电话：62515637

传真：62510454

E-mail：gonghx@crup. com. cn

通讯地址：北京市海淀区中关村大街31号　100080

中国人民大学出版社人文出版分社